EMPREENDEDORISMO

Dados Internacionais de Catalogação na Publicação (CIP)
(Câmara Brasileira do Livro, SP, Brasil)

Baron, Robert A.
  Empreendedorismo : uma visão do processo / Robert A. Baron, Scott A. Shane ; tradução All Tasks. – São Paulo : Cengage Learning, 2017.

  8. reimpr. da 1. ed. de 2007.
  Título original: Entrepreneurship : a process perspective.
  Bibliografia
  ISBN 978-85-221-0533-5

  1. Empreendedorismo 2. Empresas novas I. Shane, Scott A. II. Título.

06-6438   CDD-338.04

Índice para catálogo sistemático:

1. Empreendimentos : Economia 338.04

EMPREENDEDORISMO
Uma Visão do Processo

Robert A. Baron
Wellington Professor de Administração
Lally School of Management & Technology
Rensselaer Polytechnic Institute
Troy, NY, Estados Unidos

Scott A. Shane
Professor de Economia e Empreendedorismo
Weatherhead School of Management
Case Western Reserve University
Cleveland, OH, Estados Unidos

Tradução
All Tasks

Revisão Técnica
José Antonio Lerosa de Siqueira
Diretor da Inventura Treinamento Empresarial
Professor Doutor da Escola Politécnica da USP
Coordenador do Centro Minerva de
Empreendedorismo da EPUSP

CENGAGE
Austrália • Brasil • México • Cingapura • Reino Unido • Estados Unidos

CENGAGE

Empreendedorismo: uma visão do processo

Robert A. Baron
Scott A. Shane

Gerente Editorial: Patricia La Rosa

Editora de Desenvolvimento: Danielle Mendes Sales

Supervisor de Produção Editorial: Fábio Gonçalves

Produtora Editorial: Gabriela Trevisan

Supervisora de Produção Gráfica: Fabiana Alencar Albuquerque

Título Original: Entrepreneurship - A Process Perspective

ISBN: 0-324-27356-8

Tradução: All Tasks

Revisão Técnica: José Antonio Lerosa de Siqueira

Copidesque: Andréa Pisan Soares Aguiar

Revisão: Adriane Peçanha e Sandra Garcia Cortés

Diagramação e Capa: Megaart Design

© 2005 South-Western
© 2007 Cengage Learning Edições Ltda.

Todos os direitos reservados. Nenhuma parte deste livro poderá ser reproduzida, sejam quais forem os meios empregados, sem a permissão, por escrito, da Editora.
Aos infratores aplicam-se as sanções previstas nos artigos 102, 104, 106 e 107 da Lei nº 9.610, de 19 de fevereiro de 1998.

Esta editora empenhou-se em contatar os responsáveis pelos direitos autorais de todas as imagens e de outros materiais utilizados neste livro. Se porventura for constatada a omissão involuntária na identificação de algum deles, dispomo-nos a efetuar, futuramente, os possíveis acertos.

A Editora não se responsabiliza pelo funcionamento dos links contidos neste livro que possam estar suspensos.

Para informações sobre nossos produtos, entre em contato pelo telefone **0800 11 19 39**

Para permissão de uso de material desta obra, envie seu pedido para **direitosautorais@cengage.com**

© 2007 Cengage Learning. Todos os direitos reservados.

ISBN-13: 978-85-221-0533-5
ISBN-10: 85-221-0533-2

Cengage Learning
Condomínio E-Business Park
Rua Werner Siemens, 111 – Prédio 11 – Torre A – Conjunto 12
Lapa de Baixo – CEP 05069-900 – São Paulo – SP
Tel.: (11) 3665-9900 – Fax: (11) 3665-9901
SAC: 0800 11 19 39

Para suas soluções de curso e aprendizado, visite
www.cengage.com.br

Impresso no Brasil
Printed in Brazil
8. reimpr. – 2017

A Venkat, que abriu nossos
corações e mentes aos desafios – e
alegrias – do empreendedorismo.
(RAB & SAS)

A Rebecca, Randy, Paul, Jessica e
Ted – pessoas que tornam a minha
vida o que ela quase sempre é:
uma jornada através da luz quente
e dourada do sol; e a Richard que
se mostrou forte – como eu sabia
que era – sempre que precisei dele.
(RAB)

A Lynne, por me apoiar ao escrever
este livro, assim como em todas as
coisas que faço; e a Hanna, por dar
à minha vida um objetivo central.
(SAS)

SUMÁRIO

PARTE I
Empreendedorismo: Quem, O quê, Por quê? 1

■ **CAPÍTULO 1 Empreendedorismo: Um Campo – E uma Atividade** 3
O Campo do Empreendedorismo: Sua Natureza e Raízes 6
   Empreendedorismo: Um Motor do Desenvolvimento Econômico 8
   Empreendedorismo: Fundamentos em Outras Disciplinas 10
Empreendedorismo: Uma Perspectiva Processual 12
   Níveis de Análise: Micro versus Macro 15
   Empreendedorismo: A Interseção entre Oportunidades Valiosas e Indivíduos Realizadores 17
Fontes de Conhecimento sobre Empreendedorismo: Como Sabemos O que Sabemos 18
   Observação, Reflexão e Experimentação: Caminhos Alternativos para o Conhecimento 19
   Teoria: Resposta às Perguntas "Por quê?" e "Como?" 24
Guia do Usuário para Este Texto 27
Resumo e Revisão dos Pontos-Chave 28

■ **CAPÍTULO 2 Descobrindo Oportunidades: Entendendo Oportunidades de Empreendedorismo e Análise do Setor** 31
Reconhecimento de Oportunidades: Uma Etapa-Chave no Processo Empreendedor 34
   Mudança Tecnológica 35
   Mudança Política e Regulamentar 36
   Mudança Social e Demográfica 37
Formas de Oportunidade: Além dos Novos Produtos e Serviços 38
Setores que Favorecem Novas Empresas: Terrenos Férteis para Novos Empreendimentos 40
   Condições do Conhecimento 40
   Condições da Demanda 42
   Ciclos de Vida do Setor 43
   Estrutura do Setor 45
Oportunidades e Novas Empresas 47
   Por que a Maioria das Oportunidades Beneficia as Empresas já Estabelecidas 47
   Oportunidades que Beneficiam Novas Empresas 49
   Atenção! Perigo Adiante! Explorando uma Inovação Incremental ao Abrir uma Empresa 52
Resumo e Revisão dos Pontos-Chave 54

■ **CAPÍTULO 3 Fundamentos Cognitivos do Empreendedorismo: Criatividade e Reconhecimento de Oportunidades**	59
Matérias-Primas para a Criatividade e o Reconhecimento de Oportunidades: Estruturas Mentais que Nos Permitem Armazenar – e Usar – Informações	62
Sistemas Cognitivos para Armazenar – e Usar – Informações: Memória, Esquemas e Protótipos	63
Capacidade Limitada para Processar Informações: Por que a Racionalidade Completa É mais Rara do que Você Pensa	66
Criatividade: Fugindo dos Círculos Viciosos	69
Atenção! Perigo Adiante! "Investi Demais para Desistir": Os Efeitos Potencialmente Devastadores dos Custos Passados	69
Criatividade: Gerando o Extraordinário	70
Conceitos: Os Blocos Construtivos da Criatividade	71
Criatividade e Inteligência Humana	73
Estimulando a Criatividade: A Abordagem da Confluência	74
Reconhecimento de Oportunidades: Uma Etapa-Chave no Processo Empreendedor	77
Acesso às Informações e Seu Uso Eficaz: A Essência do Reconhecimento de Oportunidades	79
Reconhecimento das Oportunidades: Percepções Adicionais da Ciência Cognitiva	81
Técnicas Práticas para Aumentar o Reconhecimento de Oportunidades	85
Resumo e Revisão dos Pontos-Chave	87

PARTE II

Reunindo os Recursos	91
■ **CAPÍTULO 4 Adquirindo Informações Essenciais: Por que "Olhar Antes de Saltar" É Realmente um Bom Conselho para Empreendedores**	93
Informações do Mercado: Determinando o que Seus Clientes Realmente Querem	95
Técnicas Diretas para Coletar Informações do Mercado: Pesquisas, Mapeamento Perceptual e Discussões em Grupo	96
Técnicas Indiretas para Coletar Informações do Mercado: O Empreendedor como Sherlock Holmes	99
Regulamentações e Políticas Governamentais: Como Elas Afetam Novos Empreendimentos	101
Impostos: Uma Consideração Importante para Empreendedores	102
Política Governamental: Cada Vez Mais Favorável a Novos Empreendimentos	104
Regulamentações Governamentais: O que Todo Empreendedor Deve Saber	106
Atenção! Perigo Adiante! Quando as Boas Idéias Não Dão Certo: O Custo de Ignorar as Regras	109
Interpretando Informações: Armadilhas em Potencial para Decisões em Grupo	110
Aceitando os "Favoritos Precoces": Ou Por que a Maioria Inicial Normalmente Vence	111
Polarização de Grupos: Por que os Grupos Freqüentemente Agem Irracionalmente	111
Pensamento Grupal: Quando a Coesão Excessiva entre os Membros de um Grupo se Torna Perigosa	112
Ignorando Informações Não Compartilhadas	113
Melhorando as Decisões do Grupo: Técnicas para Sair das Armadilhas	114
Resumo e Revisão dos Pontos-Chave	115

CAPÍTULO 5 Reunindo a Equipe: Adquirindo e Utilizando Recursos Humanos Essenciais — 119

Similaridade *versus* Complementaridade: "Conheça-te a Ti Mesmo" Revisitado — 121
   Auto-Avaliação: Saber o que Você Tem Ajuda a Determinar do que Precisa — 123
Escolhendo Co-Fundadores: Maximizando os Recursos Humanos do Novo Empreendimento — 126
   Administração da Imagem: A Arte de Parecer Bem – e como Reconhecê-la — 127
   Duplicidade: Além da Administração de Imagem — 129
   Atenção! Perigo Adiante! O Sócio que Não Era quem Dizia Ser: Quando a Percepção Social Falha — 131
Utilizando os Recursos Humanos do Novo Empreendimento: Criando Fortes Relações de Trabalho entre a Equipe Fundadora — 133
   Papéis: Quanto Mais Claros, Melhor — 133
   Imparcialidade Percebida: Um Componente Sutil, Mas Essencial — 135
   Comunicação Eficaz — 138
Ampliando os Recursos Humanos do Novo Empreendimento: Além da Equipe Fundadora — 140
   Contratando Funcionários Excelentes: O Papel Fundamental das Redes Sociais — 140
   Maior É Necessariamente Melhor? O Número de Funcionários como um Fator no Crescimento do Novo Empreendimento — 141
   Novos Empreendimentos Devem Contratar Funcionários Temporários ou Efetivos? Comprometimento versus Custo — 142
   Considerações Finais — 143
Resumo e Revisão dos Pontos-Chave — 143

CAPÍTULO 6 Financiando Novos Empreendimentos — 149

Por que É Tão Difícil Levantar Fundos? Os Problemas da Incerteza e da Assimetria de Informações — 152
   Problemas de Assimetria de Informações — 152
   Problemas de Incerteza — 153
   Soluções para Problemas de Financiamento por Capital de Risco — 154
Volumes e Fontes de Capital: Quanto e Qual o Tipo de que Você Precisa? — 157
   Volume de Capital Inicial — 158
   Estimando as Necessidades Financeiras: Custos Iniciais, Demonstrativos Financeiros, Demonstrativos de Fluxo de Caixa e Análise de Ponto de Equilíbrio — 159
   Tipos de Capital: Debêntures versus Participação — 164
Atenção! Perigo Adiante! Os Riscos de Levantar Recursos Insuficientes — 165
   Fontes de Capital — 166
A Estrutura do Financiamento por Capital de Risco — 171
   O Processo de Financiamento por Participação Acionária — 171
   Injeção Gradual de Investimento — 173
   O Custo do Capital — 174
Capital Social e o Lado Comportamental do Financiamento por Capital de Risco — 176
   Vínculos Sociais e o Processo de Levantar Fundos — 177
   Comportamentos e Ações que Estimulam Investidores — 178
Resumo e Revisão dos Pontos-Chave — 179

■ **CAPÍTULO 7 Redigindo um Plano de Negócio Eficaz: Elaborando um Guia para o Sucesso**	183
Por que Redigir um Plano de Negócio? Os Benefícios de Objetivos Bem Definidos	185
Componentes de um Plano de Negócio: Requisitos Básicos	188
O Resumo Executivo	190
Histórico, Produto e Objetivo	192
Análise de Mercado	193
Desenvolvimento, Produção e Localização	194
A Equipe Gerencial	194
Planos e Projeções Financeiras	195
Riscos Críticos: Descrevendo o que Pode Dar Errado	197
Colhendo as Recompensas: Colheita e Saída	198
Programação das Etapas e Marcos	198
Apêndices	199
Uma Observação sobre os Intangíveis	199
Atenção! Perigo Adiante! Os Sete Pecados Capitais dos Planos de Negócios de Novos Empreendimentos	200
Fazendo uma Apresentação Eficaz do Plano de Negócio: A Bola Está Definitivamente no *Seu* Campo	200
Resumo e Revisão dos Pontos-Chave	204

PARTE III

Lançando o Novo Empreendimento	209
■ **CAPÍTULO 8 O Formato Jurídico dos Novos Empreendimentos – E o Ambiente Jurídico em que Operam**	211
Os Formatos Jurídicos que os Novos Empreendimentos Podem Assumir	213
Firma Individual: Uma Empresa, Um Dono	213
Sociedades por Cotas: Diferentes Formatos, Diferentes Benefícios	214
Sociedades Anônimas: Responsabilidade Limitada, mas com um Preço	217
A S Corporation	219
A Sociedade de Responsabilidade Limitada (LLC)	220
A Joint Venture	220
A Sociedade Profissional	221
O Ambiente Jurídico dos Novos Empreendimentos: Alguns Fundamentos	221
Novos Empreendimentos e a Legislação	222
Atenção! Perigo Adiante! O que Pode Acontecer Quando os Empresários Desconhecem a Legislação	224
Contratos Empresariais: Componentes Essenciais	225
Elementos Básicos de um Contrato	225
Obrigações Contratuais	225
Franquias	226
Tipos de Franquia	227
Benefícios de Ser um Franqueado	227
Desvantagens de Ser um Franqueado	230
Aspectos Legais das Franquias	232
Tendência para a Franquia	234
Resumo e Revisão dos Pontos-Chave	235

CAPÍTULO 9 O Marketing em uma Nova Empresa — 239

Avaliando o Mercado — 242
   Começando com uma Necessidade Real — 242
   Avaliando as Preferências do Cliente e o Mercado para Novos Produtos e Serviços — 244
   Análise Conjunta: Determinando Quais Dimensões São Mais Importantes — 247

Dinâmica do Mercado — 249
   Conhecendo Seu Mercado: A Importância do Tamanho e do Crescimento do Mercado — 250
   Cronometrando o Mercado: A História da Curva em S — 250

Obtendo a Aceitação do Mercado — 253
   Padrões de Adoção: Entendendo Quais Clientes Adotam e Quando Adotam — 253
   Dos Primeiros Usuários à Primeira Maioria — 255
   Foco: Escolhendo os Clientes Certos para Ter na Mira Primeiro — 256
   Projeto Dominante: Convergência de Produtos e Seus Efeitos sobre Novos Empreendimentos — 257
   Padrões Técnicos: Fazendo os Clientes Adotarem Seu Projeto como o Padrão do Mercado — 258
   Atenção! Perigo Adiante! Bloqueado pelo Projeto Dominante: A História dos Veículos Elétricos — 259

O Processo de Marketing em uma Nova Empresa — 260
   Venda Pessoal: O Componente Central do Marketing Empreendedor — 261
   Definindo o Preço de Novos Produtos: O Papel da Estrutura de Custos e da Oferta e Procura — 262

Resumo e Revisão dos Pontos-Chave — 263

CAPÍTULO 10 Estratégia: Planejamento para Vantagens Competitivas — 269

Vantagem Competitiva: Um Ingrediente Essencial — 271

Estratégia: Protegendo os Lucros da Exploração de Oportunidade — 273
   Sigilo: Evitando que Terceiros Saibam ou Entendam como Explorar a Oportunidade — 273
   Atenção! Perigo Adiante! O Paradoxo de Arrow: O Problema da Divulgação — 276
   Estabelecendo Barreiras para a Imitação — 277

Franquear ou Licenciar? A Escolha do Formato Organizacional — 280
   Minimizando o Custo de Explorar a Oportunidade — 282
   Acelerando o Ritmo para o Mercado — 283
   Usando as Melhores Habilidades — 284
   Administrando os Problemas de Informação ao Organizar — 284

Administrando a Assimetria e a Incerteza das Informações na Busca de Oportunidades — 289
   Crescimento a Partir da Pequena Escala — 289
   Formando Alianças e Parcerias com Empresas Estabelecidas — 292
   Legitimando a Oportunidade e o Novo Empreendimento — 294

Resumo e Revisão dos Pontos-Chave — 296

CAPÍTULO 11 Propriedade Intelectual: Protegendo Suas Idéias — 301

Capturando os Lucros de Novos Produtos e Serviços — 303
   O Processo de Desenvolvimento de Produtos — 304
   Vantagens de uma Nova Empresa no Desenvolvimento de Produtos — 305

A Facilidade de se Imitar a Propriedade Intelectual dos Empreendedores	308
Atenção! Perigo Adiante! Contratos de Confidencialidade e Não-Concorrência	309
Formas Jurídicas de Proteção à Propriedade Intelectual	310
Patentes	311
Segredos Comerciais	316
Marcas Registradas	317
Direitos Autorais	318
Formas Não-Jurídicas de Proteção à Propriedade Intelectual	319
Curvas de Aprendizagem, Tempo de Vantagem e Vantagem do Pioneirismo	320
Recursos Complementares	323
Resumo e Revisão dos Pontos-Chave	325

PARTE IV

Operando a Empresa: Construindo um Sucesso Duradouro — 329

■ **CAPÍTULO 12 Habilidades Essenciais para os Empreendedores: Aperfeiçoando a Competência Social, Criando Confiança, Administrando Conflitos, Exercendo Influência e Lidando com o Estresse**	331
Convivendo Bem com os Outros: Construindo Competência Social	334
A Natureza das Habilidades Sociais	334
O Impacto da Competência Social sobre os Empreendedores	335
Trabalhando Eficazmente com Outras Pessoas: Construindo Confiança e Administrando Conflitos	338
Construindo Cooperação: O Papel Fundamental da Confiança	339
Administrando Conflitos: Evitando Problemas o Mais Cedo Possível	342
Atenção! Perigo Adiante! Como Criar um Conflito Afetivo Quando não Há Conflito Algum	345
Influenciando os Outros: Da Persuasão à Visão	346
Táticas de Influência: Quais São as Mais Comuns?	347
Outras Táticas para Influenciar: Do Agrado ao "Pé na Porta"	348
Controlando o Estresse: Como os Empreendedores Podem Sobreviver para Colher os Frutos de Seu Trabalho	350
Estresse: Natureza e Causas	350
Efeitos Adversos do Estresse	352
Técnicas Pessoais para Controlar o Estresse	354
Resumo e Revisão dos Pontos-Chave	357

■ **CAPÍTULO 13 Construindo os Recursos Humanos do Novo Empreendimento: Recrutando, Motivando e Retendo Funcionários Realizadores**	361
Recrutando e Selecionando Funcionários Realizadores	363
A Busca por Funcionários Realizadores: Sabendo o que Você Precisa e Onde Procurar	363
Seleção: Técnicas para Escolher a "Nata"	365
Motivando Funcionários: Maximizando o Valor dos Recursos Humanos do Novo Empreendimento	368
Tentando Chegar à Lua – Ou, Pelo Menos, ao Próximo Nível Acima: O Papel Fundamental das Metas – e da Visão	370

Vinculando as Recompensas ao Desempenho: O Papel das Expectativas	372
Imparcialidade: Um Ingrediente Essencial na Motivação	375
Atenção! Perigo Adiante! Roubo de Funcionários: Dando o Troco a um Empregador Injusto	377
Concebendo as Funções para Torná-las Motivadoras	378
Retendo Funcionários Realizadores	379
Sistemas de Gratificações: Relacionando Remuneração e Desempenho	379
Construindo o Comprometimento do Funcionário	381
Superando a "Barreira de Controle": Uma Observação sobre a Necessidade de se "Soltar"	383
Resumo e Revisão dos Pontos-Chave	386

PARTE V

Colhendo as Recompensas — 391

■ CAPÍTULO 14 Estratégias de Saída para Empreendedores: Quando – e Como – Colher as Recompensas — 393

Estratégias de Saída: As Principais Formas	395
Venda ou Transferência para Sócios e Funcionários: Sucessão, Aquisições Financiadas e Planos de Participação Acionária dos Funcionários	396
Venda para Pessoas de Fora: Quando a Determinação do Valor se Torna Crucial	400
Determinando o Valor de uma Empresa: Um Pouco de Arte, Um Pouco de Ciência	401
Tornando uma Empresa Pública: A Tentação das IPOs	405
Negociação: Processo Universal	407
Negociação: Sua Natureza Básica	407
Táticas de Negociação: Procedimentos para Reduzir as Ambições de um Oponente	408
Atenção! Perigo Adiante! Os Custos de Negociar para Vencer: Cuidado com os "Concorrentes Menores"!	411
Estratégias de Saída e o Tempo de Vida: Necessidades – e Metas – em Diferentes Momentos da Vida	412
Resumo e Revisão dos Pontos-Chave	416

GLOSSÁRIO	419
ÍNDICE REMISSIVO	429

PREFÁCIO

EM BUSCA DO EQUILÍBRIO IDEAL

Quase nunca falha: em um coquetel ou outra reunião social, alguém que acabamos de conhecer pergunta: "Em que você trabalha?". Quando dizemos que somos professores universitários, a próxima pergunta é algo do tipo "O que você ensina?". Quando respondemos "empreendedorismo", muitos se mostram fascinados e logo deixam claro *por quê*: a seus olhos, os empreendedores são um grupo realmente admirável – a versão moderna do personagem mitológico que podia transformar palha em ouro. No entanto, em vez de começar com a palha, nossos novos conhecidos presumem que os empreendedores começam com sonhos e idéias e transformam *estes* em ouro – novas empresas que os tornam incrivelmente ricos. Resumindo, muitas pessoas que conhecemos estão convencidas de que ministrar cursos sobre empreendedorismo e fazer pesquisas sobre o assunto é um trabalho muito empolgante.

Certamente não iremos argumentar contra *essa* conclusão! Ambos acreditamos que o empreendedorismo é um assunto fascinante. De fato, foi nosso comprometimento pessoal com a área do empreendedorismo que nos levou a escrever este livro. Mais especificamente, acreditamos que nos últimos anos houve rápidos progressos em direção ao objetivo de se entender o empreendedorismo como um processo; esse progresso, por sua vez, resultou em importantes implicações que serviram para ajudar os empresários em seus esforços para criar novos empreendimentos. Apenas um pequeno passo separou essas crenças de perguntarmos a nós mesmos: "Podemos escrever um novo texto que reflita com precisão essas mudanças – um texto que enfatize a crescente sofisticação e utilidade de nossa área?". Sendo otimistas por natureza, concluímos que valia a pena tentar e o resultado disso é o texto que você está prestes a ler.

Assim que decidimos escrever este livro, imediatamente percebemos que precisávamos de uma estratégia clara para atingir nosso objetivo – preparar um texto que representasse a área do empreendedorismo de forma abrangente, precisa e atualizada. Descreveremos aqui essa estratégia e as medidas específicas que tomamos para implementá-la. Mas antes de fazer isso, achamos importante tecer um breve comentário sobre vários princípios básicos que nortearam nosso pensamento ao longo deste projeto.

I. PRINCÍPIOS NORTEADORES

Eis um panorama dos princípios que nortearam nossos esforços para escrever este livro:

A. O empreendedorismo é um processo. Acreditamos que, recentemente, o empreendedorismo passou a ser visto mais como um *processo* em andamento do que como um evento único (por exemplo, a fundação de uma empresa ou o reconhecimento de uma oportunidade). Refletimos esse consenso crescente ao enfocar o processo empreendedor conforme ele se revela ao longo de várias fases distintas:

- **Geração de uma Idéia para uma Nova Empresa e/ou Reconhecimento de uma Oportunidade**
- **Reunião dos Recursos (Financeiros, Humanos, Computacionais) Necessários para Desenvolver a Oportunidade**
- **Lançamento do Novo Empreendimento**
  - **Administrando o Crescimento**
  - **Colhendo as Recompensas**

Embora as separações entre essas fases freqüentemente não sejam muito claras, algumas vezes ocorram ao mesmo tempo, e o ciclo geralmente se repita até mesmo dentro de empresas específicas, acreditamos que em geral os esforços dos empresários para começar novos empreendimentos seguem esse processo básico. Assim, este livro também adota essa seqüência e apresenta, de forma consistente, uma visão processual do empreendedorismo.

B. Em cada fase do processo, todas as variáveis de *nível individual*, as variáveis de *nível interpessoal* ou grupal e as variáveis de *nível social* desempenham um papel. Até recentemente, a área do empreendedorismo era marcada por uma discussão contínua sobre a seguinte questão: ao estudar o processo empreendedor, devemos nos concentrar no empreendedor (suas habilidades, técnicas, seus talentos, motivos, traços etc.), nas variáveis de nível grupal (informações fornecidas por terceiros, relações com co-fundadores, clientes, capitalistas de risco etc.) ou no contexto social em que o empreendedor opera (políticas governamentais, tecnologia, condições econômicas)? Consideramos essa questão, em grande parte, desnecessária, já que, durante cada fase do processo empreendedor, os três tipos de variáveis desempenham um papel.

Por exemplo, considere a questão do reconhecimento de oportunidades. Certamente, esse processo ocorre nas mentes de pessoas específicas e reflete o impacto das variáveis de nível individual, como o conhecimento existente e a história de vida da pessoa. Mas o reconhecimento de oportunidades não pode ocorrer a menos que algo potencialmente lucrativo surja das condições econômicas, sociais e tecnológicas em constante mudança – os fatores do nível social. Além disso, as outras pessoas com quem o empreendedor tem contato – amigos, sócios ou mesmo profissionais da mídia – são freqüentemente importantes fontes de informações e podem desempenhar um papel fundamental no reconhecimento de oportunidades (fatores de nível grupal). Resumindo, os três níveis de análise (individual, grupal e social) são relevantes e devem ser considerados para que se entenda totalmente o reconhecimento de oportunidades. **Sugerimos que isso seja verdadeiro para qualquer outra fase do processo empreendedor**; em outras palavras, os fatores de nível individual, grupal e social interagem para influenciar todas as ações e decisões tomadas por empreendedores. Conseqüentemente, todos os três níveis de análise estarão representados ao longo deste livro.

C. Não há separação ou tensão entre a teoria e a prática; ao contrário, esses são dois lados da mesma moeda. A área do empreendedorismo possui uma natureza dupla: de um lado, busca maior entendimento do processo – como ele se desdobra e os diversos fatores que o modelam e determinam o sucesso dos empreendedores; de outro, preocupa-se em fornecer aos empreendedores as informações práticas e habilidades que precisam para atingir seus objetivos. Há alguma "falta de conexão" entre esses dois objetivos? Em nossa opinião, de jeito nenhum! Em quase todas as áreas, é um princípio bem estabelecido o fato de que o conhecimento sistemático e um maior entendimento são necessários para uma prática bem-sucedida. Em outras palavras, devemos entender a natureza básica do empreendedorismo como um processo antes de continuarmos com a tarefa de fornecer aos empreendedores a ajuda prática que buscam. Por esse motivo, perseveramos ao longo do texto para atingir um bom equilíbrio entre teoria e pesquisa, de um lado, e aplicação e conselhos práticos, de outro. Em cada capítulo, resumimos o conhecimento mais avançado sobre aspectos específicos do processo empreendedor – e então indicamos como essas informações podem ser aplicadas para resolver os problemas práticos enfrentados pelos empreendedores. Esse é o **equilíbrio ideal** mencionado no título deste prefácio e atingi-lo é um dos principais objetivos deste livro.

D. Muitas perspectivas podem contribuir para nossa compreensão do empreendedorismo. A área de empreendedorismo é eclética por natureza: tem raízes importantes em muitas disciplinas mais antigas e mais bem estabelecidas, como a economia, a psicologia, a administração e a sociologia. Cada uma dessas áreas oferece uma perspectiva diferente e pode contribuir significativamente para nossa compreensão do empreendedorismo como processo. Dessa forma, representar todas elas por completo neste livro foi outro princípio norteador que adotamos. O fato de que nosso treinamento e experiência juntos cobrem praticamente todas essas áreas [psicologia, comportamento organizacional/gestão de recursos humanos (Baron); administração, economia (Shane)] ajudou-nos a garantir que adotaríamos uma abordagem eclética e inclusiva. Mas como esse é um objetivo importante demais para ser subestimado, também transformamos a inclusão dessas diferentes perspectivas em um de nossos princípios norteadores.

II. CARACTERÍSTICAS ESPECÍFICAS CONCEBIDAS PARA FAZER DESTE UM LIVRO MAIS ÚTIL

Concordar sobre os princípios norteadores é uma coisa; implementá-los de forma consistente é outra. Então, como incorporamos esses princípios ao longo deste livro? Algumas medidas específicas que tomamos foram as seguintes:

A. Amplitude de cobertura. Primeiro, tentamos fornecer uma cobertura bastante ampla da área de empreendedorismo. De acordo com esse objetivo, incluímos muitos tópicos não abordados em outros textos. A seguir, uma pequena amostra:

- Bases cognitivas da criatividade e reconhecimento de oportunidades
- Escolha prudente de co-fundadores
- Técnicas indiretas para coleta de informações de marketing
- Potenciais armadilhas enfrentadas por grupos tomadores de decisão
- O ambiente jurídico da empresa (por exemplo, contratos de negócios)
- O processo de marketing em uma nova empresa
- Recursos complementares como estratégia para desempenho de uma nova empresa
- Habilidades pessoais essenciais para empreendedores: criando confiança, exercendo influência, administrando o estresse
- Recrutamento, seleção e motivação de funcionários realizadores
- O impacto das vidas pessoais dos empreendedores (por exemplo, suas famílias) sobre o seu sucesso
- O papel das habilidades de negociação nas estratégias de saída
- Desenvolvendo e protegendo a propriedade intelectual
- Como fazer uma apresentação eficaz do plano de negócio

B. Equilíbrio entre teoria e prática. Para alcançar esse equilíbrio, incluímos, em cada capítulo, as mais recentes descobertas e informações disponíveis. Resultado: a pesquisa que temos como base é bastante atual, com muitas citações a partir do ano 2000. Para garantir que a prática esteja bem representada, incluímos este item especial:

Atenção! Perigo Adiante! Essas seções destacam ciladas e riscos potenciais dos quais os empreendedores devem estar cientes, pois eles podem ser fatais a seus novos empreendimentos e sonhos. E o que é mais importante: essas seções apresentam exemplos práticos dos principais conceitos descritos em cada capítulo.

Alguns exemplos:

- Explorando uma Inovação Incremental ao Abrir uma Empresa (Capítulo 2);
- "Investi Demais para Desistir": Os Efeitos Potencialmente Devastadores dos Custos Passados (Capítulo 3);
- O que Pode Acontecer Quando os Empresários Desconhecem a Legislação (Capítulo 8);
- Bloqueado pelo Projeto Dominante: A História dos Veículos Elétricos (Capítulo 9);
- Roubo de Funcionários: Dando o Troco a um Empregador Injusto (Capítulo 13).

III. CARACTERÍSTICAS CONCEBIDAS PARA TORNAR O LIVRO MAIS ATRAENTE PARA OS LEITORES

Nossa experiência de ensino (mais de 50 anos somados) nos diz que se os alunos acham a leitura de um livro difícil ou chata, seu valor é nitidamente reduzido. Tendo isso em mente, incluímos várias características para tornar esta obra mais interessante e mais conveniente de usar. Primeiro, ela foi escrita em um estilo que acreditamos ser claro e direto – um estilo que irá se comunicar com os leitores, em vez de entediá-los ou irritá-los. Segundo, incluímos uma série de recursos cuja finalidade é ajudar os alunos em seus estudos. Todos os capítulos começam com os **Objetivos de Aprendizado**. Os diagramas e gráficos foram cuidadosamente preparados para este texto e contêm legendas especiais para ajudar os leitores a interpretá-los corretamente (ver exemplo na p. 22). Cada capítulo termina com um **Resumo e Revisão dos Pontos-Chave**.

Todos os **termos-chave** estão impressos em **negrito** no corpo do texto e são definidos no **Glossário** ao final do livro. Os materiais no término de cada capítulo incluem **Questões para Discussão**, criadas para estimular o debate acerca dos principais pontos em sala de aula, e vários exercícios práticos em **Arregaçando as Mangas**, criados para dar aos leitores oportunidade de praticar segundo os princípios apresentados e para ajudar os alunos a elaborar um estudo de viabilidade ou plano de negócio para sua própria idéia de empreendimento.

Acreditamos que, juntas, essas características farão deste um livro consultado de fato pelos alunos – e isso é, obviamente, o primeiro passo crucial em direção ao aprendizado.

IV. AGRADECIMENTOS

Muitos de nossos colegas gentilmente contribuíram com comentários e sugestões durante a elaboração e desenvolvimento deste texto. Somos gratos por seu tempo e *feedback* cuidadoso.

Joseph E. Combs
University of Richmond
Todd A. Finkle
University of Akron
Gerry George
University of Wisconsin
Samuel R. Gray
New Mexico State University
Andrea S. Hershatter
Emory University
Michael Lounsbury
Cornell University
Gary Libecap
University of Arizona
Kenneth Maddux Jr.
St. Cloud University

Gideon D. Markman
University of Georgia
Peter Marton
Tufts University
Pamela Pommerenke
Michigan State University
George W. Rimler
Virginia Commonwealth University
Harry J. Sapienza
University of Minnesota
Richard L. Smith
Iowa State University
Monica A. Zimmerman
Temple University

V. COMENTÁRIOS FINAIS

Olhando para trás, podemos dizer que não poupamos esforços para tornar este livro o mais preciso, abrangente, atualizado e útil possível para os leitores. Trabalhamos duro para atingir nossos objetivos de representar a área como existe hoje e obter o equilíbrio entre teoria, pesquisa e prática que acreditamos ser tão crucial. Tivemos êxito? Só você, leitor deste livro, pode responder. Sendo assim, por favor, compartilhe conosco suas reações, sugestões e comentários nos endereços de e-mail a seguir. Ficaremos felizes em receber sua contribuição e, o que é mais importante, iremos considerá-la com cuidado. Agradecemos desde já por sua ajuda.

Robert A. Baron
baronr@rpi.edu

Scott A. Shane
sas46@cwru.edu

OBSERVAÇÃO AOS ALUNOS

Este Livro: Uma Ferramenta Útil para Estudar... e para Abrir Sua Própria Empresa

Quando nos recordamos de nossos anos na faculdade, nós dois nos lembramos de ter lido textos que eram, sinceramente, *atordoantes*. Além de serem chatos e difíceis de entender, não ofereciam nenhuma ajuda quando tentávamos estudá-los, muitas vezes tarde da noite. E como eram de difícil leitura, tornava-se bastante complicado guardar qualquer informação útil que contivessem; queríamos apenas esquecê-los o mais rápido possível!

Conseqüentemente, quando decidimos escrever este texto, prometemos a nós mesmos que não seria esse o tipo de livro que iríamos produzir. Muito pelo contrário, faríamos o melhor possível para preparar um texto útil e fácil de ler, tanto agora, ao estudar para as provas, quanto no futuro, quando você abrir sua própria empresa. Que medidas tomamos para atingir esses ambiciosos objetivos? Eis uma visão geral:

- **Principais Termos em Negrito:** Nossos alunos com freqüência perguntam: "Quais são os pontos ou conceitos mais importantes?". Para ajudá-lo a reconhecê-los, os principais termos estão impressos em **negrito**.
- **Glossário:** Além disso, esses termos principais são claramente definidos no final deste livro. Essas definições irão ajudá-lo a se lembrar do significado desses termos, quer ao estudar para as provas, quer ao usar as informações deste livro para abrir sua própria empresa.
- **Legendas Especiais em Todos os Diagramas e Gráficos:** Em vez de simplesmente copiar os diagramas e gráficos de outras fontes, criamos *todos* eles especialmente para que sejam fáceis de entender. E para ajudá-lo a compreender os principais pontos que eles ilustram, todos os diagramas e gráficos contêm legendas que chamam sua atenção para esses pontos, explicando por que eles são importantes.
- **Resumo e Revisão dos Pontos-Chave Principais:** Todos os pontos principais são resumidos ao término de cada capítulo. Isso facilita a releitura e possibilita uma melhor compreensão da relação que possuem entre si.

- **Exercícios "Arregaçando as Mangas" ao Final de cada Capítulo:** Esses exercícios lhe oferecerão uma oportunidade de prática real dos principais conceitos apresentados. Juntos, eles irão ajudá-lo na elaboração de um estudo de viabilidade ou plano de negócio real para seu novo empreendimento.
- **Atenção! Perigo Adiante!** Essas seções foram concebidas para enfatizar os potenciais perigos que estão à espreita dos empreendedores descuidados. Reconhecer essas armadilhas irá ajudá-lo a evitar muitas experiências dolorosas no futuro!

Acreditamos que, juntas, essas características tornam o livro mais interessante de ler, mais útil como ferramenta de estudo e – o que talvez seja o mais importante – uma boa fonte de informações práticas, que você poderá usar quando começar sua própria empresa. Esperamos que concorde com isso e que este seja o livro que você consulte repetidas vezes nos anos que virão. Boa sorte, tanto em seu curso como nos emocionantes anos vindouros, quando *você* abrirá as empresas que modelarão o futuro.

    Robert A. Baron   Scott A. Shane
    baronr@rpi.edu   **sas46@cwru.edu**

MATERIAL DE APOIO ON-LINE

Na página do livro, no site da Cengage (www.cengage.com.br), estão disponíveis os seguintes materiais, mediante cadastro:

Para os professores:
- Slides em Power Point®, em inglês, para os professores terem como modelo.
- Questões com respostas, em inglês, como base para o professor aplicar em sala de aula.

Para os alunos e professores:
- Entrevistas feitas pelos autores a empreendedores, que relatam seus sucessos e percalços durante o estabelecimento de um novo negócio.

SOBRE OS AUTORES

Robert A. Baron é *Dean R. Wellington Professor* de Administração, professor de Psicologia e doutor pela University of Iowa. Recentemente, concluiu seus mandatos como pró-reitor interino e como diretor interino do Severino Center for Technological Entrepreneurship (2001-2002). Exerceu o cargo de docente na Purdue University, na University of Minnesota, na University of Texas, na University of South Carolina, na University of Washington e na Princeton University. Em 1982, foi pesquisador visitante na Oxford University. De 1979 a 1981, atuou como diretor de programa na National Science Foundation (Washington, D.C.). Em 2001, o Ministério de Pesquisa francês nomeou-o pesquisador visitante sênior;

posto que exerceu na Universite des Sciences Sociales, em Toulouse. É membro da American Psychological Association desde 1978 e membro fundador da American Psychological Society.

Publicou mais de cem artigos em periódicos profissionais e 30 capítulos em coletâneas. É autor ou co-autor de mais de 40 livros nas áreas de administração e psicologia, incluindo *Behavior in Organizations* (8ª edição) e *Social Psychology* (10ª edição).

Atuou como membro do conselho administrativo da Albany Symphony Orchestra (1993-1996). Detém três patentes nos Estados Unidos e foi o fundador, presidente e diretor-presidente da Innovative Environmental Products, Inc. (1993-2000).

Suas atividades de consultoria e pesquisa concentram-se principalmente nos seguintes assuntos: (1) fatores sociais e cognitivos no empreendedorismo, (2) agressão e violência no local de trabalho e (3) o impacto do ambiente físico (iluminação, qualidade do ar, temperatura) sobre a produtividade.

Scott A. Shane é professor de Economia e Empreendedorismo na Weatherhead School of Management da Case Western Reserve University e diretor acadêmico do Center for Regional Economic Issues; possui doutorado pela University of Pennsylvania. Exerceu o cargo de docente na University of Maryland, no Massachusetts Institute of Technology e no Georgia Institute of Technology. É autor de mais de 50 artigos acadêmicos sobre empreendedorismo e gestão de inovação. Seus trabalhos foram publicados nos periódicos *Management Science, Academy of Management Journal, Academy of Management Review, Strategic Management Journal, Decision Science, Journal of Economic Behavior and Organization, Journal of Management, Journal of Business Venturing, Journal of International Business Studies* e *Entrepreneurship Theory and Practice*, entre outros. Atualmente, é editor departamental da Divisão de Desenvolvimento de Produtos, Empreendedorismo, Inovação e P&D da *Management Science*. Sua pesquisa atual investiga como os empreendedores descobrem e avaliam as oportunidades, reúnem recursos e concebem organizações. Atuou como consultor em diversas organizações de grande e pequeno porte e ensinou em programas de formação de executivos na Noruega, na Polônia, na Nova Zelândia e nos Estados Unidos. Sua pesquisa já foi citada no *The Wall Street Journal* e na *Entrepreneur Magazine*.

Empreendedorismo:
Quem, O quê, Por quê?

PARTE I

CAPÍTULO 1
Empreendedorismo:
Um Campo – e uma Atividade

CAPÍTULO 2
Descobrindo Oportunidades:
Entendendo Oportunidades de
Empreendedorismo e Análise do Setor

CAPÍTULO 3
Fundamentos Cognitivos do
Empreendedorismo:
Criatividade e Reconhecimento
de Oportunidades

O que é o empreendedorismo exatamente, tanto como atividade quanto como área de estudo? De que forma se desenvolve como um processo ao longo do tempo? Como podemos coletar informações sistemáticas e válidas a seu respeito? O que são oportunidades e como surgem? Que fatores cognitivos desempenham um papel na criatividade e na geração de idéias para novos produtos ou serviços? Entender essas questões básicas é essencial para se compreender o que seguirá ao longo deste livro – um exame profundo de todo o processo empreendedor –, então, nos concentraremos nelas nesta seção inicial do texto.

Empreendedorismo:
Um Campo – E uma Atividade

1

OBJETIVOS DE APRENDIZADO

Após ler este capítulo, você deve ser capaz de:

1. Definir "empreendedorismo" como um campo de negócios.
2. Explicar por que as atividades dos empreendedores são tão importantes para as economias de seus países e por que o empreendedorismo é uma escolha profissional cada vez mais popular.
3. Descrever a perspectiva processual sobre o empreendedorismo e relacionar as principais fases desse processo.
4. Explicar por que o empreendedorismo pode ser visto como resultado da interseção entre pessoas e oportunidades.
5. Explicar por que certas fontes de conhecimento sobre o empreendedorismo são mais confiáveis e úteis do que outras.
6. Descrever a natureza básica da observação, experimentação e reflexão sistemática (ou seja, o método de caso e outros métodos qualitativos).
7. Explicar o papel da teoria no campo do empreendedorismo.

> "Boa parte do progresso norte-americano é produto do indivíduo que teve uma idéia, foi atrás dela, modelou-a, ateve-se firmemente a ela durante todas as adversidades e então produziu essa idéia, vendendo-a e lucrando com ela."
> (Hubert Humphrey, 1966)

Na primavera de 1990, eu (Robert Baron) tive minha primeira chance (mas não a última, acho) de observar por mim mesmo a sabedoria das palavras do senador Humphrey. A situação se deu mais ou menos da seguinte forma: minha filha era segundanista em uma grande universidade estadual. Ela adorava a faculdade, mas não parava de reclamar sobre o alojamento: "É tão barulhento que não consigo estudar", ela me disse, "e o ar é terrível – empoeirado, viciado e, além de tudo, cheira mal!". Então ela me disse algo que, de certa forma, mudou minha vida: "Pai, você é um especialista em como o ambiente físico afeta as pessoas, então por que não inventa alguma coisa que possa melhorar isso?". (Ela se referia ao fato de que, por mais de 15 anos, realizei pesquisas sobre o impacto de fatores ambientais como temperatura, qualidade do ar e iluminação no desempenho humano.) Eu havia atuado como consultor em diversas empresas em tais assuntos, mas até aquele momento, não tinha realmente pensando em "inventar" um produto que ajudasse a lidar com problemas como o barulho excessivo e o ar empoeirado e viciado em pequenos espaços como escritórios ou quartos de alojamentos estudantis. Após o comentário da minha filha, algo começou a funcionar em minha mente: seria possível projetar um dispositivo que resolvesse os problemas que ela havia mencionado? Se eu pudesse, o dispositivo não seria ao mesmo tempo útil e altamente vendável? Como não sou engenheiro, comecei a procurar um especialista que pudesse me ajudar a transformar essa idéia em um produto real. Logo encontrei alguém (embora, como observarei mais adiante neste capítulo, talvez não fosse a pessoa certa!) e juntos criamos um protótipo operacional: um dispositivo que filtrava o ar, continha um sistema separado para redução de ruído e outro sistema para liberação de odores agradáveis. Cada um desses sistemas podia ser operado pelo usuário de forma independente. Nesse momento, achamos que tínhamos conseguido alguma coisa, então, fizemos um pedido de patente nos Estados Unidos. Obtivemos essa patente, além de outras duas para produtos relacionados, nos dois anos seguintes. No entanto, havia outro desafio: como levar o produto ao mercado. Fizemos uma verificação cuidadosa e ficamos sabendo que para nós mesmos fabricarmos o produto precisaríamos de vários milhões de dólares em equipamentos; decidimos, então, procurar uma empresa para parceria. Essa busca foi bem-sucedida e dentro de um ano nosso produto – que chamamos de PPS (*Personal Privacy System*, ou sistema de privacidade individual, em português) – estava sendo vendido em lojas e pela televisão por intermédio de uma grande empresa que se associou a nós. Minha própria empresa (a IEP, Inc.) cuidava de vendas diretas por meio de uma página na internet e de anúncios em revistas. Nosso produto continuou a ser comercializado por vários anos e a IEP tornou-se modestamente – mas não imensamente – lucrativa. Encerramos nossas operações em 2000, principalmente porque eu havia atingido um ponto em que precisava escolher entre minha carreira como professor ou administrar a empresa em tempo integral, mas também porque percebi que havia caído em várias das principais armadilhas que espreitam o caminho de empreendedores descuidados (como escolher sócios de forma insensata e perder o controle sobre a qualidade dos produtos). No entanto, durante sete anos fui um empreendedor em todos os sentidos da palavra e, quando sinto vontade de fazê-lo novamente (algo cada vez mais freqüente), chego à conclusão de que posso voltar a ser um empreendedor no futuro.

Por que iniciamos com essa história pessoal? Principalmente porque nos ajuda a estabelecer vários argumentos que serão temas importantes ao longo deste texto. Primeiro, ela ilustra o fato de que o empreendedorismo é um *processo* – uma cadeia de eventos e atividades que ocorrem ao longo do tempo – em alguns casos, períodos consideráveis de tempo. Ele começa com uma idéia para algo novo – muitas vezes, um novo produto ou serviço. Mas esse é apenas o princípio: a menos que o processo continue para que a idéia seja transformada em realidade (de fato levada ao mercado por meio de uma nova empresa de licenciamento a empresas já existentes etc.), não se trata de empreendedorismo, mas apenas de um exercício de criatividade ou geração de idéias.

Segundo, essa breve história pessoal destaca o fato de que nós dois realmente temos experiência prática e direta como empreendedores. O resultado disso é que, quando escrevemos sobre os processos envolvidos no empreendedorismo – processos como reconhecer uma oportunidade e desenvolver os meios para explorá-la –, encaramos esses eventos e atividades do lado de *dentro* e não como meros observadores. Como iremos observar em discussões posteriores, achamos que isso é bastante importante para fazer deste um livro não só preciso e atualizado, mas também útil a todos que já são ou que desejam se tornar empreendedores.

Tendo esclarecido esses importantes pontos, nos voltaremos às diversas tarefas que desejamos realizar neste capítulo inicial e que são apresentadas resumidamente a seguir. Primeiramente, definiremos empreendedorismo como atividade e como campo de estudo. A seguir, apresentaremos uma estrutura conceitual para se entender o empreendedorismo como *processo* – que se desenvolve ao longo do tempo. Esse processo é afetado por diversos fatores, alguns relacionados aos indivíduos (ou seja, aos empreendedores), alguns às suas relações com outras pessoas (sócios, clientes, investidores) e outros à sociedade como um todo (regulamentações governamentais, condições do mercado). Um dos principais temas deste livro é o que afirma que todas as três categorias de fatores (individuais, grupais e sociais) desempenham um papel importante em cada fase do processo empreendedor. Como parte dessa discussão, enfatizaremos outro tema importante: no centro do processo empreendedor está a interseção entre as oportunidades geradas pelas condições sociais, tecnológicas e econômicas em mudança e as pessoas empreendedoras capazes de distinguir oportunidades potencialmente valiosas de outras de valor inferior e capazes de explorá-las efetivamente. Esse tema será visto com mais detalhes no Capítulo 2, que enfoca o surgimento de oportunidades, e no Capítulo 3, que enfoca o papel da cognição nesse processo.

Em terceiro lugar, consideraremos a questão de como sabemos o que sabemos atualmente sobre empreendedorismo – em outras palavras, como as informações apresentadas neste livro foram obtidas. Acreditamos que isso é importante pois, em geral, é perigoso aceitar *qualquer* informação como verdadeira sem conhecer algo a respeito de sua origem. Por fim, apresentaremos uma visão geral do conteúdo deste livro e uma descrição de suas características especiais.

Por que começamos com essas tarefas preliminares em vez de partir logo para uma discussão sobre os diversos aspectos do empreendedorismo? O motivo principal é: resultados de pesquisas na área da ciência cognitiva apontam que as pessoas têm uma chance muito maior de entender, lembrar e usar novas informações se primeiro forem introduzidas a uma estrutura conceitual para organizar essas informações. Acreditamos que este texto contém muitas informações novas sobre empreendedorismo – informações que você provavelmente ainda não viu. Os tópicos discutidos neste capítulo introdutório lhe fornecerão uma estrutura para que você transforme essas informações em conhecimento próprio e para que as use em sua vida e em sua carreira. Leia com atenção – este será um esforço bem empregado e com certeza irá ajudá-lo a entender as informações apresentadas nos capítulos posteriores.

O CAMPO DO EMPREENDEDORISMO: SUA NATUREZA E RAÍZES

Definições são sempre traiçoeiras, e para uma área nova como o empreendedorismo, a tarefa é ainda mais complexa. Não é de surpreender, então, que não exista atualmente um consenso sobre a definição de empreendedorismo como uma área de estudo dos negócios ou como uma atividade em que as pessoas se envolvem. Dito isso, devemos observar que uma definição apresentada recentemente por Shane e Venkataraman[1] tem recebido aceitação crescente. Em uma paráfrase ampla, a definição deles sugere o seguinte: o empreendedorismo, como uma área de negócios, busca entender como surgem as oportunidades para criar algo *novo* (novos produtos ou serviços, novos mercados, novos processos de produção ou matérias-primas, novas formas de organizar as tecnologias existentes); como são *descobertas* ou criadas por *indivíduos específicos* que, a seguir, usam meios diversos para *explorar* ou *desenvolver* essas coisas novas, produzindo assim uma ampla gama de *efeitos* (itálico adicionado pelos presentes autores). Por implicação, essa definição sugere que o empreendedorismo, como atividade executada por indivíduos específicos, envolve as ações-chave que mencionamos anteriormente: identificar uma oportunidade – que seja potencialmente valiosa no sentido de poder ser explorada em termos práticos como um negócio (ou seja, uma oportunidade que possa produzir lucros sustentáveis) – e identificar as atividades envolvidas na exploração ou no desenvolvimento real dessa oportunidade.

Além disso, como observaremos em uma seção posterior deste capítulo, o processo não termina com o lançamento do novo empreendimento; ele também envolve a capacidade de administrar uma nova empresa com sucesso após a sua criação.

Acreditamos que essa é uma definição clara e útil, que captura a essência do empreendedorismo. Embora ela ajude a esclarecer muitas dúvidas importantes, a mais crucial delas talvez seja: "O que é preciso para que alguém se torne um empreendedor?". Obviamente, se não pudermos chegar a um acordo sobre *essa* questão, há pouca esperança de desenvolvermos um conhecimento sistemático sobre de que trata o empreendedorismo. Para ver como a definição apresentada por Shane e Venkataraman traz uma contribuição significativa a esse respeito, considere os indivíduos a seguir. Para cada um deles, faça a si mesmo esta pergunta: "Essa pessoa é, de fato, um empreendedor?".

- Uma mulher que gosta de fazer aperitivos para as festas que dá em sua casa e é sempre elogiada pelos amigos, que lhe dizem como são gostosos, abre uma empresa para fazer e vender esses aperitivos.

---

[1] Shane, S.; Venkataraman, S. The promise of entrepreneurship as a field of research. *Academy of Management Review*, 25: 217-26, 2000.

- Um pesquisador universitário envolvido em pesquisa básica sobre a bioquímica da vida faz importantes descobertas que ultrapassam as fronteiras de sua área; no entanto, ele não possui interesse em identificar os usos práticos de suas descobertas e não faz nenhuma tentativa a esse respeito.
- Após ser "cortado" de seu emprego de gerente, um homem de meia-idade tem a idéia de processar pneus velhos de uma maneira especial para produzir cercados para jardins (bordas que mantêm os diferentes tipos de plantas separadas).
- Um oficial reformado do exército desenvolve a idéia de comprar do governo veículos anfíbios obsoletos e usá-los em uma empresa especializada em viagens para regiões selvagens e remotas que pretende abrir.
- Uma jovem cientista da computação desenvolve um novo software muito melhor do que qualquer um disponível atualmente no mercado; ela busca capital para abrir uma empresa e vender o produto.

Quais desses indivíduos são empreendedores? À primeira vista, você pode ficar tentado a concluir que apenas os dois últimos são empreendedores de fato – que apenas *eles* estão criando algo realmente novo. No entanto, acreditamos que *todas* essas pessoas, com exceção do pesquisador universitário, são empreendedoras. Por quê? Lembre-se de nossa definição: o empreendedorismo envolve reconhecer a oportunidade para criar algo novo – e isso não precisa ser um novo produto ou serviço. Muito pelo contrário, pode se tratar de reconhecer uma oportunidade para desenvolver um novo mercado, usar uma nova matéria-prima ou desenvolver um novo meio de produção, para mencionar apenas algumas possibilidades. De acordo com essa definição, a mulher que faz aperitivos está agindo como empreendedora, pois reconheceu um novo mercado – que pagará um preço adicional por aperitivos que tenham um sabor realmente caseiro. Na verdade, foi isso o que Nancy Mueller fez quando criou a Nancy's Specialty Foods – empresa que ela vendeu há pouco tempo por dezenas de milhões de dólares.

De forma similar, o executivo demitido está usando uma nova "matéria-prima" – pneus velhos – de um jeito novo. Isso também é empreendedorismo. O oficial reformado do exército e a cientista da computação também são empreendedores. Ambos identificaram oportunidades para novos produtos ou serviços e tomaram medidas efetivas para transformar suas idéias em empresas em atividade.

Em oposição, o pesquisador universitário não é um empreendedor, de acordo com nossa definição. Embora sua pesquisa possa agregar bastante ao conhecimento humano, o fato de ele não fazer nenhum esforço para aplicar suas descobertas ao desenvolvimento de novos produtos, serviços, mercados ou meios de produção indica que ele não é um empreendedor. Ele certamente está desempenhando um papel importante na sociedade, mas não é um empreendedor.

Assim, em essência, o empreendedorismo requer a criação ou o reconhecimento de uma aplicação comercial para uma coisa nova. A nova aplicação comercial pode assumir diferentes formas, mas simplesmente inventar uma nova tecnologia, produto ou serviço ou gerar uma nova idéia não é suficiente por si só. Muitas invenções nunca resultam em produtos reais pelo simples motivo de não oferecerem benefícios comerciais (ou porque ninguém imagina um uso comercializável para elas), não podendo, assim, servir de base para uma nova empresa lucrativa. Para concluir, concordamos com Shane e Venkataraman que o empreendedorismo emerge da interseção entre o que poderia ser chamado de "inspirado" e o "mundano", reconhecendo oportunidades para algo novo que as pessoas irão querer ter ou usar e tomar medidas enérgicas para transformar essas oportunidades em negócios viáveis e lucrativos.

Uma Observação sobre Empreendedorismo Interno

Antes de passarmos a outros tópicos, devemos fazer a breve observação de que reconhecer oportunidades para a criação ou desenvolvimento de algo novo pode ocorrer tanto dentro das organizações existentes como fora delas. Muitas empresas de sucesso estão bastante preocupadas em motivar inovações e em tomar medidas ativas para oferecer um ambiente onde elas possam florescer[2]. Isso envolve medidas como desenvolver uma cultura empresarial receptiva a novas idéias, em vez de uma cultura que freqüentemente as rejeite, além de fornecer compensações concretas para a inovação[3]. Por exemplo, a General Electric (GE) oferece aos funcionários que apresentam idéias inovadoras uma participação nos lucros advindos delas. O resultado? A GE obteve mais patentes nos Estados Unidos durante as últimas décadas do que qualquer outra empresa americana, e agora detém mais de 51 mil patentes ao todo! Os indivíduos que agem como empreendedores em uma empresa são freqüentemente descritos como **empreendedores internos** – pessoas que criam algo novo, mas dentro de uma empresa existente, em vez de fundar um novo negócio. Embora nosso enfoque, ao longo desse livro, resida firmemente no empreendedorismo, gostaríamos de observar que os indivíduos podem ter uma atuação empreendedora em diferentes contextos, incluindo em grandes empresas já existentes.

Empreendedorismo: Um Motor do Desenvolvimento Econômico

Quando um de nós (Robert Baron) começou sua carreira como professor universitário (em 1968), cursos como esse que você está freqüentando não existiam. Por outro lado, nos dias de hoje, eles são oferecidos por quase todas as escolas de administração ou de negócios e têm demonstrado um padrão de matrícula que vem aumentando rapidamente nos últimos anos. Por quê? Um motivo é que tais cursos refletem o crescimento paralelo do número de pessoas que escolhem se tornar empreendedoras – ou que desejam começar seu próprio negócio. A cada ano, mais de 600 mil novas empresas são abertas somente nos Estados Unidos, um número que praticamente duplicou nas duas últimas décadas[4]. Embora nem todas essas empresas atendam à nossa definição de envolvimento com o empreendedorismo, todas – desde que sejam bem-sucedidas – contribuem para o desenvolvimento econômico. Reflita sobre os seguintes fatos:

---

[2] Ricchiuto, J. *Collaborative creativity*. Nova York: Oakhill, 1997.
[3] Koen, P. A.; Baron, R. A. Predictors of resource attainment among corporate entrepreneurs: Executive champion versus team commitment. Trabalho apresentado na Babson-Kauffman Entrepreneurship Research Conference. Babson Park, MA, jun. 2003.
[4] Dun & Bradstreet, 1999.

- Durante os anos 1990, as grandes corporações dos Estados Unidos cortaram mais de 6 milhões de empregos. No entanto, a taxa de desemprego caiu para os níveis mais baixos já registrados, principalmente como resultado das novas empresas abertas por empreendedores.
- Recentemente, mais de 900 mil novas empresas foram fundadas nos Estados Unidos [U. S. Small Business Administration (SBA), 1999].
- Atualmente, mais de 10 milhões de pessoas trabalham por conta própria nos Estados Unidos (U.S. SBA, 1998) – aproximadamente uma em cada oito pessoas!
- Embora o número de novas empresas criadas a cada ano tenha aumentado com regularidade, o número de empresas abertas por mulheres e minorias aumentou ainda mais drasticamente; por exemplo, o número de empresas de propriedade de minorias aumentou 168% entre 1987 e 1997, para um total de 3,25 milhões de empresas, que juntas empregam mais de 4 milhões de pessoas e geram US$ 495 bilhões de receita (U.S. SBA, 1999).

Essas estatísticas indicam que as atividades dos empreendedores realmente provocam grande impacto nas economias de suas sociedades.

Mesmo um breve olhar pela história sugere que os empreendedores sempre existiram e sempre "atraíram atenção" em suas sociedades: grandes fortunas com certeza foram acumuladas por empreendedores do passado, como John D. Rockefeller, Andrew Carnegie e Cornelius Vanderbilt. No entanto, importantes evidências indicam que cada vez mais pessoas estão buscando ou levando em conta esse papel. Que fatores são responsáveis por essa tendência? Muitos fatores parecem estar envolvidos nisso. Primeiro, a mídia está cheia de relatos entusiasmados de empreendedores de sucesso, como Michael Dell, Bill Gates e Mary Kay Ash. Como resultado, o papel do empreendedor assumiu uma aura bastante positiva e atraente. Em uma época em que os heróis políticos e militares são poucos e espaçados no tempo, os empreendedores, de certa forma, se tornaram os novos heróis e heroínas, então, não é surpreendente que um número crescente de pessoas escolha esse tipo de carreira.

Em segundo lugar, houve uma mudança fundamental no que era freqüentemente chamado de "contrato de vínculo empregatício" – o entendimento implícito entre empregadores e empregados[5]. No passado, esse acordo implícito sugeria que, desde que os indivíduos desempenhassem bem as suas funções, eles continuariam empregados. Hoje, em uma era de cortes e "reestruturação", esse acordo foi quebrado, fazendo que os indivíduos sejam menos fiéis a seus atuais empregadores. É bem pequena a distância entre esses sentimentos e a conclusão: "Eu estaria bem melhor se trabalhasse para mim mesmo".

Um terceiro fator é a mudança nos valores básicos. No passado, a segurança era um tema dominante para muitas pessoas: elas queriam um emprego garantido com aumentos infalíveis de salário. Agora, as pesquisas revelam que os jovens, em especial, preferem um estilo de vida mais independente, que ofereça a possibilidade de escolha em vez da certeza ou previsibilidade[6]. Juntos, esses e diversos outros fatores foram combinados para inflar

---

[5] O'Reilly, B. The new deal: What companies and employees owe each other. *Fortune*, 44-52, 1994.
[6] Bedeian, A. G.; Ferris, G. R.; Kacmar, K. M. Age, tenure, and job satisfaction: A tale of two perspectives. *Journal of Vocational Behavior*, 40: 33-48, 1992.

o fascínio de se tornar um empreendedor e, como observado antes, isso pode ser traduzido na criação de centenas de milhares de novas empresas que empregam milhões de pessoas. Essa tendência é mais forte nos Estados Unidos do que em outros lugares, mas parece estar ganhando força no mundo todo, conforme os chefes de governo de diversos países reconhecem que, de fato, os empreendedores *são* importantes – e muito importantes.

Empreendedorismo: Fundamentos em Outras Disciplinas

Como se diz por aí, nada emerge do vácuo. E no que se refere à área do empreendedorismo, isso é certamente verdade. O empreendedorismo, como subdivisão da área de negócios, possui raízes importantes em diversas áreas mais antigas e bem estabelecidas – e há bons motivos para isso. Pense, mais uma vez, sobre nossa definição de empreendedorismo – um campo de estudos que busca entender como surgem as oportunidades para criar novos produtos ou serviços, novos mercados, processos de produção, formas de organizar as tecnologias existentes ou matérias-primas e como são descobertas por pessoas específicas, que então usam vários meios para explorá-las ou desenvolvê-las. Essa definição implica que, para entender o empreendedorismo como um processo – e como uma atividade na qual os empreendedores se envolvem – é fundamental considerar (1) as condições econômicas, tecnológicas e sociais das quais as oportunidades surgem, (2) as pessoas que reconhecem essas oportunidades (empreendedores), (3) as técnicas de negócios e estruturas jurídicas que elas usam para desenvolvê-las e (4) os efeitos sociais e econômicos produzidos por tal desenvolvimento. Todos esses elementos desempenham um papel no empreendedorismo e devem ser levados em consideração para podermos entender totalmente esse processo complexo. Isso, por sua vez, implica que o campo do empreendedorismo está intimamente relacionado a disciplinas mais antigas e estabelecidas, como economia, ciências do comportamento (psicologia, ciência cognitiva) e sociologia. Os achados e princípios desses campos podem esclarecer muito diversos aspectos do empreendedorismo e fornecer contextos valiosos para entender questões importantes abordadas pela área – por exemplo: "Como surgem as oportunidades?" (ver o Capítulo 2); "Por que algumas pessoas reconhecem as oportunidades e outras não?" (ver o Capítulo 3); e "Que fatores influenciam o sucesso de novos empreendimentos após eles serem lançados?" (ver os Capítulos 9, 10 e 13).

Reconhecemos que tudo isso é um tanto quanto abstrato, então, talvez um exemplo concreto seja útil. Considere o rápido crescimento de uma bem-sucedida empresa de alta tecnologia: a Expedia.com. A Expedia é uma agência de viagens on-line que permite aos usuários reservar passagens aéreas, quartos em hotéis e alugar carros por meio de qualquer computador com acesso à internet. O crescimento da empresa tem sido veloz, parece claro que seus fundadores reconheceram uma excelente oportunidade e passaram a explorá-la bem. Mas reflita sobre a seguinte questão: a Expedia.com poderia ter sido lançada 10 anos atrás? A resposta é: "É quase certo que não". O motivo pelo qual ela não poderia ter sido lançada há dez anos é óbvio: as forças tecnológicas, econômicas e sociais ainda não haviam gerado a oportunidade que os fundadores da Expedia.com reconheceram. Do ponto de vista tecnológico, uma agência de viagens on-line não poderia existir até que vários milhões de pessoas tivessem acesso à internet e até que existissem softwares capazes de integrar os cronogramas de dezenas de companhias aéreas e as taxas de milhares de hotéis. Do ponto de vista econômico, tal serviço não seria viável até que existisse uma forma segura e confiável de fazer pagamentos pela internet e a não ser que as companhias aéreas e os hotéis estivessem dispostos a pagar comissões a uma empresa da internet em vez de (ou além de) pagar os tradicionais agentes de viagens. Por fim, de um ponto de vista social, uma agência de viagens on-line não poderia existir e prosperar até que um grande número de pessoas tivesse confiança suficiente nas informações obtidas na internet para entregar seus planos de viagem para essa agência, e até que um grande número de pessoas se tornasse ciente de que passageiros do mesmo vôo freqüentemente pagavam tarifas com enormes diferenças de preço. Resumindo, a oportunidade para fundar a Expedia.com não existiu sempre; muito pelo contrário, ela surgiu – e se tornou disponível para ser descoberta por pessoas específicas – de uma combinação entre diversos fatores – econômicos, tecnológicos e sociais.

De forma análoga, as disciplinas economia, ciências do comportamento e sociologia podem ajudar a fornecer respostas a outras perguntas básicas abordadas pelo campo do empreendedorismo, como: "Por que algumas pessoas reconhecem as oportunidades e outras não?", "Por que alguns empreendedores são muito mais bem-sucedidos do que outros?" e "Por que alguns meios para desenvolver as oportunidades são mais eficazes do que outros?". Assim, fica claro que o campo do empreendedorismo não existe em um vácuo intelectual; pelo contrário, suas raízes estão firmemente assentadas em várias disciplinas mais antigas que, juntas, lhe dão sustentação para compreender um dos mais complexos – e importantes – processos de negócios que existe.

Um comentário final: algumas dessas disciplinas são mais úteis do que as outras para nossos esforços de entender o empreendedorismo como um processo? Em outras palavras, devemos nos concentrar nos fatores econômicos, nos fatores relacionados aos empreendedores ou nos fatores relacionados à sociedade como um todo em nossos esforços para entender o processo empreendedor? Essa questão já foi debatida algumas vezes no contexto de uma distinção encontrada em vários outros ramos da administração: as abordagens **macro** *versus* **micro**[7]. As abordagens macro adotam uma perspectiva "de cima para baixo", do todo para as partes, buscando entender como e por que novos empreendimentos são fundados e por que têm sucesso ou falham, ao enfocar principalmente os chamados "fatores ambientais" – variáveis econômicas, financeiras e políticas. Presumivelmente, esses fatores, que estão muito além do controle direto dos indivíduos, dão forma ao comportamento e às decisões de empreendedores individuais; então, entender o seu impacto é crucial. Por outro lado, as abordagens micro adotam uma perspectiva "de baixo para cima", das partes para o todo, buscando entender o processo empreendedor ao enfocar principalmente o comportamento e os pensamentos de indivíduos ou grupos de pessoas (por exemplo, dos sócios fundadores). Presumivelmente, a forma como os indivíduos se comportam é a chave para entender o processo empreendedor. Um ponto de vista é mais correto ou útil do que o outro? Duvidamos muito.

Acreditamos que o entendimento completo do empreendedorismo só pode ser alcançado ao se considerarem cuidadosamente ambas as perspectivas. De fato, para nós, elas se complementam em vez de competirem entre si. Dessa forma, ambas estarão representadas neste livro.

---

[7] Greenberg, J.; Baron, R. A. *Behavior in organizations*. 8. ed. Upper Saddle River, NJ: Prentice-Hall, 2003.

EMPREENDEDORISMO: UMA PERSPECTIVA PROCESSUAL

Agora que apresentamos uma definição operacional de empreendedorismo, destacamos sua importância e descrevemos brevemente suas raízes intelectuais em disciplinas relacionadas, iremos nos voltar para outra importante tarefa: sugerir uma estrutura conceitual para o entendimento do empreendedorismo como *processo*. Esse será um tema que norteará o restante deste livro; então, é importante que o apresentemos claramente e que você – nosso leitor – entenda o que ele implica.

A visão de que o empreendedorismo é um processo, em vez de um evento único, certamente não é nova ou exclusiva deste texto. Pelo contrário, há um crescente consenso na área quanto à utilidade e correção de se enxergar o empreendedorismo como um processo que se desenvolve ao longo do tempo e se move por meio de fases distintas, mas intimamente relacionadas[8]. Além disso, há uma concordância geral de que as principais fases desse processo são as seguintes:

- *Reconhecimento de uma oportunidade*. O processo empreendedor começa quando uma ou mais pessoas reconhecem uma **oportunidade** – o potencial para se criar algo novo (novos produtos ou serviços, novos mercados, novos processos de produção, novas matérias-primas, novas formas de organizar as tecnologias existentes etc.) que surgiu de um padrão complexo de condições em mudança – mudanças no conhecimento, na tecnologia ou nas condições econômicas, políticas, sociais e demográficas[9]. As oportunidades têm o potencial de gerar valor econômico (ou seja, lucro) e são vistas como desejáveis na sociedade em que ocorrem (ou seja, o desenvolvimento da oportunidade é consistente com os padrões morais e legais existentes e não deve, assim, ser impedido ou restringido por esses padrões).

Examinaremos o surgimento de oportunidades no Capítulo 2 e as raízes cognitivas do empreendedorismo no Capítulo 3, mas agora desejamos enfatizar apenas um ponto: de certa forma, *não há* nada "totalmente novo sob o sol". As idéias não surgem do nada; elas quase sempre são uma combinação nova de elementos já existentes. O que é novo é a combinação – não os componentes que fazem parte dela. Considerando um exemplo notável da história, Alexander Graham Bell não inventou o telefone a partir de uma genialidade criativa. Pelo contrário, ele combinou de uma nova forma idéias que já existiam e haviam sido geradas por outras pessoas (como baterias elétricas, pesquisa básica sobre a natureza do som etc.) – e assim inventou um produto que revolucionou a comunicação humana.

Um argumento parecido é válido para o reconhecimento de oportunidades. As oportunidades em si são geradas por fatores econômicos, tecnológicos e sociais – fatores que estão em constante mudança. A novidade reside em perceber um padrão nessas mudanças – como "ligar os pontos", para que a idéia de algo novo surja na mente de uma ou mais

---

[8] Baron, R. A. OB and entrepreneurship: The reciprocal benefits of closer conceptual links. In: Staw, B. M.; Kramer, R. (eds.). *Research in organizational behavior*. Greenwich, CT: JAI Press, no prelo.
[9] Ardichvili, A.; Cardozo, R.; Ray, S. A theory of entrepreneurial opportunity identification and development. *Journal of Business Venturing*, 18: 105-124, 2003.

pessoas. Considere, por exemplo, Nancy Mueller, que fundou em 1977 a Nancy's Specialty Foods. Como a própria Mueller diz, ela era uma dona de casa que preparava miniquiches e outros aperitivos para uma festa de fim de ano que ela e o marido davam todos os anos. Como haveria mais de 200 convidados, Mueller preparava os aperitivos com antecedência e os congelava. Os salgadinhos sempre faziam sucesso e muitos convidados – especialmente as mulheres – diziam que adorariam fazê-los, mas que não tinham tempo. Os anos 1970 foram uma época em que o papel das mulheres sofreu rápidas mudanças e milhões delas estavam entrando no mercado de trabalho pela primeira vez. Percebendo isso, Mueller considerou a possibilidade de haver um mercado para salgados congelados, como os que ela preparava. Em outras palavras, ela começou a perceber uma *convergência* de fatores que juntos ofereciam uma oportunidade para um novo e interessante empreendimento – preparar e vender salgados congelados para mulheres que trabalhavam fora e tinham pouco ou nenhum tempo para prepará-los (ver a Figura 1.1). Por que ela e não uma outra pessoa reconheceu essa oportunidade? (Como muitas boas oportunidades, parece tão óbvio em retrospecto!) Consideraremos essa pergunta com mais detalhes no Capítulo 3. Aqui, queremos simplesmente indicar que o processo empreendedor começa, de fato, com o reconhecimento do potencial para algo novo nas mentes de um ou mais indivíduos que, se optarem por desenvolver essas oportunidades, se tornarão empreendedores.

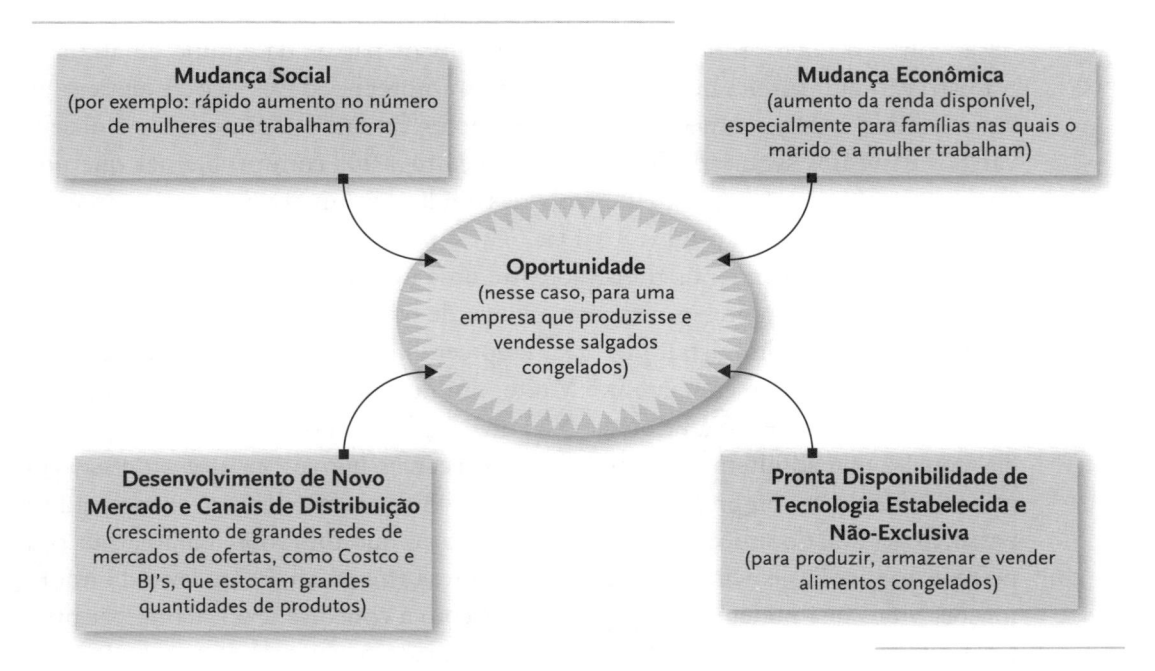

Mudança Social
(por exemplo: rápido aumento no número de mulheres que trabalham fora)

Mudança Econômica
(aumento da renda disponível, especialmente para famílias nas quais o marido e a mulher trabalham)

Oportunidade
(nesse caso, para uma empresa que produzisse e vendesse salgados congelados)

Desenvolvimento de Novo Mercado e Canais de Distribuição
(crescimento de grandes redes de mercados de ofertas, como Costco e BJ's, que estocam grandes quantidades de produtos)

Pronta Disponibilidade de Tecnologia Estabelecida e Não-Exclusiva
(para produzir, armazenar e vender alimentos congelados)

Figura 1.1 Oportunidades Surgem da Confluência de Fatores
As oportunidades – o potencial para se criar algo novo (novos produtos ou serviços, novos mercados, novos processos de produção, novas matérias-primas, novas formas de organizar as tecnologias existentes etc.) – surgem a partir de um padrão complexo de condições em mudança (mudanças no conhecimento, na tecnologia ou nas condições econômicas, políticas, sociais e demográficas). Esse certamente foi o caso de Nancy Mueller, que baseou sua empresa de grande sucesso (Nancy's Specialty Foods) em uma convergência dos fatores aqui mostrados.

- *Decidir ir em frente e reunir os recursos iniciais.* Ter uma idéia para um novo produto ou serviço ou reconhecer uma oportunidade é apenas a primeira etapa do processo. Nesse momento, a decisão inicial de ir em frente – fazer algo *efetivo* em relação à idéia ou à oportunidade – se faz necessária. Como Shane, Locke e Collins[10] sugerem, o processo empreendedor ocorre porque pessoas específicas tomam essa decisão e agem a respeito dela. Na opinião deles, entender as motivações dos empreendedores é crucial para compreender todo o processo. Decidir começar uma empresa é uma coisa; realmente fazê-lo é outra. Aspirantes a empreendedores rapidamente descobrem que devem reunir uma ampla gama de recursos necessários: *informações básicas* (sobre mercados, questões ambientais e jurídicas), *recursos humanos* (sócios, primeiros funcionários) e *recursos financeiros*. Obter esses recursos é uma das fases mais cruciais do processo empreendedor e, a menos que seja concluída com sucesso, as oportunidades – não importa o quão atraentes – ou idéias para novos produtos ou serviços – não importa o quão bons – não darão em nada. É nesse estágio, e especialmente ao buscar suporte financeiro, que os empreendedores normalmente preparam um **plano de negócios** formal – uma descrição detalhada de como planejam desenvolver seu novo empreendimento (a reunião dos recursos necessários será vista nos Capítulos 4 a 7).
- *Lançar um novo empreendimento.* Assim que os recursos necessários forem reunidos, o novo empreendimento poderá ser lançado. Fazer isso envolve uma série de ações e decisões: escolher o formato jurídico do novo empreendimento, desenvolver o novo produto ou serviço, definir os papéis da equipe de alta administração etc. Infelizmente, muitos novos empreendedores não entendem as complexidades de se começar um novo empreendimento e, como iremos observar nos capítulos seguintes, isso pode sobrecarregá-los com problemas que poderiam ser evitados (as questões envolvidas em lançar um novo empreendimento serão abordadas nos Capítulos 8 a 11).
- *Construir o sucesso.* Embora a transição entre uma idéia e uma empresa em atividade seja um grande progresso, é apenas o início de outra importante fase do processo empreendedor: administrar um novo empreendimento e transformá-lo em uma empresa lucrativa e em crescimento. Muitos empreendedores admitem que isso requer recursos financeiros adicionais. No entanto, de acordo com a nossa experiência, aqueles que admitem a importância dos recursos humanos nesse processo são minoria. Nenhuma empresa pode crescer sem funcionários talentosos e motivados; então, nessa fase do processo, tornam-se cruciais as questões sobre como atrair tais pessoas, motivá-las e evitar que deixem a empresa (freqüentemente levando informações vitais que podem ser compartilhadas com a concorrência!). Conceber uma forte estratégia de negócios é outro aspecto do processo durante essa fase. Por fim, devemos observar que, conforme um novo empreendimento cresce, os empreendedores acabam tendo de enfrentar problemas, como conflitos entre a equipe de alta administração e a negociação com terceiros fora da empresa (esses aspectos do processo empreendedor serão abordados nos Capítulos 12 e 13).

---

[10]Shane, S.; Locke, E. A.; Collins, C. J. Entrepreneurial motivation. *Human Resource Management Review*, 13: 257-280, 2002.

- *Colher as recompensas.* Nesta fase final, os fundadores escolhem uma estratégia de saída que lhes permita colher as recompensas que ganharam pelo seu tempo, esforço e talento. Há muitas formas de colher os benefícios do empreendedorismo bem-sucedido (ver o Capítulo 14), e os empreendedores individuais devem escolhê-los cuidadosamente, de forma que maximize os benefícios obtidos, em muitos casos, ao longo de vários anos de sacrifício e comprometimento.

Um comentário adicional: não queremos sugerir que o empreendedorismo pode ser prontamente dividido em fases claras e facilmente distinguíveis. Na verdade, o processo é complexo demais para que isso ocorra. Mas as atividades aqui descritas tendem a se desenvolver ao longo do tempo em uma seqüência organizada: de início, com a geração de idéias ou o reconhecimento de oportunidades; depois, a decisão de continuar e assim por diante. Acreditamos que considerar o empreendedorismo dessa maneira oferece certas vantagens. Primeiro, evita uma visão estática do empreendedorismo – que o enxerga como um ato específico (o lançamento de um novo empreendimento) que ocorre e está, então, concluído. Tal visão ignora o fato de que os empreendedores enfrentam uma série de tarefas e desafios em constante mudança e de que eles freqüentemente pensam e têm sensações diferentes sobre tais tarefas e desafios conforme estes mudam e se revelam.

Segundo, ver o empreendedorismo como um processo em andamento chama a atenção para as principais atividades que os empreendedores devem executar na medida em que prosseguem com seus esforços para transformar as idéias de novos produtos ou serviços em negócios de sucesso. Há muito reconhece-se que o desempenho dos empreendedores nessas atividades é, com freqüência, mais importante para seu sucesso do que sua formação ou características pessoais[11]. A atenção dispensada às tarefas dos empreendedores nos dá, por sua vez, um bom instrumento para identificar as habilidades, conhecimento e características que os empreendedores possuem para desempenhar esse papel de forma eficaz. Mesmo assim, uma perspectiva processual se faz útil. (Um panorama das principais fases é mostrado na Figura 1.2. Examine-o com atenção, pois ele apresenta uma estrutura básica para o entendimento de grande parte do que será abordado nos capítulos seguintes. Como observamos anteriormente, possuir tais estruturas mentais é bastante útil.)

Níveis de Análise: Micro *versus* Macro

Até recentemente, o campo do empreendedorismo era marcado por uma controvérsia sobre a seguinte questão: ao estudar o processo empreendedor, devemos nos concentrar no empreendedor (nas técnicas, habilidades, talentos, motivações e peculiaridades desse indivíduo) ou no que se refere ao contexto econômico, tecnológico e social em que o empreendedor opera (condições econômicas e mercadológicas, políticas governamentais etc.)? Como se pode prever por nossos comentários anteriores sobre o assunto macro/micro, achamos essa questão altamente irrelevante. Acreditamos que a cada estágio do processo empreendedor, as variáveis de nível individual (micro), as **variáveis** de nível interpessoal ou grupal e as variáveis de nível social (macro) têm seu próprio papel (ver a Figura 1.2).

---

[11] Gartner, W. B. What are we talking about when we talk about entrepreneurship. *Journal of Business Venturing*, 5: 15-28, 1990.

Variáveis de nível individual (por exemplo, técnicas, motivações, características dos empreendedores)
Variáveis de nível grupal (por exemplo, idéias, informações de outras pessoas; eficácia nas interações com capitalistas de risco, clientes, potenciais funcionários)
Variáveis de nível social (por exemplo, políticas governamentais, condições econômicas, tecnologia)

Todas as fases são influenciadas por esses três níveis de variáveis.

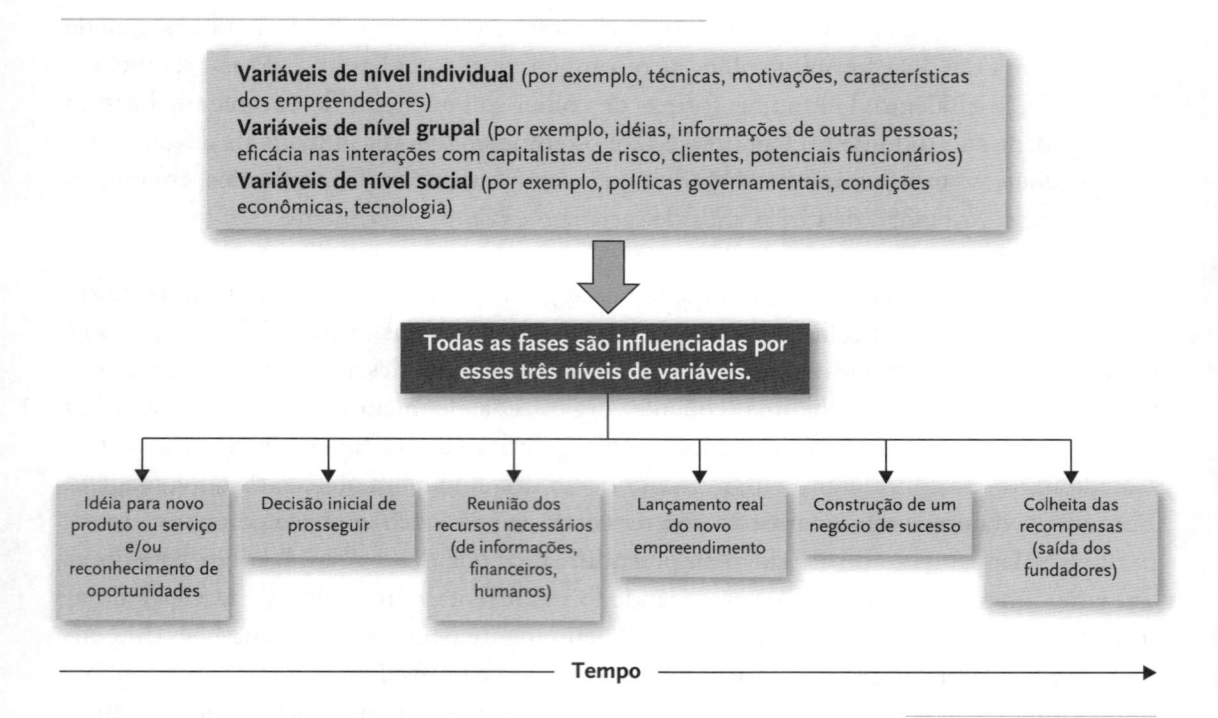

- Idéia para novo produto ou serviço e/ou reconhecimento de oportunidades
- Decisão inicial de prosseguir
- Reunião dos recursos necessários (de informações, financeiros, humanos)
- Lançamento real do novo empreendimento
- Construção de um negócio de sucesso
- Colheita das recompensas (saída dos fundadores)

Tempo →

Figura 1.2 O Empreendedorismo como Processo: Algumas Fases Importantes
O processo empreendedor se desenvolve ao longo do tempo e se move em uma série de fases diferentes. Os eventos e resultados de cada fase são afetados por fatores de nível individual, grupal e social.

Por exemplo, considere a questão do reconhecimento de oportunidades. Certamente esse processo crucial ocorre nas mentes de pessoas específicas e deve, assim, refletir o impacto das variáveis de nível individual, como as estruturas de conhecimento existentes e as histórias de vida únicas dessas pessoas. Mas nada relacionado às pessoas – nem mesmo os aspectos básicos da cognição – ocorre em um vácuo social. Na verdade, o tipo de idéias que as pessoas geram reflete o período em que vivem, o estado atual de conhecimento tecnológico e diversos outros aspectos das sociedades e épocas em que estão inseridas. Além disso, as outras pessoas com quem o empreendedor tem contato – amigos, sócios ou mesmo profissionais da mídia – com freqüência sugerem a origem de uma idéia para um novo produto ou serviço. Resumindo, os três níveis de análise (individual, grupal e social) são relevantes e devem ser considerados para que a geração de idéias seja totalmente entendida.

Eis outro exemplo: por que algumas pessoas, mas não outras, escolhem se tornar empreendedoras? Mais uma vez, as três categorias de variáveis têm seu papel. Com relação aos fatores individuais, algumas pessoas têm mais energia, estão mais dispostas a correr riscos e têm mais autoconfiança (auto-eficácia) do que outras; as que possuem níveis mais altos nessas dimensões têm maior probabilidade de escolher o papel empreendedor[12].

---

[12] Markman, G. D.; Balkin, D. B.; Baron, R. A. Inventors and new venture formation: The effects of general self-efficacy and regretful thinking. *Entrepreneurship Theory & Practice*, 20: 149-165, 2002.

Evidências relacionadas ao papel dos fatores de nível individual na escolha de ser um empreendedor estão presentes em uma recente e fascinante pesquisa realizada por White, Thornhill e Hampson[13]. Esses pesquisadores compararam o nível de testosterona dos alunos de MBA que já tinham iniciado novos empreendimentos ao de alunos que ainda não tinham. Os resultados indicam que os alunos que haviam escolhido se tornar empreendedores anteriormente tinham níveis mais elevados desse hormônio masculino! Outras evidências sugeriram que essa diferença tem como origem uma tendência maior para o risco entre os empreendedores.

Já em relação aos fatores de nível grupal, parece possível que pessoas que receberam incentivo de amigos ou familiares e as que foram expostas a um ambiente de empreendedorismo têm mais chances de prosseguir do que aquelas que não recebem incentivo e não foram expostas a modelos de empreendedores. Por exemplo, quando a Enron, uma grande empresa de energia com sede em Houston, implodiu em conseqüência de uma série de escândalos contábeis (outubro de 2001), os membros da comunidade de negócios local temiam que uma grande quantidade de pessoas altamente talentosas deixasse a área de Houston. Para mantê-las por perto, eles organizaram o Resource Alliance Group, empresa cuja única missão era ajudar antigos – e capacitados – funcionários da Enron a se tornarem empreendedores. O sucesso foi impressionante: em apenas três meses, ajudaram 25 ex-funcionários da Enron a fundar novos empreendimentos. Em poucos anos, várias dessas empresas se tornaram rentáveis e passaram a oferecer bons empregos à economia da região de Houston. Obviamente, os fatores de nível grupal, como a ajuda e o estímulo de outras pessoas, podem desempenhar um importante papel no processo empreendedor.

Os fatores de nível social também são importantes: pessoas que possuem certo histórico social e econômico ou que moram em países cujas políticas governamentais são favoráveis à criação de novos empreendimentos têm mais chances de escolher esse papel do que pessoas com outros históricos ou que moram em outros países. Poderíamos dar outros exemplos, mas, neste momento, o principal ponto deve estar claro: os fatores de nível individual, grupal e social influenciam *todas as ações e decisões tomadas pelos empreendedores em todas as fases do processo empreendedor*. Observado esse fato, empregaremos os três níveis de análise ao longo do texto. Isso irá, de fato, aumentar a complexidade das nossas discussões de vários tópicos. Mas acreditamos que isso fornecerá uma imagem mais útil, precisa e completa do que sabemos sobre o processo de empreendedorismo hoje. Se esse não for o objetivo principal de qualquer texto, então nós, como autores, pesquisadores e empreendedores, não fazemos idéia do que seja!

Empreendedorismo: A Interseção entre Oportunidades Valiosas e Indivíduos Realizadores

Há cerca de um ano, um de nós (Robert Baron) teve a honra de apresentar Mukesh Chatter, um empreendedor de bastante sucesso, em um banquete dado em sua homenagem (Chatter estava recebendo o prêmio "Empreendedor do Ano", concedido anualmente

---

[13] White, R. E.; Thornhill, S.; Hampson, E. Entrepreneurs and evolutionary biology: The relationship between testosterone and new venture creation. Trabalho apresentado na Babson-Kauffman Entrepreneurship Research Conference. Babson Park, MA, jun. 2003.

pela universidade e tinha acabado de vender sua empresa para a Lucent Technologies por US$1 bilhão). Durante seu discurso, Chatter fez as seguintes observações:

> *O sucesso vem de muitas fontes. Sim, é preciso que você reconheça uma oportunidade... Mas para reconhecê-la, ela precisa estar lá primeiro – algo precisa ter mudado para gerar a oportunidade. Depois disso, você tem de reconhecê-la e ser capaz de identificar se é uma boa oportunidade – algo que você pode transformar em um negócio de sucesso. A sorte certamente desempenha um papel; você precisa estar no lugar certo na hora certa e conhecer as pessoas certas que possam ajudá-lo. Depois disso, o mais importante é o trabalho duro; se você não estiver disposto a dedicar horas e horas e a abrir mão de outras coisas em sua vida, você não terá sucesso – você não fará as coisas acontecerem.*

Acreditamos que essas observações são bastante esclarecedoras. Em apenas algumas frases, Chatter apresenta outro tema importante do empreendedorismo – e deste livro. Em poucas palavras, esse tema sugere que a *interseção entre oportunidades valiosas e indivíduos empreendedores é a essência do empreendedorismo*. As oportunidades, como Chatter indicou, são geradas por condições econômicas, tecnológicas e sociais em mudança; mas nada acontece em relação a essas oportunidades até que um ou mais indivíduos determinados e altamente motivados as reconheça e ache que vale a pena desenvolvê-las. Este é um ponto importante: as oportunidades variam bastante no que diz respeito a seu valor potencial e somente algumas delas valem a pena ser exploradas. Em outras palavras, apenas para algumas oportunidades a taxa risco/benefício potencial é suficientemente favorável para justificar os esforços para explorá-las. Como você já deve ter observado, certas oportunidades de negócios são melhores do que outras. Elas surgem em segmentos industriais mais rentáveis ou de crescimento mais rápido ou onde as necessidades dos clientes são mais fáceis de serem identificadas ou atendidas. Além disso, algumas oportunidades são mais fáceis de serem protegidas contra a concorrência. No Capítulo 2, iremos examinar atentamente as características específicas que tornam algumas oportunidades mais viáveis ou promissoras do que outras. Entretanto, o principal ponto que desejamos estabelecer aqui é óbvio: no centro do empreendedorismo há um ponto de encontro de oportunidades e pessoas. É essa conexão ou interseção que dá início ao processo – e que algumas vezes muda o mundo!

FONTES DE CONHECIMENTO SOBRE EMPREENDEDORISMO: COMO SABEMOS O QUE SABEMOS

Ao longo deste livro, discutiremos diversos aspectos do empreendedorismo – como surgem as oportunidades, como algumas pessoas as reconhecem, por que determinadas formas de desenvolvê-las são melhores do que outras (pelo menos em alguns contextos), por que alguns empreendedores têm êxito enquanto outros falham, e assim por diante. Conforme discutimos cada um desses assuntos, apresentaremos as informações mais precisas e atualizadas disponíveis no momento. Isso, por sua vez, levanta uma importante questão: como sabemos qual informação se encaixa nessa descrição – qual informação é mais precisa e mais atualizada? Como qualquer visita à livraria local irá sugerir, há muitas fontes potenciais de informação sobre o empreendedorismo e não faltam os auto-intitulados peritos nesse assunto. Então, como escolhemos as informações para incluir neste livro? A resposta é: na medida do possível, selecionamos informações que foram coletadas de acordo com um conjunto de regras ou métodos para adquirir conhecimento *confiável* – métodos cuja utilidade foi comprovada em diversas outras áreas – das ciências físicas aos diversos ramos da administração. Quais são esses métodos? Eles podem ser realmente aplicados ao estudo do empreendedorismo? Os métodos em si são bastante complexos e muito além do escopo desta breve discussão; no entanto, sua essência foi descrita de forma concisa pelo filósofo francês Diderot (1753) há mais de 250 anos. Diderot sugeriu que "há três formas principais de se adquirir conhecimento: observação, reflexão e experimentação. A observação reúne os fatos; a reflexão os combina; a experimentação verifica o resultado dessa combinação..."

O que sugere que esses métodos podem ser usados para estudar o empreendedorismo é o fato de estarem sendo empregados em um grande volume de pesquisas na área. Como é esse o caso e como muitas informações aqui apresentadas foram coletadas por esses métodos, parece útil descrevê-los brevemente.

Nosso objetivo *não* é transformá-lo em um estudioso do empreendedorismo; pelo contrário, é apenas lhe oferecer meios para uma compreensão básica desses métodos para que você possa se tornar um consumidor mais informado acerca do que é empreendedorismo e assim poder decidir por si mesmo se, e até onde, supostos "fatos" sobre o empreendedorismo são verdadeiros.

Observação, Reflexão e Experimentação: Caminhos Alternativos para o Conhecimento

Como este é o método mais freqüentemente usado para estudar o empreendedorismo, começaremos com a **observação sistemática**. A idéia básica é simples: observamos certos aspectos do mundo sistematicamente, mantendo registros cuidadosos do que percebemos. Então, usamos essas informações como base para chegar a conclusões sobre os tópicos que desejamos estudar – e entender. Por exemplo, suponha que um pesquisador tenha motivos para crer que o número de pessoas que deixam empregos estáveis para se tornarem empreendedoras é influenciado pelas condições econômicas. Além disso, o pesquisador raciocina desta forma: quando a economia é forte e há muitos empregos disponíveis, mais pessoas estão dispostas a assumir o risco de se tornar empreendedoras, pois elas sabem que se seus novos empreendimentos falharem, poderão encontrar outro emprego. Em oposição, quando a economia é fraca, menos pessoas estão dispostas a se arriscar, pois temem que, se saírem de seu emprego, podem não conseguir outro. Para estudar essa idéia – chamada de **hipótese** – como uma previsão ou explicação ainda não testada para uma série de fatos – o pesquisador coleta informações sobre as condições econômicas (por exemplo, taxa de desemprego, crescimento do Produto Interno Bruto – PIB) e sobre a quantidade de pessoas que deixam empregos estáveis para se tornarem empreendedoras. Se a hipótese estiver correta, a observação dessas duas variáveis – aspectos do mundo que podem assumir diferentes valores – pode revelar que elas mudam junto: conforme as condições econômicas melhoram, o número de empreendedores aumenta e vice-versa. Em outras palavras, as variáveis estariam correlacionadas – mudanças em uma delas são acompanhadas por mudanças na outra. Saber que duas variáveis estão correlacionadas pode ser bastante útil porque torna-se possível prever uma a partir da outra (as correlações podem variar entre 0,00 a +1,00 ou -1,00; quanto maior a distância do zero, mais forte a relação entre duas ou mais variáveis). Nesse caso, saber que as condições econômicas decaíram (por exemplo, que o crescimento no PIB caiu ou que a taxa de desemprego aumentou) permitiria prever uma queda no número de novos empreendimentos.

Até aqui, tudo bem. Agora imagine que a pesquisa sobre essa questão resultou no oposto: conforme as condições econômicas decaem, o número de pessoas que iniciam novos empreendimentos *aumenta*, e conforme as condições econômicas melhoram, esse número diminui – exatamente o oposto da hipótese inicial do pesquisador. Essa descoberta ainda seria útil, apesar de contradizer as expectativas do pesquisador? Sim. Na verdade, se os dados colhidos por observação sistemática contradizem uma hipótese, isso pode ser extremamente informativo. Nesse caso específico, o padrão inesperado de resultados sugere que, embora as condições econômicas e o empreendedorismo estejam relacionados, a explicação para essa relação é diferente da proposta inicial; em outras palavras, uma hipótese alternativa é mais precisa. Eis uma explicação sugerida por economistas para explicar essa descoberta: quando as condições econômicas são precárias e as pessoas estão desempregadas, os custos de oportunidade para se envolver com o empreendedorismo são baixos, se comparados aos períodos em que as condições econômicas são boas. Um custo de oportunidade é qualquer custo associado à desistência de uma atividade para se envolver em outra. Se as pessoas estão desempregadas, seus custos de oportunidade para se tornarem empreendedoras são mais baixos do que se estivessem empregadas; elas abrem mão de menos coisas ao escolherem se tornar empreendedoras.

Embora tudo isso possa parecer um tanto quanto confuso, ilustra claramente o valor da observação sistemática no que diz respeito a aumentar nosso entendimento acerca do empreendedorismo. Diante disso, ambas as explicações parecem razoáveis, *e é apenas por meio da observação sistemática* (coletar os dados adequados de forma cuidadosa e sistemática) *que podemos escolher entre elas*. De fato, não há substituto para essa pesquisa se realmente desejamos entender como o processo empreendedor se desenvolve e quais fatores o influenciam.

Todas as suposições apresentadas pelos auto-intitulados "peritos" em empreendedorismo não são, em nossa opinião, nem de longe, tão informativas como as descobertas advindas de uma pesquisa cuidadosa (a propósito, pesquisas reais sobre esse assunto fundamentam a hipótese alternativa em vez da original)[14, 15].

Tendo tratado desse importante assunto, devemos acrescentar rapidamente que, embora a observação sistemática e as correlações dela resultantes sejam ferramentas inestimáveis, elas deixam um importante ponto sem solução: a causalidade. Não sabemos se as mudanças em uma variável causam mudanças na outra ou vice-versa – ou se elas não estão vinculadas de forma causal (isto é, se ambas são afetadas por algum outro fator). Na pesquisa descrita anteriormente, por exemplo, não sabemos se as mudanças na economia causam mudanças no número de pessoas que decidem ser empreendedoras ou se o número de pessoas que se tornam empreendedoras afeta a economia. A julgar pela aparência,

---

[14] Evans, D.; Leighton, L. Some empirical aspects of entrepreneurship. *American Economic Review*, 9: 519-535, 1989.
[15] Alba-Ramirez, A. Self-employment in the midst of unemployment: The case of Spain and the United States. *Applied Economics*, U26: 189-204, 1994.

a primeira interpretação faz mais sentido; mas suponha que são geralmente os melhores funcionários que deixam suas empresas para começar novos empreendimentos. Isso pode afetar negativamente o desempenho das empresas que abandonaram e colocar a economia em uma espiral descendente. Então, se muitas pessoas decidem se tornar empreendedoras, o resultado pode ser ondulações econômicas negativas. Mais uma vez, parece muito mais razoável sugerir que as condições econômicas tornam as coisas mais fáceis ou mais difíceis para os indivíduos se tornarem empreendedores do que vice-versa, mas na base da correlação entre essas variáveis não podemos ter certeza.

Para lidar com o problema da causalidade, pesquisadores de vários campos recorrem a outra técnica, conhecida como **experimentação**. Em essência, isso envolve mudar sistematicamente uma variável de forma que constate se essas mudanças afetam uma ou mais variáveis. Observe que isso envolve intervenções ativas por parte do pesquisador. Na observação sistemática, pelo contrário, o pesquisador apenas observa as variáveis de interesse, sem alterar qualquer uma delas. Quando realizada cuidadosamente, a experimentação é uma ferramenta bastante poderosa. O raciocínio implícito é impecável: se mudarmos apenas uma variável enquanto mantemos tudo o mais constante e essas mudanças afetarem outra variável, podemos concluir que as mudanças na primeira causam, de fato, mudanças na segunda.

Esse método pode ser usado para estudar o empreendedorismo? Em muitos casos, não tão prontamente. Continuando com o exemplo, seria impossível mudar as condições econômicas em uma sociedade para determinar se mais ou menos pessoas escolhem se tornar empreendedoras! Mas em alguns casos – especialmente nas pesquisas relacionadas ao comportamento de indivíduos empreendedores – é possível usar a experimentação. Por exemplo, considere a hipótese de que a aparência dos empreendedores influencia em seu sucesso; quanto mais atraentes forem, mais bem-sucedidos tendem a ser (isso não seria muito surpreendente: pesquisas na área de gestão de recursos humanos e comportamento organizacional têm revelado que a atratividade está relacionada ao sucesso em diversas áreas)[16]. A observação sistemática pode ser prontamente usada para estudar essa questão. Por exemplo, fotos de diversos empreendedores poderiam ser avaliadas de acordo com sua atratividade (de baixa a alta) por várias pessoas, então, essas avaliações seriam correlacionadas com medidas do sucesso dos empreendedores (como as taxas de crescimento de suas empresas, renda pessoal etc.). Suponha que tal pesquisa descobriu que quanto mais atraentes são os empreendedores, maior é o seu sucesso (por exemplo, mais rápido é o crescimento das empresas que fundam ou maior é a lucratividade). Isso é interessante, mas não indica se a atratividade *causa* o sucesso ou se, de forma alternativa, o sucesso impulsiona a atratividade. É possível que pessoas bem-sucedidas tenham mais dinheiro para gastar com a sua aparência e por isso se tornem mais atraentes.

A experimentação poderia ajudar a resolver esse quebra-cabeça. Uma possível abordagem consistiria em obter uma significativa quantidade de fotos de empreendedores e escolher as que mostram empreendedores muito, razoavelmente ou pouco atraentes. A seguir, essas fotos seriam apresentadas a um vasto número de pessoas (que tivessem uma grande variedade de empregos). A tarefa delas seria avaliar os empreendedores das fotos em diversas dimensões –

---

[16] Langlois, J. H. et al. Maxims or myths of beauty? A meta-analytic and theoretical review. *Psychological Bulletin*, 126: 390-432, 2000.

seu sucesso futuro, até onde seriam capazes de convencer potenciais clientes a usar seus produtos ou serviços etc. Se os empreendedores muito atraentes recebessem notas mais altas que os razoavelmente atraentes que, por sua vez, receberiam notas mais altas que os pouco atraentes, isso iria fornecer evidências de que a aparência dos empreendedores influencia as percepções que outras pessoas têm sobre eles e, assim, talvez influencie em seu sucesso (ver a Figura 1.3).

[Gráfico de barras: Notas dos empreendedores (por exemplo, seu sucesso futuro) versus Avaliação de Atratividade dos Empreendedores. Pouco Atraente: 2; Razoavelmente Atraente: 3,5; Muito Atraente: 6,2. Legenda: Quanto maior a atratividade dos empreendedores, maiores as notas recebidas.]

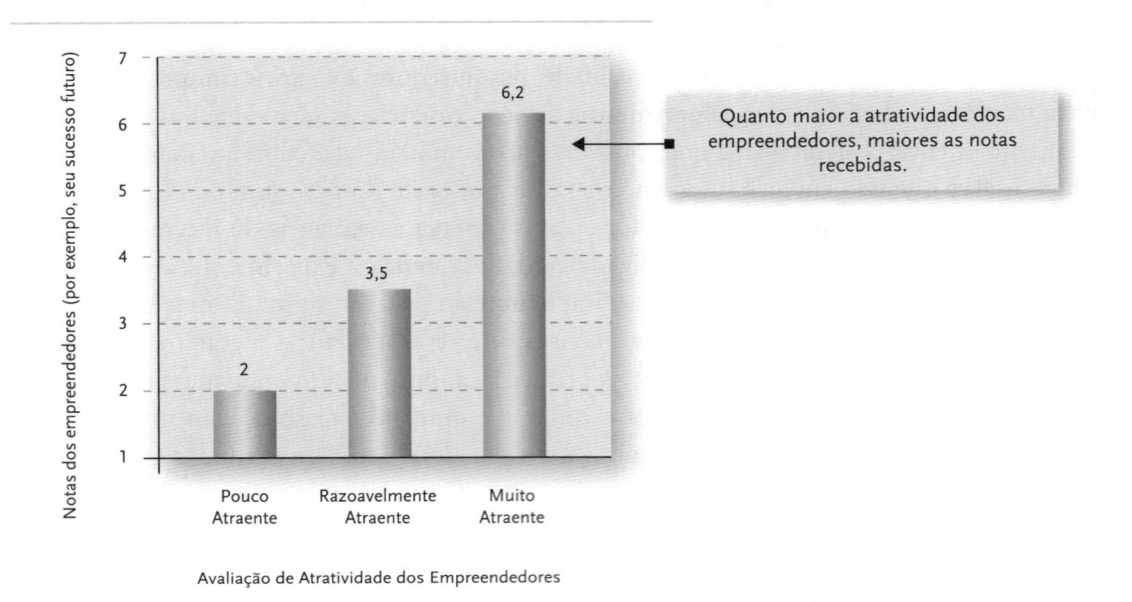

Figura 1.3 Experimentação na Pesquisa do Empreendedorismo: Um Exemplo
No estudo aqui ilustrado, fotos de empreendedores avaliados como pouco, razoavelmente ou muito atraentes foram mostradas para um grande número de pessoas que trabalham em vários tipos de empregos. Essas pessoas avaliaram os empreendedores em diversas dimensões (por exemplo, chance de sucesso futuro, capacidade de "vender" seus produtos ou serviços). Os resultados indicam que, quanto mais atraentes eram os empreendedores, mais altas foram as notas que receberam. Esses achados sugerem que a aparência dos empreendedores pode desempenhar um papel em seu sucesso.

Indo mais além, as fotos poderiam ser anexadas a resumos de idéias para novos produtos ou serviços, e os participantes da pesquisa avaliariam então a qualidade dessas idéias em diversas dimensões (criatividade, apelo mercadológico, potencial para gerar lucros). As idéias seriam idênticas, mas, para algumas pessoas, as fotos que as acompanham mostrariam empreendedores atraentes; para outras pessoas, as fotos mostrariam empreendedores não-atraentes. Caso as idéias recebessem notas mais altas quando apresentadas com os empreendedores atraentes, isso indicaria que a aparência dos empreendedores influencia não somente as avaliações feitas deles, mas também as reações a suas idéias (de fato, isso foi descoberto por uma pesquisa recente: idéias relacionadas a empreendedores atraentes são mais bem avaliadas que as relacionadas a empreendedores não-atraentes)[17].

---

[17] Baron, R. A.; Markman, G. D.; Bollinger, M. Effects of attractiveness on perceptions of entrepreneurs, entrepreneurs' behavior, and their financial success. Trabalho submetido para publicação.

Em virtude de restrições práticas (por exemplo, é difícil variar os fatores de interesse sistematicamente), a experimentação não é usada com freqüência no campo do empreendedorismo. Em vez disso, os pesquisadores empregam uma ampla gama de técnicas estatísticas para ajudar a definir a causalidade na base de outros métodos, como a observação sistemática. Uma forma de fazer isso é determinar se uma variável ou mudança ocorre antes de outra. Algo que ocorre posteriormente não pode ser a causa de algo que ocorreu antes. Esse conceito, chamado de "causalidade de Granger", pode ser usado para estabelecer a direção da causalidade na observação sistemática. Voltando ao exemplo anterior, suponha que as fotos dos empreendedores que figuraram em seus álbuns da turma de graduação fossem avaliadas de acordo com a atratividade por um grande número de pessoas. Como essas fotos foram tiradas *antes* de os empreendedores começarem novos empreendimentos, as diferenças em seus níveis de atratividade estavam lá primeiro, antes de se tornarem empreendedores. Se fosse constatado que essas avaliações estavam relacionadas a seu sucesso posterior como empreendedores, isso forneceria evidências de que a atratividade é uma causa do sucesso dos empreendedores, e não o oposto.

Agora vamos nos voltar para o terceiro método de aquisição de conhecimento mencionado por Diderot – a reflexão. Esse método também desempenha um papel? Com certeza. Combinar fatos de forma cuidadosa e sistemática é essencial ao **método de caso** e a outros métodos qualitativos de pesquisa, usados com bastante freqüência na pesquisa sobre empreendedorismo[18]. O método de caso envolve a coleta de dados sobre uma organização ou sobre pessoas específicas; essas informações são, então, utilizadas para se chegar a conclusões sobre quais fatores influenciaram resultados importantes, como o sucesso econômico. Por exemplo, considere um estudo de caso da empresa francesa de serviços e sistemas de informação Steria, realizado por Pier Abetti[19]. Essa empresa foi fundada sobre o princípio de que, gradualmente, funcionários de todos os níveis seriam os seus proprietários. Inicialmente, 51% de suas ações pertenciam aos sete empreendedores fundadores e a um funcionário. Trinta anos mais tarde, mil funcionários ativos ou aposentados detinham 57% das ações; assim, o plano de transferir gradativamente a propriedade para os funcionários tinha sido bem-sucedido. Mas como esse processo se desenvolveu? O estudo cuidadoso da Steria indicou que ela passou por várias fases distintas no caminho para essa meta – revolta inicial por parte dos funcionários insatisfeitos; crescimento gradual controlado; queda brusca na rentabilidade; e, posteriormente, crescimento exponencial aliado a um aumento de 400% no valor da ação.

Ao estudar essa empresa de perto, o pesquisador foi capaz de esclarecer fatores que desempenharam um importante papel no sucesso final da empresa; e, como o tema básico deste livro sugere, esses fatores envolveram o comportamento e as características dos empreendedores fundadores, as relações entre os fundadores e os funcionários, e o ambiente econômico e tecnológico em que a empresa operava.

Eis outro exemplo de métodos qualitativos de pesquisa. Em 1984, habitantes de um vilarejo no Sri Lanka receberam 2,5 acres de terra, além de alimento, ajuda financeira e

---

[18] Gartner, W. B.; Birley, S. Introduction to the special issue on qualitative methods in entrepreneurship research. *Journal of Business Venturing*, 17: 387-395, 2002.
[19] Abetti, P. A. The entrepreneurial control imperative: A case history of Steria (1969-2000). *Journal of Business Venturing*, 18: 125-143, 2003.

treinamento técnico. Embora todos os habitantes tenham recebido o mesmo tratamento, 10 anos mais tarde, mais da metade deles tinha perdido sua terra e estava endividada, enquanto os demais tinham prosperado bastante. Os pesquisadores[20] usaram uma grande variedade de fontes – estudos de caso longitudinais aprofundados, pesquisas, relatórios governamentais, documentos comerciais e contratos – para identificar os fatores responsáveis por esses resultados contrastantes. Os resultados indicaram que o insucesso se devia, principalmente, à falta de habilidade dos habitantes para negociar bons preços para suas safras e à utilização do lucro para a compra de bens de consumo não-duráveis em vez de equipamentos necessários ao negócio. O sucesso, por outro lado, parecia advir da capacidade de negociar bons preços e de reconhecer e administrar as oportunidades ao longo do tempo. A idéia básica por trás dos métodos qualitativos é que eles nos permitem capturar a tremenda complexidade do processo empreendedor – complexidade essa que pode, ocasionalmente, não ser percebida se tentarmos quantificar todos os fatores que desempenham um papel no processo.

Resumindo, há diferentes métodos para coletar informações úteis – e precisas – sobre os vários aspectos do empreendedorismo. Nenhum deles é perfeito, mas acreditamos firmemente que os três são bastante úteis e muito superiores ao tipo de abordagem informal e impulsiva adotada em diversos livros populares sobre empreendedorismo. Não entenda mal: não queremos dizer que as pessoas que escrevem esses livros sejam mal-intencionadas ou que não ofereçam esclarecimentos úteis sobre o processo empreendedor. Desejamos apenas observar que as informações que passam são quase que exclusivamente fundamentadas em sua própria experiência e em outras fontes informais. Embora isso algumas vezes gere esclarecimentos importantes, eles estão sustentados por alicerces menos certos (isto é, menos confiáveis) do que as informações coletadas por meio de observação sistemática, experimentação ou método de caso. Por esse motivo, neste livro, daremos ênfase às informações coletadas por esses métodos.

Teoria: Resposta às Perguntas "Por quê?" e "Como?"

Há mais um aspecto na busca pelo conhecimento sobre empreendedorismo que devemos mencionar antes de concluir: o papel da **teoria**. O termo "teoria" possui um significado especial no campo da ciência. Ele se refere aos esforços que vão além da mera descrição de vários fenômenos até o ponto em que podemos explicá-los – entendendo por que e como eles acontecem dessa forma. Por exemplo, em relação ao reconhecimento de oportunidades, não desejamos ser capazes de simplesmente dizer que algumas pessoas são melhores que outras para reconhecer oportunidades ou relatar o percentual de pessoas que são realmente habilidosas nessa tarefa. Queremos explicar *por que* isso acontece e *como* elas fazem para reconhecer as oportunidades. Em outras palavras, desejamos saber o que permite certas pessoas serem tão boas em reconhecer oportunidades e outras em perder. As teorias são estruturas para explicar diversos eventos ou processos. Dado o fato de que existe há relativamente pouco tempo, não é surpresa saber que o campo do empreendedorismo possui poucas teorias próprias bem desenvolvidas. Na verdade, a área já foi criticada algumas ve-

---

[20] Kodithuwakku, S. S.; Rosa, P. The entrepreneurial process and economic success in a constrained environment. *Journal of Business Venturing*, 17: 431-455, 2002.

zes por não possuir tais estruturas. Até o presente momento, o empreendedorismo pegou emprestado grande parte das teorias de outros campos, como economia, psicologia e ciência cognitiva. Por exemplo, recentemente foram feitos esforços para aplicar a *prospecty theory*[21], uma teoria bem desenvolvida acerca da tomada de decisão[22], a diversos problemas importantes relacionados ao empreendedorismo (como a questão de como os empreendedores percebem o risco)[23] para responder à questão anterior.

Mais uma vez, devemos enfatizar que as teorias são extremamente úteis, pois ajudam a explicar por que certos eventos ou processos ocorrem da forma como ocorrem. Mas como elas se originam em primeiro lugar? Em resumo, o processo é mais ou menos o seguinte:

1. Com base em evidências ou observações existentes, propõe-se uma teoria que reflita essas evidências.
2. Essa teoria, composta de conceitos básicos e afirmações sobre como esses conceitos estão relacionados, ajuda a organizar as informações existentes e faz previsões sobre eventos observáveis. Por exemplo, a teoria pode prever as condições em que os indivíduos reconhecem ou não as oportunidades.
3. Essas previsões, conhecidas como *hipóteses*, são então testadas por pesquisas reais.
4. Se os resultados forem consistentes com a teoria, aumenta a confiança em sua exatidão. Se não forem, a teoria é modificada e mais testes são realizados.
5. Por fim, a teoria é aceita como certa ou rejeitada como errada. Mesmo que seja aceita como certa, permanece aberta para ser melhorada, conforme sejam desenvolvidos métodos de pesquisa mais aperfeiçoados e sejam obtidas evidências adicionais relevantes às previsões da teoria (ver a Figura 1.4 para um resumo dessas etapas).

Nossa discussão até o momento tem sido bastante abstrata; talvez um exemplo concreto seja útil. Suponha que, com base em observações cuidadosas, um pesquisador do empreendedorismo formule a seguinte teoria: os indivíduos que escolhem se tornar empreendedores pensam de maneira diferente, em diversos aspectos, das pessoas que não escolhem esse papel[24]. Especificamente, os indivíduos que escolhem ser empreendedores (1) têm mais chances que outras pessoas de ser suscetíveis a diversos tipos de vieses ou erros cognitivos (por exemplo, têm mais chances de ser excessivamente otimistas, de sofrer da ilusão de controle – superestimam sua capacidade de controlar os resultados que experimentam etc.) e (2) têm mais chances de encarar as situações em termos de ganhos dos quais abrirão mão se não lançarem um novo empreendimento; isto, por sua vez, faz que eles aceitem mais os riscos. Essas previsões são, então, formuladas como hipóteses específicas e testadas em pesquisas reais. Por exemplo, empreendedores reais ou aspirantes poderiam ser

---

[21] NT: Prospect theory – Teoria desenvolvida por Daniel Kahnernan e Amir Tversky, em 1979, que descreve como indivíduos avaliam perdas e ganhos.
[22] Plous, S. *The psychology of judgment and decision making*. Nova York: McGraw-Hill, 1993.
[23] Stewart Jr., W. H; Roth, P. L. Risk propensity differences between entrepreneurs and managers: A meta-analytic review. *Journal of Applied Psychology*, 86: 145-153, 2001.
[24] Krueger, N. F. The cognitive psychology of entrepreneurship. In: Acs, Z.; Audrestsch, D. B. (eds.). *Handbook of entrepreneurial research*. Londres: Kluwer Law International, 2003.

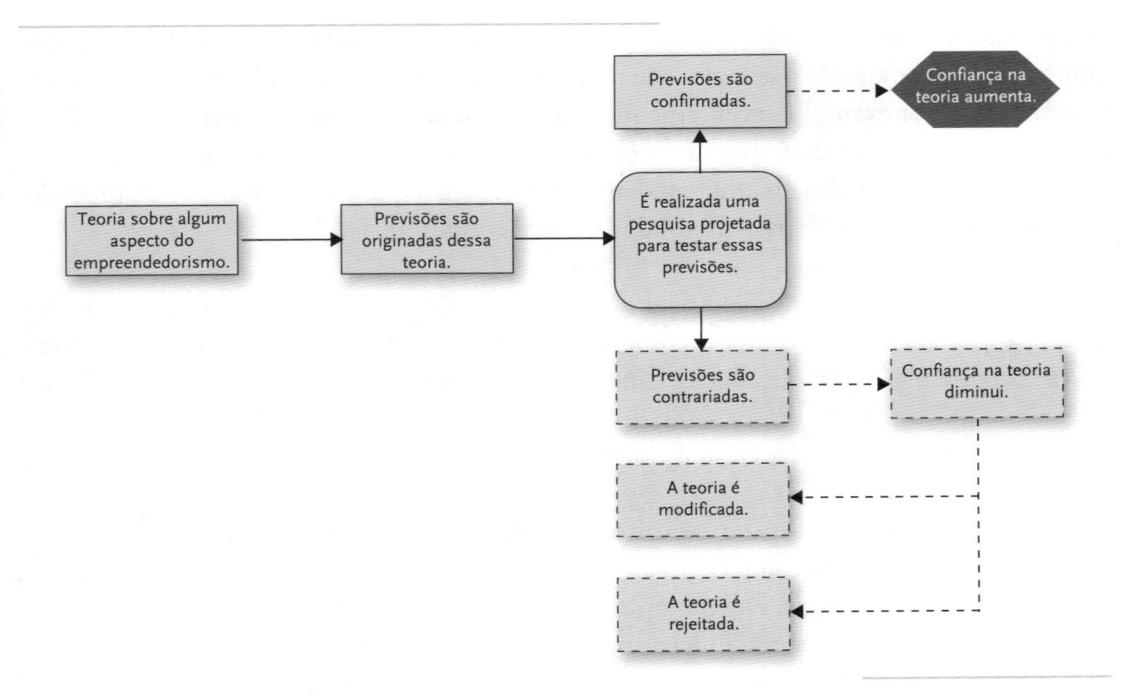

Figura 1.4 O Papel da Teoria na Pesquisa do Empreendedorismo

As teorias organizam o conhecimento existente e fazem previsões sobre como os diversos eventos ou processos ocorrerão. Uma vez que as teorias são formuladas, as hipóteses logicamente originadas delas são testadas por meio de pesquisa cuidadosa. Se os resultados estiverem de acordo com as previsões, a confiança na teoria aumenta. Se os resultados não estiverem de acordo com essas previsões, a teoria pode ser modificada ou, em última instância, rejeitada como falsa.

comparados com pessoas que não têm nenhum interesse em começar novos empreendimentos em termos de sua suscetibilidade aos erros cognitivos e sua tendência para pensar sobre as diversas situações com relação a prejuízos. Medidas dessas variáveis já existem e foram usadas em estudos anteriores; então, desenhar uma pesquisa para testar essas hipóteses é bastante viável. Se os resultados forem consistentes com as previsões advindas da teoria, a confiança na teoria aumenta: haveria uma base maior para aceitar a premissa da teoria de que os empreendedores pensam de forma diferente das demais pessoas.

Por outro lado, se os resultados não forem consistentes com as previsões derivadas da teoria, a confiança nela poderá ser reduzida.

Por que o campo do empreendedorismo, de orientação eminentemente prática, deve se interessar pela teoria? Porque, como um sociólogo observou há muitos anos, "Não há nada tão prático como uma boa teoria"[25]. Com isso ele quis dizer que ter uma boa teoria – um entendimento claro de por que ou como um processo ocorre da maneira que ocorre – é muito útil do ponto de vista de quem pretende intervir positivamente. Em outras palavras, se possuímos teorias boas e bem verificadas sobre o empreendedorismo, entenderemos esse processo de modo que melhore nossa capacidade de auxiliar os empreendedores em seus

---

[25] Lewin, K. *Field theory in social science*. Nova York: Harper & Row, 1951.

esforços para começar novos empreendimentos. Isso, é claro, seria um resultado bastante positivo. É uma etapa importante para se atingirem resultados práticos e valiosos.

Duas observações finais: primeiro, as teorias nunca são *comprovadas* de forma final, definitiva. Ao contrário, estão sempre abertas a testes e são aceitas com mais ou menos confiança, dependendo do peso das evidências disponíveis relacionadas a elas. Segundo, a pesquisa *nunca* deve ser realizada para provar ou verificar uma teoria; ela é realizada para coletar evidências relacionadas à teoria. Se um pesquisador se empenhar em "provar" a sua teoria favorita, cometerá uma grave violação dos métodos que devem ser seguidos para coletar informações precisas sobre qualquer assunto. Por quê? Porque nesse caso os pesquisadores podem perder a objetividade e subconscientemente (ou mesmo conscientemente) projetar a sua pesquisa para que a balança pese a favor da teoria. É evidente que quaisquer resultados obtidos nessas condições não possuem alicerces firmes.

GUIA DO USUÁRIO PARA ESTE TEXTO

Embora tenham se passado vários anos desde que fomos alunos, ambos lembramos bem do seguinte fato: nem todos os livros são igualmente úteis ou fáceis de ler. Por esse motivo, tomamos várias medidas para fazer deste um livro dos bons. Eis um panorama das medidas que tomamos para atingir esse objetivo.

Primeiro, incluímos muitos itens de auxílio à leitura. Cada capítulo começa com uma lista dos principais objetivos de aprendizado: o que você deve saber após terminar de ler o capítulo. Esses objetivos são numerados e também aparecem perto das seções específicas do texto relacionado a eles. Dentro do próprio texto, os termos importantes estão impressos **em negrito** e são definidos em um glossário no fim deste livro.

Todas as figuras e tabelas são claras e simples, e a maioria contém observações e rótulos especiais concebidos para ajudá-lo a entendê-las (ver a Figura 1.3, por exemplo). Por fim, o capítulo termina com um "Resumo e Revisão dos Pontos-Chave". Estudar essa seção irá ajudá-lo a reter as informações apresentadas e a se beneficiar mais com o curso.

O segundo recurso é intitulado "Atenção! Perigo Adiante!" Essas seções, que aparecem no meio de cada capítulo (e não ao final), destacarão ciladas ou riscos dos quais os empreendedores devem estar cientes – eles podem ser fatais a seus novos empreendimentos e sonhos. Como nós mesmos passamos por isso, temos consciência dessas armadilhas e achamos que é crucial chamar sua atenção para elas.

Terceiro, cada capítulo é seguido por exercícios práticos que estão na seção intitulada "Arregaçando as Mangas". Como o título sugere, esses exercícios foram criados para lhe dar a chance de praticar, usando as informações apresentadas no capítulo. Por fim, é importante observar que os capítulos seguem a linha do tempo apresentada anteriormente neste capítulo (ver a Figura 1.2). Assim, a Parte I (Capítulos 1, 2 e 3) examina o campo do empreendedorismo e o que talvez seja o início de todo o processo: o surgimento e reconhecimento de oportunidades. A Parte II (Capítulos 4 a 7) enfoca a reunião de recursos necessários para lançar um novo empreendimento – recursos de informação, financeiros e humanos. A Parte III (Capítulos 8 a 11) examina o lançamento real de novos empreendimentos, considerando tópicos como a forma jurídica dos novos empreendimentos e a estratégia para o sucesso. A Parte IV (Capítulos 12 e 13) enfoca a operação do novo empreendimento e sua transformação em uma empresa de sucesso, em expansão. Por fim, a Parte V (Capítulo 14) enfoca a conclusão lógica do processo empreendedor: as formas alternativas com as quais os empreendedores podem colher as recompensas de seus esforços.

Uma última palavra: como autores e professores, prometemos fielmente que não iremos perder de vista nosso principal objetivo: oferecer-lhe um panorama preciso e atualizado sobre o que atualmente conhecemos sobre o empreendedorismo como processo.

Resumo e Revisão dos Pontos-Chave

- O empreendedorismo, como uma área de estudo de negócios, busca entender como as oportunidades para criar novos produtos ou serviços surgem e são descobertas ou criadas por pessoas específicas. Essas pessoas, então, usam diversos meios para explorá-las ou desenvolvê-las, produzindo assim uma vasta gama de efeitos.
- Nos últimos anos, o fascínio do empreendedorismo aumentou, o que resultou em mais pessoas escolhendo essa atividade como carreira.
- O empreendedorismo como um ramo de negócios possui raízes importantes na economia, nas ciências do comportamento e na sociologia.
- O campo do empreendedorismo admite que tanto a perspectiva micro (que enfoca o comportamento e pensamentos dos indivíduos) quanto a macro (que enfoca principalmente os fatores ambientais) são importantes para se obter um entendimento completo do processo empreendedor.
- O empreendedorismo é um processo que se desenvolve ao longo do tempo e se move por fases distintas, mas intimamente relacionadas.
- O processo empreendedor não pode ser dividido em fases bem delimitadas e facilmente distinguíveis, mas, em geral, envolve a geração da idéia de um novo produto ou serviço e/ou reconhecimento de uma oportunidade; a reunião dos recursos necessários para lançar o novo empreendimento; a abertura do empreendimento; a administração e expansão da empresa; e a colheita das recompensas.
- Os fatores individuais, grupais e sociais influenciam todas as fases do processo empreendedor. Assim, não há motivo para escolher entre uma abordagem micro ou macro ao empreendedorismo; ambas as perspectivas são necessárias.
- É no ponto de encontro de oportunidades valiosas e indivíduos empreendedores que reside a essência do empreendedorismo.
- Há muitas fontes potenciais de conhecimento sobre o empreendedorismo, mas o conhecimento mais preciso e confiável é fornecido pelos métodos que se revelaram úteis para esse fim em outros campos: observação sistemática, experimentação e reflexão.
- A observação sistemática envolve a medição cuidadosa de variáveis de interesse para determinar se elas estão relacionadas (correlacionadas) de uma forma organizada. Se estiverem, uma pode ser prevista a partir da outra.
- A experimentação envolve intervenções diretas: uma variável é modificada sistematicamente para determinar se tais mudanças afetam uma ou mais variáveis adicionais.
- No método de caso, são coletadas informações sobre uma organização ou pessoas específicas; estas são, então, usadas para se chegar a conclusões sobre quais fatores influenciaram resultados importantes, como o sucesso econômico.
- A teoria envolve esforços para explicar em vez de meramente descrever os diversos fenômenos – por que e como eles ocorrem. As pesquisas são realizadas para obter dados relevantes para as teorias – não para comprová-las.

Questões para Discussão

1. Há alguma diferença entre um inventor e um empreendedor? Se houver, descreva-a.
2. Suponha que o governo tenha aprovado uma série de leis que tornem muito mais difícil começar uma nova empresa. Qual(is) efeito(s) você acha que isso teria na economia?
3. Uma pergunta básica no campo do empreendedorismo é "por que as pessoas deixam empregos estáveis para se tornar empreendedoras?". Como você estudaria isso da perspectiva micro? E da perspectiva macro?
4. Neste capítulo, sugerimos que os empreendedores são os novos heróis e heroínas de muitas culturas. Você acha que isso é verdade? Se for, por que tantas pessoas enxergam os empreendedores como heróicos? Se você não acha, diga por quê.
5. Suponha que você tenha deparado com um artigo em uma revista intitulado: "Os Primogênitos São os Melhores Empreendedores". O artigo postula que os empreendedores que são os filhos mais velhos de suas famílias são mais bem-sucedidos que os segundos ou terceiros filhos. Quais perguntas você se faria sobre como essas informações foram obtidas para decidir encarar o artigo como verdadeiro ou válido?

Respondendo às Questões sobre Empreendedorismo: Prática em Pensar como um Pesquisador

Neste capítulo, discutimos vários métodos para responder às questões sobre o empreendedorismo de formas que produzam informações precisas e confiáveis. Embora certamente não esperemos que você se torne um perito em usar esses métodos (isso leva anos de estudo e prática), consideramos importante que entenda como eles funcionam, pois se o fizer, você será um consumidor informado sobre empreendedorismo. Em outras palavras, será capaz de dizer quais informações lhe são úteis e quais são puramente conjecturas – ou pior!

Para adquirir prática em usar esses métodos, tente o seguinte exercício. Considere as questões a seguir e, para cada uma delas, descreva como iria respondê-la pelo uso de (1) observação sistemática, (2) experimentação ou (3) métodos qualitativos, como o método de caso. Para cada uma, tente explicar claramente as variáveis que você estudaria e as formas como coletaria as informações sobre essas variáveis. Também tente formular hipóteses específicas sobre como seus resultados serão comprovados. Por fim, considere as implicações para os empreendedores se seus achados confirmarem ou não sua hipótese inicial.

1. As empresas que são as primeiras a comercializar um novo produto possuem uma vantagem competitiva sobre as empresas que entram no mesmo mercado posteriormente?
2. Os empreendedores seriais (pessoas que fundam uma empresa de sucesso após outra) buscam por oportunidades de forma diferente que os empreendedores que fundam uma só empresa?
3. Que fatores levam os indivíduos a abrir mão de empregos estáveis e bem remunerados para se tornar empreendedores? Esses fatores são os mesmos para homens e mulheres?

ARREGAÇANDO AS MANGAS

Tornar-se um Empreendedor: É a Coisa Certa para Você?
Um importante tema deste capítulo foi que o processo empreendedor começa quando indivíduos empreendedores identificam oportunidades potencialmente valiosas. Obviamente, isso implica que nem todos são adequados para se tornar empreendedores. Ser capaz de identificar oportunidades potencialmente rentáveis não é suficiente por si só. Além disso, os empreendedores devem estar dispostos, prontos e aptos a "dominar a bola" – a tomar as medidas enérgicas e contínuas necessárias ao lançamento de um novo empreendimento. Você é esse tipo de pessoa? É capaz de não apenas desenvolver uma visão do que quer atingir, mas também de chegar lá? Se não for, você deve reconsiderar, pois o empreendedorismo definitivamente comprova a sugestão de Edison de que o "sucesso é 2% de inspiração e 98% de transpiração".

Embora não haja um único teste de "potencial empreendedor"[26], há um consenso geral de que para se tornar um empreendedor de sucesso é preciso ter várias características importantes. Avalie a si mesmo em cada uma dessas dimensões – e então peça para várias pessoas que você conhece bem fazerem o mesmo. Os resultados podem revelar se você tem o que precisa para ser um empreendedor.

1. **Você Pode Lidar com a Incerteza?** A estabilidade (por exemplo, um salário regular) é importante ou você está disposto a viver com a incerteza – econômica e de outros tipos?
2. **Você Tem Disposição?** Você tem o vigor e a boa saúde necessários para trabalhar por longas horas durante grandes períodos de tempo para atingir os objetivos que acredita ser importantes?
3. **Você Acredita em Si e em suas Capacidades?** Você se considera capaz de atingir o que deseja e aprender o que precisa ao longo do caminho?
4. **Você Pode Lidar Bem com Contratempos e Falhas?** Como reage a resultados negativos – com desânimo, ou com o compromisso renovado de ser bem-sucedido da próxima vez e aprender com seus erros?
5. **Você Tem Paixão por Seus Objetivos ou por Sua Visão?** Assim que você estabelece um objetivo ou uma visão de onde quer estar, está disposto a sacrificar quase tudo para chegar lá, pois fazer isso é realmente uma paixão sua?
6. **Você É Bom com Outras Pessoas?** Você consegue persuadi-las a enxergar o mundo da sua forma? Você se dá bem com elas (por exemplo, lida com conflitos, gera confiança)?
7. **Você É Adaptável?** Consegue fazer "correções no meio do caminho" facilmente? Por exemplo, você é capaz de admitir que errou e redirecionar seu caminho para corrigir o erro?
8. **Você Está Disposto a Assumir Riscos ou a Saltar no Escuro?** Assim que estabelece um objetivo, está disposto a assumir riscos razoáveis para atingi-lo? Em outras palavras, está disposto a fazer o que puder para minimizar os riscos e, uma vez tendo tomado todas as ações preparatórias, dar o passo adiante?

Evidências atuais indicam que os empreendedores de sucesso possuem avaliações altas em todas essas dimensões – mais altas do que as das demais pessoas[27]. Eles conseguem lidar com a incerteza, têm disposição, acreditam em si mesmos, reagem bem e de forma flexível aos contratempos, têm paixão por suas crenças, são bons com outras pessoas, são altamente adaptáveis e estão dispostos a assumir níveis de risco razoáveis. Se você possuir essas características – ou pelo menos a maioria delas – você pode ser uma pessoa adequada para o papel de empreendedor. Suspeitamos que, se está lendo este livro, já se encaixa nessa descrição – do contrário, não estaria neste curso. No entanto, se achar que sua avaliação é baixa em várias dessas características, talvez seja bom reconsiderar; é possível que se tornar um empreendedor não seja realmente para você.

---

[26] Chen, C. C.; Green, P. G.; Crick, A. Does entrepreneurial self-efficacy distinguish entrepreneurs from managers? *Journal of Business Venturing*, 13: 295-316, 1998.
[27] Stewart Jr., W. H. et al. A proclivity for entrepreneurship: A comparison of entrepreneurs, small business owners, and corporate managers. *Journal of Business Venturing*, 14: 189-214, 1999.

Descobrindo Oportunidades:

Entendendo Oportunidades de Empreendedorismo e Análise do Setor

2

■ OBJETIVOS DE APRENDIZADO

Após ler este capítulo, você deve ser capaz de:

1. Definir uma oportunidade de empreendedorismo e explicar por que tais oportunidades existem.
2. Descrever como mudanças tecnológicas, políticas/de regulamentos e sociais/demográficas geram oportunidades de empreendedorismo.
3. Listar as diferentes formas que as oportunidades de empreendedorismo podem assumir e explicar por que algumas formas são melhores que outras para novas empresas.
4. Explicar por que o empreendedorismo pode ser visto como resultado da interseção entre pessoas e oportunidades.
5. Explicar por que novas empresas são mais bem-sucedidas em alguns setores do que em outros e identificar os quatro principais tipos de diferenças entre setores que influenciam o sucesso relativo de novas empresas.
6. Identificar as três diferentes dimensões das condições de demanda e explicar de que forma elas influenciam o apoio de um setor a novas empresas.
7. Identificar as duas diferentes dimensões dos ciclos de vida de um setor e explicar como influenciam o apoio de um setor a novas empresas.
8. Identificar as quatro diferentes dimensões da estrutura de um setor e explicar como influenciam o apoio de um setor a novas empresas.
9. Explicar por que empresas já estabelecidas são melhores que novas empresas em explorar oportunidades de empreendedorismo.
10. Identificar os tipos de oportunidades que novas empresas aproveitam mais e por que elas levam vantagem no aproveitamento dessas oportunidades.

> "Nos grandes negócios, precisamos nos dedicar menos a criar oportunidades do que a tirar proveito daquelas que nos são apresentadas."
> (La Rouchefoucauld, *Máximas*, 1665).

No Capítulo 1, explicamos que os empreendedores reconhecem oportunidades de criar novos produtos ou serviços, de utilizar novos meios de produção, de explorar novas maneiras de organizar, de utilizar novas matérias-primas e de explorar novos mercados que se apresentam em decorrência de mudanças tecnológicas, políticas, de regulamentos, demográficas ou sociais. Por exemplo, alguns empreendedores desenvolveram novos produtos, como aparelhos de DVD, que as pessoas podem utilizar para assistir a filmes. Outros empreendedores surgiram com novas formas de organizar, como utilizar as superlojas de varejo para tornar os produtos mais baratos. Outros descobriram como utilizar novos materiais, por exemplo, o petróleo, para fabricar gasolina. Outros empreendedores, ainda, desenvolveram novos processos produtivos, como a pesquisa farmacêutica auxiliada por computadores, que permite a criação de novos medicamentos para curar doenças. Mais um grupo digno de menção identificou novos mercados para produtos, como os biscoitos feitos com algas marinhas, muito populares no Japão.

As oportunidades de empreendimentos não somente provêm de várias fontes e assumem diferentes formas como também diferem quanto ao valor. Por exemplo, os lucros potenciais da abertura de uma nova pizzaria na esquina do campus da Case Western Reserve University não são tão grandes quanto os lucros potenciais que alguém pode auferir com o desenvolvimento de uma empresa de biotecnologia que formulou a cura para o câncer de mama. De fato, a pesquisa demonstrou que alguns setores criam constantemente mais oportunidades valiosas para novas empresas do que outros. Jon Eckhardt, um doutorando que foi meu orientando (Scott Shane), hoje lecionando na University of Wisconsin, pesquisou em que setor industrial encontravam-se as "Inc. 500". A "Inc. 500" é uma relação elaborada pela revista *Inc.* que aponta as jovens empresas privadas com crescimento mais rápido nos Estados Unidos. Por um período de 18 anos (1982-2000), Jon descobriu que alguns setores apresentavam uma porcentagem mais alta de novas empresas relacionadas na "Inc. 500" do que outros setores (ver a Tabela 2.1)[1]. Ele também descobriu que muitos desses mesmos setores tiveram maior porcentagem de novas empresas que abriram seu capital. Esses dados mostram que, se um dado empreendedor iniciar uma empresa em determinado setor e não em outro, essa pessoa teria muito mais probabilidade de rápido crescimento e de abertura do capital. A menos que os empreendedores que se encaminham para determinados setores sejam mais talentosos do que os empreendedores que se encaminham para outros setores, os dados de Jon mostram que alguns setores devem apresentar melhores oportunidades para criar novas empresas do que outros.

O que faz certas oportunidades serem melhores do que outras para começar novos empreendimentos? As evidências disponíveis sugerem que alguns setores e oportunidades são mais favoráveis para novos empreendimentos do que outros – um favorecimento que ajuda novas empresas a crescerem e se tornarem lucrativas.

---

[1] Eckhardt, J. *When the weak acquire wealth: an examination of the distribution of high growth startups in the U.S. economy.* Tese de doutorado, University of Maryland, 2003.

Tabela 2.1 Alguns Setores Geram Mais Empresas de Alto Crescimento que Outros

Os setores na metade superior da tabela são mais atraentes para empreendedores que aqueles da segunda metade, pois apresentam um índice mais elevado de novas empresas na "Inc. 500" entre 1989 e 1997.

SIC	Setor	Número de Empresas na "Inc. 500"	Número de Novas Empresas	Empresas na "Inc. 500" como um Percentual das Novas Empresas
261	Fábricas de celulose	6	33	0,181818
357	Equipamentos de informática e de escritório	99	2.359	0,041967
376	Mísseis teleguiados, veículos espaciais, componentes	2	60	0,033333
335	Laminação e trefilação de não-ferrosos	14	581	0,024096
474	Locação de vagões ferroviários	3	136	0,022059
382	Dispositivos de medição e controle	49	2.482	0,019742
262	Fábrica de papel	3	152	0,019737
381	Equipamentos de busca e navegação	6	310	0,019355
366	Equipamentos de comunicação	29	1.543	0,018795
283	Produtos farmacêuticos	20	1.092	0,018315
384	Instrumentos médicos e suprimentos	55	3.025	0,018182
316	Malas e sacolas	3	172	0,017442
314	Calçados, exceto de borracha	4	271	0,014760
623	Bolsas mercantis e de valores mobiliários	2	141	0,014184
496	Suprimentos para vapor e ar-condicionado	1	83	0,012048
356	Maquinário industrial em geral	26	2.173	0,011965
386	Equipamentos fotográficos e suprimentos	7	646	0,010836
276	Formulários comerciais em várias vias	3	281	0,010676
363	Equipamentos domésticos	4	390	0,010256
362	Aparelhos elétricos industriais	11	1.080	0,010185
811	Serviços jurídicos	10	129.207	0,000077
581	Bares e restaurantes	34	494.731	0,000069
175	Prestadores de serviços de carpintaria e revestimento de pisos	4	66.383	0,000060
651	Corretores de imóveis	5	90.042	0,000056
701	Hotéis e motéis	2	39.177	0,000051
172	Prestadores de serviços de pintura e colocação de papel de parede	2	43.987	0,000046
546	Panificadoras	1	22.165	0,000045
541	Mercearias	5	112.473	0,000045
593	Lojas de produtos usados	1	24.442	0,000041
753	Oficinas de automóveis	5	124.725	0,000040
723	Salões de beleza	3	79.081	0,000038
836	Manutenção residencial	1	27.710	0,000036
784	Videolocadoras	1	27.793	0,000036

Fonte: Adaptado de Eckhardt, J. *When the weak acquire wealth: an examination of the distribution of high growth startups in the U.S. economy.* Tese de doutorado, University of Maryland, 2003.

O restante deste capítulo ampliará a lista de oportunidades em empreendedorismo. Na primeira seção, discutiremos de onde surgem as novas oportunidades. Três principais fontes de mudanças – nova tecnologia, alterações políticas ou de regulamentos, e mudanças sociais ou demográficas – possibilitam que as pessoas comecem novos empreendimentos para explorar oportunidades de fabricar novos produtos, desenvolver novos processos produtivos, organizar-se de maneira diferente, abrir novos mercados e utilizar novas matérias-primas.

Na segunda seção, explicaremos por que algumas vezes as oportunidades são exploradas por meio de uma dessas formas e por meio de outras formas em outras ocasiões. Por exemplo, por que o desenvolvimento da internet, uma nova tecnologia, levou a uma nova forma de organização, o varejo via internet (*e-tailing*), mas não conseguiu modificar os tipos de produtos vendidos? Em contraste, por que a invenção do motor de combustão interna, igualmente uma nova tecnologia, conduziu ao desenvolvimento de um novo produto, o automóvel, mas não modificou a maneira como as empresas eram organizadas?

Na terceira seção, retornaremos à discussão que começamos no início deste capítulo a respeito das diferenças entre setores que determinam que alguns deles sejam mais atraentes que outros para a criação de novas empresas. Explicaremos as características de diferentes setores mostrados pelos pesquisadores, que tornam alguns deles um ambiente mais fértil para a criação de novas empresas.

Na seção final do capítulo, focalizaremos as diferenças entre oportunidades e explicaremos por que algumas oportunidades são melhores para novas empresas do que para empresas estabelecidas. Embora na maioria das vezes empresas já estabelecidas sejam melhores que novas empresas na exploração de oportunidades, as novas empresas têm, por vezes, vantagens distintas na exploração de oportunidades de empreendedorismo. Nosso objetivo é que você aprenda como explorar tais vantagens.

Reconhecimento de oportunidades: uma etapa-chave no processo empreendedor

Conforme explicamos no Capítulo 1, uma oportunidade empreendedora é uma situação na qual mudanças na tecnologia ou nas condições políticas, sociais e demográficas geram o potencial para criar algo novo[2]. Conforme mencionamos anteriormente, uma oportunidade de empreendedorismo pode ser explorada mediante a criação de um novo produto ou serviço, a abertura de um novo mercado, o desenvolvimento de uma nova maneira de organização, o uso de um novo material ou a introdução de um novo processo produtivo. Mas de onde surgem tais oportunidades? Por que elas possibilitam que as pessoas desenvolvam novas idéias sobre negócios que têm o potencial de gerar um lucro?

Pesquisadores apresentaram duas explicações para a existência de oportunidades empreendedoras. Israel Kirzner, um economista da New York University, explica que essas oportunidades existem porque as pessoas dispõem de informações diferentes[3]. Algumas

---

[2] Ardichvili, A.; Cardozo, R.; Ray, S. A theory of entrepreneurial opportunity identification and development. *Journal of Business Venturing*, 18: 105-124, 2003.

[3] Kirzner, I. Entrepreneurial discovery and the competitive market process: an Austrian approach. *The Journal of Economic Literature*, 35: 60-85, 1997.

pessoas tomam conhecimento de uma nova descoberta tecnológica, enquanto outras sabem de uma loja disponível com frente para uma grande avenida. As informações diferentes de que algumas pessoas dispõem as tornam melhores que outras para a tomada de decisão com relação a uma determinada idéia de negócio. Pelo fato de as pessoas com informações menos valiosas tomarem decisões piores, existem sempre faltas, excessos e erros que permitem que as pessoas com informações melhores tomem decisões mais corretas. Você pode ser mais bem informado do que um empresário local sobre o que seus colegas de quarto gostariam de fazer no sábado à noite. Assim, tendo o empresário local instalado uma pizzaria na rua ao lado do campus, você pode conseguir maiores lucros do que ele assumindo o local e abrindo uma danceteria. Suas melhores informações a respeito do que seus colegas de quarto gostariam de fazer (ir a uma danceteria) permitiu que você tirasse vantagem do erro da tomada de decisão anterior (instalar uma pizzaria), o que gera uma nova oportunidade de negócio.

Contrastando com isso, Josef Schumpeter, um economista que lecionou na Harvard University, argumentou que oportunidades empreendedoras realmente valiosas provêm de uma mudança externa que torna possível fazer algo que ainda não havia sido feito, ou fazer algo de uma forma mais valiosa[4]. Por exemplo, a invenção do laser tornou possível o desenvolvimento de um novo produto, o *scanner* dos supermercados, que escaneia eletronicamente o código de barras dos alimentos. Sem que houvesse a mudança exterior – invenção do laser – essa oportunidade não teria existido. Pesquisadores que seguiram os princípios de Josef Schumpeter identificaram três fontes principais de oportunidades: mudança tecnológica, mudança política ou de regulamentos, e mudança social e demográfica.

Elas realmente levam à criação de oportunidades para novos negócios. Amar Bhide, professor de empreendedorismo na Columbia University, demonstrou que os fundadores de metade das "Inc. 500" iniciaram seus negócios em resposta a transformações específicas na tecnologia, nos regulamentos, na moda, ou em outra fonte de oportunidade[5].

Mudança Tecnológica

Pesquisadores revelaram que a mudança tecnológica é a fonte mais importante de oportunidades de empreendedorismo de valor, que viabilizam o começo de novos empreendimentos.[6] Mudanças tecnológicas são uma fonte de oportunidades de empreendedorismo porque possibilitam que as pessoas façam as coisas de forma nova e mais produtiva. Por exemplo, antes da invenção do e-mail as pessoas se comunicavam por meio de faxes, cartas, telefone e pessoalmente. Quando a internet foi inventada, diversos empreendedores descobriram que as pessoas poderiam utilizar o correio eletrônico para se comunicar. Embora o e-mail não tenha substituído completamente esses outros meios de comunicação (conversar com sua namorada ou seu namorado somente via e-mail não é tão agradável quanto pessoalmente), sábios empreendedores descobriram que o e-mail era melhor que outros meios de comunicação em determinadas situações. Ou seja, a invenção de uma nova tec-

---

[4] Schumpeter, J. A. *The theory of economic development: an inquiry into profits, capital credit, interest, and the business cycle.* Cambridge, MA: Harvard University Press, 1934.
[5] Bhide, A. *The origin and evolution of new businesses.* Nova York: Oxford University Press, 2000.
[6] Shane, S. Explaining variation in rates of entrepreneurship in the United States: 1899-1988. *Journal of Management*, 22(5): 747-781, 1996.

nologia tornou possível desenvolver uma forma mais produtiva de comunicação: o e-mail, que se transformou em uma valiosa fonte de oportunidades.

Pesquisadores explicam que grandes mudanças tecnológicas são maiores fontes de oportunidades que pequenas mudanças tecnológicas, pois as primeiras permitem maiores alterações na produtividade pela exploração da nova tecnologia. Por exemplo, um novo material que é 50% mais forte que o aço seria uma fonte menor de oportunidades de empreendedorismo que um material que é 10 vezes mais forte que o aço, porque haveria muitas outras maneiras de se utilizar o material mais resistente. De fato, em um estudo sobre os esforços para comercializar invenções pertencentes ao Massachusetts Institute of Technology, descobri (Scott Shane) que quanto mais importante for o avanço tecnológico representado por uma invenção, mais fácil é alguém criar uma nova empresa para explorá-lo[7].

Mudança Política e Regulamentar

Outras importantes fontes de oportunidades são as mudanças políticas e de regulamentos. Essas mudanças possibilitam o desenvolvimento de idéias de negócios para utilizar recursos de maneiras novas, que sejam mais produtivas ou que redistribuam riquezas de uma pessoa para outra. Por exemplo, a desregulamentação das telecomunicações, os bancos intra-estaduais e a utilização de caminhões e de estradas de ferro tornaram mais difícil às empresas já estabelecidas impedir a entrada de novos competidores e possibilitaram aos empreendedores introduzir mais idéias de negócios produtivos nesses setores[8].

Entretanto, mudanças de regulamentos ou políticas não incrementam necessariamente a produtividade. Muitas vezes, geram oportunidades empreendedoras simplesmente por permitir que as pessoas que respondem adequadamente às mudanças obtenham ganhos à custa de outras. Por exemplo, suponha que a cidade em que você viveu aprove uma lei determinando que todas as casas históricas sejam pintadas utilizando o mesmo tipo de tinta que foi usado 100 anos atrás. Um empreendedor atento poderia tirar proveito dessa mudança se obtivesse os direitos exclusivos sobre todas as fórmulas das tintas do século passado. Os lucros desse empreendedor nada teriam a ver com produtividade. Eles decorreriam simplesmente do preço mais elevado que as pessoas da cidade teriam de pagar pelas tintas que atendessem aos padrões da regulamentação, em vez do preço das tintas mais baratas que eles poderiam comprar em outra situação.

Pesquisadores demonstraram que certos tipos de mudanças políticas ou de regulamentos são fontes particularmente valiosas de oportunidades de empreendedorismo. Em primeiro lugar, como mencionamos anteriormente, a desregulamentação é uma fonte valiosa de oportunidades por tornar mais fácil para as pessoas ingressar nos setores com suas novas idéias. Em segundo lugar, regulamentos que protegem tipos específicos de atividades de negócios encorajam os empreendedores a assumir tais atividades.

---

[7] Shane, S. Technology opportunities and new firm creation. *Management Science*, 47(2): 205-220, 2001.
[8] Holmes, T.; Schmitz, J. A gain from trade: from unproductive to productive entrepreneurship. *Journal of Monetary Economics*, 47: 417-446, 2001.

Mudança Social e Demográfica

Mudanças sociais e demográficas são igualmente fontes importantes de oportunidades de empreendedorismo. Pense a respeito das roupas que você veste e das músicas que ouve. Elas provavelmente são diferentes das roupas e das músicas que seus pais prefeririam quando eles tinham sua idade. Mudanças nas preferências das pessoas possibilitam que empreendedores alertas ofereçam produtos e serviços que essas pessoas procuram.

Suponha que você soubesse que no próximo ano ocorreria uma mudança na moda entre os estudantes universitários. Em lugar de calças jeans, camisetas e bonés de clubes, as pessoas passariam a vestir ternos para ir às aulas. Você poderia tirar vantagem dessa mudança social para iniciar uma empresa para produzir e vender ternos para universitários. Isso parece absurdo? Talvez. Porém, o contrário certamente aconteceu. Nos anos 1950, os estudantes universitários usavam paletó e gravata para ir às aulas, mas deixaram de fazê-lo nos anos 1960. O resultado? Empresários que começaram a fabricar calças jeans e camisetas nessa época tiraram vantagem de uma tendência social para explorar uma oportunidade de vender roupas diferentes das que haviam sido vendidas no passado.

Além das tendências sociais, mudanças demográficas são também uma importante fonte de oportunidades de empreendedorismo. Os dados demográficos da população nos Estados Unidos mudam o tempo todo. Durante os últimos 20 anos, a população tem envelhecido, gerando, para empreendedores, a oportunidade de fabricar produtos para a terceira idade, tais como casas de repouso. A população também tem se instalado mais longe das grandes cidades, criando oportunidades para que os empreendedores construam shoppings nos locais mais afastados e ofereçam produtos como livros em CD para entreter as pessoas durante os longos trajetos até o trabalho. Do mesmo modo, à medida que mais imigrantes de língua hispânica entraram no país, oportunidades para os supermercados que vendem linhas de alimentos típicos da América Latina e para emissoras de rádio em língua espanhola cresceram em muitas partes dos Estados Unidos.

Por que as mudanças sociais e demográficas são uma fonte de oportunidades de empreendedorismo? Achamos que há duas razões. Primeiro, as mudanças sociais e demográficas alteram a demanda por produtos e serviços. Uma vez que os empresários ganham dinheiro vendendo produtos e serviços que os clientes desejam, mudanças na demanda criam oportunidades de produzir coisas diferentes. Segundo, porque as mudanças sociais e demográficas possibilitam a criação de soluções para as necessidades dos clientes que são mais produtivas do que aquelas disponíveis no momento[9]. Por exemplo, a alteração demográfica decorrente do grande número de mulheres que ingressaram no mercado de trabalho criou a necessidade de encontrar um meio mais eficiente para o preparo do jantar. Essa oportunidade levou à introdução da comida congelada, uma solução mais eficiente para o preparo de comida do que a que existia anteriormente.

Tendências sociais e demográficas certamente criaram oportunidades para Michael Stopka, fundador da Design Toscano, Inc., uma empresa em Illinois que vende reproduções históricas. Stopka descobriu que à medida que os *baby boomers* cresciam e ficavam mais ricos, viajavam mais para a Europa. Visitando castelos europeus e museus, muitas

---

[9] Eckhardt, J.; Shane, S. The individual-opportunity nexus: a new perspective on entrepreneurship. In: Acs, Z. (ed.). *Handbook of entrepreneurship*, no prelo.

dessas pessoas voltavam para casa com novas idéias a respeito de como decorar suas casas. Stopka constatou uma crescente procura por reproduções européias. Por meio do aumento do número de reproduções de armaduras, fontes italianas e cabines telefônicas inglesas que sua empresa tinha disponíveis para venda, Stopka foi capaz de transformar essa tendência demográfica e social em lucros empresariais[10].

FORMAS DE OPORTUNIDADE: ALÉM DOS NOVOS PRODUTOS E SERVIÇOS

A maioria das pessoas tende a pensar que as fontes de oportunidades levam os empreendedores a desenvolver novos produtos e serviços. Embora isso certamente seja verdadeiro, essas fontes geram também uma gama muito maior de coisas que os empreendedores podem fazer. Conforme explicamos no Capítulo 1, os empreendedores podem desenvolver idéias de negócios para tirar vantagem de cinco diferentes tipos de oportunidades que resultam das mudanças tecnológicas, políticas ou de regulamentos, e sociais e demográficas: novos produtos e serviços, novos métodos de produção, novos mercados, novas formas de organização e novas matérias-primas[11].

Novos tipos de softwares de contabilidade e novos equipamentos cirúrgicos são exemplos de idéias de negócios das quais os empreendedores se utilizam para tirar vantagem de oportunidades de novos produtos. A Amazon.com é um exemplo de uma idéia de negócio que o empreendedor Jeff Bezos utilizou para tirar vantagem de uma nova forma de organização – venda de livros sem utilizar as livrarias. A introdução de biscoitos com sabor de algas no mercado dos Estados Unidos é exemplo de um esforço para tirar vantagem de um novo mercado, porque essa idéia de negócio já existia anteriormente no Japão, mas não nos Estados Unidos. A produção de gasolina a partir de petróleo bruto é exemplo de um esforço para tirar vantagem de uma oportunidade e utilizar nova matéria-prima. Finalmente, as descobertas da biotecnologia que surgiram com os novos medicamentos contra o câncer, a partir de novas drogas descobertas com o auxílio da informática, são exemplos de idéias de negócios que surgem de oportunidades de utilizar novas formas de produção.

Embora as oportunidades existam para todas as cinco formas, os empreendedores que criam novos negócios focalizam inicialmente a primeira e a segunda formas. Na maior parte das vezes, os empreendedores introduzem novos produtos ou serviços ou abrem novos mercados, em vez de explorar novas matérias-primas, introduzir novas formas de organização ou estabelecer novos métodos de produção[12]. De fato, Jim Utterback, professor da Escola Sloan de Administração, no MIT, demonstrou que, em uma ampla gama de setores, os empreendedores que criam novas empresas geralmente introduzem novos produtos e serviços, e as empresas já existentes introduzem novos processos de produção e formas de

---
[10] *Future shift: Illinois matures.* http://www.entrepreneur.com/mag/article/0,1539,230606-6,00.html.
[11] Schumpeter, J. A. *The theory of economic development: an inquiry into profits, capital credit, interest, and the business cycle.* Cambridge, MA: Harvard University Press, 1934.
[12] Ruef, M. Strong ties, weak ties, and islands: Structural and cultural predictors of organizational innovation. *Industrial and Corporate Change*, 11(3): 427-450, 2002.

organização. Por quê? Porque novos processos de produção e formas de organização geralmente demandam experiência nesse setor[13].

Entretanto, nem sempre será a melhor abordagem criar um novo negócio com uma forma de oportunidade que é mais comumente adotada pelos empreendedores. Como descreveremos em maiores detalhes no Capítulo 10, o sucesso na atividade empresarial exige que o empreendedor desenvolva uma idéia de negócio que ele possa defender contra a concorrência. Os pesquisadores têm demonstrado que se introduzir em um novo mercado é uma forma particularmente arriscada de exploração de oportunidade, porque é praticamente impossível para um empresário defender essa forma de exploração contra a concorrência. Além disso, idéias de negócios para explorar novos métodos de produção são freqüentemente melhores formas de exploração de oportunidades do que idéias de negócios para explorar novos produtos, porque novos métodos de produção podem ser mantidos em segredo. Pelo fato de os empresários venderem novos produtos aos consumidores, todos os atributos de tais produtos estão disponíveis para os outros verem. Os competidores podem comprar um dos novos produtos do empreendedor e desmontá-lo para ver como funciona. Assim, o concorrente pode copiar o produto. Por outro lado, um empresário não precisa mostrar a ninguém o processo produtivo que utiliza. Dessa forma, leva mais tempo, é mais difícil e custa muito mais aos concorrentes imitar idéias de negócio sob a forma de novos processos do que sob a forma de novos produtos ou serviços[14].

Tomemos Seth Hall, fundador da Source One Spares Inc., como exemplo de um empreendedor que explorou com sucesso uma oportunidade de criar algo mais do que um novo produto. Enquanto estudava na Southern Methodist University, Hall trabalhou para uma empresa que fazia reparos em componentes de aeronaves. Essa experiência mostrou a Hall que havia a necessidade de uma empresa que pudesse fornecer componentes de aeronaves em condições operacionais em menos de 30 dias, tempo que seu empregador levava para fazer os reparos. A oportunidade de negócio de Hall foi a de criar uma empresa de reposição de componentes de aeronaves. A Source One Spares fornece peças de reposição para aeronaves recebendo em troca as peças danificadas e cobrando um adicional. A empresa, então, efetua os reparos na peça e as coloca no estoque para utilização futura. Esse sistema de disponibilizar peças a partir de um estoque é rentável, porque Hall pode cobrar dos clientes uma taxa de troca pelo pronto fornecimento da peças de reposição, bem como por efetuar os reparos na peça. Além disso, ele pode reservar as peças reparadas para reposição para outros clientes, mantendo baixos seus custos de estocagem[15].

Para ajudar a esclarecer o relacionamento entre a fonte de oportunidade e a forma que a oportunidade assume, mostramos exemplos das cinco formas de oportunidade para uma mesma fonte de oportunidade – uma mudança tecnológica – na Tabela 2.2.

---

[13] Utterback, J. *Mastering the dynamics of innovation*. Boston, MA: Harvard Business School Press, 1994.
[14] Mansfield, E. How rapidly does technology leak out? *Journal of Industrial Economics*, 34(2): 217-223, 1985.
[15] Smith, P. *Burn, baby, burn: fixing aircraft parts*. http://www.entrepreneur.com/Your_Business/YB_SegArticle/0,4621,275155-4,00.html.

Tabela 2.2 Exemplos de Diferentes Formas de Oportunidades de Empreendedorismo que Resultam de Mudanças Tecnológicas

Uma única fonte de oportunidade, como uma mudança tecnológica, pode gerar as cinco formas de oportunidade.

Forma da Oportunidade	Mudança Tecnológica	Exemplo de uma Idéia de Negócio em Resposta à Oportunidade	Justificativa
Novo produto ou serviço	Motor de combustão interna	Automóvel	O motor de combustão interna é utilizado para fornecer energia aos automóveis.
Nova forma de organização	Internet	Venda de livros on-line	A internet permite que as pessoas vendam produtos sem precisar de lojas.
Novo mercado	Refrigeração	Navios refrigerados	Os navios refrigerados permitem aos pecuaristas de um país vender sua produção em outro país.
Novos métodos de produção	Computador	Projetos auxiliados por computador	Os computadores permitem aos projetistas desenvolver os produtos sem a necessidade de protótipos físicos.
Nova matéria-prima	Petróleo	Produção de gasolina	O petróleo é refinado sob forma de gasolina para fornecer energia aos veículos.

SETORES QUE FAVORECEM NOVAS EMPRESAS: TERRENOS FÉRTEIS PARA NOVOS EMPREENDIMENTOS

Uma das mais interessantes observações que os pesquisadores fizeram sobre o empreendedorismo é que a habilidade das pessoas para criar novas empresas varia drasticamente entre os setores. Por exemplo, se você selecionar dois empreendedores com as mesmas capacitações e habilidades e colocar um deles em um setor favorável para a formação de novas empresas e o outro em um setor desfavorável, a probabilidade de a nova empresa sobreviver, abrir seu capital, obter crescimento de vendas e um bom nível de lucro, mostra-se até dez vezes maior no setor favorável que no setor desfavorável[16].

Uma das coisas mais importantes que um empreendedor inexperiente pode aprender é identificar os setores favoráveis para novas empresas. Afinal, se você vai enfrentar os problemas de iniciar um novo negócio, também deve aumentar as chances de ele ser bem-sucedido. Quatro dimensões das diferenças entre setores influenciam o sucesso relativo de novas empresas: condições do conhecimento, condições da demanda, ciclo de vida do setor e sua estrutura. Nas seções seguintes, descreveremos as dimensões das diferenças entre setores de forma que você possa aprender quais características do setor deve procurar quando pensar em iniciar sua própria empresa.

Condições do Conhecimento

"Condições do conhecimento" é o termo que os economistas usam para referir-se ao tipo de informações que está por trás da fabricação de produtos e serviços em um setor. Isso inclui

---

[16] Shane, S. *A general theory of entrepreneurship: the individual-opportunity nexus*. Londres: Edward Elgar, no prelo.

o grau de complexidade do processo produtivo, o nível de criação de novos conhecimentos no setor, o porte das entidades inovadoras e o grau de incerteza. Tome como exemplo a comparação entre a indústria farmacêutica e o comércio varejista de roupas. A produção de medicamentos é muito mais complexa, requer investimentos muito maiores para produzir novos conhecimentos, requer entidades de maior porte para assumir o desenvolvimento e a aplicação das inovações, e é muito mais incerta do que a produção de roupas.

Mas o que isso tem a ver com a criação de novas empresas? Você provavelmente já adivinhou. Três dimensões das condições do conhecimento de um setor são favoráveis a novas empresas. Primeiro, os setores com maior **intensidade de P&D** (Pesquisa e Desenvolvimento) são mais favoráveis a novas empresas do que aqueles com menor intensidade de P&D[17]. Tal intensidade é a medida dos gastos com pesquisa e desenvolvimento incorridos pelas empresas para cada unidade de receita líquida de vendas. Essa medida identifica com que intensidade as empresas investem na criação de novos conhecimentos. Pesquisadores descobriram que os setores com mais intensidade de pesquisa e desenvolvimento apresentam maior número de novas empresas, porque a invenção de novas tecnologias é uma fonte de oportunidades para novas idéias de negócios. Quanto mais P&D houver, mais novas tecnologias serão inventadas. Quanto mais novas tecnologias forem inventadas, maiores serão as oportunidades para novos negócios.

Mas você pode se perguntar: por que as empresas que investem em P&D não aproveitam essas oportunidades? As empresas já existentes tiram vantagem de muitas delas. Entretanto, não podem tirar vantagem de todas em razão de um conceito chamado **vazamento do conhecimento**. Ele ocorre quando a informação sobre como desenvolver uma nova tecnologia vaza para outras pessoas.

Felizmente para os empreendedores, esses vazamentos ocorrem todo o tempo. Considere, por exemplo, uma engenheira da Intel que vai a um encontro com um jovem recém-graduado pela San Jose State University. Após algumas cervejas, a jovem engenheira, querendo impressionar seu par, conta a ele sobre um projeto muito importante da Intel no qual ela está trabalhando para desenvolver uma nova geração de *chips* para computadores. Sem que nossa jovem engenheira da Intel soubesse, seu "amigo" estivera pensando em iniciar um negócio para produzir uma nova geração de *chips* para computadores. Entretanto, seu trabalho de conclusão de curso deixava patente que faltava uma peça do quebra-cabeça sobre como fazer isso. Os engenheiros da Intel haviam descoberto essa peça. Após algumas cervejas, esse conhecimento vazou da engenheira da Intel para o jovem, que então utiliza a idéia para iniciar um novo negócio.

Outro aspecto das condições de conhecimento que alavancam a criação de uma nova empresa é o **lócus de inovação**. Esse termo se refere a quem produz a tecnologia que é a fonte de oportunidade. Em alguns setores, como no automobilístico, empresas privadas produzem a maior parte desse conhecimento. Em outros setores, como o farmacêutico, as empresas públicas – inclusive universidades e laboratórios de pesquisa do governo – são a fonte de muita criação de conhecimento. Os pesquisadores demonstraram que os setores nos quais as organizações do setor público produzem a maior parte da nova tecnologia

---

[17] Dean, T.; Brown, R.; Bamford, C. Differences in large and small firm responses to environmental context: strategic implications from a comparative analysis of business formations. *Strategic Management Journal*, 19: 709-728, 1998.

apresentam maior índice de formação de novas empresas[18]. A razão é simples. Como você provavelmente imaginou, os diretores da Intel e de outras empresas não são os maiores apreciadores desses vazamentos do conhecimento, que permitem a outras empresas explorar oportunidades que suas companhias poderiam ter explorado. Como resultado, eles se esforçam muito para minimizar a quantidade de conhecimento que acaba vazando e chegando até os ouvidos de terceiros por meio das publicações de pesquisas, apresentações e engenheiras tagarelas tentando impressionar seus amigos. Em contraste, as universidades e os laboratórios de pesquisa têm uma missão muito diferente. A meta das universidades é colocar o conhecimento no domínio público de forma que a sociedade possa beneficiar-se dele. Quando professores e alunos de engenharia eletrônica inventam novos *chips* de computador, eles enviam sua pesquisa para publicação. Esse esforço para colocar o conhecimento no domínio público facilita a criação de novas empresas utilizando conhecimento do setor público.

Uma terceira dimensão das condições de conhecimento que torna mais provável a formação de novas empresas é a natureza do processo de inovação. Em alguns setores, como o automobilístico, a inovação e o desenvolvimento de novas tecnologias requerem uma escala muito grande de operações e um volume muito grande de capital, fazendo que a maioria das inovações seja produzida pelas grandes empresas já existentes, como a General Motors e a Ford. Em outros setores, como o de desenvolvimento de software, inovações e tecnologias de computadores requerem organizações flexíveis e ágeis, o que faz que a maior parte das inovações seja feita por empresas novas e pequenas. Pelo fato de as empresas novas tenderem a começar pequenas, elas se saem melhor se investirem em novos produtos e serviços em setores nos quais as pequenas empresas são os melhores inovadores. Por essa razão, os setores nos quais a inovação requer organizações menores tendem a formar mais novas empresas do que os setores nos quais a inovação requer organizações maiores[19].

Condições da Demanda

"Condições da Demanda" é a expressão que os pesquisadores usam para explicar as características da preferência dos consumidores por produtos e serviços em um setor. Os consumidores podem apresentar uma demanda fraca ou forte por produtos. Tal demanda pode estar crescendo ou diminuindo; pode ser estável ou variável; pode ser homogênea ou heterogênea.

Três atributos das condições da demanda impulsionam a formação de novas empresas: tamanho do mercado, crescimento do mercado e segmentação do mercado. Pesquisadores demonstraram que novas empresas têm um melhor desempenho nos grandes mercados do que nos menores, porque os primeiros são mais lucrativos para as novas empresas[20]. Os empreendedores têm de arcar com custos fixos para criar novas empresas, e tais custos podem ser **amortizados** ou diluídos sobre um número maior de vendas em um mer-

---

[18] Audretsch, D.; Acs, Z. New firm startups, technology, and macroeconomic fluctuations. *Small Business Economics*, 6: 439-449, 1994.

[19] Acs, Z.; Audretsch, D. Small firm entry in U.S. manufacturing. *Economica*, 255-266, 1989.

[20] Eisenhardt, K.; Schoonhoven, K. Organizational growth: Linking founding team, strategy, environment, and growth among U.S. semiconductor ventures, 1978-1988. *Administrative Science Quarterly*, 35: 504-529, 1990.

cado maior que em um mercado menor. Como resultado, os retornos esperados da criação de uma empresa são maiores em um mercado maior do que em um mercado menor.

As novas empresas também têm um desempenho melhor em mercados de rápido crescimento do que em mercados de crescimento mais lento ou em retração, porque nos mercados de rápido crescimento os novos empreendimentos podem atender os clientes que as empresas já estabelecidas são incapazes de atender[21]. Isso não somente permite às novas empresas conquistarem clientes que são relativamente fáceis de persuadir – eles têm excesso de demanda –, mas também que elas evitem tentar conquistar os clientes das empresas existentes como uma forma de conseguir vendas.

Finalmente, a formação de novas empresas é mais comum em mercados que se mostram mais fortemente segmentados. Os setores diferem em seu grau de segmentação de mercado. Por exemplo, há muito mais tipos de carros projetados para diferentes tipos de compradores do que os tipos de milho congelado destinados a diversos tipos de compradores. A razão é que as pessoas têm preferências mais variadas por automóveis do que por milho congelado. A segmentação de mercado alavanca a formação de novas empresas[22] porque nichos de mercado requerem organizações que possam explorá-los sem produzi-los em grandes volumes. Novas empresas são melhores para a produção em pequena escala do que a maioria das empresas já estabelecidas. Além disso, a exploração de nichos requer empresas rápidas e ágeis, que possam tirar vantagem dos segmentos de mercado que outras empresas não conseguiram atender. Novas empresas tendem a ser mais rápidas e ágeis que outras. A segmentação de mercado também permite a uma nova empresa entrar em um mercado e firmar-se nele sem ter de correr atrás dos principais clientes de uma empresa estabelecida. Como resultado, novas empresas podem entrar em mercados segmentados sem o nível de retaliação que enfrentam ao entrar em mercados não segmentados, nos quais elas precisam atacar diretamente a base de clientes das firmas já estabelecidas.

Ciclos de Vida do Setor

Assim como as pessoas, os setores nascem, crescem e morrem. Muitos de vocês estão a par do nascimento do comércio eletrônico (*e-commerce*) como um setor. Mas vocês provavelmente estão menos informados sobre a morte do Pony Express, a menos que assistam a muitos *westerns* na televisão durante a madrugada. O nascimento, a maturação e a morte de setores, que os pesquisadores chamam de "ciclo de vida dos setores", são aspectos importantes para os empreendedores porque o ciclo de vida tem um impacto poderoso na capacidade dos empreendedores de criar empresas novas e bem-sucedidas.

Primeiro, pesquisadores demonstraram que as novas empresas têm um desempenho muito melhor quando o setor é jovem do que quando é mais antigo[23]. Como seu professor de Marketing lhe dirá, a adoção de novos produtos tem uma distribuição estatística normal. Poucas pessoas são os usuários líderes; um número moderadamente maior forma os usuários pioneiros; a maior parte das pessoas adota o produto no meio da curva; o número de usuários tardios é moderadamente menor; e algumas pessoas são retardatárias. Lembrando de seus primeiros cursos de cálculo e estatística, uma distribuição nor-

---

[21] Mata, J.; Portugal, P. Life duration of new firms. *The Journal of Industrial Economics*, 42(3): 227-243, 1994.
[22] Shane, S. Technology regimes and new firm formation. *Management Science*, 47(9): 1173-1181, 2001.
[23] Barnett, W. The dynamics of competitive intensity. *Administrative Science Quarterly*, 42: 128-160, 1997.

mal de usuários produzirá uma curva em S do crescimento do mercado (ver a Figura 2.1). Assim, se a maior parte dos produtos apresenta uma distribuição normal, então a maior parte do mercado apresenta um padrão de crescimento em curva de formato S, no qual a demanda irá inicialmente acelerar e então desacelerar. Porque dissemos anteriormente que é mais fácil para pequenas empresas entrarem nos mercados nos períodos de crescimento de demanda, novas empresas têm um desempenho melhor nos novos mercados que nos mais antigos.

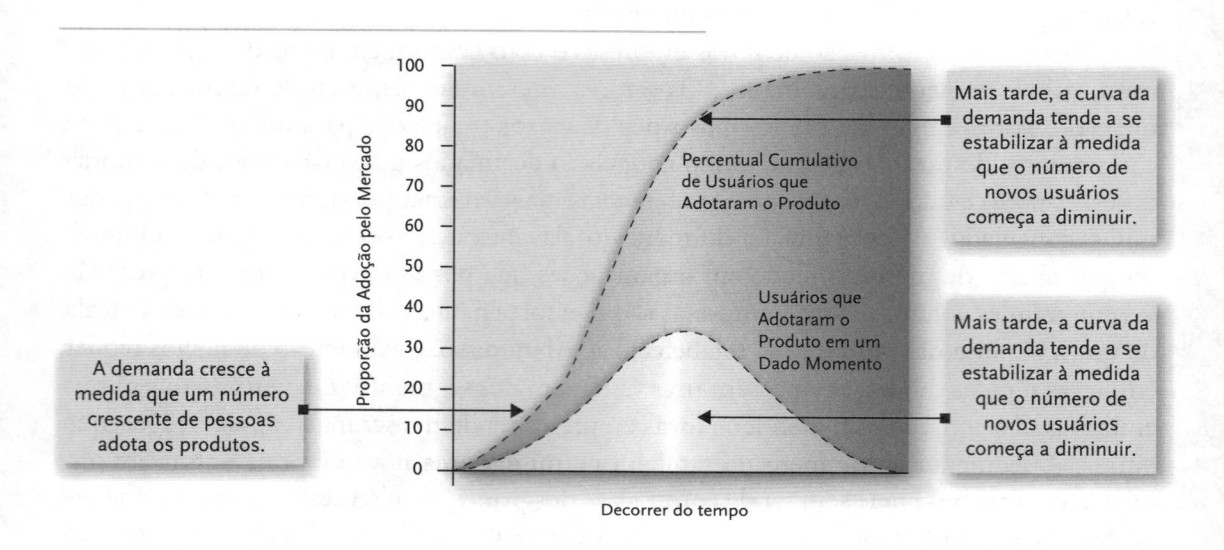

Figura 2.1 A Formação de Novas Empresas É mais Fácil nos Setores mais Novos que nos mais Velhos
Uma distribuição normal de usuários gera um padrão de crescimento de mercado em curva de formato S.
Fonte: Adaptado de Rogers, E. *Difusion of innovations*. Nova York: Free Press, p. 243, 1983

Além disso, quando os setores são novos, nenhuma empresa já existente está disponível para atender às mudanças da demanda. Sem a presença das empresas já existentes para competir com os empreendedores no atendimento à demanda, as empresas novas apresentam um melhor desempenho do que quando têm de competir com empresas existentes para servir aos clientes.

Ademais, as empresas desempenham melhor no atendimento às necessidades de clientes à medida que adquirirem experiência. Se as empresas têm de operar em um setor para ganhar experiência, as novas empresas ficam em desvantagem quando comparadas com as empresas estabelecidas. No início da vida de um setor, essa desvantagem é muito pequena, porque mesmo as empresas mais antigas têm muito pouca experiência. Entretanto, quando o setor torna-se maduro, o nível de experiência das empresas mais antigas é muito maior que o das novas empresas, dificultando muito o bom desempenho das novas empresas.

Segundo, quando os setores tornam-se maduros, eles tendem a convergir para um **projeto dominante**, que é uma abordagem ou um padrão comum utilizado na fabricação de um produto. Por exemplo, o motor de combustão interna é um projeto dominante. Nenhuma das principais montadoras de automóveis utiliza mais os motores a vapor. Entretanto, não foi sempre assim. No início da vida do setor automobilístico, muitas empresas utilizavam motores a vapor em vez de motores de combustão interna.

O conceito de um projeto dominante é importante para os empreendedores, porque novas firmas tendem a desempenhar melhor antes do surgimento de um projeto dominante em um setor do que depois de seu estabelecimento. Antes que um projeto dominante esteja estabelecido em um setor, os empreendedores podem adotar o projeto que quiserem para os produtos ou serviços do novo empreendimento. Entretanto, o estabelecimento de um projeto dominante limita as abordagens que os empreendedores podem adotar com relação aos projetos que atendem aos padrões utilizados pelas empresas estabelecidas. Além de as novas empresas terem de utilizar para seus produtos um projeto em que as empresas estabelecidas já têm grande experiência, a partir do momento que um projeto dominante é estabelecido, as bases da competição em um setor mudam. Em vez de competirem para ver quem tem o projeto que melhor atende às preferências dos clientes, as empresas competem para ver quem pode obter um projeto-padrão mais eficiente. Pelo fato de as empresas já estabelecidas serem maiores e terem mais experiência, elas podem produzir mais eficientemente e, assim, ter vantagens diferenciadas a partir do surgimento de um projeto dominante em um setor.

Tome como exemplo as fitas VHS. Quando o setor de gravação de vídeo adotou o padrão VHS como projeto dominante, tornou-se quase impossível para novas empresas apresentarem outros formatos de fita. As principais empresas japonesas que produziam fitas VHS, como a Matsushita, eram capazes de produzir fitas mais eficientemente do que qualquer outra e eram capazes de tirar todas as demais da competição.

Estrutura do Setor

Os setores também diferem em sua estrutura, fazendo que alguns deles sejam mais receptivos para novas empresas do que outros. Pesquisadores identificaram quatro aspectos da estrutura de um setor que facilita a criação de um nova empresa bem-sucedida. Primeiro, alguns setores dependem de um gasto maior de capital do que outros – esses são chamados de setores de **capital intensivo**. A intensidade do capital refere-se ao grau de dependência que o processo produtivo de um setor tem em relação ao capital em vez de mão-de-obra. Novas empresas têm um desempenho relativamente ruim em setores de capital intensivo[24]. Quando as empresas são criadas, os empreendedores precisam despender capital para obter equipamentos, estabelecer as instalações de produção, ajustar a distribuição e organizar-se de modo geral. Esse dispêndio de capital ocorre antes que a nova empresa possa vender seus produtos ou serviços e gerar receita. Pelo fato de as novas empresas não gerarem caixa a partir de suas operações atuais, elas precisam obter esse capital de investidores. Por razões que descreveremos com mais detalhes no Capítulo 6, os investidores cobram mais pelo capital do que ele custaria se fosse gerado internamente. Por ora, basta dizer que os empreendedores sabem muito mais sobre suas idéias de negócios e sobre oportunidades de empreendimento do que os investidores que os apóiam, e, dessa forma, os investidores cobram um

---

[24] Audretsch, D. New firm survival and the technological regime. *Review of Economics and Statistics*, 441-450, 1991.

prêmio embutido no risco para compensar por aqueles empreendedores que possam tentar tirar vantagem da sua (investidores) relativa ignorância. Pelo fato de as empresas já existentes poderem utilizar-se de capital oriundo de suas operações para financiar novas idéias de negócios, esse prêmio coloca as empresas novas em desvantagem. Essa desvantagem aumenta à medida que aumenta a intensidade de capital do negócio.

Segundo, novas empresas têm um desempenho mais fraco em setores que dependem muito de propaganda, como os de produtos de consumo, do que naqueles que não dependem, como o setor químico. A reputação de marcas desenvolve-se ao longo do tempo mediante repetidos esforços de propaganda. Como resultado, leva um tempo considerável para que novas empresas consigam o mesmo nível de reconhecimento que as empresas estabelecidas quanto ao nome de sua marca. Além disso, a propaganda está sujeita a **economias de escala**. "Economias de Escala" é a expressão que os economistas utilizam para explicar que o custo de cada unidade do produto decresce à medida que o volume de produção aumenta. Economias de escala existem sempre que o custo de produzir a primeira unidade de algo for maior do que o de produzir unidades adicionais. Porque o custo de uma propaganda para o rádio ou televisão é o mesmo independentemente da quantidade de produtos que você vende, o custo unitário da propaganda diminui significativamente à medida que você produz e vende mais unidades de seu produto. Por essa razão, o pequeno porte de novos empreendimentos torna difícil a manutenção de custos unitários da propaganda tão baixos quanto aqueles das empresas estabelecidas[25].

Terceiro, novas empresas têm um desempenho mais fraco nos setores concentrados do que nos fragmentados[26]. **Concentração** refere-se ao índice de participação no mercado em poder das maiores empresas do setor. Quando os setores são concentrados, novas empresas têm de desafiar a base de clientes das empresas estabelecidas com a força e os recursos necessários para tirá-las do negócio. Em contraste, quando os setores são fragmentados, as novas empresas podem entrar desafiando empresas pequenas e fracas já estabelecidas, cujos clientes são mais vulneráveis.

Quarto, novas empresas desempenham melhor em setores que são compostos por empresas de pequeno e médio porte[27]. A maior parte das novas empresas começam pequenas porque isso permite aos empreendedores minimizar o custo e o risco de estabelecer seus novos empreendimentos. Porque os empreendedores estão freqüentemente errados a respeito de suas oportunidades de negócios, eles gostam de minimizar o custo de estar errado, o que eles conseguem começando em escala menor e testando se suas idéias funcionam.

Em setores compostos principalmente por pequenas empresas, começar pequeno não coloca as novas empresas em muita desvantagem diante dos competidores estabelecidos. Entretanto, em setores compostos principalmente por grandes empresas, isso representa grande desvantagem para as novas empresas cujos competidores, empresas já estabelecidas, podem fazer um maior volume de compras, produzir a custos industriais médios menores, e amenizar seus custos de propaganda e de distribuição com a venda de mais unidades. Por isso, novas empresas têm um desempenho relativamente mais fraco em setores constituídos por empresas de grande porte.

---

[25] Shane, S. *A general theory of entrepreneurship: the individual-opportunity nexus*. Londres: Edward Elgar, no prelo.
[26] Eisenhardt, K.; Schoonhoven, K. Organizational growth: linking founding team, strategy, environment, and growth among U.S. semiconductor ventures, 1978-1988. *Administrative Science Quarterly*, 35: 504-529, 1990.
[27] Audretsch, D.; Mahmood, T. The hazard rate of new establishments. *Economic Letters*, 36: 409-412, 1991.

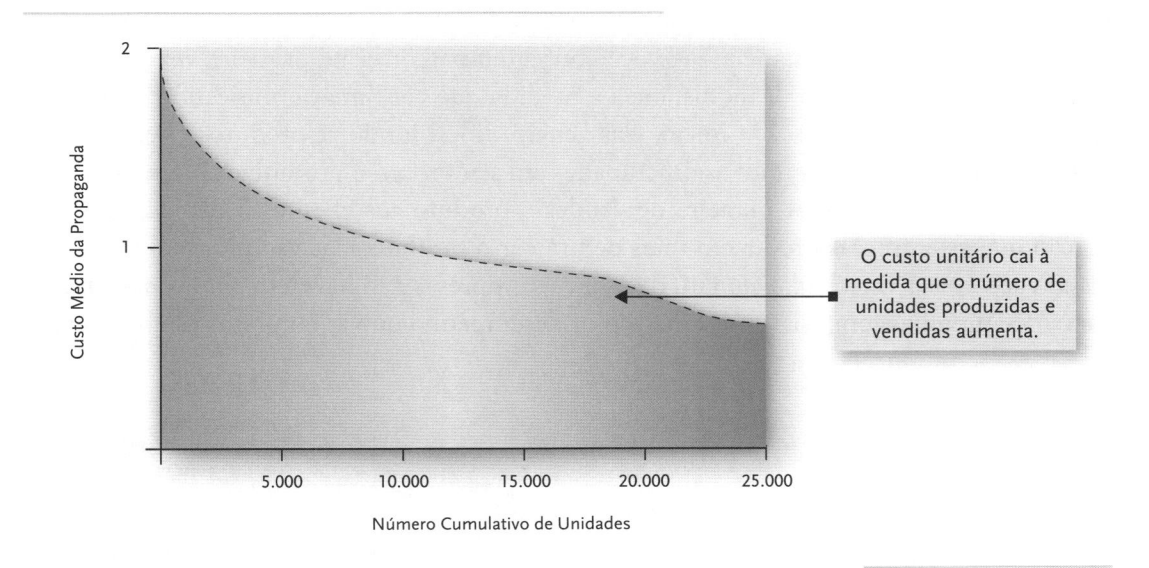

Figura 2.2 A Formação de Novas Empresas É mais Difícil em Setores que Dependem Muito de Propaganda

Economias de escala em propaganda quer dizer que o custo unitário de divulgar um produto ou serviço decresce com o volume de unidades produzidas. Pelo fato de as novas empresas tenderem a começar pequenas, elas enfrentam desvantagens significativas em setores que dependem muito de propaganda.

OPORTUNIDADES E NOVAS EMPRESAS

Uma das dificuldades que as pessoas enfrentam ao abrir novos negócios bem-sucedidos é que aqueles que administram as empresas já estabelecidas também gostariam de tirar proveito da exploração de oportunidades. Assim, além de identificar e explorar uma oportunidade valiosa para começar uma nova empresa, um empreendedor tem de fazê-lo enfrentando a competição das empresas estabelecidas. Pesquisadores demonstraram que a principal razão pela qual os empreendedores são capazes de identificar e de explorar oportunidades, apesar do desejo dos fundadores e administradores das empresas estabelecidas de lucrar com elas, é que certas oportunidades favorecem negócios já estabelecidos, ao passo que outras favorecem novos negócios. Focalizando as oportunidades que favorecem novos negócios, um empreendedor pode aumentar sua probabilidade de sucesso. Nesta seção, revisaremos as oportunidades que favorecem empresas estabelecidas e as que favorecem novas empresas.

Por que a Maioria das Oportunidades Beneficia as Empresas já Estabelecidas

Na maioria das vezes, empresas estabelecidas se sairão melhor na exploração de uma oportunidade do que as novas empresas. Quando as empresas estão em atividade por algum tempo, elas desenvolvem diversas vantagens sobre as novas empresas. Primeiro, as empresas deparam com uma **curva de aprendizagem** quando desenvolvem qualquer produto ou serviço. Uma curva de aprendizagem é uma representação gráfica que mostra quão corretamente uma pessoa faz algo em função do número de vezes que ela o fez (ver a Figura 2.3). Por exemplo, pense na distância que você conseguiu percorrer na primeira vez que andou de bicicleta e no aumento dessa distância à medida que continuava praticando. O mesmo acontece com as empresas. De início, elas acham difícil produzir produtos eficientemente, porque ainda não superaram as dificuldades em seu processo produtivo. Além disso, não descobriram qual a melhor maneira de vender o produto aos clientes. Entretanto, à proporção que as empresas produzem mais de um certo produto, elas vão progredindo, assim como você e a sua bicicleta. Pelo fato de as novas empresas não haverem ainda enfrentado a curva de aprendizagem, elas apresentam pior desempenho que as empresas estabelecidas.

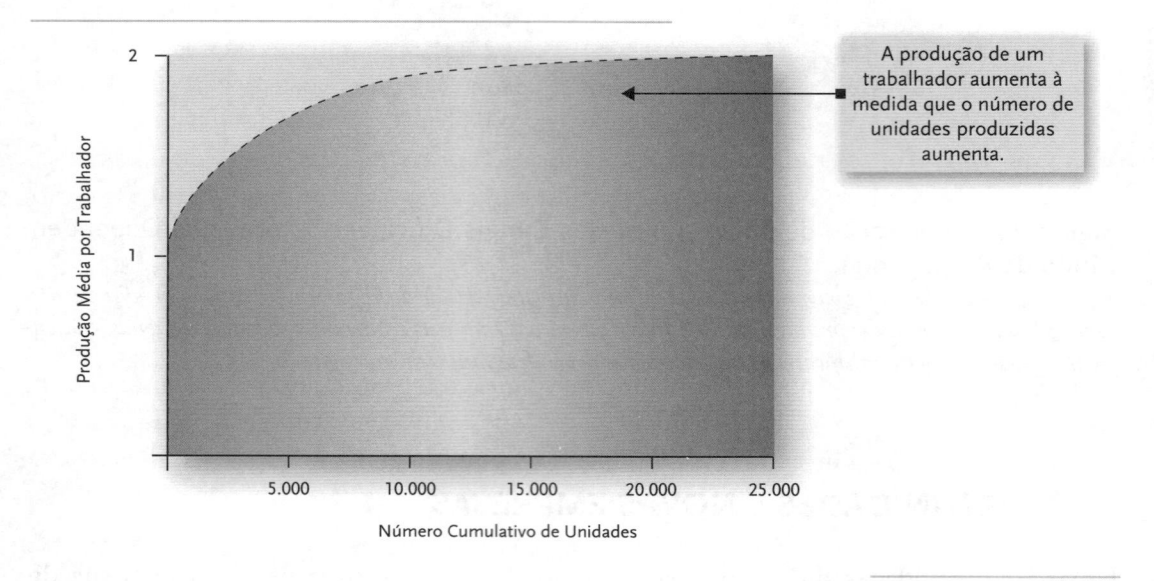

Figura 2.3 A Curva de Aprendizagem da Manufatura
Pelo fato de uma nova empresa não ter produzido tantos produtos quanto uma empresa estabelecida, ela produzirá tais produtos com muito menos eficiência.

Segundo, as empresas dependem muito da reputação. Uma pesquisa demonstrou que as pessoas estão muito mais dispostas a comprar produtos de fornecedores que conhecem e em quem confiam[28]. A interação com um fornecedor em particular dá a um cliente a confiança nos produtos e serviços que ele fornece. Pense em sair para jantar. Se você já comeu antes em um restaurante, sabe se gosta ou não dele. Embora possa encontrar uma comida melhor em um restaurante novo, você não sabe se gostará da comida. A reputação que o restaurante estabelecido desenvolveu em você faz que retorne a ele e dificulte a tarefa do novo restaurante de levá-lo porta adentro.

Terceiro, se o negócio é bem-sucedido, ele desenvolve um **fluxo de caixa** positivo. Ou seja, ele recebe mais recursos do que gasta para produzir e distribuir seus produtos e serviços. Esse fluxo de caixa é útil para desenvolver novos produtos e serviços. Caso um negó-

---
[28] Aldrich, H. *Organizations evolving*. Londres: Sage, 1999.

cio estabelecido tenha um fluxo de caixa positivo, ele pode utilizar esse recurso para investir na produção de novos produtos e serviços que atendam às necessidades dos clientes. Por exemplo, a Dell investiu o caixa gerado pela venda de computadores na produção e na venda de impressoras. Pelo fato de as novas empresas ainda não terem vendido nenhum produto para os clientes, elas não têm um fluxo de caixa positivo e precisam pegar dinheiro emprestado ou vender ações para levantar recursos. Isso custa mais do que usar o caixa interno e, portanto, coloca as novas empresas em desvantagem em relação às empresas estabelecidas quanto à produção de novos produtos.

Quarto, muitos negócios deparam com as economias de escala. Por exemplo, pense a respeito do custo de produzir um jogo de computador. Escrever o código do software para a primeira cópia do jogo é muito dispendioso. Um programador de computador terá que gastar diversas centenas de horas escrevendo o código. Entretanto, uma vez que o jogo tenha sido escrito, uma pessoa poderá copiar CDs do jogo por apenas alguns reais. Economias de escala beneficiam as empresas estabelecidas em relação às novas empresas, porque as primeiras já estão produzindo produtos e serviços. Se a questão é comprar matéria-prima, fazer propaganda ou realizar qualquer outra coisa que requeira economias de escala, as empresas estabelecidas têm custos mais baixos do que as novas empresas, porque elas produzem mais unidades do produto ou serviço.

Quinto, as novas empresas freqüentemente acham difícil competir com as empresas estabelecidas, porque lhes faltam **recursos complementares**. Ativos complementares são utilizados com o novo produto para produzi-lo ou distribuí-lo. Por exemplo, imagine que você desenvolveu um novo taco de golfe que pode ser utilizado para arremessar uma bola duas vezes mais longe do que o taco padrão. Provavelmente haveria um bom mercado para esse produto. Mas para vender o taco, você teria primeiro que fabricá-lo, e então distribuí-lo para os consumidores. Afinal, muitos jogadores de golfe não estão dispostos a comprar projetos para produzirem seus próprios tacos de golfe. Para entrar no mercado de tacos de golfe, você precisaria de uma fábrica e ainda teria de ter acesso às lojas de artigos esportivos. A fábrica e a loja de artigos esportivos são os recursos complementares para o taco de golfe que você desenvolveu. Um fabricante de tacos de golfe já estabelecido, como a Callaway, dispõe de fábricas e mantém contratos com as lojas de artigos esportivos. Por essa razão, seu controle sobre esses recursos complementares daria a ela uma vantagem sobre sua nova empresa na apresentação de um novo taco de golfe.

Oportunidades que Beneficiam Novas Empresas

Para os empreendedores iniciarem novas empresas *de sucesso*, eles precisam explorar as oportunidades que são mais vantajosas para as novas empresas do que para as empresas estabelecidas. Além disso, essa vantagem tem de ser grande o suficiente para superar as vantagens das empresas estabelecidas que acabamos de descrever. Que tipos de vantagens têm as novas empresas para explorar oportunidades?

Uma das principais vantagens que as novas empresas têm é que elas são melhores em explorar as mudanças **destruidoras de competências**. Anteriormente, neste capítulo, explicamos que uma das maiores fontes de oportunidade é a mudança tecnológica. Ela torna possível introduzir novos produtos ou serviços, abrir novos mercados, utilizar novas matérias-primas e desenvolver novas formas de organização, ou de introduzir novos processos produtivos. Pesquisadores explicaram que a mudança tecnológica pode aprimorar ou destruir competências. A mudança tecnológica aprimoradora de competências é a que torna as pessoas melhores naquilo que elas já sabem fazer; já a mudança tecnológica destruidora de competências é aquela que torna as pessoas piores naquilo que fazem[29].

As mudanças, em sua maioria, são aprimoradoras de competências. Por exemplo, as empresas que vêm explorando uma tecnologia por algum tempo executam melhor os processos que fazem uso de novos avanços tecnológicos por causa da curva de aprendizagem que descrevemos anteriormente. À medida que a tentativa de fabricar um novo produto, desenvolver um novo processo produtivo, explorar um novo mercado, usar uma nova matéria-prima ou introduzir uma nova forma de organização se beneficia de algo que já foi aprendido, a empresa estabelecida leva uma vantagem, pois está posicionada mais à frente na curva de aprendizagem. Mas, algumas vezes, a mudança é destruidora de competências. Nesse caso, ter feito alguma coisa no passado não lhe dá nenhuma vantagem em relação a alguém que não o tenha feito ao explorar uma idéia de negócios – na verdade torna você pior. Por quê? Conforme explicamos anteriormente, as pessoas se tornam prisioneiras das velhas formas de pensar e de fazer as coisas e, assim, têm mais dificuldade em fazer coisas novas do que as pessoas que não têm nenhuma experiência.

Por exemplo, quando a internet surgiu, a experiência com o varejo em lojas físicas não ajudou muito as empresas de vestuário estabelecidas quando abriram suas versões na internet. Na verdade, atrapalhou. Seus administradores continuaram tentando usar em seus sites a experiência adquirida nas lojas de varejo, sem se dar conta de que as pessoas não podem experimentar ou tocar as roupas on-line como faziam nas lojas. A experiência dos administradores agiu como um obstáculo para uma nova maneira de abordar a venda de roupas on-line – maneira essa que as novas empresas sem experiência no varejo foram capazes de entender, porque a internet era uma mudança tecnológica destruidora de competências.

Uma mudança tecnológica destruidora de competências, como a internet, não somente enfraquece as vantagens da curva de aprendizagem das empresas existentes como também as leva a enfrentar muitas outras desvantagens ao explorar mudanças tecnológicas destruidoras de competências. Para investir em uma mudança tecnológica destruidora de competências, uma empresa existente tem de **canibalizar** seu negócio existente. A canibalização acontece sempre que a empresa lança um novo produto ou serviço que substitui um produto ou serviço existente. Por exemplo, diferentemente da Amazon.com, a venda de livros via internet canibaliza o negócio da Barnes & Noble. Ao lançar o Barnesandnoble.com, a Barnes & Noble acabou atendendo muitos clientes que teriam comprado livros em suas lojas físicas, mas com um custo adicional – o custo de implementar o negócio on-line. Novas empresas levam uma vantagem em relação às empresas existentes quando uma mudança tecnológica exige que estas últimas façam investimentos que canibalizam seus produtos ou serviços existentes. Há essa vantagem porque as empresas estabelecidas não gostam de fazer esse tipo de investimento.

Além disso, as empresas desenvolvem rotinas para conduzir seus negócios de forma eficiente. Essas rotinas permitem à empresa realizar atividades sem ter de avaliar se elas valem a

---

[29] Tushman, M.; Anderson, P. Technological discontinuities and organizational environments. *Administrative Science Quarterly*, 31: 439-465, 1986.

pena cada vez que as executa. Por exemplo, as empresas podem ter procedimentos para a produção de *CD players* que exigem que a empresa utilize uma determinada tecnologia. Embora essas rotinas sejam úteis para a produção eficaz dos aparelhos, elas impedem a exploração de novas tecnologias, como aquela por trás dos *MP3 players*. Novas empresas muitas vezes levam uma vantagem ao fazerem coisas novas, como pesquisar a tecnologia do MP3, porque elas não estão limitadas pelas rotinas existentes para fazer alguma outra coisa.

Empresas existentes também procuram satisfazer seus clientes atuais. Como seu professor de Marketing dirá, satisfazer a clientela é importante se a empresa quer vender seus produtos. Porém, manter os clientes satisfeitos tem um lado negativo. Quando as empresas desenvolvem novos produtos, elas geralmente perguntam a opinião de seus clientes. Na maioria das vezes, os clientes rejeitam os novos produtos por não lhes serem úteis, por simplesmente não conseguirem se ver mudando para algo novo, ou porque a mudança requer esforços. Pelo fato de correrem o risco de perder seus clientes atuais oferecendo produtos que essas pessoas não querem, as empresas estabelecidas muitas vezes evitam oferecer tais produtos[30]. Por exemplo, quando a IBM desenvolveu o laser, seus advogados não estavam seguros de que a empresa devia patenteá-lo, porque os clientes não conseguiram encontrar nenhuma utilidade para essa tecnologia. Mas, como sabemos, existe um imenso mercado para o laser, que envolve desde os *scanners* dos supermercados até a produção de CDs. A lição aqui é que novas empresas são freqüentemente melhores no desenvolvimento de novos produtos ou serviços do que as empresas estabelecidas, porque estas últimas são limitadas por seus clientes atuais. Caso tais clientes lhes digam que não gostam de um novo produto, a empresa corre o risco de perder os clientes ao comprá-lo. Já uma empresa nova não tem clientes a perder ao adquirir novos produtos.

Novas empresas são também mais bem-sucedidas quando desenvolvem produtos e serviços que são **discretos**. Um exemplo de produto discreto é um novo medicamento. Qualquer empresa que produza um medicamento pode vendê-lo sem a necessidade de um complemento. Em contraste, um limpador de pára-brisa não é discreto, mas faz parte de um sistema. Separado do resto do carro, ônibus ou outro veículo, um limpador de pára-brisa é quase inútil. A razão pela qual produtos discretos são melhores para novas empresas é que eles podem ser desenvolvidos sem o custo e a dificuldade de tentar reproduzir os sistemas de outras empresas[31]. Imagine como seria difícil produzir um carro todo se tudo o que você quer é vender limpadores de pára-brisa. Pode parecer difícil produzir um novo medicamento, mas pelo menos ele poderá ser utilizado independentemente.

Novas empresas são também mais bem-sucedidas quando suas idéias de negócios estão baseadas em **capital humano**. Capital humano é o valor investido nas pessoas, e é diferente do capital físico como máquinas e equipamentos. Novas empresas têm um melhor desempenho com idéias de negócios que se baseiam em capital humano em vez de capital físico, porque os seres humanos podem deslocar-se de forma relativamente fácil de uma organização existente para perseguir uma oportunidade de empreendedorismo; ativos físicos são muito menos flexíveis. Por exemplo, se você desenvolveu uma idéia de como fazer

---

[30] Christensen, C.; Bower, J. Customer power, strategic investment, and the failure of leading firms. *Strategic Management Journal*, 17: 197-218, 1996.
[31] Winter, S. Schumpeterian competition in alternative technological regimes. *Journal of Economic Behavior and Organization*, 5(3-4): 287-320, 1984.

que as pranchas de *snowboard* se ajustem melhor aos clientes enquanto trabalhava em uma loja de esquis, você poderia demitir-se e iniciar sua própria loja. Se sua idéia estiver correta, poderá conquistar muitos clientes de seu antigo empregador e se dar muito bem. Mas suponha, por outro lado, que seu empregador tivesse uma grande máquina para fazer as pranchas de *snowboard* se ajustarem ao cliente. Caso você se demitisse e levasse aquela máquina consigo para iniciar sua própria loja de esquis, estaria roubando. Ao iniciar uma empresa, a habilidade de ajustar as pranchas aos clientes é melhor do que uma máquina que o faz, porque a primeira tem o capital humano como base e é flexível, a segunda não o é e tem como base o capital físico.

Esse é apenas um pequeno exemplo das muitas diferenças nos tipos de oportunidades que favorecem as empresas novas e as estabelecidas e que foram descobertas por meio de cuidadosas pesquisas. Outros exemplos estão resumidos na Tabela 2.3. O ponto principal da presente discussão é simplesmente este: já que empresas novas são diferentes de empresas estabelecidas, as primeiras são melhores em perseguir algumas oportunidades, enquanto as últimas são melhores em perseguir outras. Diferenciar entre esses tipos de oportunidades é crucial para os empreendedores, então, nos concentramos nisso em nossas discussões a respeito de oportunidades. (Para uma discussão sobre um tipo de oportunidade que pode ser problemático para os empreendedores que estejam criando novas empresas, consulte a seção "Atenção! Perigo Adiante!".)

■ ATENÇÃO! PERIGO ADIANTE!

Explorando uma Inovação Incremental ao Abrir uma Empresa

Você gastou bastante tempo pensando a respeito de uma idéia de negócio para seu novo empreendimento e acabou tendo uma que lhe parece ser boa: fabricar um *laptop* com MP3 *player* embutido. Você realmente acredita que essa seja uma boa idéia. Todos os seus amigos que moram com você acreditam que seria muito legal ter um MP3 em seus *laptops*. Dessa forma, quando estivessem na biblioteca fazendo trabalhos, poderiam ouvir com seus fones de ouvido as músicas baixadas da internet. Então, por que seu professor de empreendedorismo está lhe dizendo que essa não é uma idéia muito boa para iniciar uma empresa?

Sua idéia de negócio é um aperfeiçoamento adicional de um produto que empresas existentes já fabricam. É claro que é uma boa idéia, e as pessoas comprariam o *laptop* caso fosse fabricado. O problema é que sua nova empresa não é a empresa certa para fazer isso. Quando empresas existentes fabricam um produto, como *laptops*, elas desenvolvem capacidades e habilidades que as tornam melhores em sua produção e em sua venda à medida que praticam tais processos. Essa é a idéia por trás da curva de aprendizagem que descrevemos aqui. As empresas que já produzem *laptops*, como a Dell e a Apple, sabem muito mais do que você sobre como produzir e vender esses computadores. Sua idéia de instalar um MP3 nos *laptops* é somente um pequeno aperfeiçoamento para os *laptops* delas. Se a Dell e a Apple quisessem competir com você, tudo o que teriam de fazer seria descobrir como colocar um MP3 *player* em seus *laptops* já existentes. Por outro lado, para competir com elas, você teria de descobrir como fabricar *laptops*. Sua tarefa seria muito mais difícil que a delas, além disso, eles contam com mais recursos (dinheiro, conhecimento, pessoas) do que você para fazê-lo. O fato de que para elas a inovação é incremental, associado à experiência que eles já desenvolveram, te coloca em desvantagem.

Mas que tal se a sua idéia de negócio fosse a de colocar um dispositivo sob a pele de uma pessoa para que ela pudesse baixar músicas da internet e ouvi-las aonde quer que fosse? Está certo que isso pode parecer ficção científica demais para os dias de hoje, mas suponha que você pudesse fazer isso. Uma vez que ninguém tenha descoberto como fazê-lo, a nova tecnologia não seria apenas um aperfeiçoamento adicional para um produto ou serviço já existente. Ela seria uma mudança radical. Ninguém no ramo de produção de equipamentos para baixar e ouvir músicas, ou no ramo de produção de computadores, tem experiência alguma com o tipo de equipamento que você está pensando em fazer. Portanto, eles não estão à sua frente na curva de aprendizagem. Como resultado, você poderia ter uma chance de iniciar uma empresa valiosa para explorar esse tipo de idéia de negócio.

Moral da história: não desperdice seu tempo tentando desenvolver inovações incrementais – há muitos fatores contra você.

Tabela 2.3 Algumas Oportunidades São Melhores para Novas Empresas que Outras

Algumas oportunidades favorecem novas empresas enquanto outras favorecem empresas estabelecidas.

DIMENSÃO DA OPORTUNIDADE	A QUEM ELA FAVORECE	MOTIVOS	EXEMPLOS
Apóia-se muito na reputação	Empresa estabelecida	As pessoas estão mais dispostas a comprar daqueles que já conhecem e em quem confiam.	Loja de jóias
Tem uma forte curva de aprendizagem	Empresa estabelecida	Empresas estabelecidas podem evoluir na curva de aprendizagem para que se tornem melhores na fabricação e distribuição de produtos.	Montadoras de automóveis
Demanda muito capital	Empresa estabelecida	Empresas estabelecidas têm um fluxo de caixa que elas podem usar para produzir um novo produto ou serviço.	Fabricante de aviões a jato
Requer economias de escala	Empresa estabelecida	O custo médio para fabricar um produto ou serviço diminui à medida que o volume de produção aumenta quando existe economia de escala.	Usinas de aço
Requer recursos complementares em comercialização e distribuição	Empresa estabelecida	A habilidade de ajustar-se às necessidades dos clientes geralmente requer acesso à distribuição para o varejo.	Fabricante de calçados de corrida
Tem como base um aperfeiçoamento incremental do produto	Empresa estabelecida	A empresa estabelecida pode criar um aperfeiçoamento incremental para seus produtos de modo fácil e barato, enquanto para a nova empresa é mais complicado e dispendioso copiar o produto ou serviço da empresa estabelecida.	Fabricantes de DVD *players*
Utiliza uma inovação destruidora de competência	Empresa nova	Os ativos, experiência e rotinas da empresa estabelecida ficam enfraquecidos.	Fabricante de computadores com base em *chips* biológicos
Não satisfaz as necessidades dos clientes atuais das empresas estabelecidas	Nova empresa	As empresas estabelecidas concentram-se em servir seus clientes atuais e não buscarão produtos ou serviços que não atendam às necessidades desses clientes.	Fabricante de unidades de discos
Tem como base uma inovação discreta	Nova empresa	Novas empresas podem explorar inovações sem a necessidade de reproduzir todo o sistema pertencente às empresas estabelecidas.	Fabricante de medicamentos
Tem como base o capital humano	Nova empresa	Quem quer que detenha o conhecimento pode fabricar o produto ou serviço que atende às necessidades do consumidor.	*Personal chef*

Resumo e Revisão dos Pontos-Chave

- Uma oportunidade empreendedora é uma situação na qual uma pessoa pode explorar uma nova idéia de negócio que tem o potencial de gerar lucros.
- Oportunidades empreendedoras existem porque as pessoas dispõem de informações diferentes. Isso influencia a precisão de sua tomada de decisão, cria faltas e excessos e o potencial de descobrir melhores maneiras de fazer as coisas.
- Oportunidades empreendedoras também existem por causa de fontes externas de mudança, particularmente mudanças tecnológicas, políticas e regulamentares, e sociais e demográficas.
- Mudanças tecnológicas são fontes de oportunidades empreendedoras porque elas possibilitam que as pessoas façam as coisas de maneiras novas e mais produtivas.
- Mudanças políticas e regulamentares são fontes de oportunidade porque elas tornam possível desenvolver idéias de negócios para utilizar os recursos de maneiras novas, mais produtivas ou que redistribuem riqueza de uma pessoa para outra.
- Mudanças sociais e demográficas são fontes de oportunidade porque elas alteram a demanda por produtos e serviços e tornam possível gerar soluções que se mostram mais produtivas para as necessidades dos clientes do que aquelas disponíveis.
- Oportunidades empreendedoras não assumem somente a forma de novos produtos ou serviços. Elas também tomam forma de novos métodos de produção, novas matérias-primas, novas maneiras de organização e novos mercados.
- As idéias de negócios dos empreendedores normalmente envolvem a apresentação de novos produtos ou serviços ou a entrada em novos mercados.
- A forma mais comum de oportunidade de negócios explorada pelos empreendedores não é necessariamente a melhor. As pesquisas demonstram que novos negócios que entram em novos mercados e apresentam novos produtos ou serviços tendem a ter um desempenho mais fraco do que aqueles que desenvolvem novos processos produtivos.
- A probabilidade de criar uma nova empresa de sucesso varia drasticamente entre os setores, tornando importante para os empreendedores avaliar o quanto um setor incentiva novas empresas.
- Pesquisadores identificaram quatro dimensões das diferenças entre setores, que influenciam o sucesso relativo de novas empresas: condições de conhecimento, condições de demanda, ciclos de vida dos setores e estrutura dos setores.
- Três dimensões do conhecimento influenciam o nível de incentivo dos setores a novas empresas: a intensidade de P&D, o lócus de inovação e a natureza das inovações.
- Novas empresas têm um melhor desempenho em setores com maior intensidade de P&D, porque a invenção de novas tecnologias é uma fonte de oportunidades para novas idéias de negócios.
- Setores nos quais as organizações do setor público são o lócus de inovação apresentam maior índice de formação de novas empresas, porque as organizações do setor público não procuram minimizar o vazamento de conhecimento tão intensamente quanto as do setor privado.
- Novas empresas desempenham melhor em setores nos quais a maioria das inovações é conduzida por pequenas empresas, porque a inovação nesses setores requer organizações ágeis e flexíveis, e as novas empresas têm essas características.
- Três dimensões das condições de demanda influenciam o nível de incentivo do setor a novas empresas: grandes mercados, mercados em crescimento e mercados segmentados.
- Novas empresas desempenham melhor em grandes mercados do que nos menores, porque os grandes mercados permitem que os custos fixos da implementação da em-

presa sejam amortizados sobre um número maior de vendas.
- Novas empresas desempenham melhor em mercados em rápido crescimento, porque, entrando em tais mercados, as novas empresas podem atender os clientes que as empresas estabelecidas são incapazes de atender.
- A segmentação de mercado incentiva a formação de novas empresas, porque nichos de mercado exigem organizações que podem explorar oportunidades em pequena escala; porque a exploração de nichos requerer empresas rápidas e ágeis; e porque a segmentação de mercado permite que as novas empresas entrem em um mercado e firmem posição sem precisar conquistar os principais clientes das empresas estabelecidas.
- Dois aspectos do ciclo de vida dos setores influenciam a benevolência de um setor em relação a novas empresas: a idade do setor e a presença de um projeto dominante.
- Setores jovens incentivam mais as novas empresas porque a demanda cresce mais rapidamente neles do que nos maduros; porque nenhuma das empresas existentes está disponível para atender à demanda em setores jovens; e porque as empresas ganham experiência operando nos setores à medida que eles amadurecem.
- Os setores incentivam menos as novas empresas após o estabelecimento de um projeto dominante, porque isso significa que novas empresas terão de usar um projeto para seus produtos com o qual as empresas estabelecidas já têm maior experiência e porque a base de competição em um setor muda para favorecer a eficiência – eficiência esta que as empresas estabelecidas têm maior facilidade em alcançar.
- Quatro aspectos da estrutura dos setores os tornam mais incentivadores de novas empresas: a intensidade do capital, a dependência de propaganda, a concentração e o tamanho médio das empresas.
- Setores de capital intensivo são mais adversos a novas empresas porque o capital externo, com o qual as novas empresas precisam contar, é mais caro do que o capital gerado internamente.
- Setores que dependem muito de propaganda são mais adversos a novas empresas porque a propaganda tem efeitos que se acumulam ao longo do tempo e porque a propaganda enfrenta uma forte economia de escala.
- Setores concentrados são mais adversos a novas empresas, porque a concentração significa que as novas empresas precisam tentar atrair os clientes das grandes empresas já estabelecidas, que têm o poder necessário para expulsá-las do negócio.
- Setores com empresas de maior porte são mais adversos a novas empresas, porque estas se estabelecem em escala menor para que os empreendedores possam minimizar custos e riscos. Assim, sua desvantagem é muito maior em setores com empresas de maior porte do que em setores com empresas de porte menor.
- Os administradores de empresas estabelecidas gostariam de explorar muitas das mesmas oportunidades que os empreendedores.
- Empresas estabelecidas são melhores do que as novas empresas para explorar a maior parte das oportunidades.
- Empresas estabelecidas contam com a vantagem da curva de aprendizagem, que aumenta sua capacidade de introduzir um novo produto ou serviço, de conquistar novos mercados, de utilizar uma nova matéria-prima, de tirar vantagem de um novo processo produtivo, ou de organizar-se de uma nova maneira.
- Empresas estabelecidas têm reputação, o que encoraja os clientes e fornecedores a fazer negócio com elas.
- Empresas estabelecidas contam com o fluxo de caixa proveniente das atuais operações e podem investi-lo na exploração de novas oportunidades com um custo menor do que o obtido pelas novas empresas que utilizam capital externo.
- Empresas estabelecidas têm acesso a recursos complementares na produção, na comercialização e na distribuição, que são necessários para explorar oportunidades.
- Para iniciar novas empresas que sejam bem-sucedidas, os empreendedores devem

explorar oportunidades que favoreçam as novas empresas.
- Mudanças destruidoras de competências favorecem as novas empresas porque tais mudanças enfraquecem as capacidades das empresas existentes e as forçam a canibalizar seus ativos existentes.
- As oportunidades que os principais clientes de uma empresa estabelecida rejeitam são boas para as novas empresas, porque as empresas estabelecidas concentram-se em atividades para atender seus clientes.
- As oportunidades discretas são boas para novas empresas, porque um empreendedor pode explorá-las sem ter de reproduzir todo o sistema de recursos das empresas estabelecidas.
- As oportunidades atreladas ao capital humano são melhores para novas empresas, porque os empreendedores podem deixar seus empregadores para iniciar empresas que exploram o conhecimento guardado em suas cabeças, mas eles não podem levar com eles os ativos físicos de seus empregadores.

Questões para Discussão

1. Digamos que você descobriu a cura para o câncer de pulmão. Isso é uma oportunidade de empreendedorismo? Que tal se você inventasse um moto-perpétuo?
2. De acordo com seu entendimento, quais são as principais fontes de oportunidades empreendedoras para os próximos cinco anos? Por que elas são fontes de oportunidades?
3. Pense em cinco oportunidades empreendedoras. Que forma tomam essas oportunidades? Algumas delas são melhores para os empreendedores que queiram iniciar novas empresas? Justifique sua resposta.
4. Escolha três setores que você conhece bem. Quais dimensões desses setores os tornam favoráveis ou desfavoráveis para novas empresas? Justifique sua resposta.
5. Volte para as cinco oportunidades sobre as quais você pensou na questão 3. Teriam as empresas estabelecidas alguma vantagem sobre as novas empresas para explorar tais oportunidades? Justifique sua resposta.

ARREGAÇANDO AS MANGAS

A Procura por Oportunidades: Formando Suas Habilidades

Definimos uma "oportunidade" como o potencial de criar algo novo e desejável (novos produtos ou serviços, novos mercados, novos processos de produção, novas matérias-primas, novas formas de organizar tecnologias existentes etc.) que emergiu de um padrão complexo de mudanças. Você terá de identificar uma oportunidade empreendedora para começar o seu negócio. Acreditamos que poderá usar alguns pontos que discutimos neste capítulo para identificar essas oportunidades. Para tanto, siga estas etapas:

Etapa 1: Elabore uma lista de mudanças recentes em (1) tecnologia, (2) demografia (mudanças na composição da população), (3) estilo de vida e outras mudanças sociais, (4) mercados e (5) políticas governamentais.

Mudanças Observadas:

Tecnologia:
1.
2.
3.

Demografia (mudanças na composição da população):
1.
2.
3.

Estilo de vida e outras mudanças sociais:
1.
2.
3.

Mercados:
1.
2.
3.

Políticas governamentais:
1.
2.
3.

Etapa 2: Assim que terminar essa lista, tente identificar o seguinte: (1) novos produtos ou serviços que essas mudanças possibilitam, (2) novos mercados abertos por elas, (3) novos processos de produção que elas possibilitam às empresas, (4) novas matérias-primas possíveis em virtude dessas mudanças e (5) novas formas de organização às quais essas mudanças conduziriam. Lembre-se de apontar a origem da oportunidade que você identificou, com os novos produtos ou serviços, novos mercados, novos processos de produção, novas matérias-primas e novas formas de organização resultantes dessas mudanças.

Exemplo: a invenção da internet (mudança tecnológica) cria uma oportunidade para venda de livros sem a necessidade da existência de uma livraria física (nova forma de organização).

1.
2.
3.
4.
5.

Se você conseguir, parabéns! Concluiu a primeira fase essencial do processo empreendedor: identificar uma legítima oportunidade empreendedora.

Análise do Setor
Discutimos a importância de se analisar o setor em que sua empresa irá entrar para garantir que ele seja favorável a novas empresas. Acreditamos que é possível utilizar alguns aspectos que discutimos neste capítulo para fazer tal análise. Para tanto, siga estas etapas:

Etapa 1: Para cada uma das cinco oportunidades de negócios relacionadas como resposta ao exercício 1, identifique o setor no qual essa oportunidade se encontraria. Defina em qual setor a empresa operará.

Etapa 2: Assim que tiver uma definição do setor em que suas cinco oportunidades de negócios operarão, avalie o apoio desses setores à abertura de novas empresas ao longo das três dimensões principais que descrevemos anteriormente neste capítulo: condições de conhecimento, ciclos de vida do setor e estrutura do setor. Considere todos os aspectos de cada uma dessas dimensões do setor.

Para cada uma das cinco oportunidades, forneça evidências que indiquem por que o setor é favorável ou não a uma nova empresa.

1.
2.
3.
4.
5.

Uma Nova Empresa Deve Ir Atrás da Oportunidade? Comparando a Adaptação de Oportunidades com Empresas Estabelecidas
Discutimos as vantagens que as empresas estabelecidas têm ao explorar oportunidades de empreendedorismo. Considere a possibilidade de uma grande empresa estabelecida também ter identificado as oportunidades de negócios que você identificou na página anterior. Explique por que a empresa estabelecida teria um desempenho melhor ou pior que seu novo empreendimento ao explorá-las. Considere todas as vantagens que as empresas grandes estabelecidas têm ao ir atrás de oportunidades que discutimos neste capítulo: curvas de aprendizagem, reputação, fluxo de caixa positivo, economias de escala, ativos complementares, maior facilidade no gerenciamento de inovações sistêmicas e vantagens ao explorar mudanças adicionais.

Fundamentos Cognitivos do Empreendedorismo:

Criatividade e Reconhecimento de Oportunidades

3

OBJETIVOS DE APRENDIZADO
Após ler este capítulo, você deve ser capaz de:

1. Explicar por que os processos cognitivos propiciam um importante embasamento para compreender a criatividade e o reconhecimento de oportunidades.
2. Descrever a memória de trabalho, a memória de longo prazo e a memória procedimental, e explicar o papel que elas desempenham na criatividade e no reconhecimento de oportunidades.
3. Explicar por que nós tendemos a utilizar a heurística e outros atalhos mentais, e como eles podem influenciar os empreendedores.
4. Definir criatividade e explicar o papel que os conceitos desempenham nela.
5. Distinguir entre inteligências analítica, criativa e prática, e explicar como as três se combinam na inteligência bem-sucedida.
6. Listar diversos fatores que influenciam a criatividade, conforme descrito pela abordagem confluente.
7. Explicar o papel do acesso à informação e da utilização da informação no reconhecimento de oportunidades.
8. Descrever a teoria da detecção de sinais e distinguir entre acertos, alarmes falsos e erros.
9. Explicar a diferença entre foco na promoção e foco na prevenção e descrever os efeitos que essas perspectivas contrastantes podem ter no esforço de um empreendedor para descobrir oportunidades valiosas.
10. Listar os diferentes passos que você pode dar como indivíduo para aumentar sua habilidade de reconhecer oportunidades potencialmente valiosas.

> "Quando escrita em chinês, a palavra *crise* é composta por dois ideogramas. Um representa perigo e o outro representa oportunidade." (John F. Kennedy, 1959)

No Capítulo 1, sugerimos que o processo empreendedor começa quando uma ou mais pessoas ou formulam uma idéia de alguma coisa nova (um novo produto ou serviço, uma nova maneira de produzir, uma nova matéria-prima etc.) ou reconhecem uma oportunidade que surgiu em decorrência de fatores econômicos, tecnológicos e sociais. Se isso estiver correto, surge uma intrigante questão: por que algumas pessoas, e não outras, criam novas idéias para produtos, serviços ou mercados, ou reconhecem oportunidades emergentes que podem ser desenvolvidas em novos empreendimentos de sucesso? A resposta é complexa, mas conforme observamos nos Capítulos 1 e 2, acreditamos que, em essência, isso envolve a convergência entre oportunidades e indivíduos específicos. Em outras palavras, algumas pessoas, e não outras, surgem com idéias úteis ou reconhecem oportunidades promissoras porque elas são, em certo sentido, as pessoas certas, no lugar certo, na hora certa. O que faz de determinadas pessoas as pessoas "certas" com relação a isso? As evidências sugerem dois fatores-chave: (1) têm melhor acesso a informações cruciais – informações de valia para o reconhecimento de oportunidades ou para a formulação de novas idéias, e (2) são mais capazes de utilizá-las – combinando ou interpretando essas informações de maneira que revele as oportunidades que outras pessoas negligenciam[1].

Esse foi o caso de Lissa D'Aquanni, que criou um negócio de chocolates finos – The Chocolate Gecko – em 1998. Como muitos empreendedores, D'Aquanni iniciou seu empreendimento no porão de sua casa. Porém sua experiência anterior como executiva em diversas organizações beneficentes dotou-a de uma saudável experiência em angariar o apoio da comunidade. Quando um edifício abandonado da vizinhança, adequado para seu negócio, ficou disponível, ela utilizou essa habilidade para solicitar apoio financeiro da comunidade local para revitalizar o imóvel. E isso deu certo. Em poucas semanas, ela levantou os US$ 25.000 de que precisava para o pagamento do sinal. Ela então trabalhou com um grupo local de desenvolvimento para assegurar um financiamento de baixo custo que viabilizaria a compra do prédio. Voluntários contribuíram na realização de reparos e melhoramentos, e uma instituição financeira de desenvolvimento da comunidade local conseguiu convencer um programa do Estado a financiar as principais melhorias, como novas janelas, iluminação, fornos e impermeabilização. O resultado? D'Aquanni conseguiu mudar seu negócio para novas e agradáveis instalações por uma ínfima parte do custo normal. Segundo ela mesma diz: "Houve muitas e diferentes peças do quebra-cabeça para identificar e descobrir como superar". Sua experiência anterior e seu atual acesso a informações úteis tornaram-na a pessoa certa para reconhecer essa oportunidade particular e seguir adiante com ela.

---

[1] Shane, S. *The individual-opportunity nexus: perspectives on entrepreneurship*. Aldershot, Reino Unido: Eward Elgar, no prelo.

O restante deste capítulo desenvolverá idéias básicas sobre o acesso à informação e sua utilização. Serão focalizados três processos-chave do empreendedorismo: **geração da idéia** – produção de idéias para algo novo; **criatividade** – geração de idéias que sejam tanto novas quanto potencialmente úteis; e **reconhecimento de oportunidades** – processo pelo qual os indivíduos concluem que identificaram o potencial para criar algo novo com capacidade de gerar valor econômico (ou seja, potenciais lucros futuros).[2] Em certo sentido, esses processos acompanham um contínuo de relevância crescente para o processo de criação de novos empreendimentos – uma dimensão que sai da mera produção de novas idéias (geração de idéias) para idéias que são potencialmente úteis (criatividade), e, finalmente, para idéias que servem como base para um novo empreendimento lucrativo – oportunidades saudáveis (ver a Figura 3.1).

Geração de idéias Produção de idéias para algo novo.	**Criatividade** Produção de idéias para algo novo que é também potencialmente útil.	**Reconhecimento da oportunidades** Reconhecimento de que idéias não são somente novas e potencialmente úteis, como também têm o potencial de gerar valor econômico.

────── **Relevância Crescente para Criar Novos Empreendimentos** ──────▶

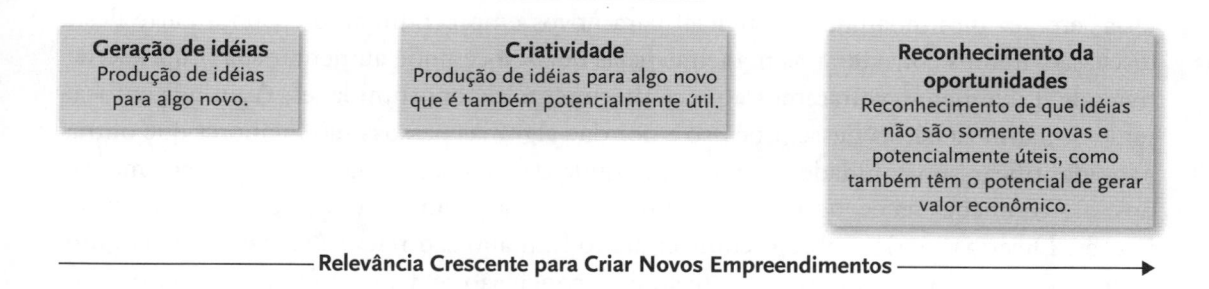

Figura 3.1 A Geração de Idéias, Criatividade e Reconhecimento de Oportunidades
Esses três processos – os quais desempenham um papel no empreendedorismo – podem ser vistos como acompanhando uma dimensão que vai do surgimento de idéias que podem ou não ser úteis (geração da idéia) para idéias que não somente são novas como também potencialmente úteis (criatividade), e, finalmente, para idéias que não são somente novas e úteis, mas também apresentam um potencial de gerar valor econômico (reconhecimento de oportunidades).

Embora existam muitas abordagens para entender esses processos, acreditamos que a perspectiva cognitiva seja a mais útil. Pelo fato de que novas idéias e de que o reconhecimento de oportunidades emergentes precisam ocorrer na mente de uma pessoa específica, importantes percepções nesses processos podem ser obtidas ao enfocarmos aspectos básicos da **cognição humana** – o processo mental por meio do qual adquirimos, guardamos, transformamos e usamos a informação para realizar uma ampla gama de tarefas (por exemplo, tomar decisões ou resolver problemas)[3]. Acreditamos que tentar entender a geração de idéias, a criatividade e o reconhecimento de oportunidades sem dispensar a necessária atenção para suas origens cognitivas é como tentar resolver um complexo problema de matemática sem ter conhecimento básico de álgebra e de cálculo: em ambos os casos faltam as ferramentas essenciais. Na discussão que se segue, focaremos os fundamentos cognitivos desses cruciais passos iniciais do processo empreendedor.

---

[2] Herron, L.; Sapienza, H. J. The entrepreneur and the initiation of new venture launch activities. *Entrepreneurship Theory and Practice*, 16: 49-55, 1992.
[3] Matlin, M. W. *Cognition*. 5. ed. Fort Worth, TX: Harcourt College, 2002.

As idéias, incluindo aquelas de novos produtos ou serviços, não surgem do nada; pelo contrário, acontecem quando indivíduos utilizam o conhecimento existente que adquiriram (e retiveram) para gerar algo novo – idéias que eles não tiveram antes. Freqüentemente, esse processo é estimulado por algum evento ou ocorrência externa, como, por exemplo, uma nova experiência, uma informação fornecida por outra pessoa, ou simplesmente pela observação das mudanças no mundo ao nosso redor. Não importa como ou onde esse processo tem início, ele depende fortemente da "matéria-prima" que os indivíduos possuem – seu estoque único de conhecimentos. Por esse motivo, iniciaremos com uma breve visão geral dos sistemas e estruturas cognitivas que nos permitem armazenar conhecimento e transformá-lo de diversas maneiras – inclusive em algo novo. Voltemos à questão da criatividade – o ato de surgir com algo que é ao mesmo tempo inovador e útil. Ser simplesmente novo não é suficiente. Para serem consideradas criativas, as idéias também precisam ter o potencial de serem úteis. Se não o forem, elas serão encaradas como meros "vôos da fantasia" em vez de fundamento potencial para novos empreendimentos. Como parte desta discussão, iremos considerar as maneiras pelas quais você pode aumentar sua própria criatividade. Finalmente, voltaremos ao reconhecimento de oportunidades. Aqui nós enfocaremos a natureza básica desse processo e por que algumas pessoas são melhores que outras para identificar oportunidades que têm emergido das mudanças na tecnologia, nos mercados, nas condições da economia, nas políticas governamentais, na demografia e em outros fatores. Diversas teorias sobre o conhecimento humano são relevantes para esse assunto, assim, iremos examiná-las brevemente aqui. A conclusão se dará com uma discussão sobre os passos que você – como empreendedor em formação – pode dar para aumentar sua própria habilidade de reconhecer oportunidades valiosas.

Matérias-primas para a criatividade e o reconhecimento de oportunidades: estruturas mentais que nos permitem armazenar – e usar – informações

Em última análise, tudo o que pensamos, dizemos ou fazemos é influenciado por e reflete o processo cognitivo que ocorre em nossos cérebros. Você está lendo e entendendo estas palavras? Consegue criar uma imagem mental do que comeu no jantar ontem à noite, da casa em que cresceu, das feições da pessoa que ama? Você sabe tocar um instrumento musical? Andar de bicicleta? Falar mais de um idioma? Você tem planos para o futuro? Lembranças de acontecimentos ocorridos muitos anos atrás? Objetivos? Intenções? Todas essas atividades, e inúmeras outras, refletem eventos neuroquímicos complexos que ocorrem em seu cérebro. De fato, os avanços nas neurociências nos permitem observar atividades cerebrais quando pensamos, raciocinamos e tomamos decisões[4].

Está claro que os processos cognitivos são a base para a geração de novas idéias, para a criatividade e para o reconhecimento de oportunidades. Mas por que algumas pessoas geram idéias para novos produtos ou serviços ou identificam oportunidades para novos empreendimentos lucrativos negligenciados por outros? Consideremos um exemplo con-

---

[4] Haxby, J. V. et al. The functional organization of human extrastriate cortex: APET-CBV. *Journal of Neuroscience*, 1: 6336-6353, 1994.

creto: por que Jack Kelly e Bob Ohly, fundadores do Caffe Ladro, uma rede de cafeterias em rápido crescimento, tiveram a idéia de vender somente o café que fontes independentes certificam ter sido adquirido a preços justos dos produtores (muitos dos quais são agricultores pobres)? Que essa foi uma boa idéia está demonstrado pelo fato de que o Caffe Ladro compete com grande sucesso com a Starbuck's em sua própria sede, Seattle. A resposta, nós sugerimos, envolve a questão de que Kelly e Ohly tinham a combinação correta de experiências anteriores – e o suprimento de informações à sua disposição – que lhes permitiu formular e executar uma excelente estratégia de negócio. Repetindo: nós estamos sugerindo que as matérias-primas para novas idéias e para o reconhecimento de oportunidades estão presentes no sistema cognitivo de certas pessoas como resultado de sua experiência de vida. Pelo fato de a experiência de cada um ser única, as informações que têm a seu dispor são igualmente únicas, essa é a razão principal pela qual idéias específicas ocorrem a algumas pessoas e não a outras.

Na medida em que esse raciocínio está correto, duas questões básicas se colocam: (1) Como são esses sistemas cognitivos que retêm e processam informações? (2) Eles podem ser ampliados de modo que aumentem a criatividade e a habilidade de reconhecer oportunidades viáveis? Consideremos a segunda pergunta em detalhes, como parte de nossa discussão sobre o reconhecimento de oportunidades. Neste momento, julgamos importante abrir caminho para as discussões posteriores sobre criatividade e reconhecimento de oportunidades, assim, descreveremos brevemente a natureza de nosso sistema cognitivo para armazenagem e processamento de informações.

Sistemas Cognitivos para Armazenar – e Usar – Informações: Memória, Esquemas e Protótipos

Uma descoberta básica na pesquisa sobre o empreendedorismo é que quanto mais experiência as pessoas tiverem em um dado campo, maior a probabilidade de nele identificarem oportunidades[5]. De forma similar, quanto maior a experiência dos capitalistas de risco – pelo menos até certo ponto –, melhores eles são em explorar boas oportunidades[6]. Por que acontece dessa maneira? Em parte porque tal experiência disponibiliza uma ampla gama de informações úteis que as pessoas podem armazenar e depois utilizar de diversas formas para criar ou reconhecer algo novo. O sistema cognitivo mais básico para armazenamento de informações é conhecido como **memória**, e a vida sem ela seria impensável. Sem memória, seríamos incapazes de recuperar o passado, de reter novas informações, de resolver problemas ou de planejar o futuro. Assim, a memória é claramente o aspecto mais central de nosso sistema cognitivo.

Na verdade, a memória consiste de vários sistemas intimamente relacionados. Um deles, conhecido como *memória de trabalho*, guarda uma quantidade limitada de informações por um breve período de tempo – talvez alguns segundos. Se você procura um número de telefone e tenta lembrar-se dele somente o tempo suficiente para discá-lo, está utilizando a

---

[5] Shepherd, D. A.; DeTienne, D. R. Discovery of opportunities: anomalies, accumulation and alertness. In: Bygrave, W. D. et al. (eds.). *Frontiers of entrepreneurship research*. Babson Park, MA: Center for Entrepreneurial Studies, p. 138-148, 2001.
[6] Shepherd, D. A.; Zacharakis, A.; Baron, R. A. VC's decision processes: evidence suggesting more experience may not always be better. *Journal of Business Venturing*, 18: 381-401, 2003.

memória de trabalho. Outro sistema é conhecido como *memória de longa duração*. Ele nos permite reter grande quantidade de informação por longos períodos de tempo. Pesquisas demonstram que parece não haver limites do quanto a memória de longo prazo pode guardar, ou por quanto tempo ela pode reter as informações que armazena. Dessa forma, é possível continuar aprendendo durante toda a vida: não há limites aparentes para a quantidade de informações que se pode reter ou para o número de habilidades que se pode adquirir.

Como você já sabe por experiência própria, a memória é capaz de reter tipos diferentes de informação. Alguns envolvem *informação factual*, que você pode rapidamente colocar em palavras (por exemplo: qual a distância entre São Paulo e Rio de Janeiro? Quem foi o primeiro presidente do Brasil?). Outros envolvem conhecimentos pessoais sobre eventos que experimentamos como indivíduos (por exemplo, lembranças de uma ida ao dentista, de seu primeiro amor, da primeira vez que você teve uma idéia para um novo empreendimento).

Mas certas informações que retemos na memória são mais difíceis de colocar em palavras do que as do tipo anterior. Por exemplo, atletas habilidosos não conseguem explicar facilmente para outras pessoas como têm um desempenho tão bom. Da mesma forma, os músicos não conseguem explicar de que modo lembram-se de longas peças musicais – eles simplesmente as executam. De fato, tentar expressar esse tipo de informação em palavras pode interferir nessas atividades. Tais informações ficam arquivadas na *memória procedural*.

E o que a memória procedural tem a ver com empreendedorismo? Mais do que você pode imaginar. Suponha que pediu a um capitalista de risco de grande sucesso que explique como faz para escolher um novo empreendimento no qual investir. Ele conseguiria fazê-lo? As pesquisas nos apresentam a seguinte resposta: não muito bem. Sim, os capitalistas de risco podem oferecer explicações sobre a forma pela qual eles chegam a essa decisão. Porém essas explicações não estão alinhadas com o que eles efetivamente fazem – como na verdade eles parecem tomar suas decisões, a partir dos dados relacionados a suas escolhas[7]. Resumidamente, os capitalistas de risco aprenderam a reconhecer boas oportunidades e armazenaram em uma memória essa informação e as estratégias úteis para tomar decisões. Após anos de atividade, grande parte dessas informações se torna automática (ou seja, passa a fazer parte da memória procedural), de forma que eles não podem descrevê-las rapidamente em palavras. O mesmo acontece aos empreendedores: se lhes perguntarmos sobre como reconhecem as oportunidades, muitos podem dar algum tipo de resposta. Porém esse processo parece envolver um grande componente da informação que não pode ser colocado em palavras com rapidez, portanto isso também está relacionado com a memória procedural.

Utilizando e Transformando Informações: Esquemas e Protótipos

Reter informações adquiridas da experiência é importante, mas isso é somente uma parte do quadro. Além disso, precisamos ser capazes de interpretar novas informações à medida que as encontramos e integrá-las com as informações já presentes na memória. Isso é essencial

---

[7] Zacharakis, A. L.; Shepherd, D. A. The nature of information and overconfidence on venture capitalist's decision making. *Journal of Business Venturing*, 16: 311-322, 2001.

para a criatividade e para o reconhecimento de oportunidades, porque essas atividades envolvem gerar ou reconhecer algo *novo* – algo que ainda não está presente na memória.

Pesquisas no campo das ciências cognitivas sugerem que nós realizamos essas tarefas criando estruturas mentais – "escoramentos" mentais temporários que ajudam a compreender novas informações e a integrá-las (muitas vezes de maneiras originais) – com informações que já possuímos. Existem muitos tipos, mas dentre os mais importantes estão os **esquemas** – estruturas mentais cognitivas representativas de nosso conhecimento e hipóteses a respeito de aspectos específicos do mundo. Aqui temos um exemplo: você, sem dúvida, tem um esquema bem desenvolvido para comer em um restaurante. Uma recepcionista leva-o até uma mesa, um garçom pergunta que bebida deseja e retorna para pegar seu pedido, e assim por diante. (Esquemas desse tipo, que nos suprem com um roteiro para uma série de eventos, são conhecidos como *scripts*.) Outro importante tipo de estrutura mental que possuímos são os **protótipos** – representações mentais abstratas e idealizadas que capturam a essência de uma categoria de objetos (por exemplo, um protótipo de uma academia de ginástica: uma sala com equipamentos para ginástica, pessoas suando, um vestiário etc).

Como poderemos notar nas discussões posteriores sobre a criatividade e o reconhecimento de oportunidades, esquemas e protótipos são importantes, porque eles podem facilitar ou retardar ambos os processos. Continuando com nosso exemplo do restaurante, qual é a sua idéia de um cardápio? Provavelmente uma relação predeterminada de pratos: o cliente escolhe aquele que preferir dentre os que são oferecidos. Tem de ser dessa forma? Seu esquema sobre comer em um restaurante conduzirá você a uma expectativa de que sempre tem de ser assim; isso poderia, de certa maneira, restringir sua criatividade. Porém, imagine novamente: Brian Winders, orgulhoso proprietário de vários Genghis Grills, teve uma idéia diferente. Por que não deixar os clientes montarem os próprios pratos a partir de uma lista de ingredientes? Seria possível ter os pratos, molhos, vegetais e temperos que quisessem, em qualquer combinação que preferissem. O resultado? Um novo conceito em jantar que está ganhando popularidade rapidamente. Por outro lado, esquemas podem facilitar a criatividade e o reconhecimento de oportunidades, porque eles nos ajudam a relacionar novas informações com aquilo que já sabemos – do que pode surgir uma combinação inteiramente nova.

Os protótipos também podem facilitar ou retardar a criatividade e o reconhecimento de oportunidades. Por exemplo, considere um novo produto que eu (Robert Baron) recentemente adquiri – um ralador rotatório para queijo parmesão, conhecido como "Microplane". Ao longo dos anos, tenho comprado muitos raladores para queijos e nenhum deles funcionou bem. Todos acabam amassando o queijo em vez de ralá-lo. Esse que comprei há pouco tempo, entretanto, funciona como um sonho. Por quê? Porque as lâminas seguem o modelo de ferramentas de alta qualidade usadas para trabalho em madeira. Por que ninguém pensou nisso antes? Talvez porque o protótipo para "ralador de queijos" não incluísse esse tipo de lâmina. Nesse caso, um protótipo existente interferiu na criatividade – e no desenvolvimento de um excelente novo produto. Em outros casos, os protótipos podem facilitar a criatividade por disponibilizarem uma estrutura para interpretar as novas informações (por exemplo, relacionando-o com protótipos existentes).

Capacidade Limitada para Processar Informações: Por que a Racionalidade Completa É mais Rara do que Você Pensa

Agora que já delineamos o que são, em certo sentido, as "instalações para produção" da criatividade e do reconhecimento de oportunidade, devemos chamar sua atenção para outro aspecto básico da cognição humana – o fato de que ela tem capacidade limitada para processar (ou seja, tratar, interpretar) informações a qualquer tempo. Dessa forma, embora nossa capacidade de fazer acréscimos ao conhecimento armazenado em nossa memória e em outros sistemas mentais pareça ilimitada, é possível que haja limites razoavelmente firmes na quantidade de informação que podemos manipular de uma só vez. Isso resulta no fato de que a *memória de trabalho* – o sistema de curto prazo que descrevemos anteriormente – pode suportar somente uma quantidade limitada de informações ao mesmo tempo. Porque esse sistema parece ser o ponto de contato entre o que nós estamos pensando neste momento e a informação armazenada na memória, cria-se um gargalo em nossos esforços para fazer que a experiência que estamos vivenciando faça sentido – e para criar algo novo.

Em razão dessa capacidade limitada de processar informação, nós freqüentemente utilizamos atalhos mentais – táticas para esticar nossa capacidade limitada o máximo possível. Eles nos auxiliam do ponto de vista da conservação de nossa preciosa capacidade mental, mas também podem nos induzir a sérios erros. Além disso, nossa tendência em acreditar nesses atalhos é maior em certas ocasiões, quando nossos sistemas cognitivos estão sendo usados até seus limites – quando nos é exigido o processamento de grandes quantidades de informação em um curto período de tempo (por exemplo, tomar importantes decisões rapidamente ou com base em informações incompletas). Se você acha que essa é uma situação que muitos empresários enfrentam, a maior parte do tempo, acertou! Por essa razão tem-se sugerido que os empresários podem ser mais suscetíveis a essas tendências e a erros cognitivos do que as pessoas de outros campos ou ocupações[8]. Nos capítulos finais deste livro, trataremos do papel potencial desses erros em vários aspectos do empreendedorismo, entretanto, acreditamos ser útil descrever alguns deles brevemente aqui.

Embora muitos desses atalhos existam, um dos mais úteis é a **heurística** – regras simples para a tomada de decisões complexas ou para delinear inferências de uma maneira rápida e aparentemente isenta de esforços. A mais importante delas talvez seja a *disponibilidade heurística*. Essa regra mental sugere que quanto mais fácil é trazer informações para a mente, mais importantes ou precisas essas informações nos parecem ser e, por conseqüência, maior o seu impacto em nossos julgamentos ou decisões. Ademais, quanto mais informações nós enviamos para a mente, maior a importância que lhes atribuímos[9]. Embora essa heurística pareça razoável, ela pode nos conduzir a erros, principalmente porque informações que causam surpresa ou são incomuns são mais fáceis de serem lembradas do que informações corriqueiras. Por isso, elas podem influenciar nosso pensamento e nossas decisões para além do justificável. Por exemplo, imagine um empresário que está tentando escolher um funcionário-chave. Há diversos candidatos, um dos quais é muito mais expressivo e expansivo do que os outros. Posteriormente, ao tentar lembrar-se das entrevistas,

---

[8] Baron, R. A. Cognitive mechanisms in entrepreneurship: why and when entrepreneurs think differently than other people. *Journal of Business Venturing*, 13: 275-294, 1998.

[9] Rothman, A. J.; Hardin, C. D. Differential use of the availability heuristic in social judgment. *Personality and Social Psychology Bulletin*, 23: 123-138, 1997.

o empresário tem mais facilidade para lembrar-se do que essa pessoa disse, e isso pode inclinar a decisão a seu favor, embora outros candidatos sejam mais bem qualificados.

Além da heurística, há muitos outros vieses e erros potenciais em nosso pensamento que resultam da mesma tendência geral de preservar nossa capacidade limitada de processamento. Entre elas, três são especialmente comuns e perigosas: a *tendência otimista*, a *tendência de confirmação* e a *ilusão de controle*[10]. Em sua forma mais básica, a tendência otimista refere-se a esperar que as coisas mudem para melhor, mesmo quando não há base racional para tais expectativas. Suscetibilidade para a tendência otimista pode ser uma das razões pelas quais algumas pessoas escolhem tornar-se empresários: elas esperam obter sucesso ainda que as probabilidades estejam fortemente contra elas[11]. Uma forma comum dessa tendência é conhecida como *falácia do planejamento* – acreditamos que podemos executar mais em um dado período de tempo do que na verdade podemos. Você nunca observou essa tendência em seu próprio pensar? A menos que você seja incomum, provavelmente já observou. Esse e outros aspectos da tendência de ser superotimista têm sido observados tanto em empreendedores[12] quanto em capitalistas de risco[13].

A *tendência de confirmação* é ainda mais insidiosa em seu impacto. Refere-se à tendência de perceber, processar e lembrar de informações que confirmam nossas crenças atuais (ou ao menos são consistentes com elas) muito mais prontamente do que as informações que negam essas crenças. Isso significa que, freqüentemente, estamos em uma "câmara de eco" autoconstruída – as únicas informações que penetram são as que fortalecem nossas visões atuais. Essa é uma tendência perigosa para os empreendedores, que não podem se dar ao luxo de ignorar informações contrárias a suas crenças – por exemplo, informações de mercado ou informações a respeito de concorrentes reais ou potenciais.

A *ilusão de controle* refere-se à tendência de presumir que nosso destino, em sua maior parte, está sob mais controle do que realmente está, ou seja, acreditamos que temos mais controle sobre o que nos acontece do que as considerações racionais indicam. Pesquisas apontam que essa crença pode ser um importante fator na decisão de muitas pessoas de tornarem-se empresários; elas acreditam que o destino de novos empreendimentos que iniciam está sob seu controle, assim, subestimam o impacto potencial das condições econômicas, dos concorrentes e de muitos outros fatores que estão fora de sua influência[14].

Esse é somente um pequeno exemplo de muitas fontes potenciais de erros na cognição humana, descobertos por meio de cuidadosas pesquisas. Outras fontes estão resumidas na Tabela 3.1. O ponto principal da presente discussão é este: pelo fato de precisarmos lidar com um dilema básico –, capacidade restrita para processar informações em face de um grande número de informações –, muitos aspectos de nossa cognição estão longe de ser inteiramente racionais. Pelo contrário, eles estão sujeitos a uma ampla gama de vieses e de

---

[10] Kunda, Z. *Social cognition: making sense of people*. Cambridge, MA: MIT Press, 1999.
[11] Busenitz, L. W.; Barney, J. B. Differences between entrepreneurs and managers in large organizations: biases and heuristics in strategic decision-making. *Journal of Business Venturing*, 12: 9-30, 1997.
[12] Krueger Jr., N. F. The cognitive psychology of entrepreneurship. In: Acs, Z.; Audrestsch, D. B. (eds.). *Handbook of entrepreneurial research*. Londres: Kluwer Law International, 2003.
[13] Ver nota 7.
[14] Simon, M.; Houghton, S. M.; Aquino, K. Cognitive biases, risk perception, and venture formation: How individual decide to start companies. *Journal of Business Venturing*, 15: 113-134, 2000.

Tabela 3.1 Fontes Potenciais de Erro na Cognição Humana

Pelo fato de possuirmos uma capacidade limitada de processar informações, freqüentemente nos utilizamos de "atalhos mentais" para aumentar essa capacidade e para reduzir nossos esforços. Conforme mostrado aqui, essa tendência está por trás de muitos erros em nosso pensar.

Fonte de Erros Potenciais	Descrição do Erro	Exemplo
Heurística representativa	Uma regra prática mental sugerindo que quanto mais um evento ou objeto parece-se com um exemplo típico de algum conceito ou categoria, maior a probabilidade de que ele pertença a esse conceito ou categoria.	Um indivíduo que se considera pertencente a uma ocupação ou grupo porque se parece com o estereótipo desse grupo ou ocupação.
Disponibilidade heurística	Uma regra prática mental pela qual a importância ou a probabilidade de vários eventos é julgada com base no grau de facilidade com que as informações a seu respeito podem ser trazidas à mente, ou com base na quantidade de informações que podem ser rapidamente lembradas.	As pessoas acreditam que as probabilidades de virem a morrer em um incêndio ou na queda de um avião são maiores do que de morrerem em um acidente de carro porque a mídia noticia incêndios ou quedas de avião fatais mais dramaticamente do que os acidentes de carro, tornando aqueles mais fáceis de serem lembrados.
Heurística da aceitação e ajuste	Uma regra prática cognitiva pela qual a informação disponível é aceita como ponto de referência e então adaptada para levar vários fatores em consideração.	Negociadores aceitam a oferta inicial de seus oponentes como ponto de partida para a busca de vantagens adicionais.
Tendência à confirmação	Tendência de perceber e registrar informações que confirmam sua visão.	Um empreendedor se torna progressivamente convencido de que uma idéia para um novo produto é viável porque ele percebe e registra somente informações que confirmam essa idéia.
Tendência otimista	Tendência de acreditar que as coisas irão melhorar embora não haja fundamentos racionais para tal previsão.	Os empreendedores acreditam que as chances de serem bem-sucedidos são muito maiores do que na realidade são.
Falácia do planejamento	Tendência de acreditar que em um dado período de tempo poderemos executar mais do que de fato podemos (ou subestimar o tempo que levará para concluir um projeto).	Um empreendedor, ao iniciar um projeto, acredita que cada fase levará menos tempo para ser concluída do que efetivamente levará.
Escalada do comprometimento (custos passados)	Tendência de apegar-se a decisões que produzem resultados negativos enquanto os resultados negativos continuam a crescer.	Um empresário continua com seus esforços para comercializar seu produto de uma determinada maneira, embora esses esforços produzam uma seqüência acumulada de falhas.
Intromissão afetiva	As emoções têm efeitos poderosos no pensar (por exemplo, quando estamos de bom humor, percebemos e lembramos de informações positivas; quando de mau humor, percebemos e lembramos das informações negativas).	Uma empresária que está de mau humor quando entrevista um candidato a um emprego lembra-se de muitas informações negativas a respeito dessa pessoa; em contraste, ela se lembra principalmente de informações positivas sobre um candidato que ela entrevistou quando estava de bom humor.

deformações que, sem dúvida, poupam esforços, mas aumentam a probabilidade de sérios erros. Navegar com sucesso nessas águas perigosas é crucial para os empreendedores, de forma que nós temos razões para nos referir a esse tema em muitos pontos deste livro. (Para discussão sobre um potencial erro cognitivo que pode ser especialmente perigoso para os empreendedores, ver a seção "Atenção! Perigo Adiante!").

Criatividade: fugindo dos círculos viciosos

Agora que nós abastecemos você com o *"kit* de ferramentas" necessário para o entendimento da cognição humana, podemos voltar a um dos dois tópicos centrais deste capítulo: a criatividade (geração de idéias que são tanto novas *quanto* úteis). Uma perspectiva cognitiva oferece importantes novos *insights* sobre a natureza desse processo crucial e sobre como, precisamente, ele ocorre.

Atenção! Perigo adiante!

"Investi Demais para Desistir": Os Efeitos Potencialmente Devastadores dos Custos Passados
Você nunca ouviu a frase "Colocando dinheiro bom em cima de dinheiro ruim?" Ela se refere ao fato de que, em muitas situações, as pessoas que tomaram uma decisão ruim – que está produzindo resultados negativos – tendem a apegar-se a ela ainda que as evidências sobre seu fracasso cresçam. Elas podem até comprometer mais tempo, esforço e recursos em um curso de ação que está fracassando, com a esperança de reverter a situação de alguma maneira. Essa tendência de ficar preso a decisões equivocadas é conhecida como **custos passados** (*sunk costs*), ou *escalada do comprometimento*, e é muito comum. Acontece com investidores que continuam a ter esperanças no que claramente são más ações e com pessoas que vivem relacionamentos problemáticos, nos quais freqüentemente permanecem, enquanto todos os seus amigos procuram persuadi-las a cair fora[15]. O aumento do comprometimento acontece igualmente nos grupos de tomada de decisão. Eles também acham difícil admitir que cometeram um engano e assim apegam-se a más decisões que geram resultados progressivamente negativos. Pesquisas mostram que tais efeitos – algumas vezes descritos como *armadilha coletiva* (um grupo fica enredado em uma má decisão) – são passíveis de ocorrer em especial nos casos em que os grupos se esforçaram muito para tomar a decisão inicial e ficam fortemente comprometidos com ela.

Por que tais efeitos acontecem? Por diversas razões. Primeiro, apegar-se a uma decisão é, de início, bastante racional. Desistir com rapidez pode ser um erro e, caso a decisão de começar tenha sido tomada cuidadosamente, faz sentido continuar, ao menos por algum tempo. No entanto, à medida que as perdas se acumulam, outros processos que *não* são tão racionais entram em jogo. As pessoas não querem admitir que cometeram um engano, porque isso será causa de humilhação e as fará parecerem idiotas. Similarmente, aqueles que tomaram a decisão inicial desejam justificar suas ações, e a melhor maneira de fazê-lo é manter o atual curso e, de alguma forma, sair-se bem.

Seja qual for a motivação exata da escalada do comprometimento, ela representa um perigo real para os empreendedores. Novos negócios geralmente contam com recursos limitados, de forma que há pouca margem para absorção de perdas crescentes. Além disso, em qualquer decisão tomada por várias pessoas, algumas se sentirão mais responsáveis pela escolha do que outras, o que pode resultar em uma divergência de opiniões entre os membros do grupo fundador. Aqueles que "desistem" da decisão, queixando-se de que estiveram contra ela todo o tempo, podem entrar em conflito com aqueles que se sentem mais comprometidos com ela. Além disso, os resultados podem

---

[15] Ross, J.; Staw, B. M. Organizational escalation and exit: lessons from the Shoreham nuclear power plant. *Academy of Management Journal*, 36: 701-732, 1993.

ser devastadores para o novo negócio. Assim, a escalada do comprometimento é um erro cognitivo que os empreendedores deveriam tentar evitar.

Que atitudes os empreendedores podem tomar para minimizar os riscos desse tipo de erro? Muitas foram consideradas úteis. Uma delas envolve a decisão prévia de que, caso as perdas cheguem a determinado limite, ou caso os resultados negativos continuem por um determinado período de tempo, nenhum recurso adicional será investido e a decisão será revista. Isso é difícil de ser feito, mas é similar à ordem de "interromper perdas" no mercado de ações: ela tende a limitar as perdas que serão suportadas. Outra estratégia seria encarregar outras pessoas, não as que originalmente tomaram a decisão, da tarefa de resolver se a decisão permanece ou não.

Pelo fato de não terem tomado a decisão original, elas freqüentemente estão menos comprometidas com ela. Uma terceira abordagem envolve a criação de uma cultura na qual as pessoas não sintam que ficarão humilhadas caso mudem decisões anteriores, agora consideradas ruins. Racionalmente, essa abordagem faz muito sentido, mas, como é possível imaginar, ela pode ser de difícil implantação.

Além disso, fica claro que a escalada do comprometimento e a armadilha coletiva em más decisões representam sérias ameaças para o sucesso de novos empreendimentos. Por essa razão, os empreendedores precisam estar precavidos contra essas armadilhas potenciais e dar os passos decisivos para evitá-las. Fazer isso pode ser uma tarefa desafiadora, mas o esforço vale muito a pena. Eles estarão salvando suas próprias empresas.

Criatividade: Gerando o Extraordinário

Imagine que lhe fosse pedido para indicar pessoas com alta capacidade criativa: quem estaria na sua lista? Quando enfrentam essa questão, muitas pessoas aparecem com nomes como Albert Einstein, Leonardo Da Vinci, Thomas Edison e Sigmund Freud. Eles trabalharam em diferentes domínios, então o que têm em comum? Essencialmente: criaram alguma coisa que todos concordaram que era *nova* – teorias, invenções e outras contribuições que não existiam em suas épocas. Entretanto, como observamos anteriormente, ser novo não é o suficiente. Muitos pesquisadores que estudaram a *criatividade* a definem considerando dois aspectos-chave: os itens ou idéias produzidos são tanto novos (originais, não esperados) como apropriados ou úteis – eles atendem a restrições relevantes[16].

A criatividade é importante por diversas razões: propicia novos conhecimentos, produtos e outras vantagens que podem melhorar a qualidade da vida humana. É surpreendente, mas há até pouco tempo a criatividade *não* era objeto de pesquisa sistemática. Por que não? Basicamente porque nosso conhecimento sobre a cognição humana não era avançado o suficiente para proporcionar um sólido embasamento para interpretar a criatividade em termos de processos cognitivos básicos. Durante as duas últimas décadas, essa situação mudou bastante. Atualmente, há um consenso de que a criatividade em todos os domínios – na ciência, na medicina, nas artes, e no dia-a-dia – resulta de um conjunto até que pequeno de processos cognitivos básicos. Quais são esses processos? A maioria das pesquisas sugere dois que são centrais. Um envolve o esticamento ou a expansão de estruturas mentais internas que nós construímos para organizar as informações. O outro envolve operações de várias facetas da inteligência humana.

---

[16] Lubart, T. T.; Sternberg, R. J. An investment approach to creativity: theory and data. In: Smith, S. M.; Ward, T. B.; Finke, R. A. (eds.). *The creative cognition approach*. Cambridge, MA: MIT Press, p. 269-302, 1995.

Conceitos: Os Blocos Construtivos da Criatividade

A quantidade de informação na memória de longo prazo é vasta. Para tornar mais fácil recuperar e utilizar essa informação, nós a organizamos de diversas maneiras, criando estruturas mentais internas para suportá-las. Essas estruturas assumem diferentes formas, entre elas, os **conceitos** – categorias de objetos ou eventos que são similares uns aos outros em certos aspectos – são especialmente importantes. Considere por exemplo as palavras "bicicleta", "avião", "automóvel" e "elevador"; todas estão incluídas no conceito de "veículo". De modo similar, as palavras "sapatos", "camisas", "calças" e "jaquetas" estão incluídas no conceito de "vestuário". Como você pode ver, os objetos de cada um desses conceitos diferem bastante, mas são similares uns aos outros em certos aspectos básicos (por exemplo, todos os veículos são utilizados para transportar pessoas de um ponto a outro). Em certo sentido, os conceitos atuam como um tipo de "sistema de armazenamento" na memória e, uma vez estabelecidos, podem nos ajudar a armazenar novas informações. Se você observou um modelo inteiramente novo de roupa que nunca viu antes, provavelmente não encontraria dificuldade em incluí-lo no conceito de "vestuário".

Os conceitos existem na memória em redes hierárquicas que refletem os relacionamentos entre elas. Por exemplo, o conceito "animais" inclui "aves", "peixes" e "insetos". "Animais", em outras palavras, é mais alto em sua hierarquia de conceitos do que "aves", "peixes" e "insetos". "Aves", por seu lado, inclui "pingüins" e "canários". Similarmente, "peixes" inclui "tubarões" e "salmões". "Insetos" inclui "borboletas" e "mosquitos". O mesmo é verdade para muitos outros conceitos, também organizados em uma estrutura hierárquica.

O fato de que armazenamos informações na memória de uma forma organizada tem duas implicações principais para a criatividade – uma positiva e outra negativa. Do lado positivo, essa estrutura interna aprimora nossa habilidade de armazenar uma vasta quantidade de conhecimento incluído na memória de longo prazo, e isso nos permite acessar mais facilmente as matérias-primas das quais as novas idéias podem surgir. Do lado negativo, o fato de que o conhecimento está organizado na memória freqüentemente restringe nosso pensamento, garantindo que, em geral, ele fique restrito ao que algumas vezes é descrito como círculos viciosos mentais. Em outras palavras, as estruturas internas que nós criamos para nós mesmos são tão fortes que nós achamos muito difícil escapar delas, ou pensar fora delas. Eis um exemplo notável: em meados de 1970, os engenheiros e cientistas da Sony Corporation foram encarregados de desenvolver CDs para músicas. Eles fizeram grandes progressos, mas, ao final, desistiram pela seguinte razão: os CDs que desenvolveram armazenavam 18 horas inteiras de música, algo considerado grande demais para ser comercializável. Por que razão os CDs armazenavam tanto? *Porque os engenheiros os desenvolveram do mesmo tamanho e formato dos LPs existentes*. Embora fossem brilhantes cientistas e engenheiros, não conseguiram escapar dos "círculos viciosos mentais" criados por sua experiência anterior e se dar conta de que os CDs poderiam ser do tamanho que eles quisessem!

Aqui temos um outro e talvez ainda mais curioso exemplo de como a organização cognitiva pode interferir na criatividade. Os incas da América do Sul pertenciam a uma civilização muito avançada – civilização cujos feitos deixaram atônitos os espanhóis que primeiro os encontraram. Porém uma invenção que eles não tinham era a dos veículos com rodas: o material a ser transportado era colocado sobre animais ou arrastado sobre varas – não existiam carrinhos de mão ou carroças. Apesar disso – e aqui está um dado realmente surpreendente –, as crianças incas brincavam com modelos de carroças sobre rodas! Assim, os incas tinham a idéia de colocar rodas em veículos, mas, por alguma razão, eles enxergavam esse projeto como aceitável somente para brinquedos. É difícil imaginar uma ilustração mais drástica do poder das "rotinas mentais" para restringir o pensamento humano.

Se o impacto das rotinas mentais pode ser tão forte, é possível imaginar como as pessoas escapam delas? De que modo, em resumo, a criatividade ocorre? A resposta parece envolver o fato de que algumas vezes os conceitos podem ser expandidos, abrindo o caminho para a criatividade. Em outras palavras, a criatividade emerge quando os processos mentais básicos permitem a expansão ou transformação dos conceitos de forma que alguma coisa nova apareça. Isso não aconteceu entre os incas, que pareceram incapazes de expandir o conceito de "brinquedo com rodas" para "carroças com rodas em tamanho natural", mas isso ocorre e pode ser estimulado. Os conceitos podem ser alongados ou expandidos de várias maneiras diferentes.

Primeiro, eles podem ser *combinados*, o resultado é que algo novo é gerado. Por exemplo, considere o conceito de "Luxury SUV", ou "veículo utilitário esportivo de luxo". O conceito de "tração nas quatro rodas, veículo *off-road* foi combinado com o conceito de "veículo de luxo" para produzir algo que não existia – e que hoje é muito popular. Quando conceitos que inicialmente parecem ser opostos são combinados, o resultado pode ser inovador – ao menos quando são introduzidos (por exemplo, cervejas sem álcool).

Os conceitos também podem ser *expandidos*. Isso freqüentemente acontece com novos produtos – mesmo aqueles que representam uma grande inovação. Os primeiros vagões ferroviários pareciam-se muito com as carruagens puxadas a cavalo que eles passaram a substituir. O conceito de "carruagem" havia sido expandido para incluir um veículo para transporte de passageiros, mas o que resultou era muito similar, na aparência, ao conceito original, já que não se parecia quanto ao meio de propulsão. Os primeiros aparelhos de televisão, por sua vez, eram montados em lindos gabinetes de madeira, porque eles eram uma forma de entretenimento doméstico, como o rádio e o fonógrafo, e assim oferecidos aos consumidores.

Uma terceira forma pela qual os conceitos podem ser modificados ou expandidos é a *analogia*. As analogias envolvem a percepção de similaridades entre objetos ou eventos que parecem não ser similares. Afirmações do tipo "o conhecimento é como uma luz na escuridão" ou "meu amor é como uma rosa vermelha" envolvem analogias: o conhecimento não é, na realidade, como uma luz, e os amores não são como rosas vermelhas – exceto de formas especiais. Ao fazer essas comparações, entretanto, é possível, algumas vezes, quebrar as rotinas mentais descritas anteriormente. A história da ciência, da tecnologia e das artes está repleta de avanços criativos firmados, em parte, em analogia. A visão de Rutherford sobre o átomo de hidrogênio como similar a um sistema planetário em alguns aspectos (um grande núcleo no centro com elétrons fazendo evoluções ao seu redor) e a invenção do velcro por Mestral após examinar como carrapichos se prendem às roupas por minúsculos ganchos, são exemplos de raciocínios por analogia que conduziram a importantes avanços. Resumindo, quando conceitos são ampliados por meio da analogia, a criatividade é estimulada e importantes avanços podem ocorrer[17].

---

[17] Ward, T. B. Cognition, creativity, and entrepreneurship. *Journal of Business Venturing*, no prelo.

A criatividade que mostram os empreendedores emerge dos mesmos processos? Há pouca dúvida de que isso ocorra; além do mais, por que deveriam os empreendedores representar uma exceção aos padrões mostrados repetidas vezes pela ciência, pela medicina e pelas artes? Em resumo, nós concordamos com Robert Bresson, diretor de cinema francês, que uma vez observou: "Uma coisa antiga se torna nova se você a separar das coisas que usualmente a rodeiam". Quando conceitos são separados das estruturas mentais hierárquicas das quais são uma parte, mediante a combinação deles com outros conceitos, por expansão ou analogia, podem, de fato, tornar-se novos – ou, ao menos, indicar caminhos para atos de criatividade que nas mãos de empreendedores motivados e com energia criam algo verdadeiramente novo.

Criatividade e Inteligência Humana

Um outro importante fator na criatividade (e também no reconhecimento de oportunidades) é a inteligência humana. Aqui temos uma ilustração vívida a esse respeito:

> *Dois indivíduos, um professor universitário e um empreendedor, estão caminhando na floresta quando avistam um urso pardo feroz avançando em sua direção. O professor, cuja especialidade era a física, estimou a velocidade do urso e a velocidade que eles poderiam alcançar na fuga. Ele então afirma: "Pare de correr. Não há jeito de conseguirmos escapar desse urso. Ele nos alcançará em 15 segundos". O empreendedor, entretanto, continuou correndo. Quando o professor perguntou por que, o empreendedor gritou para trás, sobre os ombros: "Você está certo – eu jamais poderei correr mais que o urso. Porém, eu não tenho que correr mais que ele: tudo o que preciso é correr mais que você!".*

Essa história apócrifa tem uma importante moral: a inteligência é um ingrediente importante no sucesso, mas não é necessariamente o tipo de inteligência medido pelos testes padronizados de QI. Ao contrário, a inteligência é útil ao enfrentarmos os diversos desafios da vida – desafios colocados por um mundo em permanente mudança. Esse é um dado reconhecido pelos psicólogos, que atualmente definem **inteligência** como as habilidades de um indivíduo de compreender idéias complexas, de adaptar-se ao mundo ao seu redor, de aprender com a experiência, de envolver-se com várias formas de raciocínio e de superar obstáculos. Como você pode observar, essa definição sugere que a inteligência tem diversas facetas – não é um fenômeno unitário. Hoje se reconhece que a inteligência humana pode ser dividida em vários tipos[18]: a inteligência *analítica*, que envolve as habilidades de pensar crítica e analiticamente (essa é a forma avaliada pelos testes tradicionais de QI); a inteligência *criativa*, que envolve a habilidade de formular novas idéias e de ter *insights* em uma ampla gama de problemas (esse é o tipo apresentado pelos gênios científicos e inventores como Einstein, Newton e Edison); e a inteligência *prática*, que envolve ser inteligente em um sentido prático (pessoas bem-dotadas dessa inteligência são altamente habilitadas para solucionar os problemas do dia-a-dia e têm jogo de cintura). Outro componente no meio disso pode ser o que algumas vezes é chamado de inteligência *social*, que envolve a habilidade de entender os outros e de relacionar-se bem.

---

[18] Sternberg, R. J.; Grigorenko, E. L. *Practical intelligence in everyday life.* Nova York: Cambridge University Press, 2000.

Um massa crescente de evidências sugere que para serem criativos – e bem-sucedidos – os empreendedores necessitam de uma mistura balanceada de todos os três componentes, algo que um especialista em inteligência humana, Robert Sternberg, chama de **inteligência para o sucesso**[19]. De maneira específica, os empreendedores necessitam de inteligência *criativa* para ter novas idéias, de inteligência *prática* para identificar formas de desenvolver essas idéias, e de inteligência *analítica* para avaliar as idéias e determinar se vale a pena persegui-las (ver a Figura 3.2)[20].

Embora Sternberg não mencione especificamente a inteligência *social* – as habilidades requeridas para relacionar-se bem com os outros –, há poucas dúvidas de que ela também desempenhe seu papel. No Capítulo 12, consideraremos esse tópico de forma mais detalhada. Aqui, simplesmente registraremos que crescentes evidências sugerem que a inteligência social também seja um ingrediente-chave no sucesso dos empreendedores. Sem ela, os empreendedores podem vivenciar grandes problemas para obter os recursos financeiros e humanos de que precisam para transformar seus sonhos em realidade[21]. Assim, esse aspecto da inteligência também é importante.

Em resumo, a inteligência humana desempenha um papel na criatividade e no empreendedorismo, porém de uma maneira mais complexa do que se acreditava anteriormente. A inteligência exigida pelos empreendedores para serem criativos e para iniciarem novos e bem-sucedidos empreendimentos é mais rica e mais multifacetada do que aquela medida pelos testes padronizados de QI. A esse respeito, o que se nota pela observação informal de empreendedores (e outras pessoas criativas) está correto. Tais indivíduos não necessariamente "brilham" em campos que exigem mais inteligência analítica (por exemplo, na escola); em vez disso, seus recursos intelectuais se tornam mais visíveis no campo pragmático, como no moderno mundo dos negócios.

Estimulando a Criatividade: A Abordagem da Confluência

Agora que já consideramos o papel que a inteligência prática e a inteligência para o sucesso exercem na criatividade, parece apropriado levantar outra importante questão: "O que pode ser feito para desenvolvê-la?". A melhor maneira de responder a essa questão talvez seja considerar os fatores que contribuem para sua ocorrência; à medida que tais fatores são maximizados, a criatividade, também, deve ser estimulada. Assim, que fatores achamos que contribuem para a criatividade? Como já observamos, o campo das ciências cognitivas sugere que os processos cognitivos básicos são subjacentes ao pensamento criativo. A criatividade emerge como resultado da operação de diversos tipos de memória, da expansão ou mesclagem de conceitos e de outros processos relacionados[22].

Embora a abordagem cognitiva da criatividade forneça importantes percepções sobre os fatores que contribuem para ela, vem sendo cada vez mais aceita uma visão até certo ponto ampliada que inclui fatores adicionais. Ela é conhecida como **abordagem da confluência**, e, como seu nome sugere, propõe que a criatividade emerge da confluência (isto é, convergência) de diversos recursos básicos[23]:

---

[19] Sternberg, R. J. (ed.). *The nature of cognition.* Cambridge, MA: MIT Press, 1999.
[20] Sternberg, R. J. Successful intelligence as a basis for entrepreneurship. *Journal of Business Venturing,* no prelo.
[21] Baron, R. A.; Markman, G. D. Beyond social capital: The role of social skills in entrepreneurs' success. *Academy of Management Executive*, 14: 106-116, 2000.
[22] Ver nota 14.
[23] Sternberg, R. J.; Lubart, T. I. *Defying the crowd: cultivating creativity in a culture of conformity.* Nova York: Free Press, 1995.

- *Habilidades intelectuais* – a habilidade de enxergar os problemas de novas maneiras, a habilidade de reconhecer qual idéia vale a pena perseguir com habilidades de persuasão – ser capaz de convencer os outros sobre o valor dessas novas idéias (uma combinação da inteligência bem-sucedida e de inteligência social).
- *Uma ampla e rica base de conhecimentos* – um amplo arquivo de informações relevantes na memória; sem tais conhecimentos, faltam os fundamentos cognitivos do pensamento criativo.
- *Um estilo apropriado de pensamento* – preferência por pensar de novas maneiras e habilidade de "visualizar o todo" – pensar global e localmente; em essência, uma propensão para escapar dos círculos viciosos mentais.
- *Atributos de personalidade* – características tais como desejo de assumir riscos e de tolerar a ambigüidade; esses traços ajudam os indivíduos a considerar idéias e soluções que outros desconsideram.
- *Motivação intrínseca focada em tarefas* – pessoas criativas usualmente adoram o que fazem e encontram recompensas intrínsecas em seu trabalho.
- *Um ambiente que apóia idéias criativas* – ambiente que não impõe uniformidade de pensamento e que encoraja as mudanças.

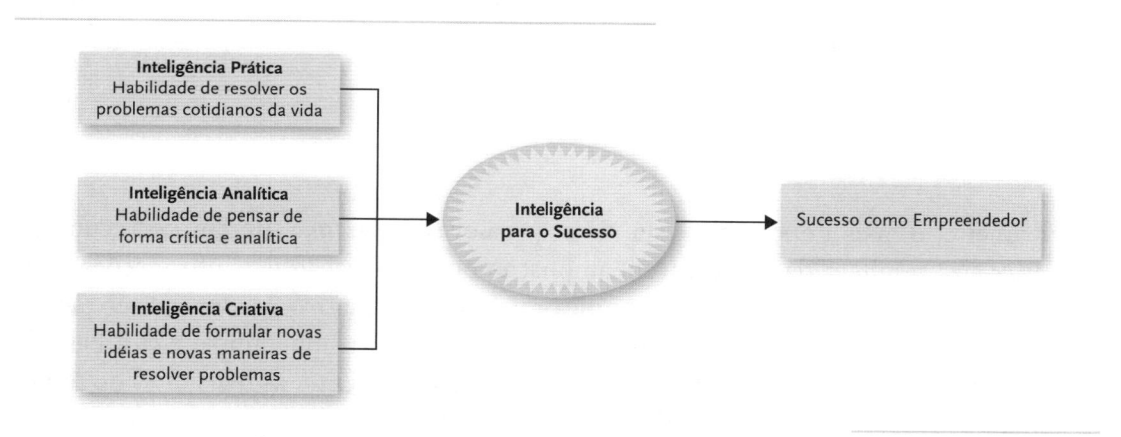

Figura 3.2 Inteligência Bem-Sucedida: Um Requisito Básico para os Empreendedores
Um especialista em inteligência humana, Robert Sternberg, sugeriu recentemente que, para serem bem-sucedidos, os empreendedores precisam de um alto nível de inteligência para o sucesso – uma boa mistura de inteligência prática, analítica e criativa.

A abordagem da confluência sugere que, garantida a presença desses fatores, o pensamento criativo pode emergir (ver a Figura 3.3). Uma grande massa de evidências dá apoio a essa visão, de forma que ela parece ser bastante útil[24]. Isso, por outro lado, sugere diversas técnicas que você pode utilizar para incrementar sua própria criatividade e para aumentar a probabilidade de que venha a gerar idéias que possam servir de base para novos empreendimentos de sucesso.

---
[24] Ver nota 23.

```
┌─────────────────────────┐
│ Habilidades Intelectuais│────┐
└─────────────────────────┘    │
                               │
┌─────────────────────────┐    │
│ Ampla e Rica Base de    │────┤
│ Conhecimentos           │    │
└─────────────────────────┘    │
                               │         ╭──────────────╮
┌─────────────────────────┐    │         │              │
│ Estilo de Pensar Flexível e ├────────→ │ Criatividade │
│ Apropriado              │    │         │              │
└─────────────────────────┘    │         ╰──────────────╯
                               │
┌─────────────────────────┐    │
│ Certos Traços de        │    │
│ Personalidade (por exemplo, │
│ uma aceitação em assumir│────┤
│ riscos e tolerar a ambigüidade) │
└─────────────────────────┘    │
                               │
┌─────────────────────────┐    │
│ Um Ambiente que Dê Apoio a │─┘
│ Idéias Criativas        │
└─────────────────────────┘
```

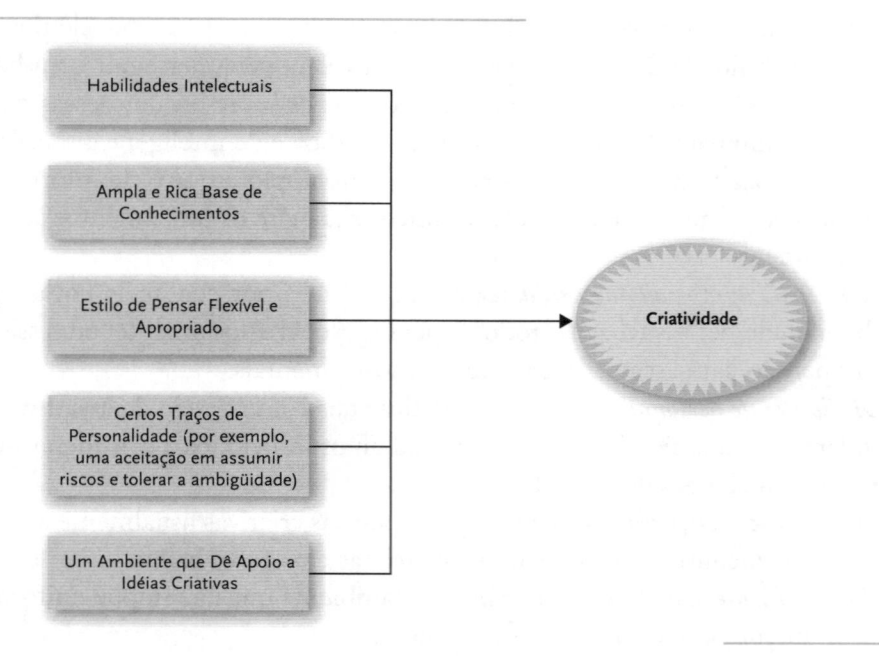

Figura 3.3 Criatividade: A Abordagem da Confluência

A abordagem da confluência sugere que a criatividade se origina da convergência de diversos fatores. O mais importante deles inclui uma ampla e rica base de conhecimento, um estilo apropriado de pensar, determinados atributos de personalidade e uma elevada motivação intrínseca.

Fonte: Baseado em sugestões de Sternberg e Lubart, 1995.

Primeiro, e mais importante, está claro que novas idéias *não* surgem do vácuo. Ao contrário, elas resultam da combinação, ampliação ou visualização das informações existentes de uma forma diferente. Isso significa que para ser criativo é essencial ter muitas informações à sua disposição. Há muitas maneiras de adquirir uma ampla e rica base de conhecimento, mas os resultados das pesquisas mostram que, entre as mais úteis do ponto de vista de se tornar um empreendedor, estão: (1) ter uma variada experiência de trabalho (por exemplo, quanto mais empregos a pessoa teve, mais provável será que ela venha a se tornar autônoma[25]), (2) ter vivido em muitos lugares diferentes[26], e (3) ter uma ampla rede social – muitos amigos e conhecidos que podem compartilhar conhecimento[27]. Todos esses fatores aumentam a quantidade de informação que os indivíduos têm à sua disposição, tornando-os mais criativos. Assim, se você deseja aumentar sua própria criatividade, deveria pensar em estruturar sua vida de forma que amplie sua base de conhecimento – as bases das quais as idéias criativas brotam.

Segundo, como sugere a abordagem da confluência, você poderia cultivar um estilo de pensar que ajude a quebrar as rotinas mentais. Isto é mais difícil do que parece, porque

---

[25] Ver nota 20.
[26] Lerner, M.; Hendeles, Y. New entrepreneurs and entrepreneurial aspirations among immigrants from the former USSR in Israel. In: Churchill, N. et al. (eds.). *Frontiers of entrepreneurship research.* Babson Park: Babson College, 1993.
[27] Johansson, E. Self-employment and liquidity constraints: evidence from Finland. *Scandianivian Journal of Economics*, 102: 123-124, 2000.

é sempre mais fácil pensar de forma rotineira do que questionar nossas próprias crenças. Uma forma de agir assim é assegurar-se de que as pessoas com as quais passa seu tempo *não* sejam todas muito parecidas com você, senão vocês tenderão a concordar na maioria das questões e não contestarão as crenças uns dos outros. Caso você, ao contrário, tenha entre seus amigos pessoas de diferentes formações e ocupações e com pontos de vista contrastantes em uma ampla gama de questões, isso pode ajudá-lo a desenvolver pensamentos flexíveis e abertos – os quais podem aumentar sua criatividade.

Terceiro, você deveria tentar trabalhar em ambientes que estimulem, e não desestimulem, a criatividade. Uma das razões pelas quais muitas pessoas escolhem se tornar empresários é que elas se sentem abafadas pelo mundo corporativo, o qual, freqüentemente, deixa pouco espaço para imaginação ou originalidade. As melhores organizações, por outro lado, toleram e até encorajam a inovação por parte de seus funcionários. Elas tendem a ser mais abertas com respeito à divulgação de informações entre os empregados. Muitos estudos sugerem que trabalhar em tais empregos pode aumentar a base de conhecimento de uma pessoa e, simultaneamente, encorajá-la a pensar de forma criativa[28].

Em suma, há muitos passos que você pode dar para incrementar sua própria tendência de pensar com criatividade. À medida que fizer disso parte de sua vida diária, você se tornará mais criativo e aumentará sua habilidade de formular idéias que podem levar a empreendimentos de sucesso. A criatividade é impressionante, e nas mãos da pessoa certa ela pode literalmente mudar o mundo. Agora sabemos que ela tem origem em fatores que estão longe de serem misteriosos e que estão, em grande medida, sob nosso controle.

RECONHECIMENTO DE OPORTUNIDADES: UMA ETAPA-CHAVE NO PROCESSO EMPREENDEDOR

Conforme observamos no Capítulo 1, a identificação de uma oportunidade potencialmente valiosa é um passo inicial importante no processo empreendedor. A decisão dos empreendedores de iniciar novos empreendimentos origina-se, com freqüência, em sua crença de que identificaram uma oportunidade que ninguém mais reconheceu até o momento, e assim podem beneficiar-se de serem os primeiros a entrar no mercado[29]. Por ser o início do processo empreendedor, não é surpreendente que o reconhecimento da oportunidade seja, há muito, um conceito central no campo do empreendedorismo. Até recentemente, entretanto, poucos esforços tinham sido desenvolvidos para examiná-lo como um *processo*. Em vez disso, as oportunidades haviam sido definidas de forma ampla em termos econômicos: uma oportunidade era vista como uma idéia para um novo produto, serviço, matéria-prima, mercado ou processo produtivo que podia ser explorada com sucesso de maneira que gerasse benefícios econômicos para os acionistas[30]. Embora isso faça sentido, ao se definir oportunidade de uma perspectiva econômica, negligenciam-se diversas questões-chave.

---

[28] Klepper, S.; Sleeper, S. Entry by spinoffs. *Working Paper*, Carnegie Mellon University, 2000.
[29] Durand, R.; Coeurderoy, R. Age, order of entry, strategic orientation, and organizational performance. *Journal of Business Venturing*, 16: 471-494, 2001.
[30] Dollinger, M. J. *Entrepreneurship*. 3. ed. Upper Saddle River, NJ: Prentice-Hall, 2003.

Primeiro, ignora-se a questão sobre *como* esse processo ocorre; em outras palavras, como determinadas pessoas identificam oportunidades que foram geradas por transformações nas condições econômicas, tecnológicas e sociais (descritas no Capítulo 2)? Esse é um processo ativo que envolve percepções humanas e cognição, de forma que entender como ele ocorre pode sugerir caminhos para aumentar sua ocorrência – técnicas para ajudar candidatos a empreendedor a identificar oportunidades que irão beneficiar não somente a eles, mas a milhões de pessoas que, no final, usam o novo produto ou serviço que eles desenvolveram.

Segundo, e intimamente relacionado com o primeiro, por que algumas pessoas são melhores nesse processo – de identificar oportunidades – do que outras? As oportunidades geradas pelas condições econômicas e tecnológicas estão aí para que todos as identifiquem; ainda assim, somente alguns indivíduos o fazem. O que permite que essas pessoas, e não outras, desempenhem essa tarefa? Terceiro, todas as oportunidades são certamente desiguais em valor potencial; algumas são caminhos escuros que conduzem ao desastre econômico, outras têm potencial de gerar riqueza pessoal e social. Por que, então, alguns indivíduos são tão melhores que outros em "separar o joio do trigo", ou seja, discernir quais oportunidades propiciam um potencial verdadeiro para ganhos econômicos? Nesta seção, iremos rever as evidências existentes a respeito desses aspectos. Como logo veremos, essas evidências sugerem que dois fatores – ter melhor acesso do que outros a certos tipos de informação e ser capaz de utilizar essas informações efetivamente – desempenham um papel crucial[31]. Por essa razão, consideraremos esses fatores em primeiro lugar. Entretanto, o processo cognitivo também influencia o reconhecimento de oportunidades[32]. Quando os empreendedores concluem que identificaram uma oportunidade, passam a acreditar em algo bom, que existe e merece ser desenvolvido, algo que outras pessoas ainda não detectaram. Teorias e conceitos da ciência cognitiva que enfocam a percepção e processos relacionados oferecem contribuições intrigantes sobre a natureza do reconhecimento de oportunidades, isso também será considerado neste texto. Finalmente, comentaremos sobre os meios pelos quais você, na qualidade de empreendedor que está brotando, pode melhorar sua própria habilidade de enxergar oportunidades que valem a pena perseguir.

Um ponto adicional antes de ir adiante: houve, recentemente, um debate no campo do empreendedorismo questionando se as oportunidades existem de fato ou se são criadas pela mente humana[33]. Acreditamos que não há base para controvérsia a esse respeito. Já abordado no Capítulo 2, as oportunidades, como um *potencial* (ou seja, um padrão que poderia ser observado), surgem no mundo exterior, resultado de mudanças nas condições do conhecimento, tecnológicas, de mercado, políticas e sociais. Entretanto, elas permanecem mero potencial até emergir em mentes humanas específicas como resultado de processos cognitivos ativos. Assim, em certo sentido, as oportunidades tanto existem "lá fora", como também são resultado da criação do pensamento humano. Escolher entre essas duas idéias não se faz necessário, porque ambas são válidas. Voltemos à nossa discussão sobre o processo de reconhecimento de oportunidades.

---

[31] Shane, S. Prior knowledge and the discovery of entrepreneurial opportunities. *Organizational Science*, 11(4): 448-469, 2000.

[32] Sarasvathy, D.; Simon, H.; Lave, L. Perceiving and managing business risks: differences between entrepreneurs and bankers. *Journal of Economic Behavior and Organization*, 33: 207-225, 1998.

[33] Ver nota 12.

Acesso às Informações e Seu Uso Eficaz: A Essência do Reconhecimento de Oportunidades

A questão do porquê de algumas pessoas e não outras descobrirem oportunidades é ao mesmo tempo intrigante e prática. Se nós podemos entender por que algumas pessoas reconhecem oportunidades que outras ainda não notaram, isso nos permite fazer uma importante descoberta sobre como esse processo pode ser melhorado. Em outras palavras, isso pode oferecer pistas valiosas de como os indivíduos podem aumentar sua habilidade de reconhecer oportunidades.

Pesquisas sobre essa questão oferecem respostas bastante claras, todas girando em torno do papel central da informação. Especificamente, parece que algumas pessoas estão mais aptas do que outras a reconhecer oportunidades, porque (1) têm melhor acesso a determinados tipos de informação e (2) são capazes de utilizar essa informação tão logo as tenham.

Maior Acesso às Informações

Com respeito ao primeiro desses pontos (maior acesso às informações), parece que pessoas específicas obtêm, de diversas maneiras, melhor acesso a informações úteis para identificar oportunidades. Por exemplo, elas podem ter cargos que lhes proporcionem acesso às mais recentes informações, que não estão disponíveis para outras pessoas. Empregos em pesquisa e desenvolvimento ou em comercialização parecem ser particularmente valiosos neste aspecto[34]. Outra forma pela qual os indivíduos têm acesso privilegiado a informações é por meio de uma experiência de vida e de trabalho variada – fatores que, por contribuírem para a base de conhecimento dos indivíduos, aumentam sua criatividade[35]. Outra forma de pessoas específicas terem acesso a informações é por meio de uma ampla rede social[36]. Como você deve saber por sua própria experiência, outras pessoas são uma valiosa fonte de informações e, muitas vezes, as informações que oferecem não podem ser facilmente obtidas de nenhuma outra maneira. Por fim as pessoas que descobrem oportunidades são freqüentemente aquelas que procuram por elas. Essas pessoas não esperam que as oportunidades batam à sua porta; em vez disso, saem e procuram as oportunidades – e muitas vezes em lugares que outros negligenciam. A esse respeito, Gaglio e Katz[37] sugeriram que os empreendedores – especialmente aqueles de sucesso – possuem um *esquema* (estrutura mental) que os mantêm alertas para as oportunidades, habilitando-os a reconhecê-las. Conforme notamos anteriormente, os esquemas são um tipo de "escoramento mental" – formado por experiências – que nos ajuda a processar informações de maneira eficiente. Isso acontece porque eles nos oferecem uma estrutura na qual novas informações podem ser colocadas. Em outras palavras, os esquemas nos auxiliam a ligar novas informações com informações anteriormente armazenadas na memória. Isso, por seu lado, torna mais fácil reter novas informações e utilizá-las de diversas maneiras.

Aplicando esse conceito ao reconhecimento de oportunidades, Gaglio e Katz sugerem que algumas pessoas possuem um esquema de *alerta empreendedor* – uma estrutura

---
[34] Ver nota 25.
[35] Blanchflower, D.; Oswald, A. What makes an entrepreneur? *Journal of Labor Economics*, 16: 26-60, 1998.
[36] Aldrich, H. *Organizations evolving*. Londres: Sage, 1999.
[37] Gaglio, C.; Katz, J. The psychological basis of opportunity identification: entrepreneurial alertness. *Small Business Economics*, 16: 95-111, 2001.

mental interna que as ajuda a pesquisar e perceber mudanças que podem produzir oportunidades valiosas, mudanças em mercados, na tecnologia, nos concorrentes, e assim por diante. O resultado? Elas têm mais probabilidade de reconhecer oportunidades do que outras pessoas. Em resumo, muitos fatores dotam determinadas pessoas de "uma vantagem" no acesso a tipos úteis de informações, e, em decorrência disso, aumenta-se a probabilidade de que elas venham a reconhecer oportunidades potencialmente valiosas.

Utilização Superior da Informação

Entretanto, ter maior acesso a informações valiosas não é tudo. Empreendedores que reconhecem oportunidades não contam somente com um melhor acesso a informações, eles também são melhores em utilizar essas informações. Primeiro, porque em virtude de seu maior acesso a informações, freqüentemente, possuem estoques de conhecimentos mais ricos e mais bem integrados do que outras pessoas – por exemplo, mais informação (na memória) sobre mercados e sobre como atendê-los[38]. Isso, por sua vez, aumenta sua habilidade de interpretar e utilizar novas informações, porque não apenas têm mais informações a seu dispor como também essas informações estão mais bem organizadas. Conforme observamos anteriormente, grandes quantidades de informações bem organizadas desempenham um papel-chave na criatividade. Além disso, é difícil ampliar informações ou combiná-las de novas maneiras caso elas não estejam presentes ou não estejam bem organizadas. Descobriu-se que pessoas que identificam oportunidades possuem arquivos de informações maiores e mais bem organizados, de forma que não é de surpreender que estejam mais bem capacitadas para perceber oportunidades que outros deixam passar. Adicionalmente, indivíduos que reconhecem oportunidades podem ser melhores também no processo de improvisação, ou seja, em formular planos e estratégias "na hora", ao longo do caminho[39]. Em outras palavras, eles não necessariamente se engajam em buscas sistemáticas ou detalhadas por oportunidades; ao contrário, seu reconhecimento surge em decorrência de seu esforço permanente para adaptar-se e para lidar com condições em permanente mudança ao seu redor.

Outros processos cognitivos também desempenham seus papéis. Pessoas que iniciam novos empreendimentos têm maior inteligência do que pessoas que não o fazem (por exemplo, gerentes). Além disso, descobriu-se que, na maioria das vezes, os empreendedores têm mais inteligência mesmo quando medida muitos anos antes – quando eles tinham, em média, 12 anos de idade![40] Evidências adicionais sugerem que os empreendedores têm mais chances de ter inteligência prática mais elevada do que outras pessoas – a habilidade de resolver os variados problemas do dia-a-dia[41]. Por fim, e novamente longe de surpreender, os empreendedores têm maior criatividade do que pessoas[42]. Portanto, eles estão mais aptos a combinar as informações à sua disposição e transformá-las em algo novo.

---

[38] Ver nota 28.
[39] Hmieleski, K. M.; Corbett, A. C. Improvisation as a framework for investigating entrepreneurial action. Artigo apresentado no encontro da Academy of Management. Seattle, WA: 2003.
[40] Van Praag, C.; Cramer, J. The roots of entrepreneurship and labour demand: individual ability and low risk aversion. *Economica*, p. 45-62, 2001.
[41] Sternberg, ver nota 17.
[42] Hyrsky, K.; Kangasharju, A. Adapters and innovators in non-urban environment. In: Reynolds, P. et al. (eds.). *Frontiers of entrepreneurship research*. Babson Park: Babson College, 1998.

Em resumo, parece claro que um componente-chave no reconhecimento das oportunidades é a informação – quanto maior o acesso, melhores as ferramentas para fazer bom uso dela (ver a Figura 3.4 para um resumo desses pontos). Nesse sentido, a resposta para a pergunta "Por que algumas pessoas e não outras?", com respeito ao reconhecimento das oportunidades, está longe de ser misteriosa: sua origem está nos processos cognitivos básicos e em habilidades bem exercitadas com as quais todos nós já estamos familiarizados.

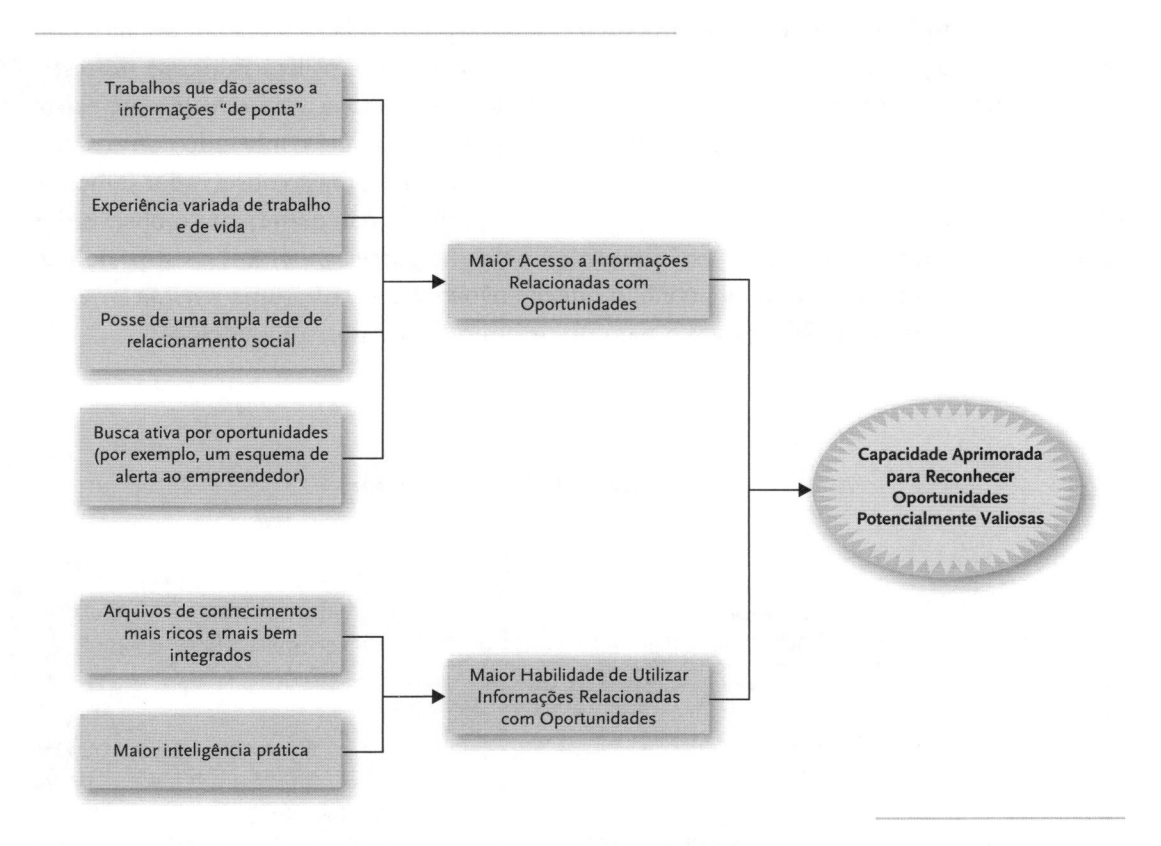

Figura 3.4 Reconhecimento das Oportunidades: O Papel Central da Informação
O reconhecimento das oportunidades origina-se, em grau bastante importante, do maior acesso à informação e da maior capacidade de utilizá-la.

Reconhecimento das Oportunidades: Percepções Adicionais da Ciência Cognitiva

Nos capítulos anteriores, observamos que as oportunidades surgem de um padrão complexo de condições em mudança – mudanças no conhecimento, na tecnologia e nas condições econômicas, políticas, sociais e demográficas. Em outras palavras, elas nascem em um dado momento no tempo por causa de uma combinação de condições que não existiam previamente, mas que agora se fazem presentes. Entretanto, elas são somente um potencial, até que uma ou mais pessoas "ligue os pontos" entre mudanças ou eventos diversos e aparentemente não relacionados para perceber os padrões que as conectam – até que uma ou mais pessoas perceba a existência da oportunidade[43]. Caso isso seja de fato verdadeiro, duas importantes teorias relacionadas à cognição humana podem nos ajudar a compreender o processo pelo qual determinadas pessoas identificam oportunidades.

Uma é conhecida como **teoria da detecção de sinais**[44], e diz respeito a uma questão básica: "De que maneira decidimos se realmente há algo lá fora para ser notado?". Esta é uma importante questão, porque as oportunidades nem sempre saltam aos olhos dos empreendedores – ou de outras pessoas. Pelo contrário, é difícil discerni-las em meio à confusão. Portanto, uma tarefa crucial que os futuros empreendedores enfrentam é discernir se uma oportunidade está ou não realmente presente. A teoria da detecção de sinais sugere que em situações como essa – em que os indivíduos procuram determinar se um estímulo está ou não presente – existem quatro possibilidades: (1) O estímulo realmente existe e o observador conclui (corretamente) que ele está presente (isso é conhecido como *acerto* (*hit*) ou *identificação correta*); (2) o estímulo efetivamente existe, mas o observador falha em percebê-lo (isso é conhecido como *erro* (*miss*)); (3) o estímulo não existe, mas o observador conclui equivocadamente que ele está presente (isso é um *alarme falso*); (4) o estímulo não existe e o observador corretamente conclui que ele não está presente (uma *rejeição correta* – outro tipo de acerto) (ver a Figura 3.5 para um resumo dessas possibilidades).

Presença Real da Oportunidade

Julgamento sobre a Presença		Sim	Não
	Sim	**Acerto** A oportunidade está presente e é reconhecida.	**Alarme Falso** A oportunidade não está presente, mas é julgada presente.
	Não	**Erro** A oportunidade está presente, mas não é julgada presente.	**Rejeição Correta** A oportunidade não está presente e é julgada ausente.

Figura 3.5 Teoria da Detecção de Sinais e Reconhecimento de Oportunidades
A teoria da detecção de sinais trata da seguinte questão básica: "Como decidimos se um estímulo está ou não presente?". Ela sugere que há quatro possibilidades, as quais, no contexto do reconhecimento de oportunidades, assim se apresentam: uma oportunidade está presente e nós a reconhecemos (um acerto); uma oportunidade está presente e nós a negligenciamos (um erro); nenhuma oportunidade está presente e concluímos que nenhuma existe (uma rejeição correta); não existe nenhuma oportunidade, mas nós concluímos que existe uma (um alarme falso).

---

[43] Baron, R. A. *Opportunity recognition: a cognitive perspective*, no prelo.
[44] Swets, J. A. The science of choosing the right decision threshold in high-stakes diagnostics. *American Psychologist*, 47: 522-532, 1992.

A teoria registra ainda que muitos fatores determinam a proporção em que os indivíduos experimentam acertos, erros e falsos alarmes em uma dada situação. Alguns deles são físicos e relacionados com as propriedades do estímulo (por exemplo, quanto mais brilhante for uma luz, quanto mais alto for um som, mais fácil será estarmos seguros de que estão presentes). Outros fatores, entretanto, refletem o estado da pessoa que está fazendo o julgamento (por exemplo, essa pessoa está fatigada?; está alta ou fracamente motivada para fazer os julgamentos corretos?). Outros fatores envolvem critérios subjetivos, como o empenho da pessoa na tarefa – se elas estão mais interessadas em perceber "acertos" ou mais interessadas em evitar alarmes falsos. Talvez a esta altura um exemplo concreto seja útil.

Considere uma oficial da segurança em um aeroporto movimentado. Uma varredura eletrônica de rotina em um terminal movimentado fornece informações que sugerem a existência de uma bomba no local, mas tais dados estão longe de serem conclusivos. O que ela faz em seguida? Uma alternativa é manter o aeroporto operando enquanto conduz uma cuidadosa busca. Isso evitará o atraso de muitos passageiros, mas implica riscos de trágicas conseqüências caso a bomba de fato exista: centenas de pessoas poderão ser mortas em uma explosão. Outra é fechar o aeroporto e efetuar uma busca ainda mais rigorosa. Mas o que acontecerá se isso for feito e a busca resultar em nada? Milhares de passageiros terão sido incomodados, e caso o aeroporto seja de maior porte, seu fechamento poderá paralisar todo um sistema aéreo – tudo por nada.

O que fará a oficial da segurança? Uma vez que o aborrecimento dos passageiros é preferível a ser responsável pela morte de centenas de pessoas caso a bomba venha a explodir, ela poderia escolher segundo seu critério subjetivo e concluir que há um sério perigo iminente. Em outras palavras, ela poderia aceitar indícios, mesmo que frágeis, sugerindo que uma bomba está presente, como suficientes para fechar o aeroporto. A oficial da segurança, em resumo, preferiria um alarme falso (fechar o aeroporto quando não há razão para tal) a ter perdas (não fechar o aeroporto quando realmente há uma bomba no lugar).

Em outras situações, o oposto poderia ser verdade: perdas são preferíveis a alarmes falsos. Por exemplo, considere o caso de um radiologista analisando imagens de tomografia computadorizada para determinar se um tumor cancerígeno está ou não presente em um paciente de 90 anos de idade. O radiologista não quer negligenciar a presença de tumores que existem e que podem matar o paciente caso não sejam removidos (isso constituiria em um erro), mas o custo de um falso alarme seria ainda maior: esse tipo de cirurgia exploratória é extremamente perigoso para alguém com 90 anos de idade, e caso o câncer fosse do tipo de crescimento relativamente lento, o paciente poderia morrer por outras causas antes que o câncer o acometesse. Nessas circunstâncias, o radiologista pode muito bem fixar um critério relativamente alto para concluir que o estímulo está presente (isto é, ele poderia exigir maiores evidências de que o tumor está presente antes de recomendar uma cirurgia exploratória).

Agora que descrevemos os conceitos básicos da teoria da detecção de sinais, podemos explicar por que ela é relevante para o reconhecimento de oportunidades. Os empreendedores são altamente motivados a ter acertos – reconhecer oportunidades que de fato existem. Mas eles também querem evitar alarmes falsos – perceber oportunidades que na realidade não existem e que, caso perseguidas, irão desperdiçar tempo, esforços e recursos.

Além disso, eles desejam evitar erros – negligenciar oportunidades que efetivamente existem. Assim, em certo sentido, a teoria da detecção de sinais propicia um fundamento útil para compreender como o reconhecimento de oportunidades acontece.

Mas quando os empreendedores se utilizam de critérios pessoais para decidir se as oportunidades estão ou não presentes? Em outras palavras, que fatores determinam se eles estão primeiramente motivados a ter acertos, a evitar alarmes falsos ou a evitar perdas? Outra teoria cognitiva, conhecida como **teoria do foco regulador**[45], oferece uma resposta. Basicamente essa teoria sugere que, ao regular o próprio comportamento para atingir os fins desejados (algo que os empreendedores fazem o tempo todo!), os indivíduos adotam uma ou duas perspectivas contrastantes[46]: um *foco na promoção*, em que o objetivo principal é conseguir resultados positivos, ou um *foco na prevenção*, em que o objetivo principal é evitar resultados negativos. Muitos estudos[47] indicam que os indivíduos diferem em suas preferências pessoais pelo foco que dão à promoção ou à prevenção. Adicionalmente, as pessoas podem ser induzidas a adotar um ou outro foco por fatores situacionais (por exemplo, instruções para enfocar a obtenção de ganhos ou evitar perdas[48]).

Quando a teoria do foco regulador se combina com a teoria da detecção dos sinais, ela gera intrigantes descobertas no processo de reconhecimento de oportunidades. Especificamente, sugere que os empreendedores que adotam o foco na promoção (uma ênfase na realização) estarão mais interessados em ter acertos (reconhecer oportunidades que realmente existem) e em evitar erros (falhar em reconhecer oportunidades que existem), ao passo que empreendedores que adotam o foco na prevenção irão se concentrar em evitar erros – em evitar alarmes falsos (perseguir oportunidades que na realidade não existem) e em rejeições corretas (reconhecer quando as oportunidades não existem).

Qual desses padrões é melhor quando o objetivo é atingir o sucesso? Na verdade, nenhum deles; ambos oferecem vantagens e desvantagens[49]. Entretanto, parece possível, que empreendedores bem-sucedidos em identificar oportunidades valiosas adotem uma mistura dessas duas perspectivas: eles são ansiosos para identificar oportunidades reais (acertos), e são igualmente motivados para evitar alarmes falsos, o que implica que eles têm sistemas cognitivos ou estruturas não somente para reconhecer oportunidades, mas também para avaliá-las – para estimar seu valor econômico potencial[50]. Em contraste, empreendedores que são menos bem-sucedidos em identificar oportunidades valiosas podem adotar um foco exclusivamente na promoção: eles enfocam os acertos (reconhecer oportunidades verdadeiras) e estão menos interessados nos perigos dos alarmes falsos. Essa predição e outras relacionadas estão resumidas na Tabela 3.2.

---

[45] Brockner, J.; Higgins, E. T.; Low, M. B. Regulatory focus theory and the entrepreneurial process. *Journal of Business Venturing*, no prelo.

[46] Higgins, E. T. Promotion and prevention: Regulatory focus as a motivational principle. In: Zanna, M. P. (ed.). *Advances in experimental social psychology*. v. 3. Nova York: Academic Press, 1998.

[47] Higgins, E. T.; Silberman, I. Development of regulatory focus: promotion and prevention as ways of living. In: Heckhausen, J.; Dweck, C. S. (eds.). *Motivation and self-regulation across the life span*. Nova York: Cambridge University Press, 1998.

[48] Liberman, N. et al. Promotion and prevention choices between stability and change. *Journal of Personality and Social Psychology*, 77: 1135-1145, 1999.

[49] Brockner, J.; Higgins, E. T.; Low, M. B. Regulatory focus theory and the entrepreneurial process. *Journal of Business Venturing*, no prelo.

[50] Fiet, J. O.; Gupta, M.; Zurada, J. Evaluating the wealth creating potential of venture ideas. Trabalho apresentado na Babson-Kaufman Entrepreneurship Research Conference, jun. 2003, Babson Park, MA.

Tabela 3.2 Motivação Prevista para Identificar Acertos, Erros, Alarmes Falsos e Rejeições Corretas Entre Empreendedores Bem-Sucedidos e Malsucedidos

Uma diferença-chave entre um empreendedor bem-sucedido e um malsucedido pode estar relacionada à sua adoção de um dos dois estilos de foco regulador e aos efeitos que isso tem em sua motivação para conseguir acertos, rejeições corretas e evitar perdas e alarmes falsos.

EMPREENDEDORES DE SUCESSO (Mistura entre Foco na Promoção e Foco na Prevenção)		EMPREENDEDORES MALSUCEDIDOS (Foco Total na Promoção)	
Alta motivação para obter:	Acertos – Correta identificação de alarmes falsos	Alta motivação para conseguir:	Acertos – Evitar perdas
Motivação moderada para obter:	Rejeições corretas	Baixa motivação para obter:	Correta identificação de alarmes falsos
Baixa motivação para obter:	Evitamento de erros		Rejeições corretas

Juntas, a teoria da detecção de sinais e a teoria do foco regulador abrigam intrigantes descobertas acerca do porquê de alguns empreendedores serem mais hábeis que outros em reconhecer oportunidades viáveis. Os bem-sucedidos, em essência, têm uma visão mais realista dos riscos envolvidos e das chances de obter sucesso. Eles são motivados para maximizar acertos – para identificar corretamente oportunidades verdadeiras. Ao mesmo tempo, porém, são motivados a evitar alarmes falsos e os perigos da perda de tempo, de esforços e de recursos perseguindo oportunidades que na realidade não existem. Essa conclusão nos leva de volta para a citação apresentada no início deste capítulo: "Quando escrita em chinês, a palavra *crise* é composta por dois ideogramas: um representa perigo e o outro representa oportunidade". Essas palavras, ditas por John F. Kennedy, propõem que *perigo* e *oportunidade* são dois lados da mesma moeda. As descobertas da ciência cognitiva coincidem com essa visão, sugerindo que no empreendedorismo, assim como em muitos outros aspectos da vida, a vitória não será necessariamente do mais forte ou do mais rápido, mas antes daquele cujo julgamento estiver mais alinhado com a realidade.

Técnicas Práticas para Aumentar o Reconhecimento de Oportunidades

Iremos agora concluir com uma observação muito prática: como você pode aumentar sua própria habilidade de reconhecer oportunidades potencialmente valiosas? Embora nós ainda tenhamos muito a aprender a respeito do processo de reconhecimento das oportunidades, as evidências disponíveis apontam para vários passos que poderiam ser de grande utilidade. Aqui estão os mais importantes:

- *Construir uma ampla e rica base de conhecimentos.* A capacidade de reconhecer oportunidades, como a criatividade, depende em grande medida de quanta informação você tem à sua disposição. Quanto mais tiver, maior a probabilidade de reconhecer as conexões e padrões que constituem as oportunidades – antes que outros o façam. Aprenda tudo o que puder sempre que puder, o resultado será uma capacidade melhorada de reconhecer oportunidades.
- *Organize seu conhecimento.* Conhecimento que está organizado é muito mais útil do que o que não está. Isso quer dizer que, à medida que adquire novas informa-

ções, você deve relacioná-las com o que sabe, de forma que conexões entre informações existentes e novas entrem claramente em foco. Informações que estão conectadas e organizadas dessa maneira são mais fáceis de lembrar – e de usar – do que as que não estão.

- *Melhore seu acesso a informações.* Quanto mais informações potencialmente relacionadas com oportunidades você recebe regularmente, mais probabilidade tem de reconhecer oportunidades que acabaram de surgir. Você pode fazer isso ocupando cargos que lhe proporcionem maior exposição a novas informações (por exemplo, cargos em pesquisa e desenvolvimento ou em comercialização), construindo uma ampla rede social e tendo experiências de trabalho – e vida – diversificadas.
- *Crie conexões entre os conhecimentos que você tem.* Resultados de pesquisas indicam que quanto mais interconectadas forem as estruturas do conhecimento, mais prontamente as informações poderão ser combinadas em novos padrões. Isso sugere que estabelecer conexões entre informações guardadas na memória e informações guardadas em outros sistemas cognitivos pode ser uma estratégia útil. Uma forma pela qual essas conexões podem ser estabelecidas envolve o que é conhecido como *processamento profundo* – pensar ativamente a respeito de informações e conexões. Isso é algo que você pode fazer prontamente. O resultado pode ser o aumento da habilidade para reconhecer oportunidades emergentes.
- *Construa sua inteligência prática.* Muitas vezes, os empreendedores são acusados de serem "sonhadores" – pessoas que pensam tão longe que perdem contato com a realidade. Isto está longe de ser verdade. Eles usualmente são pessoas com grande inteligência prática – a habilidade de resolver problemas muito variados da vida cotidiana. A inteligência prática não está "petrificada" – ela pode ser cultivada. A melhor forma de desenvolvê-la é evitar a aceitação de soluções para problemas que são sugeridas pelos "círculos viciosos mentais". Tente, em vez disso, pensar em novas e melhores maneiras de lidar com os diversos problemas. O resultado pode ser o desenvolvimento de sua própria inteligência prática – e, conseqüentemente, de sua habilidade de reconhecer oportunidades.
- *Equilibre a ansiedade por acertos com o receio de alarmes falsos.* Há muito tempo sabe-se que empreendedores são otimistas – sofrem de uma tendência otimista bem mais forte do que outras pessoas (isto é, eles esperam resultados positivos ainda que não haja fundamentos racionais que justifiquem essas predições). Há uma saudável dose de verdade nisso. É importante para os empreendedores focalizarem não somente os ganhos potenciais apresentados pelo acerto – reconhecendo oportunidades que realmente existem, mas também os custos potencialmente devastadores de perseguir alarmes falsos – oportunidades que realmente não existem. Em outras palavras, se você deseja ser bem-sucedido como empreendedor e identificar oportunidades genuínas, lute contra sua tendência de ser otimista e contra aquela de considerar o lado negativo. Fazer isso pode ir contra suas inclinações pessoais, mas como resultado pode evitar uma das armadilhas mais perigosas que ficam à espreita de empreendedores desavisados: a areia movediça das oportunidades ilusórias.

Resumo e Revisão dos Pontos-Chave

- Os processos cognitivos propiciam os fundamentos para a criatividade e para o reconhecimento de oportunidades.
- A memória envolve sistemas cognitivos para o armazenamento de informações. A memória de trabalho pode reter quantidades limitadas de informações por um curto período de tempo. O processamento ativo das informações acontece na memória de trabalho, sistema no qual a consciência está presente.
- A memória de longo prazo abriga uma vasta quantidade (talvez ilimitada) de informações por um longo período de tempo. Tais informações podem ser de natureza factual ou procedimental.
- Pelo fato de nossa capacidade de processar informações ser limitada, freqüentemente utilizamos atalhos para reduzir o esforço mental. Eles incluem a heurística e vários "vieses" em nosso pensar (por exemplo, a tendência de confirmação). Esses atalhos poupam esforços, mas podem conduzir a sérios erros.
- Dentre esses atalhos, um dos mais perigosos para os empreendedores é a escalada do comprometimento – uma tendência de apegar-se a decisões que produzem resultados negativos crescentes.
- A criatividade envolve produzir idéias que são tanto inovadoras quanto apropriadas.
- Evidências existentes sugerem que o pensamento criativo surge da combinação e da expansão de conceitos e de raciocinar por analogia.
- Para serem criativos e bem-sucedidos, os empreendedores precisam de uma inteligência para o sucesso – um bom equilíbrio entre inteligência analítica, inteligência prática e inteligência criativa. Eles também precisam de um alto grau de inteligência social – a habilidade de conviver bem com os outros.
- A abordagem confluente para a criatividade sugere que ela advém da convergência de diversos fatores (habilidades intelectuais, uma ampla e rica base de conhecimentos, um estilo apropriado de pensar etc.).
- Essa e outras abordagens propõem passos concretos que você pode dar para aumentar sua própria criatividade – e conseqüentemente sua capacidade de formular novas idéias que podem conduzir a empreendimentos de negócios bem-sucedidos.
- No passado, as oportunidades eram vistas de forma primária em termos econômicos. Isso é razoável, mas ignora questões como de que forma o processo de reconhecimento de oportunidades ocorre e por que algumas pessoas são melhores do que outras nisso.
- A perspectiva cognitiva aborda essa e outras questões. Ela sugere, por exemplo, que as informações – o acesso a elas e a capacidade de utilizá-las – desempenham um papel crucial no reconhecimento de oportunidades.
- Duas teorias cognitivas – a teoria da detecção de sinais e a teoria do foco regulador – oferecem mais esclarecimentos sobre os fundamentos cognitivos do reconhecimento de oportunidades. A teoria da detecção de sinais coloca uma questão básica: "Existe determinada oportunidade?" e sugere que os empreendedores busquem maximizar os acertos (reconhecer oportunidades que existem) e ao mesmo tempo evitar alarmes falsos.
- A teoria do foco regulador sugere que os empreendedores bem-sucedidos podem estar mais inclinados que os malsucedidos a combinar duas perspectivas contrastantes (foco na promoção e foco na prevenção) em sua procura por oportunidades.
- Como um empreendedor em formação, há diversos passos que você pode dar para aumentar sua habilidade de reconhecer oportunidades valiosas. Eles incluem construir uma base de conhecimento rica e organizada, pesquisar ativamente as oportunidades, aumentar sua inteligência prática, além de combinar sua ansiedade por "acertos" com um saudável receio de alarmes falsos.

Questões para Discussão

1. As pessoas não são muito boas para descrever as informações armazenadas na memória de procedimentos (o tipo de memória que lhes permite executar tarefas que requerem habilidades específicas, como tocar um instrumento musical). Por que você acha que isso ocorre?
2. Muitas pessoas que têm medo de viajar de avião não têm medo de dirigir em veículo. Quando alguém lhes pergunta o motivo, elas freqüentemente respondem: "Porque o risco de morrer em desastres aéreos é maior". Isso não é verdade – as chances de se morrer em um acidente automobilístico são maiores. Você acha que a disponibilidade heurística tem um papel nesse erro?
3. Empreendedores seriais – pessoas que começam um empreendimento de sucesso após outro – parecem ter o dom para reconhecer boas oportunidades. Você acredita que eles podem ter melhores protótipos de oportunidades que as demais pessoas? Em caso afirmativo, como eles os adquiriram?
4. Você consegue pensar em pessoas que conheceu que tinham alta inteligência analítica (o tipo medido por testes de QI), mas pouca inteligência prática? E o oposto – você já conheceu pessoas com alta inteligência prática, mas pouca inteligência analítica? Quais delas seriam melhores empreendedores? Por quê?
5. Em sua opinião, as oportunidades existem "lá fora", no mundo externo? Ou elas são meramente uma construção do pensamento humano? Por quê?
6. Você já ficou preso em círculos viciosos mentais – forçado por sua própria experiência e treinamento a encarar uma situação ou problema de uma forma que bloqueava sua criatividade? Em caso afirmativo, o que deveria ter feito para fugir desse tipo de armadilha cognitiva?

ARREGAÇANDO AS MANGAS

Qual É o Seu Protótipo de "Oportunidade?"

Em nossa discussão sobre o reconhecimento de oportunidades, sugerimos que os indivíduos podem ter protótipos de oportunidades. Em outras palavras, temos representações mentais que capturam a essência do que acreditamos que as "oportunidades" sejam. Presumindo que isso seja verdade, um motivo pelo qual algumas pessoas são melhores do que outras em reconhecer oportunidades seria o fato de elas possuírem protótipos mais claros ou mais bem desenvolvidos aos quais comparam as potenciais oportunidades.

Como é o *seu* protótipo de oportunidade? Para descobrir, siga estes passos:

1. Relacione as características que você acredita serem necessárias para algo ser qualificado como uma oportunidade. (*Dica*: elas podem incluir inovação, viabilidade etc.)
    a. Característica:
    b. Característica:
    c. Característica:
    d. Característica:
    e. Característica:
   (Continue a relacionar outras, se necessário.)
2. Agora avalie o quão fundamental você acha que cada uma dessas características é, ou seja, quão importante cada característica relacionada é para o reconhecimento de

oportunidades? Faça isso atribuindo uma nota de 1 a 5 para cada característica, sendo 5 = bastante fundamental e 1 = não muito fundamental.
3. A seguir, peça a vários amigos seus para seguir os mesmos passos. Até que ponto vocês relacionaram características idênticas ou parecidas? Até que ponto avaliaram essas características da mesma forma em termos da sua importância à idéia de "oportunidade"?
4. Se possível, encontre um empreendedor e peça-lhe que faça a mesma coisa. Compare a lista de características dele com a sua e com as produzidas por seus amigos.
5. Você acredita que a lista de características que compilou poderá lhe ser útil para identificar oportunidades para novos empreendimentos no futuro?

Você Possui Foco na Promoção ou na Prevenção? Testando Seu Próprio Foco Regulador
Pesquisas indicam que as pessoas têm preferências pelo foco na promoção ou pelo foco na prevenção. As que mostram preferência pelo foco na promoção tendem a se concentrar em realizações – em atingir metas que acham desejáveis.

As que mostram preferência pelo foco na prevenção tendem a se concentrar em evitar resultados negativos e em minimizar os riscos. Nenhum dos dois focos é melhor, mas eles têm importantes implicações para quem quer se tornar um empreendedor. No início, o foco na promoção pode ser melhor, pois facilita a busca de oportunidades. Mais tarde, o foco na prevenção pode ser útil, pois ele ajuda os empreendedores a evitar alarmes falsos. Para descobrir seu posicionamento nessa dimensão, siga estas instruções:

Questionário de Reação a Eventos
O conjunto de perguntas a seguir faz indagações sobre eventos específicos em sua vida. Indique sua resposta para cada pergunta circulando o número apropriado abaixo dela.

1. Se comparado à maioria das pessoas, você parece incapaz de conseguir o que deseja da vida?

1	2	3	4	5
nunca ou raramente		às vezes		freqüentemente

2. Durante a fase de crescimento, você alguma vez "passou dos limites" fazendo coisas que seus pais não toleravam?

1	2	3	4	5
nunca ou raramente		às vezes		freqüentemente

3. Com que freqüência você realizou coisas que o deixaram motivado para se esforçar ainda mais?

1	2	3	4	5
nunca ou raramente		algumas vezes		muitas vezes

4. Você irritava bastante seus pais durante a fase de crescimento?

1	2	3	4	5
nunca ou raramente		às vezes		freqüentemente

5. Com que freqüência você obedecia às regras estabelecidas por seus pais?

1	2	3	4	5
nunca ou raramente		às vezes		sempre

6. Ao crescer, você alguma vez teve comportamentos que seus pais achavam repreensíveis?

1	2	3	4	5
nunca ou raramente		às vezes		freqüentemente

7. Você costuma se sair bem nas diferentes coisas que tenta fazer?

1	2	3	4	5
nunca ou raramente		às vezes		freqüentemente

8. Não ser cuidadoso o suficiente já me deixou com problemas várias vezes.

1	2	3	4	5
nunca ou raramente		às vezes		freqüentemente

9. Quando se trata de conseguir as coisas que me são importantes, acho que não tenho um desempenho tão bom quanto o que eu gostaria de ter.

1	2	3	4	5
nunca é verdade		às vezes é verdade		freqüentemente é verdade

10. Sinto que progredi quanto a ser bem-sucedido na vida.

1	2	3	4	5
falso				verdadeiro

11. Encontrei poucos passatempos ou atividades em minha vida que prendessem meu interesse ou que me motivassem a dedicar esforços a eles.

1	2	3	4	5
falso				verdadeiro

Pontuação: Eis como avaliar suas respostas: some seus pontos para os itens 1, 3, 7, 9, 10 e 11 e calcule a média. Essa é sua Pontuação no Foco na Promoção. Agora some os pontos para os itens 2, 4, 5, 6 e 8 e calcule a média. Essa é sua Pontuação no Foco na Prevenção. Qual é maior? Se a Pontuação no Foco na Promoção for maior, esse é seu foco regulador preferido. Se a Pontuação no Foco na Prevenção for maior, esse é seu foco regulador preferido. Lembre-se: nenhum dos dois é melhor que o outro, ambos são relevantes para se tornar um empreendedor – e para ter sucesso nesse papel.

PARTE II

Reunindo os Recursos

CAPÍTULO 4
Adquirindo Informações Essenciais:
Por que "Olhar Antes de Saltar" É Realmente
um Bom Conselho para Empreendedores

CAPÍTULO 5
Reunindo a Equipe:
Adquirindo e Utilizando Recursos
Humanos Essenciais

CAPÍTULO 6
Financiando Novos Empreendimentos

CAPÍTULO 7
Redigindo um Plano de Negócio Eficaz:
Elaborando um Guia para o Sucesso

Uma coisa é ter uma idéia para um novo produto ou serviço, outra bem diferente é transformá-lo em um novo empreendimento real. Nesta seção, descreveremos os recursos necessários para iniciar uma nova empresa, o que inclui as informações sobre mercados, questões ambientais e legais, recursos humanos; as pessoas cujas habilidades, conhecimentos, motivações e energia serão a força de ataque do novo empreendimento e os recursos financeiros, o capital necessário para iniciar o negócio. Uma visão geral desses recursos e como eles serão usados para criar uma empresa viável são fornecidos por um plano de negócios formal, que muitos empreendedores preparam por duas razões: ajudá-los a obter apoio financeiro dos investidores e a formular metas específicas e estratégias adequadas para atingi-las.

Adquirindo Informações Essenciais:

Por que "Olhar Antes de Saltar" É Realmente um Bom Conselho para Empreendedores

4

OBJETIVOS DE APRENDIZADO
Após ler este capítulo, você deve ser capaz de:

1 Explicar por que os empreendedores precisam reunir vários tipos de informações antes de iniciar seu novo empreendimento e descrever a natureza dessas informações.

2 Explicar por que os empreendedores precisam de informações de marketing antes de começar e quais são os meios para reunir estas informações.

3 Definir o mapeamento perceptual e explicar como seus resultados podem ajudar os empreendedores a projetar seus produtos.

4 Relacionar e descrever vários meios pelos quais os impostos podem afetar novos empreendimentos.

5 Relacionar e descrever as regulamentações e leis governamentais, com as quais os empreendedores devem estar familiarizados, que dizem respeito à saúde, à segurança e ao bem-estar de funcionários.

6 Descrever fontes de erros na interpretação das informações pelos grupos de tomada de decisão. Certificar-se de incluir os favoritos, a polarização de grupos e o pensamento grupal.

7 Descrever várias técnicas para enfrentar os efeitos dessas fontes de erro.

> "Os fatos: nada além dos fatos: o respeito aos fatos conduz a tudo; à felicidade, antes de tudo, e à saúde."
> (Edmond De Goncourt, 1888)

Como muitos homens, eu (Robert Baron) gosto de ferramentas e de aparelhos eletrônicos. Em geral, compro esse material em feiras de antiguidades, antiquários e leilões. Tenho uma coleção de ferramentas modernas em minha oficina de carpintaria, e a minha intenção é colecionar, principalmente, ferramentas e aparelhos diferentes, aqueles que nunca vi antes. Por exemplo, em minha escrivaninha tenho um "grampeador sem grampos", um dispositivo que junta pedaços de papel sem utilizar grampos; em minha cozinha há uma ferramenta para todas as finalidades denominada "O Abre Tudo", que serve para abrir todos os tipos de garrafas, potes e latas e para quebrar nozes também. São ferramentas bonitas, feitas de aço inoxidável de alta qualidade. Mas eu também aposto que você nunca viu algo assim. Por quê? Porque essas ferramentas, e muitas outras, que reuni ao longo dos anos, *não* são sucessos comerciais. Elas desapareceram sem deixar rastros e sem gerar um grande volume de vendas. As empresas que as produziram também desapareceram e isso sugere que muitas dessas ferramentas foram inventadas por empreendedores que fundaram empresas para levá-las ao mercado.

Até aqui não há nenhuma surpresa. Conforme observado no Capítulo 1, a maioria dos novos negócios iniciados por empreendedores acaba em alguns anos. O que é surpreendente sobre esses produtos, entretanto, é que eles foram mais além: foram realmente fabricados e vendidos, apesar de não terem dado muito certo. De fato, quando eu peço a meus amigos para testá-los e pergunto se alguém compraria um deles, todos respondem o mesmo: "Não, de jeito nenhum!". Se é assim, como esses produtos vieram a existir? Por que os empreendedores investiram tempo, energia e talvez economias de toda uma vida para levar esses produtos inúteis ao mercado? A resposta, acredito eu, está no fato de que os empreendedores em questão não fizeram seu dever de casa. Eles não tentaram descobrir se havia um mercado potencial para seus produtos, se as pessoas realmente queriam comprá-los e usá-los, e se a concorrência já havia lançado produtos similares (talvez de qualidade superior). Em vez disso, eles "se apaixonaram" pela sua invenção e se dedicaram a convencer outras pessoas de que esses produtos tinham um futuro real. Entretanto, é provável que essas invenções estivessem condenadas desde o início. Por exemplo, o grampeador sem grampos apareceu na metade dos anos 1950, exatamente quando os grampeadores de bolso foram lançados. Eram tão práticos e baratos que o grampeador sem grampos nem teve chance!

Sem dúvida, há uma lição moral importante para empreendedores nessa e em muitas outras histórias de produtos novos que falharam: antes de começar uma empresa nova, é *crucial* que os empreendedores reúnam várias informações básicas que indicarão se seu novo empreendimento é realmente possível, que forma específica os novos produtos e serviços devem ter e como esses produtos e serviços podem ser efetivamente comercializados. Em outras palavras, conforme a citação sugere, os empreendedores devem prestar muita atenção aos *fatos*, reuni-los e interpretá-los; não fazer isso pode levar a resultados desastrosos.

De que tipo de informação os empreendedores precisam antes de começar seus novos negócios? Conforme observado no Capítulo 2, muitos aspectos de um setor determinam a probabilidade de novos empreendimentos serem bem-sucedidos nele. Por exemplo, é mais fácil que novos empreendedores tenham sucesso em setores que estão passando por um crescimento rápido, em que a maioria das inovações vem de empresas pequenas, que *não* têm divulgação intensa e em setores que estão iniciando seu ciclo de vida. Certamente, os empreendedores devem começar pela consideração cuidadosa dessas informações.

Além disso, precisam reunir outros tipos de informações antes de iniciar. Fazer isso ajuda a evitar muitos problemas e armadilhas que podem destruir empresas jovens – e suas esperanças. Informações bem variadas podem ser úteis nesse caso. Entretanto, algumas são cruciais: (1) informações comerciais – sobre os mercados em que os empreendedores esperam entrar, bem como sobre as preferências e as necessidades dos clientes em potencial, (2) informações sobre as regulamentações e políticas governamentais, incluindo impostos e (3) informações sobre as várias leis que afetam os negócios, inclusive novos empreendimentos. Voltaremos a esses tópicos em capítulos posteriores, quando focarmos o crescimento e o desenvolvimento de novos empreendimentos, mas é importante começar a considerá-los aqui, porque essas informações certamente fazem parte do pacote de recursos que os empreendedores devem adquirir antes de iniciar novos empreendimentos.

Nas primeiras seções deste capítulo, abordaremos cada um destes tópicos: informações de marketing, informações sobre impostos, regulamentações e políticas governamentais, e leis. Na seção final, examinaremos a próxima etapa do processo: interpretação de fatos e informações sobre essas questões. Conforme vimos anteriormente, a realização dessa tarefa não é nem simples, nem direta, porque há muitos fatores que influenciam – e algumas vezes deturpam – a interpretação precisa das informações e das decisões com base em tais interpretações. Vamos examinar os fatores mais importantes e sugerir meios de minimizar os perigos que eles representam.

INFORMAÇÕES DO MERCADO: DETERMINANDO O QUE SEUS CLIENTES REALMENTE QUEREM

Daniel J. Borstein, um conhecido historiador, observou certa vez (1961): "Lemos anúncios (...) para descobrir e aumentar nossos desejos. Estamos sempre prontos (...) para descobrir, a partir do anúncio de um novo produto, o que nós sempre quisemos sem realmente saber". Borstein era um historiador, mas, de certo modo, foi também um bom psicólogo, porque as descobertas da ciência cognitiva moderna confirmam suas palavras: em geral, *não* somos muito bons em descrever nossas necessidades, ou seja, não conseguimos identificar muito bem os fatores que afetam nosso comportamento. Por exemplo, sabemos que gostamos (ou não) de algo – um novo produto, um candidato a uma vaga de emprego, uma nova idéia –, mas não sabemos com clareza *por que* temos essas reações; sabemos que queremos fazer algo, mas não temos certeza do porquê.

Isso levanta uma questão complicada para os empreendedores. Por outro lado, precisam de informações do mercado antes de começarem suas empresas; informações sobre como os clientes em potencial reagirão e avaliarão os produtos ou serviços que oferecem e quem realmente são os clientes em potencial. (Como observaremos mais adiante, pode haver algumas surpresas interessantes a esse respeito, pois os produtos ou serviços novos são geralmente adotados por clientes diferentes daqueles previstos de início pelos empreendedores.) As informações e um plano de marketing detalhados que expliquem como o novo produto ou serviço será promovido são geralmente incluídos em planos de negócios e lidos com cuidado por capitalistas de risco e outros investidores. Além disso, as evidências sugerem que novos empreendimentos destinados a áreas geográficas ou mercados específicos são mais bem-sucedidos do que aqueles que não focam seus esforços e produtos dessa maneira[1]. No Capítulo 9, discutiremos o mercado em novos empreendimentos e examinaremos alguns desses tópicos com mais detalhes. Mesmo antes de a empresa atingir o estágio de comercialização de um novo produto, ela precisa reunir informações dos clientes. Isso levanta uma questão importante que os empreendedores devem considerar antes de iniciarem um novo negócio: como tais informações podem ser reunidas? A resposta é: por meio de várias técnicas diferentes. Nenhuma delas é perfeita, mas juntas elas podem oferecer aos empreendedores uma "mãozinha" para que entendam como os clientes em potencial reagirão a seus produtos e o que os levará, ou não, a desejar comprá-los.

Técnicas Diretas para Coletar Informações do Mercado: Pesquisas, Mapeamento Perceptual e Discussões em Grupo

A abordagem mais óbvia para descobrir como as pessoas reagirão a seu novo produto ou serviço é perguntar a elas. Isso vale para a maioria dos produtos, exceto para os que são realmente novos e criam novos mercados. A comercialização de tais produtos exige técnicas diferentes, que discutiremos no Capítulo 9. Entretanto, apenas perguntar aos clientes como eles se sentem sobre um novo produto também cria alguns problemas, mesmo quando o produto não é novo, pois pode haver informações confusas, difíceis de serem interpretadas. É um princípio básico na área de marketing e no estudo do comportamento humano em geral que as respostas obtidas das pessoas dependem muito das perguntas que são feitas. Tome como exemplo o "grampeador sem grampos". Talvez o empreendedor que o inventou tenha tentado reunir informações de marketing antes de iniciar seu novo negócio. Mas considere o que ela ou ele teria descoberto se fizesse perguntas como estas aos possíveis clientes: "Não é chato quando acabam os grampos de um grampeador?", "Você já se cortou ou quebrou uma unha tentando retirar grampos de documentos?". As respostas poderiam sugerir que as pessoas estão muito insatisfeitas com os grampeadores existentes; na verdade, esses são aborrecimentos insignificantes que são compensados pela conveniência desse produto. O empreendedor também pode não ter percebido isso porque ela ou ele pode ter feito perguntas "carregadas", possivelmente favoráveis a seu produto. Embora isso possa soar como absurdo – quem cairia em tais armadilhas tão óbvias? –, não é. A ciência cognitiva indica que estamos todos sujeitos a uma forte *propensão à confirmação* – uma forte tendência para a observação e a coleta de informações que confirmam nossas crenças e preferências. Portanto, nunca subestime o poder de compromisso com uma idéia (ou um produto). O perigo de se apaixonar por sua própria invenção é muito real para ser negligenciado.

A fim de obter informações de marketing úteis sobre seus novos produtos ou serviços, os empreendedores precisam encarar essa tarefa de uma maneira mais sistemática e garan-

---

[1] Wesson, T.; DeFigueiredo, J. N. The importance of focus to market entrants: a study of microbrewery performance. *Journal of Business Venturing*, 16: 377-403, 2001.

tir que sejam feitas perguntas apropriadas; perguntas que não influenciem as pessoas em favor das conclusões às quais se quer chegar (por exemplo, que seu novo produto é algo de que os consumidores necessitam com urgência e precisam correr para comprá-lo). Há algumas técnicas para obter tais informações. Como discutiremos marketing posteriormente neste texto, aqui apenas tocaremos no assunto.

Pesquisas com o Cliente

Uma maneira útil de obter informações de marketing é fazer que pessoas do grupo-alvo (as pessoas que você espera que sejam seus futuros clientes) comparem o seu produto com os já existentes. Isso pode ser feito mostrando-lhes cada produto e pedindo que classifiquem cada um segundo diferentes dimensões (por exemplo, ruim a ótimo em termos de qualidade, utilidade, valor etc.). Em tais pesquisas, é uma prática comum o uso de escalas de cinco pontos: cada produto é classificado como muito ruim, ruim, médio, bom ou ótimo na dimensão que está sendo considerada. Se as perguntas de tais pesquisas forem escolhidas com cuidado e as pessoas que avaliarem os produtos e responderem às questões realmente representarem os clientes em potencial, é possível obter informações valiosas.

Entretanto, observe que essas pesquisas têm como base uma pressuposição que é, algumas vezes, muito frágil: já conhecemos as dimensões de observação e avaliação do produto levadas em conta pelos clientes em potencial; algumas vezes é óbvio. Um despertador portátil que não mantém a precisão ou que não dispara no horário programado é inútil, portanto, *precisão* e *confiabilidade* já são, com certeza, as principais dimensões para esse produto. É também provável que o tamanho seja importante, embora seja difícil dizer com antecedência se os clientes valorizam essa dimensão tanto quanto a precisão e a confiabilidade. Talvez prefiram um alarme alto ao tamanho, por exemplo. Com relação a outros produtos, especialmente os muito novos, é difícil dizer com antecedência quais recursos serão mais importantes para os clientes. Para suprir essa questão básica, existe outra técnica, geralmente útil, conhecida como *mapeamento perceptual*.

Mapeamento Perceptual: Identificação das Dimensões Principais do Produto

Você já deixou as chaves, os óculos ou o talão de cheques em algum lugar de sua casa ou apartamento e não conseguiu encontrar depois? Em caso positivo, bem-vindo ao clube. Quase todos têm experiências como essa, e com alguns de nós acontece todos os dias! Isso sugere uma possibilidade interessante para um novo produto: um pequeno dispositivo que pode ser afixado aos itens que costumam desaparecer, como chaves ou óculos, e disparado para emitir um sinal audível (ou visível) por um dispositivo de controle manual. Parece interessante? A idéia não é nova: já existem vários produtos que realizam essa façanha, mas nenhum foi muito bem-sucedido. Isso levanta uma questão intrigante: por que não? O que há com esses produtos que não satisfazem as necessidades de clientes em potencial, nem fazem que eles saiam correndo para comprá-los? Mas o que é mais importante: como um empreendedor que deseja satisfazer essa necessidade descobre o que está faltando nos produtos já existentes para projetar um melhor?

É nesse ponto que entra o **mapeamento perceptual**[2]. Mapeamento perceptual refere-se a um tipo de diagrama das percepções do cliente em potencial, um mapa que reve-

---
[2] Knott, A. M. *Venture design*. Filadélfia: Entity Press, 2002.

la as principais dimensões de sua observação e avaliação do produto. A idéia central é esta: quando as pessoas escolhem entre os produtos concorrentes, elas os comparam em várias dimensões e, então, selecionam o produto que julgam mais favorável em uma ou em todas as dimensões. Mas quais *são* essas dimensões exatamente? Algumas são óbvias, como preço, qualidade e vários aspectos da aparência de um produto. Mas outras não são tão claras. Por exemplo, considere o dispositivo de localização de objetos perdidos mencionado anteriormente. Em quais dimensões os clientes em potencial vão avaliá-lo? Algumas possibilidades são: tamanho, sonoridade (ou brilho) do sinal que emite, facilidade com que pode ser afixado a vários objetos e assim por diante. Mas essas são apenas suposições. Até que sejam conduzidas pesquisas de mercado cuidadosas, não é possível saber se os clientes em potencial estão realmente comparando e avaliando os produtos nessas dimensões ou em outras que não temos como supor. Para descobrir isso, usamos o mapeamento perceptual.

Discussões em Grupo: Uma Técnica para Compreender como os Clientes Percebem e Avaliam os Produtos

Embora esse possa ser um processo complexo passível de ser realizado de várias maneiras, um meio popular de conduzi-lo envolve **discussões em grupo** – grupos com cerca de 8 a 12 pessoas semelhantes a clientes em potencial que se reúnem durante uma ou duas horas para descrever suas observações e reações acerca de produtos relevantes. As discussões em grupo são conduzidas por um moderador, cuja tarefa é extrair uma ampla gama de opiniões dos participantes. O moderador faz isso criando um ambiente relaxado e amigável para a discussão e garantindo que todos os participantes tenham uma chance de expressar suas opiniões. O moderador também investiga o significado das afirmações que as pessoas fazem – pensamentos, idéias e reações por trás das palavras. O objetivo básico é identificar as principais dimensões levadas em consideração pelos membros do grupo enquanto observam e avaliam vários produtos. A fim de atingir esse objetivo, um procedimento conhecido como *grade de repertório* é usado com freqüência. Cada produto a ser considerado é relacionado em um cartão de índice separado. Os cartões são, então, embaralhados e três deles são escolhidos, em geral, por um participante do grupo. Em seguida, o moderador pede que eles apontem semelhanças entre dois dos produtos e diferenças entre estes e um terceiro. Isso leva à identificação inicial de uma dimensão considerada pelas pessoas na observação do produto. Por exemplo, com relação aos dispositivos de localização de itens, o tamanho deve surgir como uma dimensão e o peso como outra. O processo é repetido com novos conjuntos de três cartas até que nenhuma dimensão nova apareça. Em seguida, após a identificação das principais dimensões, os participantes classificam os produtos em cada uma das dimensões e discutem essas classificações até chegarem a um consenso.

O resultado é a identificação das dimensões realmente levadas em consideração pelos clientes em potencial na hora de observar e avaliar um produto desse tipo, além das classificações dos produtos em questão quanto a essas dimensões. Os resultados são, em geral, apresentados na forma de um gráfico, como o da Figura 4.1. Todos os itens são classificados em cada dimensão e é possível fazer comparações entre eles. Como pode ser visto, nenhum dos produtos é um "vencedor" óbvio; enquanto um produto tem uma pontuação alta em uma das dimensões, geralmente tem uma pontuação baixa em outras, e vice-versa. Isso sugere por que nenhum dos produtos considerados nessa discussão em grupo alcançou

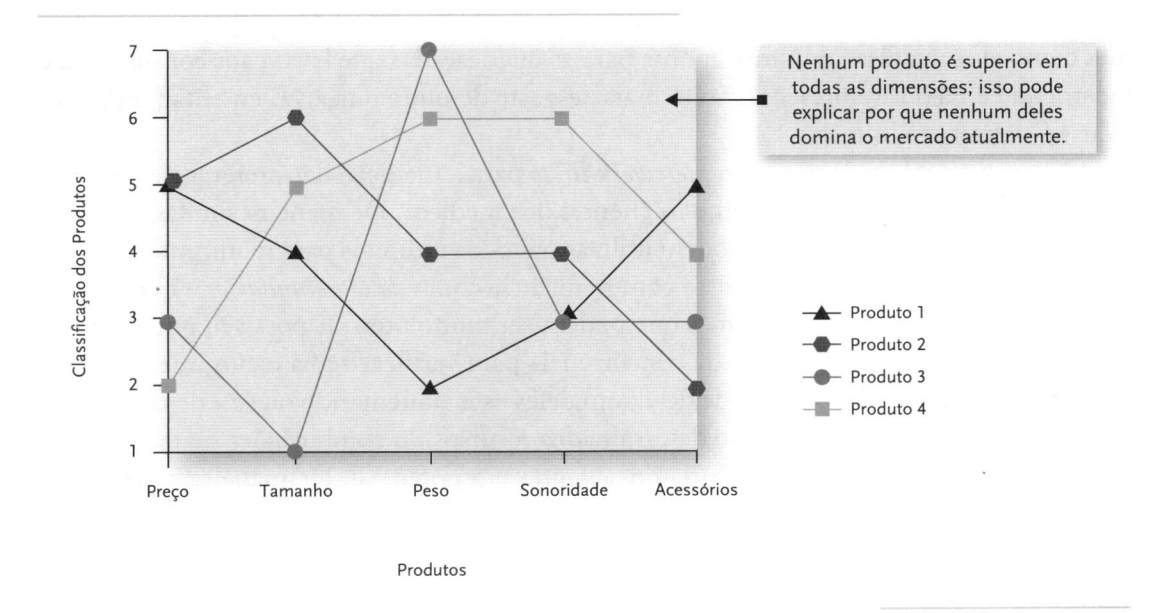

Figura 4.1 Mapeamentos Perceptuais de Localizadores de Objetos: Nenhum Vencedor Claro

Os produtos para localização de objetos perdidos variam em muitas das principais dimensões (preço, tamanho, peso, sonoridade do sinal), mas nenhum produto tem pontuação alta em todas elas. O fato de não haver um "vencedor" claro pode explicar o porquê de nenhum dos produtos ter gerado grandes vendas. (Observe que tais gráficos devem ser interpretados de maneira cuidadosa; eles oferecem estimativas brutas da preferência do cliente, não uma medição precisa delas.)

um grande volume de vendas. Nenhum deles obteve um bom desempenho que atendesse às necessidades dos clientes. Entretanto, um produto que teve uma pontuação alta em várias das principais dimensões pode ser mais bem-sucedido e, assim, constituir uma ótima oportunidade para empreendedores astutos. Observe que tais gráficos *estão longe de ser* uma "fórmula mágica" para a compreensão das preferências do cliente. A interpretação dos julgamentos humanos é *sempre* um assunto complexo e a pesquisa de mercado é mais uma arte do que uma ciência. Na melhor das hipóteses, ela fornece um guia geral das visões e reações dos clientes, mas não são tão precisas como as medições físicas. Portanto, faça gráficos de interpretação conforme o mostrado na Figura 4.1 de modo cuidadoso. Além disso, o empreendedor que inicia um novo empreendimento sem tentar determinar, com antecedência, como os clientes em potencial reagirão a um novo produto ou serviço está, de fato, em um terreno muito frágil. Por essa razão, as informações de mercado são essenciais e certamente devem fazer parte da agenda de pré-lançamento dos empreendedores.

Técnicas Indiretas para Coletar Informações do Mercado: O Empreendedor como Sherlock Holmes

Em uma das histórias mais famosas que envolve Sherlock Holmes, o famoso detetive de Sir Arthur Conan Doyle, Holmes surpreende Dr. Watson declarando corretamente, o que é confirmado mais tarde, que um médico está em decadência enquanto o outro médico, que trabalha no consultório vizinho, está em ascensão. Quando Watson pergunta a Holmes como ele sabe disso, Holmes aponta para as duas escadas que levam aos consultórios e mostra que uma delas apresenta muito mais desgaste do que a outra. "Elementar, meu caro Watson", observa Holmes.

Nesse caso, Holmes usou um *método indireto* para a medição das preferências dos pacientes – que podem ser vistos como os clientes dos médicos. De maneira similar, se forem perceptivos, os empreendedores podem utilizar métodos indiretos para reunir informações. Em outras palavras, usar o que é visto com freqüência como *dados secundários* – que não foram coletados por eles próprios, mas que podem ser muito úteis. É possível, por exemplo, examinar as vendas dos produtos da concorrência para verificar se há o surgimento de alguma tendência – se a popularidade de algum deles está aumentando ou se a de outros está diminuindo. Isso pode sugerir que determinados recursos ou combinações de recursos estão ganhando ou perdendo a simpatia dos clientes em potencial. De maneira similar, eles podem examinar dados demográficos (por exemplo, o *Resumo estatístico dos Estados Unidos* ou o *Livro de demografia por código postal*) para ver como as populações estão mudando: aumentando ou diminuindo em determinada área, mudando em termos de idade e etnia, entre outros aspectos.

Essas fontes de dados ajudam os empreendedores a identificar os melhores mercados para seus produtos antes de iniciarem um novo empreendimento. Em alguns casos, podem até mesmo sugerir a base para uma empresa bem-sucedida. Considere Brian Scudamore, CEO da 1-800-Got Junk. Essa empresa canadense, localizada em mais de duas dúzias de cidades americanas, ajuda as pessoas a se livrar de... seu lixo! Como a maioria de nós é bastante ineficiente na hora de decidir se livrar de coisas que temos há anos, mas não usamos há muito tempo, você deve estar se perguntando como Scudamore teve essa idéia. Principalmente com base nas informações indiretas de mercado. Ele observou, por exemplo, que as instalações de armazenamento estavam passando por uma queda brusca nas atividades. Isso sugeriu que muitas pessoas estavam se livrando de seus pertences desnecessários com uma freqüência maior do que no passado. Por quê? Talvez as condições econômicas adversas tenham um papel importante. Um número cada vez maior de pessoas estava concluindo que não seriam mais capazes de pagar para guardar itens que não usavam ou não queriam. Por meio da observação cuidadosa dessas tendências (formas de informações indiretas de mercado), Scudamore teve a idéia de iniciar essa nova empresa e investir na nova ética do "livre-se disso!" que parece estar surgindo.

Antes de concluir, devemos enfatizar mais um ponto: informações de marketing, mesmo que sejam excelentes em todos os aspectos, não são garantia de sucesso. Quando um produto ou serviço é realmente novo, pode ser difícil para os clientes compará-lo com os produtos existentes. Consideraremos esse aspecto com mais detalhes no Capítulo 9, mas aqui estão alguns exemplos do que queremos dizer. A história está cheia de produtos que foram projetados para um certo uso e um certo mercado, mas acabaram sendo sucesso em um mercado diferente. Considere os computadores pessoais. Quando a IBM lançou seu novo produto, em 1981, a empresa estava absolutamente convencida de que esse tipo de aparelho seria usado somente em contextos comerciais, afinal de contas, quem iria querer uma ferramenta comercial para uso doméstico? Entretanto, poucos anos depois, tornou-se claro que os consumidores foram muito mais inventivos no desenvolvimento de usos para um computador pessoal do que os engenheiros da IBM ou sua divisão de marketing haviam sonhado.

Outro exemplo é o Silly Putty, desenvolvido quase acidentalmente durante a Segunda Guerra Mundial, enquanto químicos pesquisavam um substituto para a borracha com base em silicone. Ele era inadequado para tal uso, mas logo – e inesperadamente – tornou-se um brinquedo infantil popular. Entretanto, foi descoberto recentemente outro mercado para essa substância: o mercado de auxílio para redução de estresse em adultos[3]. Executivos atarefados acham que quicar e esticar essa substância é bem relaxante. Mas pequenas quantidades (o pacote para crianças contém perto de 15 gramas) não são suficientes para satisfazer os adultos, então eles compram a substância por quilo. Na verdade, os fãs do Silly Putty se reúnem para poder encomendar a quantidade mínima, por quilo. Isso dá a cada pessoa perto de 5 quilos ou mais dessa maravilha. Esse é, certamente, um exemplo surpreendente de um produto que descobriu um novo nicho no mercado – com o qual seus fabricantes nunca haviam sonhado. Então, sim, as informações de mercado são, em geral, úteis para os empreendedores; mas esse é apenas um dos vários tipos de informações necessárias para alcançar o sucesso esperado.

REGULAMENTAÇÕES E POLÍTICAS GOVERNAMENTAIS[*]: COMO ELAS AFETAM NOVOS EMPREENDIMENTOS

As opiniões sobre a relação adequada do governo com as empresas, inclusive com novos empreendimentos, são muito diferentes. Entretanto, há poucas dúvidas de que as políticas e regulamentações que os governos adotam afetam o destino de vários empreendimentos. Essas políticas e regulamentações facilitam ou dificultam começar um novo empreendimento, fazer um funcionar e chegar ao sucesso. Eu (Robert Baron) tive uma experiência recente nesse sentido, quando morei na França. Lá, pedi a meus colegas da escola de administração que descrevessem como seria abrir uma nova empresa na França. As respostas foram bastante desencorajadoras. O governo francês está profundamente envolvido em toda a economia e para iniciar uma nova atividade seria preciso lidar com um vasto conjunto de regulamentações e com muita "papelada".

Por outro lado, nos Estados Unidos é possível abrir uma nova empresa em questão de dias e com um mínimo de empecilhos por parte do governo. Em outras palavras, a economia é mais centralizada na França do que nos Estados Unidos, onde a centralização se refere ao grau em que um agente político (nesse caso, o governo) coordena a atividade econômica, política e social em uma sociedade. Portanto, para começar uma atividade na França, são necessárias muito mais permissões do governo central do que é preciso para iniciá-la nos Estados Unidos. Assim, é claro que as políticas adotadas pelos governos desempenham um papel no processo do empreendedorismo desde o primeiro dia.

Por essa razão, é crucial que os empreendedores que têm um novo empreendimento em vista reúnam informações relevantes sobre as políticas e regulamentações governamen-

---

[3] Warren, S. When grown-ups go for silly putty they do it in a big way. *The Wall Street Journal*, p. A1, 11.09.2002.
[*] NRT: As regulamentações e políticas governamentais norte-americanas, nesse caso, são muito parecidas com as do Brasil, motivo pelo qual decidimos mantê-las neste texto.

tais que, potencialmente, afetarão sua atividade. Deve-se procurar que tipo de informações? Isso depende muito da atividade em questão. Por exemplo, empresas que estão envolvidas na fabricação ou no tratamento de substâncias perigosas ou tóxicas podem estar sujeitas a regulamentações mais numerosas e rigorosas do que as prestadoras de serviços. Nesta discussão, as regulamentações e políticas ficam propensas a ter um impacto em uma ampla gama de novos empreendimentos.

Impostos: Uma Consideração Importante para Empreendedores

Ninguém gosta de impostos, mas, gostando ou não, temos de pagá-los, e novos empreendimentos não são exceção a essa regra. Por essa razão, é importante que os empreendedores obtenham informações antes de iniciarem um novo empreendimento. Os códigos de impostos são documentos imensos, assim, abordaremos brevemente somente algumas das questões principais para os empreendedores.

Taxa Geral de Impostos

O imposto sobre a renda costuma ser o mais alto cobrado de pessoas físicas e de pessoas jurídicas (as empresas), e não é de surpreender que evidências consideráveis sugiram que, conforme as taxas desses impostos aumentam, o nível da atividade empresarial cai. Por exemplo, quanto maior for a taxa de imposto sobre a renda, menor é o índice de auto-emprego[4]. De maneira similar, quanto maiores forem as taxas de impostos em vários países europeus, menores são os índices de auto-emprego[5]. Talvez o estudo mais revelador seja aquele que compara as taxas de impostos e a abertura de empresas nos Estados Unidos e na Suécia[6]. Os resultados indicaram que a tributação para abertura de empresas é maior nos Estados Unidos, que têm uma taxa de imposto menor, enquanto novas tecnologias são produzidas a um índice *per capita* mais alto na Suécia. Isso sugere que as políticas de taxação do governo influenciam as decisões de empreendedores individuais para fundar novos empreendimentos, mas não inibem seu progresso tecnológico. É claro que se as alíquotas de impostos chegarem a níveis muito altos os empreendedores podem procurar meios de reduzi-las, convertendo, por exemplo, lucros em ganhos de capital à medida que for possível, se a legislação tributária do país permitir. Nesse caso, o aumento das taxas de impostos pode não reduzir a atividade empresarial. Entretanto, altas alíquotas de impostos parecem ter um impacto negativo na abertura de novos empreendimentos de modo geral.

Assim, se o governo deseja encorajar a abertura de novos empreendimentos, deve reduzir as alíquotas de impostos. Quando tais alíquotas são altas, os ganhos potenciais de empreendedores, que podem reter apenas uma pequena parte dos lucros que obtiverem, são muito pequenos para compensar os riscos envolvidos ao iniciar novos empreendimentos. O resultado? Pode ocorrer a desaceleração do crescimento econômico de toda a sociedade.

---

[4] Gentry, W.; Hubbard, R. Tax policy and entrepreneurial entry. *American Economic Review Papers and Proceedings*, 90(2): 283-292, 2000.
[5] Robson, M.; Warren, C. Marginal and average tax rates and the incentive for self-employment. *Southern Economic Journal*, 65: 757-773, 1999.
[6] Goldfarb; Henrekson, no prelo.

Formas Legais de Novos Empreendimentos e Alíquota de Impostos

Aqui, simplesmente chamaremos a atenção para o fato de que a forma legal de um novo empreendimento pode afetar os impostos que ele e seus fundadores devem pagar. Nos Estados Unidos*, uma das primeiras decisões que os empreendedores devem tomar é se sua companhia será uma empresa C regular ou uma *subchapter S corporation* (sociedade por ações tributadas de acordo com o subcapítulo S). Qual a diferença? Em uma empresa regular, os lucros e as perdas permanecem na companhia, e a empresa paga os impostos sobre os lucros declarados. Em uma *subchapter S corporation*, os lucros e as perdas passam para os acionistas e eles pagam qualquer tipo de impostos devidos como indivíduos, de acordo com suas próprias faixas de imposto de renda. Muitos empreendimentos novos optam pela última, mas, se crescem e prosperam, mudam para o *status* regular. Em qualquer um dos casos, a tributação é uma questão importante sobre a qual os empreendedores devem reunir informações antes de começar. Quando uma empresa é nova e os lucros parecem uma meta distante, é fácil focalizar a atenção em outras partes. A menos que as decisões adequadas sejam tomadas antecipadamente, os encargos de impostos totais podem aumentar e, então, pode ser muito tarde para tomar medidas para reduzi-los. Quando se fala em planejamento de impostos, "antes" e "com antecedência" é muito melhor do que "tarde" ou "depois do fato".

Incentivos de Impostos

Até agora, esta discussão tem sido um tanto desencorajadora: enfatizamos os efeitos adversos da tributação nas atividades empresariais. Mas, antes de concluir esta breve consideração de temas relacionados a impostos, devemos observar que algumas políticas governamentais são projetadas especificamente para ajudar novos empreendimentos. Uma questão que os empreendedores devem considerar com cuidado é se seus novos empreendimentos podem receber incentivos fiscais especiais. Por exemplo, empresas de fabricação ou empresas que compram equipamentos podem se beneficiar da *depreciação*, um aspecto do código fiscal que permite que as empresas deduzam anualmente de seus ganhos uma parte do custo dos equipamentos, por um período determinado de tempo. De maneira similar, os juros sobre empréstimos bancários podem ser deduzidos por uma empresa, enquanto outras formas de financiamento, tais como empréstimos com base no patrimônio líquido, recebem tratamento menos favorável.

Outro exemplo é que os governos municipal, estadual e federal oferecem incentivos de impostos para empresas que se localizam em determinadas regiões geográficas ou que escolheram reformar e fazer melhorias em prédios antigos que foram considerados de valor histórico. Eu (Robert Baron) visitei recentemente um shopping antigo localizado dentro de uma velha fábrica. Os fomentadores desse shopping tiveram cortes substanciais em seus impostos por trazer a estrutura histórica de volta à vida. Um novo empreendimento que procura minimizar ao máximo seus impostos pode considerar tais opções até onde for possível.

Uma outra forma de redução de impostos oferecida para novos empreendimentos é o *crédito de imposto* para atividades de pesquisa e desenvolvimento. As empresas que se

---

* NRT: Essa forma legal de organização existe nos Estados Unidos, mas não no Brasil.

dedicarem a tais atividades podem deduzir os custos até uma determinada fração de seus impostos. Entretanto, para se qualificar, elas devem demonstrar que seus esforços são direcionados para a descoberta de informações "de natureza tecnológica" por meio de um teste denominado *teste de descoberta*. Mas o que são precisamente informações "de natureza tecnológica?". Uma empresa pequena, Tax and Accounting Software Corp. (TAASC), de Tulsa, Oklahoma, testou a definição do Serviço de Receita Interna quando reivindicou que seu novo software oferecia recursos que não estavam disponíveis em nenhum outro software de contabilidade existente; com base nisso, reivindicou um crédito de impostos para despesas associadas ao desenvolvimento desse produto. O Internal Revenue Service* (IRS) recusou o pedido e, embora tenha perdido em primeira instância, ganhou na apelação. Entretanto, mesmo rejeitando a reivindicação da TAASC por um crédito de impostos, a corte ampliou a definição do termo "de natureza tecnológica" e, assim, abriu as portas do crédito para muitos empreendimentos novos. Além disso, o IRS, procurando evitar outra apelação por parte da TAASC, está trabalhando agora em uma definição revista e mais ampla.

É importante observar que, nos Estados Unidos (e em muitos outros países), há várias camadas de governo: federal, estadual ou provincial e local (condado ou município, cidade etc.). Todos devem ser considerados com cuidado, porque os impostos que eles impõem podem não ser nada triviais. Portanto, mais uma vez, os empreendedores devem reunir informações apropriadas sobre esses assuntos antes de iniciar um novo empreendimento**.

Política Governamental: Cada Vez Mais Favorável a Novos Empreendimentos

Também devemos mencionar o fato de que a relação entre os empreendedores e o governo é uma via de mão dupla. As políticas e regulamentações de impostos governamentais afetam os novos empreendimentos de muitas maneiras. Os empreendedores, por sua vez, adquiriram cada vez mais espaço na formação de políticas governamentais, principalmente durante as duas últimas décadas, em particular nos Estados Unidos, onde sua contribuição para a força da economia tem sido cada vez mais reconhecida. A legislação especificamente projetada para a redução dos encargos financeiros das regulamentações governamentais sobre novas empresas foi aprovada e tem ajudado a diminuir esses encargos de algum modo. Por exemplo, o Small Business Regulatory Enforcement Fairness Act (Lei de Probidade de Sanção Reguladora de Pequenos Negócios) (1996) exige que as agências que emitem as regulamentações ajudem os empresários de pequenos negócios a compreender e a cumprir as regras. Além disso, essas agências foram autorizadas a reduzir ou a abrir mão de penalidades por violações das exigências reguladoras de pequenos negócios. De maneira similar, o Unfunded Mandates Reform Act (Lei de Reforma de Obrigações Sem Fundos) (1995) exige que as agências considerem o custo de novas obrigações fiscais federais e garantam que estas não sejam um encargo injusto para os pequenos negócios.

---

* NRT: Internal Revenue Service (IRS, Serviço de Receita Interna, equivalente à Secretaria da Receita Federal no Brasil).
** NRT: No Brasil, a legislação tributária sofre modificações constantes. De um lado, existem instituições políticas organizadas que lutam pela redução dos impostos e pela criação de mecanismos de incentivo à abertura de novas empresas. De outro lado, a máquina arrecadatória do governo federal faz tudo que pode para aumentar a receita. O empreendedor precisará, necessariamente, recorrer a um especialista na hora de decidir a respeito da melhor organização legal que pretende dar à sua empresa, de modo que possa tirar proveito de todos os eventuais benefícios fiscais a que tenha direito.

Apoio do Governo para a Inovação

Nos Estados Unidos e em muitos outros países, os governos estão cada vez mais conscientes da importância, para a saúde econômica, de encorajar a inovação. Nos Estados Unidos, essa consciência foi traduzida em ação concreta em 1982, com a aprovação do Small Business Innovation Development Act (Lei de Desenvolvimento de Inovação de Pequenos Negócios) que, em 1992, foi fortalecido e expandido pelo Small Business Research and Development Enhancement Act (Lei de Aperfeiçoamento de Pesquisa e Desenvolvimento de Pequenos Negócios). Esses atos criaram o programa **Small Business Innovation Research** (SBIR) (Pesquisa para a Inovação em Pequenos Negócios), que exige das agências federais participantes separar 2% de seus orçamentos para financiar contratos, subsídios ou acordos de cooperação por meio da SBIR. As agências identificam as necessidades de pesquisa e desenvolvimento e elas são publicadas em uma listagem principal pela SBA (Small Business Administration – Administração de Pequenos Negócios). Os valores envolvidos são realmente altos: nos últimos anos, excederam 4 bilhões de dólares ao ano.

Os empreendimentos (ou qualquer outro pequeno negócio) iniciantes podem enviar propostas de projetos de pesquisa diretamente para as agências encarregadas. São concedidos prêmios com base em competição que, em geral, envolve três fases distintas. Durante a fase 1, que dura cerca de seis meses, os fundos (até US$ 100 mil) são usados para avaliar o mérito técnico e a exeqüibilidade de uma idéia. Durante a fase 2, que pode durar até dois anos, é dada continuidade aos projetos promissores ao mesmo tempo que se exigem evidências de progresso em direção à comercialização. Novos empreendimentos podem receber até US$ 750 mil durante essa fase. Na fase 3, espera-se obter apoio do setor privado e levar o novo produto ou serviço ao ponto em que pode entrar no mercado. Durante essa fase, a agência ou as agências envolvidas podem oferecer contratos de produção e outros incentivos financeiros. A meta é ajudar idéias inovadoras até que se tornem novos produtos ou serviços. O programa é visto como muito bem-sucedido, e a cada ano milhares de novos empreendedores participam dele.

Empreendedores Pertencentes a Minorias

Além do SBA, o governo federal dos Estados Unidos também estabeleceu uma série de programas para ajudar empreendedores que pertencem às minorias. Um deles é o *8(a) Business Development Program* (Programa de Desenvolvimento Comercial 8(a)). Esse programa foi feito para ajudar negócios de propriedade de minorias a se enquadrarem na tendência atual da economia. Ele procura atingir essa meta encorajando as agências federais a conceder uma determinada porcentagem de seus contratos aos Small Disadvantaged Businesses (Pequenos Negócios Pertencentes a Minorias Pobres), negócios cujo mínimo de 50% pertence a uma pessoa ou a um grupo de pessoas em desvantagem econômica. As pessoas incluídas nessa categoria são afro-americanos, hispano-americanos, americanos oriundos do Pacífico asiático ou do subcontinente asiático e indígenas americanos. Mulheres também podem se qualificar sob determinadas condições. As empresas de propriedade de minorias não apenas têm preferência com relação a contratos (uma porcentagem é "detida" ou reservada para tais empresas), mas também recebem consultoria na forma de assistência técnica e gerencial, assim como ajuda financeira na forma de investimentos de patrimônio líquido e/ou empréstimos. Em resumo, o governo federal dos Estados Unidos tomou algumas medidas para ajudar novos empreendimentos iniciados por empreendedores que pertencem a minorias.

A indicação de que tais programas foram bem-sucedidos é o fato de que, embora o número de novos negócios iniciados a cada ano tenha aumentado com regularidade, o número de negócios iniciados por mulheres e minorias aumentou mais drasticamente. Por exemplo, o número de empresas de propriedade de minorias aumentou 168% entre 1987 e 1997, perfazendo um total de 3,25 milhões de negócios que empregam mais de 4 milhões de pessoas e geram 495 bilhões de dólares em receita[7].

Outra tentativa de ajudar empreendedores de minorias é o HubZone Empowerment Contracting Program (Programa de Contratação de Capacitação HubZone). Esse programa foi feito para estimular o desenvolvimento econômico em áreas geográficas específicas, dando preferência à contratação de pequenos negócios que estão localizados em uma HubZone ou que tenham funcionários que morem em uma. HubZone é uma área em que a renda média familiar é menor que 80% da renda do Estado em que está localizada, ou em que a taxa de desemprego é 140% maior do que a média estadual ou, ainda, que está localizada em uma reserva indígena. Para ser qualificado para o programa, o pequeno negócio deve atender a três critérios: (1) estar localizado em uma área comercial pouco utilizada comercialmente, (2) ser de total propriedade e controle de cidadãos norte-americanos e (3) ter pelo menos 35% de seus funcionários provenientes de uma HubZone. A meta é dar vida nova a áreas em desvantagem econômica por meio de auxílio a novas empresas estabelecidas em tais áreas.

O cenário atual a respeito do impacto da ação do governo sobre novos empreendimentos é, de modo geral, complexo, mas está melhorando. A tributação impõe um encargo pesado a novos empreendimentos, porém iniciativas especiais podem reduzir bastante essa carga. Além disso, podem ser muito úteis os programas governamentais feitos para encorajar a inovação, tais como a SBIR, o 8 (a) Business Development Program e aqueles que auxiliam empreendedores pertencentes a minorias. Os empreendedores devem estar familiarizados com esses programas porque, em muitos casos, é possível obter recursos valiosos, financeiros e similares, que podem ajudar muito os novos empreendimentos.

REGULAMENTAÇÕES GOVERNAMENTAIS: O QUE TODO EMPREENDEDOR DEVE SABER

A tributação e as políticas governamentais são apenas alguns aspectos do impacto dos governos em novos empreendimentos. Além disso, novos empreendimentos, como todos os negócios, devem seguir um amplo conjunto de regulamentações governamentais. Quantas regulamentações existem? Para que você tenha uma idéia, nos Estados Unidos, o Código de Regulamentações Federais contém mais de 65 mil páginas de regulamentações novas e modificadas, e essas regulamentações são administradas por 52 agências separadas que em-

---

[7] Heilman, M. E.; Chen, J. J. Entrepreneurship as a solution: the allure of self-employment for women and minorities. *Human Resource Management Review*, no prelo.

pregam mais de 120 mil pessoas!⁸ É claro que é impossível para os empreendedores estar cientes de todas as regulamentações a que seus novos negócios podem estar submetidos, mas é crucial que conheçam algumas das mais importantes. O não-cumprimento dessas regulamentações pode resultar em multas ou coisa pior! Leia as seções a seguir com cuidado, elas resumem algumas das principais regulamentações sobre saúde, segurança e bem-estar dos funcionários (pontos importantes das regulamentações governamentais). Além disso, existem muitas regulamentações para setores específicos, e elas são tão variadas que seria impossível mencioná-las aqui. É suficiente dizer que é *crucial* para os empreendedores estarem familiarizados com as principais regulamentações governamentais quando iniciarem um novo empreendimento, porque esse certamente é um daqueles casos em que é melhor prevenir do que remediar.

Regulamentações* Sobre Saúde e Segurança de Funcionários: OSHA

Em 1969, nos Estados Unidos 78 mineiros de carvão morreram na explosão de uma mina. Essa tragédia inflamou a opinião pública e, em um ano, o governo federal aprovou o ***Occupational Safety and Healthy Act*** (Lei de Segurança e Saúde Ocupacional), de 1970 (também conhecido como **OSHA**). Essa lei impõe três cláusulas principais aos empregadores: (1) oferecer um ambiente de trabalho seguro e saudável – um local livre de perigos reconhecidos que provavelmente causariam danos aos funcionários; (2) cumprir os padrões específicos de segurança e saúde ocupacional – regras referentes a várias ocupações e setores; (3) manter os registros de acidentes e doenças ocupacionais. Ser uma empresa pequena não é desculpa para ignorar essas cláusulas; na verdade, as empresas com dez funcionários ou mais devem manter registros – e guardá-los por cinco anos – de qualquer tipo de acidentes e doenças ocupacionais que resultem em morte, perda de horário de trabalho ou tratamento médico. Esses ferimentos e doenças devem ser registrados nos formulários OSHA e afixados anualmente em um quadro de avisos para os funcionários. Essa lei tem um respaldo importante por trás dela: o governo formou a *Occupational Safety and Healthy Administration* (Administração de Segurança e Saúde Ocupacional) e a encarregou de garantir que todas as empresas cumpram o OSHA. A agência define os padrões ocupacionais, mantém um registro de violações desses padrões e conduz inspeções a locais de trabalho para garantir que as cláusulas da lei estejam sendo cumpridas. Os empregadores que não atenderem aos padrões OSHA podem receber multas rigorosas. Executivos de empresas que de forma irresponsável colocarem os funcionários em perigo podem ser acusados de crime e, se condenados, ir para a cadeia. Em alguns casos famosos, executivos seniores foram acusados de assassinato!

Com certeza *não* é nossa intenção amedrontá-lo. Milhares de novos empreendimentos são iniciados nos Estados Unidos todos os anos e apenas uma pequena porção deles tem sérios problemas com relação ao OSHA ou a outras regulamentações governamentais. Mas, como empreendedor, você *tem de estar* familiarizado com essas regulamentações e certificar-se de que vai se lembrar delas quando seu empreendimento estiver saindo do papel. O não-cumprimento do que diz a lei pode custar muito caro em vários sentidos.

---

⁸ Murray, L. *Business, government, and the public.* 4. ed. Englewood Cliffs, NJ: Prentice-Hall, 1986.

* NRT: As regulamentações a seguir são dadas como exemplo do que ocorre no mundo e, particularmente, nos Estados Unidos. No Brasil, a tendência é de acompanhar o aumento das exigências, por meio de regulamentações específicas nacionais que tendem a se basear nas similares de outros países.

Leis de Oportunidades Iguais de Empregos: Proteção de Funcionários Contra a Discriminação

Suponha que você esteja iniciando um novo empreendimento e que esteja entrevistando pessoas para trabalhar nele. Você indaga ao candidato o seguinte: "Você é casado ou solteiro?". Outra pergunta: "Como descreveria sua saúde física em geral?". Em seguida: "Você tem limitações médicas que podem interferir no desempenho de sua função?". Você ainda questiona: "Você tem crenças religiosas que o impediriam de trabalhar nos fins de semana?". Embora essas pareçam ser perguntas inocentes, *cuidado*! Indagações como essas podem colocá-lo em sérios problemas. Nos Estados Unidos cada uma dessas perguntas viola as regulamentações e leis governamentais que protegem os funcionários de discriminação. Uma descrição breve de tais leis e regulamentações feitas para evitar discriminações nos locais de trabalho irá ajudá-lo a entender o porquê.

A lei mais importante que protege os funcionários contra discriminação é o ***Title VII of Civil Rights Act*** (Título VII da Lei de Direitos Civis) de 1964. Essa lei proíbe os empregadores de tomarem decisões sobre o emprego de uma pessoa com base em sua raça, cor, religião, sexo ou nacionalidade. Embora a lei se aplique a todos, ela está dirigida principalmente às pessoas pertencentes ao que é conhecido como **classe protegida** – um grupo que sofreu discriminação no passado. Nos Estados Unidos, esses grupo inclui afro-americanos, pessoas de origem hispânica, indígenas americanos e mulheres. Segundo as cortes, a discriminação contra esses grupos envolve pelo menos uma de duas formas principais: *tratamento desigual* – pessoas que pertencem aos grupos protegidos são tratadas de maneira diferente só porque pertencem a esses grupos (por exemplo, são excluídos do emprego por serem mulheres, afro-americanos etc.) – e *impacto adverso* – o mesmo padrão é aplicado a todos os funcionários, mas tal padrão afeta negativamente os membros de uma classe protegida. Eis um exemplo de um impacto adverso: antigamente, muitas delegacias de polícia exigiam uma altura mínima para atuar profissionalmente. Tal prática caiu em desuso porque produziu impacto adverso em mulheres e homens de origem hispânica ou asiática, excluídos do emprego em razão da exigência quanto à altura. Observe que as regulamentações acerca de altura são ilegais segundo a lei, mesmo que não haja a intenção de exclusão de grupos específicos.

Quais são as possíveis conseqüências de reclamações de discriminação apresentadas por um funcionário ou por um candidato a uma vaga de emprego? Isto deve dar uma idéia: se alguém fizer uma queixa contra uma empresa para a Equal Employment Opportunity Commission (Comissão de Oportunidade de Igualdade de Empregos) (agência governamental encarregada de executar essa e outras leis contra discriminação), *o ônus da prova cai quase todo sobre o empregador*, que deve, então, provar que as políticas da empresa não estão violando a lei. Fica claro que os empreendedores que começam novos empreendimentos devem observar com cuidado essa lei e outras relacionadas a ela (por exemplo, leis para evitar discriminação com base na idade ou no sexo). O não-cumprimento de tais regulamentações pode resultar em conseqüências graves. A propósito, o Title VII (Título VII) e muitas outras leis relacionadas se aplicam a todos os funcionários privados, de governos estaduais e municipais e de instituições educacionais que empregam 15 ou mais pessoas. São leis relevantes para novos empreendimentos que atingirem esse tamanho relativamente pequeno.

Outra lei importante da qual os empreendedores devem estar cientes é o **Americans with Disabilities Act (ADA)** (Lei dos Americanos Portadores de Deficiências) de 1990. Essa lei proíbe a discriminação contra pessoas portadoras de deficiências que, apesar delas, são capazes de realizar as funções essenciais do trabalho. Além disso, e talvez muito mais importante, ela exige que os empregadores forneçam acomodações adequadas para tais pessoas – ação que se aplica às pessoas portadoras de deficiências conhecidas que sejam candidatas a uma vaga ou funcionários. Aqui está um exemplo: um motorista de caminhão que pesava cerca de 160 quilos candidatou-se a uma vaga e foi recusado por uma empresa porque não passava pelas portas de seus caminhões. Ele abriu um processo alegando que a empresa poderia ter ampliado as portas, disponibilizando, assim, acomodações adequadas – e ganhou! Acomodações adequadas são exigidas por lei se a pessoa em questão tiver todas as qualificações necessárias para o trabalho e se os custos não forem proibitivos ao empregador. "Proibitivo" ainda está sendo definido pelas cortes e seria uma cifra menor para um novo empreendimento do que para uma empresa multibilionária. Nosso conselho para os empreendedores é: esteja ciente dessa lei, porque o não-cumprimento dela pode levar a sérias conseqüências. Outra vez, o ADA se aplica aos pequenos negócios, bem como aos grandes; se um negócio emprega 15 ou mais pessoas, está sujeito a essa lei.

As leis e regulamentações relacionadas a perigos ambientais (poluição, substâncias tóxicas) são especialmente importantes e devem ser consideradas com cuidado. De maneira similar, podem ser cruciais as posturas municipais e as regulamentações que dizem respeito à localização geográfica dos negócios, dentro do zoneamento definido para uma cidade. Embora possa ser permitido iniciar uma empresa de software em um porão ou em uma garagem (e isso foi feito com sucesso no passado), é quase certo que abrir uma fábrica em locais como esses seria uma violação de códigos e leis municipais importantes. Em tais casos, o que parece ser uma grande idéia para um novo empreendimento pode não parecer tão atraente quando considerado à luz das regulamentações governamentais relevantes.

De modo geral, o principal ponto que desejamos deixar claro é que as regulamentações e leis governamentais são considerações importantes para o empreendedor que está se preparando para iniciar um novo negócio. O conhecimento da legislação deve estar em sua lista de obrigações, com as informações de marketing e a ciência das regulamentações fiscais. O que pode acontecer a um novo empreendimento se os empreendedores *não* prestarem atenção a essas considerações? Consulte a próxima seção para ter um exemplo do que um de nós experimentou pessoalmente.

ATENÇÃO! PERIGO ADIANTE!

Quando as Boas Idéias Não Dão Certo: O Custo de Ignorar as Regras
Eu (Robert Baron) passei a maior parte de minha carreira em universidades aprendendo muito sobre tecnologia, por isso, ao longo dos anos, deparei-me com muitas idéias para novos empreendimentos. A maioria era interessante, mas estavam tão distantes de se tor-

narem negócios reais, geradores de lucros, que eu tinha pouco interesse em investir nelas. Mas uma idéia que me foi mostrada há cerca de oito anos literalmente me derrubou. Foi assim: enormes quantidades de pneus usados estavam empilhados em lixos por todos os Estados Unidos. Por que não usar isso como uma fonte de matéria-prima valiosa? As pessoas que tiveram essa idéia acreditavam que sabiam como extrair recursos valiosos (borracha, náilon, aço) dos pneus. Quando os pneus são resfriados a temperaturas extremas, eles se tornam muito frágeis e podem ser pulverizados, isso permite separar com mais facilidade os vários componentes recicláveis.

"Eis aqui uma idéia maravilhosa!", pensei. Por um lado, solucionaria um sério problema ambiental: quando os depósitos de pneus pegam fogo, o que acontece com freqüência, grandes quantidades de fumaça tóxica são liberadas; tais incêndios são difíceis de ser controlados. Por outro lado, permitiria a reciclagem de matérias-primas valiosas. Além disso, as empresas atualmente pagam por instalações de armazenamento para se livrar de pneus usados; em essência, o novo empreendimento não teria de pagar nada por suas matérias-primas. Pelo contrário, os outros é que teriam de pagar por elas!

Acreditei nisso e fiz um investimento pessoal na empresa Cycletech Inc. Por algum tempo, tudo ocorreu muito bem. Depois, o choque: a Agência de Proteção Ambiental foi à nossa empresa e a fechou. Por quê? Porque os fundadores da empresa (cientistas e engenheiros) não haviam feito seu dever de casa: desconheciam e negligenciaram o cumprimento de vários padrões estaduais estabelecidos que se aplicam ao tratamento de pneus ou a instalações de reciclagem desse material. Além disso, a empresa estava violando as regulamentações federais sobre o uso dos gases que congelavam os pneus.

O resultado foi um desastre para o novo empreendimento. Como não podia mais receber pneus, violou seus contratos com os fornecedores, que prontamente abriram processo por danos. Para piorar, o fundador da empresa era uma pessoa rude e reagiu à situação com raiva, fazendo ataques públicos a oficiais superiores da agência estadual ambiental. Eles revidaram descobrindo mais violações, assim as operações permaneceriam fechadas. Por fim, a empresa se tornou uma "morta-viva"; continua a existir, mas eu e todos que apostaram nela perdemos nossos investimentos.

Essa história triste acontece repetidas vezes: novos empreendimentos falham porque os fundadores não reuniram as informações essenciais antes de prosseguir. Na verdade, em tais casos, a precipitação gera o desperdício – desperdício de capital, de esforços e de idéias potencialmente boas.

INTERPRETANDO INFORMAÇÕES: ARMADILHAS EM POTENCIAL PARA DECISÕES EM GRUPO

Esperamos que a primeira seção deste capítulo sugira o porquê do subtítulo que escolhemos: os empreendedores devem, definitivamente, "olhar antes de saltar"; isso significa reunir informações sobre vários tópicos antes de iniciar um novo empreendimento. De certo modo, esse é apenas um dos lados da moeda. Uma vez obtidas, as informações devem ser *interpretadas*; em outras palavras, devem ser compreendidas de modo que possam ser usadas como base para uma boa tomada de decisões e para o mapeamento da estratégia futura. E é esse o momento em que as coisas se tornam realmente complicadas. Observamos no Capítulo 3 que, como seres humanos, nós definitivamente *não* somos máquinas perfeitas de processamento de informações. Pelo contrário, o pensamento, o raciocínio e o ato de tomar decisões são, em geral, influenciados por erros e tendências que impedem que esses processos sejam completamente racionais[9]. Dessa maneira, uma vez reunidas todas as informações, os empreendedores devem perseverar para minimizar os erros. Se não o fizerem, correm o risco real de interpretar mal as informações que reuniram e podem chegar a falsas conclusões ou decisões. Nesse mesmo capítulo, descrevemos vários desses erros e preconceitos em potencial – os que afetam o pensamento das pessoas. Aqui, enfocaremos os processos que podem influenciar a tomada de decisões por grupos. Como a maioria dos novos empreendimentos é aberta por equipes de empreendedores (ver o Capítulo 5), esse contexto é bastante relevante para o sucesso de novos empreendimentos. Entre os fatores que podem distorcer bastante a interpretação de informações, quatro se destacam como mais importantes: a tendência a aceitar "favoritos precoces", a polarização de grupos, o pensamento grupal e uma tendência a ignorar informações não compartilhadas.

Aceitando os "Favoritos Precoces": Ou Por que a Maioria Inicial Normalmente Vence

A maioria das pessoas acredita – em geral implicitamente – que as decisões tomadas por grupos são mais seguras e mais precisas do que as decisões tomadas por indivíduos. Afinal, os membros dos grupos podem ajudar uns aos outros a não perderem as estribeiras e uma má interpretação das informações disponíveis por parte de um membro pode ser corrigida de pronto por um ou mais membros cuja interpretação for mais precisa. Infelizmente, dados de pesquisas sobre decisões tomadas por grupos sugerem que esses benefícios geralmente não se materializam. Pelo contrário, o que acontece é que a decisão final é aquela preferida inicialmente pela maioria – essa escolha é conhecida como **favorita implícita**[10]. Em outras palavras, há uma tendência dos grupos (e das pessoas também) para começar com uma inclinação em direção a uma interpretação ou decisão e, em seguida, trabalhar para a aceitação dela. Com o desenvolvimento do processo, outras interpretações ou opções, conhecidas como **candidatos a confirmação**, são sugeridas e rejeitadas. Essas são alternativas que não são consideradas seriamente; ao contrário, elas surgem com a finalidade de ajudar os grupos a se convencerem de que a favorita inicial é a correta de fato. A moral para os empreendedores é clara: quando tentar interpretar informações e usá-las como uma base para decisões, seja muito cauteloso com relação à inclinação ao favorito implícito. É verdade que ele pode provar ser o correto no final. Mas a consideração cuidadosa de interpretações e decisões alternativas é *crucial* para evitar concluir prematuramente o processo de tomada de decisão.

Polarização de Grupos: Por que os Grupos Freqüentemente Agem Irracionalmente

Anteriormente, observamos que muitas pessoas presumem que os grupos têm menos probabilidade de tomar decisões extremas do que as pessoas individualmente. Entretanto, parece que a verdade é o oposto. Quando várias pessoas discutem informações a fim de chegar a uma decisão em grupo, tais pessoas mostram uma forte tendência a mudar para visões mais radicais que suas visões iniciais. Isso é conhecido como **polarização de grupos** e parece ocorrer em contextos muito diferentes[11]. Há duas razões principais pelas

---

[9] Kunda, Z. *Social cognition: making sense out of people*. Cambridge, MA: MIT Press, 1999.
[10] Nemeth, C. et al. Improving decision making by means of dissent. *Journal of Applied Social Psychology*, 31: 45-58, 2001.
[11] Burnstein, E. Persuasion as argument processing. In: Brandstatter, M.; Davis, J. H.; Stocker-Kriechgauer, G. (eds.). *Group decision processes*. Londres: Academic Press, 1983.

quais isso acontece. Primeiro, durante a discussão das informações em grupo, muitos argumentos apresentados favorecem o aprendizado ou a preferência inicial do grupo. Como resultado de ouvir tais argumentos, os membros convencem uns aos outros de que a visão inicialmente favorita é a correta, então, eles se movem nessa direção com uma força cada vez maior. Um ditado antigo traduz esse efeito: "Se todos nós dissemos que é assim, então *deve* ser assim!". Isso é o que acontece em muitos grupos de tomada de decisão: os membros convencem uns aos outros de que sua interpretação das informações disponíveis é a correta.

Uma segunda razão para ocorrer a polarização em grupo envolve o desejo, compartilhado por quase todos, de ser melhor do que a média. Isso significa que eles querem que as visões que têm sejam melhores do que as dos outros membros do grupo. O que "melhor" significa nesse contexto? Depende do grupo, mas, em geral, significa defender a visão favorita da maioria com muito mais força do que os outros membros o fazem. Outra vez, essa tendência leva os membros do grupo – e o próprio grupo de tomada de decisão – a ir cada vez mais em direção a extremos.

Os efeitos da polarização de grupos parecem ser fortes e é difícil resistir a eles. Por essa razão, os empreendedores devem estar alertas contra essa ocorrência, pois uma vez instalada ela pode levar a decisões desastrosas. Por exemplo, há indicações de que a polarização de grupos desempenhou um papel na decisão da Apple Computer de *não* licenciar seu software para outros fabricantes; uma decisão que, ao final, custou-lhe a maior parte do mercado de computadores pessoais quando a Microsoft decidiu escolher a rota oposta, permitindo que muitas empresas produzissem computadores usando seu sistema operacional. Consideraremos meios de minimizar a polarização em grupo como parte de uma discussão geral de técnicas para melhorar o processo completo de interpretação de informações e de tomada de decisões.

Pensamento Grupal: Quando a Coesão Excessiva entre os Membros de um Grupo se Torna Perigosa

No Capítulo 5, enfatizaremos a importância das boas relações entre os membros da equipe pioneira de um novo empreendimento[12]. Sugeriremos que as relações eficazes entre os empreendedores fundadores é um ingrediente essencial para o sucesso de um novo empreendimento. Mas como tudo o mais, um nível muito alto de coesão entre os membros do grupo pode ser uma faca de dois gumes e ameaçar seriamente a tomada eficaz de decisões. Quando a coesão (unidade) entre os membros do grupo é muito alta, eles correm o risco de se tornar vítimas do **pensamento grupal** – uma forte tendência dos grupos de tomada de decisão a assumir uma posição, cognitivamente, a favor de uma decisão, presumindo que o grupo *não pode* estar errado, que todos os membros devem apoiar a decisão com veemência e que qualquer informação contrária à decisão deve ser rejeitada[13]. Uma vez que

---

[12] Ensley, M. D.; Pearson, A. W.; Amason, A. C. Understanding the dynamics of new venture top management teams: cohesion, conflict, and new venture performance. *Journal of Business Venturing*, 17: 365-386, 2002.

[13] Janis, I. L. *Victims of groupthink*. 2. ed. Boston: Houthgon Mifflin, 1982.

esse estado coletivo de pensamento se desenvolve, os grupos relutam em mudar suas decisões – talvez até por incapacidade –, mesmo que eventos externos apontem que essas decisões são bastante frágeis.

Por exemplo, considere a decisão da General Electric Corporation (GE) de lançar PCBs (produtos químicos perigosos que desenvolvem câncer) no rio Hudson, em Nova York. Embora os registros da empresa estejam, em geral, fechados para estranhos, as investigações do governo sobre essa questão indicam que os principais executivos da GE decidiram diversas vezes por prosseguir com o lançamento desses produtos químicos perigosos. Eles fizeram isso mesmo depois de perceber que essa ação violaria várias leis e regulamentações de proteção do meio ambiente. Por que isso aconteceu? Talvez porque eles tenham se convencido, erroneamente, de que poderiam escapar dessa ação. Resultado: a empresa deve pagar caro pela limpeza e remoção destes produtos químicos despejados no rio Hudson – as operações estão estimadas em mais de 1 bilhão de dólares.

Entretanto, não são as corporações as únicas organizações sujeitas ao pensamento grupal. Considere o que é, de certo modo, o outro lado da moeda em que a GE está envolvida: ser a vítima em vez de ser a culpada. A GE esteve estabelecida, por muitas décadas, no interior de Nova York, na cidade de Schenectady; em um dado momento, empregou mais de 40 mil pessoas nessa região. Com o passar dos anos, os tributos municipais e federais aumentaram repetidamente, ignorando os fortes protestos da empresa e as declarações que sugeriam que, se o processo não fosse alterado, ela se mudaria para outros locais. Entretanto, apesar desses avisos, os governos locais continuaram a aumentar os impostos da GE, mesmo quando a empresa começou a construir novas fábricas em outros Estados. O resultado? A GE reduziu sua folha de pagamentos na área de Schenectady para menos de 4 mil funcionários e destruiu os prédios não utilizados para removê-los dos registros de impostos. Como os oficiais locais poderiam continuar nesse curso de ação desastroso? Os registros das sessões de tomada de decisão lembram que o pensamento grupal desempenhou um papel nesse processo: de alguma forma, eles se convenceram repetidas vezes de que a GE nunca se mudaria.

Ignorando Informações Não Compartilhadas

Uma das principais vantagens dos grupos é que os membros podem trocar informações e experiências. Em outras palavras, cada um tem algo exclusivo para acrescentar e a combinação dos conhecimentos exclusivos dos membros aumenta o *pool* de informações disponíveis para o grupo. Presumivelmente, quanto mais rico o *pool*, melhores são as decisões que o grupo pode tomar. Isso parece fazer sentido, mas os grupos acabam *não* compartilhando automaticamente informações defendidas por membros individuais. Pelo contrário, quando os grupos discutem uma questão e tentam chegar a uma decisão, eles tendem a considerar as informações compartilhadas pela maioria, se não por todos os membros e, em geral, a ignorar as informações que são conhecidas apenas por um ou por alguns membros. Por que isso acontece? Em parte porque as informações conhecidas pela maioria dos membros têm grande probabilidade de ser relatadas por um ou por mais membros: como a maioria das pessoas as conhece, é muito provável que uma ou mais delas a exponha. Além disso, as pessoas tendem a preferir as informações que confirmem seus conhecimentos, e os membros do grupo encorajam esse processo concordando com tais declarações. O resultado é que os grupos nunca ficam a par das informações exclusivas dos membros individuais, portanto, essas não podem ser usadas em suas decisões[14]. Basicamente, isso pode levar a más interpretações das informações e a decisões bastante frágeis.

Surpreendentemente, essa tendência de os grupos ignorarem as informações de um ou de poucos membros ocorre mesmo em contextos que envolvem decisões de vida ou morte. Por exemplo, equipes de residentes e de estudantes de medicina tendem a discutir mais as informações compartilhadas do que as não compartilhadas; os júris também discutem as informações conhecidas pela maioria dos membros e ignoram as informações conhecidas por um ou por alguns deles[15]. Como os empreendedores precisam aplicar todas as informações à sua disposição – algumas das quais reunidas por meio de grande esforço –, essa tendência pode ser dispendiosa, com resultados devastadores para novos empreendimentos. Se uma equipe de fundadores de um novo empreendimento discutir somente as informações já conhecidas por todos os membros, as decisões obtidas sobre uma ampla gama de questões, do desenvolvimento de novos produtos aos financiamentos, podem ser afetadas de maneira adversa, com conseqüências prejudiciais para o novo empreendimento.

Melhorando as Decisões do Grupo: Técnicas para Sair das Armadilhas

Se a discussão sobre armadilhas em potencial na tomada de decisão em grupo soou desencorajadora, nós fizemos isso de propósito. É porque acreditamos ser muito importante que você, como novo empreendedor, esteja consciente desses perigos; ignorá-los pode sair caro – ou até mesmo ser fatal – para novos empreendimentos. Entretanto, sendo otimistas por natureza, queremos terminar com uma observação positiva relatando que há técnicas eficazes para evitar cair nessas armadilhas; técnicas que você pode usar para proteger suas próprias decisões de algum tipo de impacto.

Uma especialmente útil é a **técnica do advogado do diabo**[16]. Nesse procedimento, um membro da equipe de fundadores tem a tarefa de discordar e criticar todo plano ou decisão que for o favorito inicial. Essa tática é bastante útil porque induz os membros a pensarem cuidadosamente sobre as informações disponíveis e sobre as decisões que estão favorecendo; isso pode diminuir a inclinação pelo favorito inicial. Também é eficaz na resistência ao pensamento grupal, porque sugere com bastante clareza que o grupo *não* chegou a um consenso e foca a discussão no fato de que é realmente possível defender visões alternativas.

Outra técnica útil para melhorar a interpretação das informações e a tomada de decisões é pedir aos membros do grupo que relacionem todas as informações pertinentes conhecidas por eles antes de começar a discussão. Essa técnica reduz a tendência de ignorar as informações não-compartilhadas e limita a quantidade de tempo gasto com a discussão de visões compartilhadas pela maioria dos membros, diminuindo, assim, a probabilidade de persuasão recíproca e o desenvolvimento dos efeitos de polarização de grupos.

---

[14] Gigone, D.; Hastie, R. The common knowledge effect: information sharing and group judgment. *Journal of Personality and Social Psychology*, 65: 959-974, 1993.
[15] Larson Jr., J. R.; Foster-Fishman, P. G.; Franz, T. M. Leadership style and the discussion of shared and unshared information in decision-making groups. *Personality and Social Psychology Bulletin*, 75: 93-108, 1998.
[16] Hirt, E. R.; Markman, K. D. Multiple explanations: a consider-an-alternative strategy for debiasing judgments. *Personality and Social Psychology Bulletin*, 69: 1069-1086, 1995.

Uma terceira técnica que os novos empreendimentos podem adotar e que é muito útil é designar indivíduos com experiência técnica ou comercial para um conselho administrativo. Os conselhos e orientações fornecidas por esses indivíduos podem ajudar as equipes de fundadores a melhorar as decisões que tomam, desde que os membros sejam sábios o suficiente para ouvir! As sugestões de um conselho administrativo externo podem ser extremamente valiosas porque essas pessoas não têm só a experiência, que pode não existir entre os membros da equipe de fundadores, mas também a visão de fora. Isso significa que eles estão menos sujeitos aos efeitos da polarização do pensamento grupal e de outros fatores que podem afetar as decisões dos grupos. Por essas razões, os conselhos podem ser de grande utilidade para os novos empreendimentos.

Resumo e Revisão dos Pontos-Chave

- Muitos produtos novos que surgem no mercado desaparecem sem que seu uso seja difundido.
- Uma das principais razões disso é que os empreendedores que constroem seus novos empreendimentos para desenvolver esses produtos ou serviços não fazem a lição de casa, que é obter informações básicas e essenciais antes de começar.
- Entre os tipos de informações mais importantes de que os empreendedores precisam estão (1) informações de marketing, (2) informações sobre tributação, (3) informações sobre regulamentações e políticas do governo e (4) informações sobre as leis relevantes.
- As informações sobre essas questões devem ser reunidas antes do início de novos empreendimentos, porque elas podem ajudar os empreendedores a evitar muitos problemas e armadilhas.
- Mesmo que os empreendedores juntem essas informações, eles têm de interpretá-las com precisão, isso também pode representar perigos para os novos empreendimentos.
- Antes de iniciar um novo negócio, os empreendedores precisam de informações de marketing confiáveis, informações sobre como os clientes em potencial reagirão aos produtos ou serviços que oferecem.
- Como as pessoas não são muito bem-sucedidas na identificação dos fatores que influenciam seu comportamento, simplesmente perguntar a elas por que gostam ou não de vários produtos não é uma abordagem eficaz.
- O mapeamento perceptual, uma técnica para identificação das dimensões levadas em consideração pelos clientes na hora de avaliar vários produtos, é, em geral, uma etapa inicial útil.
- Um procedimento utilizado para reunir tais informações é formar grupos de discussão, grupos de oito a 12 pessoas que são semelhantes a clientes em potencial e que, durante uma ou duas horas, descrevem suas percepções e reações com relação a determinado produto.
- Além de reunir suas próprias informações de marketing, os empreendedores também podem usar dados indiretos ou secundários, informações colhidas por outras pessoas.
- Embora as informações de marketing sejam usadas por empreendedores, elas não são garantia de sucesso, especialmente com relação a novos produtos ou serviços, porque os consumidores podem ter dificuldade em compará-los com os produtos existentes e porque podem surgir usos inesperados para tais produtos.
- As políticas do governo quanto a novos empreendimentos variam muito de um país para outro; independente de onde residam, os empreendedores devem pres-

- tar muita atenção a questões relacionadas a esse aspecto.
- A tributação afeta muito a lucratividade de todos os negócios, portanto, os empreendedores devem considerar os códigos de impostos federais, estaduais e municipais com cuidado ao planejar seus novos empreendimentos.
- Nos últimos anos, as políticas governamentais relacionadas a novos empreendimentos se tornaram mais favoráveis em muitos países; e foram instituídos programas especiais dedicados a encorajar a inovação, como a SBIR, e os programas destinados a ajudar empreendedores que pertencem a minorias.
- Os empreendedores devem estar familiarizados com os programas especiais, porque eles podem fornecer recursos valiosos para os novos empreendimentos.
- Os governos estabeleceram muitas regulamentações e leis destinadas a proteger a saúde e a segurança de funcionários e a regularizar vários setores (por exemplo, os que manipulam substâncias tóxicas ou perigosas).
- Os empreendedores devem estar cientes das regulamentações, pois elas podem prejudicar muito os novos negócios.
- Nos Estados Unidos, o *Occupational Safety and Healthy Act* (Lei de Segurança e Saúde Ocupacional) exige que todos os empregadores, mesmo os de pequenas empresas, tomem medidas ativas para proteger a saúde e a segurança dos funcionários.
- Regulamentações e leis adicionais foram feitas para proteger os funcionários de discriminação [por exemplo, o *Americans with Disabilities Act* (Lei dos Americanos Portadores de Deficiências)].
- Os empreendedores americanos devem estar familiarizados com as leis e regulamentações para garantir que seus novos empreendimentos estejam de acordo com elas. O fato de não serem seguidas pode produzir resultados desastrosos.
- Uma vez obtidas as informações, elas devem ser interpretadas e compreendidas de modo que possam ser usadas como base para uma boa tomada de decisão e para o mapeamento de estratégias futuras.
- Infelizmente, muitas fontes de tendências e erros podem afetar a interpretação de informações, conduzindo a decisões erradas. Os empreendedores devem se esforçar muito para evitar erros desse tipo.
- Uma fonte comum de erros é a tendência que os grupos de tomada de decisão têm de favorecer a aceitação da preferência inicial do grupo – o favorito implícito.
- Uma segunda fonte de erro na interpretação das informações por parte dos grupos é a polarização de grupos, uma forte tendência a mudar para visões mais extremas do que suas visões iniciais.
- Outra fonte potencial de erro nos grupos de tomada de decisão é o pensamento grupal, uma forte tendência a assumir uma posição, cognitivamente, a favor de uma decisão, presumindo que o grupo não pode estar errado, que todos os membros devem apoiar a decisão com veemência e que qualquer informação contrária à decisão deve ser rejeitada.
- Embora uma das principais vantagens dos grupos seja poder reunir informações defendidas por membros individualmente, isso nem sempre ocorre. Os grupos, em geral, não compartilham as informações conhecidas por um ou por alguns membros. Ao contrário, a tendência é discutir as informações que já são conhecidas pela maioria dos membros, o que também pode levar a decisões improdutivas.
- Existem vários procedimentos para a redução desses erros em potencial, inclusive a técnica do advogado do diabo. Uma outra técnica envolve um conselho administrativo que, por ser formado por membros externos, está menos sujeito a forças que podem distorcer a decisão do grupo.

Questões para Discussão

1. A maneira mais direta de se obter informações sobre como os clientes em potencial reagirão a um novo produto é simplesmente perguntar a eles. Por que algumas vezes esse método engana?
2. Suponha que você tenha uma idéia para um novo serviço que ajudará futuras noivas a planejar seu casamento. Como poderia ser o mapeamento perceptual para decidir quais tipos de informações e de ajuda seriam mais atrativos para as clientes em potencial?
3. Neste capítulo, observamos que as informações de marketing, mesmo sendo excelentes em todos os aspectos, não são garantia de sucesso. Por quê? Há algum tipo de informação que *poderia* garantir o sucesso dos novos empreendimentos?
4. Que programas governamentais podem ser úteis para seu novo empreendimento? Como você poderia obter ajuda desses programas?
5. Suponha que você esteja entrevistando candidatos a vagas de emprego para seu novo empreendimento. Que tipos de perguntas seriam violações de regulamentações do governo projetadas para proteger os funcionários de discriminação?
6. Imagine que uma pessoa portadora de uma deficiência física grave se candidate a uma vaga em seu novo empreendimento. Você poderia negar-lhe o emprego por causa da deficiência? Se a resposta for "não", o que você teria de fazer, se a empregasse, para atender às exigências das leis a respeito de pessoas portadoras de deficiências?
7. Acredita-se que, na tomada de decisão, os grupos sejam menos propensos a "perder as estribeiras" do que as pessoas individualmente. Você acha que isso é verdade? Se não, quais processos poderiam, em conjunto, levar esses grupos a tomar decisões extremas (e improdutivas)?

ARREGAÇANDO AS MANGAS

Quando os Empreendedores Brincam de Detetive: O Uso de Métodos Indiretos para a Aquisição de Informações de Marketing

Suponha que esteja considerando a possibilidade de iniciar um novo empreendimento. Você está tentando decidir quais produtos oferecer, quais mercados desenvolver e quais técnicas de marketing usar. Tem capital bastante limitado, portanto, não possui recursos para fazer estudos completos de marketing. Como resultado, decide se focar em métodos indiretos para reunir informações de mercado; métodos que são quase gratuitos. Para obter experiência na realização desse tipo de tarefa, faça o seguinte:

1. **Identifique os tipos específicos de informações de que precisa.** O que quer saber sobre os produtos da concorrência, quem os usa e o que as pessoas gostam ou não neles? Formule uma relação de tipos específicos de informações que acredita serem importantes. Para cada item que relacionar, explique por que é importante ter esse tipo de informação.
    a.
    b.
    c.
    d.
    e.

2. **Identifique os meios pelos quais você pode obter essas informações.** Que recursos estão disponíveis gratuitamente – ou quase de graça – e que você pode usar? Relacione-os e explique como você poderia obtê-los.
    a.
    b.
    c.
    d.
    e.
3. **Decida como usaria essas informações para planejar sua estratégia de marketing.** Agora descreva o que você poderia fazer com essas informações – como poderia usá-las para desenvolver seu produto –, relacione-as com seu mercado em potencial e pense em técnicas específicas que usará para desenvolver as vendas.

Aperfeiçoando as Decisões em Grupo

Decisões em grupo improdutivas são dispendiosas para toda a organização, mas são especialmente fatais para novos empreendimentos. Estes negócios não podem se dar ao luxo de cometer grandes erros porque seus recursos são sempre limitados. A maioria dos novos empreendimentos é formada por dois ou mais empreendedores; portanto, a tomada de decisões geralmente envolve reuniões frente a frente entre os co-fundadores, que discutem os problemas atuais e consideram várias opções. Embora esse processo possa ser eficaz, ele enfrenta sérios obstáculos – processos que tendem a distorcer as decisões tomadas nos grupos e as encaminham para opções extremas (em geral, improdutivas). Como você pode proteger seu próprio processo de tomada de decisões desses riscos? Aplicando as etapas a seguir às decisões que você deve tomar ao fazer seu novo empreendimento funcionar:

1. **Resistir ao pensamento grupal.** O pensamento grupal se desenvolve quando os membros de um grupo se convencem de que eles *devem* estar certos; afinal, todos concordam. Várias medidas são úteis para resistir a essa tendência, mas uma das melhores é contar com peritos e ouvir suas sugestões! Se você escolher esses profissionais com cuidado, eles identificarão as armadilhas em potencial e dirão, com franqueza, se você estiver perto de tomar uma decisão improdutiva. A chave é (1) saber escolher com sabedoria e (2) escutar com cuidado seus conselhos. Se fizer isso, você obterá uma proteção considerável contra o pensamento grupal e outras causas de decisões improdutivas.
2. **Certifique-se de compartilhar as informações.** Um dos principais problemas para os grupos que tomam as decisões é, em geral, que eles falam principalmente sobre as informações que já são do conhecimento de todos. Isso não é surpreendente, pois, se tais informações são conhecidas por todos, é provável que surjam durante as discussões. Você pode evitar esse problema atribuindo a cada membro do grupo tópicos ou questões diferentes para discussão. Por exemplo, uma pessoa pode estar focada em questões relacionadas a finanças, outra em tarefas de marketing e outra, ainda, em questões relacionadas à produção. Se estruturar as reuniões de modo que cada participante focalize um tópico, a probabilidade de as informações não compartilhadas serem apresentadas a todos pode ser muito maior.
3. **Nomeie um advogado do diabo.** Os grupos geralmente se movem rapidamente em direção a um acordo; e, freqüentemente, sua posição final é mais extrema do que as visões iniciais de todos os membros (isto é, ocorre a polarização de grupos). Uma boa maneira de deter essa investida em direção ao extremo é nomear um advogado do diabo. Essa pessoa tem a função de perguntar "Por quê?" muitas e muitas vezes. Em outras palavras, ele ou ela estimula os outros membros do grupo a explicar suas hipóteses, a esclarecer as razões pelas quais estão recomendando visões ou ações específicas e, em geral, incita-os a considerar várias alternativas. Obviamente, isso não pode durar para sempre, as decisões devem ser tomadas de maneira oportuna. Mas forçando o grupo a considerar todas as opções por meio de análise detalhada, a pessoa que desempenha essa função pode ser muito útil para evitar decisões improdutivas. Tente nomear uma pessoa para desempenhar essa função em seu próprio empreendimento; você pode ter uma surpresa agradável ao verificar os resultados.

Reunindo a Equipe:

Adquirindo e Utilizando Recursos Humanos Essenciais

5

OBJETIVOS DE APRENDIZADO
Após ler este capítulo, você deve ser capaz de:

1 Explicar a diferença entre similaridade e complementaridade e a relevância desses conceitos na tarefa de escolher co-fundadores para um novo empreendimento.

2 Explicar por que os empreendedores devem conduzir uma auto-avaliação cuidadosa como parte do processo de escolha de co-fundadores em potencial.

3 Definir "administração da imagem" e descrever várias táticas usadas para essa finalidade.

4 Explicar como os empreendedores podem identificar dicas não-verbais para determinar quando as outras pessoas estão tentando ludibriá-los.

5 Definir "viés autoprotetor" e explicar como ele desempenha um papel importante na imparcialidade percebida.

6 Explicar a diferença entre crítica construtiva e crítica destrutiva.

7 Descrever o papel das redes sociais na tentativa de contratar mais funcionários para os novos empreendimentos.

8 Descrever a relação entre o número de funcionários e o sucesso do novo empreendimento.

9 Relacionar as vantagens e as desvantagens relativas a funcionários temporários e permanentes.

> "A união pode ser a força, mas é simplesmente força bruta e cega, a menos que seja orientada com sabedoria." (Samuel Butler, 1882)
>
> Embora a visão popular de empreendedores sugira que eles sejam *loners* – pessoas ativas e criativas que preferem fazer as coisas sozinhas, de maneira exclusiva –, a maioria dos novos empreendimentos (mais de dois terços) realmente começa com equipes de empreendedores que trabalham juntos[1]. E isso não é surpreendente. A cooperação e o trabalho em equipe permitem que as pessoas realizem tarefas que elas nunca puderam realizar sozinhas. O fato de que muitos empreendedores optam por trabalhar com co-fundadores, entretanto, levanta uma questão intrigante: o conjunto é maior que a soma de suas partes nesse contexto, como o é em muitos outros? Em outras palavras, os novos empreendimentos que iniciaram com equipes de empreendedores são mais bem-sucedidos do que os que iniciaram individualmente? Embora não exista uma resposta definitiva para essa questão, concordamos com a citação, pois sugere que as equipes são, de fato, uma vantagem, mas apenas quando as pessoas envolvidas trabalham juntas, com sabedoria – e bem. Isso, por sua vez, implica duas tarefas cruciais para os empreendedores que decidem trabalhar com outros (co-fundadores) para fazer suas idéias virarem realidade. Primeiro, devem escolher seus parceiros cuidadosamente, selecionando aqueles que os ajudarão a atingir suas metas. Segundo, devem trabalhar de modo efetivo com essa pessoa para que os benefícios potenciais do trabalho em equipe possam ser obtidos.

Com certeza, é muito mais fácil definir metas do que atingi-las. Escolher co-fundadores excelentes e desenvolver com eles boas relações de trabalho são tarefas complexas que exigem um esforço considerável. Entretanto, em nossa visão, esse é um esforço bem aplicado porque o sucesso de qualquer novo empreendimento depende bastante dos recursos humanos que ele reúne – conhecimento, habilidades, talentos, capacidades, reputações e redes sociais de seus co-fundadores, além daqueles trazidos pelos primeiros funcionários. Pesquisas indicam que esses fatores e outros relacionados a eles desempenham um papel importante no lançamento e no sucesso de novos empreendimentos[2]. Então, como essas tarefas importantes podem ser realizadas com eficácia? Como os empreendedores podem reunir os recursos humanos necessários para lançar um novo empreendimento de sucesso? Esse é o foco central deste capítulo. A fim de responder a essa indagação de maneira proveitosa, consideraremos quatro tópicos que são intimamente ligados.

Primeiro, examinaremos a questão complementaridade *versus* similaridade: os empreendedores devem escolher co-fundadores que sejam semelhantes a eles em vários aspectos ou que sejam diferentes de maneiras complementares; que possam fornecer o que lhes falta em termos de conhecimento, habilidades ou experiências? Como observaremos mais adiante, tanto complementaridade quanto similaridade oferecem vantagens, mas acreditamos que

---

[1] Cooper, A.; Woo, C.; Dunkelberg, W. Entrepreneurship and the initial size of firms. *Journal of Business Venturing*, 3: 97-108, 1989.

[2] Davidsson, P.; Honig, B. The role of social and human capital among nascent entrepreneurs. *Journal of Business Venturing*, 18: 301-331, 2003.

enfatizar a complementaridade pode ser uma estratégia um pouco melhor, porque ela oferece aos novos empreendimentos uma base forte e diversa de recursos humanos. De qualquer modo, o processo de escolha dos co-fundadores adequados deve começar com uma auto-avaliação dos futuros empreendedores. A razão dessa necessidade pode ser definida de maneira simples: é impossível que os empreendedores saibam o que precisam de seus co-fundadores a menos que eles (os próprios empreendedores) reconheçam o que já têm. Depois de considerar por que e como os empreendedores devem se envolver em uma auto-avaliação, enfocamos a tarefa de escolher os co-fundadores. Isso exige habilidade em avaliar com precisão outras pessoas, pois pode causar mais enganos do que se imagina em um primeiro momento. Muitas pessoas são peritas em manipular sua "imagem" e aparentar ser o que não são; portanto, perceber algumas táticas é uma habilidade que vale a pena desenvolver. (Na verdade, esse é um tema que será abordado ao longo deste livro. Retornaremos a esse assunto no Capítulo 10, no qual explicaremos por que os empreendedores, em geral, fazem franquias de seus negócios para evitar problemas com funcionários que não representam bem suas habilidades.) Em terceiro lugar, voltaremos à questão do estabelecimento de relações de trabalho eficazes com os co-fundadores e com os novos funcionários. Isso requer medidas preliminares, como uma divisão clara de papéis e obrigações, além da atenção cuidadosa aos princípios básicos de imparcialidade e de comunicação eficaz. Finalmente, encerraremos com uma consideração breve sobre os recursos humanos além da equipe fundadora – como os novos empreendimentos recrutam as pessoas com o talento de que precisam e se essas pessoas devem ser funcionários temporários ou permanentes. Se essas quatro tarefas forem realizadas com sucesso, um novo empreendimento pode começar a vida com o *pool* de recursos humanos necessário para crescer e prosperar; mas se *não* forem realizadas de maneira eficaz, um novo empreendimento pode começar com deficiências graves, das quais talvez nunca consiga se recuperar.

SIMILARIDADE *VERSUS* COMPLEMENTARIDADE: "CONHEÇA-TE A TI MESMO" REVISITADO

É um aspecto factual básico da vida humana que as pessoas se sintam mais confortáveis com – e tenham uma tendência a gostar de – aqueles que são similares a elas mesmas em vários aspectos. Evidências de um grande instituto de pesquisa apontam duas questões intrigantes a respeito da atração pela similaridade: (1) quase todos os tipos de similaridade – com relação a atitudes e valores; fatores demográficos como idade, gênero, ocupação ou etnia; interesses compartilhados – farão quase tudo; e (2) tais efeitos são gerais e fortes. Por exemplo, descobriu-se que a similaridade influencia o resultado de entrevistas de emprego e classificações de desempenho: em geral, quanto maior for a similaridade dos candidatos ao trabalho com as pessoas que os entrevistam, maior é a probabilidade de serem contratados. De maneira correspondente, quanto maior for a similaridade dos funcionários com seus gerentes, maiores são as classificações que recebem deles[3]. É provável que você adivinhe por que a similaridade é tão atraente: quando as pessoas são semelhantes em várias

---
[3] Greenberg, J.; Baron, R. A. *Behavior in organizations*. 8. ed. Upper Saddle River, NJ: Prentice-Hall, 2003.

dimensões, elas se sentem mais confortáveis na presença uma da outra, sentem que se conhecem melhor e têm mais confiança de que podem prever as reações e o comportamento da outra pessoa. Em resumo, com tudo igual, há uma tendência a nos associarmos a – escolher como amigos ou co-fundadores, e até mesmo a nos casarmos com – quem é similar a nós em muitos aspectos.

Os empreendedores não são uma exceção a essa regra. A maioria tende a selecionar pessoas cuja experiência, instrução e habilidade são muito similares a suas próprias características. Isso não surpreende, pois pessoas com experiências similares "falam a mesma língua", então podem conversar com mais prontidão e regularidade do que as que têm experiências diferentes. É comum já se conhecerem por terem freqüentado as mesmas escolas ou trabalhado nas mesmas empresas. O resultado é que muitos novos empreendimentos são iniciados por equipes de empreendedores das mesmas áreas ou ocupações. Engenheiros tendem a trabalhar com engenheiros; empreendedores com experiência em marketing ou em vendas tendem a trabalhar com outras pessoas dessas áreas; cientistas tendem a trabalhar com outros cientistas, e assim por diante.

De certo modo, essa é uma vantagem importante. Conforme observamos na seção anterior, a comunicação eficaz é um ingrediente-chave nas boas relações de trabalho; portanto, o fato de que "pássaros do mesmo bando tendem a voar juntos" no início de novos empreendimentos oferece vantagens óbvias. Por outro lado, a tendência dos empreendedores de escolherem co-fundadores cuja experiência e instrução são muito similares a suas próprias características traz vários prejuízos. O mais significativo gira em torno da redundância: quanto mais semelhantes as pessoas são, maior o grau de superposição de seus conhecimentos, instrução, habilidades e atitudes. Por exemplo, considere um grupo de engenheiros iniciando uma nova empresa para desenvolver um novo produto. Todos têm experiência técnica e isso é extremamente útil em termos de desenvolvimento de um produto que realmente funcione. Mas, como todos são engenheiros, têm poucos conhecimentos de mercado, de questões legais ou regulamentações sobre saúde e segurança de funcionários. Além disso, eles podem saber muito pouco sobre como escrever um plano comercial eficaz, o que, conforme mostra o Capítulo 7, é crucial para obter os recursos financeiros necessários e para determinar como administrar uma empresa de forma efetiva. Além disso, embora todos tenham excelentes habilidades quantitativas, não são peritos em preparar documentos escritos ou em "vender" suas idéias; como é o caso das pessoas com experiência técnica e científica. Eles são melhores com números do que com palavras. Ademais, pelo fato de todos terem sido instruídos na mesma área (e muitas vezes terem estudado na mesma escola), têm as redes sociais semelhantes. A tendência é que conheçam as mesmas pessoas e, conseqüentemente, tenham uma quantidade limitada de contatos a partir dos quais possam obter os recursos necessários, como informações, apoio financeiro, entre outros.

Agora, o ponto principal deve estar claro: o que essa equipe de empreendedores em particular, ou qualquer outra, precisa para o sucesso é de uma gama bastante ampla de informações, habilidades, aptidões e experiências. Isso é menos provável de acontecer quando todos os membros da equipe fundadora são muito parecidos uns com os outros em importantes aspectos. O ideal é que as carências de um membro da equipe possam ser compensadas por outros membros de modo que o conjunto seja melhor do que a soma de suas partes – conforme a citação no início deste capítulo sugere. A equipe pode reunir seu conhecimento e sua experiência. A regra número um para os empreendedores em processo de formação de suas equipes fundadoras é: *Não caia na tentação de trabalhar unicamente com pessoas cuja formação, instrução e experiência sejam muito similares às suas. Fazer isso será fácil e agradável, mas* não *fornecerá a base rica de recursos humanos de que o novo empreendimento precisa.*

Auto-Avaliação: Saber o que Você Tem Ajuda a Determinar do que Precisa

Agora que esclarecemos os perigos associados ao aspecto negativo de escolher trabalhar exclusivamente com co-fundadores semelhantes a si mesmo, voltaremos uma etapa e examinaremos uma questão relacionada: a importância da auto-avaliação precisa nesse processo. Conforme observamos, é difícil, se não impossível, saber quais características os co-fundadores em potencial precisam ter sem compreender primeiro com o que se pode contribuir. Por essa razão, é crucial que o primeiro passo de todos os empreendedores – que deve ser dado *antes* de reunir os recursos humanos necessários (co-fundadores ou funcionários adicionais) – seja uma **auto-avaliação** cuidadosa, um inventário de conhecimento, experiência, instrução, motivos e características que eles possuem e que podem contribuir para o novo empreendimento.

Isso está longe de ser uma tarefa simples. A máxima "Conhece-te a ti mesmo" parece direta, mas, na realidade, é extraordinariamente difícil de ser colocada em prática. Há duas razões principais para isso. Primeiro, porque, em geral, desconhecemos pelo menos alguns dos fatores que afetam nosso comportamento. Conforme observado no Capítulo 4, sabemos o que fizemos, mas temos pouca certeza do porquê. O efeito poderoso da similaridade é um ótimo exemplo desse fato. Usualmente, as pessoas gostam das outras, inclusive de co-fundadores em potencial, em virtude das similaridades sutis – as pessoas são semelhantes de várias maneiras, mas não estão totalmente conscientes dessas similaridades. Em suma, elas sabem que gostam umas das outras e acham agradável trabalharem juntas, mas não sabem por quê. Pelo fato de não estarmos conscientes dos fatores que influenciam nosso comportamento e nossas reações, a tarefa de conhecer a si mesmo se torna complexa.

Segundo, e talvez mais importante, não tomamos conhecimento de nossos principais traços, habilidades ou mesmo atitudes diretamente, por meio de auto-reflexão. Ao contrário, nós nos conscientizamos gradualmente desses aspectos importantes de nós mesmos por meio de nossas relações com as outras pessoas. Apenas elas, e suas reações a nós, podem nos dizer o quanto somos inteligentes, enérgicos, charmosos ou bem informados. Não há medida física direta desses e de outros atributos; portanto, temos de reuni-los aos poucos a partir do que outras pessoas nos dizem, direta ou indiretamente (ver a Figura 5.2).

Embora a tarefa de adquirir autoconhecimento seja complexa, podemos realizá-la de maneira satisfatória se nos esforçarmos. Há medidas concretas que você, como um futuro empreendedor, pode tomar para desenvolver uma visão precisa de seu próprio capital humano – os recursos que aplicará a qualquer tipo de novo empreendimento que escolher começar. Você mesmo pode completar várias partes importantes de seu inventário pessoal, mas em outras partes precisará da ajuda de pessoas que o conhecem bem e, por isso, podem oferecer percepções que você não teria sozinho. Lembre-se de que a razão para a realização dessa atividade é compreender quais características você já tem – seu próprio capital humano – de modo que determine o que precisa das outras pessoas, inclusive de co-fundadores em potencial.

- *Base de conhecimento*. Esse é um bom começo, porque é algo que você pode fazer sozinho. Pergunte-se o seguinte: "O que eu sei?", "Que informações e conhecimentos levo para o novo empreendimento?". Nesse ponto, sua formação e suas experiências são diretamente relevantes, podem sugerir o que você sabe e o que não sabe e, portanto, o que precisa obter de outras pessoas, inclusive dos co-fundadores em potencial.
- *Habilidades específicas*. Um pouco isoladas da base de conhecimento estão as habilidades específicas, proficiências que lhe permitem realizar bem determinadas tarefas. Você é bom com números? Tem aptidão para apresentações orais? Lida bem com as pessoas? Todos têm um conjunto único de habilidades e você deve tentar compreender as suas, e fazer um inventário delas, como uma etapa preliminar para o desenvolvimento de seu novo empreendimento.
- *Motivação*. Este é mais difícil, mas muito importante. Por que quer começar um novo empreendimento? Por que gosta de desafios? Por que acredita veementemente no novo produto? Para ganhar uma fortuna? Para escapar da vida corporativa e se tornar seu próprio patrão? Você pode ter todos esses motivos ao mesmo tempo, mas é útil considerar a importância relativa de cada um para você, pois, se seus motivos pessoais não forem os mesmos de seus co-fundadores em potencial, isso pode causar sérios problemas no futuro.
- *Compromisso*. Está relacionado à motivação, mas não é a mesma coisa. O compromisso se refere ao desejo de persistir – de continuar, mesmo enfrentando adversidades – e atingir suas metas pessoais relacionadas ao novo empreendimento (por exemplo, as relacionadas no tópico "Motivação"). Descobertas recentes indicam que esse é um fator importante para o sucesso de um novo empreendimento[4].
- *Atributos pessoais*. Aqui você precisará da ajuda de outras pessoas, porque só elas podem identificar em que ponto de várias dimensões-chave você se encaixa. Os seres humanos são diferentes em inúmeras dimensões, mas tem se tornado cada vez mais claro que cinco delas são as principais e mais relevantes em contextos de negócios. São conhecidas como as **"Cinco Grandes Dimensões da Personalidade"**[5] e evidências sugerem dois fatos importantes sobre elas: são realmente principais – na verdade, são tão básicas que fica óbvio em que ponto os indivíduos se encaixam nessas dimensões, mesmo que só os conheçamos há poucos minutos – e estão, de fato, relacionadas a muitos aspectos do comportamento no universo dos negócios, inclusive ao desempenho de tarefas[6]. Quais são essas dimensões? Elas podem ser descritas da seguinte maneira:

---

[4] Erikson, T. Entrepreneurial capital: the emerging venture's most important asset and competitive advantage. *Journal of Business Venturing*, 17: 275-290, 2002.

[5] Mount, M. K.; Barrick, M. R. The big five personality dimensions: implications for research and practice in human resources management. In: Rowland, K. M.; Ferris. G. (eds.). *Research on personnel and human resources management*. v. 13. Greenwich, CT: JAI Press, p. 153-200, 1995.

[6] Hurtz, G. M.; Donovan, J. J. Personality and job performance: the big five revisited. *Journal of Applied Psychology*, 85: 869-879, 2000.

Consciência. Até que ponto os indivíduos são trabalhadores, organizados, confiáveis e perseverantes *versus* preguiçosos, desorganizados e não-confiáveis.

Extroversão-introversão. Até que ponto os indivíduos são gregários, positivos e sociáveis *versus* reservados, tímidos e sossegados.

Amabilidade. Até que ponto os indivíduos são cooperativos, corteses, confiantes e agradáveis *versus* não-cooperativos, desagradáveis e hostis.

Estabilidade emocional. Até que ponto os indivíduos são inseguros, ansiosos, depressivos e emotivos *versus* calmos, autoconfiantes e seguros.

Abertura a experiências. Até que ponto os indivíduos são criativos, curiosos e têm interesses amplos *versus* práticos e com interesses restritos.

Conforme observado anteriormente, essas dimensões são importantes. Por exemplo, foi descoberto que elas estão vinculadas ao desempenho no trabalho em um grande número de ocupações[7]. Em geral, a consciência é a dimensão que mostra associação mais forte com o desempenho da tarefa: quanto mais bem classificados os indivíduos forem nessa dimensão, melhor será seu desempenho. Descobertas recentes indicam que quanto mais bem classificados no que se refere à consciência forem os empreendedores, maior será a probabilidade de seus novos empreendimentos darem certo[8]. Estabilidade emocional também está relacionada ao desempenho de tarefa; embora não com tanta força ou consistência. Também aqui, quanto mais estáveis emocionalmente os indivíduos forem, melhor será seu desempenho.

As outras dimensões entre as cinco grandes dimensões da personalidade também estão vinculadas ao desempenho de tarefas, mas de maneiras mais específicas. Por exemplo, amabilidade e extroversão são relacionadas de forma positiva com aspectos interpessoais do trabalho (por exemplo, se dar bem com outras pessoas). Especialmente importante para os empreendedores é o fato de que a posição do indivíduo em várias das cinco grandes dimensões de personalidade está relacionada com o desempenho das equipes às quais ele pertence[9]. Pesquisas mostram que quanto maior for a classificação dos membros da equipe quanto à consciência, amabilidade, extroversão e estabilidade emocional, maior será o desempenho da equipe (conforme avaliação do gerente). Finalmente, devemos observar que duas dessas dimensões – abertura a experiências e consciência – estão relacionadas com criatividade e inovação[10]. Abertura a experiências parece facilitar tal comportamento enquanto a consciência parece reduzi-lo.

Como é possível avaliar sua própria classificação nessas dimensões? Fazer o exercício "Arregaçando as Mangas" deste capítulo é um bom começo. Seguindo as instruções, você terá percepções úteis sobre sua classificação em cada uma das cinco grandes dimensões. Conhecer esses aspectos pode ajudar a desenvolver uma boa visão do que é preciso ter nos co-fundadores em potencial. Consciência e estabilidade emocional são importantes

---

[7] Salgado, J. F. The five-factor model of personality and job performance in the European community. *Journal of Applied Psychology*, 82: 30-43, 1997.
[8] Ciavarella, M. A. et al. The big five and venture survival: Is there a link? *Journal of Business Venturing*, no prelo.
[9] Barrick, M. R. et al. Relating member ability and personality to work-team processes and team effectiveness. *Journal of Applied Psychology*, 83: 377-391, 1998.
[10] George, J. M.; Zhou, J. When openness to experience and conscientiousness are related to creative behavior: an interactional approach. *Journal of Applied Psychology*, 86: 513-524, 2001.

em quase todos os contextos. Além disso, pessoas com bastante amabilidade têm mais facilidade de convivência do que aquelas com uma classificação baixa nessa dimensão. Tendo esses pontos em mente, você desejará escolher co-fundadores bem classificados nessas características. Mas também pode valer a pena considerar a complementaridade para outras dimensões. Por exemplo, se você for uma pessoa extrovertida e tiver "habilidade para lidar com pessoas", é menos importante que seus co-fundadores sejam bem classificados nessas dimensão também; na maior parte do tempo, um só porta-voz é o suficiente.

Similaridade *ou* Complementaridade: Uma Palavra Final

Então, o que você deve buscar em membros da equipe em potencial, similaridade ou complementaridade? A resposta depende muito das dimensões consideradas. Complementaridade é muito importante com relação a conhecimento, habilidades e experiência. A fim de serem bem-sucedidos, novos empreendimentos devem adquirir um inventário de recursos humanos rico e útil. A escolha de co-fundadores cujo conhecimento e experiência complementam as suas características pode ser muito proveitosa para atingir essa meta importante. Por outro lado, similaridade também oferece benefícios: aumenta a facilidade de comunicação e favorece o bom relacionamento entre as pessoas. A similaridade com relação à motivação é um aspecto básico: se os co-fundadores de um novo empreendimento tiverem motivos ou metas muito contrastantes, é quase certo que existirá conflito entre eles.

Acima de tudo, sugerimos uma abordagem equilibrada: concentre-se principalmente em complementaridade com relação a conhecimentos, habilidades e experiências, não se esquecendo da similaridade com relação a características pessoais e motivação[11]. Isso fornecerá uma boa simetria entre a obtenção da ampla gama de recursos humanos de que novos empreendimentos precisam e o estabelecimento de um bom ambiente de trabalho em que todos os membros da equipe fundadora possam trabalhar com afinco para transformar sua visão em realidade.

Boa sorte com seu inventário pessoal e com a tarefa de escolher excelentes co-fundadores. Durante o processo, lembre-se das palavras de Lao-Tzu, um filósofo da China antiga: "aquele que conhece os outros é inteligente; aquele que conhece a si mesmo tem discernimento".

ESCOLHENDO CO-FUNDADORES: MAXIMIZANDO OS RECURSOS HUMANOS DO NOVO EMPREENDIMENTO

Conforme observado na seção anterior, é mais difícil "conhecer a si mesmo" do que pode parecer em um primeiro momento. Com um pouco de trabalho árduo, entretanto, é possível formular um inventário preciso sobre seu próprio capital humano; o que você traz para o novo empreendimento em termos de conhecimento, habilidades, experiências e características pessoais. Isso pode ajudar a determinar o que você precisa em outras pessoas (por exemplo, nos funcionários) com relação a essas dimensões básicas. Uma vez que essa

---

[11] Keller, R. T. Cross-functional project groups in research and new product development: diversity, communications, job stress, and outcomes. *Academy of Management Journal*, 44: 547-555, 2000.

questão estiver encaminhada, as coisas não ficarão necessariamente mais simples, porque saber o que você precisa não dá garantia de encontrá-lo – ou de reconhecê-lo quando encontrá-lo. Co-fundadores excelentes não aparecem, assim que você precisa deles. Pelo contrário, identificar tais pessoas exige um esforço considerável. A realização dessa tarefa vale a pena; a escolha errada pode ter conseqüências desastrosas (veja a seção "Atenção! Perigo Adiante!" para explorar melhor esse aspecto). Esses pontos levantam uma questão prática importante: como os empreendedores devem selecionar os co-fundadores em potencial – quais diretrizes eles devem seguir ao reunirem os recursos humanos necessários para seus novos empreendimentos? A resposta a essa indagação envolve muitas ações; a mais importante delas talvez seja o desenvolvimento de habilidades em uma área conhecida como **percepção social** – o processo por meio do qual passamos a conhecer e a compreender as outras pessoas[12].

Essa é uma tarefa-chave porque, a menos que tenhamos percepções precisas sobre os outros, é impossível determinar se, e até que ponto, oferecem o conhecimento, as habilidades e as características de que precisamos. Por isso, o desenvolvimento de habilidades nessa tarefa é muito útil para os empreendedores. Estudos recentes indicam que os empreendedores que têm habilidades de percepção social (conseguem compreender os outros com precisão) alcançam maior sucesso financeiro do que aqueles sem essa característica[13]. Infelizmente, compreender os outros com precisão é mais difícil do que parece, porque as outras pessoas nem sempre retratam a si mesmas dessa maneira. Ao contrário, elas geralmente procuram dissimular seus sentimentos ou motivações reais e se apresentam sob uma luz favorável. Se aceitarmos essas máscaras sem questionar, podemos ser enganados. É preciso aprender a distinguir realidade de representação ao considerarmos outras pessoas. A esse respeito, o desenvolvimento da habilidade de lidar com duas questões relacionadas – administração da imagem e ilusão – é extremamente útil.

Administração da Imagem: A Arte de Parecer Bem – e como Reconhecê-la

Em um momento ou outro, quase todas as pessoas se empenham para causar uma boa primeira impressão – para se apresentarem sob uma luz favorável[14]. Para atingir esse objetivo, os indivíduos usam várias táticas. A maioria delas pode ser enquadrada em duas categorias principais: *auto-aperfeiçoamento* – esforços para aumentar sua atração pelos outros – e *aperfeiçoamento do outro* – esforços para fazer com que o outro se sinta bem de várias maneiras.

Estratégicas específicas de auto-aperfeiçoamento incluem esforços para melhorar a aparência de alguém por meio do estilo de vestir, do hábito de cuidar do visual e do uso de vários "acessórios" (como os óculos, que passam uma impressão de inteligência)[15]. As táticas adicionais de auto-aperfeiçoamento envolvem esforços para parecer muito habilidoso ou para descrever-se em termos positivos, explicando, por exemplo, como ele (a pessoa envolvida na administração da imagem) superou obstáculos intimidadores.

---

[12] Baron, R. A.; Byrne, D. *Social psychology*. 10. ed. Boston: Allyn & Bacon, 2002.
[13] Baron, R. A.; Markman, G. Beyond social capital: the role of entrepreneurs' social competence in their financial success. *Journal of Business Venturing*, 18: 41-60, 2003.
[14] Ferris, G. R.; Witt, L. A.; Hockhwarter, W. Q. Interaction of social skill and general mental ability on job performance and salary. *Journal of Applied Psychology*, 86: 1075-1082, 2001.
[15] Terry, R. L.; Krantz, J. H. Dimensions of trait attributions associated with eyeglasses, men's facial hair, and women's hair length. *Journal of Applied Social Psychology*, 23: 1757-1769, 1993.

Quanto ao aperfeiçoamento do outro, os indivíduos usam muitas táticas diferentes para induzir estados emocionais e reações positivas nas pessoas. Descobertas relatadas por um grande instituto de pesquisas sugerem que tais reações desempenham um papel importante na geração de vínculos com a pessoa responsável por elas[16]. A tática de aperfeiçoamento do outro mais comumente usada é o lisonjeio, que consiste em fazer elogios à pessoa – a suas características, realizações ou à organização com a qual ela está associada[17]. Tais táticas são, em geral, bem-sucedidas, desde que não sejam exageradas. Táticas adicionais de aperfeiçoamento do outro envolvem expressar concordância com suas visões, mostrar um alto grau de interesse em tal pessoa, fazer pequenos favores, pedir conselhos e apoio de alguma maneira ou expressar seu apreço de forma não-verbal (por exemplo, por meio de olhares significativos, acenos para indicar concordância e sorrisos)[18].

Mas essas não são as únicas estratégias que as pessoas usam. Algumas vezes empregam a intimidação, fingindo serem perigosas ou estarem nervosas a fim de extorquir concessões dos outros. Essa tática não gera reações favoráveis às pessoas que a usam, mas, em geral, produz os resultados que elas desejam. Você já conheceu alguém que confia nessa abordagem? Tais pessoas estão longe de serem raras e geralmente entram nas reuniões com uma abordagem que sugere: "Sou mau e não estou brincando!". Se essa tática é reconhecida, seu impacto é reduzido; mas funciona bem em muitas situações, pelo menos com algumas pessoas[19].

Outras táticas de administração de imagem realmente funcionam? A resposta fornecida pela literatura é clara: *sim*, desde que elas sejam usadas de maneira hábil e cuidadosa. Por exemplo, um estudo em larga escala que envolveu mais de 1.400 funcionários descobriu que as habilidades sociais (inclusive administração da imagem) eram o melhor meio singular de prever as classificações de desempenho de trabalho e as avaliações do potencial de promoção de funcionários em uma ampla gama de cargos[20]. Parece que as táticas de administração da imagem melhoram a atratividade das pessoas que as usam com eficácia. Entretanto, devemos nos apressar para incluir que o uso dessas táticas envolve armadilhas: se forem muito usadas ou utilizadas de modo ineficiente, o tiro pode sair pela culatra" e produzir reações negativas em vez de positivas nos outros. Por exemplo, as pessoas normalmente têm impressões muito negativas daqueles que bajulam seus superiores, mas tratam seus subordinados com desprezo – o que é conhecido como o *efeito lodo* (*slime effect*)[21]. A lição dessas descobertas é: embora as táticas de administração da imagem dêem certo – o que não acontece sempre –, algumas vezes "o feitiço pode virar contra o feiticeiro", afetando adversamente as reações às pessoas que as usam.

É óbvio que a habilidade de "reconhecer" as várias táticas de administração da imagem é muito importante para os futuros empreendedores engajados na tarefa de escolher

---

[16] Ver nota 2.
[17] Kilduff, M.; Day, D. V. Do chameleons get ahead? The effects of self-monitoring on managerial careers. *Academy of Management Journal*, 37: 1047-1060, 1994.
[18] Wayne, S. J.; Ferris, G. R. Influence tactics and exchange quality in supervisor-subordinate interactions: A laboratory experiment and field study. *Journal of Applied Psychology*, 75: 487-499, 1990.
[19] Olson, J. M.; Hafer, C. L.; Taylor, L. I'm mad as hell and I'm not going to take it any more: reports of negative emotions as a self-presentation tactic. *Journal of Applied Social Psychology*, 31: 981-999, 2001.
[20] Wayne, S. J. et al. The role of upward influence tactics in human resource decisions. *Personnel Psychology*, 50: 979-1006, 1997.
[21] Vonk, R. The slime effect: suspicion and dislike of likeable behavior toward superiors. *Journal of Personality and Social Psychology*, 74: 849-864, 1998.

co-fundadores em potencial e funcionários iniciais. A aceitação das declarações dos outros sobre suas habilidades, experiências e realizações passadas sem a *diligência apropriada* (sem verificar cuidadosamente a precisão de cada informação) pode fazer que os empreendedores tenham visões infladas das pessoas que usam tais táticas.

Do mesmo modo, o não-reconhecimento da bajulação, da concordância, da similaridade exagerada e de táticas relacionadas pode levar empreendedores a "usar o coração em vez da razão" ao reunir a equipe inicial para seu novo empreendimento. O desenvolvimento da habilidade de reconhecer tais táticas requer prática considerável, mas ficar de olhos abertos pode ser útil, já que algumas pesquisas indicam que, em se tratando de administração da imagem, "um homem prevenido vale por dois". Não estamos sugerindo que você adote uma abordagem cínica em relação a outras pessoas, o que também pode ser prejudicial. Mas aceitar as informações ou as "máscaras" apresentadas por estranhos sem proceder a uma análise com a devida atenção não só é ingênuo como também pode sair muito caro para o destino de um novo empreendimento. Como Peter Dunley, um humorista do começo do século XX, dizia: "confie desconfiando".

Duplicidade: Além da Administração de Imagem

Se só tivéssemos de nos preocupar com a administração da imagem, em se tratando de compreender os outros de forma precisa, nossa tarefa seria complexa, mas estaria longe de ser impossível. De fato, os esforços de outros para se colocarem sob uma luz favorável é apenas uma parte do problema. Além disso, é comum nos confrontarmos com a duplicidade consumada – esforços de outros para nos ludibriar propositadamente, ocultando informações vitais ou fornecendo informações falsas. O uso da duplicidade levanta sérias questões éticas e há um consenso geral de que se utilizar disso, para promover seus próprios interesses a um alto custo para outros é inadequado e repreensível. Mas, infelizmente, a ilusão não é rara e é importante que os empreendedores saibam reconhecê-la quando ocorrer durante o processo de formação dos recursos humanos necessários.

Como eles podem realizar essa importante tarefa? Evidências sugerem que parte da resposta envolve o uso criterioso de dicas **não-verbais**. Quando as pessoas mentem, em geral, ocorrem mudanças sutis em suas expressões faciais, postura ou movimentos do corpo e em alguns aspectos não-verbais da fala (aspectos que não estão relacionados ao significado das palavras, como o tom da voz). Essas alterações, por sua vez, podem fornecer dicas valiosas da ocorrência de duplicidade. Aqui está um breve resumo das alterações mais significativas:

- *Microexpressões*. São expressões faciais passageiras que duram apenas alguns décimos de segundos. Tais reações aparecem muito rapidamente depois de um evento que provoca emoção e são difíceis de serem dominadas. Como resultado, elas podem revelar muito sobre os verdadeiros sentimentos e emoções do outro. Se perguntar a outras pessoas se elas gostam de alguma idéia expressa, um novo produto etc., olhe seu rosto de perto enquanto elas respondem. Se você vir uma expressão (por exemplo, uma sobrancelha franzida), seguida muito rapidamente por outra (por exemplo, um sorriso), isso pode ser um sinal sutil de que elas estão mentindo, estão expressando uma opinião ou uma reação quando, de fato, não é o que estão realmente sentindo.

- *Discrepâncias entre canais*. Uma segunda dica não-verbal que revela a duplicidade é conhecida como discrepâncias entre canais. (O termo "canal" se refere a um tipo de sugestão não-verbal; por exemplo, expressões faciais são um canal, movimentos do corpo são outro). São inconsistências entre as sugestões não-verbais dos diferentes canais básicos. Elas resultam do fato de que as pessoas que estão mentindo acham difícil controlar todos esses canais de uma só vez. Por exemplo, elas podem administrar bem suas expressões faciais, mas têm dificuldade em olhar nos olhos enquanto contam uma mentira.
- *Aspectos não-verbais da fala*. Uma terceira indicação para a duplicidade envolve aspectos não-verbais da fala. Quando uma pessoa mente, o tom de sua voz, em geral, aumenta e ela tende a falar de maneira mais hesitante e a cometer mais erros. Essas alterações na voz podem ser um sinal de que ele ou ela está mentindo.
- *Contato visual*. As tentativas de duplicidade são, com freqüência, reveladas por determinados aspectos do contato visual. As pessoas que estão mentindo piscam com mais freqüência e apresentam as pupilas mais dilatadas do que as que estão dizendo a verdade. Elas também podem mostrar um nível baixo de contato visual ou, surpreendentemente, um nível alto, conforme tentam fingir que estão sendo honestas olhando nos olhos do outro.
- *Expressões faciais exageradas*. As pessoas que estão mentindo por vezes apresentam expressões faciais exageradas. Elas podem sorrir mais ou mais largamente do que o normal e podem mostrar uma tristeza maior do que é típico em uma determinada situação. Um ótimo exemplo: quando alguém diz "não" a um pedido seu e, em seguida, mostra arrependimento exagerado. Esse é um bom sinal de que as razões apresentadas por ela por ter dito "não" podem não ser verdadeiras.

Prestando atenção cuidadosa nessas indicações não-verbais, é possível dizer quando as pessoas estão mentindo – ou tentando esconder seus sentimentos. O sucesso na detecção da ilusão não é infalível, pois há mentirosos muito habilidosos. Mas se você atentar para as sugestões descritas aqui e resumidas na Figura 5.1, dificultará bastante a tarefa do outro de "jogar areia nos seus olhos". (O que acontece se os empreendedores *não* prestarem atenção na tarefa de percepção social e formarem visões imprecisas dos outros? Para uma discussão dessa importante questão, ver a seção "Atenção! Perigo Adiante!" deste capítulo.)

E quanto ao uso de duplicidade pelos empreendedores? Isso é aceito? Eticamente, *não*! Enganar os outros ocultando informações ou fornecendo informações falsas vai contra os padrões aceitos de ética empresarial[22]. Mas é claro que algumas pessoas inescrupulosas, que se auto-intitulam empreendedores, utilizam-se dessa prática. Atualmente, a fraude empresarial vem se tornando um problema sério para *e-tailers* – empresas que vendem seus produtos ou serviços pela internet. Esses empreendedores estão sendo atacados por uma

---

[22] Buchholz, R. A. *Fundamental concepts and problems in business ethics*. Englewood Cliffs, NJ: Prentice-Hall, 1989.

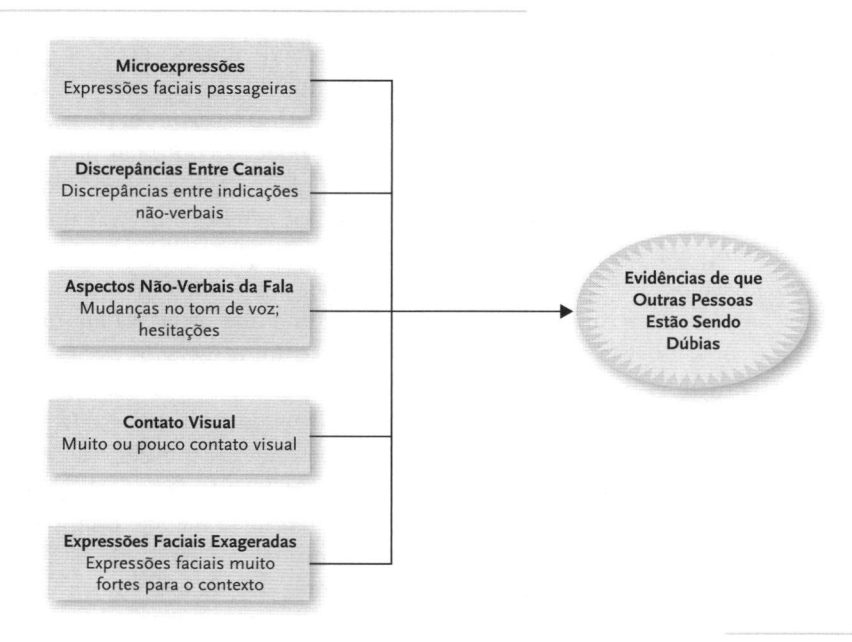

```
┌─────────────────────────────┐
│     Microexpressões         │
│ Expressões faciais passageiras │
└─────────────────────────────┘
              │
┌─────────────────────────────┐
│  Discrepâncias Entre Canais │
│ Discrepâncias entre indicações │
│        não-verbais          │
└─────────────────────────────┘
              │
┌─────────────────────────────┐         ┌──────────────────┐
│  Aspectos Não-Verbais da Fala │         │  Evidências de que │
│   Mudanças no tom de voz;   │ ──────▶ │   Outras Pessoas  │
│         hesitações          │         │   Estão Sendo     │
└─────────────────────────────┘         │      Dúbias       │
              │                          └──────────────────┘
┌─────────────────────────────┐
│       Contato Visual        │
│ Muito ou pouco contato visual │
└─────────────────────────────┘
              │
┌─────────────────────────────┐
│ Expressões Faciais Exageradas │
│    Expressões faciais muito │
│    fortes para o contexto   │
└─────────────────────────────┘
```

Figura 5.1 Reconhecendo a Duplicidade
Prestando bastante atenção nas indicações resumidas aqui é possível dizer quando as pessoas estão tentando ludibriar.

ATENÇÃO! PERIGO ADIANTE!

O Sócio que Não Era quem Dizia Ser: Quando a Percepção Social Falha

Em 1991, eu (Robert Baron) me tornei um empreendedor. Tinha uma idéia para um novo produto (o tipo especial de purificador de ar que descrevi no Capítulo 1) e acreditei que havia um mercado substancial para ele. Percebi que não possuía o conhecimento e a experiência necessários para desenvolver essa oportunidade sozinho, portanto, tentei identificar um ou mais co-fundadores adequados. Alguns amigos recomendaram que eu falasse com o diretor do parque de tecnologia da minha universidade. Ele poderia ser uma boa fonte de contatos para mim. O diretor direcionou-me para um grupo de empreendedores de uma pequena empresa fabricante de purificadores de ar. Todos eles disseram ter muita experiência com relação a projeto, produção e direitos de propriedade intelectual – exatamente o que a minha auto-avaliação me disse que eu precisava mais. Logo entrei em acordo com um deles para que começássemos uma nova empresa e iniciássemos o processo de solicitação de uma patente para minha invenção. Por que escolhi essa pessoa em particular? Principalmente porque gostei de sua franqueza – me pareceu ter os pés no chão – e porque pensei que poderia me oferecer exatamente o que eu precisava. Ele não só afirmou ser experiente com produção e projeto de produtos como tinha também sua própria empresa de marketing. Parecia perfeito, e nós continuamos com nossos planos de lançar o novo empreendimento.

Concordamos que eu entraria com o capital necessário para a obtenção da patente, e ele seria o sócio júnior, detendo cerca de 20% das ações. Como ele já tinha me ajudado no projeto do novo produto, solicitamos a patente conjuntamente, como co-inventores. Ao recebê-la, as surpresas começaram. Logo ficou claro que meu sócio sabia muito menos sobre produção do que havia mencionado. Na verdade, ele não tinha a mínima idéia dos custos envolvidos na fabricação de nosso produto. Quando ultrapassaram 2 milhões de dólares, decidimos licenciar nossa tecnologia para uma grande empresa em vez de tentar produzir por nós mesmos. Dividimos nossas obrigações com bastante clareza: eu cuidaria de nossa parceira corporativa e me concentraria no desenvolvimento de mercados para nosso produto; ele executaria as operações do dia-a-dia. Mas logo ficou óbvio que ele não cuidaria, ou não sabia cuidar, dessas tarefas. Nossos telefones ficaram mudos (estávamos fazendo vendas consideráveis direto ao consumidor), nossos acordos financeiros estavam confusos e o envio de nosso produto era extremamente lento – isso quando eram entregues. Gradualmente, tive de assumir todas essas atividades. O resultado foi: acabei fazendo tudo, mas dividindo os lucros com meu sócio, que reclamava do "lucro desprezível" em relação ao tempo valioso que estava gastando!

Aprendi lições dolorosas com esses acontecimentos, e quando nosso contrato com o fabricante expirou, disse ao meu sócio que não poderia continuar e que queria dissolver a empresa. Ele concordou e esse foi o fim de nossa relação de trabalho. Rememorando, posso constatar que, embora eu tenha feito uma boa auto-avaliação e tenha compreendido o que precisava em um co-fundador, persisti nos mesmos erros. *Não* prestei a atenção devida, não tentei separar as alegações verbais da realidade e *não* procurei descobrir se estavam me dizendo a verdade ou não. Não me compreenda mal. Não acho que meu antigo sócio planejou ter más intenções; pelo contrário, acho que ele estava sendo honesto, mas lhe faltava autoconhecimento, e fiquei muito confuso sobre o que ele poderia oferecer para nosso empreendimento. Entretanto, eu poderia ter me poupado de muitas aflições pessoais se tivesse seguido os conselhos apresentados nas seções anteriores deste capítulo. Vou me sair melhor da próxima vez? Certamente! Afinal, não vejo como poderia me sair pior!

"praga" dupla – além da economia fraca, há o aumento da preocupação entre os clientes com relação a fraudes. Os jornais e os programas de notícias da TV realizaram, recentemente, muitas reportagens sobre casos de roubo dos números dos cartões de crédito de quem fez compras on-line ou de golpes contra compradores: eles compraram e pagaram por um item, mas receberam outro de qualidade muito inferior. Sem dúvida, as pessoas que estão envolvidas em tais práticas *não* são empreendedores, são criminosos. Existe o perigo de tais ações inescrupulosas refletirem negativamente sobre *e-tailers* legítimos. Até agora não houve deserção em grande escala dos sites de *e-commerce*, mas como a fraude é muito mais difícil de ser detectada em computadores do que pessoalmente, só o tempo dirá se esse problema terá, em longo prazo, um efeito inibidor para os novos empreendimentos que usam a internet como ferramenta principal de suas atividades.

Deixando a fraude direta um pouco de lado, é importante observar que, para reunir os recursos necessários (financeiros e similares), os empreendedores – mesmo os que são 100% legítimos – algumas vezes distorcem a verdade de algum modo. Com freqüência, isso toma a forma de um otimismo muito maior em relação a seus novos empreendimentos do que realmente merecem. Convencer os outros a "embarcar" em um negócio ou em outro é uma tarefa desafiadora que, algumas vezes, exige que enfatizemos os aspectos positivos e minimizemos os negativos. De certo modo os empreendedores caminham na corda bamba: de um lado, o entusiasmo e o otimismo, de outro, as más interpretações intencionais. Essa é uma tarefa difícil que os fundadores dos novos empreendimentos devem encarar com cuidado; como um capitalista empreendedor disse recentemente: "Tento equilibrar sinceridade com verdade. Se os empreendedores estiverem sendo superotimistas, não me importo, desde que eu acredite que estejam sendo sinceros. Se eu achar que estão tentando me ludibriar, a confiança vai para o espaço e, no que depender de mim, o jogo termina".

UTILIZANDO OS RECURSOS HUMANOS DO NOVO EMPREENDIMENTO: CRIANDO FORTES RELAÇÕES DE TRABALHO ENTRE A EQUIPE FUNDADORA

Reunir os recursos necessários para a realização de uma tarefa é uma primeira medida essencial. Não há sentido em começar, a menos que os recursos necessários estejam disponíveis ou possam ser facilmente obtidos "com o barco andando". Mas isso é apenas o começo; a tarefa em si deve, então, ser realizada. O mesmo princípio é verdadeiro para novos empreendimentos. A reunião dos recursos humanos necessários – um *pool* adequado de conhecimento, experiências, habilidades e competência – é só o início. As pessoas que constituem a equipe fundadora devem trabalhar juntas de maneira eficaz se quiserem que o novo negócio tenha sucesso. Esse ponto-chave é geralmente negligenciado ou recebe pouquíssima atenção por parte de novos empreendedores. Eles estão tão focados na oportunidade que identificaram e desejam desenvolver que prestam pouca atenção na construção de relações fortes de trabalho uns com os outros – relações essas que permitirão ao novo empreendimento aproveitar plenamente seus recursos humanos. Evidências sugerem que tais relações são um ingrediente essencial para o sucesso de novos negócios[23]. Por exemplo, em um estudo recente de 70 novos empreendimentos, níveis maiores de coesão entre a equipe fundadora (sentimentos positivos entre as pessoas) foram fortemente associados ao desempenho financeiro superior desses novos empreendimentos[24]. Em vista de tais evidências, surge uma questão-chave: como é possível encorajar relações de trabalho fortes entre a equipe fundadora? Embora não haja uma resposta simples, três fatores que parecem desempenhar um papel crucial são: atribuição inicial clara dos papéis (responsabilidades e autoridade) para todos os membros da equipe; atenção cuidadosa com a questão básica da imparcialidade percebida; desenvolvimento de modelos e estilos de comunicação eficazes (especialmente com relação a *feedbacks*) entre os membros da equipe.

Papéis: Quanto Mais Claros, Melhor

A principal fonte de conflito em muitas organizações é a incerteza com relação a duas questões: responsabilidade e jurisdição. Divergências, em geral ásperas e irritadas, freqüentemente abordam as seguintes questões: quem deve ser responsável pelo que (responsabilidade) e quem tem a autoridade para tomar decisões e escolher entre cursos de ação

---

[23] Ensley, M. D.; Pearson, A. W.; Amason, A. C. Understanding the dynamics of new venture top management teams: cohesion, conflict, and new venture performance. *Journal of Business Venturing*, 17: 365-386, 2002.
[24] Ver nota 1.

alternativos (jurisdição)[25]. Uma maneira eficaz de evitar tais problemas é definir com clareza os **papéis** – um conjunto de comportamentos que se espera de indivíduos ocupantes de cargos específicos dentro de um grupo e a autoridade ou jurisdição que exercerão. Uma vez estabelecidos, papéis claros podem ser muito úteis. Por exemplo, considere um novo empreendimento em biotecnologia com dois co-fundadores. Um é médico especializado em cardiologia; o outro possui MBA. Para maximizar a eficácia como equipe, essas pessoas devem definir claramente seus papéis logo no começo. Uma possibilidade: o médico cuida do laboratório, porque está conduzindo uma pesquisa médica e tem familiaridade com as regras e regulamentações de tais atividades; ele também fica responsável pelas relações com outros médicos e pela escolha das drogas a serem utilizadas, afinal, é um perito em sintomas e causas de várias condições médicas. O outro fundador cuida dos aspectos empresariais do negócio (por exemplo, compra e manutenção de equipamentos, configuração dos sistemas de computadores da empresa), e, por sua experiência empresarial, supervisiona a contratação de novas pessoas e as tarefas financeiras que vão desde a garantia de capital novo até a manutenção dos registros exigidos. Se esses papéis forem especificados com antecedência, os co-fundadores trabalharão de maneira complementar, cada um oferecendo habilidades, experiências e conhecimentos exclusivos que o outro não possui ou possui em um grau menor. O resultado? A empresa funcionará com regularidade e eficiência.

Entretanto, imagine se o médico decide que deve participar ativamente do que diz respeito às finanças. Não seria surpreendente, porque pessoas brilhantes e talentosas sempre pensam que será divertido fazer algo que nunca fizeram antes. Como o médico não tem conhecimento nessa área, terá de gastar um tempo considerável na aquisição de conhecimentos práticos sobre demonstrações financeiras, regulamentações de impostos, e assim por diante. Isso é ineficiente. Além disso, seu sócio, que possui MBA, pode considerar esse comportamento irritante ou até mesmo um insulto. O resultado? Um possível conflito entre os co-fundadores e baixa eficiência da empresa.

A lição disso é: uma vez que a equipe fundadora estiver junta para formar um novo empreendimento, seus membros devem seguir o princípio de complementaridade. Isso implica divisão de responsabilidades e de autoridade, de acordo com a experiência e o conhecimento de cada um. Qualquer outra coisa pode ser muito dispendiosa e acabar prejudicando o sucesso do novo negócio. Isso parece simples, mas o problema é que muitos empreendedores são pessoas bastante enérgicas e capazes, acostumadas a "tocar o barco" em suas próprias vidas. Então, a menos que eles aprendam a interagir de maneira coordenada com seus co-fundadores, podem correr o risco de enfraquecerem suas próprias empresas.

Uma Observação sobre Conflito de Papéis

Conforme acabamos de observar, é importante para os empreendedores estabelecer papéis claros para todos os co-fundadores; isso facilita a coordenação entre eles e ajuda a maximizar o valor do capital humano do novo negócio. Mas os empreendedores, como todo mundo, têm papéis fora e dentro das empresas. Por exemplo, eles podem ser esposos, pessoas importantes, ou pais; eles são, com certeza, filhos e filhas de seus próprios pais. É uma descoberta clássica na área de gerenciamento de recursos humanos que os papéis que temos

---

[25] Cropanzano, R. D. (ed.). *Justice in the workplace.* Hillsdale, NJ: Erlbaum, 1993.

algumas vezes exigem demais de nós; em outras palavras, vivenciamos um *conflito de papéis* – expectativas contrastantes sobre o comportamento e as responsabilidades de grupos diferentes de pessoas[26]. Cônjuges e pessoas importantes esperam que estejamos perto para atender às suas necessidades emocionais, pelo menos algumas vezes; de maneira similar, as crianças têm expectativas legítimas em relação a seus pais. Portanto, lidar com o conflito de papéis pode ser uma tarefa estressante e exigir jogo de cintura dos empreendedores, que devem dedicar muito de seu tempo a administrar seu novo empreendimento. Tal conflito pode tornar-se um problema sério com graves conseqüências: se as pessoas importantes na vida do empreendedor não puderem chegar a um acordo com relação ao tempo e à energia exigidos dele, é possível que haja problemas interpessoais. Isso, por sua vez, pode causar estresse nos empreendedores e reduzir seu desempenho de um modo geral. Então, é claro que ter o cônjuge, as pessoas importantes, os filhos e outros membros da família "a bordo" de seu empreendimento é uma tarefa que nenhum empreendedor pode dar-se ao luxo de negligenciar.

Imparcialidade Percebida: Um Componente Sutil, Mas Essencial

Tente este exercício simples: pense em seu passado e lembre-se de uma ocasião específica em que trabalhou com uma ou mais pessoas em um mesmo projeto. O contexto não é importante – pode ser qualquer tipo de projeto –, mas tente se lembrar de uma circunstância em que o resultado foi positivo: o projeto foi um sucesso. Agora, divida 100 pontos entre você e seus sócios de acordo com a contribuição que cada um fez para o projeto. Em seguida, vem a pergunta: como dividiu os pontos? Se você for como a maioria das pessoas, deu a si mesmo mais pontos do que deu a seus sócios. (Por exemplo, se tinha um sócio, você ficou com mais de 50 pontos; se tinha três, ficou com mais de 33,3 pontos, e assim por diante.)

Agora tente se lembrar de outra circunstância em que também tenha trabalhado com sócios, mas na qual o resultado tenha sido negativo: o projeto falhou. Outra vez, divida 100 pontos entre você e seus sócios, de acordo com a contribuição de cada um para o projeto e seus resultados. Nesse caso, pode ter lhes dado mais pontos do que a você mesmo. Caso tenha seguido esse modelo, bem-vindo ao clube: está demonstrando uma tendência humana muito forte, conhecida como viés **autoprotetor**. É a tendência para atribuição de resultados de sucesso a causas internas (nossos esforços, talentos ou habilidades), e os resultados negativos a causas externas (por exemplo, a falhas e negligências de outros, fatores além de nosso controle)[27]. Foi descoberto que esse viés é muito significativo e tem sérias implicações em qualquer situação em que pessoas trabalhem juntas para atingir metas importantes. Especificamente, leva todas as pessoas envolvidas a concluir que, de algum modo, elas não foram tratadas de maneira justa. Por quê? Porque cada participante da relação tende a acentuar suas próprias contribuições e minimizar as dos outros; concluem que estão sendo

---

[26] Greenberg, J.; Baron, R. A. *Behavior on organizations*. 8. ed. UpperSaddle River, NJ: Prentice-Hall, 2003.
[27] Brown, J. D.; Rogers, R. J. Self-serving attribution: the role of physiological arousal. *Personality and Social Psychology Bulletin*, 17: 501-506, 1991.

menos recompensados do que merecem. Além disso, como cada pessoa tem a mesma percepção, a situação com freqüência acaba em conflito entre as pessoas envolvidas.

Essa tendência levanta questões complicadas relacionadas à *imparcialidade percebida* – uma questão-chave para os empreendedores. Em virtude do viés autoprotetor (além de outros fatores), tendemos a presumir que estamos recebendo menos do que merecemos em quase todas as situações. Em outras palavras, percebemos que o equilíbrio entre nossas contribuições e o que recebemos é menos favorável do que é para outras pessoas. Em termos específicos, percebemos que a proporção entre o que estamos recebendo e a nossa contribuição é menor do que a dos outros. Em geral, preferimos que essa proporção seja a mesma para todos, de modo que quanto maiores forem as contribuições da pessoa, maiores sejam suas recompensas; um princípio conhecido como **justiça distributiva**. A maioria das pessoas aceita esse princípio como válido, mas o viés autoprotetor nos leva a inflar cognitivamente nossas próprias contribuições e concluir que não estamos sendo tratados de maneira justa (ver a Figura 5.2).

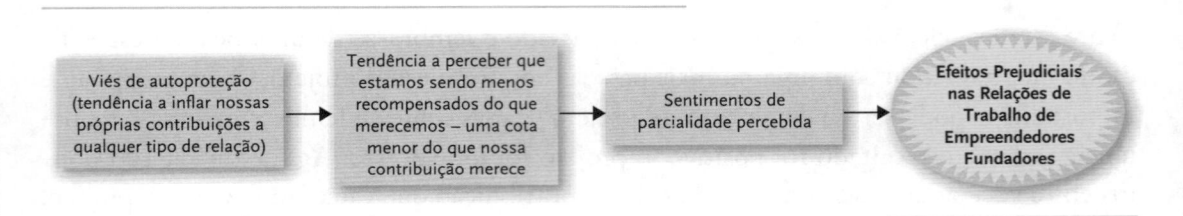

Viés de autoproteção (tendência a inflar nossas próprias contribuições a qualquer tipo de relação) → Tendência a perceber que estamos sendo menos recompensados do que merecemos – uma cota menor do que nossa contribuição merece → Sentimentos de parcialidade percebida → Efeitos Prejudiciais nas Relações de Trabalho de Empreendedores Fundadores

Figura 5.2 O Viés Autoprotetor e a Imparcialidade Percebida
Como a maioria das pessoas tem uma forte tendência a considerar suas contribuições para qualquer relação mais importantes do que realmente são, tendem a acreditar que estão sendo menos recompensadas do que deveriam ser. Em outras palavras, elas concluem que não estão sendo tratadas de maneira justa. Isso pode ser um problema sério para as equipes fundadoras de empreendedores.

O que as pessoas fazem quando percebem que a distribuição de recompensas não é justa? Muitas coisas diferentes, nenhuma delas benéficas para um novo empreendimento. A tática mais óbvia é pedir uma cota maior; como os outros não vêem essas reivindicações como legítimas, o resultado provável é o conflito. Outra abordagem é reduzir as contribuições de alguém, para reduzir o esforço ou esquivar-se da responsabilidade. Isso também pode ser altamente prejudicial para o sucesso de um novo empreendimento. Uma reação ainda mais danosa é afastar-se física e psicologicamente. Co-fundadores descontentes algumas vezes abandonam novos empreendimentos, levando com eles sua experiência, conhecimento e habilidades. Se eles forem membros essenciais da equipe, isso pode marcar o início do fim do empreendimento em questão.

Tudo isso já é muito ruim, mas pior é a descoberta recente de que, embora as pessoas tenham uma tendência a dar pouca atenção à questão da imparcialidade quando as coisas estão indo bem (quando estão se dando bem com seus co-fundadores, por exemplo), elas dedicam cada vez mais atenção a esse aspecto quando as coisas começam a ir mal[28]. Em resumo, quando um novo empreendimento está sendo bem-sucedido e atinge suas metas, os membros da equipe fundadora podem mostrar pouca preocupação sobre a justiça distributiva. Se as coisas vão mal, começam a dar mais atenção a essa questão, intensificando, assim, o atrito pessoal.

Dada a existência desse ciclo, é crucial para as equipes fundadoras de novos empreendimentos considerar a imparcialidade percebida com muito cuidado. Isso implica discutir essa questão regularmente para garantir que, à medida que papéis, responsabilidades e contribuições em relação ao novo empreendimento mudarem (o que acontecerá com o tempo), sejam feitos ajustes com relação ao patrimônio líquido, ao *status* e a outras recompensas para que essas mudanças tenham reflexo. É uma tarefa difícil porque todos os membros tendem a acentuar suas próprias contribuições (lembre-se da força do viés autoprotetor). Mas, como a alternativa é o risco muito real de tensão e conflitos entre os membros da equipe fundadora – e esse conflito freqüentemente ocasiona um grande desperdício de tempo e de energia[29] –, essa é uma tarefa que vale a pena ser realizada e que ajudará o novo empreendimento a utilizar seus recursos humanos ao máximo.

Outro ponto: questões de imparcialidade surgem não apenas entre co-fundadores, mas também entre as empresas que formam alianças empresariais. Como observaremos no Capítulo 10, tais alianças podem ser extremamente úteis para novos empreendimentos, mas para sobreviver elas devem ser consideradas oportunas e benéficas por ambas as partes. Aqui está um exemplo de uma aliança que foi muito bem-sucedida. A 8 minute Dating é uma empresa jovem cuja idéia revolucionou o setor de encontros. Nos eventos que realiza, homens e mulheres solteiros se reúnem em um restaurante, conversam em pares por oito minutos e, em seguida, mudam para a próxima mesa, em que está outra pessoa. Isso permite que cada um encontre muitos parceiros em potencial em uma única vez. Depois que o evento termina, casais que gostaram um do outro podem se encontrar novamente. Há pouco tempo, a 8 minute Dating fez uma aliança com a Tele-Publishing International (TPI), empresa que administra as páginas de anúncios pessoais de 550 jornais dos Estados Unidos. Como isso ocorreu? O fundador da 8 minute Dating, Tom Jafee, soube que Adam Segal, um executivo da TPI, estava jantando com a mãe em um restaurante enquanto um evento da 8 minute Dating acontecia. Jafee apresentou-se e os dois empreendedores rapidamente perceberam que poderiam formar uma aliança vantajosa para ambos: a TPI anunciaria a 8 minute Dating em suas colunas pessoais e a 8 minute Dating distribuiria cupons em seus eventos e patrocinaria outras promoções para encorajar seus clientes a experimentar os anúncios pessoais. A aliança funcionou bem e ambas as empresas tiveram benefícios significativos. Elas consideraram a aliança justa e, ajudando-se, atingiram suas metas principais. Como Segal colocou: "A beleza de nossa aliança é que podemos expandir com o crescimento da 8 minute Dating. Toda vez que houver evento em uma nova cidade, a TPI estará lá com nossos anúncios pessoais nos jornais. Que casamento perfeito!". Portanto, se você considera a formação de uma aliança com outra empresa, dedique muita atenção à questão da imparcialidade. Alianças nas quais esse critério essencial não é identificado provavelmente não sobrevivem.

---

[28] Grote, N. K.; Clark, M. S. Perceiving unfairness in the family: cause of consequences of marital distress? *Journal of Personality and Social Psychology*, 80: 281-289, 2001.

[29] Tjosvold, D. *Learning to manage conflict: getting people to work together productively*. Nova York: Lexington Books, 1993.

Comunicação Eficaz

A imparcialidade percebida não é a única causa de conflitos entre os membros de uma equipe fundadora de um novo empreendimento. Outro fator principal envolve estilos problemáticos de comunicação. Infelizmente, as pessoas, em geral, se comunicam umas com as outras de forma que irrita ou aborrece os receptores, mesmo quando não há intenção em fazê-lo. Isso acontece de maneiras muito diferentes, mas uma das mais comuns e importantes envolve o fornecimento de *feedback*, especialmente o negativo, de um modo inadequado. Em essência, há somente uma razão racional para o fornecimento de *feedback* negativo a outra pessoa: ajudá-la a melhorar. Entretanto, as pessoas o fazem por outras razões: para colocar o receptor em seu "lugar", para envergonhar a pessoa na frente de outras, para expressar raiva e hostilidade etc. O resultado desse *feedback* negativo é raiva ou humilhação por parte do receptor, o que pode ser a base para o ressentimento não exteriorizado e rancor duradouro[30]. Quando o *feedback* negativo é fornecido em um contexto informal em vez do formal (por exemplo, como parte de uma avaliação escrita de desempenho), ele é conhecido como *crítica* e pesquisas recentes sugerem que tais *feedbacks* podem ter dois tipos distintos: *crítica construtiva*, feita para ajudar o receptor a melhorar, e *crítica destrutiva*, percebida como hostilidade ou ataque.

O que faz uma crítica ser de natureza construtiva ou destrutiva? As principais diferenças estão resumidas na Tabela 5.1. Como pode ser visto, a crítica construtiva considera os sentimentos do receptor, não contém ameaças, é oportuna (ocorre no momento certo), não atribui culpa ao receptor, é específica no conteúdo e oferece sugestões concretas para o aperfeiçoamento. A crítica destrutiva, ao contrário, é desagradável, contém ameaças, não é oportuna, culpa o receptor por resultados negativos, não é específica no seu conteúdo e não oferece idéias concretas para aperfeiçoamento. A Tabela 5.1 também oferece exemplos de cada tipo de crítica.

Pesquisas indicam que a crítica destrutiva é realmente destrutiva. Ela gera reações negativas fortes nos receptores e pode iniciar um círculo vicioso de raiva, desejo de revanche e subseqüente conflito. A mensagem para os empreendedores é clara: a comunicação eficaz entre os co-fundadores é um ingrediente essencial para o estabelecimento e a manutenção de relações de trabalho eficazes. A falta de comunicação pode resultar em graves problemas. Por exemplo, considere um novo empreendimento iniciado por sócios que seguiram o princípio da complementaridade: um é engenheiro e o outro tem formação em marketing. Embora o co-fundador formado em marketing tenha sido cuidadosamente selecionado como sócio, ele nutre sentimentos negativos em relação a engenheiros ("Eles nunca pensam nas pessoas!"). Como resultado, critica os projetos do engenheiro para novos produtos. Este, por sua vez, fica ofendido pelo tratamento e passa a fazer mudanças nos produtos da empresa sem informar ao co-fundador. Como o empreendedor de marketing não sabe das mudanças, não pode obter informações dos clientes antes

---

[30] Baron, R. A. Criticism (informal negative feedback) as a source of perceived unfairness in organizations: Effects, mechanisms, and countermeasures. In: Cropanzano, R. (ed.). *Justice in the workplace: approaching fairness in human resource management*. Hillsdale, NJ: Erlbaum, p. 155-170, 1993.

Tabela 5.1 Crítica Construtiva *versus* Crítica Destrutiva
A crítica construtiva é um feedback negativo que pode, na verdade, ajudar o receptor a melhorar. A crítica destrutiva, em contraste, tem muito menos probabilidade de produzir tais efeitos benéficos.

CRÍTICA CONSTRUTIVA	CRÍTICA DESTRUTIVA	EXEMPLOS
Ponderada – protege a auto-estima do receptor	Não é ponderada – ríspida, sarcástica, mordaz	Construtiva: "Estou desapontado com o seu desempenho". Destrutiva: "Que trabalho horrível e malfeito!".
Não contém ameaças	Contém ameaças	Construtiva: "Acho que o aperfeiçoamento é realmente importante". Destrutiva: "Se não melhorar, você já era!".
Oportuna – ocorre assim que possível depois de um desempenho fraco ou inadequado	Inoportuna – ocorre depois de um período de tempo inadequado	Construtiva: "Você cometeu muitos erros no relatório de hoje!". Destrutiva: "Tenho de falar sobre os erros do ano passado".
Não atribui desempenho fraco a causas internas	Atribui desempenho fraco a causas internas	Construtiva: "Sei que muitos fatores provavelmente influenciaram seu desempenho". Destrutiva: "Você falhou porque não está nem aí!".
Específica – foca nos aspectos de desempenho que foram inadequados	Geral – uma condenação ampla do desempenho	Construtiva: "O principal problema é que o projeto atrasou". Destrutiva: "Você fez um péssimo trabalho".
Focada no desempenho, não no receptor	Focada no receptor	Construtiva: "Seu desempenho não foi o esperado". Destrutiva: "Você é muito ruim no que faz!".
Oferece sugestões concretas para aperfeiçoamento	Não oferece sugestões concretas para aperfeiçoamento	Construtiva: "Da próxima vez eu acho que você deveria fazer assim". Destrutiva: "É bom que você melhore!".

do início da produção. O resultado? Os produtos da empresa fracassam no mercado e o novo empreendimento passa a enfrentar problemas sérios. Esse é apenas um exemplo de como a comunicação ineficaz entre os membros da equipe de fundadores produz efeitos desastrosos. A lição é: vale a pena se empenhar para obter comunicação boa e construtiva entre os co-fundadores.

Uma pergunta final: todos os conflitos entre os co-fundadores são ruins? De maneira alguma. Os conflitos entre os membros da equipe podem ser muito proveitosos, se focados em questões específicas e não em comentários inconvenientes, e mantidos dentro dos limites racionais. Tais conflitos "racionais" podem ajudar a focar a atenção em temas importantes, motivar ambos os lados para que compreendam as visões um do outro com mais clareza e encorajar as partes a considerar todas as hipóteses com cuidado, levando a decisões melhores[31]. Em suma, os conflitos entre os membros da equipe de fundação não são necessariamente algo ruim. Muito pelo contrário, como todos os outros aspectos das operações do novo empreendimento, eles devem ser administrados com cuidado de modo que os benefícios sejam maximizados e os custos mantidos em um patamar mínimo. De um modo geral, relações de trabalho fortes e eficazes entre os membros fundadores são um bem poderoso para qualquer tipo de novo empreendimento, portanto, os esforços para cultivá-las devem estar no topo da lista de obrigações de toda equipe fundadora.

AMPLIANDO OS RECURSOS HUMANOS DO NOVO EMPREENDIMENTO: ALÉM DA EQUIPE FUNDADORA

A equipe fundadora de qualquer empreendimento novo é um componente-chave de seus recursos humanos. Um grupo de primeira classe de fundadores traz uma riqueza de conhecimento, experiências, habilidades e compromisso para a empresa[32]. Além disso, como o bom senso sugere, quanto maior a equipe fundadora e mais variada a experiência de seus membros (o princípio da complementaridade), maior a probabilidade de os novos empreendimentos serem bem-sucedidos. Especificamente, maiores são as chances de sobrevivência do novo empreendimento[33] e mais rápido é seu índice de crescimento[34]. Mas por maior que seja o grau de excelência da equipe fundadora do novo empreendimento, não lhe é possível fornecer todos os recursos ou formas de informação necessários. Em geral, os novos empreendimentos exigem serviços de especialistas externos, como advogados, contadores ou engenheiros. Se o novo empreendimento tiver sucesso na obtenção de financiamento e na construção de uma base de clientes, a necessidade de recursos humanos adicionais na forma de funcionários, além da equipe fundadora, deve logo se tornar aparente. Isso levanta algumas questões importantes e relacionadas: (1) Como os novos empreendimentos podem ser bem-sucedidos na obtenção dos funcionários de que precisam? (2) Quantos devem ser contratados? (3) Devem ser funcionários temporários ou permanentes? As pesquisas sobre essas questões fornecem respostas relativamente claras e informativas.

Contratando Funcionários Excelentes: O Papel Fundamental das Redes Sociais

Novos empreendimentos enfrentam sérios obstáculos para conseguir bons funcionários, pois como novas empresas são relativamente desconhecidas para funcionários em potencial e não podem fornecer a legitimidade ou segurança de empresas estabelecidas. Dessa maneira, entram no mercado de recursos humanos com desvantagens consideráveis. Como empresas iniciantes superam essas dificuldades? Por meio do uso de *redes sociais*. Em outras palavras, elas tendem a contratar pessoas que conhecem diretamente, por terem conta-

---

[31] Thompson, L. *The mind and heart of the negotiator*. Upper Saddle River, NJ: Prentice-Hall, 1998.
[32] Schefcyzk, M.; Gerpott, T. J. Qualifications and turnover of managers and venture capital-financed firm performance: an empirical study of German venture capital-investments. *Journal of Business Venturing*, 16: 145-165, 2001.
[33] Eisenhardt, K.; Schoonhoven, K. Failure of entrepreneurial firms: ecological, upper echelons and strategic explanations in the US semiconductor industry. *Working Paper*. Stanford University, 1995.
[34] Reynolds, P.; White, S. *The entrepreneurial process: economic growth, men, women and minorities*. Westport, CT: Quorum Books, 1997.

to pessoal, ou indiretamente, por meio de recomendações de pessoas que conhecem e em quem confiam[35]. Isso é útil para os novos empreendimentos de muitas maneiras.

Primeiro, ao contratar pessoas que conhecem (em geral membros da família, amigos ou pessoas com quem trabalharam no passado), os empreendedores podem conseguir recursos humanos rapidamente, sem a necessidade de pesquisas longas e caras. Segundo, por conhecerem as pessoas que estão contratando direta ou indiretamente, é mais fácil para os empreendedores convencerem essas pessoas do valor da oportunidade que estão tendo. Em terceiro lugar, novos empreendimentos, em geral, não têm regras claramente estabelecidas ou uma cultura bem definida; ter vínculos diretos e indiretos com novos funcionários facilita a tarefa de integrá-los e a mudança de estrutura.

Em suma, novos empreendimentos costumam contratar pessoas direta ou indiretamente conhecidas dos empreendedores fundadores. Dessa forma, são capazes de expandir sua base de recursos humanos de maneira rápida e eficaz em termos de custo.

Maior É Necessariamente Melhor? O Número de Funcionários como um Fator no Crescimento do Novo Empreendimento

Novos empreendimentos enfrentam muitas questões difíceis conforme crescem e se desenvolvem, entre elas, uma das preocupações mais desorientadoras diz respeito ao número de funcionários que devem contratar. A inclusão de funcionários, expandindo os recursos humanos do novo empreendimento, oferece vantagens óbvias. Novos funcionários são uma fonte de informações, habilidades e energia. Além disso, quanto mais funcionários um empreendimento novo tiver, maior o número e o tamanho dos projetos de que ele pode incumbir-se. Conforme observado anteriormente, há poucas dúvidas de que, em muitos contextos, as pessoas que trabalham juntas de maneira coordenada possam realizar mais do que indivíduos trabalhando sozinhos. Mas acrescentar funcionários a um novo empreendimento também tem um ponto negativo óbvio. Os funcionários são adicionados às despesas fixas do novo empreendimento e levantam muitas questões complexas, que devem ser consideradas com cuidado, pois estão relacionadas à saúde e à segurança de tais pessoas. De certo modo, a expansão da força de trabalho da empresa é uma faca de dois gumes e os resultados do aumento do número de funcionários podem ser mistos por natureza.

Entretanto, evidências sugerem que, de forma equilibrada, os benefícios do aumento do número de funcionários compensam os custos. Novos empreendimentos que começam com mais funcionários têm uma chance maior de sobreviver do que os que começam com um número pequeno[36]. De maneira similar, as empresas com mais funcionários têm índices de crescimento maiores do que aquelas que têm menos funcionários[37]. A lucratividade também é positivamente relacionada ao tamanho de novos empreendimentos. Por exemplo, quanto maior é o número de funcionários, maiores são os lucros de novos empreendimentos e maior é a renda gerada por eles para seus fundadores[38].

---

[35] Aldrich, H. *Organizations evolving*. Londres: Sage, 1999.
[36] Baum, J. Organizational ecology. In: Clegg, S.; Hardy, C.; Nord, W. (eds.). *Handbook of organization studies*. Londres: Sage, p. 77-114, 1996.
[37] Shutjens, V.; Wever, E. Determinants of new firm success. *Papers in Regional Science*, 79: 135-159, 2000.
[38] Gimeno, J. et al. Survival of the fittest? Entrepreneurial human capital and the persistence of underperforming firms. *Administrative Science Quarterly*, 42: 750-783, 1997.

É importante observar que essas descobertas são todas de natureza correlativa. Indicam que o número de funcionários está *relacionado*, de maneira positiva, a várias medidas de sucesso de novos empreendimentos. Entretanto, elas não indicam que a contratação de funcionários seja a *causa* de tal sucesso. Na verdade, tanto o número de funcionários quanto as várias medidas de sucesso financeiro podem ter origem em outros fatores subjacentes, tais como a qualidade da oportunidade que está sendo desenvolvida, compromisso e talento da equipe fundadora e até mesmo condições econômicas gerais (é mais fácil contratar bons funcionários a custos razoáveis quando a economia está fraca do que quando está forte). Portanto, a relação entre o tamanho do novo empreendimento (número de funcionários) e seu sucesso deve ser abordada com certo grau de precaução. Dito isso, fica claro que os recursos humanos são um ingrediente-chave para o sucesso das empresas iniciantes, desde que a expansão de sua força de trabalho ocorra dentro dos limites sustentáveis pela empresa. Assim, essa pode ser uma estratégia de sucesso.

Novos Empreendimentos Devem Contratar Funcionários Temporários ou Efetivos? Comprometimento *versus* Custo

Atingir um equilíbrio adequado entre custos e número de funcionários não é o único problema que os novos empreendedores enfrentam ao expandir a força de trabalho da empresa. Além disso, eles devem determinar se os novos funcionários serão contratados temporária ou permanentemente. Em ambas as estratégias, há vantagens e desvantagens. Os funcionários temporários reduzem os custos fixos e oferecem um maior grau de flexibilidade; eles podem ser contratados e dispensados de acordo com o destino do empreendimento. Além disso, contratar funcionários temporários permite que os novos empreendimentos garantam o conhecimento ou as habilidades especializadas que podem ser exigidos para um projeto específico; quando o projeto estiver concluído, os funcionários temporários partem, reduzindo, assim, os custos.

Por outro lado, há várias desvantagens associadas aos funcionários temporários. Primeiro, eles podem não ter o compromisso e a motivação dos funcionários permanentes. Afinal, eles sabem que estão trabalhando com base em contrato por um período específico de tempo (embora esse possa ser estendido), portanto, têm pouco comprometimento com o novo negócio. De certo modo, são visitantes, e não residentes permanentes. Além disso, há o risco real de que os funcionários temporários adquiram informações valiosas sobre a empresa ou suas oportunidades e, em seguida, leve-as para concorrentes em potencial. Com certeza, isso é perigoso para qualquer tipo de empreendimento novo. Funcionários permanentes, ao contrário, tendem a ter comprometimento e motivação mais fortes com relação ao novo empreendimento e estão menos propensos a sair, especialmente se, conforme descrito no Capítulo 13, tiverem participação no patrimônio líquido da empresa.

De modo geral, optar entre funcionários temporários e permanentes é difícil. O que é preferível parece depender, e muito, das condições específicas do novo empreendimento, tais como o setor em que opera ou a oportunidade que está tentando explorar. Em situações em que flexibilidade e velocidade de aquisição de novos conjuntos de conhecimento e de experiência são cruciais (por exemplo, em empresas de software), contratar funcionários temporários pode ser vantajoso[39]. Em situações em que o compromisso e a retenção do funcionário são mais importantes (por exemplo, funcionários que adquirem rapidamente habilidades e conhecimentos que aumentam seu valor para o novo empreendimento), concentrar-se em uma mão-de-obra permanente pode ser preferível[40]. No Capítulo 12, discutiremos vários fatores (entre eles, a necessidade de velocidade) que levam os empreendedores a usar modalidades contratuais de negócios, como a contratação de trabalhadores temporários, em lugar de formas mais hierárquicas, como a contratação de trabalhadores permanentes.

Considerações Finais

Muitas empresas e novos empreendedores não são exceção dessa generalização, declaram com orgulho que "nosso pessoal é nosso recurso mais precioso". Em outras palavras, reconhecem que o conhecimento, as habilidades, os talentos e o compromisso por parte dos funcionários é o ingrediente mais importante do sucesso, ou do fracasso, da empresa. Inúmeras evidências na área de recursos humanos sugerem que isso seja verdade. As pessoas *são* um fator crucial na determinação do sucesso de qualquer negócio; nos grandes que já existem e nos pequenos que estão começando[41]. De fato, elas são tão importantes quanto os fatores tecnológico, legal e financeiro. Por essa razão, é fundamental que os fundadores de novos empreendimentos dêem atenção especial às questões consideradas aqui – contratação de funcionários excelentes, determinação cuidadosa da quantidade ideal de mão-de-obra da empresa e equilíbrio entre recursos humanos temporários e permanentes. A falta de atenção em relação a essas questões pode ser tão fatal para o futuro de um novo empreendimento quanto começar com uma equipe incompatível ou permitir que as relações de trabalho entre os membros da equipe se deteriorem a ponto de se tornarem ineficazes. Em suma, recursos humanos excelentes são parte essencial na fundação de novos empreendimentos e apenas as estruturas construídas em fundações firmes duram.

Resumo e Revisão dos Pontos-Chave

- Em geral, as pessoas têm tendência a gostar de outras semelhantes a elas em vários aspectos; isso as faz sentir mais confortáveis.
- Por essa razão, os empreendedores tendem a selecionar co-fundadores cuja formação, instrução e experiência se parecem muito com as suas.
- Como uma ampla gama de conhecimento, habilidades e experiência entre a equipe fundadora é muito vantajosa para os novos empreendimentos, a seleção dos co-funda-

---

[39] Matusik, S. Motives, use patterns and effects of contingent resource use in entrepreneurial firms. In: Reynolds, P. et al. *Frontiers of entrepreneurship research*. Babson Park: Babson College, p. 359-372, 1997.

[40] Aldrich, H. Langdon, N. Human resource management and organizational life cycles. In: Reynolds, P. et al. (eds.). *Frontiers of entrepreneurship research*. Babson Park: Babson College, 1997.

[41] Gomez-Mejia, L. R.; Balkin, D. B.; Cardy, R. L. *Managing human resources*. 3. ed. Upper Saddle River, NJ: Prentice-Hall, 2002.

- dores com base em complementaridade em vez de similaridade é, em geral, uma estratégia mais útil.
- A fim de escolher os co-fundadores que trazem conhecimento, habilidades e atributos complementares a seus próprios, os empreendedores devem primeiro realizar uma auto-avaliação cuidadosa de seu próprio capital humano.
- É uma tarefa difícil porque, em geral, não temos consciência das causas de nosso comportamento e porque, muitas vezes, só podemos adquirir a compreensão de nossas próprias características a partir das reações dos outros a nós.
- A auto-avaliação dos empreendedores deve considerar cuidadosamente sua base de conhecimento, as habilidades específicas, motivações e atributos pessoais (por exemplo, a posição deles em cada uma das Cinco Grandes Dimensões da Personalidade).
- Ao escolher co-fundadores, é útil concentrar-se na complementaridade com relação a conhecimento, habilidades e experiências, e na similaridade com relação a características e motivações pessoais.
- A fim de escolher excelentes co-fundadores, os empreendedores devem desempenhar bem a tarefa de percepção social; eles devem formar percepções precisas sobre as outras pessoas.
- Essa é uma tarefa difícil, porque os outros nem sempre se retratam com precisão. Eles geralmente exercem uma administração da imagem – várias táticas que os colocam sob uma luz favorável. Os empreendedores devem observar cuidadosamente essas táticas ao escolher os co-fundadores e devem verificar as alegações e informações fornecidas por tais pessoas.
- Os empreendedores freqüentemente enfrentam a duplicidade – empenho de outros para iludi-los. Indícios importantes da ocorrência de duplicidade são fornecidos por indicações não-verbais relacionadas a expressões faciais, contato visual e aspectos não-verbais da fala.
- Embora sejam, algumas vezes, tentados a fazer isso, os empreendedores devem evitar eles próprios o uso da duplicidade. Tal comportamento é antiético e enfraquecerá a confiança nos empreendedores e em seus novos empreendimentos.
- Se os empreendedores não escolhem co-fundadores com cuidado, podem experimentar resultados desastrosos, como aconteceu com um dos autores em sua primeira empresa.
- Montada uma equipe de fundação adequada, as pessoas devem trabalhar juntas com eficácia para que o novo empreendimento seja bem-sucedido.
- Um ingrediente importante no estabelecimento de relações de trabalho fortes é o desenvolvimento de papéis claramente definidos, que especifiquem as responsabilidades e a jurisdição de cada empreendedor.
- Por causa do viés autoprotetor e de outros fatores, os indivíduos geralmente percebem que não estão sendo tratados de modo justo pelos outros – não estão recebendo uma parte das recompensas disponíveis que é proporcional ao escopo de suas contribuições.
- As reações a imparcialidades percebidas variam de exigir mais ou fazer menos até a saída efetiva da relação. Como todas essas reações são prejudiciais ao sucesso de um novo negócio, os empreendedores devem tomar medidas ativas para garantir que todos os membros da equipe fundadora sintam que estão sendo tratados de maneira imparcial.
- O mesmo princípio serve para alianças empresariais formadas por novos empreendedores: a fim de serem bem-sucedidas, ambas as partes devem sentir que as alianças são justas e mutuamente benéficas.
- Outro ingrediente para as relações fortes de trabalho é a comunicação eficaz. Em particular, os empreendedores devem evitar fazer críticas destrutivas uns aos outros porque o *feedback* negativo geralmente leva a sentimentos de hostilidade e a conflitos intensos.

- Conforme os novos empreendimentos crescem, exigências de recursos humanos adicionais aumentam. Freqüentemente, novos funcionários são contratados por meio da rede social das equipes fundadoras.
- Evidências sugerem que quanto maior é o número de funcionários do novo empreendimento, maior é seu sucesso financeiro. Isso não significa necessariamente que aumentar o número de funcionários leva ao sucesso; ao contrário, tanto o sucesso quanto o número de funcionários podem ser provenientes dos mesmos fatores subjacentes (por exemplo, a qualidade da oportunidade que está sendo explorada).
- A escolha entre contratação temporária e permanente de funcionários é complexa; ambas oferecem vantagens e desvantagens. No final das contas, essa decisão deve depender da situação específica em que um novo empreendimento funciona.

Questões para Discussão

1. Em geral, temos a tendência de gostar de pessoas que são similares a nós mesmos em vários aspectos. Por que algumas vezes isso pode ser improdutivo para os empreendedores ao escolherem seus sócios?
2. Você acha que, por causa da classificação nas Cinco Grandes Dimensões da Personalidade, algumas pessoas são mais propensas a se tornarem empreendedores do que outras? Quais características qualificariam alguém para se tornar um empreendedor? Quais características podem classificar alguém como inadequado para se tornar um empreendedor?
3. Que táticas de administração de imagem *você* usa? Quais são mais bem-sucedidas? Por quê?
4. Você é bom em reconhecer as tentativas de duplicidade das pessoas? Quais as indicações que usa para tentar determinar se os outros estão dizendo a verdade ou mentindo?
5. Todos desejam ser tratados com imparcialidade. É possível pensar em outros fatores, além do recebimento das gratificações disponíveis, que poderiam levar a concluir que você está sendo tratado com parcialidade ou imparcialidade por outras pessoas? (*Dica*: os processos usados para a distribuição de prêmios têm importância?)
6. Você critica as pessoas sem a intenção de ajudá-las? Quando? Que efeitos isso produz?
7. Em geral, os empreendedores têm uma tendência a contratar pessoas que conhecem ao aumentarem pela primeira vez seus novos empreendimentos. Você consegue pensar em algum tipo de problema em potencial que possa resultar dessa estratégia?

ARREGAÇANDO AS MANGAS

Qual é sua Classificação nas Cinco Grandes Dimensões da Personalidade?

Inúmeras evidências indicam que as Cinco Grandes Dimensões da Personalidade são básicas e importantes. A classificação das pessoas quanto a esses fatores tem um forte impacto em seu comportamento em muitas situações e no sucesso que elas obtêm. Qual é sua classificação em cada uma dessas dimensões? Para descobrir, peça a várias pessoas que você conhece bem para que o(a) classifiquem quanto a cada um dos itens a seguir. Elas devem usar uma escala de sete pontos para essas classificações, na qual 1 = mais baixo e 7 = mais alto. As classificações que oferecem são uma indicação muito séria da sua posição em cada uma das Cinco Grandes Dimensões de Personalidade. (*Observação*: Como este é um exercício informal, favor interpretar as descobertas com certo grau de cuidado.)

DIMENSÃO	QUESTÕES PARA CLASSIFICAÇÃO (A SEREM RESPONDIDAS POR PESSOAS QUE O CONHECEM BEM)
Consciência	Qual é o grau de confiabilidade de [seu nome]? Qual é o seu grau de asseio e organização? Com que nível de cuidado _____ realiza seus trabalhos?
Extroversão	Que nível de agitação _____ prefere? Com que facilidade _____ faz novos amigos? Com que grau ele é alegre e amigável?
Amabilidade	Que nível de confiança os outros depositam em _____? Qual é o grau de cortesia de _____ com relação aos outros? Qual o grau de cooperação de _____?
Estabilidade emocional	Qual o nível de preocupação de _____? Com que freqüência _____ fica emocionalmente agitado? Com que grau ele é confiante e seguro?
Abertura a experiências	O quanto _____ gosta de mudanças? Qual o grau de curiosidade de _____?

Escolhendo o Sócio Certo

Muitos empreendimentos novos são fundados por duas ou mais pessoas, então, fica claro que a escolha de um bom sócio (ou sócios) é uma tarefa importante para os empreendedores. A fim de escolher sabiamente, é preciso considerar três informações básicas: (1) auto-avaliação clara (o que você apresenta em termos de habilidades, capacidades, conhecimento etc.), (2) visão definida do que você precisa em seus sócios em potencial e (3) capacidade de avaliar outras pessoas com precisão para que possa dizer se elas têm o que você precisa. Este exercício deve ajudar a reunir essas três informações.

1. **Auto-avaliação.** Classifique você mesmo em cada uma das dimensões a seguir. Seja o mais honesto e preciso possível! Em cada dimensão, insira um número de 1 a 5 (1 = muito pouco, 2 = pouco, 3 = médio, 4 = alto, 5 = muito alto).
    a. **Experiência relacionada a seu novo empreendimento** _____ (insira um número de 1 a 5)
    b. **Conhecimento técnico relacionado a seu novo empreendimento** _____
    c. **Habilidade para lidar com as pessoas** (habilidades úteis na convivência com os outros, na persuasão etc.) _____

d. **Motivação para o sucesso** _____
   e. **Compromisso com o novo empreendimento** _____
   f. **Atributos pessoais que mostram sua aptidão para se tornar um empreendedor** _____
   _____
   g. **Atributos pessoais que revelam sua falta de aptidão para se tornar um empreendedor** _____

2. **O que você precisa em um sócio?** Considerando as classificações da Parte I, relacione o que você precisa de seus sócios. Por exemplo, se você tem uma pontuação baixa em conhecimento técnico, precisa de tal conhecimento em seu sócio; se você tem uma pontuação baixa em habilidade para lidar com as pessoas, precisa de um sócio com pontuação alta nessa dimensão, e assim por diante.
   a.
   b.
   c.
   d.
   e.
   f.

3. **Você tem uma boa percepção social?** Você é bom em avaliar as outras pessoas com precisão? Para descobrir isso, indique até que ponto cada uma das declarações a seguir é verdadeira para você (1 = nem um pouco verdadeira, 2 = não é verdadeira, 3 = nem verdadeira nem falsa, 4 = verdadeira, 5 = certamente verdadeira).
   a. Posso dizer facilmente quando as outras pessoas estão mentindo.
   b. Posso adivinhar os sentimentos reais dos outros se eles quiserem escondê-los de mim.
   c. Posso reconhecer os pontos fracos dos outros.
   d. Sei julgar bem as pessoas.
   e. Normalmente posso reconhecer os traços de outras pessoas com precisão observando seu comportamento.
   f. Posso dizer por que as pessoas agiram de determinada maneira na maioria das situações.

Some suas respostas. Se marcou 20 pontos ou mais, você se enxerga como alguém que é bom em percepção social. Para descobrir se isso é verdade, peça a várias pessoas que o conhecem para classificá-lo quanto aos mesmos itens. Em outras palavras, mude os itens para ler: _____ _____ pode dizer facilmente quando as outras pessoas estão mentindo? (seu nome vai no espaço em branco). Se as classificações deles concordarem com as suas, parabéns – você é bom não apenas na avaliação de outras pessoas, mas também na avaliação de si mesmo!

Financiando Novos Empreendimentos

6

OBJETIVOS DE APRENDIZADO
Após ler este capítulo, você deve ser capaz de:

1 Explicar por que é difícil para os empreendedores obter fundos de investidores externos.

2 Identificar soluções específicas para os problemas financeiros do empreendimento criados por incertezas e por assimetria de informações, e explicar por que essas soluções funcionam.

3 Explicar por que os empreendedores normalmente levantam pouco capital inicial.

4 Criar demonstrativos financeiros e demonstrativos de fluxo de caixa, e conduzir análise de ponto de equilíbrio.

5 Definir financiamento por emissão de ações e financiamento por debêntures, e explicar como eles são diferentes.

6 Descrever as diversas fontes de capital para novos empreendimentos.

7 Descrever o processo de financiamento por emissão de ações do início ao fim.

8 Explicar por que o financiamento por emissão de ações em novos empreendimentos é, em geral, feito em etapas.

9 Descrever como os capitalistas de risco calculam o custo do capital que fornecem para os novos empreendimentos.

10 Explicar por que os vínculos sociais diretos e indiretos são importantes para o levantamento de fundos de investidores externos.

11 Identificar os comportamentos e ações que empreendedores de sucesso empregam para encorajar os investidores a ajudá-los e explicar por que esses comportamentos e ações são eficazes.

> "O dinheiro é exatamente como o sexo; você não pensa em nada mais se não o tem e pensa em outras coisas se o tem." (James Baldwin, *Nobody Knows My Name*, 1961)

Em julho de 1996, Alex Laats, um funcionário de licenciamento de tecnologia do MIT, e dois alunos de graduação, Pehr Andersen e Chris Gadda, fundaram uma empresa chamada NBX Corporation para fazer um telefone para a internet. Embora nenhum dos empreendedores tenha começado uma empresa anteriormente, eles conseguiram US$ 16,7 milhões em capital de risco e usaram o dinheiro para formar uma empresa que foi vendida mais tarde para a 3Com por US$ 80 milhões. Como esses três empreendedores inexperientes levantaram milhões de dólares de capital de risco e montaram uma empresa?

Aconteceu o seguinte: enquanto trabalhava no escritório de licenciamento de tecnologia do MIT, Alex Laats conheceu um capitalista de risco chamado Charles Harris. Harris ficou impressionado com Laats e tentou contratá-lo para sua empresa de capital de risco, a Harris and Harris. Como Laats decidiu que seria melhor ser um empreendedor do que um capitalista de risco, recusou a oferta. Então, Harris disse a Laats que o procurasse quando tivesse um empreendimento que quisesse começar.

No verão de 1996, Laats chamou Harris para conversar sobre o financiamento da NBX. Harris concordou em fornecer US$ 500 mil.

Quando Laats deixou o escritório de licenciamento de tecnologia para começar a NBX, ele concordou em obter a licença da tecnologia de telefone para internet detida pelo MIT em troca de 5% da empresa. Como resultado, Phil Rotner, que trabalhava na tesouraria do MIT, tornou-se responsável pelo gerenciamento dos investimentos do MIT na NBX.

Uma das responsabilidades de Rotner era gerenciar as aplicações de recursos do MIT provenientes de doações em fundos de capital de risco, o que o colocou em contato com vários capitalistas de risco. Isso provou ser valioso no outono de 1996, quando a NBX Corporation precisou levantar capital adicional. A Harris and Harris não podia fornecer os US$ 3,5 milhões adicionais de que a NBX Corporation precisava e, assim, Laats e Harris procuraram outras empresas de capital de risco para obter dinheiro.

Harris chamou Bill Laverack, sócio da J. H. Whitney, uma empresa de capital de risco que era muito próxima da Harris and Harris. Por causa de sua relação com Harris, Laverack apoiou a fundação da NBX Corporation, calculando que se Harris pensava que seria um bom investimento, isso provavelmente era verdade. Além disso, Laverack tinha vínculo com Rotner porque o MIT era o maior investidor do mais novo fundo de capital de risco da J. H. Whitney. Com base nessas relações com Harris e Rotner, Laverack convenceu seus sócios na J. H. Whitney a financiarem a segunda etapa da NBX.

Em outubro de 1997, a NBX estava precisando de capital outra vez. Nesse momento, necessitava de US$ 12,7 milhões e de outro investidor. Laverack calculou que eles deveriam tentar a Morganthaler Ventures por causa da relação da J. H. Whitney com essa empresa. Rotner também achou que seria uma boa idéia, porque o MIT era um grande investidor em fundos da Morganthaler e ele próprio já tinha participado do conselho dessa empresa.

Os sócios da Morganthaler Ventures acreditavam que a NBX Corporation seria um bom investimento, mas, na mesma época, havia muitas boas empresas também atuando na telefonia pela internet. Eles quase desistiram, mas concordaram em investir principalmente com base na relação da Morganthaler com o MIT e com a J. H. Whitney.

A lição dessa história é que o financiamento de novos empreendimentos depende muito dos vínculos sociais. A NBX obteve várias injeções de capital de risco que não teria recebido sem os vínculos sociais entre os fundadores e os investidores ou entre os investidores anteriores e os investidores posteriores. Dadas as vantagens que o capital de risco oferece a empresas novas (ver a Tabela 6.1), pode-se dizer que o sucesso da NBX foi resultado das relações sociais.

Tabela 6.1 Por que os Empreendedores Procuram Empresas de Capital de Risco
O apoio de empresas de capital de risco proporciona inúmeras vantagens para empresas novas, desde credibilidade melhorada até ajuda na operação.

Tipo de Vantagem	Razão
Capital	A empresa de capital de risco é uma das principais fontes de capital de alto risco para novos empreendimentos.
Credibilidade	O prestígio do apoio da empresa de capital de risco facilita aos empreendedores persuadir clientes, funcionários e fornecedores do valor de seu novo negócio.
Conexão com banqueiros de investimento	O alto volume de ofertas públicas iniciais auxiliadas por empresas de capital de risco significa que os capitalistas de risco têm vínculos próximos com banqueiros de investimento, o que facilita a abertura de capital.
Conexões com fornecedores e clientes	Capitalistas de risco, em geral, estabelecem relações entre as empresas que financiam, como fornecedores e clientes umas das outras.
Ajuda no recrutamento da equipe de administração	Os capitalistas de risco têm vínculos fortes com empresas que procuram executivos e podem ajudar os empreendedores a atraírem CEOs e outros talentos de alto escalão.
Assistência na operação	Muitos capitalistas de risco foram empreendedores e têm experiência significativa na formação de novas empresas.

Acabamos de explicar que os vínculos sociais foram fundamentais para os fundadores da NBX, porque ajudaram a levantar um grande montante de capital de risco. Mas por que é importante que os fundadores obtenham esse tipo de financiamento? Conforme indicado na Tabela 6.1, o capital de risco oferece aos empreendedores inúmeras vantagens, desde servir como uma fonte principal de caixa para novos negócios de alto risco a demonstrar a credibilidade dos novos empreendimentos, proporcionar as conexões para interessados importantes e fornecer ajuda na construção de um novo negócio. Falaremos mais sobre capital de risco posteriormente neste capítulo, agora apenas lembraremos que o suporte do capital de risco proporciona muito valor para novas empresas.

O restante deste capítulo abordará o processo de financiamento do novo empreendimento. Na primeira seção, discutiremos por que é tão difícil para os empreendedores levantar os fundos de que precisam para seus novos empreendimentos. Duas categorias amplas de problemas – a **assimetria de informações**, ou o fato de que os empreendedores sabem mais sobre suas oportunidades do que os investidores, e a **incerteza** – tornam difícil obter fundos e demandam acordos específicos que você precisará compreender se estiver levantando fundos para abrir sua empresa.

Na segunda seção, descreveremos a quantia, a origem e o tipo de capital que os novos empreendimentos normalmente conseguem. Explicaremos por que os empreendedores, em geral, levantam uma pequena quantia de capital inicial e, então, buscam financiamento adicional posterior. Ensinaremos as ferramentas importantes para a análise financeira de seu novo empreendimento, inclusive a estimativa do volume e do uso de capital inicial, demonstrativos financeiros, demonstrativos de fluxo de caixa e análise de ponto de equilíbrio. Discutiremos a diferença entre financiamento *por debêntures* e *por emissão de ações* e também explicaremos por que os empreendedores normalmente obtêm financiamento por emissão de ações na etapa inicial de seus empreendimentos. Por fim, resumiremos os tipos de fontes de financiamento disponíveis para os empreendedores.

Na terceira seção, descreveremos a estrutura do financiamento de risco para os empreendimentos de alto potencial que normalmente recebem financiamento de *anjos* (pessoas físicas dispostas a contribuir com fundos e experiência para os novos empreendimentos) e de empresas de *capital de risco*. Em particular, enfocamos o processo de financiamento por emissão de ações, desde o contato inicial com investidores até o recebimento do dinheiro. Também informaremos por que os investidores em financiamento por emissão de ações normalmente dividem o financiamento em etapas e como eles estabelecem um preço para seu capital.

Na quarta seção, retornaremos para a discussão do início deste capítulo sobre recursos sociais e o aspecto comportamental do levantamento de recursos. Explicaremos por que ter vínculos sociais diretos ou indiretos com investidores é importante para o levantamento de fundos e resumiremos as ações e comportamentos que empreendedores bem-sucedidos usam para encorajar capitalistas de risco ou outros a ajudá-los.

POR QUE É TÃO DIFÍCIL LEVANTAR FUNDOS? OS PROBLEMAS DA INCERTEZA E DA ASSIMETRIA DE INFORMAÇÕES

A maioria dos empreendedores dirá que a parte mais difícil de começar uma empresa é levantar fundos. De fato, quando os pesquisadores perguntam aos empreendedores quais foram as maiores preocupações no início de suas novas empresas, a resposta mais comum é "o levantamento de fundos". Quando os pesquisadores perguntaram aos empreendedores qual o tipo de ajuda mais valioso no processo de formação de uma empresa, a resposta mais comum foi "ajuda na obtenção de capital"[1].

Mas por que é tão difícil levantar fundos para um novo empreendimento? A resposta está no que os empreendedores pedem aos investidores. Conforme indicado no Capítulo 3, os empreendedores identificam oportunidades incertas de novos empreendimentos com base nas informações que as outras pessoas não têm ou não reconhecem. Como resultado, os investidores devem tomar decisões quanto a apoiar novos negócios de valores muito incertos com menos informações do que o empreendedor detém. Essa incerteza e a assimetria de informações criam problemas no financiamento de novas empresas. Como os empreendedores que desejam levantar fundos de investidores externos precisam superar esses problemas, é importante que os expliquemos a você.

Problemas de Assimetria de Informações

O fato de os empreendedores deterem ou reconhecerem informações sobre suas oportunidades comerciais que os investidores não detêm ou não conseguem reconhecer cria três problemas para o levantamento de fundos. Primeiro, os empreendedores ficam relutantes quanto a divulgar informações para os investidores, isso exige que os investidores tomem decisões com base em informações limitadas. Os empreendedores precisam manter segredo das informações que têm sobre suas oportunidades e suas abordagens para explorá-las. Se outras pessoas tiverem acesso a essas informações, elas podem buscar as mes-

---

[1] Blanchflower, D.; Oswald, A. What makes an entrepreneur? *Journal of Labor Economics*, 16(1): 26-60, 1998.

mas oportunidades. Além disso, os investidores têm o dinheiro necessário para explorar as oportunidades (caso contrário, os empreendedores não estariam falando com eles sobre financiamento). Portanto, os empreendedores não querem dizer aos investidores muito sobre suas oportunidades ou meios de explorá-las, para que os investidores não explorem as oportunidades sem eles. Como resultado, os empreendedores mantêm ocultas as informações sobre suas oportunidades e os investidores devem tomar decisões sobre financiamentos de empreendimentos com menos informações do que os empreendedores detêm[2].

Segundo, a vantagem das informações detidas pelos empreendedores lhes torna possível tirar vantagem dos investidores. Os empreendedores podem usar suas informações superiores para obter capital de investidores e usá-lo para o seu próprio benefício em vez do da empresa[3]. Por exemplo, suponha que um empreendedor diga ao seu investidor que precisa de uma grande conta de despesas de representação para entreter clientes. O investidor não tem como saber se realmente o empreendedor precisa da conta de despesas de representação, porque os clientes desse setor não farão compras a menos que tenham almoçado ou porque o empreendedor gosta de boa comida e bom vinho e usará a conta como uma maneira de sair para jantar. Por quê? Porque o empreendedor é quem fornece as informações sobre a necessidade da conta e elas podem não ser verdadeiras.

Terceiro, a limitação das informações a respeito do empreendedor e da oportunidade que o investidor possui cria um problema chamado **seleção adversa**. Isso ocorre quando não se pode distinguir entre duas pessoas, uma que tem uma qualidade desejada e outra que não a tem. Como não é possível distinguir entre as duas, aquela sem a qualidade desejada tem um incentivo para fingir seus atributos e dizer que tem a qualidade desejada. Alguns empreendedores têm o que é necessário para abrir uma nova empresa de sucesso, outros, não. Se os investidores não puderem reconhecer um ao outro, aquele sem a capacidade para formar empresas de sucesso imitará o comportamento dos outros para obter o financiamento. Por exemplo, eles fingirão ter habilidades, informações ou experiências que, na verdade, não têm. Para se proteger, os investidores devem cobrar um prêmio para pagar as perdas incorridas pela ajuda às pessoas erradas. Como os empreendedores de sucesso não querem pagar esse prêmio, eles saem do mercado de financiamentos, deixando somente os empreendedores que os investidores não querem ajudar, criando uma seleção adversa[4].

Problemas de Incerteza

Os investidores também enfrentam uma variedade de problemas porque os novos empreendimentos são muito incertos. Primeiro, eles precisam julgar o valor das oportunidades e a capacidade dos empreendedores com base em pouquíssimas evidências reais. Os fatores que determinam os empreendimentos que se tornarão investimentos valiosos, como a demanda pelo novo produto, o desempenho financeiro da empresa, a capacidade do empreendedor em administrar a empresa, entre outros, não podem ser conhecidos

---
[2] Casson, M. *Entrepreneurship and business culture*. Londres: Edward Elgar, 1995.
[3] Shane, S.; Stuart, T. Organizational endowments and the performance of university start-ups. *Management Science*, 48(1): 154-170, 2002.
[4] Amit, R.; Glosten, L.; Muller, E. Entrepreneurial ability, venture investments, and risk sharing. *Management Science*, 38(10): 1232-1245, 1990.

com certeza até depois que os empreendedores obtenham o financiamento e explorem sua oportunidade, porque essas coisas não podem ocorrer sem o investimento do capital de algum investidor[5]. Portanto, se o empreendedor não tiver uma tecnologia patenteada ou um longo histórico de criação de negócios de sucesso (o que a maioria dos empreendimentos não tem), o investidor tem de tomar a decisão sobre o empreendimento com base em pouquíssimas evidências, o que torna o financiamento uma decisão muito arriscada[6].

Segundo, os empreendedores e os investidores geralmente discordam sobre o valor de novos empreendimentos. Como estes são incertos, ninguém sabe realmente o quanto será rentável – se é que um novo empreendimento pode ser rentável. Portanto, os investidores tomam suas decisões sobre financiamento com base em suas próprias percepções sobre a rentabilidade e a atratividade de empreendimentos, que são quase sempre menores do que as percepções do empreendedor[7]. Por quê? Lembra-se do Capítulo 5, quando indicamos que os empreendedores são superotimistas em relação a seus empreendimentos? Para se motivarem a se dedicar ao trabalho pesado de iniciar uma empresa, os empreendedores freqüentemente se convencem de que as chances de seus empreendimentos são melhores do que elas realmente são. Portanto, quando negociam com investidores, que não são superotimistas, enfrentam dificuldades na negociação do valor do empreendimento.

Terceiro, os investidores querem ter certeza de que os empreendedores pagarão suas dívidas se suas empresas acabarem demonstrando não ter valor, em particular, se estiverem emprestando dinheiro para o empreendimento. Dessa maneira, o investidor estará arriscando menos. Obviamente, o empreendedor não pode recorrer ao empreendimento atrás de fundos para pagar o investidor se o empreendimento provar ser um insucesso, porque um empreendimento malsucedido não terá dinheiro algum. Portanto, os investidores pedem aos empreendedores que forneçam **garantias** ou algo de valor que possa ser vendido no caso de o negócio não dar certo; a garantia pode ser a casa do empreendedor, por exemplo[8]. O problema desse sistema é que muitos empreendedores precisam de capital porque não têm nada de valor; caso contrário, eles mesmos financiariam a nova empresa.

Por que comentamos sobre incerteza e assimetria de informações, que podem parecer conceitos abstratos? Porque assim podemos facilitar a compreensão de como os investidores solucionam esses problemas. Dessa maneira, é possível entender por que os financiamentos de novos empreendimentos funcionam da maneira que funcionam.

Soluções para Problemas de Financiamento por Capital de Risco

Não se preocupe, o financiamento de novos empreendimentos está vivo e bem de saúde. Os investidores solucionaram os problemas de assimetria de informações e de incertezas descritos aqui. Nesta seção, resumiremos as soluções que eles encontraram de modo que você possa ter conhecimento do que será preciso fazer para levantar fundos quando iniciar seu novo empreendimento.

---

[5] Arrow, K. Limited knowledge and economic analysis. *American Economic Review*, 64(1): 1-10, 1974.
[6] Bhide, A. *The origin and evolution of new businesses*. Nova York: Oxford University Press, 2000.
[7] Wu, S. *Production, entrepreneurship and profits*. Cambridge, MA: Basil Blackwell, 1989.
[8] Blanchflower, D.; Oswald, A. What makes an entrepreneur? *Journal of Labor Economics*, 16(1): 26-60, 1998.

Autofinanciamento

Quando você levanta fundos para financiar um novo empreendimento, os investidores querem que também invista seu dinheiro no empreendimento. O valor de capital que você colocar não importa. O que vale é que aplique uma quantia que seja uma porcentagem grande de seu patrimônio líquido. Portanto, se você tem US$ 10 mil em seu nome, os investidores vão querer isso investido na atividade; mas esse valor pode chegar a um milhão de dólares se seu patrimônio pessoal chegar a tanto.

Por que você tem de colocar muito de seu próprio capital quando está levantando fundos de outras pessoas? Acima de tudo, porque, provavelmente, não vai arriscar perder seu próprio dinheiro em um empreendimento falido. Esse é o ponto. Você sabe mais sobre a oportunidade do empreendimento do que qualquer investidor. Portanto, se não achar que o empreendimento é uma idéia boa o suficiente para que valha a pena arriscar perder seu próprio dinheiro, por que os investidores arriscariam o deles? Além disso, os investidores estão preocupados com empreendedores inescrupulosos que se aproveitam da situação. Suponha que um empreendedor não coloque seu próprio dinheiro em um novo empreendimento e use o capital do investidor para comprar um automóvel conversível de luxo, que é usado só para seu lazer ou conveniência. O investidor não tem meios para interromper esse comportamento. Mas pode desencorajar o empreendedor a agir dessa maneira. Ao fazer o empreendedor investir seu próprio dinheiro com o dele, o investidor oferece ao empreendedor um incentivo para ser cuidadoso com o capital do empreendimento. Se o empreendedor investe no empreendimento, não só o dinheiro do investidor será gasto em combustível para o conversível, mas também o do empreendedor[9].

Embora o autofinanciamento dos empreendedores seja útil para mitigar os problemas financeiros do empreendimento, não é uma solução completa, especialmente para grandes empreendimentos. A maioria das pessoas não tem dinheiro suficiente para autofinanciar grandes oportunidades. Por exemplo, quando Fred Smith começou a Federal Express, precisava de dez milhões de dólares para reunir caminhões, aeronaves e um sistema de gerenciamento de informações. Ele não era rico o suficiente para financiar a Federal Express de seu próprio bolso. Foi preciso levantar capital de terceiros. Como o autofinanciamento do empreendedor não é uma solução completa para os problemas que os investidores enfrentam, os investidores usam vários mecanismos para gerenciar os problemas de informações e assimetria.

Disposições Contratuais

Para proteger-se contra os problemas criados pelas incertezas e pela assimetria de informações, os investidores incluem uma variedade de disposições em seus contratos com os empreendedores. Primeiro, incluem cláusulas sobre o comportamento do empreendedor. **Cláusulas** são restrições às ações de alguém. Dentre as cláusulas comuns do financiamento de novos empreendimentos estão impedimentos para evitar que o empreendedor compre ou venda bens ou ações sem a permissão dos investidores, bem como **direitos de resgate obrigatório**, que exigem do empreendedor a devolução do capital dos investidores a qual-

---
[9] Barzel, Y. The entrepreneur's reward for self-policing. *Economic Inquiry*, 25: 103-116, 1987.

quer momento[10]. Segundo, os investidores empregam **títulos conversíveis** ou instrumentos financeiros que permitem que eles convertam ações preferenciais, que têm tratamento preferencial no caso de liquidação, em ações comuns, a critério do investidor[11]. Terceiro, os investidores usam **disposições de extinção** e **antidiluição**. Essas disposições exigem que os empreendedores percam uma parte de sua participação acionária em seus empreendimentos se não atingirem as metas acordadas[12]. Quarto, os investidores se dão **direitos de controle** dos novos empreendimentos que financiam. Os direitos de controle são os que dão a alguém o arbítrio de determinar como usar os bens de um empreendimento. Os investidores normalmente tomam uma cota desproporcional de direitos de controle, por exemplo, eles possuem 30% das ações da empresa, mas têm 51% dos assentos no conselho de administração. Finalmente, os investidores dificultam a saída dos empreendedores da empresa sem a permissão deles ou impedem que retenham grande parte da participação acionária se saírem. Eles fazem isso impondo longos **períodos de quarentena para direito de movimentação**, durante os quais os empreendedores não podem retirar seus investimentos. Todas essas ferramentas minimizam a possibilidade de que os empreendedores ajam contra o interesse dos investidores, restringindo o comportamento do empreendedor ou reduzindo o incentivo para que ajam daquela forma. Essas ferramentas também fazem os empreendedores suportarem uma parcela maior das incertezas do novo empreendimento, protegendo os investidores contra alguns dos riscos de financiar novas empresas.

Especialização

Para escolher melhor em quais novos empreendimentos investir e para administrar os investimentos depois de feitos, os investidores de novas empresas tendem a se especializar de duas maneiras. Primeiro, eles se especializam por setor, alguns se concentram, por exemplo, no setor de software, outros, em biotecnologia. Segundo, muitos investidores se especializam em um estágio de desenvolvimento do empreendimento, alguns preferem fazer pequenos investimentos bem no início da vida de novas empresas, outros preferem investimentos maiores, em estágios posteriores[13]. A especialização ajuda os investidores, oferecendo contatos com fornecedores, clientes e especialistas que podem auxiliar na avaliação de empreendimentos que estão pensando em apoiar e garantir que os negócios estejam no caminho certo uma vez que tenham investido neles. Além disso, com a especialização, os investidores podem descobrir os fatores de sucesso em um estágio particular da vida de uma empresa ou de um setor, informações que os tornam mais aptos a auxiliar ou monitorar novas empresas. A especialização auxilia os investidores a superar tanto os problemas de assimetria de informações quanto os de incerteza nos processos de financiamento de novos empreendimentos.

---

[10] Gompers, P. An examination of convertible securities in venture capital investments. *Working paper*, Harvard University, 1997.

[11] Shane, S. *A general theory of entrepreneurship: the individual opportunity nexus*. Londres: Edward Elgar, no prelo.

[12] Hoffman, H.; Blakely, J. You can negotiate with venture capitalists. *Harvard Business Review*, p. 6-24, mar./abr. 1987.

[13] Barry, C. New directions in research on venture capital finance. *Financial Management*, 23 (3): 3-15, 1994.

Investimento Geograficamente Localizado

Diferente de investidores do mercado de ações, que geralmente não pensam duas vezes ao comprar ações de uma empresa estrangeira comercializada na Bolsa de Valores, os investidores de novos empreendimentos quase sempre fazem investimentos em empresas localizadas perto deles. A regra prática é não investir em um empreendimento que fique a mais de duas horas de carro do escritório.

Por que os investidores limitam seus investimentos a empreendedores locais? Primeiro, o investimento localizado facilita aos investidores um envolvimento intensivo com as novas empresas. Isso é importante, porque os investidores querem que os empreendedores forneçam atualizações regulares de seus empreendimentos e acompanhem as operações diárias das novas empresas se algo começar a dar errado[14]. De fato, os investidores substituirão a equipe empreendedora por uma nova administração se for preciso, e isso exige um envolvimento intenso.

Segundo, investir localmente facilita a ajuda às empresas certas. Os investidores descobriram que é mais fácil desenvolver uma rede de fontes de informações sobre boas novas empresas se eles focarem uma área restrita. Além disso, como os investidores precisam avaliar o valor das informações fornecidas pelos empreendedores, eles usam seus contatos para confirmar as alegações dos empreendedores sobre suas idéias comerciais e seus talentos[15].

Clubes de Investimento

Muitos investidores de novos empreendimentos, particularmente capitalistas de risco e anjos, formam **associações ou clubes que administram fundos de investimento**, ou convidam outros investidores para fazer investimentos em conjunto. Os clubes de investimento permitem que os investidores diversifiquem seus riscos colocando quantidades pequenas de dinheiro em uma variedade de empresas e não apenas investindo grandes somas de dinheiro em uma ou duas empresas. Os clubes de investimento também ajudam os investidores a reunir informações sobre os empreendedores e os investindo. Por meio da associação que gerencia o fundo, os investidores podem obter informações a partir de uma variedade maior de pessoas com experiências e conhecimentos diferentes[16], bem como comparar suas decisões com as decisões dos outros[17]. Ambas ações ajudam os investidores a melhorar suas decisões sobre investimento.

VOLUMES E FONTES DE CAPITAL: QUANTO E QUAL O TIPO DE QUE VOCÊ PRECISA?

Três das questões mais importantes que um empreendedor precisará responder a si mesmo antes de começar um novo empreendimento são: De quanto dinheiro eu preciso? Onde

---

[14] Sahlman, W. The structure and governance of venture capital organizations. *Journal of Financial Economics*, 27: 473-521, 1990.
[15] Sorenson, O.; Stuart, T. Syndication networks and the spatial distribution of venture capital investments. *American Journal of Sociology*, 106(6): 1546-1588, 2001.
[16] Idem.
[17] Lerner, J. The syndication of venture capital investments. *Financial Management*, 23(3): 16-27, 1994.

posso obtê-lo? Quais os tipos de acordo que preciso fazer para obter esse capital? Para responder a essas questões, você precisará saber algumas coisas sobre o valor e sobre a distribuição ao longo do tempo do financiamento de novos empreendimentos; as diferenças entre financiamento por debêntures e por emissão de ações e as fontes de financiamento de novos empreendimentos. Nesta seção, forneceremos as respostas colhidas por meio de pesquisas acadêmicas e de empreendedores experientes.

Volume de Capital Inicial

Se você lê os jornais regularmente, vai se surpreender ao saber que a maioria dos novos empreendimentos não exige muito capital inicial. O processo de financiamento de uma empresa nova comum é muito diferente do descrito no *The Wall Street Journal* com relação a novos empreendimentos que chegam às páginas desse jornal. De acordo com dados fornecidos pelo Censo dos Estados Unidos, 60% de todos os novos empreendimentos usam menos de US$ 5 mil de capital para dar a partida inicial e apenas 3% usam mais de US$ 100 mil (ver a Figura 6.1)[18]. Mesmo empresas com potencial alto, em geral, requerem pouquíssimo capital. Amar Bhide, professor de empreendedorismo da Columbia University, relata que a empresa média extraída das relacionadas na Inc. 500 – as 500 empresas privadas de crescimento mais rápido nos Estados Unidos – precisou de menos de US$ 30 mil de capital inicial[19].

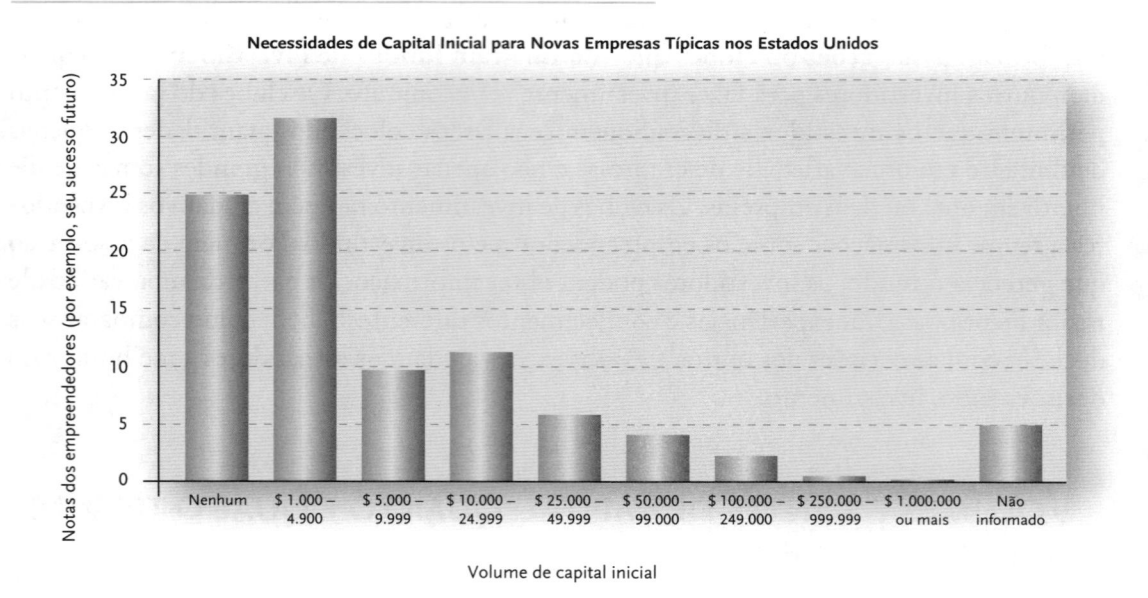

Figura 6.1 A Maioria dos Novos Empreendimentos Não Exige Muito Capital Inicial
Mais da metade dos novos empreendimentos iniciados nos Estados Unidos exige menos de US$ 5 mil de capital inicial.
Fonte: Adaptado de "Characteristics of Business Owners", Departamento de Comércio dos Estados Unidos, Bureau of the Census, Washington, DC: SSGPO, CB087-1, Tabela 15C, p. 10.

---

[18] Aldrich, H. *Organizations evolving*. Londres: Sage, 1999.
[19] Bhide, A. *The origin and evolution of new businesses*. Nova York: Oxford University Press, 2000.

A ACM Enterprises, de Tucson, Arizona, é um bom exemplo de empresa nova cujos fundadores descobriram como partir do zero sem ter muito capital inicial. A empresa produz um estojo de metal para cartões de crédito que ejeta eletronicamente o cartão selecionado quando se aperta um botão. Os fundadores da empresa, James e Anthony Tiscione, começaram o negócio com 50.000 dólares e, embora nunca tivessem desenvolvido um produto novo, precisavam obter a patente e fabricá-lo. Como fizeram isso? Primeiro, James Tiscione foi ao Escritório de Patentes e Marcas Registradas dos Estados Unidos e procurou patentes e invenções similares à dele. Só depois de ter feito sua própria pesquisa é que contatou um advogado de patentes. Isso cortou os custos da patente substancialmente. Segundo, os Tisciones se associaram a um especialista em marketing, Steve Pagac, que identificou os clientes deles em troca de uma participação em ações na empresa. Terceiro, os fundadores terceirizaram a fabricação para uma empresa em Hong Kong, o que cortou as despesas de fabricação. Quarto, os Tisciones concordaram em distribuir seus produtos pela SkyMall para, assim, obter publicidade gratuita; em troca, deram à SkyMall todas as vendas de seus produtos até que um determinado nível de vendas fosse atingido. Com essas quatro decisões, os Tisciones começaram uma empresa com 50.000 dólares de capital inicial, quando muitos empreendedores teriam precisado de centenas de milhares de dólares[20].

Estimando as Necessidades Financeiras: Custos Iniciais, Demonstrativos Financeiros, Demonstrativos de Fluxo de Caixa e Análise de Ponto de Equilíbrio

Tudo bem, então você não precisa de muito capital para começar um negócio. Mas como descobrir quanto será necessário para sua nova atividade? Os empreendedores usam quatro ferramentas importantes para descobrir isso: uma relação de custos iniciais e destinação dos recursos financeiros, demonstrativos financeiros, demonstrativos de fluxo de caixa e análise de ponto de equilíbrio. Você não apenas precisará aprender a usar essas ferramentas para começar seu negócio como também terá de colocá-las em seu plano de negócio se quiser levantar fundos. Qualquer investidor de reputação vai querer ver essas informações como parte do processo de avaliação de seu negócio.

Relação de Custos Iniciais e Destinação dos Recursos Financeiros

Uma das primeiras coisas que você precisará fazer quanto à parte financeira de sua nova atividade é criar uma relação de custos iniciais, ou custos que precisariam ser incorridos para levantar o negócio. Os exemplos de custos iniciais são o custo de compra de equipamentos necessários para funcionar, fornos para uma padaria, caminhões para um serviço de entrega e assim por diante, bem como estoque ou suprimentos. Como você provavelmente terá de incorrer em custos para produzir e vender seu produto ou serviço, é preciso algum capital de giro para o período em que o dinheiro estiver saindo do caixa e não estiver entrando. Qualquer capital de giro que sua atividade precisar para dar a partida deve ser incluído nos custos iniciais. Além disso, caso precise comprar qualquer tipo de bem de longo prazo para seu novo negócio, tal como um imóvel, é necessário incluí-lo no custo inicial também.

---

[20] Debelak, D. Play your cards right. *Entrepreneur*, p. 106-110, mar. 2003.

Uma vez estimados os custos iniciais, você poderá determinar algumas coisas importantes para levantar fundos e para iniciar seu empreendimento. Primeiro, é possível definir o valor total de recursos de que precisará para começar. Essa estimativa é crucial para determinar onde obter o capital necessário. Segundo, pode determinar o que fará com o capital após obtê-lo. Por exemplo, você usará os resultados provenientes de um investimento ou de um empréstimo para comprar equipamentos ou imóvel? Ou usará o capital para adquirir o estoque inicial e os suprimentos? É importante identificar como usará seu capital inicial, porque você não conseguirá obter financiamento até que consiga mostrar aos investidores como usará o dinheiro deles.

Demonstrativos Financeiros

Agora podemos ir para os resultados. Depois que um empreendedor estimar os custos iniciais e o uso dos fundos, a próxima etapa financeira do novo negócio é a criação dos demonstrativos financeiros do empreendimento (inclusive os resultados finais projetados para o empreendedor!). Os empreendedores precisam criar esses demonstrativos financeiros para seus negócios. Os demonstrativos financeiros mostram projeções (em geral para três anos) da condição financeira do novo empreendimento com base nas informações que o empreendedor coletou sobre mercado, clientes, concorrência, desenvolvimento do produto, operações e outras partes do negócio. Os demonstrativos de resultados estimados prevêem os lucros e perdas. Os balancetes mostram a estrutura financeira da atividade e permitem que os investidores realizem uma análise de valores relativos. A maioria dos especialistas recomenda calcular o demonstrativo de resultados para a atividade mensalmente ou, pelo menos, a cada três meses e preparar o balancete do empreendimento também ao menos trimestralmente.

Ao desenvolver os demonstrativos financeiros, a maioria dos empreendedores aprende duas lições. Primeiro, as estimativas de lucros ou perdas mostradas nos demonstrativos de receita dependem muito da qualidade das estimativas de vendas do empreendedor. Portanto, demonstrativos financeiros precisos dependem muito de uma rigorosa análise de mercado. No Capítulo 9, examinaremos com detalhes como estimar o tamanho do mercado e as vendas em um novo empreendimento. Essas informações serão importantes para a criação do demonstrativo de resultados para seu novo empreendimento.

Segundo, as estimativas de lucros e perdas mostradas em demonstrativos de resultados também dependem muito de estimativas precisas de custos. Muitos empreendedores têm problemas nesse ponto por causa da tendência natural que as pessoas têm de subestimar os custos. Lembre-se de que as vendas são geradas por atividades como propaganda e contratação de pessoas, o que cria custos. Portanto, qualquer aumento projetado em vendas em seus demonstrativos financeiros deve ser acompanhado por um aumento dos custos.

Além disso, as empresas de um dado setor particular tendem a ter relações muito similares entre custos e vendas. Portanto, quando estiver criando os demonstrativos financeiros de sua empresa, é bom compará-los com cuidado com os das outras empresas do setor. Seus números são realistas? Por exemplo, digamos que você projete vendas de US$ 1 milhão ao ano e planeje contratar uma vendedora, mas outras empresas do setor apresentem, em média, vendas de US$ 300 mil por ano, por vendedor. Repasse os números. É provável que seu empreendimento não seja três vezes melhor do que a média das empresas do setor na geração de vendas. Torcemos para que seja verdade, mas os investidores em potencial são céticos sobre quaisquer alegações muito melhores do que as médias do setor.

Para ajudar no desenvolvimento de seus demonstrativos financeiros (e lembrá-lo do que aprendeu nas aulas de contabilidade), fornecemos um exemplo de balancete e um de demonstrativo de receitas na Tabela 6.2.

Demonstrativos de Fluxo de Caixa

CIMITYM. Sabe o que isso significa? *Cash is more important than your mother* (Dinheiro na mão é mais importante do que sua mãe). Muitos capitalistas de risco apresentam essa abreviação para os empreendedores em quem investem para terem certeza de que eles percebem o quanto o gerenciamento do fluxo de caixa e os demonstrativos de fluxo de caixa são importantes para seus novos empreendimentos. Como os capitalistas de risco acreditam que o fluxo de caixa é mais importante do que as mães dos fundadores das empresas de seu portfólio (tudo bem, provavelmente não de verdade, mas isso funciona), é preciso dispender algum tempo examinando o gerenciamento do fluxo de caixa.

Os **demonstrativos de fluxo de caixa** são cálculos da quantia em caixa que seu novo empreendimento tem em um determinado ponto no tempo. Você precisará de demonstrativos de fluxo de caixa para administrar sua nova empresa. Se a nova empresa tiver um fluxo de caixa negativo, não será capaz de pagar as contas e se tornará insolvente.

Tabela 6.2 Demonstrativos Financeiros
Esta tabela mostra os demonstrativos de receitas projetadas e o balancete da Campus Pies, um novo empreendimento que vende tortas de frutas feitas segundo a receita secreta da vovó.

BALANCETE DA CAMPUS PIES		
	31/12/2003	31/12/2004
Caixa	$ 22.143	$ 26.218
Contas a receber	$ 14.807	$ 15.801
Estoque	$ 6.284	$ 10.113
Imobilizados e equipamentos	$ 500.000	$ 500.000
Menos: Depreciação acumulada	($ 47.901)	($ 74.112)
Total do Ativo	$ 495.333	$ 478.020
Despesas a pagar	$ 7.212	$ 8.216
Títulos a pagar	$ 412.500	$ 412.500
Total do Passivo	$ 419.712	$ 420.716
Participações de acionistas	$ 75.621	$ 57.304
Total do Passivo e Participação	$ 495.333	$ 478.020
DEMONSTRATIVO DE RECEITAS DA CAMPUS PIES 31/12/2004		
Vendas	$ 147.213	
Menos: Custo das mercadorias vendidas	$ 119.612	
Lucro bruto	$ 27.601	
Menos: Despesas operacionais	($ 103.400)	
Menos: Depreciação	($ 26.211)	
Prejuízo Líquido	($ 102.010)	

O gerenciamento do fluxo de caixa é difícil, porque os demonstrativos de receitas não medem a quantia em caixa de um negócio. Como resultado, muitos negócios se tornam insolventes enquanto permanecem lucrativos. Como isso é possível? Muitas despesas de seu demonstrativo de receitas, como depreciação, afetam os lucros e perdas, mas não envolvem fluxos reais de caixa. Portanto, seu negócio pode ter um lucro ou um prejuízo em conseqüência da depreciação de bens que não se reflete em fluxos reais de caixa. Além disso, os encaixes (entrada de recursos) e desencaixes (saída de recursos) não ocorrem sempre ao mesmo tempo que as rendas e as despesas são assumidas. As vendas, em particular, ocorrem, freqüentemente, muito antes de os clientes pagarem por elas, como é o caso quando os clientes compram a crédito ou atrasam no pagamento de suas contas.

Vejamos um exemplo: suponha que você comece um negócio de venda de móveis. No primeiro mês, vende um sofá que lhe custou US$ 1 mil por US$ 2 mil. Portanto, você registra um lucro de 1.000 dólares. Entretanto, seu cliente faz o pagamento depois de 30 dias, seguindo o plano "30 dias é o mesmo que à vista". Como resultado, seu negócio não tem fluxo de caixa positivo no primeiro mês. Se você tiver de pagar US$ 1 mil à vista para adquirir o sofá, terá um fluxo de caixa negativo de US$ 1 mil no primeiro mês de seu negócio.

Esse exemplo ilustra que é importante estimar tanto o fluxo de caixa de seu novo negócio quanto a receita. Para converter as informações do demonstrativo de receita em um demonstrativo de fluxo de caixa, faça o seguinte, conforme ilustrado pela Tabela 6.3:

1. Pegue o lucro líquido e some a depreciação.
2. Subtraia os acréscimos nas contas a receber ou some as reduções nas contas a receber.
3. Subtraia os acréscimos no estoque ou some as reduções no estoque.
4. Some os acréscimos nas contar a pagar ou subtraia as reduções nas contas a pagar.
5. Subtraia as reduções em títulos/empréstimos a pagar ou some os acréscimos em títulos/empréstimos a pagar.
6. O resultado é seu fluxo de caixa líquido.

Suponha que sua análise revele que seu empreendimento terá fluxo de caixa negativo. O que pode ser feito para evitar que seu negócio se torne insolvente? A resposta é: melhorar o fluxo de caixa. Como? Primeiro você pode minimizar suas contas a receber oferecendo aos clientes descontos para pagarem rapidamente, limitar o crédito que é estendido aos clientes e vender seus recebíveis para empresas que compram contas a receber com um desconto em troca de dinheiro imediato. Segundo, você pode reduzir o estoque de produtos acabados e de matéria-prima que mantém para poder atender a uma demanda não prevista. Terceiro, você pode controlar seus gastos evitando despesas não-essenciais, como móveis bonitos para seu escritório, fazendo *leasing* (arrendamento) de equipamentos em vez de comprá-los, reciclando e reutilizando equipamentos e suprimentos e contratando funcionários em um ritmo mais lento. Quarto, você pode atrasar suas contas a pagar. Por exemplo, pode contrair um custo extra de obtenção de crédito de seus fornecedores desistindo de descontos por pagamento antecipado. Embora possa custar um pouco mais conduzir seu negócio dessa maneira, é possível manter o negócio solvente quando os desencaixes são maiores do que os encaixes.

Tabela 6.3 Fluxo de Caixa Líquido
Esta tabela mostra a conversão das informações do demonstrativo de receitas da Campus Pies em um demonstrativo de fluxo de caixa.

ETAPA	CÁLCULO PARA CAMPUS PIES	RESULTADO
Pegue o lucro líquido (prejuízo líquido) do demonstrativo de receitas.	($ 102.010)	($ 102.010)
Some a depreciação.	($ 102.010) + $ 26.211	($ 75.799)
Calcule os acréscimos nas contas a receber entre 31/12/2003 e 31/12/2004.	$ 15.801 - $ 14.807	$ 994
Subtraia os acréscimos nas contas a receber do resultado da linha 2.	($ 75.799) - $ 994	($ 76.793)
Calcule o acréscimo no estoque entre 31/12/2003 e 31/12/2004.	$ 10.113 - $ 6.284	$ 3.829
Subtraia o acréscimo no estoque do resultado da linha 4.	($ 76.793) - $ 3.829	($ 80.622)
Calcule os acréscimos nas contas a pagar entre 31/12/2003 e 31/12/2004.	$ 8.216 - $ 7.212	$ 1.004
Some os acréscimos nas contar a pagar ao resultado da linha 6.	($ 80.622) + $ 1.004	($ 79.618)
Calcule as reduções nos títulos a pagar entre 31/12/2003 e 31/12/2004.	$ 412.500 - $ 412.500	$ 0
Subtraia as reduções em títulos/empréstimos a pagar do resultado da linha 8.	($ 79.618) - $ 0	($ 79.618)
Fluxo de caixa líquido para o ano que termina em 31/12/2004.		($ 79.618)

Análise do Ponto de Equilíbrio

Outra ferramenta que os empreendedores precisam dominar é a **análise do ponto de equilíbrio**; ela permite calcular o valor das vendas que precisa ser atingido para cobrir os custos. A análise do ponto de equilíbrio também permite calcular o aumento no volume de vendas necessário caso fossem aumentados os custos fixos. Para calcular seu ponto de equilíbrio, você precisa fazer o seguinte:

1. Determinar o preço de venda (por unidade) de seu produto ou serviço.
2. Estimar o custo variável (por unidade) de seu produto ou serviço.
3. Subtrair o custo variável por unidade do preço de venda para calcular sua margem de contribuição (por unidade).
4. Estimar os custos fixos da empresa.
5. Dividir os custos fixos pelo valor da margem de contribuição para calcular o volume de vendas do ponto de equilíbrio.

A Tabela 6.4 fornece um exemplo para ilustrar o cálculo do ponto de equilíbrio de vendas. Tente algumas variações com os números mostrados. Você perceberá que, quanto maior a proporção entre custos fixos e custo total, maior será o ponto de equilíbrio de vendas. Portanto, lembre-se de que a compra de bens fixos aumenta os custos fixos, o ponto de equilíbrio de vendas e o risco do novo empreendimento.

Tabela 6.4 Análise do Ponto de Equilíbrio
Este exemplo mostra o cálculo do ponto de equilíbrio de vendas da Campus Pies.

ETAPA	INFORMAÇÕES	CÁLCULO
Determine o preço de venda (por unidade) de seu produto ou serviço.	O preço de venda é US$ 10 por torta.	
Estime o custo variável (por unidade) de seu produto ou serviço.	O custo variável é de US$ 3 por torta.	
Subtraia o custo variável por unidade do preço de venda para calcular sua margem de contribuição (por unidade).	A margem de contribuição por unidade é de US$ 7 por torta.	$ 10,00 - $ 3,00 = $ 7,00
Estime seus custos fixos.	Os custos fixos são de US$ 500 mil.	
Divida os custos fixos pelo valor da margem de contribuição para calcular o volume de vendas do ponto de equilíbrio.	O ponto de equilíbrio das vendas é de 71.429 tortas.	US$ 500.000 / 7,00 = 71.429
Interpretação.	Quando as vendas excedem 71.429 tortas, a Campus Pies tem lucro. Vendas abaixo de 71.429 tortas resultam em prejuízo.	

Resumindo: a grande questão sobre obtenção de recursos financeiros não é obter recursos para *começar* o negócio. Isso é relativamente fácil. O mais difícil é conseguir dinheiro suficiente nos momentos certos durante o início do empreendimento para certificar-se de que o negócio não ficará sem caixa. Quase todos os novos empreendimentos ficam com o fluxo de caixa negativo no início. Fluxo de caixa negativo significa que a operação do negócio usa mais dinheiro do que a atividade gera. Isso matará um novo negócio a menos que o empreendedor obtenha capital adicional. A chave para evitar fluxo de caixa negativo é buscar dinheiro quando você não precisa dele. Empreendedores experientes dizem que você deve buscar dinheiro antes de precisar dele e levantar mais recursos do que pensa que precisa. Como a seção Atenção! Perigo Adiante! indica, encontrar dinheiro leva algum tempo, especialmente se o seu negócio precisar de caixa.

Tipos de Capital: Debêntures *versus* Participação

Enquanto os novos empreendimentos são muito jovens, raramente obtêm financiamento por meio de debêntures; a tendência, nesse caso, é obter financiamento por **emissão de ações**. Um instrumento de dívida é a obrigação financeira de devolver o capital recebido mais uma quantia estipulada de juros; participação é a transferência de parte da propriedade de uma empresa por meio da transferência de ações em troca do dinheiro recebido. Novos empreendimentos tendem a ser financiados por transferência de ações por duas razões. Primeiro, porque, até os empreendimentos gerarem fluxo de caixa positivo, não há como fazer pagamentos de juros estipulados. Como resultado, os empreendedores necessitam levantar fundos de uma maneira que não exija deles pagamentos fixos sobre esse capital, isto é, precisam obter investimentos por transferência de participação acionária. Segundo, o financiamento por debênture a uma taxa fixa de juros encoraja as pessoas a tomarem atitudes arriscadas em um momento em que os investidores não conseguem observar as decisões

ATENÇÃO! PERIGO ADIANTE!

Os Riscos de Levantar Recursos Insuficientes
Quando eu (Scott Shane) lecionava no DuPree College of Management, na Georgia Tech, um aluno de MBA veio ao meu escritório pedir um conselho sobre o financiamento de sua nova empresa. Havia desenvolvido um novo programa de software de gestão de estoque. O aluno tinha acabado de receber uma ligação de uma empresa de capital de risco da área de Atlanta que queria financiar seu empreendimento. Ele queria conversar comigo sobre os termos que estavam sendo oferecidos.

A empresa de capital de risco propôs US$ 1 milhão para o financiamento do novo empreendimento em troca de 30% da empresa. O plano seria usar o capital dos investidores para refinar o protótipo do software, fazer um *beta test* e lançar o produto. Entretanto, o aluno não tinha certeza de que deveria aceitar a oferta. Ele havia pedido US$ 500 mil em capital para a implantação do empreendimento e queria dar apenas 10% da empresa para obter o dinheiro. O plano era usar US$ 500 mil em capital para refinar o protótipo e, em seguida, procurar mais capital quando o *beta test* começasse. Além disso, ele tinha um anjo disposto a aceitar seus termos.

Estimulei o aluno a aceitar o financiamento da empresa de capital de risco, argumentando que é mais importante levantar capital suficiente do que obter a melhor valoração da nova empresa. Mas o aluno estava confuso. "Por que", ele perguntou, "tenho de dar 30% da empresa para obter US$ 1 milhão, quando posso dar 10% para obter US$ 500 mil? Se eu realizasse duas rodadas de financiamento de US$ 500 mil, ainda teria 80% da empresa. Além disso, o empreendimento estará tão mais desenvolvido por ocasião da próxima rodada em que precisar de dinheiro, que vou conseguir o mesmo valor em dinheiro em troca de menos participação acionária". Expliquei que o empreendimento poderia tropeçar no meio do caminho e que ele poderia não conseguir o dinheiro de que precisasse mais tarde. Eu disse: "Pegue o dinheiro enquanto pode. Você nunca sabe quando ele será oferecido de novo".

O aluno decidiu aceitar a proposta do anjo e colocou os US$ 500 mil que recebeu no desenvolvimento do software. Infelizmente, foi mais difícil desenvolver o software do que o aluno tinha pensado, e o capital foi consumido muito rapidamente. Quando o dinheiro estava quase acabando, procurou um financiamento adicional. Entretanto, como o *beta test* não se saiu muito bem, poucos investidores se interessaram, e o aluno não conseguiu encontrar ninguém para lhe fornecer o capital de que precisava.

O empreendedor dessa história arrastou-se com dificuldade durante seis meses vendendo equipamentos e oferecendo ações aos funcionários em lugar de seus pagamentos. Mas isso não é tudo. Depois de gastar US$ 750 mil, ele ainda não tinha uma versão *beta* do software funcionando e estava sem capital. Embora os problemas apresentados pelo software pudessem estar resolvidos em alguns meses, ninguém queria lhe dar os US$ 250 mil de que precisava para continuar. Então, teve de fechar o negócio.

A lição dessa história? Sempre levante mais fundos do que seu empreendimento precisa e obtenha capital quando você não precisa. Além disso, certifique-se de estimar com uma boa margem de segurança o *burn rate*, o ritmo em que você usa o seu caixa. Uma boa regra prática é: quase sempre será o dobro do que havia imaginado de início! Levantar caixa suficiente é essencial para permitir que seu empreendimento sobreviva e cresça; para responder a circunstâncias imprevistas e mudar de rumo; para seguir a melhor abordagem para o desenvolvimen-

> to do negócio – contratando as melhores pessoas, comprando o melhor equipamento e tudo mais; e para projetar a imagem de um empreendimento novo estável, seguro e legítimo para o público externo[21]. Se não conseguir levantar fundos suficientes enquanto for fácil levantar caixa adicional, é provável que ficará sem dinheiro. É quase impossível levantar fundos quando é realmente preciso.

dos empreendedores. Por quê? Se uma empreendedora falhar, ela não pode perder mais dinheiro do que havia colocado no empreendimento (embora a empreendedora possa perder sua casa se a tiver colocado no empreendimento como garantia de empréstimo), portanto, o seu prejuízo, caso não se saia bem, é o mesmo, independentemente dos riscos que assumir. Entretanto, como a empreendedora paga o mesmo valor de juros por uma dívida, seja qual for o resultado do empreendimento, ela preserva todos os resultados do sucesso. Dessa maneira, com a dívida, ela tem um incentivo para assumir ações de alto risco e com alto retorno. Em contraste, com os investimentos baseados em participação, a empreendedora teria de compartilhar qualquer benefício maior que resultasse do sucesso de ações arriscadas e não estaria inclinada a tomá-las.

Ocasionalmente, novos empreendimentos optam por obter financiamento por debêntures. Quando os novos empreendimentos recebem esse tipo de financiamento prematuramente, tendem a se classificar em uma de três variedades. A primeira é a dívida garantida pelos bens pessoais ou pelo poder de ganho do empreendedor, como é o caso quando um empreendedor usa cartões de crédito ou recursos provenientes de hipoteca para financiar seu negócio. A segunda é **financiamento garantido por ativos**, que é a dívida garantida pelos equipamentos comprados com os recursos obtidos. Muitos produtos como caminhões, computadores e fotocopiadoras podem ser financiados dessa maneira. (Falaremos mais sobre concessores de empréstimos garantidos por ativos mais adiante.) O terceiro é o crédito do fornecedor. Em muitos setores, os fornecedores oferecem crédito para os empreendedores obterem estoque e equipamento, como é o caso quando um fornecedor de um restaurante financia um empreendedor que monta esse tipo de comércio. O fornecedor providencia os equipamentos da cozinha e os toma de volta se o empreendedor não pagar os juros e o capital do empréstimo usado para pagar por eles.

Fontes de Capital

Os empreendedores dispõem de uma ampla variedade de fontes de capital para seus novos negócios. Como essas fontes são muito diferentes umas das outras e todas têm vantagens e desvantagens, é importante conhecer todas e saber selecionar a mais útil em função do momento da empresa. Esta seção descreve as distintas fontes de capital para novos empreendimentos.

---

[21] Baum, J. Organizational ecology. In: Clegg S.; Hardy, C.; Nord, W. (eds.). *Handbook of organization studies*. Londres: Sage, p. 77-114, 1996.

Poupança

A fonte de capital mais importante para novos empreendimentos são as próprias economias do empreendedor. Pesquisas mostram que aproximadamente 70% de todos os empreendedores financiam seus negócios com o próprio capital[22]. Mesmo empresas de alto potencial, como as da Inc. 500, dependem das economias dos fundadores para o capital inicial (ver a Figura 6.2).

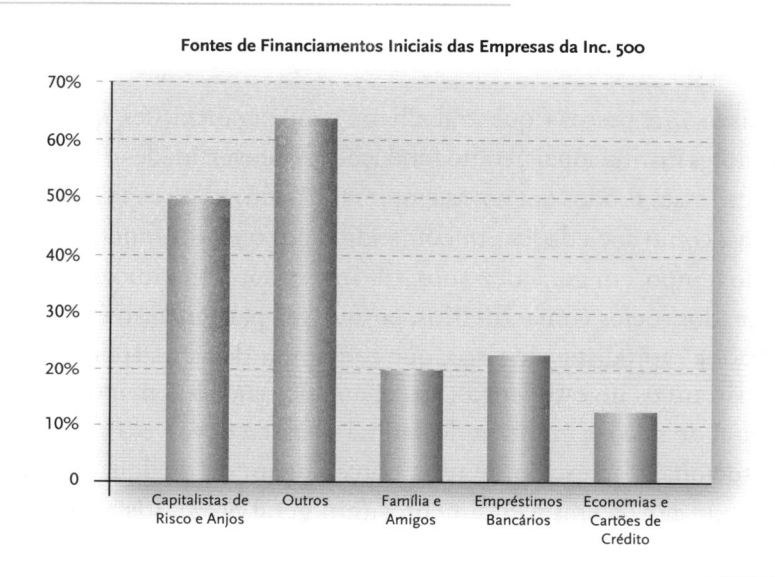

Fontes de Financiamentos Iniciais das Empresas da Inc. 500

(Gráfico de barras mostrando: Capitalistas de Risco e Anjos ~50%, Outros ~63%, Família e Amigos ~20%, Empréstimos Bancários ~22%, Economias e Cartões de Crédito ~12%)

Figura 6.2 Onde os Empreendedores Obtêm Capital Inicial para Seus Novos Empreendimentos: Em Suas Próprias Economias
Quase dois terços das empresas privadas que mais rapidamente crescem, listadas na Inc. 500, usam as economias do empreendedor e cartões de crédito como fonte de capital inicial.
Fonte: Adaptado de Bhide, A. *The Origin and Evaluation of New Businesses*. Nova York: Oxford University Press, p. 38, 2000.

Amigos e Família

Muitos empreendedores voltam-se para seus amigos e parentes a fim de levantar o capital de que precisam para financiar seus negócios. Embora pedir dinheiro ao sogro para comprar os equipamentos para um novo negócio seja uma situação típica de séries de TV, na vida real isso também acontece. Em muitos setores, particularmente lojas de varejo e restaurantes, uma boa parte do capital é obtida dos membros da família. Em geral, esses acordos de financiamento são informais: o empreendedor promete devolver o dinheiro quando puder. Entretanto, em alguns casos, o processo pode ser mais formal: o empreendedor assina notas promissórias, paga juros ou vende ações da empresa para obter capital.

---

[22] Aldrich, H. *Organizations evolving*. Londres: Sage, 1999.

Anjos

Anjos *(business angels)* são pessoas físicas que investem em novos empreendimentos. O anjo típico já foi antes um empreendedor. Os anjos geralmente investem entre US$ 10 mil e US$ 200 mil, por empreendimento, em negócios localizados geograficamente perto de onde vivem e trabalham e em setores econômicos que conhecem bem. Tendem a exigir um retorno menor sobre seus investimentos do que os capitalistas de risco porque são menos financeiramente motivados. Além de terem como meta ganhar dinheiro, muitos anjos investem em novas empresas para permanecerem envolvidos com o processo empreendedor.

Capitalistas de Risco

Capitalistas de risco são pessoas que trabalham para organizações que obtêm recursos de grandes investidores institucionais, como fundações de universidades e fundos de pensão de empresas, e investem esses fundos em novas empresas. As firmas de capital de risco são geralmente estruturadas, como sociedades em comandita, em que um fundo é estabelecido por um período fixo de tempo, em geral dez anos. Os investidores institucionais, que fornecem o capital, são chamados sócios comanditários, porque sua participação é limitada a fornecer dinheiro. Os próprios capitalistas de risco, que tomam as decisões sobre os investimentos no início e administram os investimentos, são chamados sócios comanditados. Ao final de um fundo de capital de risco, a empresa de capital de risco devolve o capital investido aos investidores institucionais, acrescido de uma porcentagem de qualquer lucro proveniente dos investimentos em novos empreendimentos (em geral 80%). Os sócios comanditados mantêm os outros 20% e também recebem uma taxa de administração (em geral 2% do capital no fundo, anualmente) para o gerenciamento dos investimentos.

Além de fornecer dinheiro para novas empresas, os capitalistas de risco oferecem ajuda na operação das novas empresas; na identificação dos principais funcionários, clientes e fornecedores e na formulação e implementação das operações e estratégias. Como as novas empresas estruturadas sobre capital de risco têm mais probabilidade de se tornarem de capital aberto, os capitalistas de risco desenvolvem relações fortes com os banqueiros de investimento que fazem o lançamento das ofertas públicas iniciais. Como resultado, os capitalistas de risco também ajudam as novas empresas a lançarem suas ações ao público.

Embora os capitalistas de risco ofereçam muito para as novas empresas, eles são investidores exigentes. Pouquíssimos negócios atendem a seus critérios para financiamento. Em geral, apenas negócios com um grande potencial de crescimento são interessantes para essa classe de investidores. Como a Tabela 6.5 mostra, para receber a ajuda de capital de risco, normalmente um novo empreendimento precisa funcionar em um setor de crescimento alto, ter uma vantagem competitiva proprietária, oferecer um produto com uma clara necessidade de mercado e ser administrado por uma equipe experiente com um plano para lançar suas ações ao público.

Além disso, os capitalistas de risco impõem um grande número de restrições ao comportamento dos empreendedores. Eles exigem que os empreendedores emitam ações preferenciais conversíveis, isso permite ao capitalista de risco ter preferência de liquidação no caso de o empreendimento não se sair bem, e ter propriedade de ações ordinárias caso o

Tabela 6.5 O que Querem os Capitalistas de Risco
Os capitalistas de risco têm preferências definidas quanto ao tipo de negócio e empreendedores que financiam.

DIMENSÃO DA OPORTUNIDADE	PREFERÊNCIAS DOS CAPITALISTAS DE RISCO	RACIOCÍNIO
Tamanho do investimento	3 a 15 milhões de dólares	Os custos da transação são altos em investimentos pequenos, mas grandes investimentos são arriscados.
Filtragem	Investem em menos de 1% das propostas	Pouquíssimos empreendimentos atendem aos padrões de desempenho que os capitalistas de risco exigem.
Setores	Alta tecnologia	A tecnologia fornece a alta taxa de crescimento que os capitalistas de risco exigem.
Direitos de controle	Mais controle do que é proporcional ao número de ações que se possui	Os investidores querem ter a capacidade de tomar decisões sobre a direção da empresa.
Propriedade	Menos de 50%	Os investidores não querem minar os incentivos do empreendedor.
Vantagem competitiva	Vantagem proprietária, como uma patente ou um contrato de exclusividade	Os investidores precisam enxergar a vantagem competitiva para saber que ela existe.
Estratégia de saída	Plano para oferta pública inicial ou aquisição por empresa estabelecida	Os capitalistas de risco precisam dos seus recursos de volta para devolvê-los aos investidores que os forneceram.
Administração	Empreendedores experientes. Equipe honesta. Equipe complementar que equilibra os aspectos do negócio	Os investidores querem uma equipe completa de empreendedores fidedignos que saibam como formar empresas.
Mercado	Mercados grandes e em expansão sem atuais concorrentes	O empreendimento precisa de um mercado grande e em expansão para evitar concorrência direta.
Produto	Produto ou serviço que atenda a uma necessidade clara de mercado de uma forma comprovadamente melhor do que as alternativas existentes e forneça altas margens brutas	Os investidores querem ter certeza de que há uma necessidade clara e que a proposta do empreendimento conquistará o cliente.

empreendimento tenha sucesso. Os capitalistas de risco incluem um grande número de cláusulas contratuais em seus contratos com os empreendedores. Por exemplo, eles normalmente impedem que os empreendedores comprem bens, emitam ou vendam ações sem sua permissão e exigem direitos de resgate obrigatório, ficando os empreendedores obrigados a lhes devolver o investimento a qualquer momento. Por fim, os capitalistas de risco empregam disposições de extinção que levam os empreendedores a perderem participação acionária se seu desempenho cair abaixo das metas estabelecidas, e disposições antidiluição, que transferem as ações dos empreendedores a seus investidores se o empreendimento deixar de atingir as metas de desempenho. Dadas as exigências que os capitalistas de risco impõem aos empreendedores e o foco dos capitalistas de risco em empresas de potencial extremamente alto, é necessário avaliar com muito cuidado se o financiamento por capital de risco é adequado para sua nova empresa.

Corporações

Muitas empresas fazem investimentos estratégicos em novas empresas. Por meio desses investimentos, elas podem ter acesso a produtos ou a tecnologias das novas empresas. Em troca, as empresas estabelecidas fornecem importante apoio mercadológico e operacional para os novos empreendimentos, além de melhorar a credibilidade deles. Outra vantagem dos investidores corporativos é que, em geral, oferecem melhor valoração do que os investidores financeiros, como capitalistas de risco e anjos. Entretanto, os empreendedores precisam ter cuidado. As corporações oferecem termos financeiros favoráveis, se comparadas a outros investidores, porque querem ter acesso à propriedade intelectual e aos produtos desenvolvidos pelas novas empresas. Portanto, os empreendedores devem proteger sua propriedade intelectual quando obtiverem financiamento de grandes corporações.

Bancos

Em geral, os bancos não realizam empréstimo para empresas iniciantes. Entretanto, fornecem uma variedade de tipos de capital para novas empresas sob certas circunstâncias. Primeiro, os bancos oferecem **empréstimos comerciais** tradicionais a novas empresas, particularmente depois que elas já tiverem começado a gerar fluxo de caixa positivo e quando os empreendedores puderem garantir esses empréstimos com propriedades, equipamentos ou outros ativos. Um empréstimo comercial é uma forma de financiamento em que o tomador paga juros sobre o dinheiro emprestado. Segundo, os bancos, algumas vezes, oferecem **linhas de crédito** às novas empresas ou contratos que permitem aos empreendedores retirar até uma certa quantia a uma taxa de juros específica sempre que for necessário. As linhas de crédito são usadas, em geral, para financiar o estoque ou as contas a receber. Apesar desses exemplos, os empréstimos bancários são relativamente raros para negócios muito novos, pois é necessário fluxo de caixa positivo para pagar os juros de um empréstimo.

Empréstimos Garantidos por Ativos

O arrendamento é um empréstimo garantido pelos ativos que são adquiridos com o caixa obtido pelo empréstimo. Por exemplo, um novo negócio precisa comprar alguns computadores e caminhões. Esses bens podem ser financiados por empresas de arrendamento, que oferecem empréstimos a uma determinada porcentagem do valor dos bens (em geral, em torno de 60%). O empreendedor de nosso exemplo poderia comprar dez computadores e dois caminhões colocando os computadores e os caminhões como garantia do empréstimo e emprestar 60% do valor do equipamento.

Empresas de *Factoring*

Empresas de *factoring* são organizações especializadas que compram as contas a receber de empresas com um desconto (em geral 1% ou 2%, nos Estados Unidos). Como os clientes de muitos setores têm entre 30 e 90 dias para pagar suas faturas, é comum os novos negócios recorrerem a empresas de *factoring* para obter capital imediato. O novo empreendimento vende suas contas a receber por 98% a 99% do que elas valem e recebe de pronto o valor em dinheiro desses recebíveis.

Programas do Governo

Os governos federal e estadual oferecem vários programas para financiar novos negócios. Um programa federal que foi mencionado anteriormente, no Capítulo 4, é o Small Business Innovation Research (Programa de Pesquisa de Inovação de Pequenas Empresas). Com esse programa, as novas empresas podem obter até US$ 100 mil das agências do governo para avaliar uma idéia técnica e até US$ 750 mil para comercializar uma tecnologia. Outro programa federal é o 7(A) Loan Garantee Program (Programa de Garantia de Empréstimo 7A), da U. S. Small Business Administration (Administração de Pequenas Empresas dos Estados Unidos), que garante o pagamento aos concessores de empréstimos de qualquer capital que forneçam a novas empresas, até um limite preestabelecido. A U. S. Small Business Administration também oferece o Programa CAPLine, um sistema para garantia de empréstimos a novas e pequenas empresas para financiar o estoque ou contas a receber. As empresas de investimento em empresas de pequeno porte (*Small Business Investment Companies* – SBICs) são organizações que a U. S. Small Business licencia e para as quais empresta dinheiro. Essas organizações fazem investimento minoritário (menos de 50%) em novas empresas e, em geral, fornecem capital por debêntures a novas empresas.

A ESTRUTURA DO FINANCIAMENTO POR CAPITAL DE RISCO

Como queremos que você desenvolva um novo empreendimento de alto potencial, que tenha a chance de fazer muito dinheiro e fornecer produtos ou serviços úteis para um grande número de pessoas, achamos importante descrever o processo pelo qual esses novos empreendimentos conseguem financiamentos externos. Nesta seção, descreveremos o processo de financiamento por emissão de ações para empreendedores que obtêm capital de anjos e de capitalistas de risco (porque o financiamento por debêntures é bastante incomum em empreendimentos de alto potencial nos estágios iniciais). Focamos em como o processo funciona com capitalistas de risco e anjos, porque não podemos descrever o processo de levantamento de fundos entre seus amigos e familiares. Isso dependeria muito dessas pessoas e não conhecemos suas tias, tios e colegas de quarto.

Além de descrever o processo de financiamento, queremos ter certeza de sua compreensão sobre a parte principal do processo de financiamento – a obtenção do capital em etapas –, portanto, falaremos disso em detalhes. Também discutiremos que porcentagem das ações do seu negócio os investidores obterão em troca do seu dinheiro e explicaremos como eles calculam o custo do capital.

O Processo de Financiamento por Participação Acionária

Em geral, o processo de financiamento começa com uma apresentação inicial do empreendedor ao investidor. Embora anjos e capitalistas de risco recebam centenas e até milhares de planos de negócios por ano, a maior parte deles é ignorada. Normalmente, esses investidores nem sequer consideram a possibilidade de investir a menos que esses lhes sejam encaminhados por alguém que conhecem e em quem confiam. Os investidores avaliam os planos de negócios verificando primeiro quem lhes encaminhou o empreendimento. Se considerarem que a pessoa tem potencial, darão uma rápida olhada no plano de negócios. Isso significa passar os olhos pelo resumo executivo do plano de negócios para ver o que é o empreendimento, em que mercado operará, qual a necessidade de mercado que está atendendo e quais produtos e serviços está oferecendo. Com este tipo de leitura rápida, os investidores eliminam 95% dos planos que recebem.

Com relação aos 5% restantes, o investidor faz uma investigação mais formal, procurando características que tornem o empreendimento desejável para financiamento externo. O que os investidores estão procurando? Duas coisas. A primeira é uma excelente equipe. A segunda é uma ótima oportunidade de negócio.

No lado da equação que envolve a equipe do empreendimento, os investidores querem evidências de que o empreendedor está motivado e apaixonado pelo negócio, e que é honesto e digno de confiança. Entretanto, esse é um filtro relativamente limitado. Não ter essas características pode eliminar um empreendedor das análises posteriores. Mas não descarta outras pessoas; muitos empreendedores são honestos, dignos de confiança, motivados e apaixonados por seus negócios.

O filtro real da parte da equação que envolve a equipe é a experiência. Os investidores procuram empreendedores que eles acham que têm capacidade para formar empresas. Isso significa que eles favorecem pessoas que abriram e mantiveram empresas antes e que tenham muita experiência no setor em que estão entrando[23].

Do lado da equação que envolve oportunidade, os investidores procuram características que demonstrem o valor da oportunidade do empreendimento e a capacidade do empreendedor de capturar tal valor. Falaremos mais sobre essas questões nos Capítulos 9, 10 e 11, mas, em geral, incluem aspectos como um grande mercado, a aceitação do produto, uma estratégia adequada, um meio de proteção da propriedade intelectual do empreendedor contra imitações, um plano de produção bem projetado, uma descrição irresistível de um produto[24]. Em particular, os investidores favorecem novos empreendimentos que têm uma vantagem competitiva que pode ser observada de fora, como uma patente, porque tais ativos são mais fáceis de ser valorados do que algo intangível, como o desejo do empreendedor de trabalhar arduamente[25].

Uma vez que os investidores estejam convencidos de que gostariam de investir em um novo empreendimento, eles realizam uma investigação formal (***due diligence***). Esse é um termo jurídico que se refere ao esforço dos investidores para verificar as informações sobre o novo empreendimento. Em suma, inclui uma investigação de: (1) negócio – o mercado, o modelo do negócio, a propriedade intelectual, (2) entidade legal – a forma de organização, o conselho diretor, patentes, marcas registradas – e (3) registros financeiros – os demonstrativos financeiros da empresa.

Se o novo empreendimento passar pela barreira da *due diligence*, o investidor negociará os termos do investimento com o empreendedor. Essa negociação está focada na quantidade de participação que o investidor receberá em troca de fornecer capital. Explicaremos como os capitalistas de risco e os anjos decidem sobre a quantidade de participação que querem em troca de seu investimento. Mas primeiro precisamos explicar por que o inves-

---

[23] Shane, S. *A general theory of entrepreneurship: the individual-opportunity nexus*. Londres: Edward Elgar, 2003.
[24] Idem.
[25] Bhide, A. *The origin and evolution of new businesses*. Nova York: Oxford University Press, 2000.

timento inicial que o empreendedor recebe é menor em comparação com o valor total do investimento que uma empresa bem-sucedida recebe e por que os investidores fazem esses investimentos em pequenas partes ao longo do tempo.

Injeção Gradual de Investimento

Em geral, novos empreendimentos obtêm recursos de investidores em uma série de estágios, em vez de em uma só vez. Isso significa que os investidores fornecem uma pequena quantia para criar uma opção – um direito, não uma obrigação – de fazer investimentos adicionais posteriormente. Por quê? Primeiro, porque investir em novos empreendimentos é muito arriscado para os investidores. Para minimizar a exposição ao risco, eles colocam uma pequena quantia de dinheiro e observam o que acontece. Dessa forma, o máximo que o investidor pode perder é uma pequena quantia do investimento inicial.

O empreendedor usa o investimento inicial para atingir um **marco** ou uma determinada meta necessária para que os investidores considerem um financiamento adicional. Exemplos de marcos a serem atingidos com o capital inicial são o desenvolvimento de um protótipo do produto ou do serviço, a obtenção de *feedback* do cliente por meio de pesquisa ou de discussão em grupo, organização de uma equipe relevante para o empreendimento, contratação de funcionários, e assim por diante. Se o marco for atingido, o investidor injeta mais dinheiro. Se não, o investidor pára de investir no empreendimento.

Segundo, a injeção em **etapas** ajuda a proteger os investidores contra tentativas dos empreendedores de usar o seu conhecimento superior sobre o negócio para lucrar à custa dos primeiros. Ao colocar dinheiro gradualmente em um novo empreendimento, o investidor tem a oportunidade de reunir informações sobre como o empreendimento está indo antes de injetar mais recursos. Se o empreendedor fizer algo que desagrade o investidor, como usar o dinheiro para seu ganho particular (organizando eventos extravagantes, por exemplo), ou se o empreendedor adotar uma estratégia muito arriscada, já que não é o seu dinheiro que está em jogo, o investidor pode decidir não injetar mais nenhum valor[26]. Entretanto, se o investidor coloca logo no começo todo o dinheiro de que o empreendedor precisa, não há essa opção.

Por último, a injeção gradual ajuda os investidores a administrar a incerteza de investir em novos empreendimentos. Nos estágios bem iniciais de um novo empreendimento, logo depois da descoberta da oportunidade e antes de o produto ou serviço ser desenvolvido, é muito difícil para os investidores avaliarem o novo empreendimento, porque há pouquíssimas informações disponíveis a respeito dele. Com o tempo, conforme o novo empreendimento se desenvolve, as informações sobre o produto, sobre o estilo de administração do empreendedor e sobre a estratégia da empresa se tornam mais claras, facilitando a avaliação dos investidores. Como a incerteza vai sendo gradualmente reduzida, o adiamento da maior parte do investimento até que o empreendimento tenha atingido certas metas-chave permite que o investidor administre a dúvida em investir em novos empreendimentos[27]. A Tabela 6.6 resume a divisão em etapas do financiamento de empreendimentos.

---

[26] Giudici, G.; Paleari, S. The optimal staging of venture capital financing when entrepreneurs extract private benefits from their firms. *Enterprise and Innovation Management Studies*, 1(2): 153-174, 2000.

[27] Sorenson, O.; Stuart, T. Syndication networks and the spatial distribution of venture capital investments. *American Journal of Sociology*, 106(6): 1546-1588, 2001.

Tabela 6.6 Estágios do Financiamento
Financiamento em etapas para novos empreendimentos. Cada etapa tem diferentes fontes de financiamento, diferentes usos de capital e diferentes expectativas de taxas de retorno.

ETAPA	CONDIÇÃO DO EMPREENDIMENTO	FONTES DE CAPITAL	USOS DE CAPITAL	CUSTO DO CAPITAL
Etapa de pré-concepção	O empreendedor possui a idéia, mas não tem ainda a empresa formada ou o plano de negócios escrito.	Empreendedor Amigos e família Anjos Corporações	Escrever um plano de negócios. Formar uma empresa.	70% a 100% de taxa de retorno
Etapa de concepção	O empreendedor formou uma entidade jurídica, tem uma equipe de empreendimento parcial e escreveu um plano de negócios.	Empreendedor Amigos e família Anjos Capitalistas de risco Corporações	Desenvolver um protótipo do produto. Preencher a equipe do empreendimento. Conduzir pesquisas de mercado.	60% a 80% de taxa de retorno
Primeira etapa	O empreendedor organizou a empresa; o desenvolvimento do produto e a pesquisa inicial de mercado estão concluídos.	Empreendedor Amigos e família Anjos Capitalistas de risco Corporações	Fazer as vendas iniciais. Estabelecer a produção. Comprar ativos fixos.	40% a 60% de taxa de retorno
Segunda etapa	O empreendedor produziu e vendeu versões iniciais do produto e a organização está ativa e funcionando.	Anjos Capitalistas de risco Financiadoras com garantia de ativos Corporações	Aumentar a produção. Contratar pessoas adicionais para vendas e para produção.	20% a 40% de taxa de retorno

O Custo do Capital

Quanto você pagará para obter capital para seu novo empreendimento? Obviamente essa é uma questão importante para os empreendedores e a resposta é: muito! Nos últimos 40 anos, os investidores com participação em novos empreendimentos têm exigido uma taxa anual de retorno entre 20% e 100%, dependendo do estágio de desenvolvimento do empreendimento.

Por que os investidores em novos empreendimentos exigem – e conseguem – taxas de retorno tão altas? Afinal, nem mesmo Tony Soprano, o popular empreendedor que lida com lixo, da série da HBO, obtém esse tipo de retorno de seus investimentos. Há muitas razões. Primeiro, os novos empreendimentos são extremamente arriscados e a probabilidade de retorno é inversamente proporcional ao risco. Poucos empreendimentos novos são, em última análise, bem-sucedidos, e os investidores precisam de um alto retorno para compensar todos os fracassos que apoiaram. Uma regra prática usada por investidores em novos empreendimentos é que apenas um entre dez são bem-sucedidos, o que exige que o empreendimento bem-sucedido pague uma taxa alta de retorno para compensar o capital perdido nos outros nove. Segundo, os investidores em novos empreendimentos não conseguem diversificar seus riscos de forma satisfatória. Muitos desses investidores precisam focar em um setor específico e em uma localização geográfica a fim de desenvolver conhecimento suficiente para administrar seus investimentos. Isso significa que seus investimentos dependem do desempenho geral de um setor em particular – lembra-se do colapso dos empreendimentos de internet? – e dos caprichos da economia local. Terceiro, os investidores exigem **prêmio de iliquidez** ou compensação extra pelo fato de que não podem vender seus investimentos. (Como você provavelmente sabe, não há mercado para ações de novas empresas como há para ações negociadas publicamente.) Quarto, conforme dito anteriormente, os empreendedores têm informações sobre os novos empreendimentos que não compartilham com investidores. Como a vantagem do melhor conhecimento permite aos empreendedores tirar proveito dos investidores, estes exigem um prêmio por fazer seus investimentos quando estão em desvantagem de informações. Quinto, os empreendedores são, em geral, superotimistas quando projetam os prospectos futuros de seus novos empreendimentos, portanto, os investidores demandam uma taxa alta de retorno para descontar essas projeções superotimistas. Sexto, diferente dos investidores do mercado de ações, que são bastante passivos, os investidores de novos empreendimentos oferecem vários tipos de ajuda para os novos empreendimentos, incluindo identificação de clientes, atração de fornecedores e contratação de administração sênior, e os investidores querem uma compensação por fornecer essa ajuda[28].

O principal fator que determina a taxa de retorno que os investidores recebem pelo financiamento de novos empreendimentos é a etapa de desenvolvimento do empreendimento. Conforme mostra a Figura 6.3, a taxa de retorno diminui conforme o empreendimento se move para estágios posteriores de desenvolvimento, porque a incerteza é reduzida à medida que o empreendimento se desenvolve. Entretanto, a maturidade do empreendimento não é o único fator que influencia o custo do capital. Os investidores também levam em conta sua percepção sobre a capacidade da equipe do empreendimento e a qualidade da oportunidade do negócio, incluindo o tamanho e a taxa de crescimento do mercado. Os investidores pesam o valor do capital necessário e o risco que lhes é imposto. A taxa de retorno também é influenciada pelos objetivos dos fundadores em relação a como acontecerá a colheita, isto é, a saída do empreendimento; pelo desejo dos fundadores por controle; e pela sua habilidade na negociação com os investidores.

O custo do capital fornecido para novos empreendimentos pode ser calculado de várias maneiras. Entretanto, o modo mais comum usado por investidores profissionais é chamado **método de capital de risco**. Esse método, mostrado na Figura 6.4, é o seguinte: primeiro, o investidor observa os ganhos previstos no plano de negócio e estima o nível de receita do empreendimento no ano em que se espera que o novo negócio seja adquirido ou faça uma oferta pública. Segundo, o investidor calcula a relação apropriada entre preço e receita para aquisições e ofertas públicas do setor do novo empreendimento. Terceiro, o investidor estima o **valor terminal** do investimento multiplicando a receita projetada pela relação entre preço e receita. Quarto, o investidor usa a **taxa de desconto** adequada, com base na taxa desejada de retorno do investimento e calcula o valor líquido presente do valor terminal. Quinto, o investidor especifica a participação acionária que ele terá dividindo o valor do investimento pelo valor líquido presente do valor terminal.

---

[28]Fuerst, O.; Geiger, U. *From concept to wall street: a complete guide to entrepreneurship and venture capital*. Upper Saddle River, NJ: Prentice-Hall, 2003.

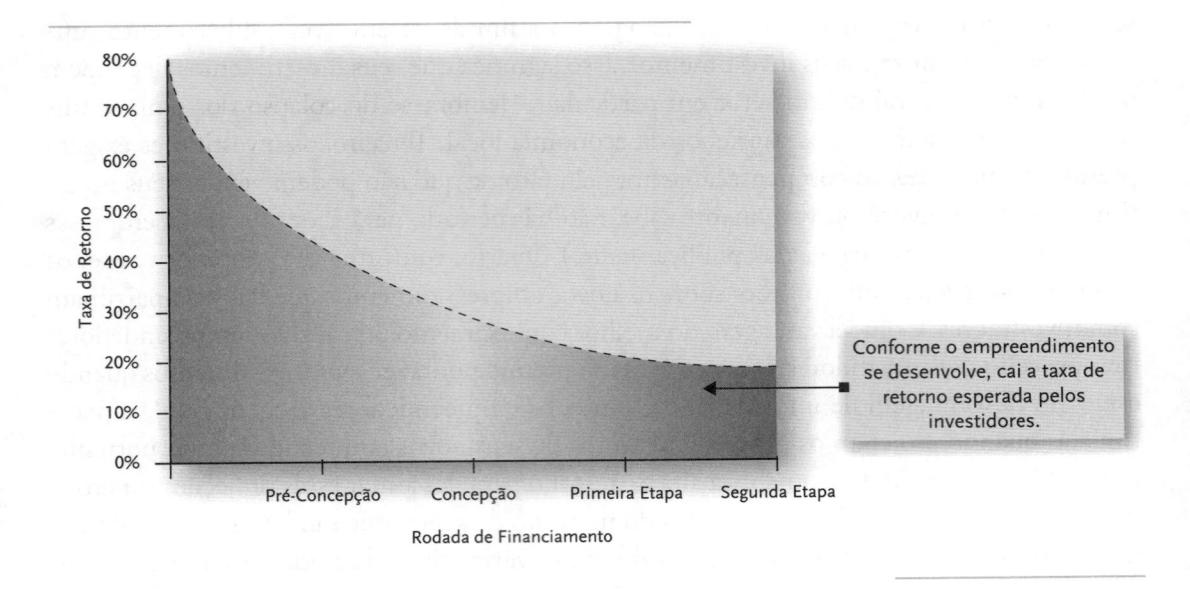

Figura 6.3 Taxas de Retorno e Rodadas de Financiamento
A taxa de retorno que os investidores exigem diminui conforme o empreendimento se desenvolve.

$$\text{Exigência de Participação do Investidor} = \frac{(1 + \text{Taxa de Retorno})^{\text{anos}} (\text{Investimento Feito})}{(\text{Valor Terminal})}$$

Figura 6.4 A Fórmula para a Participação Esperada do Investidor em um Novo Empreendimento
Os capitalistas de risco usam o método mostrado aqui para calcular o quanto de participação em um novo empreendimento eles pedirão em troca de investimento.

CAPITAL SOCIAL E O LADO COMPORTAMENTAL DO FINANCIAMENTO POR CAPITAL DE RISCO

Este capítulo começa com uma história sobre como três empreendedores usaram suas relações sociais para obter capital. Embora tenhamos passado a maior parte deste capítulo discutindo fatores estruturais e econômicos envolvidos no financiamento de um empreendimento, tanto a pesquisa quanto a experiência em empreendedorismo mostram que o levantamento de fundos depende muito dos fatores comportamentais e sociais que jazem por trás da história que introduziu este capítulo. Nesta seção, nos voltaremos para a discussão de como e por que as relações sociais e determinados comportamentos e ações ajudam os empreendedores a levantarem fundos de investidores externos.

Vínculos Sociais e o Processo de Levantar Fundos

Os empreendedores normalmente levantam fundos de pessoas que conhecem, recorrendo às suas redes sociais para obter contatos para fontes de capital. Pesquisas mostram que é muito mais provável que os investidores forneçam capital para empreendedores com quem tenham um vínculo empresarial ou social direto, isto é, pessoas com quem eles tenham feito negócios antes ou seus colegas de quarto da época da faculdade, do que para pessoas com quem não tenham vínculo[29]. Além disso, os vínculos sociais indiretos ou vínculos com pessoas que podem dar referências de um empreendedor a um investidor (por exemplo, um advogado que trabalhe para um capitalista de risco) também aumentam a probabilidade de um empreendedor receber financiamento de um investidor[30].

Por que os vínculos sociais importam para o levantamento de fundos de novos empreendimentos? Há várias razões: primeiro, se o investidor conhece o empreendedor, haverá menor probabilidade de este tentar tirar vantagem do investidor. As relações sociais fazem as pessoas agirem de uma maneira menos egoísta, criando um sentido de obrigação e de generosidade[31]. A maioria das pessoas sabe que uma boa maneira de matar uma amizade é tirar vantagem de um amigo; esse princípio influencia as relações entre os investidores, assim como as relações com colegas de quarto.

Segundo, os vínculos sociais fornecem uma maneira de invocar sanções contra pessoas que prejudicaram outras. Exatamente como um grupo de amigos pode se reunir em sua defesa ou agir contra alguém que machuque você, os investidores usam suas redes sociais para manter os empreendedores na linha. Os empreendedores que quebram as regras ou tiram vantagens dos investidores são rapidamente isolados pela comunidade de investimentos[32].

Terceiro, as relações sociais oferecem um meio eficiente para reunir informações sobre as pessoas. As redes sociais transmitem informações com rapidez e preço baixo, em particular sobre qualidades difíceis de serem observadas, como a competência ou a honestidade de uma pessoa[33]. Portanto, uma referência de uma fonte bem conceituada oferece um meio eficiente de descobrir quem as pessoas realmente são[34].

Quarto, os vínculos sociais, sejam diretos ou indiretos, criam atribuições positivas sobre as pessoas. Se você é apresentado a alguém por uma terceira pessoa, essa referência eleva você aos olhos daquele com quem está se encontrando. Por quê? Porque foi escolhido como alguém importante. Isso faz as pessoas que estão te conhecendo pela primeira vez terem predisposição para pensar que você é melhor que as pessoas que não lhes são apresentadas. De maneira similar, se você já conhece alguém e o considera seu amigo, tende a fazer atribuições positivas sobre as ações dele em um novo ambiente. Portanto, se você tem boas

---

[29] Shane, S.; Cable, D. Network ties, reputation, and the financing of new ventures. *Management Science*, 48(3): 364-381, 2002.
[30] Shane, S.; Stuart, T. Organizational endowments and the performance of university start-ups. *Management Science*, 48(1): 154-170, 2002.
[31] Uzzi, B. The sources and consequences of embeddedness for the economic performance of organizations: the network effect. *American Sociological Review*, 61: 674-698, 1996.
[32] Stuart, T.; Robinson, D. The emergence of interorganizational networks: probation until reputation. *Working paper*, University of Chicago, 2000.
[33] Burt, R. *Structural holes: the social structure of competition*. Boston: Harvard University Press, 1992.
[34] Fernandez, M.; Weinberg, N. Sifting and sorting: personal contacts and hiring in a retail bank. *American Sociological Review*, 62: 883-902, 1997.

relações sociais com um capitalista de risco, os sentimentos positivos do capitalista de risco com relação a você serão transferidos quando lhe pedir dinheiro[35].

Em resumo, os vínculos sociais com investidores realmente ajudam a levantar fundos. Em termos práticos, isso significa que você deve ir primeiro até os investidores que conhece, caso esteja levando a sério a tarefa de levantar fundos. Deve desenvolver os seus contatos. Obter referências para investidores é parte central do processo de financiamento de uma nova empresa.

Comportamentos e Ações que Estimulam Investidores

Os empreendedores às vezes esquecem que os investidores de quem estão tentando levantar fundos são pessoas. Como seres humanos, os investidores são influenciados pelos comportamentos e ações dos outros. Embora não seja necessário lhe contar que seria difícil persuadir os investidores a darem dinheiro a você se encontrá-los sem ter tomado banho durante um mês ou se xingá-los no momento do primeiro encontro, você pode não estar ciente dos comportamentos mais sutis e ações que os empreendedores podem tomar para influenciar os investidores positiva ou negativamente.

No Capítulo 5, discutimos a importância da administração da imagem para os empreendedores. Em nenhum outro momento isso é mais relevante do que ao levantar fundos. Para obter capital, um empreendedor precisa gerar a impressão de que é confiável e competente e que seu empreendimento vai ser um sucesso. Os empreendedores de sucesso reconhecem que nenhum empreendedor pode fornecer evidências irrefutáveis de que seu empreendimento será bem-sucedido e que os investidores, como todos neste mundo, são influenciados pelas aparências, bem como pelo desempenho real[36]. Os empreendedores bem-sucedidos tomam o cuidado de gerar uma boa impressão nos investidores.

Eles usam muitas das estratégias de administração da imagem que examinamos no Capítulo 5. Por exemplo, os empreendedores de sucesso preocupam-se em criar uma boa história sobre seus empreendimentos em seu plano de negócios, de modo que possam persuadir os investidores sobre o valor de suas idéias. Eles usam mecanismos de comunicação verbal e não-verbal eficazes e evitam estímulos negativos acidentais, como deixar de sorrir ou parecer desconfortáveis.

Mas os empreendedores de sucesso fazem mais do que apenas usar técnicas interpessoais. Eles criam um sentido de urgência entre os investidores de modo que gere um ímpeto a favor de seus negócios, algo que será examinado com mais detalhes no Capítulo 12[37]. Eles também estruturam suas idéias de negócios de modo que as torne mais atraentes para os investidores. Por exemplo, eles descrevem seus negócios de uma maneira que concentre a atenção *no* seu valor potencial e *para longe* de seus riscos em potencial, fazendo associações entre suas atividades e as coisas que são familiares aos investidores[38]. Um empreendedor que trabalha com turismo, por exemplo, pode focar a atenção em tipos de férias exóticas, como safáris, com os quais os investidores estão familiarizados, e não nos perigos do vôo.

---

[35] Shane, S. *A general theory of entrepreneurship: the individual-opportunity nexus.* Londres: Edward Elgar, 2003.
[36] Dees, G.; Starr, J. Entrepreneurship through an ethical lens: dilemmas and issues for research and practice. In: Sexton, S.; Kasarda, J. (eds.). *The state of the art of entrepreneurship.* Boston: PWS-Kent, p. 89-116, 1992.
[37] Bhide, A. *The origin and evolution of new businesses.* Nova York: Oxford University Press, 2000.
[38] Roberts, E. *Entrepreneurs in high technology.* Nova York: Oxford University Press, 1991.

É aí que entra um bom plano de negócios e é por isso que seu professor lhe disse que é importante escrever um plano de negócios persuasivo se tem alguma esperança de levantar recursos. No Capítulo 12, discutiremos esse tema com mais detalhes. Por enquanto, queremos apenas apontar alguns itens. Seu plano de negócios precisa comunicar a mensagem de seu negócio – por que a necessidade está lá, como você irá atendê-la, por que vai ganhar dinheiro –, de maneira clara e convincente. Lembre-se de que os investidores são pessoas e que uma boa apresentação e uma argumentação bem construída podem convencer as pessoas a fazerem algo que não fariam de outra forma.

Resumo e Revisão dos Pontos-Chave

- Os problemas de incerteza e de assimetria de informações dificultam para os empreendedores a tarefa de levantar fundos de fontes externas.
- Assimetria de informações significa que os investidores devem tomar decisões com menos informações do que o empreendedor tem, que os empreendedores podem se aproveitar dos investidores e que os empreendedores podem usar a seleção adversa.
- A incerteza significa que os investidores devem tomar decisões sobre novos empreendimentos a partir de poucas evidências, que empreendedores e investidores discordarão sobre o valor dos novos empreendimentos e que os investidores buscarão garantir que o empreendedor possa pagar se a oportunidade provar não ser valiosa.
- Os investidores estabeleceram várias soluções para os problemas de financiamento gerados pela assimetria de informações e incertezas, inclusive o autofinanciamento, disposições contratuais, fundos de investimento, especialização e investimentos localizados geograficamente.
- O autofinanciamento reduz os incentivos dos empreendedores para agirem contra os interesses dos investidores e fornece garantia para os novos empreendimentos.
- Cláusulas contratuais, direitos de resgate obrigatório, títulos conversíveis, direitos de controle e disposições de extinção e antidiluição são disposições contratuais que ajudam a proteger os investidores contra problemas de incerteza e de assimetria de informações no financiamento do empreendimento.
- Os investidores participam de clubes de investimentos para diversificar seus riscos e para reunir informações que reduzem os problemas gerados por assimetria de informações.
- A especialização e os investimentos localizados geograficamente fornecem aos investidores informações e controle que os protegem contra empreendedores oportunistas.
- Em geral, novos empreendimentos requerem muito pouco capital, mas tendem a exigir quantias maiores posteriormente, conforme passam por fluxo de caixa negativo nas operações.
- Para administrar a parte financeira de novos empreendimentos, os empreendedores fazem estimativas dos custos iniciais e dos usos de fundos, criam demonstrativos financeiros; geram demonstrativos de fluxo de caixa e conduzem a análise do ponto de equilíbrio.
- Novos empreendimentos, em geral, são financiados por emissão de ações e não por debêntures, porque eles não têm fluxo de caixa suficiente para pagar juros e porque o financiamento por debêntures a uma taxa de juros fixa encoraja os empreendedores a tomarem ações arriscadas com os fundos dos investidores.

- Os empreendedores têm uma ampla variedade de fontes de capital disponíveis, inclusive suas próprias economias, seus amigos e sua família, anjos, capitalistas de risco, corporações, bancos, concessores de empréstimos garantidos por ativos, empresas de *factoring* e programas do governo.
- O financiamento por emissão de ações por parte de anjos e capitalistas de risco segue um processo comum que, normalmente, começa com uma referência e é seguido por um filtro inicial, uma investigação mais profunda (*due diligence*) e termina com a negociação dos termos do investimento.
- Os investidores por participação em novos empreendimentos normalmente fazem injeção gradual de seus investimentos para minimizar o risco e o potencial dos empreendedores de se aproveitarem da falta de informações dos investidores, e para administrar a incerteza.
- Os investidores de novos empreendimentos exigem altas taxas de retorno para compensar o alto risco, a capacidade limitada de diversificar, a iliquidez, a assimetria de informações, o superotimismo dos empreendedores e a necessidade de envolvimento do investidor no desenvolvimento do novo empreendimento.
- Os capitalistas de risco e os anjos, em geral, usam o método de capital de risco para calcular quanto pedir de participação em troca de seus investimentos.
- O método de capital de risco envolve localizar no plano de negócio a receita prevista no ano em que o empreendedor projetar a saída, calcular a razão apropriada entre preço e receita, multiplicar esses números para estimar o valor final, calcular o valor presente desse número com base na taxa de desconto do investidor e dividir o valor do investimento pelo valor presente líquido.
- É comum os empreendedores levantarem fundos com pessoas que conhecem, porque os vínculos sociais reduzem a probabilidade de que eles se aproveitarão dos investidores; porque as redes sociais oferecem um meio eficaz para os investidores sancionarem seus empreendimentos, pois as relações sociais oferecem um meio efetivo de transferência de informações e os vínculos sociais criam atribuições positivas sobre as pessoas.
- Os empreendedores de sucesso usam estratégias de administração da imagem para encorajar os investidores a ajudá-los. Eles criam boas histórias sobre seus empreendimentos em seus planos de negócios e usam comunicação verbal e não-verbal com eficácia.
- A estruturação de idéias que foque o potencial, a distância dos riscos e a atenção à urgência também encorajam os investidores a ajudar os empreendedores.

Questões para Discussão

1. Como os empreendedores podem "enganar" os capitalistas de risco e como os capitalistas de risco podem reagir a isso?
2. O que é mais difícil no levantamento de fundos para um novo negócio? O que torna o financiamento de um novo negócio tão complicado?
3. Por que um empreendedor deve concordar em desistir de 40% de sua empresa quando deu seu sangue, seu suor e suas lágrimas para que a empresa começasse?
4. Como uma nova empresa pode ser rentável e mesmo assim falir? O que pode ser feito para reduzir as chances de isso acontecer?
5. Por que há mais problemas para se levantar fundos por debêntures para um novo negócio do que para se levantar fundos por emissão de ações?
6. O que pode ser feito para que você mesmo e para que seus negócios sejam mais atraentes para os investidores em potencial?

ARREGAÇANDO AS MANGAS

Criação de Balancetes, Demonstrativos de Resultados e Demonstrativos de Fluxo de Caixa

Conforme explicamos neste capítulo, você precisará desenvolver demonstrativos financeiros para seu novo negócio. Este exercício foi projetado para ajudá-lo a fazer isso.

1ª Etapa: Desenvolva um balancete de três anos para seu novo negócio, segundo o formato a seguir:

Nome da Sua Empresa			
	31/12/2006	31/12/2007	31/12/2008
Caixa			
Contas a Receber			
Estoque			
Propriedade e Equipamentos			
Menos: Depreciação Acumulada			
Total do Ativo			
Contas a Pagar			
Títulos a Pagar			
Total do Passivo			
Patrimônio Líquido			
Total do Passivo + Patrimônio			

2ª Etapa: desenvolva demonstrativos de resultados de três anos para seu novo negócio, conforme o formato a seguir.

Nome da Sua Empresa			
	31/12/2006	31/12/2007	31/12/2008
Vendas			
Menos: Custo das Mercadorias Vendidas			
Lucro Bruto			
Menos: Despesas Operacionais			
Menos: Depreciação			
Lucro (Prejuízo) Líquido			

3ª Etapa: desenvolva demonstrativos de fluxo de caixa de três anos para seu novo negócio, conforme o formato a seguir:

1. Pegue o lucro líquido em 31/12/2006 e acrescente a depreciação.
2. Subtraia os acréscimos nas contas a receber ou some as reduções nas contas a receber.
3. Subtraia os acréscimos no estoque ou some os decréscimos no estoque.
4. Adicione os acréscimos em contas a pagar ou subtraia os decréscimos nas contas a pagar.
5. Subtraia os decréscimos em títulos/empréstimos a pagar ou adicione os acréscimos em notas/empréstimos a pagar.

6. O resultado é seu fluxo de caixa líquido de 2006.
7. Repita para os outros anos.

Cálculo do Ponto de Equilíbrio de Vendas

Neste capítulo, discutimos a importância da condução de uma análise de ponto de equilíbrio para seu novo empreendimento. A análise de ponto de equilíbrio permite a você descobrir qual é o volume de vendas necessário para cobrir seus custos. Este exercício ajudará a calcular o ponto de equilíbrio de vendas para seu novo empreendimento, de modo que possa incluir as informações em um estudo de viabilidade. Siga as etapas a seguir para fazer o cálculo:

1. Determine o preço de venda (por unidade) de seu produto ou serviço.
2. Estime o custo variável (por unidade) de seu produto ou serviço.
3. Subtraia o custo variável por unidade do preço de venda para calcular sua margem de contribuição (por unidade).
4. Divida a margem de contribuição (por unidade) pelo preço de venda (por unidade) para estimar a porcentagem de sua margem de contribuição.
5. Estime seus custos comerciais fixos.
6. Divida os custos fixos pela margem de contribuição para calcular o volume de vendas de ponto de equilíbrio.

Avalie seu ponto de equilíbrio de vendas. É grande ou pequeno? Como pode ser comparado ao nível médio de vendas de outras empresas do seu setor? Qual é o tamanho de sua porcentagem do total de vendas no mercado em volume de vendas de ponto de equilíbrio?

Custo do Capital

Neste capítulo discutimos o método de capital de risco para calcular o custo de capital do seu empreendimento. Este exercício o ajudará a calcular o custo de capital de seu novo empreendimento, de modo que você possa incluir as informações em um estudo de viabilidade. Siga as etapas a seguir para calcular o custo de capital do seu empreendimento para relatar a proporção de participação que o investidor teria de receber para disponibilizar o capital de que precisa. Mostre todas as etapas no processo de cálculo dessa estimativa.

1. Use seus demonstrativos de resultados para estimar o nível de renda do empreendimento no ano em que espera que o negócio seja adquirido ou se torne público.
2. Calcule a relação entre preço e receita adequada para a aquisição e para ofertas públicas no mesmo setor que o novo empreendimento.
3. Estime o valor final do investimento multiplicando a renda projetada pela relação entre preço e receita.
4. Use a taxa de desconto adequada, com base na taxa de retorno desejada para o investimento, para calcular o valor presente líquido do valor final.
5. Especifique a parcela de participação que os investidores terão, dividindo o valor do investimento pelo valor presente líquido do valor final.

Redigindo um Plano de Negócio Eficaz:

Elaborando um Guia para o Sucesso

7

OBJETIVOS DE APRENDIZADO

Após ler este capítulo, você deve ser capaz de:

1 Definir um plano de negócio e explicar por que os empreendedores devem redigir um.
2 Explicar como o processo de persuasão desempenha um papel-chave nos planos de negócios e no sucesso dos novos empreendimentos.
3 Explicar por que o resumo executivo é uma parte importante de qualquer plano de negócio.
4 Descrever as principais seções de um plano de negócio e os tipos de informações que elas devem incluir.
5 Descrever os "sete pecados capitais" de um plano de negócio – erros que todos os empreendedores devem evitar.
6 Explicar por que os investidores em potencial normalmente pedem que os empreendedores façam apresentações verbais para expor suas idéias de novos produtos ou serviços e sua empresa.
7 Descrever as etapas que os empreendedores devem seguir para fazer apresentações verbais excelentes para investidores em potencial.

> "Há uma mágica real no entusiasmo. É a diferença entre mediocridade e realização." (Norman Vincent Peale, 1961)

Percebendo isso ou não, muitos empreendedores aceitam essas palavras como verdade. Eles estão convencidos de que por acreditarem com paixão em suas idéias e em seus novos empreendimentos, os outros também o farão, se tiverem metade da chance. Como resultado, muitas vezes eles acabam desanimando quando, em seus empenhos iniciais para a obtenção de ajuda financeira, deparam-se com a recepção indiferente (ou pior que isso!) de capitalistas de risco, investidores informais (anjos) ou outros que podem fornecer prontamente os recursos de que precisam. "O que há de errado com essas pessoas?", eles se perguntam. "Não conseguem reconhecer algo grande quando o vêem?". O problema, claro, não deve ser a falta de discernimento por parte dessas pessoas. Ao contrário, pode ter muito mais a ver com a maneira como o empreendedor está apresentando sua idéia a outros. Sim, o empreendedor está entusiasmado e isso vende. Mas para persuadir outras pessoas – em especial as que aprenderam ao longo de anos de experiência a ver novos empreendimentos com olhos pessimistas – o entusiasmo por si só raramente é o bastante. Além disso, os empreendedores que querem ser bem-sucedidos devem compreender que têm pela frente uma tarefa muito séria e árdua, uma delas relacionada ao processo de **persuasão**, a tarefa de induzir os outros a compartilharem nossas visões e a ver o mundo da maneira como fazemos. Afinal, por que pessoas completamente estranhas deveriam confiar seu dinheiro, que foi ganho com trabalho pesado, a algo de natureza tão arriscada quanto um novo empreendimento, ainda mais se for dirigido por alguém que tem pouca – ou mesmo nenhuma – experiência sobre como começar ou administrar um negócio? Você o faria? A não ser que tenha se apaixonado por uma idéia ou por um setor, a resposta é clara: não!

Se só o entusiasmo não é o suficiente, o que os empreendedores podem fazer para obter os recursos de que precisam? Para muitos deles, grande parte da resposta está relacionada à elaboração de um plano de negócio de primeira linha. Tal plano constitui-se de uma expressão escrita e formal da visão do empreendedor para a conversão de idéias em um negócio próspero e rentável e, na maioria dos casos, é a porta de entrada para que capitalistas de risco, bancos e outras fontes de fundos considerem seriamente uma proposta. Muitos sequer pensam em apoiar um novo empreendimento até que tenham visto e avaliado com cuidado esse documento. Esse fato representa um dilema para muitos empreendedores: eles acreditam firmemente em suas idéias e em sua própria capacidade de conduzi-las ao sucesso, mas, ao mesmo tempo, têm pouca prática na redação de documentos formais, tais como planos de negócios. Na verdade, a menos que tenham experiência com negócios (que é o caso de apenas alguns empreendedores), é possível que nem possuam uma idéia clara sobre o que é um plano de negócio ou sobre seu conteúdo. O resultado?

Muitos não preparam tais planos. Estatísticas mostram que mais de 60% de empresas novas e pequenas não têm planos de negócios, ou não têm planos redigidos de qualquer espécie, sobre qualquer assunto[1].

---

[1] Mancuso, J. R. *How to write a winning business plan*. Englewood Cliffs, NJ: Prentice-Hall, 1975.

Isso nos leva à principal finalidade deste capítulo: ajudá-lo a compreender o que é um plano de negócio e ensiná-lo a redigir um que o faça obter o apoio de que precisa, financeiro e de outros tipos. A fim de atingir esse objetivo, procederemos da seguinte maneira: primeiro, iremos nos concentrar em por que se deve redigir um plano de negócio, mesmo que você esteja na situação rara e gloriosa de não precisar de apoio financeiro para começar. Conforme observaremos, esse documento pode ser útil em diversos aspectos. Pesquisas indicam que os empreendedores que preparam planos de negócios excelentes têm mais probabilidade de sucesso do que aqueles que não o fazem, por razões que serão esclarecidas adiante. Por exemplo, um estudo apurado, conduzido recentemente entre uma amostra aleatória de empreendedores da Suécia[2], descobriu que redigir planos de negócios reduz de maneira significativa as chances de um empreendimento falir e aumenta a taxa de novos negócios e de desenvolvimento de novos produtos.

Após explicar por que é útil redigir um plano de negócio, a tarefa será descrever esse documento em detalhes – as principais seções que deve conter, como elas devem ser reunidas, entre outros itens. Ao longo desta discussão, faremos mais do que apenas descrever as exigências básicas. Também forneceremos dicas e sugestões para tornar seu plano excelente, um instrumento para transmitir seu entusiasmo e visão para outros. Acreditamos que essas informações são cruciais e lhe serão úteis para que o início de seu próprio empreendimento esteja cada vez mais próximo.

Descreveremos as principais seções de um plano de negócio formal, e em seguida voltaremos para um tema importante que desejamos enfatizar neste capítulo: persuasão. Este é o nome do jogo em que um novo empreendimento está envolvido. Por essa razão, a redação de um plano de negócio excelente, embora seja uma atividade essencial, é apenas o primeiro passo de um longo processo. Persuadir outra pessoa a patrocinar seu novo empreendimento também envolve várias etapas. Por exemplo, se seu plano é gerar reações iniciais positivas nos capitalistas de risco e em outros investidores (resultado alcançado por uma pequena porcentagem dos planos), isso o levará para a próxima etapa: o convite para uma visita e uma apresentação formal. Essa apresentação, em geral, tem um papel importante nas decisões sobre investir ou não em seu empreendimento e sobre o tamanho desse investimento. Portanto, essa é uma tarefa que deve ser levada a sério. Como "brilhar" nesse contexto? Embora concordemos com John Ruskin (1749), que certa vez escreveu: "Quem tem a verdade em seu coração nunca precisa temer o desejo de persuasão de sua língua", sabemos que ser persuasivo envolve muito mais do que convicção pessoal. Na seção final, ofereceremos sugestões para atingir essas metas baseadas em pesquisas cuidadosas e em nossas experiências pessoais como empreendedores.

POR QUE REDIGIR UM PLANO DE NEGÓCIO? OS BENEFÍCIOS DE OBJETIVOS BEM DEFINIDOS

Não cometa erros. O preparo de um plano de negócio exige trabalho árduo. São necessárias muitas horas de pensamento cuidadoso, seguidas por um número igual ou maior de horas

---

[2] Delmar, F.; Shane, S. Does business planning facilitate the development of new ventures? *Strategic Management Journal*, no prelo.

para a conversão desses pensamentos em um documento escrito. Embora professores universitários possam gostar de tais atividades, esse não é o caso de empreendedores em geral. Muitas vezes eles ficam ansiosos para lançar seus negócios e para fazer sua visão acontecer. Muitos percebem que a partir do momento que seu negócio tiver sido lançado, as etapas e a linha do tempo definidas no plano de negócio raramente serão seguidas. Mas por que devem dedicar tanto trabalho à tarefa de preparar um plano de negócio de primeira se, conforme observado anteriormente, estiverem na rara e invejável posição de *não* precisar de recursos externos para começar? Talvez a resposta mais simples, porém a mais importante, seja: *é realmente difícil chegar a algum lugar a menos que se saiba aonde quer ir*. Em outras palavras, um plano de negócio é muito mais do que um documento projetado para persuadir pessoas céticas a investir em um novo empreendimento. *Também é um guia detalhado para a conversão de suas idéias e de sua visão em um negócio real e em funcionamento*. A redação de um plano de negócio exige que você, como empreendedor, trate de modo cuidadoso e abrangente questões complexas relacionadas ao processo de conversão de suas idéias e da visão que as acompanha em realidade: como seu produto será produzido, a que preço será vendido, como e com quem será comercializado, como compará-lo com o que oferece a concorrência existente e potencial, que recursos financeiros são necessários e como serão usados etc.

O termo "plano" em "plano de negócio" é realmente adequado. Um plano de negócio bem preparado e fundamentado o ajudará no processo de planejamento – e *realmente* fornecerá o guia mencionado no título deste capítulo. De forma mais específica, um plano de negócio bem preparado explicará o que o novo empreendimento está tentando realizar e como alcançará as metas propostas. Esse é o tipo de informação que procuram os capitalistas de risco e outros que podem apoiar um novo empreendimento. Quanto mais claros forem os vínculos entre as metas almejadas e os meios para alcançá-las, mais impressionante (e persuasivo) será o plano de negócio. Mas lembre-se: os empreendedores não redigem planos de negócios apenas para persuadir os outros a investir em seus próprios empreendimentos. Eles também os escrevem para fornecer a si mesmos uma compreensão mais clara das melhores maneiras de proceder, o que – esperamos que você concorde – são informações valiosas que devem ser buscadas por todos os empreendedores no início do processo.

Feitas essas observações, devemos equilibrar a balança, por assim dizer, observar que um plano de negócio é um *documento vivo* que pode mudar – e muda – freqüentemente, conforme o negócio se desenvolve. Como você não pode saber de antemão de que maneira ele progredirá, a quantidade de planejamentos que pode ser feita é limitada. Por essa razão, os empreendedores de sucesso tentam evitar a "paralisia da análise" em que gastam horas incontáveis desenvolvendo planos de negócios longos e formais com muitos dados e suposições, planilhas luxuosas, em uma linda encadernação. Em vez disso, eles fazem o planejamento apenas suficiente para começar suas novas empresas e, então, usam as informações que reúnem a partir do funcionamento real de seus empreendimentos para refinar seus planos à luz da realidade. Em essência, o modelo de planejamento de negócios do empreendedor de sucesso muitas vezes é assim: (1) desenvolver um plano de negócio simples e básico, (2) abrir o negócio, (3) captar as informações obtidas a partir do funcionamento do novo empreendimento para refinar o plano e obter fundos conforme necessário. Por exemplo, considere Alex D'Arbeloff, fundador da Teradyne, uma grande empresa pública de instrumentos científicos. Quando D'Arbeloff fundou sua empresa, ele escreveu um plano de negócio de apenas algumas páginas. Presumiu que havia poucos benefícios em desenvolver algo longo e detalhado, formado principalmente por suposições e análises de dados não muito bem fundamentadas. Acreditou que seria melhor focar nas principais informações que ele sabia serem reais e começar o negócio. Então, quando a empresa estava ativa e operando, ele revisou seu plano muitas vezes e incluía informações novas conforme elas eram adquiridas. O sucesso de D'Arbeloff como empreendedor o tornou rico e agora ele é um investidor informal (anjo) que ajudou empresas notáveis como a Lotus. Como anjo, ele mantém a mesma filosofia que usou quando iniciou sua própria empresa: procurar empreendedores que elaboraram planos de negócios simples e diretos que foquem as principais dimensões, que compreendam bem as oportunidade e encarem seus planos como "documentos vivos", que mudam e se desenvolvem com os novos empreendimentos.

As vantagens dessa abordagem são óbvias: os empreendedores podem se dedicar ao início do negócio em vez de redigir um plano formal. Dessa maneira, terão algo tangível para "vender" quando precisarem de grandes quantias de fundos externos para expandir seus negócios. (Ver a Figura 7.1 para um resumo do modelo de planejamento de negócios que acabamos de descrever.)

Portanto, em geral, é melhor começar com um plano de negócio longo e detalhado ou com um curto e simples? Como se pode desconfiar, a resposta é "depende". Em algumas situações, é preciso um plano longo e detalhado, por exemplo, quando são necessárias grandes quantias de fundos para iniciar o novo empreendimento. Em outras, um plano de negócio menor e menos detalhado será suficiente, desde que ofereça orientações para que o negócio comece e que seja alterado durante seu funcionamento para refletir novas informações conforme elas se tornam disponíveis. Então, a regra-chave é *sempre* se dedicar a uma preparação e a um planejamento cuidadoso, mas ser flexível e corresponder à forma do plano de negócio que você desenvolver para as necessidades específicas de seu novo empreendimento.

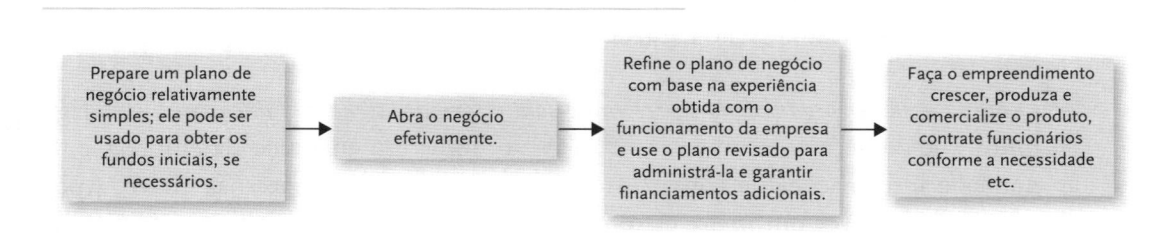

Prepare um plano de negócio relativamente simples; ele pode ser usado para obter os fundos iniciais, se necessários. → Abra o negócio efetivamente. → Refine o plano de negócio com base na experiência obtida com o funcionamento da empresa e use o plano revisado para administrá-la e garantir financiamentos adicionais. → Faça o empreendimento crescer, produza e comercialize o produto, contrate funcionários conforme a necessidade etc.

Figura 7.1 Modelo de Planejamento de Negócios Usado por Muitos Empreendedores de Sucesso
Muitos empreendedores de sucesso redigem planos de negócios simples com base nas informações que têm e não em suposições. Então, iniciam seus negócios e usam essas informações durante o funcionamento dos empreendimentos para refinar seus planos e garantir fundos adicionais conforme a necessidade. O ciclo continua, tornando os planos de negócios "documentos vivos" reais que estão abertos a mudanças em reação a novas informações.

COMPONENTES DE UM PLANO DE NEGÓCIO: REQUISITOS BÁSICOS

Os planos de negócios são diferentes em seus conteúdos específicos, assim como as pessoas que os preparam. Entretanto, há um consenso de que eles devem conter algumas seções básicas que, juntas, direcionem perguntas-chave que todos precisam fazer antes de investir em um novo empreendimento:

- *Qual* é a idéia básica para o novo produto ou serviço?
- *Por que* esse novo produto ou serviço é útil ou atraente e para quem?
- *Como* a idéia para o novo empreendimento será realizada, qual é o plano geral para a produção do produto, para sua comercialização, para lidar com a concorrência existente e potencial?
- *Quem* são os empreendedores, eles têm o conhecimento, experiência e habilidades exigidos para o desenvolvimento dessa idéia e para o funcionamento de uma nova empresa?
- Se o plano for projetado para o levantamento de fundos, *quanto* é preciso dispor, *qual o tipo de financiamento* necessário, *como* ele será usado e como os empreendedores e as outras pessoas terão retorno sobre seu investimento?

Como se pode ver, essas são perguntas básicas, mas importantes, do tipo que *você* deve fazer a *si* mesmo antes de investir em uma empresa que está começando. Um plano de negócio bem preparado aborda todas essas questões e muitas outras. Além disso, deve ser feito de maneira *ordenada*, *sucinta* e *persuasiva*. Preste muita atenção a esses termos, pois eles são cruciais. Conforme observado anteriormente, a grande maioria dos planos de negócios é rejeitada em poucos minutos por capitalistas de risco experientes que vêem centenas ou até mesmo milhares desses documentos todos os anos. Como resultado dessa experiência, eles empregam um conjunto de filtros para determinar quais planos realmente têm valor e quais podem ser descartados. Como empreendedor, seu desejo é fazer o possível para garantir que seu plano de negócio seja um dos que mereçam mais do que uma olhada superficial; e isso exige dispensar atenção cuidadosa a vários princípios básicos:

- *O plano deve ser organizado e preparado com o formato comercial adequado.* Isso significa que começa com uma *capa* que traz o nome e o endereço da empresa e os nomes e informações de contato (telefone, e-mail etc.) das pessoas-chave. Após a capa, deve haver um *índice* claro que resuma as seções principais. Após o índice, deve haver um *resumo executivo*; e esse, por sua vez, precisa ser seguido pelas seções principais do plano, cada uma dividida em tópicos e identificada com clareza. Vários anexos (por exemplo, projeções financeiras detalhadas, resumos completos com relação aos fundadores e pessoas-chave) seguem, freqüentemente, em encadernações separadas. Em geral, o plano todo segue a mesma regra básica: ter a aparência de um documento sério, e *não* deve deixar os leitores "boquiabertos" com ilustrações chamativas ou uso supercriativo de fontes e estilos. Lembre-se: os capitalistas de risco, banqueiros e outras pessoas importantes para o futuro de sua empresa terão a primeira impressão sobre você a partir de seu plano de negócio. Portanto, certifique-se de que pareça o que realmente é: um documento sério preparado por pessoas sérias!

- *O plano deve ser sucinto.* Isso é essencial; ninguém – nem mesmo membros da sua família – analisaria centenas de páginas de prosa densa e complicada (ou diagramas financeiros complexos). Um plano de negócio eficaz deve ser o mais sucinto possível. É quase certo que plano de mais de 40 ou 50 páginas seja descartado; e até um determinado ponto, quanto mais curto melhor. Por exemplo, o plano de negócio enviado pela Teradyne tinha seis páginas e o da Lotus Development tinha dez. A principal meta é abordar as principais questões relacionadas anteriormente (qual, por que, como, quem e quanto) de maneira clara e inteligente, sem detalhes desnecessários ou redundâncias. Lembre-se sempre de que as pessoas que você quer que leiam seu plano são ocupadas e muito experientes: elas sabem como entender rapidamente a essência de seu negócio e dizer se você é esperto o suficiente para apresentá-lo com clareza.

- *O plano deve ser persuasivo.* Como tentamos enfatizar, você está enfrentando uma situação competitiva em que tem uma oportunidade pequena: ou prende logo a atenção da pessoa que lê seu plano e tem chances adicionais de persuadi-la ou ela conclui em minutos que a leitura de seu plano é perda de tempo. Isso é fato: tomadores de decisões que têm experiência agem dessa maneira em muitos contextos empresariais, não apenas com relação à avaliação de planos de negócios. Por exemplo, uma pesquisa sobre entrevistas de trabalho indica que muitos entrevistadores fazem seu julgamento sobre a adequação de cada candidato em um ou dois minutos[3]. Por quê? Eles não têm tempo para desperdiçar com candidatos que não são adequados, portanto, já no início do processo, eles chegam à decisão sobre continuar ou não a avaliação. Se a decisão for "esta pessoa não é adequada", eles concluem a entrevista com bastante rapidez. Se, ao contrário, decidirem que "esta pessoa poderia ser uma boa candidata", continuam a entrevista a fim de obter mais informações. O mesmo princípio funciona para os planos de negócios. As decisões são tomadas com muita rapidez por capitalistas de risco e por outras fontes de financiamento em potencial e raramente são revertidas, se é que isso acontece[4]. Isso significa que você deve começar com força e continuar assim, se desejar ser bem-sucedido. E um plano de negócio começa pelo resumo executivo – o primeiro componente importante do plano de negócio e, algumas vezes, o mais fundamental deles.

Um outro ponto: o essencial é a qualidade da idéia por trás do novo empreendimento e a competência da pessoa ou das pessoas que a formularam. Se a idéia não for sensata e tiver pouco potencial econômico, os investidores experientes reconhecerão isso imediata-

---

[3] Fletcher, C. Impression management in the selection interview. In: Giacalone, R. A.; Rosenfeld, P. (eds.). *Impression management in the selection interview.* Hillsdale, NJ: Erlbaum, p. 269-272, 1979.

[4] Zacharakis, A. L.; Shepherd, D. A. The nature of information and overconfidence on venture capitalists' decision making. *Journal of Business Venturing*, 16: 311-332, 2001.

mente, não importando o quão bem redigido ou persuasivo o plano de negócio pareça estar. Portanto, antes de decidir investir muito tempo e empenho na preparação de um plano de negócio superimpressionante, você *deve* ter um *feedback* sobre a idéia por trás do novo empreendimento. Se ele não for encorajador, pare, porque prosseguir será, certamente, perda de tempo.

O Resumo Executivo

Você já ouviu a expressão "*elevator pitch*" (conversa de vendedor que deve durar uma viagem de elevador)? Eu (Robert Baron) me familiarizei com ela quando trabalhei em uma agência do governo (era diretor de programa na National Science Foundation). Observei que muitos dos meus colegas mais experientes iam almoçar em um horário específico todos os dias e faziam de tudo para ficar na parte da frente do elevador. Por quê? Porque queriam ficar perto da diretora da divisão, a pessoa que tomava as principais decisões sobre como a quantia de fundos disponíveis para nossa parte da agência seria distribuída – e eles sabiam que ela estaria parada à frente do elevador quando a porta abrisse (seu escritório era em um andar superior). No caminho até a rua eles faziam os "*elevator pitches*", discursos breves, mas fervorosos sobre as coisas maravilhosas que estavam acontecendo em suas áreas particulares de ciência e por que seria ótimo investir nesses trabalhos. A diretora geralmente não dava respostas concretas, mas em alguns casos a ouvi dizer: "Parece interessante... marque uma reunião para discutirmos essa idéia". Isso significava muito sucesso, porque o discurso de um ou dois minutos no elevador abria uma porta para mais discussões e para a real possibilidade de fundos adicionais.

A lição é clara: muitas vezes, temos apenas uma breve oportunidade para estimular o interesse da outra pessoa, para deixá-la interessada o suficiente para querer saber mais. Essa é, em essência, a finalidade do resumo executivo. É a parte do plano de negócio, que tem de ser breve e ir direto ao ponto (muitos investidores experientes sugerem no máximo duas ou três páginas), contendo uma visão geral concisa, clara e persuasiva sobre o que é o novo empreendimento. Deve fornecer respostas breves para todas as perguntas relacionadas anteriormente: qual é a idéia para o novo produto ou serviço? Por que ele será útil ou atraente e para quem? Quem são os empreendedores? Quanto é necessário e que forma de financiamento estão procurando?

Tudo isso pode ser colocado em um formato breve? Certamente. Mas exige muito cuidado e atenção ao redigir; o texto que fornece muitas informações por frase (ou mesmo por palavra) transmite a excitação e o entusiasmo do empreendedor. Gostaríamos de lhe apresentar algumas regras simples para a redação desse documento, mas, na verdade, não podemos: o conteúdo preciso dependerá das idéias específicas que estão sendo apresentadas. Mas quaisquer que sejam elas, o resumo executivo deve responder às questões-chave com brevidade, porém detalhadas o suficiente para que o leitor possa ter uma idéia clara sobre o que é o novo empreendimento. Lembre-se: essa é uma parte importante do plano de negócio, então vale a pena dedicar-se de modo especial. É sua primeira e melhor chance (e, geralmente, a única!) de gerar interesse nos outros. Portanto, faça o que puder para acertar o alvo na primeira tentativa.

Depois do resumo executivo, as principais seções seguem de maneira ordenada. Há muitas disposições possíveis para essas seções-chave, mas a que apresentamos aqui é utilizada em muitos planos e parece ser bem lógica. Entretanto, a ordem específica das seções, bem como seu conteúdo, devem ser ditados pela natureza da idéia e pelo que você está tentando comunicar, não por regras preestabelecidas.

- *Histórico e finalidade*. Seção que descreve sua idéia e a situação atual de seu negócio.
- *Marketing*. Seção que descreve o mercado de seu produto ou serviço, quem vai querer usar ou comprar e, mais importante, por que as pessoas vão querer fazê-lo.
- *Concorrência*. Informações sobre a concorrência e sobre como pode ser vencida, preços que serão praticados e questões relacionadas. (Algumas vezes essa é uma seção separada, outras, está incluída na seção de marketing.)
- *Desenvolvimento, produção e localização*. Informações sobre o ponto em que seu produto ou serviço está em termos de desenvolvimento, como você pretende chegar à produção real ou ao fornecimento do produto ou serviço e (se for relevante para sua empresa) informações sobre a localização do novo negócio. Pormenores a respeito da operação podem ser incluídos nessa seção, se forem importantes para compreender a função do negócio e para explicar por que tem potencial econômico significativo.
- *Administração*. Seção que descreve a experiência, as habilidades e o conhecimento da equipe de administração do novo empreendimento; o que você tem e quais habilidades adicionais podem ser necessárias nos meses seguintes. Dados sobre a propriedade atual devem ser incluídos aqui.
- *Seção financeira*. Avisa sobre o atual estado financeiro da empresa e oferece projeções para necessidades futuras, receitas e outras medidas financeiras. Também deve incluir informações sobre o valor do financiamento desejado, quando tais fundos são necessários, como eles serão usados, fluxo de caixa e uma análise de ponto de equilíbrio.
- *Fatores de risco*. Discute vários riscos que o novo empreendimento enfrentará e as medidas que a equipe de administração tomará para proteger o empreendimento.
- *Colheita ou saída*. Os investidores estão interessados em compreender exatamente como lucrarão se a empresa for bem-sucedida. Portanto, pareceres sobre essa questão importante (por exemplo, quando e como a empresa se tornará pública) podem, muitas vezes, ser úteis.
- *Programação das etapas e marcos*. Deve ser fornecida programação de cada fase do novo empreendimento, de modo que os investidores em potencial saibam quando tarefas-chave (por exemplo, início da produção, momento das primeiras vendas, ponto de equilíbrio projetado) serão concluídas. Essa pode ser uma seção separada ou pode ser incluída em outras seções, conforme for mais adequado.
- *Anexos*. É a parte em que devem ser apresentados informações financeiras e resumos detalhados dos membros da cúpula administrativa.

Para ser completo, o plano de negócio deve abranger esses tópicos e outros relacionados. Entretanto, dependendo da natureza do novo empreendimento, a ordem pode ser alterada e a extensão ajustada. Em outras palavras, não há regras sobre a extensão e os detalhes que cada seção deve ter; ao contrário, é uma questão de bom senso nos negócios.

Agora que já fornecemos uma visão geral das seções-chave que fazem parte de um plano de negócio sensato, descreveremos cada uma delas com mais detalhes.

Histórico, Produto e Objetivo

Entre as primeiras informações que os investidores em potencial de seu novo empreendimento querem ter estão aquelas relacionadas ao histórico de seu produto e de sua empresa e o que, especificamente, você espera realizar. Conforme observado nos Capítulos 2 e 3, idéias para novos produtos ou serviços não surgem do nada; ao contrário, tais oportunidades emergem de condições econômicas, tecnológicas e sociais em mudança e são reconhecidas por determinadas pessoas que decidem desenvolvê-las. Uma questão-chave para investidores em potencial é "qual é a natureza da idéia que direciona sua empresa e como surgiu?". Isso freqüentemente exige a discussão de condições no setor em que sua empresa está inserida, porque foram essas condições, em parte, que sugeriram a idéia que você está tentando desenvolver. Por exemplo, suponha que um empreendedor tenha desenvolvido um novo material que proporciona a solas de calçados uma tração muito melhor do que qualquer outro material que está no mercado atualmente. Os investidores em potencial desejarão saber por que isso é útil e quem vai querer usar o novo material (por exemplo, fabricantes de calçados esportivos, fabricantes de aparelhos médicos para pessoas que sofreram acidentes ou que tiveram fraturas). Em outras palavras, essa seção deve explicar o que os produtos têm a oferecer, por que são exclusivos e valiosos e, portanto, têm potencial para gerar lucros futuros. A menos que essas questões possam ser respondidas claramente e com êxito, os investidores provavelmente concluirão que os riscos superam qualquer tipo de benefício em potencial.

Os investidores também querem informações básicas sobre a empresa existente, sua forma legal, seus proprietários atuais e sua condição financeira. Afinal, ninguém quer investir em um novo empreendimento em que existem questões complicadas de propriedade ou que tenha um custeio (*overhead*) excessivamente alto.

Essa seção também deve abranger as metas da empresa: o que espera realizar? Voltando ao novo material para calçados descrito anteriormente, precisa esclarecer se ele será útil para todos os tipos de calçados ou apenas a alguns (como para os calçados para corrida) e os benefícios que seu uso conferirá. Por exemplo, muitas pessoas se machucam ao cair e muitos desses danos físicos poderiam ser evitados por meio do uso do novo material. Nesse caso, esses benefícios em potencial devem ser mencionados com os benefícios financeiros que se originam no sucesso da empresa. Mas, outra vez, a utilidade de tais informações depende muito da idéia por trás do novo empreendimento e elas são mais adequadas para alguns do que para outros. Como tudo o mais no plano, devem ser incluídas apenas se forem relevantes e se contribuírem para o planejamento por parte dos empreendedores e para sua capacidade de comunicar a natureza da empresa a outros.

Em suma, após ler essa seção inicial, os investidores compreenderão onde e como o produto foi desenvolvido, a natureza básica da empresa (sua forma legal, proprietários, histórico), o que faz desse um produto ou serviço valioso ou único e o que o novo empreendimento pretende realizar – uma breve declaração de sua missão. Juntas, essas informações oferecem uma estrutura útil para a compreensão das seções posteriores do plano de negócio; portanto, é importante que sejam apresentadas primeiro.

Análise de Mercado

Lembra-se dos aparelhos descritos no Capítulo 4 – produtos que foram comercializados, mas desapareceram rapidamente sem deixar vestígios? Se sim, você provavelmente se recorda de que uma razão pela qual esses produtos falharam é que ninguém conduziu uma análise de mercado cuidadosa antes de serem produzidos; em outras palavras, ninguém se incomodou em descobrir se havia um mercado para eles, se alguém realmente queria comprá-los ou usá-los. O resultado? Desastre para os empreendedores que os inventaram e para quem investiu nas empresas que eles iniciaram para produzir e vender tais itens.

Então, não é nenhuma surpresa que investidores sofisticados queiram informações detalhadas e específicas sobre o mercado como parte de qualquer plano de negócio forte. Eles desejam dados sobre o que os empreendedores fizeram para identificar o mercado de seus produtos (por exemplo, eles fizeram pesquisas de mercado ou análises detalhadas de mercado?). Além disso, querem saber o tamanho desses mercados, se estão crescendo ou diminuindo e como os novos produtos ou serviços serão promovidos. Isso exige informações detalhadas sobre os *produtos da concorrência* – se eles realmente existem e, se existirem, como será demonstrado que os novos produtos são superiores a eles; *empresas concorrentes* – quem são e como provavelmente responderão aos novos produtos dos empreendedores; e *preço* – como será definido o preço do novo produto ou serviço com relação aos produtos ou serviços da concorrência e por que essa estratégia de preços faz sentido.

Por exemplo, considere Photowow.com, uma empresa que começou com Robert Schiff, em Los Angeles. A empresa de Schiff faz peças de arte grandes – 1,06 m × 1,06 m ou até maiores – para uso em casas e em escritórios. Essa arte é produzida por impressoras a jato de tinta de tamanho grande e pode exibir quase tudo – por exemplo, os filhos do comprador em montagens populares que lembram o estilo de um artista famoso, tal como Andy Warhol. Esse é um produto inteiramente novo, portanto, a definição do preço foi uma tarefa desafiadora e exigiu consideração cuidadosa dos produtos existentes (por exemplo, de pôsteres de arte). A comercialização também levantou questões complexas: qual seria o mercado potencial para tais peças? Havia muitas possibilidades: franquias, que queriam exibir um quadro de seus fundadores em cada saída; empresas, que poderiam querer ter um quadro do escritório central em cada filial. Schiff explorou todas essas possibilidades, e outras, com a ajuda de consultores, assim foi capaz de incluir essas informações em seu plano de negócio.

Em essência, essa seção deve ser feita para convencer investidores céticos de que os empreendedores fizeram a lição de casa: examinaram com cuidado mercados em potencial para seu produto ou serviço e têm evidências que indicam que os clientes e outros negócios (dependendo do produto ou do serviço) desejarão comprá-lo quando estiver disponível. Além disso, os investidores querem saber detalhes de como os novos produtos ou serviços serão promovidos e a que custo. É claro que as projeções de mercado são sempre incertas; ninguém sabe com exatidão como os consumidores reagirão a novos produtos. Mas é preciso que o empreendedor se esforce ao máximo para descobrir por que as pessoas desejarão comprar ou usar seu produto e para detectar uma estratégia de mercado eficaz. Se, ao contrário, simplesmente presumir que o produto ou serviço é tão maravilhoso que as pessoas farão filas para comprá-lo, um alarme soará para investidores sofisticados e eles rapidamente perderão o interesse.

Desenvolvimento, Produção e Localização

Não é possível comercializar um produto ou serviço novo a menos que ele esteja disponível, portanto, outra questão que deve ser direcionada com cuidado em qualquer tipo de plano de negócio eficaz é o desenvolvimento e a produção do produto. Os investidores em potencial querem informações sobre o ponto em que estão os produtos e serviços do novo empreendimento: ainda estão em desenvolvimento? Estão totalmente desenvolvidos e prontos para serem produzidos? Se sim, quais são os custos e prazos planejados para a produção dos produtos ou para a entrega dos serviços? As questões relacionadas incluem medidas para garantia da qualidade e da segurança de clientes ou de outros usuários (por exemplo, a empresa solicitou a aprovação do Underwriters Laboratory ou certificação similar?). Como aprendi enquanto administrava minha própria empresa, esses processos podem levar meses – e taxas consideráveis – portanto, os investidores querem que os empreendedores estejam conscientes dessas questões e que as tenham sob controle.

Quanto mais distante uma nova empresa estiver com relação a essas perguntas, mais atraente será para investidores em potencial; não só por ter se desenvolvido além da fase inicial, mas também porque isso demonstra que ela funciona de forma produtiva e racional. Eu (Robert Baron) investi, há pouco tempo, em uma nova empresa no ramo de biotecnologia, principalmente porque gostei da idéia básica (desenvolvimento de medicamentos para "doenças órfãs", aquelas que afligem um número muito pequeno de pessoas para as principais empresas de medicamentos se importarem) e porque conheço e respeito os fundadores. Entretanto, outra consideração importante para mim foi o estágio de desenvolvimento da empresa com relação à produção de novos medicamentos eficazes. Minha conclusão foi que tudo estava no lugar certo para permitir que o novo empreendimento se desenvolvesse rapidamente, mas apenas o tempo dirá se eu estava certo no meu julgamento. Em todo caso, como outros investidores em potencial, busquei informações sobre o assunto no plano de negócio da empresa e estaria bem menos entusiasmado com relação ao investimento se tais informações não estivessem incluídas ou se fossem gerais demais para serem informativas.

A Equipe Gerencial

Muitos capitalistas de risco observam que é melhor investir em uma equipe de primeira classe com uma idéia de segunda classe do que em uma equipe de segunda classe com uma idéia de primeira classe. Embora pareça exagero – os capitalistas de risco e outros investidores se concentram em muitas questões diferentes –, existe uma verdade substancial em tal declaração. O que os capitalistas de risco estão dizendo é que pessoas talentosas, experientes e motivadas comandando um novo empreendimento são muito importantes para seu sucesso. Por essa razão, uma seção-chave de qualquer plano de negócio é a que trata das pessoas que administrarão o novo empreendimento.

O que, especificamente, os investidores em potencial querem saber? Primeiro se, em conjunto, essas pessoas têm experiência, perícia, habilidades e as características pessoais necessárias para administrar o novo empreendimento com sucesso. Dizemos "em conjunto" porque, conforme apontado no Capítulo 5, os investidores querem saber se a equipe administrativa tem habilidades, capacidades e experiências complementares: algumas pessoas dispõem daquilo que falta em outras e vice-versa. Além disso, eles querem ter alguma certeza de que os membros da equipe desenvolveram boas relações de trabalho: cada um tem papéis e deveres claramente atribuídos e a comunicação entre eles é boa. Embora os investidores estejam dispostos a ser menos rigorosos com relação a essas exigências – por exemplo, eles não podem exigir larga experiência de um grupo de empreendedores muito jovem –, eles não abrem mão de outras. Se a equipe administrativa de um novo empreendimento não tiver experiência, eles podem exigir que os empreendedores contratem executivos com bastante habilidade para ajudar a administrar o negócio; em outras palavras, exigem que eles adquiram a prática necessária de fora da equipe do novo empreendimento. De maneira similar, se os empreendedores não têm prática, os investidores podem ser mais rigorosos com relação a sua instrução, inteligência e habilidades interpessoais. Os investidores veteranos estão cientes de que os empreendedores que sabem lidar com outras pessoas têm maior probabilidade de ser bem-sucedidos do que aqueles que são difíceis de lidar e aborrecem ou irritam as pessoas com as quais negociam. Afinal, por que alguém entregaria seus negócios a um estranho que o irrita? O produto ou serviço teria de ser muito superior para equilibrar a balança. Pesquisas indicam que os empreendedores bem classificados quanto a habilidades sociais são realmente mais bem-sucedidos em administrar seus novos empreendimentos do que os que não as têm[5].

Resumindo, os investidores em potencial enfatizam bastante as qualificações dos empreendedores e fazem tudo que podem para garantir que as empresas financiadas por eles sejam administradas por pessoas em quem confiam. A fonte ideal de tal confiança são experiências empresariais passadas. Se não houver isso, os investidores em potencial procurarão garantir que essa fraqueza em potencial seja compensada por outros pontos fortes trazidos à mesa pelos empreendedores fundadores: grande inteligência (social e cognitiva), um alto nível de habilidade técnica e, sim!, energia e entusiasmo!

Planos e Projeções Financeiras

Cada seção de um plano de negócio é importante, quanto a isso não há dúvida. Mas uma delas deve receber atenção especial: a que lida com as questões financeiras. Essa seção tem de incluir diversos componentes principais, e cada um deles deve ser preparado com cuidado. Conforme explicado no Capítulo 6, esses elementos devem retratar o estado financeiro atual da empresa, como os financiamentos recebidos dos investidores serão usados e como os recursos financeiros serão administrados para atingir os objetivos principais.

A seção financeira deve fornecer uma avaliação de quais ativos o empreendimento possuirá, quais dívidas ele terá, entre outras questões. Conforme explicado no Capítulo 6, tais informações estão resumidas em um **balancete formal**, mostrando as projeções da condição financeira da empresa em vários momentos no futuro. Tais informações devem ser projetadas de modo semi-anual nos primeiros três anos. Esses balanços projetados permitem que os investidores determinem se os índices de endividamento, o capital de giro, a rotação do estoque e outros índices financeiros estão dentro dos limites aceitáveis e justificam os fundos iniciais e futuros da empresa. Além disso, conforme o Capítulo 6

---

[5] Baron, R. A.; Markman, G. D. Beyond social capital: The role of entrepreneurs' social competence in their financial success. *Journal of Business Venturing*, 18: 41-60, 2003.

explica, um demonstrativo de receita deve ser preparado para ilustrar os resultados operacionais projetados com base em lucros e em perdas. Esse documento registra as vendas, os custos dos bens vendidos, as despesas e os lucros ou perdas e deve considerar cuidadosamente as previsões de vendas, custos de produção, gastos com propaganda, distribuição, armazenamento e despesas administrativas. Em resumo, precisa fornecer uma projeção razoável dos resultados da operação. Por fim, deve ser preparado um **demonstrativo de fluxo de caixa** mostrando o valor e o momento das entradas e saídas de caixa esperadas, novamente por um período de alguns anos. Ao destacar as vendas previstas e o dispêndio de capital em um período especificado, essa previsão ressaltará a necessidade e o cronograma de outros financiamentos e necessidades de capital de giro. Esses relatórios estão resumidos na Tabela 7.1.

Outra parte importante da seção financeira, também discutida no Capítulo 6, é a **análise do ponto de equilíbrio,** uma tabela que mostra o nível de vendas (e de produção) necessário para cobrir todos os custos. Deve incluir custos que variam com o nível de produção (fabricação, pessoal, matéria-prima, vendas) e custos que não variam com a produção (encargos de juros, salários, aluguel, entre outros). A análise do ponto de equilíbrio é uma verificação de realidade muito importante para os empreendedores, que muitas vezes têm uma visão bastante otimista da rapidez com que seus novos empreendimentos podem se tornar rentáveis, e é geralmente examinada com cuidado substancial pelos investidores.

Tabela 7.1 Demonstrativos de Receita e Demonstrativos de Fluxo de Caixa: Algumas Diferenças Importantes

Os demonstrativos de receita e os demonstrativos de fluxo de caixa são diferentes em vários aspectos importantes.

DEMONSTRATIVO DE RECEITA	DEMONSTRATIVO DE FLUXO DE CAIXA
Inclui as vendas conforme elas são geradas.	Mostra as vendas como "entrada de caixa" apenas quando o pagamento é recebido.
Inclui a depreciação.	A depreciação é adicionada novamente porque não é uma despesa em dinheiro.
Os juros de empréstimos são incluídos.	Tanto os juros quanto o principal são incluídos.
O estoque inicial e o final são incluídos no cálculo do custo das mercadorias vendidas.	As compras do estoque são registradas quando as contas forem realmente pagas.

Em geral, a seção financeira de um plano de negócio deve fornecer aos investidores um panorama claro de como o novo empreendimento usará os recursos que já tem, os gerados pela continuidade das operações e os fornecidos por investidores para alcançar seus objetivos financeiros. Se há uma seção em que os empreendedores devem se esforçar para manter o entusiasmo e o otimismo sob controle, é essa. Muitos investidores aprenderam a ver os projetos financeiros dos empreendedores com certa dose de ceticismo. Eles já viram demasiadas previsões superotimistas para encarar a situação de outra maneira; na verdade, muitos começam reduzindo as projeções dos empreendedores em no mínimo 50%!

Riscos Críticos: Descrevendo o que Pode Dar Errado

Provavelmente você conhece a "Lei de Murphy": "Se alguma coisa puder dar errado, ela dará". Talvez tenha ouvido também o corolário: "Murphy era um otimista". Os empreendedores, entusiasmados com seus novos empreendimentos, não são as pessoas mais propensas a pensar longa e profundamente sobre o que pode dar errado em seus negócios. Pelo contrário, preferem discorrer sobre os pontos fortes e, em geral, ficam muito espantados quando as coisas *não* acontecem de acordo com o plano. Essa é uma razão pela qual os planos de negócios eficazes devem conter uma seção focada no que pode dar errado; riscos críticos que podem impedir o novo empreendimento de atingir seus principais objetivos. Pensar nesses riscos é um "bom remédio" para os empreendedores e formular meios de reagir a essas calamidades antes que ocorram pode ser bastante construtivo!

Quais são os riscos em potencial que os novos empreendimentos enfrentam? Aqui está uma lista parcial:

- Corte de preços por parte de concorrentes, que se recusam a "pagar para ver" o desempenho do novo empreendimento.
- Tendências imprevistas no setor que fazem o produto ou serviço do novo empreendimento menos desejável ou menos comercializável.
- Projeções de vendas que não são atingidas por uma variedade de razões, reduzindo o caixa disponível.
- Custos de projeto, produção ou distribuição que excedem os estimados.
- Programações de desenvolvimento de produtos ou de produção que não são atendidas (problemas com pessoas, como pouca motivação do funcionário, podem desempenhar um papel em cada um dos últimos três pontos).
- Problemas originados da falta de experiência da cúpula administrativa (por exemplo, falta de habilidade na negociação em condições favoráveis de contratos com os fornecedores ou clientes).
- Tempo de entrega maior do que o esperado para a obtenção de peças ou matéria-prima.
- Dificuldades na obtenção de financiamento adicional necessário.
- Tendências ou desenvolvimentos políticos, econômicos, sociais ou tecnológicos imprevistos (por exemplo, nova legislação governamental ou o início repentino de uma recessão).

Esses são apenas alguns dos riscos que podem tirar novos empreendimentos dos trilhos. Para enfatizar um ponto que mencionamos anteriormente, muitos deles são realmente inesperados. Veja, por exemplo, o caso da Stephanie Anne, Inc., uma empresa de Dallas que produz móveis infantis de altíssima qualidade. Ela teve sérios problemas quando muitos de seus produtos foram danificados em remessas para fora da cidade, apesar de terem sido enviados por meio de uma grande empresa de transportes. A solução? Uma embalagem personalizada que protegesse os produtos mesmo que não houvesse nenhum cuidado com eles.

Realmente, muitos desses problemas são assustadores, então, por que os empreendedores devem descrevê-los em detalhes em seus planos de negócios? Porque reconhecer esses perigos é o primeiro passo para desenvolver estratégias para lidar com eles, se ocorrerem. Ao redigir uma seção relacionada a riscos para seu plano de negócio, os empreendedores são obrigados a realizar essa tarefa e a considerar esses riscos em potencial.

Colhendo as Recompensas: Colheita e Saída

Todas as coisas boas têm um fim, e mesmo o mais entusiasmado dos empreendedores sabe que, em algum momento, pode querer deixar a empresa que começou. Pode ser por ter atingido um estágio da vida em que quer descansar e apreciar o fruto de seu trabalho ou por desejar sentir novamente o entusiasmo de começar algo novo lançando-se em outro empreendimento. Qualquer que seja a razão, todos os planos de negócios devem incluir uma seção que descreva a *sucessão da administração* – como os empreendedores fundadores podem, por fim, ser substituídos – e as *estratégias de saída dos investidores* – como eles podem colher os benefícios por terem financiado o novo empreendimento. Inicialmente, a propriedade de um novo empreendimento não é um ativo líquido: ações não podem ser vendidas de pronto para outras pessoas. Depois, entretanto, isso talvez mude de forma radical se a empresa tiver uma oferta pública inicial (*initial public offering* – IPO) e se suas ações forem comercializadas subseqüentemente na bolsa de valores. O plano de negócio deve tratar dessa e de outras estratégias de saída tanto para investidores como para fundadores. De fato, essa seção é muito importante para os investidores que entendem bem este provérbio árabe: "Pense na saída antes de entrar".

Programação das Etapas e Marcos

A seção final do corpo do plano de negócio deve abordar a questão de quando as principais atividades serão realizadas e quando os marcos-chave serão atingidos. Outra vez, será útil para os empreendedores e para investidores em potencial prestar muita atenção à questão de "quando" várias tarefas serão realizadas ou metas específicas serão atingidas. A identificação de datas-alvo pode ajudar os empreendedores a superar um viés cognitivo poderoso, conhecido como *falácia do planejamento*, que descrevemos no Capítulo 3 – a tendência de presumir que podemos realizar mais em um determinado período de tempo do que realmente é possível[6]. Identificar as datas-alvo servirá como outra verificação importante da realidade. Do ponto de vista dos investidores, isso indica que os empreendedores estão, de fato, prestando atenção às operações de sua empresa e desenvolveram planos claros para seu progresso futuro. Quais são esses marcos? Entre os mais importantes estão:

- Incorporação formal do novo empreendimento (caso ainda não tenha ocorrido)
- Conclusão do projeto do produto ou serviço
- Conclusão de protótipos

---

[6] Buehler, R.; Griffin, D.; MacDonald, H. The role of motivated reasoning in optimistic time predictions. *Personality and Social Psychology Bulletin*, 23: 237-247, 1997.

- Contratação de equipe inicial (de vendas ou de outras áreas)
- Exibição do produto em feiras
- Obtenção de acordos com distribuidores e fornecedores
- Deslocamento em direção à produção real
- Recebimento dos primeiros pedidos
- Primeiras vendas e entregas
- Consecução de lucratividade

Essa relação é uma pequena amostra dos muitos marcos que os novos empreendimentos podem incluir em seus planos de negócios; há muitos outros. O importante é selecionar marcos que façam sentido, tanto do ponto de vista dos recursos da empresa quanto do setor em que está localizada.

Apêndices

Como o corpo principal do plano precisa ser relativamente breve – deve ter a extensão adequada para apresentar todas as informações essenciais –, é melhor que diversos itens sejam incluídos em anexos separados. Itens normalmente incluídos são projeções financeiras detalhadas e currículos completos dos fundadores e de outros membros da cúpula administrativa. Ao incluir esses itens em anexos, os empreendedores garantem que essas informações importantes sejam apresentadas a pessoas que desejam examiná-las, ao mesmo tempo que mantêm a extensão do plano de negócio em si dentro de limites desejáveis.

Uma Observação sobre os Intangíveis

O que foi descrito na seção precedente é um resumo das partes essenciais consideradas necessárias em qualquer plano de negócio. O que não foi tratado é o que deve ser denominado como *intangível* – o algo a mais que leva os leitores de um plano a não se cansarem e a concluírem, talvez com algum entusiasmo, que realmente há algo que vale a pena examinar com mais atenção. Redigimos muitos planos e acreditamos que fatores como organização, clareza, escolha de palavras certas e estilo importam sim. Infelizmente, ninguém conseguiu compreender ainda como esses fatores funcionam ou como é possível se aproveitar deles. Dada a importância do plano de negócio para o futuro de seu novo empreendimento, temos uma sugestão concreta: antes de distribuí-lo para investidores em potencial, peça a algumas pessoas consideradas boas escritoras que o leiam. Se fizerem isso como um favor, ótimo; se não, pague pelo trabalho. Em seguida, *escute com cuidado as sugestões* e revise o plano de acordo com elas. Honestamente, não podemos pensar em mais nada que possa trazer tantos benefícios para você e para seu novo empreendimento. (E quanto ao aspecto negativo – há erros específicos que devem ser evitados porque podem ser um "veneno" para seu plano de negócio? Nossa resposta é "sim". E tentamos resumir os mais importantes na seção "Atenção! Perigo Adiante!").

ATENÇÃO! PERIGO ADIANTE!

Os Sete Pecados Capitais dos Planos de Negócios de Novos Empreendimentos

Vamos repetir: menos de cinco minutos. Esse é o tempo que seu plano vai ficar na mão de muitos investidores em potencial antes que eles decidam se vale a pena continuar. Em outras palavras, eles avaliam em alguns momentos um documento que você pode ter levado semanas ou mesmo meses para preparar. Por essa razão, é essencial evitar erros que condenem seu plano à pilha da rejeição, não importa a qualidade do restante dele. A seguir, elencamos os "Sete Pecados Capitais dos Planos de Negócios de Novos Empreendimentos", os erros que devem ser reconhecidos e evitados:

Pecado Número 1: O plano foi preparado de forma deficiente e não tem uma aparência profissional (por exemplo, não tem capa, faltam informações para contato, o visual é extravagante). Isso faz que o investidor tenha a seguinte reação: "Estou lidando com amadores".

Pecado Número 2: O plano é muito pretensioso (por exemplo, está encadernado, impresso em papel lustroso, usa gráficos espalhafatosos). Isso leva os investidores a pensar: "O que estão tentando esconder sob todos esses fogos de artifício?".

Pecado Número 3: O resumo executivo é muito longo e desconexo, não vai direto ao ponto. Isso leva os investidores a pensar: "Se não conseguem descrever a própria idéia e a empresa de maneira sucinta, não vou perder meu tempo com eles".

Pecado Número 4: Não está claro como está o produto em termos de desenvolvimento, ele existe ou não? Ele pode ser produzido imediatamente? Os investidores concluem: "Não posso dizer se é real ou se é uma idéia impraticável; vou passar para este outro".

Pecado Número 5: Não foi fornecida nenhuma resposta clara para a pergunta: "Por que alguém iria querer comprar isto?" Em vez disso, muitos empreendedores presumem que seus novos produtos ou serviços são tão bons que venderão a si mesmos. Isso leva os investidores a pensar: "Que ingenuidade! Até uma máquina que faz crescer cabelo em carecas precisaria de um plano de marketing. Esses são realmente amadores".

Pecado Número 6: Não há apresentação clara das qualificações da equipe administrativa. Isso leva os investidores a concluir: "Eles provavelmente não têm experiência relevante nisso e talvez nem saibam o que é ter experiência relevante".

Pecado Número 7: As projeções financeiras são em grande parte um exercício de imaginação. Isso leva os investidores em potencial a concluir: "Eles não têm idéia de como é o funcionamento de uma empresa ou (pior ainda) acham que eu sou ingênuo ou estúpido. Próximo!" (Esses "Sete Pecados Capitais" estão resumidos na Figura 7.2.)

A lição é clara: fique de olhos bem abertos em relação a esses sete erros fatais, porque, se você cometer um só que seja, sua chance de obter ajuda de investidores sofisticados vai por água abaixo.

FAZENDO UMA APRESENTAÇÃO EFICAZ DO PLANO DE NEGÓCIO: A BOLA ESTÁ DEFINITIVAMENTE NO *SEU* CAMPO

Pesquisadores que estudam o estresse concordam que a maneira como as pessoas pensam sobre situações estressantes é um determinante poderoso do modo como reagem a tais situações. Uma reação possível é enfatizar o aspecto negativo, imaginar o que acontecerá se você simplesmente não puder enfrentar essa situação. Muitas pessoas se sentem assim com

Figura 7.2 Os Sete Pecados Capitais dos Planos de Negócios de Novos Empreendimentos
Se um ou mais destes erros ou problemas estiverem presentes em um plano de negócio, é provável que ele seja rejeitado por investidores em potencial, não importando outras qualidades que possa apresentar.

relação a apresentações formais: elas se imaginam esquecendo o que estão planejando dizer ou ouvindo uma rejeição da platéia; isso as leva a experimentar altos níveis de ansiedade que podem, por sua vez, interferir em seu desempenho real. Em contraste, outra maneira de encarar situações de muito estresse é vê-las como um *desafio*, uma oportunidade para aproveitar a ocasião e mostrar ao mundo o que se tem. Quando as pessoas pensam sobre situações de estresse dessa maneira, elas experimentam níveis inferiores de ansiedade e seu desempenho, em geral, atende às expectativas: é possível alcançar novos patamares[7].

É dessa maneira que você deve encarar uma apresentação oral de sua idéia e empresa para capitalistas de risco, outros investidores em potencial ou fontes de fundos. O fato de você ter sido convidado a fazer uma apresentação indica que foi bem-sucedido no primeiro grande obstáculo: mais de 90% dos planos não geram convite para uma apresentação, portanto, você já está em um grupo seleto. Fez um trabalho tão bom ao preparar seu plano, por que deveria duvidar de sua habilidade para fazer uma apresentação? Não deveria; ao contrário, a confiança – e não a dúvida – deve ser seu principal guia. Mas confiança não se transforma automaticamente em uma apresentação de primeira classe. Essa, como a redação de um plano de negócio excelente, exige muito preparo. Sim, conforme sugerido na Figura 7.5, algumas pessoas são melhores em fazer apresentações – e em persuasão – do que outras. Mas quase todo mundo pode melhorar a habilidade de fazer apresentações, se tentar. Então, aqui estão algumas etapas que podem ser seguidas (queremos dizer, que *deveriam* ser seguidas) para garantir que sua apresentação oral se iguale à alta qualidade de seu plano de negócio, ou mesmo a exceda.

- *Lembre-se: isso é realmente importante.* Seu plano de negócio cuidadosamente preparado o deixou a um passo do seu empreendimento. Mas capitalistas de risco, ban-

---

[7] Greenberg, J.; Baron, R. A. *Behavior in organizations.* 7. ed. Upper Saddle River, NJ: Prentice-Hall, 2003.

queiros e anjos não dão fundos para planos de negócios, eles os dão para as pessoas. Portanto, o modo como você irá lidar com essa apresentação tem conseqüências sérias e reais para sua empresa. É importante lembrar-se desse fato, porque ele o motivará muito a tomar as medidas adicionais descritas a seguir.

- *Prepare-se, prepare-se e ... prepare-se mais ainda.* Você certamente tem a maior experiência do mundo com relação à sua idéia e à sua empresa. Mas isso não significa que estará apto a descrevê-las de maneira precisa, sucinta e eloqüente sem um preparo cuidadoso. Descubra quanto tempo terá para fazer suas observações (em geral, 20 minutos ou menos, em alguns casos, pode chegar a cinco minutos) e, então, prepare seus comentários para que se adaptem a esse tempo.

- *Escolha o conteúdo com cuidado.* O que você deve tentar mostrar durante essa breve apresentação? Algumas coisas, mas primeiro e antes de tudo você deseja demonstrar que há, de fato, algo único e valioso em seu produto ou serviço e que compreende precisamente o que é. Nesse contexto, lembrei-me de quando fiz a apresentação que garantiu um parceiro fabricante para minha própria empresa. O CEO dessa grande empresa (que alcança mais de US$ 1 bilhão em vendas anuais) olhou para mim e disse: "Ok, professor, conte-nos o que você tem". A equipe de engenheiros deles já tinha testado exaustivamente nossos protótipos e seu pessoal tinha lido nosso plano de negócio em detalhes, mas ele queria que eu resumisse a natureza e os benefícios do produto. Por quê? Para descobrir se eu realmente os havia compreendido e também, conforme ele me disse mais tarde, para ver como eu trabalhava sob pressão. Tinha feito minha lição de casa e preparado uma apresentação curta que ia direto ao ponto. Embora muitas questões tenham surgido depois, senti desde o começo que estava no caminho certo.

- *Lembre-se de que está tentando persuadir, não subjugar.* Uma armadilha potencial para muitos empreendedores, especialmente os que têm um histórico técnico, é o uso de linguagem técnica que somente outras pessoas da área compreendem. Isso pode ser um erro tático grave, porque, embora as pessoas a quem você se dirige sejam muito inteligentes e tenham uma ampla gama de experiência em negócios, elas podem não ter o treinamento específico necessário para compreender descrições muito técnicas. Em geral, é muito melhor concentrar-se no quadro geral – o que o produto faz e por que é superior aos outros produtos da concorrência –, em vez de mergulhar na linguagem técnica, que é fácil e confortável para o empreendedor, mas que pode não ser nada familiar a alguns investidores em potencial.

- *Mostre entusiasmo, mas coloque pitadas de realidade.* Sim, você deve ser entusiástico; afinal, é *seu* filho e *sua* chance de brilhar. Mas tempere seu entusiasmo com fatos e dados sólidos. Caso tenha concluído a pesquisa de mercado, mencione-a brevemente ao expor sua estratégia de marketing. E certifique-se de que as projeções financeiras que mencionar mantenham pelo menos um dos pés no chão, qualquer um pode usar um programa de planilhas para demonstrar vendas que logo excedem todo o produto bruto nacional de um país. Sua platéia *não* ficará deslumbrada, ou influenciada, por números que fazem pouco ou nenhum sentido empresarial.

- *Ensaie!* Não há como substituir o treino quando falamos de apresentações orais. Alguns treinos devem ser na frente de amigos e co-fundadores de sua empresa, de modo que você possa obter *feedback* sobre como melhorar. Os outros devem ser na frente de pessoas que não tenham nenhuma familiaridade com sua idéia ou com sua empresa; isso o ajudará a descobrir se sua apresentação faz sentido para pessoas que estão tendo contato com o assunto pela primeira vez (algumas das pessoas que estiverem na platéia quando você fizer sua apresentação formal provavelmente estarão nessa situação ou, no máximo, terão lido seu resumo executivo de duas páginas). Alguns treinos não exigem nem mesmo platéia. É sempre útil recitar partes de suas apresentações às quatro paredes da sua própria sala ou escritório, apenas para certificar-se de que os pontos principais estão na memória.
- *Não negligencie o básico.* É espantoso, mas ambos participamos de muitas apresentações que não foram bem-sucedidas porque as pessoas que as fizeram se concentraram no conteúdo, na apresentação e no nível de seu discurso, mas esqueceram-se do básico. Por exemplo, vimos muitos discursos em que os apresentadores gastaram muito tempo tentando descobrir como fazer seus *slides* aparecerem na tela ou tentando explicar gráficos ou tabelas que eram extremamente complexos ou ilegíveis para parte da platéia. Em outros casos, os apresentadores perderam o controle e estouraram o tempo antes de abordarem pontos-chave. *Não negligencie essas questões básicas.* Caso isso aconteça, todo seu trabalho árduo e sua apresentação cuidadosa podem ir por água abaixo por razões triviais.
- *Adote uma postura cooperativa e útil para as perguntas.* Uma coisa é certa: os membros da platéia lhe farão perguntas investigativas e direcionadas durante e depois de sua apresentação. Isso não pode surpreendê-lo. Primeiro porque você está pedindo o dinheiro deles, talvez uma grande quantia. Segundo, eles são um grupo com experiência que já viu muitas coisas darem errado com o que pareciam ser, à primeira vista, empreendimentos excelentes. Eles são cuidadosos e não terão receio de pedir que você entre em detalhes sobre quase todos os pontos de seu plano de negócio e também sobre questões que não foram consideradas no plano. Suas respostas a essas questões são importantes e devem fazer bastante sentido, mas sua atitude também conta. Demonstrar um aborrecimento óbvio ao ser questionado ou ao receber uma objeção a uma resposta é um sinal para investidores em potencial de que você não tem o tipo de maturidade emocional que eles querem ver em empreendedores e pode *não* ser a melhor aposta. Portanto, sua reação às perguntas deve ser levá-las a sério, tentar respondê-las da melhor forma possível e tentar manter uma atitude útil e cooperativa, não importando quão intensa a sessão se torne.

Se mantiver esses pontos em mente, acreditamos que terá uma boa chance de fazer uma excelente apresentação; uma chance muito melhor do que seria se os ignorasse ou se minimizasse sua importância. Mas suponha que, apesar de todo seu empenho e do fato de ter feito um ótimo trabalho, você ainda receba um "não" de um grupo no qual tenha colocado muitas esperanças. Deve ficar desencorajado? De jeito nenhum. Pouquíssimos empreendedores obtêm apoio dos primeiros investidores em potencial de que se aproximam. Na verdade, os empreendedores de muito sucesso freqüentemente dizem que suas empresas foram recusadas por muitos investidores no começo. Em vista desse fato, você deve encarar as rejeições como uma oportunidade para aprender e deve tentar obter todas as informações possíveis delas. Tente descobrir *por que* sua proposta foi recusada e se houve aspectos de seu plano e de sua apresentação que os investidores em potencial acharam fracos ou fortes. Em seguida, volte para a prancheta e refaça seu plano e sua apresentação. Em relação a esses aspectos, há dois pontos-chave que devem ser mantidos em mente: (1) Quase sempre há lugar para o aperfeiçoamento, em praticamente tudo e (2) o sucesso *não* precisa ser imediato para ser doce. Boa sorte!

Resumo e Revisão dos Pontos-Chave

- Um plano de negócio é um documento formal escrito que explica a visão do empreendedor e como será convertida em um negócio lucrativo e viável.
- Capitalistas de risco e outras fontes em potencial de fundos, em geral, exigem um plano de negócio formal como a primeira etapa para a consideração de investimentos em novos empreendimentos.
- Uma etapa adicional e muito importante envolve apresentação do plano frente a frente com os capitalistas de risco ou com outras partes interessadas.
- O preparo de um plano de negócio formal é útil para quase todos os empreendedores porque os encoraja a formular metas específicas e planos concretos para atingi-las; tais metas são inestimáveis para converter idéias em empresas viáveis e para levantar o capital necessário.
- Entretanto, muitos empreendedores de sucesso desenvolvem um plano de negócio bem simples e, em seguida, o refinam a partir de informações obtidas durante o funcionamento real do novo empreendimento.
- Todos os planos de negócios devem começar com um resumo executivo, uma seção breve (de 2 a 3 páginas) que oferece um sumário claro e persuasivo contendo uma visão geral do novo empreendimento.
- As seções subseqüentes devem incluir:
  Histórico e finalidade. Seção que descreve sua idéia e a situação atual de seu negócio.
  Marketing. Seção que descreve o mercado de seu produto ou serviço, por que há a necessidade do produto e por que as pessoas vão querer comprá-lo, além de informações sobre a concorrência existente e sobre como deve ser vencida e a política de preços.
  Desenvolvimento, produção e localização. Em que estágio se encontra o produto ou serviço em termos de desenvolvimento, como será produzido e (se apropriado) informações sobre onde o novo negócio estará localizado.
  Administração. Seção que descreve a experiência, habilidades e conhecimento da equipe de administração do novo empreendimento.
  Seção financeira. Esta seção oferece informações sobre o estado financeiro atual da empresa e mostra projeções para necessidades futuras e outras medidas financeiras, bem como uma análise do ponto de equilíbrio.
  Fatores de risco. Esta seção discute vários riscos que o novo empreendimento enfrentará e as medidas que a equipe de administração tomará para proteger o empreendimento.
  Colheita ou saída. Seção focada em como os investidores lucrarão se a empresa for bem-sucedida.
  Programação de etapas e marcos. Um resumo de quando cada fase do novo empreendimento será concluída, de modo que os investidores em potencial saibam exata-

mente quais tarefas-chave (por exemplo, início da produção, momento das primeiras vendas, ponto de equilíbrio projetado) serão concluídas.
Anexos. Informações financeiras e resumos detalhados sobre a equipe da cúpula administrativa.

- Os empreendedores devem encarar os convites para apresentações orais como um desafio, uma chance para brilhar; e não como uma situação de estresse em que possam ser oprimidos.
- Como tais apresentações são muito importantes para o futuro de novos empreendimentos, os empreendedores devem levá-las a sério e tentar fazer um excelente trabalho.
- As medidas que podem ajudar os empreendedores a atingir essa meta incluem selecionar cuidadosamente o conteúdo, evitar jargões técnicos, mostrar entusiasmo equilibrado com realidade, treinar, prestar muita atenção a aspectos básicos das apresentações (por exemplo, chegar cedo para ajustar os recursos audiovisuais) e adotar uma atitude cooperativa diante das perguntas.
- Os empreendedores devem encarar as rejeições de investidores em potencial como uma oportunidade para aprender, para melhorar tanto seu plano de negócio quanto sua apresentação oral.

Questões para Discussão

1. Embora a redação de um plano de negócio exija muito trabalho, por que os empreendedores devem fazê-lo? Por que não apenas começar a empresa? Qual abordagem *você* prefere e por quê?
2. Por que o resumo executivo no início de um plano de negócio é tão importante? Qual deve ser sua principal meta ou metas?
3. Por que é importante explicar qual é o estágio do novo produto ou serviço com relação ao processo de produção (por exemplo, é uma idéia? Um protótipo? Está em produção?)?
4. Por que é tão importante para um plano de negócio descrever a experiência e a perícia da equipe administrativa do novo empreendimento?
5. Qual nível de otimismo deve ser colocado nas projeções financeiras? Qual é o "aspecto negativo" de ter muito otimismo?
6. Por que os planos de negócios devem incluir a revelação e a discussão completa dos fatores de risco? Chamar a atenção para os "aspectos negativos" não evita que investidores em potencial forneçam apoio financeiro?
7. Algumas pessoas são melhores do que outras em apresentações orais. Os empreendedores devem considerar esse fator ao escolher os fundadores em potencial?

ARREGAÇANDO AS MANGAS

Redigindo um Ótimo Resumo Executivo

Um resumo executivo de primeira linha é um ingrediente importante de um bom plano de negócio. Resumos excelentes prendem a atenção e o interesse de investidores em potencial, que geralmente decidem, com base no resumo executivo, se continuam a leitura ou se pulam para o próximo da pilha. Por essa razão, aprender a redigir um resumo executivo é uma habilidade muito útil para os empreendedores. Siga estas etapas para melhorar suas habilidades com relação a essa tarefa importante.

1. **Redija um resumo executivo de seu novo empreendimento.** Certifique-se de que não tenha mais do que duas a três páginas.
2. **Peça a várias pessoas que você conhece para ler e fazer comentários.** Em particular, peça que classifiquem o resumo conforme as seguintes dimensões. (As classificações devem usar uma escala de cinco pontos: 1 = Muito fraco, 2 = Fraco, 3 = Neutro, 4 = Bom, 5 = Excelente.)
    a. Fornece uma descrição clara do novo produto ou serviço.
    b. Explica por que o novo produto ou serviço será atraente para mercados específicos.
    c. Identifica esses mercados e explica como o produto será promovido neles.
    d. Define qual é o estágio do produto com relação à produção.
    e. Informa quem são os empreendedores e descreve seu histórico e sua experiência.
    f. Especifica qual é a quantia de fundos necessária e as finalidades para as quais eles serão usados.
3. **Obtenha uma pontuação média para cada dimensão.** Os aspectos em que sua pontuação foi baixa (três ou menos) são aqueles nos quais você precisa trabalhar. Prepare um resumo executivo melhorado e peça que um grupo diferente de pessoas o classifique.
4. **Continue o processo até que as classificações em todas as dimensões sejam quatro ou cinco.**

Descrevendo a Equipe de Administração do Novo Empreendimento e Colocando-a sob uma Luz Favorável
Investidores em potencial consideram a qualidade da equipe de administração do novo empreendimento um fator crucial, talvez o mais importante para a decisão sobre o fornecimento de fundos. Isso significa que não só é importante reunir uma excelente equipe, mas também é essencial descrevê-la totalmente e da forma mais positiva possível. Alguns empreendedores não parecem reconhecer a importância dessa tarefa. Eles não relacionam as realizações ou experiências passadas e em geral são muito modestos. As etapas a seguir podem ajudá-lo a evitar esses erros e a aumentar suas chances de obter o investimento de que precisa.

1. **Relacione cada membro da equipe de administração de seu novo empreendimento.**
2. **Descreva a função de cada um no novo empreendimento; o que especificamente eles farão?**
3. **Em seguida, peça que cada um forneça informações sobre os itens a seguir:**
    a. Onde e quando receberam seus diplomas, e em quais áreas.
    b. Descrição de *todas* as experiências relevantes, as que estão relacionadas de alguma maneira às tarefas que realizarão. Isso pode incluir experiência com trabalho, cargos ocupados em organizações sociais e profissionais, experiência na administração de outras empresas (mesmo pequenas ou informais), experiência em redação, quase tudo o que for relevante para a função no novo empreendimento.
    c. Honras e prêmios que receberam (acadêmicos, empresariais, esportivos etc.).
    d. Referências pessoais – quanto mais experientes, conhecidas e prestigiosas, melhor.
    e. Qualquer tipo de histórico ou experiência que seja relevante para sua função no novo

empreendimento. Coloque-os sob uma luz favorável (por exemplo, parentesco com famosos? amigos ou sócios famosos? etc.).
4. **Faça a correspondência das informações que tem sobre os membros da equipe da cúpula administrativa com as funções que foram definidas.** Certifique-se de incluir todas as informações que apóiem a capacidade deles de realizar essas funções, não inclua informações que não sejam relevantes para a função. (Por exemplo, não diga que o gerente de marketing foi presidente do clube de xadrez no ensino médio.)
5. **Mostre o produto finalizado a outros membros da equipe da cúpula administrativa e use a técnica de *brainstorm* para analisar com eles se o produto apresenta os pontos fortes de maneira que estejam evidentes para investidores em potencial.** Caso não funcione, volte para a prancheta e comece outra vez!

PARTE III

Lançando o Novo Empreendimento

CAPÍTULO 8
O Formato Jurídico dos Novos Empreendimentos – E o Ambiente Jurídico em que Operam

CAPÍTULO 9
O Marketing em uma Nova Empresa

CAPÍTULO 10
Estratégia: Planejamento para Vantagens Competitivas

CAPÍTULO 11
Propriedade Intelectual: Protegendo Suas Idéias

Todos os novos empreendimentos devem adotar um formato jurídico específico. Então escolher o mais adequado é uma etapa importante ao se lançar um novo negócio. Uma vez inaugurados, os novos empreendimentos precisam de dois ingredientes importantes para ter êxito: planos de marketing específicos – que os ajudem a efetivamente vender seus produtos ou serviços – e uma estratégia global para ganhar e manter a vantagem competitiva e para superar as desvantagens enfrentadas pelas novas empresas que devem competir com empresas maiores e bem estabelecidas. Por fim, os novos empreendimentos precisam de proteção para seus novos produtos ou serviços para garantir que eles, e não a concorrência, se beneficiem financeiramente dos produtos ou serviços. Tal proteção pode ser jurídica (patentes, direitos autorais) ou extrajurídica (vantagem do pioneirismo, possuir ou rapidamente reunir ativos complementares – os ativos necessários para fornecer um novo produto ou serviço aos clientes, como equipamentos de fabricação e instalações de comercialização e distribuição).

O Formato Jurídico dos Novos Empreendimentos –

E o Ambiente Jurídico em que Operam

8

OBJETIVOS DE APRENDIZADO*

Após ler este capítulo, você deve ser capaz de:

1. Expor os principais formatos de constituição de uma empresa – firma individual, sociedades em nome coletivo, sociedades anônimas – e explicar as vantagens e desvantagens de cada um deles.
2. Traçar os formatos adicionais de constituição de uma empresa – sociedades de responsabilidade por cotas, *joint ventures* e sociedades profissionais – e as vantagens e desvantagens de cada um.
3. Descrever os componentes básicos dos contratos de negócios e explicar o que acontece se as obrigações não forem cumpridas.
4. Definir franquia e descrever os dois principais tipos – franquia de marca e franquia de negócio formatado.
5. Revelar as vantagens e desvantagens de se tornar um franqueado.
6. Narrar os requisitos legais que os franqueadores devem atender em relação à divulgação de informações aos franqueados em potencial.
7. Demonstrar as tendências atuais no negócio de franquias, como lojas menores em locais não-tradicionais, franquia em *co-branding* (associação de marcas) e franquias internacionais.

---

* NRT: Apesar de as empresas constituídas no Brasil terem diversas características específicas próprias do ordenamento jurídico local, as discussões de ordem geral a respeito das vantagens e desvantagens de cada forma de organização deste capítulo permanecem válidas em sua quase-totalidade.

> "A função da lei é dar sentido à confusão que chamamos de vida humana – reduzi-la a uma ordem, mas, ao mesmo tempo, dar-lhe possibilidades, oportunidades, até mesmo dignidade."
> (Archibald MacLeish, 1978)

Quando abri minha primeira empresa, em 1992, eu (Robert Baron) não refleti muito sobre o formato jurídico que ela deveria ter. Estava certo, desde o momento em que decidi ir em frente, de que deveria ser uma sociedade anônima. Por quê? Por dois motivos principais. Primeiro, eu tinha trabalhado durante mais de 25 anos, então tinha acumulado uma quantidade razoável de bens (minha casa, ações, imóveis). Percebi que uma sociedade anônima protegeria esses bens se, por algum motivo, a empresa não tivesse sucesso e acabasse endividada. Segundo, já tinha experiência com outras formas de constituição de empresas – *joint ventures*, diversos tipos de sociedades – e sabia que todas elas possuíam sérias desvantagens. Por exemplo, eu havia sido sócio comanditário em investimentos anteriores em que os sócios comanditados controladores fizeram o que bem queriam – incluindo desviar os fundos da sociedade para uso pessoal. Queria evitar esses problemas, então decidi transformar minha empresa em uma sociedade anônima. No entanto, logo descobri que isso era mais complicado – e caro – do que havia imaginado. Muitas decisões precisam ser tomadas. A empresa seria uma sociedade anônima tradicional (*C corporation*) ou uma *S corporation*? Como as ações seriam distribuídas? Haveria apenas um tipo de ação ou vários? Não, constituir uma sociedade anônima não era fácil; no entanto, parecia o caminho certo a seguir. No fim, acabei descobrindo outros problemas: por exemplo, dissolver a empresa nove anos depois revelou-se um pesadelo de burocracia sem fim. Ao longo do tempo, compreendi que protocolar os demonstrativos financeiros era uma tarefa difícil – especialmente nos agitados primeiros anos, quando estávamos começando.

Olhando para trás e sabendo o que sei agora, percebo que eu tinha várias opções além de constituir uma sociedade anônima. Em outras palavras, meu novo empreendimento poderia ter assumido um dentre diversos formatos jurídicos. Quais são esses formatos e as vantagens e desvantagens que oferecem? Essas perguntas são o foco principal deste capítulo. O formato jurídico adotado para um novo empreendimento é, no entanto, apenas um aspecto do ambiente jurídico no qual as novas empresas operam. Considerando esse fato, também examinaremos alguns aspectos legais dos quais todos os empreendedores devem ter conhecimento, como os elementos básicos dos contratos e leis que afetam diretamente todas as empresas (incluindo os novos empreendimentos). Embora estejamos de acordo com a citação e compartilhemos a opinião de MacLeish, de que as leis freqüentemente trazem ordem ao turbilhão do dia-a-dia, também percebemos que muitos empreendedores sabem muito pouco sobre as questões jurídicas. O presente capítulo – além de discussões relacionadas em diversos outros pontos do livro (ver, por exemplo, os Capítulos 4, 11 e 13) – foi concebido para oferecer a você, que já é ou será um empreendedor, alguns esclarecimentos básicos sobre esses aspectos jurídicos. Por fim, consideraremos a possibilidade de tornar-se um franqueado, outra forma de os indivíduos possuírem uma empresa. Analisar isso no contexto deste capítulo, que enfoca as diversas formas de constituição de empresas, pareceu-nos ser o mais lógico a fazer. Observe que aqui encararemos a franquia do ponto de vista do franqueado; no Capítulo 10, iremos analisá-la do ponto de vista do franqueador.

Os formatos jurídicos que os novos empreendimentos podem assumir

Da próxima vez que visitar uma lavanderia que oferece lavagem a seco, olhe para a correia transportadora que traz suas roupas para o balcão da frente. Se nela estiver escrito "Railex", você estará diante de um produto fabricado por uma empresa aberta pelo meu tio Sid. De fato, vários membros da minha família, incluindo meu avô e pelo menos três tios, abriram empresas e foram – ou são – empresários. A maioria deles optou por fazer de seus novos empreendimentos sociedades anônimas, mas a empresa de meu avô teve um formato diferente: era uma sociedade por cotas, que ele abriu com outra pessoa. Como observarei mais adiante, isso o colocou em sérias dificuldades e acabou por levar ao fim uma empresa lucrativa. Mas estamos colocando o carro na frente dos bois: primeiro, vamos analisar o panorama dos principais formatos jurídicos que os novos empreendimentos podem assumir e as vantagens e desvantagens de cada um deles.

Firma Individual: Uma Empresa, Um Dono

De longe, a forma mais simples de constituição de uma empresa é a **firma individual** – quando a empresa é de propriedade e é administrada por um único indivíduo. Como mostrado na Figura 8.1, a maioria das empresas se encaixa nessa categoria – de fato, quase três quartos são firmas individuais. Por motivos que em breve ficarão claros, a grande parte des-

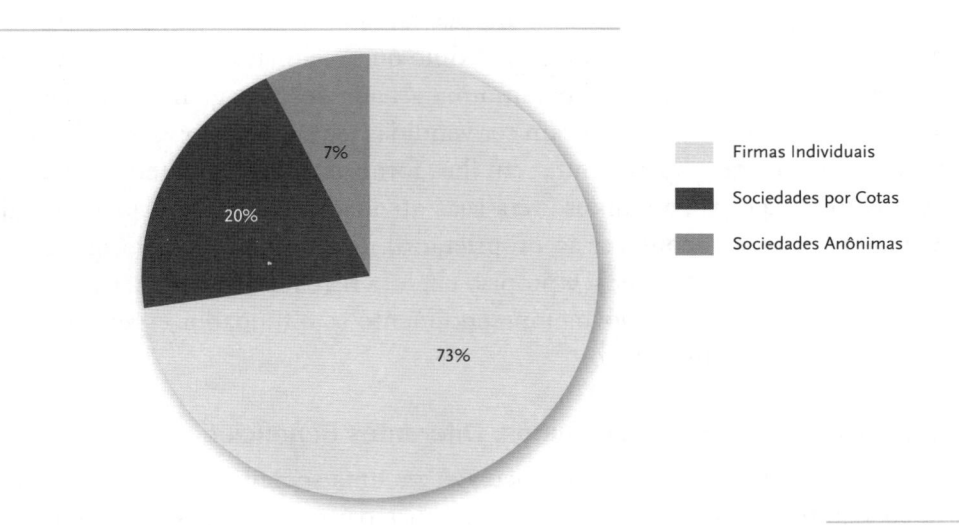

Figura 8.1 Tipos de Constituição de Empresas nos Estados Unidos
A maioria das empresas nos Estados Unidos é constituída por firmas individuais, com percentuais menores para sociedades anônimas ou sociedades por cotas. Grande parte das firmas individuais é composta de microempresas, como a empresa de serviços de corte de grama operada por um de meus vizinhos.

sas empresas é de pequeno porte. Por exemplo, a pessoa que apara meu gramado possui sua própria empresa; de forma similar, a loja onde compro café, chá e granola tem um único dono, que também a administra. O apelo da firma individual é óbvio. Tais empresas são fáceis de criar: só é necessário obter a licença ou as licenças necessárias do governo estadual ou municipal; assim que elas tiverem sido concedidas, o proprietário pode colocar a empresa em operação. Na verdade, algumas não precisam de nenhuma licença, o que torna o processo ainda mais simples: é só o proprietário colocá-las em operação. Os custos envolvidos na constituição de uma firma individual são muito baixos e isso também é uma vantagem: o proprietário toma sozinho todas as decisões e, é claro, não precisa dividir os lucros. Se algum dia ele decidir que deseja encerrar as atividades da empresa, é só fazê-lo. É evidente que há importantes fatores positivos ao se abrir uma firma individual: os empreendedores que optarem por esse caminho serão seus próprios chefes e, como observamos no Capítulo 1, esse é um dos motivos pelos quais muitas pessoas decidem se tornar empreendedoras.

No entanto, esses benefícios têm outros custos consideráveis. O mais importante deles envolve o fato de que os proprietários de firmas individuais estão sujeitos a **responsabilidade individual**: são pessoalmente responsáveis por todas as dívidas contraídas pela empresa. Eles não só podem perder todo o seu investimento se a empresa for mal como também podem perder a maioria de seu patrimônio pessoal se a empresa estiver bastante endividada. Embora a maioria dos estados norte-americanos permita que os proprietários fiquem como algum patrimônio, como casa ou carro, todo o restante fica na mira dos credores, e o proprietário pode ser forçado a vendê-los para pagar as dívidas contraídas pela empresa.

Uma segunda desvantagem envolve o fato de que, quando as pessoas administram um negócio sozinhas, elas representam a soma total de seus recursos administrativos: se não tiverem o conhecimento ou habilidade necessários para administrar a empresa com sucesso, elas deverão contratar alguém que os tenha, caso contrário, a empresa fracassará. De maneira análoga, se o proprietário ficar doente, incapacitado ou se aposentar, a empresa será fechada, a menos que haja um parente, amigo próximo ou funcionário disposto a administrá-la. Por fim, as firmas individuais enfrentam uma grande desvantagem na obtenção de capital: não há ações na empresa que possam ser vendidas para investidores, e os bancos e outras instituições financeiras podem relutar em lhes fornecer empréstimo em virtude dos riscos envolvidos (por exemplo, a empresa terá suas atividades interrompidas temporária ou permanentemente se algo acontecer ao proprietário). Resumindo, embora quase todo mundo sonhe em ter seu negócio e ser seu próprio chefe, a firma individual não é o formato jurídico mais adequado para um novo empreendimento se o fundador espera transformá-lo em um grande sucesso financeiro.

Sociedades por Cotas: Diferentes Formatos, Diferentes Benefícios

Como observei antes, a empresa aberta por meu avô era uma **sociedade por cotas**, que no sentido jurídico significa associação de duas ou mais pessoas que se tornam co-proprietárias em uma empresa com a finalidade de obter lucro. Presume-se que os co-proprietários (sócios) dividirão os lucros, os ativos e os passivos da empresa, de acordo com os termos acordados. Quais são esses termos? Eles podem ser o que os sócios escolherem. Por exemplo, os sócios podem decidir dividir os lucros em 50-50, 90-10 ou segundo qualquer outra fórmula que preferirem. Entretanto, quaisquer que sejam os termos, eles devem estar descritos com a maior clareza possível no **contrato social**, um documento elaborado com a ajuda de um advogado e que contém todos os termos sob os quais a sociedade irá funcionar. O contrato social deve explicar todos os detalhes – especialmente os que podem dar origem a amargos desentendimentos, como a forma de divisão dos lucros, a contribuição de cada sócio, de que maneira as decisões serão tomadas, como as disputas serão resolvidas e como a sociedade poderá ser desfeita. Um contrato social-padrão normalmente inclui as seguintes informações:

1. Razão social;
2. Objeto social;
3. Localização da empresa;
4. Nomes dos sócios e seus endereços;
5. Duração da sociedade;
6. Contribuições de cada sócio à empresa no momento do estabelecimento da sociedade e posteriormente;
7. Acordo sobre como os lucros e perdas serão distribuídos;
8. Acordo sobre os salários ou retiradas para cada sócio;
9. Procedimentos para ampliação ou dissolução da empresa;
10. Informações sobre como os ativos serão distribuídos se os sócios desejarem desfazer a sociedade;
11. Como cada sócio pode vender sua participação na empresa;
12. O que acontece se um dos sócios estiver incapacitado ou ausente;
13. Como as alterações ou mudanças no contrato social poderão ser feitas.

Em outras palavras, o contrato social cobre os principais problemas que podem surgir conforme os sócios tentam administrar o novo empreendimento. Se os sócios não elaborarem um contrato social, aplicam-se as regras especificadas na Lei Uniforme das Sociedades em Cotas de Participação (Uniform Partnership Act – UPA). Essa lei especifica os direitos e as obrigações gerais dos sócios, enfocando três importantes elementos: a participação na propriedade da empresa, a divisão dos lucros e perdas da empresa e o direito à participação na administração das operações da sociedade. Sob a UPA, cada sócio tem direito a:

1. Participar da gestão e das operações da empresa;
2. Participar dos lucros obtidos pela empresa;
3. Receber participação em outras melhorias feitas à empresa;
4. Receber compensação pelas despesas feitas em nome da sociedade;
5. Ter acesso aos livros e registros da sociedade;
6. Receber uma prestação de contas formal dos negócios da sociedade.

Além disso, a UPA especifica que cada sócio está obrigado a:

1. Participar das perdas;
2. Trabalhar para a sociedade sem remuneração;

3. Submeter as diferenças relacionadas à conduta da empresa a um voto da maioria ou a uma arbitragem;
4. Fornecer ao outro sócio informações completas sobre todas as atividades da empresa;
5. Fornecer prestação de contas formal das atividades de negócios da sociedade.

Quais são as vantagens e desvantagens de uma sociedade por cotas? Um ponto positivo é que pode ser constituída de forma fácil e não-onerosa: os proprietários precisam apenas obter a licença de funcionamento e preencher alguns formulários. De forma análoga, essas sociedades oferecem um alto nível de flexibilidade: os sócios podem optar por compartilhar os lucros e responsabilidades da forma que quiserem. Se possuírem habilidades e conhecimentos complementares, isso pode concorrer para o sucesso na administração da empresa. Além do mais, como cada sócio pode contribuir com patrimônio, a combinação de recursos financeiros disponíveis é ampliada. Por fim, as sociedades por cotas não estão sujeitas à tributação federal; em vez disso, a renda líquida ou as perdas são *repassadas* aos sócios como pessoas físicas. Isso evita a "dupla tributação" a que muitas sociedades anônimas estão expostas (tributação da pessoa jurídica *e* da pessoa física; retomaremos esse aspecto quando discutirmos as sociedades anônimas).

Com relação aos pontos negativos, os sócios normalmente possuem responsabilidade ilimitada, como se cada um fosse o único proprietário (à exceção dos *sócios comanditários* em uma *sociedade em comandita*). Outro problema é a freqüente dificuldade em dar continuidade a uma sociedade caso um dos sócios fique doente, incapacitado ou faleça. Isso é particularmente difícil, já que o contrato social estabelece restrições sobre como cada sócio pode dispor de sua participação na empresa. Em geral, é solicitado que o sócio que deseja vender sua parte a ofereça primeiro ao sócio ou sócios remanescentes. Se essas pessoas não tiverem os fundos necessários, elas podem ser forçadas a encontrar um novo sócio ou a desfazer a sociedade. Foi isso que aconteceu ao meu avô. Durante a Depressão dos anos de 1930, sua empresa (que fabricava roupas) permaneceu lucrativa. No entanto, seu sócio ficou gravemente doente e, como meu avô não pôde comprar sua parte, teve de fechar a empresa. A mesma situação poderia ter ocorrido se meu avô e seu sócio tivessem tido conflitos pessoais – uma situação que sempre surge nas sociedades quando os sócios divergem em assuntos importantes. Resumindo, as sociedades por cotas envolvem grandes riscos, e qualquer empreendedor que esteja pensando em adotar essa forma de propriedade deve considerá-las com cuidado.

Sociedades em Comandita

Como as sociedades por cotas não podem vender ações (como as sociedades anônimas), elas têm dificuldades para levantar o capital necessário. Uma solução para esse problema é constituir uma **sociedade em comandita**, em que um ou mais sócios são *sócios comanditados*, que administram a empresa, e os demais são *sócios comanditários*, que investem na empresa, mas prescindem de qualquer direito de administrá-la. Tais pessoas dividem os lucros de acordo com os termos do *contrato social de sociedade em comandita* (que assinam ao se tornar sócios), mas têm responsabilidade limitada: podem perder apenas o que investiram. Em oposição, os sócios comanditados possuem responsabilidade ilimitada. Então, de certa forma, as sociedades em comandita oferecem uma combinação dos benefícios das sociedades por cotas com os benefícios das sociedades anônimas. Entretanto, um potencial problema é o risco de os sócios comanditados administrarem a empresa apenas para seu benefício pessoal, prejudicando os interesses dos sócios comanditários. Como estes não possuem o direito de administrar a empresa, sócios comanditados inescrupulosos podem consumir todos os ativos de valor de uma sociedade antes que os sócios comanditários tenham conhecimento do fato.

Outras Formas de Sociedade por Cotas: Sociedades por Cota de Responsabilidade Limitada (LLPs) e Parcerias com Responsabilidade Limitada (MLPs)

Outra forma de sociedade por cotas é restrita, na maioria dos estados norte-americanos, a profissionais como médicos, advogados, dentistas e contadores. Tais sociedades são conhecidas como *sociedades por cotas de responsabilidade limitada* (*LLPs*, do inglês *limited liability partnerships*) e todos os sócios possuem responsabilidade limitada pelas dívidas da sociedade ou pelas ações judiciais movidas contra os demais sócios. Um benefício adicional é que essas sociedades não pagam impostos; todos os lucros e perdas são repassados aos sócios, que pagam os impostos devidos como pessoas físicas.

Um desdobramento recente é a *parceria com responsabilidade limitada* (MLP, do inglês *master limited partnership*). Tais sociedades emitem ações que são negociadas como ações ordinárias. As MLPs oferecem responsabilidade limitada a seus sócios, além de fornecer maior liquidez para seus investimentos. No entanto, esse tipo de sociedade paga impostos (o problema da "dupla tributação"), a menos que esteja envolvida nas áreas de recursos naturais ou de imóveis, que são protegidas contra tal tributação.

Sociedades Anônimas: Responsabilidade Limitada, mas com um Preço

Ambrose Bierce (1881), escritor americano, conceituou sociedade anônima da seguinte forma: *"Sociedade anônima: engenhoso dispositivo para obter lucros de forma individual, sem assumir a responsabilidade individualmente"*. Até certo ponto, ele tinha razão: uma das principais vantagens das sociedades anônimas é permitir que seus proprietários (as pessoas que possuem suas ações) recebam o lucro e tenham, ao mesmo tempo, responsabilidade limitada: não importa o tamanho da dívida da sociedade anônima, a responsabilidade dos acionistas está limitada ao valor de seu investimento. Em termos jurídicos, as **sociedades anônimas** são pessoas jurídicas separadas de seus proprietários, que contraem negócios, firmam contratos, possuem propriedades, pagam impostos, processam e podem ser processadas. O Supremo Tribunal dos Estados Unidos (1819) definiu sociedade anônima como "um ser artificial, invisível, intangível, só existente no âmbito da lei"[1].

Nos Estados Unidos, as sociedades anônimas são criadas em estados específicos e regidas por suas respectivas leis; tais leis variam um pouco de um estado para outro. Uma sociedade anônima que opera no Estado em que foi criada é uma *sociedade anônima interna*. Uma sociedade anônima que opera em outro estado é considerada uma *sociedade anônima externa* naquele estado. Sociedades anônimas constituídas em outros países são chamadas de *sociedades anônimas estrangeiras*.

---

[1] Marshall, J. apud Miller, R. L.; Jentz, G. A. *Business law today*. St. Paul, MN: West Publishing, 1994.

Embora os empreendedores possam constituir uma sociedade anônima sem a ajuda de um advogado, o processo é freqüentemente complexo; por essa razão, os serviços de um bom advogado são essenciais (examinaremos a questão de como escolher um bom advogado em uma seção posterior). O registro de uma sociedade anônima normalmente requer que as pessoas que a criaram forneçam as seguintes informações:

- Razão social
- Objeto social – o que a sociedade fará (por exemplo, comercializar filtros de ar)
- A sua duração (pode ser "perpétua" ou ter uma duração específica)
- Nomes e endereços das pessoas que a estão incorporando
- Localização da empresa
- Autorização de emissão de capital – quantas ações serão emitidas e se haverá diferentes tipos de ações
- Restrições para transferência de ações, se houver
- Nomes e endereços dos membros do conselho e diretores da sociedade
- Regimento interno – regras sob as quais a sociedade funcionará

Assim que essas informações forem encaminhadas e as taxas necessárias, pagas, a sociedade anônima recebe o *edital aprovado de incorporação*, que se torna sua carta patente. Os acionistas devem então realizar uma assembléia para eleger formalmente os membros do conselho de administração. Os membros do conselho, por sua vez, indicam os diretores da sociedade.

Vantagens das Sociedades Anônimas

Já descrevemos uma das principais vantagens das sociedades anônimas: responsabilidade limitada para seus acionistas. No passado, essas pessoas não tinham responsabilidade individual pelas dívidas e ações da sociedade. No entanto, recentes decisões judiciais têm feito empresários – proprietários de sociedades anônimas de pequeno porte – cada vez mais responsáveis por reivindicações legais feitas contra a sociedade, especialmente no que diz respeito a assuntos ambientais e relativos à previdência. Em outras palavras, constituir uma sociedade anônima não oferece mais aos acionistas total imunidade em reivindicações relacionadas a esses problemas. Assim, se, por exemplo, um novo empreendimento que recebeu seu contrato social estiver oferecendo risco ambiental por meio de suas operações, os proprietários da empresa, além da empresa em si, podem estar sujeitos a um processo em conseqüência das transgressões. Esse é um aspecto sério e deve ser levado em consideração pelos empreendedores.

Outra vantagem importante das sociedades anônimas é a capacidade de atrair capital. Como podem vender ações, elas podem levantar mais fundos ao fazê-lo, conforme necessário. De forma similar, as sociedades anônimas podem continuar a existir indefinidamente, mesmo após findar a presença – ou até mesmo a vida – de seus fundadores. Por fim, as ações são transferíveis; elas podem ser vendidas a terceiros. Se as ações forem comercializadas publicamente em uma bolsa de valores, essa liquidez pode ser bastante elevada. Voltaremos ao assunto da criação de uma sociedade anônima pública no Capítulo 14, em nossa discussão sobre estratégias de saída para empreendedores.

Desvantagens das Sociedades Anônimas

Como todas as formas de constituição de empresas, as sociedades anônimas também apresentam aspectos negativos. Em primeiro lugar, pode ser complicado e oneroso abrir uma; os honorários advocatícios e taxas governamentais podem superar US$ 2.500 em muitos casos. Ainda mais importante, como as sociedades anônimas são constituídas como pessoas jurídicas separadas, quaisquer lucros que gerarem podem estar sujeitos a *dupla tributação*: a própria sociedade deve pagar impostos sobre esses lucros e, se forem distribuídos aos acionistas individuais, estes devem pagar os impostos novamente, como indivíduos.

As sociedades anônimas, ao contrário das sociedades por cotas ou das firmas individuais, estão sujeitas a diversos requisitos legais e financeiros. Os diretores de sociedades anônimas devem registrar e reportar as decisões e ações gerenciais, além de reportar os dados financeiros aos governos estadual e federal. As sociedades anônimas devem realizar assembléias anuais e os gerentes devem consultar o conselho de administração sobre as principais decisões. Se as ações da empresa forem negociadas abertamente, ela deve arquivar relatórios trimestrais e anuais na Securities and Exchange Commission (SEC, equivalente, no Brasil, à Comissão de Valores Mobiliários). Assim, embora as sociedades anônimas sejam uma forma bastante útil de se constituir uma empresa, elas também possuem desvantagens significativas.

A *S Corporation*

O que descrevemos até o momento é a sociedade anônima padrão do tipo C (*C corporation*). Uma forma de evitar a dupla tributação mencionada anteriormente é formar uma sociedade anônima do tipo S ou ***S corporation***. Em tais sociedades anônimas, todos os lucros e perdas são repassados aos acionistas, da mesma forma como seriam passados a sócios de uma sociedade por cotas. Além disso, se ativos valorizados forem vendidos, a sociedade anônima não paga impostos; em vez disso, os acionistas individuais pagam os impostos como pessoas físicas, com base no número de ações que possuem.

Para se qualificarem como uma *S corporation*, as sociedades anônimas devem atender a certos requisitos:

- Devem ser uma sociedade anônima interna americana.
- Não podem ter um estrangeiro não residente nos Estados Unidos como acionista.
- Podem emitir apenas uma classe de ações ordinárias.
- Devem restringir seus acionistas a pessoas físicas, bens de patrimônio e certos fundos fiduciários (isso foi recentemente ampliado para incluir os planos de participação acionária de funcionários).
- Não podem ter mais de 75 acionistas.

Se qualquer uma dessas condições for transgredida, a condição de sociedade anônima do tipo S finda automaticamente.

Embora as *S corporations* ofereçam importantes vantagens, também apresentam desvantagens. Primeiro, os benefícios pagos aos acionistas que detêm 2% ou mais das ações não podem ser descontados como despesas de negócios; isso significa que reembolsos de refeições, hospedagem e viagens são receitas tributáveis para as pessoas que as recebem.

Nas sociedades anônimas comuns (*C corporations*), acontece o contrário, tais despesas podem ser descontadas como despesas de negócios. Segundo, e mais importante, a alíquota marginal para pessoas físicas nos Estados Unidos é, no momento, mais elevada (cerca de 38%) do que a alíquota para sociedades anônimas (35%). Isso significa que as pessoas físicas pagam uma alíquota maior que as sociedades anônimas, o que reduz alguns dos benefícios oferecidos pelas *S corporations*. Considerando tudo, parece que essa forma de empresa é especialmente vantajosa quando os novos empreendimentos estão tendo grandes perdas; essas perdas podem ser repassadas aos acionistas individuais, que podem usá-las para contrabalançar outras fontes de renda.

A Sociedade de Responsabilidade Limitada (LLC)

Nos últimos anos, surgiu uma nova forma de constituição de empresas, conhecida como **sociedade de responsabilidade limitada (LLC)**. Essa também é uma combinação entre a sociedade anônima e a sociedade por cotas e oferece alguns benefícios de ambos os tipos de sociedade. Como acontece com as *S corporations*, a renda é transferida aos proprietários (conhecidos como "sócios cotistas"), que pagam seus impostos como pessoas físicas. Porém, diferentemente das *S corporations*, as LLCs não estão sujeitas a muitas restrições governamentais. Elas podem ter mais de 75 acionistas, várias classes de ações e acionistas estrangeiros. No entanto, *estão* sujeitas a algumas regulamentações. Por exemplo, podem apresentar apenas *duas* das seguintes características das sociedades anônimas: (1) responsabilidade limitada, (2) continuidade de existência, (3) livre transferência das participações acionárias e (4) administração centralizada. Além disso, elas devem incluir as palavras "sociedade de responsabilidade limitada" ou "sociedade limitada", ou ainda as letras "LLC" em sua razão social. Por fim, em muitos estados sua existência é limitada a apenas 30 anos; as sociedades anônimas podem existir por tempo indeterminado.

Como as LLCs oferecem as vantagens de uma sociedade por cotas e a proteção jurídica de uma sociedade anônima, elas têm se tornado cada vez mais populares. Entretanto, como são muito novas, não há, até agora, uma legislação uniforme para regê-las, e isso traz um elemento de incerteza à equação. Entretanto, no momento elas parecem ser uma forma muito promissora de constituição empresarial.

A *Joint Venture*

Suponha que você tenha encontrado um terreno bastante desejável – acres e acres de terra que certamente serão valorizados. Você não tem dinheiro para comprar o terreno sozinho e não deseja fazer um empréstimo. Como poderia comprá-lo? Uma possibilidade é formar uma *joint venture* – uma sociedade com fim específico, uma forma de empresa que se assemelha a uma sociedade por cotas, exceto que não há sócios comanditários ou comanditados e o objeto do empreendimento é bastante limitado. Você não quer administrar uma empresa; apenas deseja comprar, manter e então vender um terreno. Em uma *joint venture*, todos os participantes podem fazer parte da administração do empreendimento e da tomada de decisão. Quanto maior o número de ações que detêm, a mais votos têm direito; o número de ações, por sua vez, é determinado pelo montante de seu investimento inicial.

A renda advinda de uma *joint venture* é tributada como se tivesse sido gerada por uma sociedade por cotas (ela é repassada aos participantes) e a questão da responsabilidade é, em grande parte, irrelevante, já que a *joint venture* é constituída para um fim específico e limitado. Normalmente não há motivo para a *joint venture* contrair dívidas, pois as contribuições de capital no início são suficientes para lançar o empreendimento. Os participantes podem eleger pessoas específicas para administrar as operações rotineiras do empreendimento (como pagar as contas no vencimento), mas todos possuem um papel ativo nas principais decisões, como em uma venda, por exemplo.

A Sociedade Profissional

Antes, descrevemos as sociedades por cotas de responsabilidade limitada (LLPs) – uma forma de empresa preferida por diversos profissionais (médicos, advogados, contadores). Há uma forma alternativa de constituição empresarial disponível para esses indivíduos, e que deve ser brevemente mencionada – a **sociedade profissional** (PC). Nas LLPs, a responsabilidade dos sócios é limitada pelo fato de serem todos sócios comanditários. Já nas PCs, essa proteção é garantida pelo fato de ela ser uma sociedade anônima. Assim, todos os acionistas das PCs estão protegidos contra processos por imperícia apresentados contra a sociedade ou contra os demais acionistas, embora eles ainda estejam sujeitos às ações judiciais apresentadas contra eles como pessoas físicas.

Para resumir, diversas formas de constituição empresarial estão abertas aos empreendedores. Todas oferecem uma combinação de vantagens e desvantagens. Por essa razão a tarefa de escolher entre elas deve ser empreendida com atenção – e cuidado considerável. Também é importante que os empreendedores percebam que não estão presos para sempre na forma que inicialmente escolheram: as sociedades por cotas podem se tornar sociedades anônimas, as sociedades anônimas podem mudar do tipo C para o S (ou vice-versa), e assim por diante. Algumas mudanças são mais fáceis de serem feitas (como de firma individual para sociedade por cotas, de uma forma de sociedade por cotas para outra), mas não há motivo para manter a escolha inicial se as condições mudarem e ficar evidente que seria vantajoso mudar. O conteúdo desta seção é vasto, então, antes de continuar, examine a Tabela 8.1 com atenção; ela apresenta uma visão geral dos tipos de empresa que discutimos e as vantagens e desvantagens que oferecem.

O AMBIENTE JURÍDICO DOS NOVOS EMPREENDIMENTOS: ALGUNS FUNDAMENTOS

Escolher o formato jurídico de um novo empreendimento é importante, mas está longe de ser a única coisa que os empreendedores precisam considerar em relação aos assuntos jurídicos. Embora a maioria dos empreendedores não tenha interesse por tais assuntos e possa muito bem compartilhar da visão negativa que se tem sobre os advogados hoje em dia nos Estados Unidos, é importante que tenha algum conhecimento sobre: (1) as leis que podem afetar suas empresas, (2) as leis sobre propriedade intelectual e (3) a natureza dos contratos de negócios. Analisamos o item 1 no Capítulo 4 e consideraremos o item 2 com mais detalhes no Capítulo 11; enfocaremos o item 3 neste momento. Mais especificamente, tentaremos realizar duas tarefas. Primeiro, ampliaremos um pouco nossa discussão anterior sobre as leis que podem afetar novos empreendimentos. Segundo, analisaremos a natureza dos contratos de negócios.

Tabela 8.1 Principais Formas de Empresa
Os principais tipos de empresa e suas características fundamentais estão resumidas aqui.

	FIRMA INDIVIDUAL	SOCIEDADE POR COTAS	SOCIEDADE ANÔNIMA (C CORPORATION)	S CORPORATION	SOCIEDADE DE RESPONSABILIDADE LIMITADA
Responsabilidade do proprietário	Ilimitada	Ilimitada para sócios comanditados, limitada para sócios comanditários	Limitada	Limitada	Limitada
Número de proprietários	1	2 ou mais	Qualquer número	No máximo 75	2 ou mais
Tributação	Proprietário paga alíquota de pessoa física	Sócios pagam alíquota de pessoa física	Dupla tributação: a sociedade paga impostos e os acionistas pagam impostos sobre os dividendos	Proprietários pagam alíquota de pessoa física	Os sócios cotistas pagam alíquota de pessoa física
Transferência da participação	Totalmente transferível	Pode exigir autorização dos sócios	Totalmente transferível	Transferível (mas não pode afetar a condição de S *corporation*)	Normalmente requer a autorização de todos os sócios
Continuidade da empresa	Termina com a morte do proprietário ou com o fechamento da empresa pelo proprietário	Desfeita com a morte ou aposentadoria do sócio comanditado	Por tempo indeterminado	Por tempo indeterminado	Por tempo indeterminado
Custo e facilidade de constituição	Baixo; fácil	Baixo; fácil	Alto; mais complexo	Alto; mais complexo	Alto; relativamente fácil
Capacidade de levantar capital	Limitada	Moderada	Muito alta	Moderada a alta	Alta
Alíquota máxima	38	38	35	38	38

Novos Empreendimentos e a Legislação

Meu primeiro emprego, em 1957, foi como monitor em um *day camp* (acampamento que oferece atividades para crianças durante o dia); as crianças sob meus cuidados tinham entre 4 e 5 anos de idade, e tomar conta delas não era fácil. Se eu lhes desse as costas por um minuto, era certo que começariam a se esbofetear. Eu passava boa parte do tempo apartando brigas. Além disso, a não ser que não tirasse os olhos delas e as mantivesse entretidas, elas perambulariam em direções diferentes e ficariam totalmente perdidas. Exerci essa função cinco dias por semana durante dez semanas (minhas férias de verão inteiras) e recebi a "suntuosa" quantia de US$ 100, além das gorjetas (mais US$ 140). Obviamente esse valor estava abaixo do salário mínimo (que na época era US$ 0,75 por hora), mas nunca pensei em procurar um advogado ou fazer algum tipo de reivindicação; afinal, aceitei o emprego porque quis e a decisão de permanecer nele foi minha.

Hoje, como se sabe, as coisas são muito diferentes. Nas últimas décadas, o governo federal instituiu diversas leis para proteger os funcionários e os consumidores. Se você administra um empreendimento e contrata funcionários, *é crucial que tenha pelo menos conhecimentos básicos dessas leis*. Caso contrário, corre o risco de tomar conhecimento delas no tribunal, ao se defender de acusações apresentadas contra você. Descrevemos três das mais importantes dessas leis no Capítulo 4: a Lei de Saúde e Segurança Ocupacional (Occupational Safety and Health Act), que exige de todos os empregadores medidas efetivas para proteger a saúde e a segurança de seus empregados; a Parte VII da Lei de Direitos Civis (Civil Rights Act) de 1964, que proíbe os empregadores de tomar decisões de emprego com base na raça, cor, religião, sexo ou nacionalidade de um indivíduo; e a Lei dos Americanos Portadores de Deficiências (American with Disabilities Act), que proíbe a discriminação contra portadores de deficiência. Neste capítulo, queremos simplesmente lembrá-lo do impacto dessas leis sobre novos empreendimentos e chamar sua atenção para mais uma lei: a **Lei de Reforma e Controle da Imigração de 1986** (Immigration Reform and Control Act of 1986).

Essa lei foi criada para atingir dois grandes objetivos: desestimular a imigração ilegal para os Estados Unidos e fortalecer a cláusula sobre nacionalidade da Parte VII da Lei de Direitos Civis (1964). A lei busca atingir o primeiro objetivo ao exigir que todos os empregadores documentem a qualificação das pessoas que contratam para empregos nos Estados Unidos. Os empregadores devem preencher um formulário especial (Formulário I-9) para todas as novas contratações – um formulário que requer que esses funcionários forneçam documentos que comprovem sua identidade e sua autorização para trabalhar nos Estados Unidos. Se for descoberto que um empregador contratou funcionários não aptos para trabalhar, ele estará sujeito a pesadas multas e outras penas. A lei busca atingir o segundo objetivo ao proibir a discriminação contra pessoas que "soem estrangeiras" ou "pareçam estrangeiras". Novamente, se um empregador for considerado culpado de violar essa cláusula, ele terá de pagar multas e efetuar o pagamento retroativo das diferenças referentes a até dois anos.

Existem outras leis, mas, em vez de examiná-las, apenas repetiremos a recomendação que fizemos no Capítulo 4: os novos empreendimentos estão tão sujeitos a essas leis quanto as empresas grandes e antigas. Então, olhe antes de saltar: você pode salvar sua própria empresa. (O que acontece quando os empreendedores não dão atenção a essas leis? Veja alguns exemplos na seção "Atenção! Perigo Adiante!".)

ATENÇÃO! PERIGO ADIANTE!

O que Pode Acontecer Quando os Empresários Desconhecem a Legislação

Sempre se fala que desconhecer a lei não é desculpa. No que diz respeito às regulamentações e leis que regem a saúde e a segurança dos empregados, isso é verdadeiro. Um empreendedor que infringe a lei e depois alega "Eu não sabia!" terá pouca simpatia ou consideração no tribunal. Por quê? Porque é responsabilidade dos que administram empresas conhecer essas leis. Quando os empresários as desconhecem, podem acontecer verdadeiras histórias de terror. Eis alguns exemplos:

- Um empresário que administrava uma fábrica de roupas para mulheres de tamanho pequeno foi abordado por uma doce velhinha que lhe pediu um emprego por "um salário de qualquer valor, apenas para passar o tempo". Ele a contratou para limpar mesas. Menos de duas semanas depois, ela pediu para tirar uma licença para "cuidar de alguns assuntos familiares". O empresário, que tinha o coração mole, concordou e lhe disse para telefonar quando estivesse pronta para voltar ao trabalho. Ela não telefonou, mas o advogado dela, sim, para informar ao empresário que ela o estava processando e pedindo uma indenização de US$ 20 mil, pois trabalhar na fábrica dele havia lhe causado síndrome do túnel carpal e isso iria impedi-la de manter um emprego. Após vários meses e crescentes despesas jurídicas, o empresário fez um acordo com ela fora do tribunal, apesar de saber que ela havia contratado o advogado antes mesmo de lhe pedir o emprego!
- Um funcionário de uma pequena empresa de conserto de equipamentos na Filadélfia freqüentemente faltava no trabalho em virtude do que ele dizia ser bursite – uma inflamação das juntas que ataca de forma imprevisível. A empresa era tolerante com suas faltas, mas um dia o dono da empresa estava passando perto da casa do funcionário e o viu polindo o carro com seu "braço doente". No dia seguinte, chamou o funcionário para uma conversa. O funcionário entrou no escritório, mas quando o empresário fechou a porta, ele deu meia-volta e saiu sem dizer nada. No dia seguinte, o xerife local foi até o empresário e apresentou-lhe papéis que mostravam que havia apresentado queixas criminais contra ele. Essas queixas incluíam interferência no exercício de direitos civis, agressão, perseguição e rapto. O funcionário alegava que havia sido mantido em sala fechada contra sua vontade, que havia sido ameaçado e ferido quando o empresário puxou seu braço. O empresário gastou milhares de dólares se defendendo dessas acusações, mas como eram queixas criminais, o seguro de responsabilidade da empresa não as cobria. Nós apenas podemos imaginar quantas vezes ele repetiu para si mesmo: "Ah, se eu soubesse que era arriscado fechar a porta..."

Poderíamos continuar descrevendo outros casos igualmente perturbadores, mas temos certeza de que você já entendeu o que queremos dizer. Em virtude das leis criadas para proteger a saúde e o bem-estar dos funcionários, o local de trabalho tornou-se um verdadeiro campo minado para os empregadores que desconhecem as leis e os direitos que elas garantem aos funcionários. Assim, os empreendedores inteligentes precisam se familiarizar com essas leis ou se certificar de que há alguém em sua empresa que tenha tal conhecimento. Caso contrário, o futuro da empresa estará em jogo!

Contratos Empresariais: Componentes Essenciais

Outro aspecto da legislação com o qual os empreendedores devem estar familiarizados são os **contratos** – compromissos exeqüíveis por lei. O *direito contratual* é um conjunto de leis criadas para garantir que as partes que celebram contratos cumpram as cláusulas neles contidas; ele também oferece recursos às partes prejudicadas pela violação de um contrato.

Um contrato não precisa ser escrito para ser legal e exeqüível. Na verdade, muitos contratos são verbais. Nos Estados Unidos, apenas os seguintes tipos de contrato precisam ser por escrito: (1) venda de imóveis, (2) pagamento de dívida de terceiros, (3) contratos que precisam de mais de um ano para serem executados ou (4) contratos que envolvam a venda de mercadorias com valor de US$ 500 ou mais.

Elementos Básicos de um Contrato

Um contrato deve atender a quatro requisitos básicos para ser obrigatório para as partes envolvidas:

- *Legalidade*. O contrato deve ter como objetivo realizar um ato legal. Por exemplo, não é possível elaborar um contrato para vender drogas ilícitas, pois o ato em si é ilegal.
- *Acordo*. Um contrato legal deve incluir uma oferta e uma aceitação legítimas; isso é conhecido como *encontro das mentes* na terminologia jurídica. Se, por exemplo, um empresário oferecer a venda de um produto a um cliente por um preço específico e o cliente aceitar, isso é um contrato. Se o cliente não aceitar, não há contrato.
- *Contrapartida contratual*. Algo de valor deve ser trocado entre as partes envolvidas para que se torne um contrato. Se nada de valor for trocado, o acordo é sobre uma doação e não constitui um contrato. Por exemplo, suponha que uma cliente esteja tão satisfeita com o produto ou serviço fornecido por um empresário que diga "Gostei tanto de seu produto que darei a ele publicidade grátis". Se ela não cumprir a promessa, o empresário não pode processá-la judicialmente para que ela a cumpra, pois a oferta dela não envolveu a troca de nada de valor – foi uma doação.
- *Capacidade*. Nem todas as pessoas têm capacidade de celebrar juridicamente um contrato. Menores de idade, pessoas embriagadas ou com as faculdades mentais reduzidas não podem assumir obrigações contratuais. Assim, se um empresário fizer um acordo com um cliente que estiver claramente embriagado (várias testemunhas podem atestar esse fato), o empresário não poderá insistir que o cliente cumpra o acordo: o fato de ele estar embriagado significa que o contrato não tem validade.

Obrigações Contratuais

Se você firmar um contrato com alguém e essa pessoa não cumprir sua parte no acordo, o que você pode fazer? Juridicamente, isso é conhecido como **quebra de contrato** e há várias ações que podem ser realizadas. Na maioria dos casos, a parte prejudicada pode processar a outra parte e obter desta dinheiro ou alguma ação específica como compensação pelos danos causados. O objetivo é fazer a parte prejudicada retornar ao estado em que estava antes de o acordo ser feito. Se for concedido dinheiro à parte prejudicada (o *queixoso*), ocorre o que se conhece como *compensação por perdas e danos*. Trata-se de uma quantia que presumivelmente reflete o valor monetário do dano.

Se apenas o dinheiro não for suficiente para que uma pessoa volte à sua condição original, o juiz poderá determinar uma *execução específica* pela pessoa que quebrou o contrato. Isso exige que ela cumpra o que havia concordado em fazer originalmente. Por exemplo, suponha que um empresário venda sua empresa para outra pessoa e assine um acordo de não-concorrência indicando que não irá abrir ou ser proprietário de uma empresa semelhante em uma determinada região por um certo tempo. No entanto, depois ele muda de idéia e abre uma empresa desse tipo. Isso é uma quebra do acordo de não-concorrência (que é um contrato), e, sob essas circunstâncias, um juiz pode determinar que apenas a compensação financeira não seja suficiente para reparar os danos causados ao comprador e poderá expedir um interdito – um mandado judicial que proíbe o empresário de operar uma nova empresa durante o prazo estabelecido no acordo original.

O direito contratual é bastante complexo e apenas um advogado experiente pode elaborar um contrato que possa atender aos requisitos descritos anteriormente. Isso, por sua vez, levanta uma questão intrigante: como escolher um bom advogado? Não existe uma resposta simples, mas há alguns "sins" e "nãos" que devem ser considerados:

- *Não* escolha um advogado para sua empresa apenas porque o conhece; embora ele seja um amigo, pode não ter habilidades e experiência necessárias a muitos contextos de negócios.
- *Não* escolha um advogado para sua empresa porque ele cuidou de outros assuntos não relacionados para você (transações imobiliárias, planejamento patrimonial, divórcio); essa pessoa pode ter habilidade nessas áreas, mas não necessariamente na área de direito contratual.
- *Sim*, procure um advogado pedindo referências a outras pessoas no negócio; elas provavelmente irão encaminhá-lo a um advogado ou escritório de advocacia que tenha a experiência necessária.
- *Sim*, verifique as credenciais; as faculdades de Direito não são todas iguais e os advogados formados nas melhores faculdades provavelmente terão melhor instrução do que os formados nas menos conhecidas.
- *Sim*, peça aos potenciais advogados para descreverem sua experiência; se eles hesitarem, procure em outro lugar!

Essas são apenas diretrizes gerais; escolher um advogado é uma decisão pessoal e deve refletir suas próprias preferências. Mas certifique-se de que está contratando os serviços de um advogado que já tenha trabalhado com empreendedores e pequenas empresas; tal pessoa conhece as diversas armadilhas jurídicas que podem ameaçar novos empreendimentos e pode ajudá-lo a desviar-se delas.

FRANQUIAS

Ao dirigir por uma grande rua comercial em praticamente qualquer cidade dos Estados Unidos, você verá uma série de placas de empresas franqueadas ao longo das avenidas. Se registrasse os nomes de todas as empresas que se acotovelam por espaço – e por sua atenção! –, descobriria que grande parte delas você já conhece: McDonald's, Arby's, KFC, Subway, Domino's, Red Roof Inn, para citar apenas algumas. Além do mais, você vê os mesmos nomes e as mesmas empresas não importa onde estiver. O motivo disso é óbvio: a **franquia** é uma forma de negócio muito popular hoje e todas essas empresas franqueiam sua marca. O que é a franquia? É um sistema de distribuição em que proprietários juridicamente independentes (*franqueados*) pagam taxas e *royalties* a uma empresa controladora (o *franqueador*) pelo direito de usar sua marca registrada, vender seus produtos ou serviços e, em muitos casos, usar o modelo e sistema de negócios que ela desenvolveu. Quão populares são as franquias? Nos Estados Unidos, são mais de 5 mil franqueadores que, juntos, operam mais de 650 mil estabelecimentos distintos (lojas, restaurantes, hotéis etc.)[2]. As franquias respondem por mais de 44% de todas as vendas a varejo – que totalizam mais de US$ 1 trilhão por ano; elas também empregam mais de 8 milhões de pessoas[3]. Então, as franquias são realmente um grande negócio.

Tipos de Franquia

Nem todas as franquias são iguais. Algumas, conhecidas como **franquia de marca**, dão aos franqueados o direito de vender produtos específicos com o nome de marca e marca registrada do franqueador. Bons exemplos desse tipo de franquia são as concessionárias de automóveis, que possuem o direito de vender marcas específicas pelos fabricantes (Audi, Honda, Chevrolet, Buick) e postos de gasolina (Texaco, ExxonMobil). Novamente, os benefícios para o franqueado incluem a associação a marcas conhecidas e de confiança dos consumidores.

O segundo tipo de franquia, conhecido como **franquia de negócio formatado**, fornece ao franqueado um sistema empresarial completo – um nome com marca registrada, os produtos ou serviços a serem vendidos, os edifícios onde a empresa funcionará, uma estratégia de marketing, métodos para operar a empresa, controle de qualidade e auxílio na administração da empresa. Esse é o tipo de franquia de expansão mais rápida e é encontrado em diversos segmentos: empresas de serviços empresariais, hotéis, agências de aluguel de veículos, revendas de cosméticos e, é claro, restaurantes de *fast-food*. Os franqueados que assumem esse tipo de acordo com um franqueador recebem uma operação praticamente pronta: o franqueador configura a empresa, treina o franqueado em como administrá-la e com freqüência o ajuda a operá-la. Em certo sentido, isso está muito distante de nossa definição de empreendedorismo, mas, como é possível observar, essa opção oferece importantes benefícios aos franqueados – especialmente se eles têm pouca ou nenhuma experiência em administrar uma empresa.

Benefícios de Ser um Franqueado

Já mencionamos alguns dos benefícios da franquia para os franqueados – eles se associam a uma marca ou a um produto conhecido e recebem, em graus variados, ajuda ao estabelecer e administrar a empresa. Basicamente, eles se beneficiam da experiência do franqueador que, se for bem-sucedido, identificou um modelo de negócios lucrativo e eficaz e

---

[2] Buss, D. D. New dynamics for a new era. *Nation's Business,* Junho: 45-48, 1999.
[3] Tiffany, L. Breaking the mold. *Business Start-Ups*, Abril: 42-47, 1999.

colocou-o em operação centenas ou mesmo milhares de vezes. Mas essa é apenas uma parte do quadro geral; os franqueados também recebem outros benefícios da associação com o franqueador. Eles estão resumidos nas seções a seguir.

Treinamento e Suporte

Você já ouviu falar da "Universidade do Hambúrguer"? É uma instalação operada pela McDonald's Corporation para treinar novos franqueados. Durante 14 dias, eles recebem instruções sobre tudo, desde como limpar corretamente as grelhas até como gerir o negócio. Outros grandes franqueadores realizam operações parecidas – por exemplo, o Dunkin' Donuts treina os novos franqueados por até cinco semanas em tarefas que vão da manutenção de registros financeiros ao preparo da massa. É claro que esse treinamento pode ser inestimável aos novos franqueados e, para muitos, as taxas que pagam por tal treinamento é um dinheiro bem gasto (entretanto, como veremos, isso não é sempre verdade e pode ser uma fonte de sérios conflitos entre franqueados e franqueadores).

Produtos e Serviços Padronizados

Se você comprar um hambúrguer em uma loja do Burger King em Portland, Maine, ele será praticamente idêntico ao que comprar em outra loja do Burger King em Portland, Oregon. Por quê? Porque os grandes franqueadores insistem que os produtos vendidos com o seu nome atendam a rígidos padrões. Essa é uma grande vantagem para os franqueados, pois significa que não precisam ter muito trabalho para convencer os potenciais clientes de que estão vendendo bons produtos ou serviços: o nome impresso na porta faz isso por eles. Em contrapartida, empresários independentes podem levar anos para construir uma reputação firme em suas comunidades locais – e, é claro, essa reputação só é boa em uma região limitada.

Publicidade Nacional

Os grandes franqueadores lançam campanhas publicitárias igualmente grandes – campanhas que os consumidores reconhecem e, por vezes, gostam. Por exemplo, a campanha publicitária da Papa John's Pizza, na qual o proprietário aparecia em diversas lojas franqueadas e enfatizava a qualidade e o frescor dos ingredientes. Tais campanhas não são gratuitas para os franqueados: eles normalmente pagam uma taxa ou uma porcentagem das vendas para financiá-las. Mas por essas campanhas aparecerem na televisão em rede nacional e serem desenvolvidas pelas melhores agências publicitárias, isso pode ser uma pechincha e um fator importante para contribuir para o sucesso dos franqueados.

Comprando Poder

Você consegue imaginar quantos quilos de batata a McDonald's Corp. compra a cada ano? E a quantidade de travesseiros e toalhas que as grandes redes de hotéis adquirem? O argumento dessas estatísticas é simples: os grandes franqueadores possuem um imenso poder de compra. Eles podem negociar preços muito favoráveis dos itens de que precisam, e que são fornecidos a seus franqueados. A maioria repassa pelo menos uma parte dessas economias a seus franqueados – afinal, eles querem que os franqueados tenham sucesso. Assim, muito embora os franqueados tenham de comprar seus suprimentos e equipamentos dos franqueadores, isso, com freqüência, é um bom negócio e ajuda a manter os custos abaixo do que seriam para empresas independentes que não se beneficiam desse poder de compra centralizado.

Assistência Financeira

Embora os grandes franqueadores normalmente não emprestem dinheiro a potenciais franqueados, eles ajudam de formas menos diretas; por exemplo, ao estabelecer relações com bancos, investidores e outras fontes de financiamento. Além disso, algumas vezes oferecem a franqueados altamente qualificados benefícios como empréstimos internos para construção (como na indústria hoteleira) e mesmo empréstimos de curto prazo para cobrir as taxas de franquia que, em muitos casos, são consideráveis.

Escolha do Ponto e Proteção Territorial

A localização de qualquer empresa pode ser crucial e isso é particularmente verdadeiro para o varejo, setor em que opera a maioria das novas franquias. Os grandes franqueadores realizam cuidadosas análises de pontos comerciais para indicar boas localizações para novos estabelecimentos, e os franqueados se beneficiam com esse conhecimento: suas empresas são abertas em locais próximos de mercados promissores.

Um problema para qualquer empresa nova é a concorrência próxima. Os grandes franqueadores ajudam a reduzir esse risco para os franqueados ao lhes oferecer *proteção territorial* – eles garantem que nenhum estabelecimento concorrente será aberto dentro de uma distância especificada. Isso ajuda a evitar a diluição das vendas e contribui para o sucesso de novos estabelecimentos franqueados. No entanto, pesquisas recentes indicam que muitos novos franqueadores não oferecem esse tipo de proteção aos franqueados, pois dificulta a flexibilidade do franqueador[4].

Um Modelo de Negócio que Funciona

Talvez o mais importante de tudo seja que os franqueadores de sucesso fornecem aos novos franqueados um modelo de negócio testado e comprovado. Isso significa que os franqueados não terão de aprender por tentativa e erro – meio comum para as novas empresas encontrarem o caminho para o sucesso. Pelo contrário, os modelos de negócio dos grandes franqueadores foram lapidados e aperfeiçoados por experiências adquiridas em milhares de estabelecimentos abertos anteriormente. O resultado é que os métodos e sistemas fornecidos aos novos franqueados realmente *funcionam*. Enquanto os franqueados seguirem esses métodos e contribuírem com o nível necessário de trabalho árduo e comprometimento, suas chances de sucesso serão maiores; no mínimo, essas chances serão maiores do que as dos proprietários de pequenas empresas independentes, que devem aprender as coisas "com o bonde andando" e com freqüência só acertam após passar um bom tempo à beira do insucesso.

---

[4] Azoulay, P.; Shane, S. Entrepreneurs, contracts and the failure of young firms. *Management Science*, 47(3): 337-358, 2001.

Desvantagens de Ser um Franqueado

Dada a imensa popularidade das franquias, está claro que um número cada vez maior de pessoas reconhece suas vantagens. Mas tornar-se um franqueado não é uma bênção; há também sérias desvantagens de se assumir esse tipo de relação de negócios. Eis as principais:

Royalties e Taxas de Franquia

Há pouco tempo, uma loja da Atlanta Bread Company foi aberta perto de onde moro (essa é uma empresa franqueadora relativamente nova, que está crescendo com rapidez). Quando visitei a loja, tive uma breve conversa com o novo – e orgulhoso – proprietário. Em um dado momento, ele mencionou o valor de seu investimento, e devo admitir que fiquei estupefato: a quantia ultrapassava US$ 450 mil. E esse valor não é nada perto da quantia cobrada para se abrir um novo hotel das principais redes de franquia: mais de US$ 10 milhões! Os custos iniciais para os franqueados são freqüentemente muito altos. Além disso, os franqueados devem pagar *royalties* para o franqueador. Os *royalties* são normalmente calculados com base em percentual das vendas brutas, que fica entre 3% e 7%. Essas taxas devem ser pagas mesmo que o estabelecimento não seja rentável. Nesse caso, os franqueados ficam em uma situação em que os franqueadores ganham dinheiro enquanto eles mal conseguem pagar as contas – ou pior. É como se eles fossem funcionários do franqueador, trabalhando duro para gerar lucros para a empresa e não para si mesmos. E esse certamente não é o motivo pelo qual escolheram abrir um negócio; então os franqueados que enfrentam essa situação podem relatar – com bastante sofrimento – os potenciais pontos negativos das franquias.

Padronização Obrigatória

Muitos franqueados passam por um mal-entendido básico: eles acreditam que, de início, seguirão as rígidas diretrizes estabelecidas pelo franqueador, mas, depois que pegarem o jeito de administrar a empresa, serão capazes de romper as amarras e fazer as coisas do seu próprio jeito. Na verdade, isso não acontece. Muitos acordos de franquia exigem que os franqueados administrem suas empresas de forma específica e infringir a essas regras pode levar a graves conseqüências, entre elas, a revogação da franquia. Uma vez, soube de uma loja do McDonald's que estava sempre suja – o chão, as mesas, até mesmo os banheiros. Não foi surpresa quando, certo dia, cartazes informando "Sob Nova Direção" foram afixados na loja. A incapacidade ou indisposição do proprietário anterior em aderir às rígidas diretrizes da empresa em relação à limpeza acabaram por lhe custar a franquia – e as altas taxas que ele havia pago para abrir sua loja (mais de US$ 500 mil).

Liberdade Restrita com Relação a Compras e a Linhas de Produtos

Os franqueados também têm pouca ou nenhuma escolha de onde devem comprar seus suprimentos: se do franqueador ou dos fornecedores por ele indicados. Os franqueados também têm pouco e/ou nenhum controle sobre os produtos que vendem. Se o franqueador decidir introduzir um novo produto e o franqueado achar que esse produto não será popular na região, ele pode tentar obter aprovação para não oferecê-lo, mas a decisão final será do franqueador.

Por exemplo, se o franqueador de uma rede de pizzarias decidir oferecer pizza de kiwi, seus franqueados deverão acrescentar a pizza ao menu e estocar os ingredientes – mesmo que nunca vendam uma única pizza de kiwi.

Por outro lado, alguns franqueadores de sucesso estimulam o envio de sugestões de seus franqueados – e realmente as consideram. Na Subway – o franqueador mais bem avaliado na revista *Entrepreneur*[5] –, os franqueados atuam no comitê de publicidade e na cooperativa de compras. Eles se reúnem a cada quatro meses para discutir o direcionamento da empresa e desempenham um importante papel na elaboração de seu plano estratégico. Assim, os franqueados não são necessariamente postos de lado no que diz respeito à forma como a empresa controladora e suas próprias franquias são administradas.

Maus Programas de Treinamento

McDonald's, Dunkin' Donuts e diversos outros grandes franqueadores conduzem excelentes programas de treinamento para novos franqueados. No entanto, a qualidade desses programas varia muito no segmento e muitos franqueados reclamam que pagaram caro pelo treinamento e receberam muito pouco em troca. Evidentemente, isso pode ser desmotivador para os franqueados, então a regra geral "verifique antes de investir" se aplica aqui.

Saturação do Mercado

Alguns especialistas acreditam que os "anos dourados" da franquia, pelo menos em alguns segmentos, já acabaram. As melhores localizações para restaurantes de *fast-food*, pequenos hotéis de beira de estrada, oficinas de manutenção de automóveis e muitos outros tipos de franquias já estão ocupadas, e os novos estabelecimentos estão sendo instalados em locais de menor visibilidade. É verdade? Ninguém sabe ao certo, mas eu freqüentemente reflito sobre a localização de alguns estabelecimentos franqueados. Por exemplo, um novo hotel da rede Microtel foi construído há cerca de três anos perto de onde moro. Pensei nisso na época porque o local era longe da rodovia mais próxima e ficava em uma vizinhança que eu descreveria como residencial. O resultado? Sempre que eu passava pelo hotel, o estacionamento estava praticamente vazio e presumi que, em breve, veria um novo nome no grande cartaz do lado de fora do escritório – e foi o que aconteceu!

Menor Capacidade de Coordenação entre Unidades Distintas

Devemos mencionar mais uma desvantagem enfrentada pelos franqueados – especialmente os que possuem unidades de grandes redes de franquia. Pesquisas indicam que tais redes são menos eficazes para coordenar seus preços e publicidade se comparadas a empresas que possuem um grande número de lojas (como uma cadeia de restaurante que não franqueia suas unidades)[6]. Por quê? Porque cada proprietário distinto sofre o efeito direto dos seus esforços para melhorar as vendas por meio da diminuição de seus preços ou da sua publicidade. Isso reduz o incentivo para coordenar-se com os outros e diminui, no geral, a eficácia em relação às redes corporativas.

---

[5] Torres, N. L. Do the math. Subway is the No. 1 franchise in Entrepreneurs' Franchise 500... for the 11th time. *Entrepreneur*, Janeiro: 148, 150, 2003.
[6] Michael, S. C. Can a franchise chain coordinate? *Journal of Business Venturing*, 17: 325-341, 2001.

Resumindo, a franquia, como rota para o estabelecimento de uma empresa, oferece um pacote misto de benefícios e desvantagens. Os franqueados beneficiam-se com o nome da marca, controle de qualidade e publicidade nacional fornecidos pelo franqueador, mas devem pagar altas taxas, *royalties* permanentes e desistir de seu sonho de administrar sua empresa da forma que preferirem. Além do mais, um estudo indica que os franqueados, na verdade, lucram menos que empresários independentes no mesmo setor[7]. Por fim, devemos observar que, apesar de todas as vantagens oferecidas, os índices de falência entre os franqueados são bastante elevados; de fato, um estudo recente que obteve dados de 800 sistemas de franquia e 250 mil estabelecimentos distintos ao longo de quatro anos[8] revelou taxas de rotatividade acima de 10% ao ano (a rotatividade aqui se refere aos casos em que uma unidade franqueada é transferida de um proprietário existente para um novo franqueado, cancelamentos do acordo de franquia ou sua não-renovação pelo franqueador e reaquisições – o franqueador compra a unidade do franqueado). Essas falhas advêm de muitos fatores, mas o principal parece ser um desajuste básico entre as habilidades, capacidades e motivações do franqueado e os requisitos para operar uma unidade franqueada de sucesso[9].

Então, tornar-se um franqueado é o seu negócio? Ou você preferiria administrar seu próprio empreendimento, cometer erros e enfrentar o risco de aprender na prática? Só você pode responder a essa pergunta e, em grande parte, isso depende da importância relativa e subjetiva que atribui a receber ajuda especializada, a tornar-se parte de uma empresa em funcionamento e à liberdade pessoal de administrar sua empresa da forma que escolher. Algumas pessoas, como um casal descrito em uma reportagem recente[10], alternam entre os dois papéis. Esse casal – vamos chamá-los de Jack e Diane (nomes fictícios) – tentou administrar seu próprio negócio (um site de trajes para jogar golfe) primeiro. Eles não tiveram sucesso porque não estavam dispostos a sair de seus empregos para se tornar empresários em tempo integral. Mas ainda queriam administrar seu próprio negócio, então fizeram certas concessões em relação a esse sonho e compraram uma franquia – uma loja de troca rápida de óleo de veículos. Eles encaram isso como uma forma de alavancar seu plano de ter seu próprio negócio ao adquirir o capital necessário com a franquia.

Em resumo, a decisão de se tornar um franqueado é complexa e não deve refletir apenas a realidade econômica, mas também disposições e preferências pessoais. Lembre-se: uma vez tomada, essa decisão não é definitiva; as pessoas podem mudar de uma função (franqueado) a outra (dono de uma empresa independente) em momentos diferentes de suas vidas – e geralmente o fazem.

Aspectos Legais das Franquias

Sempre que um setor se expande rapidamente, as regulamentações governamentais não podem ficar muito atrás, e as franquias não constituem uma exceção. Nos Estados Unidos,

---

[7] Bates, T. A comparison of franchise and independent small business survival rates. *Small Business Economics*, 7: 1-12, 1994.
[8] Holmberg, S. R.; Morgan, K. B. Franchise turnover and failure: New research and perspectives. *Journal of Business Venturing*, 18: 403-418, 2002.
[9] Stanworth, J.; Curran, J. Colas, burgers, shakes, and shirkers: Towards a sociological model of franchising in the market economy. *Journal of Business Venturing*, 14: 323-344, 1999.
[10] Maddocks, T. D. Driving forward. Jack and Diane look for new ways to get their small-business dreams moving. Will franchising be the right direction? *Entrepreneur*, Março: 86-88, 2003.

a Comissão Federal de Comércio (Federal Trade Commission) estabeleceu regras [Lei de Regulamentação do Comércio (Trade Regulation Rule)] que exigem que todos os franqueadores divulguem informações detalhadas aos potenciais franqueados pelo menos dez dias antes de um contrato de franquia ser assinado e antes de qualquer valor ser pago. A Lei de Regulamentação do Comércio requer que informações sobre 23 pontos sejam incluídos nesse documento escrito; eles estão listados na Tabela 8.2. Como é possível observar, a Lei de Regulamentação do Comércio exige que os franqueadores revelem informações importantes, e úteis para ajudar os potenciais franqueados a tomar a decisão de prosseguir. Entre as informações que devem ser incluídas estão a divulgação completa das taxas de

Tabela 8.2 Informações que Franqueadores Devem Divulgar aos Potenciais Franqueados
Nos Estados Unidos, a legislação federal exige que os franqueadores revelem todas as informações aqui descritas aos potenciais franqueados. Elas devem ser fornecidas pelo menos dez dias antes da assinatura do contrato.

1	Identificar o franqueador e descrever sua experiência de negócios anterior
2	Descrever a experiência empresarial de cada um dos diretores, membros do conselho de administração e gerentes
3	Informações sobre processos judiciais contra o franqueador, seus diretores, membros do conselho de administração e gerentes
4	Informações sobre falências envolvendo o franqueador
5	Informações sobre a taxa inicial de franquia e outros pagamentos exigidos
6	Informações sobre pagamentos permanentes que os franqueados devem fazer
7	Descrição detalhada dos pagamentos que o franqueado deve fazer para atender ao requisito de investimento inicial e como e para quem esses pagamentos são feitos
8	Informações sobre as restrições de qualidade sobre mercadorias, serviços, equipamentos, suprimentos, estoque e outros itens usados na franquia e onde os franqueados podem adquiri-los
9	Declaração das obrigações do franqueado sob o contrato de franquia (em forma de tabela)
10	Descrição de qualquer ajuda financeira disponibilizada pelo franqueador
11	Descrição de todas as obrigações que o franqueador deve cumprir
12	Descrição de qualquer tipo de proteção territorial para o franqueado
13	Informações sobre as marcas registradas, marcas de serviço, nomes de marca, logotipos e símbolos comerciais do franqueador
14	Informações similares sobre quaisquer patentes e direitos autorais de propriedade do franqueador
15	Descrição do grau de participação pessoal dos franqueados na operação da franquia
16	Descrição de quaisquer restrições sobre as mercadorias ou serviços que os franqueados têm permissão de vender
17	Descrição das condições sob as quais a franquia poderá ser readquirida ou ter sua renovação negada pelo franqueador
18	Descrição do envolvimento de celebridades e figuras públicas na franquia
19	Demonstração completa da base para quaisquer projeções de lucros feitas ao franqueado
20	Informações estatísticas sobre o número atual de franquias
21	Demonstrativos financeiros do franqueador
22	Cópia do contrato de franquia e de todos os demais contratos que o franqueado deverá assinar
23	Recibo padronizado destacável para comprovar que o potencial franqueado recebeu uma cópia da Circular de Oferta de Franquia Uniforme (*Uniform Franchise Offering Circular*), requerida por lei federal nos Estados Unidos

franquia e pagamentos permanentes (*royalties*, taxas de serviço, taxas de treinamento etc.), informações sobre restrições em relação aos produtos ou serviços que os franqueados têm permissão de vender, proteção territorial, obrigações do franqueador e uma descrição das condições em que o franqueador poderá readquirir a franquia ou recusar-se a renová-la. Além disso, muitos Estados possuem outras leis que regem o relacionamento entre franqueadores e franqueados. Se você estiver considerando adquirir uma franquia, deve examinar se as leis de seu Estado lhe oferecem proteção adicional como franqueado.

Qualquer um que esteja considerando a possibilidade de adquirir uma franquia deve examinar essas informações com cuidado, e, então, fazer perguntas adicionais ao franqueador. Também é bastante útil, se possível, falar com os atuais franqueados. Eles podem lhe fornecer dicas importantes sobre como o franqueador trata seus franqueados e o quanto os ajuda a ter sucesso. Em todo caso, firmar um acordo com um franqueador é uma decisão muito séria e somente deve ser tomada após reflexão cuidadosa e muita pesquisa (verificar as atuais condições financeiras do franqueador, a concorrência etc.).

Tendência para a Franquia

Uma atividade econômica de crescimento tão rápido como as franquias também tem grandes chances de passar por rápidas mudanças – e isso é definitivamente verdade no que diz respeito às franquias. Assim, apresentamos aqui um resumo de algumas tendências emergentes.

Estabelecimentos Menores em Locais Não-Tradicionais

As empresas inteligentes vão até onde os clientes estão e os grandes franqueadores começaram a colocar esse princípio em prática. Como resultado, estão abrindo estabelecimentos menores em locais onde uma loja de tamanho normal não seria adequada. Estabelecimentos franqueados estão surgindo em mercearias em *campi* universitários, cantinas de colégios, hospitais, zoológicos e teatros. Esses estabelecimentos colocam os produtos ou serviços que vendem bem no caminho dos potenciais clientes, e assim os estimulam a comprar. Essa é uma nova tendência, e é provável que permaneça por algum tempo.

Franquia em *Co-Branding*

Como muitas empresas possuem maior movimento em certas horas do dia ou em determinadas épocas do ano, os franqueadores estão fazendo *co-branding* (associação de marcas) de muitos produtos para usar de forma mais eficiente o caro espaço varejista. Por exemplo, as áreas de descanso ao longo da Via Expressa de Nova York geralmente contêm três ou mais franquias, todas vendendo produtos diferentes, mas compatíveis. Uma combinação que tenho visto nessas áreas é Roy Rogers (hambúrgueres, rosbife e frango frito), Breyer's Ice Cream e Dunkin' Donuts. A idéia básica é que as pessoas consomem mais cada um desses produtos em algumas horas do dia e menos em outras. Por exemplo, elas tendem a comer *donuts* e beber café pela manhã, mas a comer hambúrgueres e frango frito no almoço ou no jantar. E elas tendem a tomar mais sorvete à tarde e à noite do que de manhã. Ao tirar vantagem desses diferentes padrões de consumo, o custo de alugar imóveis caros pode ser distribuído por um volume maior de vendas totais.

Franquia Internacional

Nos últimos anos, os franqueadores norte-americanos inseriram-se em mercados internacionais. Por exemplo, se você viajar pela Europa, verá os conhecidos "Arcos Dourados" da McDonald's Corp. não apenas nas grandes cidades, mas também em cidades menores. Entretanto, como muitos franqueadores descobriram, exportar seus produtos ou serviços nem sempre é simples. Na verdade, produtos ou serviços que vendem bem nos Estados Unidos às vezes parecem estranhos ou desagradáveis para os clientes de outros países. Por exemplo, há alguns anos, a Chevrolet ficou intrigada pela fria recepção que seu automóvel Nova teve na América Latina – até que alguém disse que "No va" significa "Não vá" em espanhol! Os franqueadores que não investigam os gostos e costumes locais com cuidado podem ter sérios problemas. Contudo, o imenso sucesso de estabelecimentos franqueados na Rússia, na China e em outros mercados internacionais sugere que essa também é uma tendência que continuará nos anos futuros.

Uma Grande Expansão nos Tipos de Negócios Sendo Franqueados

Em um certo momento, a maioria das franquias estava na indústria alimentícia e no comércio varejista – Baskin Robbins, Pizza Hut, Subway, Super 8 Motels, Days Inn e outras espalhadas por todo o país tornaram-se palavras comuns entre as famílias americanas. No entanto, em tempos recentes, as franquias que oferecem uma vasta gama de serviços para as empresas – de publicidade (Adventures in Advertising), de treinamento gerencial (Leadership Management, Inc.) e de contratação de pessoal (Management Recruiters Worldwide) – estão crescendo rapidamente. De forma parecida, as franquias entraram na área da educação e agora oferecem diversos programas para crianças, em diferentes áreas, como teatro (Drama Kids International Inc.), academias (Gymboree) e acompanhamento escolar (Sylvan Learning Centers), para citar apenas alguns. Outras áreas em que o número de franquias está aumentando rapidamente inclui serviços de saúde (Pearle Vision, Inc.), reformas residenciais (Ubuild It), fabricação e montagem de armários (Closets by Design) e recreação (Golf USA, Inc.). No geral, os franqueadores agora oferecem aos potenciais franqueados um conjunto verdadeiramente impressionante de negócios que eles podem administrar e não há indícios de que essa expansão vá acabar logo.

Em suma, a franquia é uma forma popular de pessoas ambiciosas se tornarem donas de seu próprio negócio sem precisar ter uma idéia para um novo produto ou serviço e sem desenvolver seu próprio e exclusivo modelo de negócios. Por esse motivo, parece-nos bastante provável que a franquia continue a ser uma grande e crescente atividade durante muitos anos.

Resumo e Revisão dos Pontos-Chave

- As firmas individuais são a forma mais simples de se abrir uma empresa: são constituídas por um único proprietário.
- As firmas individuais são fáceis e baratas de se estabelecer, mas seus proprietários estão sujeitos à responsabilidade ilimitada pelas dívidas da empresa e, em muitos casos, as empresas não podem continuar a existir caso seus donos fiquem doentes ou incapacitados de administrá-las.

- As sociedades por cotas são associações de duas ou mais pessoas como co-proprietárias de uma empresa. Todas as sociedades por cotas devem possuir um contrato social que disponha sobre os direitos e obrigações de todos os sócios.
- Em uma sociedade em nome coletivo, pelo menos um sócio deve ser designado como sócio comanditado; essa pessoa tem responsabilidade ilimitada. Em uma sociedade em comandita, uma pessoa é o sócio comanditado e as demais são os sócios comanditários.
- Em uma sociedade por cotas de responsabilidade limitada, todas as pessoas são sócios comanditários. Tais sociedades estão restritas a profissionais que exercem a mesma atividade (médicos, advogados, contadores). Em uma parceria com responsabilidade limitada *(master limited partnership)*, todos os sócios têm responsabilidade limitada e ações da sociedade podem ser transferidas a outras pessoas; no entanto, ela está sujeita a dupla tributação.
- As sociedades anônimas são pessoas jurídicas distintas de seus proprietários, podem realizar negócios, fazer contratos, ter propriedades, pagar impostos, processar e serem processadas por terceiros.
- Uma vantagem importante das sociedades anônimas é que elas oferecem responsabilidade limitada a seus proprietários. Outra é a capacidade de atrair capital. No entanto, as sociedades anônimas, ao contrário das sociedades por cotas e das firmas individuais, estão sujeitas a diversos requisitos jurídicos e financeiros.
- Uma *S corporation* é uma sociedade anônima em que todos os lucros e perdas são repassados aos acionistas, como seriam repassados aos sócios em uma sociedade em nome coletivo.
- As sociedades de responsabilidade limitada assemelham-se às *S corporations*, mas são autorizadas por lei a apresentar apenas duas das seguintes características: (1) responsabilidade limitada, (2) continuidade de existência, (3) livre transferência das participações e (4) administração centralizada.
- Uma *joint venture* é uma forma de constituição empresarial que se assemelha à sociedade por cotas, mas não há sócios comanditados ou comanditários, e o objetivo da entidade é bastante limitado.
- As sociedades simples, uma forma de constituição empresarial preferida com freqüência por médicos, advogados e outros profissionais, oferecem responsabilidade limitada a seus acionistas, mas estão sujeitas a dupla tributação.
- Nas últimas décadas, muitas leis criadas para proteger a saúde e os direitos dos funcionários foram decretadas (OSHA, Lei dos Americanos Portadores de Deficiências, Lei de Controle e Reforma da Imigração). Os empreendedores precisam ter conhecimento prático dessas leis para evitar infringi-las.
- Outro aspecto da legislação que os empreendedores precisam conhecer é o que rege os contratos – promessas exeqüíveis pela lei.
- Os principais elementos dos contratos são a legalidade (o contrato deve ser concebido para atingir um objetivo legal), o acordo (uma oferta e uma aceitação legítimas), a contrapartida contratual (algo de valor deve ser trocado) e a capacidade (as pessoas envolvidas devem ser capazes de firmar um contrato).
- Se os contratos forem quebrados, a parte prejudicada pode buscar reparação na forma de compensação por perdas e danos ou de execução específica pela parte que quebrou o contrato.
- Ao escolher um advogado para um novo empreendimento, é aconselhável contatar quem tenha experiência em assuntos empresariais e possua credenciais jurídicas de peso.
- Franquia é um sistema de distribuição em que proprietários de empresas semi-independentes (franqueados) pagam taxas e *royalties* a uma empresa controladora (franqueador) em troca do direito de usar sua marca, vender seus produtos ou serviços e, em muitos casos, usar o sistema e modelo de negócios que o franqueador desenvolveu.
- Há dois tipos básicos de franquia: franquia de marca e franquia de negócio formatado.

- A franquia oferece importantes benefícios aos franqueados, incluindo treinamento e suporte, produtos padronizados, publicidade nacional, escolha do ponto e um modelo de negócios que funciona.
- No entanto, as franquias também possuem pontos negativos: os franqueados devem pagar taxas e *royalties* significativos, têm de lidar com a padronização compulsória e possuem pouca liberdade em relação às compras e às linhas de produtos.
- As franquias são regulamentadas pelo governo, que requer que todo franqueado potencial receba informação completa sobre o acordo de franquia antes de assiná-lo.
- As tendências atuais no negócio de franquias incluem estabelecimentos menores em locais não-tradicionais, franquia em *co-branding*, franquia internacional e uma grande expansão nos tipos de negócios sendo franqueados.

Questões para Discussão

Questões para Discussão
1. Recentes decisões judiciais desafiaram a visão de que as pessoas que possuem ações em sociedades anônimas têm responsabilidade limitada pelas dívidas ou atividades dessas sociedades. Quais são as conseqüências dessas determinações judiciais para os empreendedores?
2. O Congresso Americano começou a analisar uma legislação que eliminaria a dupla tributação sobre os dividendos das sociedades anônimas. Se essa legislação fosse decretada, você acha que teria conseqüências positivas ou negativas para os empreendedores?
3. Você se tornaria um sócio comanditário em uma sociedade em comandita? Por quê? Justifique?
4. Quais são as vantagens de uma *joint venture* em relação a uma sociedade anônima? E de uma sociedade anônima em relação a uma *joint venture*?
5. Por que os empreendedores devem tomar conhecimento das leis criadas para proteger a segurança e o bem-estar dos funcionários?
6. Suponha que um de seus clientes prometa fazer um pedido, mas não o faça. É possível processar esse cliente de acordo com o direito contratual?
7. Como um franqueador pensando em entrar em um mercado externo pode descobrir de antemão se seus produtos ou serviços serão bem recebidos nesse novo mercado?

ARREGAÇANDO AS MANGAS

Escolhendo o Melhor Formato para Seu Novo Empreendimento
Muitos empreendedores presumem que o melhor formato para seu novo empreendimento seja uma sociedade anônima comum. Porém, isso pode não ser verdade. Há diversas opções (sociedades por cotas, sociedade de responsabilidade limitada, *joint ventures* etc.) e escolher uma delas depende dos objetivos que o empreendedor deseja atingir e das características desses formatos que são importantes para ele. Qual desses formatos de negócio é melhor para *seu* novo empreendimento? Para adquirir prática em tomar essa decisão, responda a todas as seguintes perguntas:

1. Haverá quantos proprietários?
2. A responsabilidade limitada é uma característica importante para você? (Por exemplo, isso pode ser relativamente importante se você tiver um grande patrimônio pessoal; caso contrário, poderá ser de menor importância.)
3. A possibilidade de transferência da participação na empresa é importante ou não?
4. Você acredita que seu novo empreendimento gerará dividendos? Em caso afirmativo, que importância você dá ao fato de eles estarem sujeitos à dupla tributação?
5. Se você decidir sair da empresa, importa-se se ela poderá continuar a funcionar sem você?
6. Qual é a importância de manter baixos os custos de constituição da empresa?
7. Qual é a importância do levantamento de capital extra no futuro, conforme o necessário?

Considere suas respostas com relação às características dos diversos tipos de empresa resumidos na Tabela 8.1. Com base nessas informações, exclua os tipos de empresa que definitivamente *não* estariam de acordo com seus objetivos ou requisitos e então escolha entre os tipos restantes, considerando o quanto eles se aproximam desses objetivos.

A Franquia é para Você?

O negócio de franquias é uma atividade em rápida expansão. De fato, novas franquias são abertas todos os dias e o número está agora na casa dos milhares. Só porque as franquias são populares não significa que foram feitas para você. Para decidir se deve considerar essa opção para ser dono de seu próprio negócio, responda às seguintes perguntas:

1. Qual a importância de se obter ajuda para começar seu negócio – como treinamento e suporte, produtos padronizados, publicidade nacional, escolha do local e um modelo de negócios testado e comprovado? (Esses são os tipos de ajuda freqüentemente oferecidos por franqueadores de sucesso.)
2. Que importância você atribui a ser, de verdade, o seu próprio chefe – ser capaz de tomar decisões sobre como administrar sua empresa, a natureza de seus produtos ou serviços, fornecedores, publicidade etc.? (Normalmente isso não é possível quando se é um franqueado.)
3. Que importância você atribui a receber ajuda constante para administrar sua empresa – aspectos como assistência na contratação e treinamento de funcionários, *feedback* contínuo sobre o que está fazendo certo e o que está fazendo errado etc.?
4. Quais são seus objetivos finais em relação a administrar sua empresa – ganhar dinheiro e ter uma vida segura? Criar algo realmente novo que mude a vida das pessoas? Obter a liberdade pessoal que só vem quando se é o seu próprio chefe?
5. Que importância você atribui ao fato de os produtos ou serviços que vende serem bem conhecidos pelos potenciais clientes – que eles reconheçam o nome na porta mesmo que nunca tenham visitado sua empresa antes?

Considere suas respostas cuidadosamente à luz da discussão neste capítulo sobre os benefícios e desvantagens de se tornar um franqueado. Somente você é capaz de decidir se as franquias oferecem o que deseja extrair da experiência de administrar uma empresa – e de sua própria vida. Responder a essas perguntas por completo e com atenção irá ajudá-lo a tomar essa decisão de forma racional. Qualquer que seja sua escolha – empresa independente ou franqueada – boa sorte!

O Marketing em uma Nova Empresa

9

OBJETIVOS DE APRENDIZADO

Após ler este capítulo, você deve ser capaz de:

1. Identificar uma necessidade real do cliente e explicar por que o empreendedor deve buscar desenvolver um produto ou serviço que atenda a uma necessidade real.
2. Explicar por que os empreendedores usam diferentes técnicas para avaliar as preferências dos clientes em mercados novos e estabelecidos e identificar essas técnicas.
3. Expor a análise conjunta e indicar que informações ela oferece aos empreendedores.
4. Explicar como os mercados grandes e em crescimento ajudam os empreendedores.
5. Definir a curva em S de novos produtos e explicar por que ela é importante para os empreendedores entenderem a relação entre esforço e desempenho do produto.
6. Descrever o padrão típico de adoção de um novo produto e explicar como ele influencia a ação empreendedora.
7. Definir "atravessar o abismo" e explicar por que e como os empreendedores "o fazem".
8. Explicar como os empreendedores devem escolher os clientes nos quais focar seus esforços iniciais.
9. Definir "projeto dominante" e "norma técnica", explicando como influenciam o desempenho dos novos empreendimentos.
10. Explicar por que a venda pessoal é uma parte muito importante das estratégias de marketing dos empreendedores.
11. Descrever como os empreendedores definem o preço de novos produtos.

> "Experimente usar novidades como isca, pois a novidade a todos conquista."
> (Goethe, *Fausto: Parte I*, 1808, tradução para o inglês de Philip Wayne)

Nos últimos tempos, muitas editoras têm dito aos escritores que os livros eletrônicos logo substituirão os livros "reais". Isso aconteceu comigo (Scott Shane) no ano passado, quando uma grande editora me sugeriu que escrevesse um livro eletrônico. A idéia básica era simples: os alunos comprariam um código de acesso que lhes permitiria visualizar e baixar o livro de uma página especial na internet. Os alunos poderiam, à sua escolha, destacar diversas partes do texto, inserir notas para ajudar no estudo, imprimir capítulos separadamente, enfim, fazer o que quisessem com seus livros eletrônicos. Fui meio cético; afinal, os livros são produtos bastante práticos. Eles podem ser transportados e passar pela segurança de aeroportos sem disparar alarmes, podem ser lidos em quase todos os lugares, até mesmo onde não há uma fonte de energia, e podem ser utilizados de outras formas – por exemplo, como peso para manter portas abertas e até como mata-moscas! Tudo isso me levou a pensar: nos próximos anos, os alunos realmente trocarão os livros tradicionais pelos *e-books*? A resposta veio depressa: não! As vendas das versões eletrônicas da maioria dos livros são ínfimas. Se tiver a chance de escolher, a grande maioria dos alunos optará pelos livros em seu formato tradicional.

Esse resultado levanta uma questão intrigante: por que as pessoas investiram milhões de dólares em projetos de *e-books* que não tinham nenhum futuro? Elas não pesquisaram antes para saber se alguém tinha interesse em comprar esse tipo de produto? A resposta é complexa e deixa lições importantes para os empreendedores. Eis o que aconteceu: as empresas envolvidas *tentaram* descobrir previamente se os alunos comprariam esses livros – elas fizeram pesquisa de mercado. Mas, como ocorre com freqüência com empreendedores que vão atrás de novas tecnologias, é muito difícil medir o mercado para algo que ainda não foi introduzido. Além do mais, como mostra a curva em S na Figura 9.1, quando novos produtos com base em novas tecnologias são introduzidos, em geral possuem desempenho inferior às alternativas existentes e, assim, não são adotados por boa parte dos clientes. Apenas após o produto ter sido mais desenvolvido e aperfeiçoado, apresentará um desempenho melhor do que as alternativas existentes e os clientes começarão a adotá-lo em grande escala. A lição dessa história é que falar com os clientes é apenas uma parte do processo de desenvolvimento e comercialização de um novo produto. Coletar informações de forma que obtenha respostas úteis e entender como o desempenho de um novo produto se desenvolve também são ações muito importantes.

O restante deste capítulo abordará mais a questão do marketing em uma nova empresa. Na primeira seção, discutiremos como os empreendedores avaliam os mercados e as necessidades dos clientes. Explicaremos por que é importante para os empreendedores desenvolver novos produtos ou serviços que atendam a necessidades *reais* dos clientes – resolvendo de fato os problemas não-solucionados ou oferecendo produtos ou serviços significativamente melhores do que as alternativas existentes. Analisaremos como as técnicas apropriadas para os empreendedores usarem na avaliação dos mercados e necessidades dos clientes – discussões em grupo, pesquisas, discussões com usuários, extrapolação de tendências, dis-

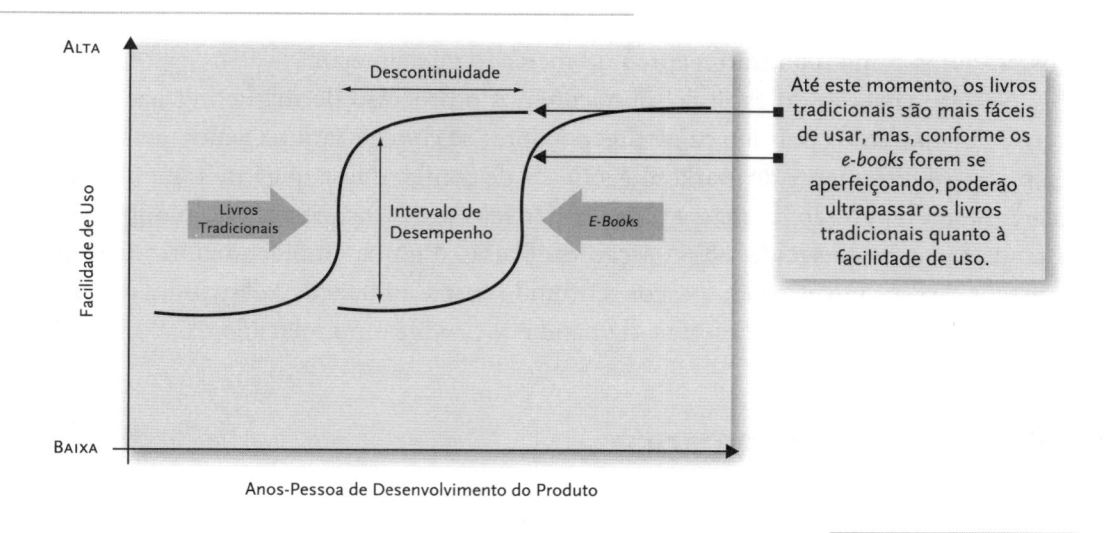

Figura 9.1 Transição dos Livros Tradicionais para os *E-Books*
Quando um novo produto com base em uma nova tecnologia é introduzido, ele freqüentemente possui um desempenho inferior do produto que substitui. No entanto, o novo produto compensa essa desvantagem inicial conforme mais esforços são feitos para aperfeiçoá-lo.

cussões com especialistas etc. – dependem de o produto ou serviço abrir um novo mercado ou ser usado em um mercado existente. Essa seção também informará como os empreendedores usam a **análise conjunta** para determinar a importância relativa de diferentes características do produto para os clientes.

Na segunda seção, discutiremos a dinâmica do mercado e explicaremos o que os empreendedores precisam saber sobre ela. Explicaremos por que é tão importante que eles façam estimativas sobre o tamanho e a taxa de crescimento do mercado em que estão entrando quando começarem seus novos empreendimentos. Nessa seção, analisaremos como os novos produtos se desenvolvem no padrão de curva em S descrito no início do capítulo e indicaremos o que esse padrão de desenvolvimento de produto significa para os empreendedores, especialmente para seu tempo de entrada no mercado.

Na terceira seção, focaremos como os empreendedores obtêm a aceitação do grande mercado para seus novos produtos e serviços. Descreveremos o padrão típico de adoção para novos produtos e serviços e explicaremos por que ele apresenta uma distribuição normal, isto é, em forma de sino, com poucas adoções ocorrendo mais cedo, mais adoções mais tarde e menos adoções mais tarde ainda. Trataremos também do caminho que os empreendedores percorrem dos primeiros usuários de seus novos produtos e serviços à primeira maioria de usuários. Essa seção pontuará por que é importante que os empreendedores se concentrem em um único produto ou serviço quando seus empreendimentos estão começando e como eles devem escolher quais clientes abordar primeiro. Além disso, será discutido o projeto dominante para novos produtos e como a tendência de os produtos convergirem para um único projeto ao longo do tempo influencia o desempenho de novos empreendimentos. Por fim, essa seção mostrará como os padrões técnicos influenciam na adoção de novos produtos e como os empreendedores podem fazer os clientes adotarem seus produtos como o **padrão técnico** do mercado que almejam.

Na última seção do capítulo, destacaremos o processo de marketing nas novas empresas. Analisaremos por que os empreendedores se concentram na venda pessoal como a sua principal ferramenta de marketing, em vez de confiar quase que inteiramente na publicidade ou na reputação da marca para vender seus produtos, do mesmo modo que fazem as empresas já estabelecidas. Essa seção explicará como os empreendedores determinam os preços de seus novos produtos, concentrando-se na influência da estrutura de custos do novo empreendimento e na oferta e demanda de produtos no mercado.

Avaliando o mercado

Como discutido no Capítulo 4, os empreendedores de sucesso não abrem empresas e oferecem novos produtos e serviços sem antes coletar informações sobre o mercado e as preferências dos clientes. Mais especificamente, os empreendedores de sucesso certificam-se de que há uma necessidade real para o seu novo produto ou serviço; avaliam as preferências dos clientes sobre os atributos do novo produto ou serviço que pretendem oferecer; e identificam as principais dimensões das necessidades dos clientes que seu produto ou serviço atende.

Começando com uma Necessidade Real

Os empreendedores de sucesso desenvolvem novos produtos e serviços que têm como base as necessidades reais dos clientes. Isso parece óbvio, certo? Talvez, mas é demasiado baixo o número de empreendedores que apresentam produtos que atendem a uma necessidade real; a maioria acaba não tendo êxito em gerar vendas. Por quê? A maioria dos empreendedores apaixona-se pela idéia de abrir uma empresa e não dá atenção suficiente ao fato de estarem fornecendo ou não um produto ou serviço melhor do que as alternativas existentes. Por exemplo, quando eu (Scott Shane) lecionava na Sloan School, no MIT, um aluno propôs abrir um negócio para oferecer entrega de xampu e sabonete pela internet. Como isso aconteceu no MIT, os demais alunos na sala logo presumiram que ele criaria um sistema eletrônico complexo para esse produto e perguntaram como pretendia colocar sensores eletrônicos nos distribuidores de xampu e sabonete para que esses produtos fossem automaticamente encomendados quando estivessem acabando. O aluno respondeu que não usaria sensores eletrônicos; sua idéia era que as pessoas entrassem na internet e pedissem xampu e sabonete quando estivessem acabando. Quando perguntei por que havia a necessidade de se comprar xampu e sabonete pela internet, em vez de comprá-los no mercado, o aluno respondeu que ele sempre se esquecia de comprar esses produtos ao fazer compras no mercado e imaginou que tal problema seria resolvido se houvesse um serviço de entrega de artigos de higiene pessoal pela internet. Porém, na verdade, não há necessidade real para esse serviço. Ao contrário desse estudante, a maioria das pessoas se lembra de ir à farmácia ou ao supermercado para comprar xampu e sabonete. Até mesmo os mais esquecidos podem ir de última hora a um supermercado ou a uma farmácia para comprar esses itens – ainda mais que demoraria três dias para a UPS entregar o pedido feito pela internet! Embora esse empreendedor acreditasse que estava prestando serviços aos clientes, sua idéia de negócio não atendia a uma necessidade.

O que significa necessidade *real* do cliente? Ela existe quando os clientes têm um problema e querem que seja resolvido, mas não há produtos ou serviços que façam isso. Por exemplo, um remédio que cure o câncer de pulmão atenderia a uma necessidade real. Nada que existe hoje trata bem essa doença e as pessoas que a têm gostariam que houvesse cura para ela. Um produto ou serviço também sacia uma necessidade real quando resolve um problema de forma muito melhor, motivando os clientes a substituir a alternativa existente pelo novo produto ou serviço. Repare que dissemos "resolve (...) de forma muito melhor". Como as pessoas tendem a preferir o *status quo*, um novo produto ou serviço precisa ser muito melhor do que o já existente para que as pessoas decidam trocar um pelo outro. Ser apenas um pouco melhor dificilmente basta para motivar os clientes a mudar. Por exemplo, um microchip que triplique a velocidade de processamento do computador atenderia a uma necessidade real, mas um que aumentasse a velocidade em 2% provavelmente não.

Como os empreendedores de sucesso determinam se há uma necessidade real para um produto ou serviço? No geral, eles seguem um processo de quatro etapas. Primeiro, procuram por problemas dos clientes. Falaremos mais sobre isso ainda neste capítulo, mas, basicamente, os empreendedores de sucesso buscam problemas que os clientes enfrentam e que não estão sendo resolvidos de forma adequada. O que deixa os clientes frustrados? O que os faz reclamar? Essas questões dão indícios de um problema que representa uma necessidade real do cliente. Por exemplo, as pessoas dos departamentos de contabilidade de várias empresas estão reclamando que o software que usam é inadequado para gerenciar em conjunto a folha de pagamento e o estoque. Se os clientes reclamam que precisam integrar registros de diferentes áreas de sua empresa e o software de contabilidade existente não pode fazer isso, então eles provavelmente precisam de um melhor e mais integrado.

Assim que o empreendedor descobrir que os clientes têm um problema real que não está sendo resolvido, a segunda etapa é fornecer uma solução. Caso contrário, da perspectiva do empreendedor, não faz diferença se os clientes têm um problema não-resolvido. No nosso exemplo do software de contabilidade, não importaria se os clientes desejassem um software que integrasse os registros de estoque e de folha de pagamento se o empreendedor não pudesse criar um software que o fizesse de forma superior aos existentes. Se o software do empreendedor não fosse melhor do que as alternativas existentes, não haveria razão para ele abrir uma nova empresa para produzi-lo.

Mas suponha que os clientes tenham um problema real e o empreendedor tenha uma solução concreta para esse problema; a terceira etapa do processo é levar em conta os aspectos econômicos de se atender à necessidade do cliente. Por exemplo, só faria sentido para o empreendedor começar uma nova empresa para fornecer uma solução à necessidade do cliente de um software de contabilidade integrado se ele pudesse oferecer seu produto a um preço que os clientes pagassem e ainda lucrasse com isso. Se o empreendedor pudesse desenvolver a solução, mas ela fosse custar mais do que os clientes estariam dispostos a pagar, então não valeria a pena abrir uma empresa para oferecer o novo software.

A etapa final no processo é identificar quaisquer alternativas à solução do empreendedor – as que já existem e as que serão lançadas em um futuro próximo. Essa etapa é, muitas vezes, a mais difícil para os empreendedores administrarem, pois as pessoas tendem a se convencer de que as soluções que inventaram são melhores do que as oferecidas pelos outros. No entanto, os empreendedores de sucesso sabem que precisam comparar de forma crítica e objetiva suas soluções com as oferecidas por terceiros, evitando envolver seus egos. Para fazer bem isso, os empreendedores com freqüência falam diretamente com os potenciais clientes ou com terceiros para obter uma opinião realista sobre o valor de suas soluções em relação às demais alternativas. Por exemplo, o empreendedor de nosso software de contabilidade poderia mostrar seu programa e o programa alternativo a especialistas em software de contabilidade e perguntar-lhes o que acham dos programas. Somente se o novo produto ou serviço do empreendedor for melhor que as alternativas haverá um motivo para começar um novo negócio.

A Fixx Services, Inc., empresa de gerenciamento de serviços de manutenção para o varejo, fundada por Mark Bucher, em Bethesda, Maryland, é um bom exemplo de empresa estabelecida para explorar uma necessidade real dos clientes. Bucher fundou a empresa quando soube que donos de restaurantes e lojas varejistas precisavam de um serviço de gerenciamento de consertos que lhes permitisse ligar para um único número de telefone e conseguir ajuda para o conserto de janelas quebradas, problemas de encanamento, remoção de neve etc., em vez de contratar diferentes empresas para prestar cada um desses serviços. A Fixx Services não só acaba com a dor de cabeça que é encontrar diferentes prestadores de serviços – uma necessidade real dos clientes – como também os clientes podem pagar menos pelos serviços, já que os prestadores podem lhes oferecer preços menores em troca da maior quantidade de trabalho que a Fixx Service consegue para eles[1].

Avaliando as Preferências do Cliente e o Mercado para Novos Produtos e Serviços

Como explicamos no Capítulo 4, os empreendedores precisam coletar informações de seus potenciais clientes ao desenvolver suas novas empresas. Para fazer isso, eles usam uma série de técnicas, incluindo grupos de discussão, pesquisas e conversas com clientes existentes e usuários de produtos parecidos. Entretanto, eles usam outras técnicas, como observação de clientes, debates com especialistas do segmento e análise de tendências[2].

Mas como os empreendedores sabem que técnicas usar para coletar informações dos clientes? A primeira etapa é definir o tipo de mercado a que estão visando. O mercado-alvo já está bem estabelecido, como o mercado de automóveis? Ou o mercado-alvo é recente, como o de casas de leilão com base na internet do início dos anos de 1990? Quando o mercado-alvo já está estabelecido, o processo de avaliação do mercado e das preferências do cliente é bem mais fácil do que quando o mercado-alvo é novo, e geralmente envolve o uso de grupos de discussão e pesquisa que discutimos em detalhes no Capítulo 4. O motivo é que quando o mercado-alvo já está estabelecido, as preferências dos clientes não são tão incertas, porque as características básicas dessas preferências são conhecidas. Por exemplo, qualquer um que queira vender automóveis hoje em dia sabe o que o mercado deseja

---

[1] Pedroza, G. Mr. Fix-it. *Entrepreneur*, Março: 92, 2003.
[2] Barton, D. *Commercializing technology: Imaginative understanding of user needs*. Harvard Business School Note 9-694-102, 1994.

em um carro. Além disso, os clientes preferem comunicar suas preferências aos empresários. Essa troca de informações torna muito mais fácil escolher boas perguntas para pesquisas e grupos de discussão que, conforme explicamos no Capítulo 4, são essenciais para obter um *feedback* útil a partir dessas técnicas.

A segunda etapa é determinar que tipo de novo produto ou serviço você está desenvolvendo. Sua solução para as necessidades dos clientes já é conhecida e entendida ou é uma solução inédita? Por exemplo, um chip de computador de processamento mais rápido feito de silício seria uma solução conhecida e entendida, pois os chips de computador existentes são feitos de silício. Nesse exemplo, o empreendedor está produzindo um chip mais rápido, que trabalha mais ou menos da mesma forma que os chips anteriores. Mas houve momentos em que os fabricantes de computadores ofereceram soluções inéditas ao problema de fazer os computadores processarem informações mais depressa, como quando eles mudaram do uso de válvulas para transistores e depois de transistores para microchips. No caso de ambas transições, a solução para o problema do cliente teve como base novos conhecimentos científicos e de engenharia, então, não era bem conhecida ou entendida pelos clientes.

Assim como no caso do mercado-alvo conhecido, quando o conhecimento da solução é sabido, o processo de avaliação do mercado e das preferências dos clientes é muito mais fácil. Mais uma vez, os empreendedores podem se apoiar nas técnicas de pesquisa e nos grupos de discussão que abordamos no Capítulo 4. A Tabela 9.1 resume quando as diferentes abordagens para coletar informações sobre as preferências dos clientes funcionam melhor. Como a tabela mostra, quando o mercado-alvo e as soluções são bem conhecidos, as técnicas tradicionais de pesquisa de mercado são bastante eficazes. Caso contrário, tais técnicas deixam a desejar. Nessas condições, as pessoas nos grupos de discussão e pesquisas não sabem o suficiente para fornecer respostas úteis. Por exemplo, quando o laser e a fotocopiadora surgiram, os clientes potenciais que participaram de pesquisas sobre esses produtos disseram que não haveria uso para eles. Isso ocorreu, em grande parte, porque as pessoas não podiam imaginar de que forma esses produtos seriam aplicados.

Então o que se deve fazer quando o mercado ou a solução oferecidos forem realmente inéditos? Sob essas circunstâncias, os empreendedores de sucesso conduzem discussões com peritos da área e extrapolam tendências para descobrir quais recursos incluir em novos produtos ou serviços. Mas cuidado. Essas técnicas parecem funcionar melhor quando o mercado ou a solução são, de fato, novos. Quando o mercado ou a solução são conhecidos, as técnicas tradicionais de pesquisa de mercado funcionam melhor. É preciso conhecer seu mercado-alvo e seu produto antes de decidir quais técnicas usar, do contrário você terá sérios problemas.

E os casos em que apenas um dos fatores, o mercado-alvo ou a solução, é conhecido? Nessa situação, o empreendedor deve combinar as técnicas tradicionais de pesquisa de mercado com as abordagens futuristas. Participar de expedições antropológicas, nas quais os empreendedores se colocam no lugar dos clientes; ter conversas profundas com os primeiros usuários de novos produtos; ou se associar aos clientes para desenvolver os produtos são estratégias bastante eficazes para conhecer as preferências do cliente[3].

---

[3] Idem.

Embora os empreendedores possam desenvolver novos produtos e serviços para mercados existentes usando soluções conhecidas, seria muito melhor se se concentrassem em criar novos produtos e serviços para novos mercados, usando novas soluções. Por quê? Porque os empreendedores não são as únicas pessoas que desenvolvem novos produtos e serviços. Os administradores de empresas já estabelecidas fazem a mesma coisa, freqüentemente com mais pessoas e dinheiro por detrás dos projetos. Para introduzir um novo produto ou serviço com sucesso, o empreendedor precisa não só atender a uma necessidade do mercado, mas fazer isso muito melhor do que a concorrência. Também ajuda se o empreendedor introduzir um novo produto ou serviço que empresas já estabelecidas não estejam tentando desenvolver.

Tabela 9.1 As Técnicas de Pesquisa de Mercado Dependem do Tipo de Mercado
Os empreendedores usam técnicas variadas para conhecer as necessidades dos clientes em mercados novos e existentes.

	MERCADO EXISTENTE	**MERCADO NOVO**
Filosofia de pesquisa de mercado	Análise dedutiva de dados	Intuição
Técnicas para coletar informações de clientes	Grupos de discussão, pesquisas, entrevistas em shoppings	Especialistas no segmento, extrapolação de tendências, cenários futuros
Exemplos	Novos tipos de pasta de dente, novos modelos de carro	Casas de leilão pela internet, telefone

Fonte: Com base em informações contidas em Barton, D. *Commercializing technology: Imaginative understanding of user needs*. Harvard Business School Note 9-694-102.

Quando os mercados já existem ou quando os novos produtos baseiam-se em soluções conhecidas para os problemas dos clientes, as novas empresas estão em séria desvantagem em relação às empresas estabelecidas. Como as empresas estabelecidas já venderam seus produtos aos clientes, elas já coletaram uma grande quantidade de informações sobre suas preferências. Você já usou um cartão de crédito em uma loja como a JC Penney? Esse cartão permite ao lojista saber exatamente o que você comprou, quanto gastou, se os produtos estavam em promoção, se você usou um cupom de desconto etc. Essas informações tornam fácil para a JC Penney descobrir quais são as suas preferências quando lançar um novo produto, especialmente se comparada com um empreendedor que esteja competindo com ela e lançando um novo produto pela primeira vez.

Quando o mercado é novo ou a solução para as necessidades dos clientes é inédita, no entanto, os empreendedores podem contrabalançar as vantagens que as empresas existentes possuem em relação à compreensão das exigências dos clientes. Dorothy Leonard Barton, professora da Harvard Business School, explicou que as empresas existentes têm três grandes desvantagens ao oferecer, em novos mercados, soluções inéditas para as necessidades dos clientes. A primeira, que ela chama de **inflexibilidades centrais**, significa que as empresas fazem bem aquilo que estão acostumadas a fazer e não o que é novo. As empresas existentes não são muito boas em criar novos produtos para atender a novos mercados ou que tenham novas soluções às necessidades dos clientes como base, pois têm dificuldade em se desvencilhar do jeito antigo de fazer as coisas.

A segunda desvantagem das empresas estabelecidas, que a professora Barton chama de **tirania do mercado atual**, significa que as empresas estabelecidas têm dificuldades em criar novos produtos para novos mercados porque ouvem seus clientes. Isso pode soar estranho – afinal, seu livro de marketing provavelmente diz como é importante ouvir os clientes, e isso é verdade se você quiser continuar a atender seus clientes *atuais*. No entanto, ouvir os clientes *atuais* tornará mais difícil para uma empresa criar novos produtos para *novos* mercados. O motivo? Os clientes atuais de uma empresa irão sempre pedir melhorias para os produtos atuais e não produtos para novos mercados. Como resultado, os clientes existentes manterão as empresas estabelecidas concentradas em fazer melhorias nos produtos atuais em vez de procurar maneiras de atingir novos clientes.

A terceira desvantagem das empresas estabelecidas é o que a professora Barton chama de **miopia do usuário**. Isso significa que os clientes das empresas existentes só conseguem enxergar necessidades ou soluções muito limitadas. Normalmente, vêem suas próprias necessidades, mas não as de outros clientes potenciais. Isso cria grandes problemas quando um novo produto é muito útil para um mercado diferente. Por exemplo, quando a Halloid Corporation, precursora da Xerox, introduziu a primeira máquina fotocopiadora, seus representantes procuraram as únicas pessoas que reproduziam documentos na época – os impressores em *offset* – e lhes perguntaram o que achavam das máquinas. Eles responderam que não viam utilidade nelas; que a impressão em *offset* funcionava bem. Felizmente, a Halloid Corporation não ouviu os impressores, pois esse era um caso clássico de miopia do usuário. Claro, a impressão em *offset* funcionava bem para os impressores, que não precisavam de fotocopiadoras. Mas, como se sabe, havia uma imensa necessidade de fotocopiadoras – em escolas, escritórios, bibliotecas etc. Os impressores não perceberam isso, pois não conseguiam enxergar as necessidades e preferências de outros segmentos do mercado[4].

A lição aqui é contra-intuitiva. Embora os empreendedores desejem perseguir mercados estabelecidos com soluções conhecidas para as necessidades dos clientes, porque isso é mais fácil, essa não é a abordagem mais adequada. Os empreendedores têm melhor desempenho quando lançam produtos com base em soluções inéditas para as necessidades dos clientes em novos mercados. Quando faz muito tempo que as empresas estabelecidas vendem produtos com base em uma solução antiga ou quando o mercado é tão novo e a demanda tão desconhecida que é extremamente difícil pesquisar o mercado a fundo, os empreendedores que lançam empresas com produtos inéditos tendem a se sair muito bem.

Análise Conjunta: Determinando Quais Dimensões São Mais Importantes

Por que os clientes preferem um produto a outro? Presumivelmente, porque o produto que escolhem oferece uma combinação ideal de características – avaliações altas nas dimensões que os clientes vêem como mais importantes. E quais dessas dimensões pesam mais sobre as preferências e decisões dos clientes? Preço? Tamanho? Peso? E quanto a combinações diversas dessas características? Por exemplo, os clientes aceitariam um produto de tamanho maior em troca de um preço menor?

---

[4] Idem.

Apenas perguntar aos consumidores "Quais são as dimensões mais importantes para você?" não resolverá esse quebra-cabeça. Embora as pessoas *acreditem* que possam explicar por que se comportam da maneira como se comportam, há muitos indícios mostrando que, na verdade, elas não são muito boas nisso. Não conhecem, de verdade, os motivos pelos quais tomam certas decisões[5]. Por exemplo, recentemente visitei um parente que tinha acabado de comprar um veículo utilitário esportivo (SUV) enorme – um dos maiores do mercado. Enquanto ele manobrava seu veículo gigantesco pelo intenso tráfego da cidade, eu lhe perguntei por que ele tinha decidido comprá-lo. A resposta dele? "Não sei... apenas me sinto bem ao guiá-lo". Tenho certeza de que teve motivos para escolher esse SUV, mas não conseguiu descrevê-los com clareza.

Uma resposta para esse mistério é fornecida pela **análise conjunta**[6]. A análise conjunta pede aos indivíduos que expressem suas preferências por diversos produtos especialmente escolhidos para oferecer um *conjunto ordenado sistemático* de características. Lembra-se do localizador de objetos perdidos citado no Capítulo 4, por exemplo? O mapeamento perceptual mostrou que as pessoas tinham preferências diferentes sobre preço, tamanho, volume do sinal localizador, peso e vida útil da bateria. Para determinar a importância relativa de cada uma dessas dimensões para os consumidores, os empreendedores apresentam exemplos de dispositivos localizadores (reais, talvez só fotos ou outras imagens) aos potenciais clientes e lhes pede para indicar qual a probabilidade de comprarem cada um dos dispositivos. Os produtos são projetados para que tenham uma classificação alta ou baixa em cada uma das dimensões principais. Por exemplo, um produto teria classificação alta na primeira dimensão (preço), mas baixa nas demais: tamanho, volume, peso e vida útil da bateria. Um segundo produto teria classificação baixa no preço e também baixa nas demais dimensões, e assim por diante. Como há cinco dimensões diferentes, isso geraria um grande número de produtos: 2 (baixa, alta) x 2 (baixa, alta) x 2 (baixa, alta) x 2 (baixa, alta) x 2 (baixa, alta) = 32. Pode-se exibir pares de itens aos consumidores e pedir-lhes que escolham entre eles. Outra opção é mostrar um de cada vez e solicitar que eles indiquem a probabilidade de compra (como em uma escala de 1 a 7, em que 1 = muito pouca chance de comprar e 7 = muita chance de comprar). Como é possível observar, se o número de dimensões for elevado (como 7 em vez de 5) e se os produtos puderem ter classificação alta, média ou baixa em cada dimensão, o número de combinações sairia rapidamente de controle (por exemplo, 3 x 3 x 3 x 3 x 3 x 3 x 3 = 2.187). Para reduzir esse problema, a análise conjunta usa um *projeto fatorial fracionário* – apenas uma fração de todas as combinações é apresentada aos consumidores. Como essa fração é escolhida? Principalmente com base na evidência preliminar do mapeamento perceptual. Por exemplo, se o mapeamento perceptual sugerisse que preço, tamanho e volume do sinal são as dimensões mais importantes, elas estariam totalmente representadas no conjunto ordenado de produtos, ao passo que as demais dimensões poderiam ser representadas apenas em combinação com outras. Os dados coletados pela análise conjunta (avaliação dos participantes para cada produto ou as escolhas entre eles) são então analisados estatisticamente. Os resultados de tais aná-

---

[5] Baumeister, R. F. The self. In: Gilbert, D. T.; Fiske, S. T.; Lindzey, G. (eds.). *Handbook of social psychology*. 4. ed., v. 1, p. 689-740, 1998.

[6] Green, P.; Rao, V. Conjoint measurement for quantifying judgmental data. *Journal of Marketing Research*, 8: 355-363, 1971.

lises indicam a importância relativa de cada variável (tamanho, peso, volume etc.) nas decisões dos participantes.

Embora os detalhes estatísticos da análise conjunta estejam além do escopo dessa discussão, a estratégia geral é: em vez de pedir aos potenciais clientes que nos digam quais dimensões são mais importantes para eles na escolha entre diversos produtos, fazem de fato essas escolhas e suas seleções ou preferências declaradas fornecem as informações que buscamos.

A análise conjunta pode fornecer aos empreendedores informações de marketing de extremo valor. Assim que tomam conhecimento sobre quais características são mais importantes para os consumidores, os empreendedores podem incorporá-las a seus novos produtos e maximizar as chances de sucesso. Porém, ir ao mercado sem coletar essas informações muitas vezes leva a resultados problemáticos.

Dada a importância que a coleta e a análise de informações dos clientes têm para os empreendedores, a maioria deles tenta coletá-las antes de lançar novos produtos. Mas alguns empreendedores não reúnem informações adequadas antes de ir adiante. Alguns desses empreendedores não o fazem certamente porque não participaram de cursos sobre empreendedorismo nem leram livros como este, que explicam por que isso é tão importante. No entanto, muitas vezes os empreendedores sabem que coletar informações dos clientes é fundamental, mas deixam de fazê-lo mesmo assim em virtude das pressões com relação a tempo e dinheiro. Algumas vezes, eles não coletam as informações dos clientes, pois não têm dinheiro suficiente para pagar por discussões em grupo, entrevistas, pesquisas e outros esforços para obter informações dos clientes e ainda arcar com os custos de desenvolver o produto. Em outras, os empreendedores não coletam informações, pois se preocupam se outro empreendedor chegará ao mercado antes deles ou temem que a oportunidade desapareça antes que possam colocar o produto na praça. Por exemplo, um empreendedor no segmento de moda pode desejar fazer pesquisas com os clientes sobre sua nova coleção de roupas para o outono, mas percebe que, se perder tempo coletando informações, não será capaz de levar suas roupas às lojas antes do dia dos namorados, quando será tarde demais para lançar sua coleção. A lição que fica é: coletar informações dos clientes é importante, mas os empreendedores freqüentemente precisam fazer escolhas difíceis entre gastar seus recursos limitados para avaliar as necessidades do cliente ou gastá-los em outras coisas, e entre coletar informações e se aproveitar das janelas de oportunidade no mercado, antes que elas se fechem.

DINÂMICA DO MERCADO

Os empreendedores bem-sucedidos sabem que nem todos os mercados são iguais. Eles entendem que alguns mercados, como o de tacos de golfe, são maiores que outros, como o mercado para raquetes de pingue-pongue. Os empreendedores de sucesso também sabem que os mercados crescem em ritmos diferentes; por exemplo, o mercado para veículos utilitários esportivos, no momento, está crescendo muito mais rápido do que o dos *muscle cars* (carros pequenos com motores potentes). Por fim, eles reconhecem que os mercados evoluem conforme novos produtos surgem, evoluem e envelhecem. Assim, os empreendedores bem-sucedidos compreendem a dinâmica dos mercados em que estão pensando em entrar, antes de abrir suas empresas e lançar novos produtos ou serviços, para ter certeza de que estão adotando a estratégia de marketing correta para tal mercado. Nesta seção, apresentaremos algumas das principais dinâmicas do mercado que os empreendedores de sucesso exploram em seu benefício.

Conhecendo Seu Mercado: A Importância do Tamanho e do Crescimento do Mercado

Uma pergunta básica que os empreendedores precisam fazer ao desenvolver um plano de marketing para seu novo empreendimento é "Qual o tamanho do mercado?". Um mercado grande é importante, pois as novas empresas têm um custo fixo para dar a partida. Quanto menor o mercado, menores serão as potenciais vendas para o novo empreendimento e maior será a participação no mercado que o empreendedor precisará ter para cobrir os custos iniciais. Além do mais, um novo empreendimento pode entrar em um grande mercado sem chamar muito a atenção dos concorrentes, que percebem o que está acontecendo com muito mais facilidade em mercados menores. Como o novo empreendimento em geral não está pronto para competir – seus produtos ainda não foram desenvolvidos, seus funcionários ainda não foram contratados e assim por diante –, voar abaixo do alcance do radar, como dizem os capitalistas de risco, é muito importante.

Os empreendedores também precisam determinar a velocidade com que o mercado está crescendo. Um mercado em crescimento rápido é vantajoso para os empreendedores, pois afeta o processo de vendas. Em um mercado estagnado, a única forma de uma empresa realizar vendas é tirando clientes de outras empresas. No entanto, em um mercado de crescimento rápido, uma empresa pode crescer rapidamente ao atender a clientes que não estavam no mercado antes. É muito mais fácil captar clientes novos do que aqueles atendidos por outras empresas, pois, em último caso, as outras empresas competirão com você para segurá-los. Além disso, um mercado em crescimento rápido é vantajoso para os empreendedores, pois significa um volume maior de clientes, fornecendo os benefícios das compras em grande quantidade e economias de escala, que reduzem os custos do empreendedor.

Cronometrando o Mercado: A História da Curva em S

Como explicamos no início do capítulo, os produtos possuem ciclos de vida que influenciam a capacidade dos empreendedores entrarem nos mercados com novos produtos. Pesquisadores descobriram que, quando os produtos são introduzidos, freqüentemente são inferiores aos alternativos em diversas dimensões importantes para os clientes, como qualidade, confiabilidade e desempenho[7]. Por exemplo, os primeiros automóveis não podiam ir tão longe ou tão rápido como as charretes que as pessoas usavam para transporte na época. Entretanto, as empresas percorrem a curva de aprendizado conforme descobrem como aperfeiçoar seus produtos. Elas acrescentam novos recursos, aumentam a confiabilidade ou melhoram os produtos de outras formas, nas dimensões que os clientes valorizam.

Inicialmente, esse aperfeiçoamento é lento, pois aprender coisas novas é difícil. Muitas idéias sobre como aperfeiçoar o produto levam a becos sem saída. Além do mais, quan-

---

[7] Foster, R. *Innovation: The attacker's advantage.* Nova York: Summit Books, 1986.

do um problema é resolvido, logo outro aparece, isso impede que o desempenho melhore com rapidez. Por exemplo, quando os primeiros aviões foram construídos, cada esforço inicial para aperfeiçoar as asas e motores resultava apenas em alguns metros a mais de vôo. Mas após resolver uma série de problemas de projeto, os empresários pioneiros da aviação descobriram as principais soluções aos problemas das asas e dos motores, e o desempenho de vôo melhorou espetacularmente. Esse avanço rápido no desempenho continua por um período, até atingir um nível de retornos decrescentes, em que cada esforço resulta em poucos benefícios em termos de desempenho. Por exemplo, tornar um avião capaz de voar um quilômetro adicional exige muito mais investimento do que foi gasto para aumentar o alcance de aviões anteriores de um para dois quilômetros. Como você deve ter percebido, esse padrão de desempenho do novo produto tem o formato de um "S". Os pesquisadores o chamam de "**curva em S**"[8]. Na Figura 9.2, mostramos a curva em S para memórias de computador.

Acabamos de descrever a curva em S para um novo produto bem-sucedido. Se as coisas funcionassem sempre da forma que acabamos de descrever, as empresas produziriam produtos novos o tempo todo, sabendo que eles acabariam por ter um desempenho melhor que o dos produtos antigos. No entanto, nem sempre isso acontece – ou demora tanto para acontecer que não vale a pena desenvolver o novo produto. Por exemplo, nos anos de 1970, muitas pessoas achavam que a energia nuclear substituiria os combustíveis fósseis, como o petróleo e o carvão, na geração de eletricidade. Infelizmente, os empreendedores que desenvolviam as usinas nucleares encontraram grandes obstáculos para melhorar a segurança desses locais. Assim, a energia nuclear nunca atingiu um desempenho superior ao do petróleo e do carvão para a produção de eletricidade em todas as dimensões valorizadas pelos clientes. Embora isso possa ocorrer no futuro, o fato de não ter acontecido em 30 anos significa que os empreendedores que tentaram lançar empresas para fazer eletricidade usando energia nuclear nos anos de 1970 foram incapazes de substituir produtos como carvão e petróleo, em um período de tempo curto o suficiente para garantir sua sobrevivência.

A curva em S de desenvolvimento de produto tem implicações importantes para os empreendedores. Primeiro, a introdução de produtos novos é muito difícil para os empreendedores, pois começam com desempenho inferior nas dimensões que os clientes valorizam se comparados às alternativas existentes. Para sobreviverem a esse período inicial, os empreendedores precisam achar uma fonte de capital que os sustente até que possam desenvolver o desempenho de seu novo produto ou encontrar um segmento do mercado que não valorize tanto esse desempenho e esteja disposto a adotá-lo.

Segundo, os empreendedores precisam reconhecer que o aperfeiçoamento do novo produto é uma questão de esforço e não de tempo. A menos que alguém invista no desenvolvimento do novo produto, ele nunca irá se tornar tão bom quanto as alternativas de algo já existente. Com freqüência, o empreendedor não pode apenas esperar até que o produto esteja bom o suficiente para competir com os existentes. Se ele não produzir o novo produto, este nunca será tão bom quanto as alternativas existentes.

Terceiro, identificar o ponto de aceleração na curva em S é uma importante habilidade empreendedora. Ao saber quando o desempenho de um novo produto está prestes a de-

---
[8] Idem.

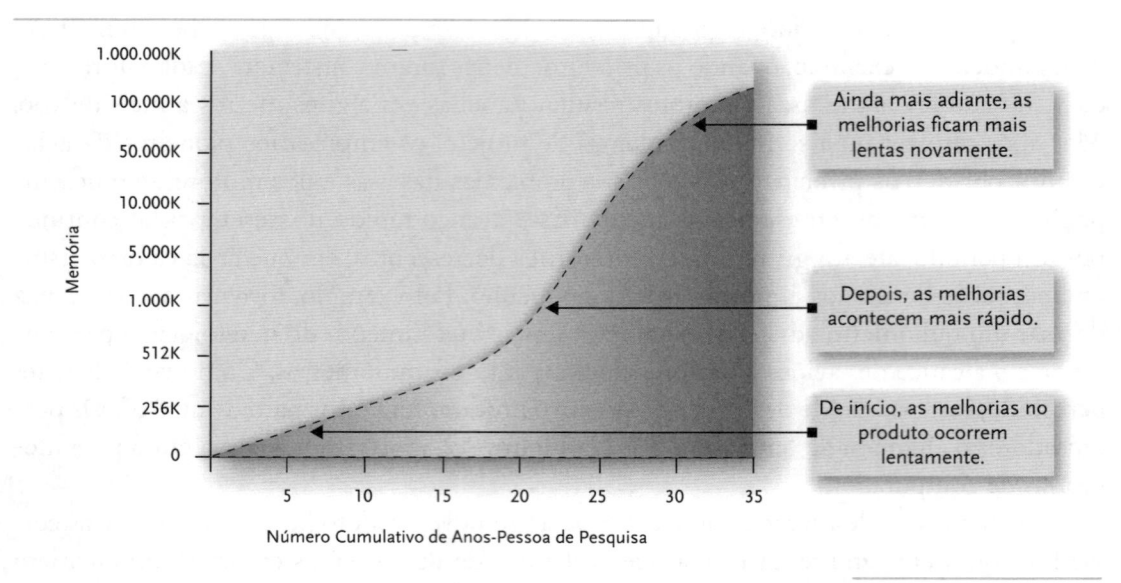

Figura 9.2 Curva em S para Memórias de Computador

Os empreendedores precisam estar cientes de que os novos produtos introduzidos freqüentemente são inferiores às alternativas existentes em um primeiro momento; os novos produtos melhoram conforme investe-se mais em seu desenvolvimento.
Fonte: Com base em informações contidas em Foster, R. *Innovation: The attacker's advantage*. Nova York: Summit Books, 1986.

colar, o empreendedor pode programar melhor a contratação de funcionários, o aumento da produção e a captação de recursos. E o que é mais importante: os empreendedores precisam prever se a curva em S acelerará. Se o desempenho do novo produto não melhorar rapidamente, ele nunca superará os produtos existentes com relação ao desempenho preferido pelos clientes. Do mesmo modo que a energia nuclear, ele não substituirá os produtos existentes, como carvão e petróleo, assim, não será um produto bom para ser desenvolvido pelos empreendedores.

Os empreendedores de sucesso também sabem que as empresas estabelecidas não vão competir com eles desenvolvendo um produto que esteja na fase inicial da curva em S. Como o novo produto teria um desempenho inicial inferior ao dos produtos que essas empresas já possuem, elas são pouco incentivadas para mudar de produto. Na verdade, a inferioridade dos novos produtos com freqüência leva os administradores das empresas já estabelecidas a acreditar que os novos produtos sempre terão um apelo muito limitado em relação aos clientes e que não precisam se preocupar com eles. E se o pior acontecer, eles acreditam que sempre poderão melhorar seus próprios produtos para competir com o novo. Assim, as empresas estabelecidas quase sempre optarão por aperfeiçoar seu próprio produto em vez de adotar um novo, pois investem em tecnologia e em recursos humanos usados para produzir o produto antigo. Como resultado, não estão dispostas a mudar para um novo produto antes que ele prove sua superioridade sobre o produto antigo, mas nesse momento o empreendedor já terá uma grande vantagem[9].

---

[9] Idem.

OBTENDO A ACEITAÇÃO DO MERCADO

Para ter sucesso, os empreendedores precisam que um grande número de clientes aceite e adote seus produtos e serviços. Isso exige que os empreendedores saibam quais clientes adotarão os produtos, quando e que características os produtos devem ter para conseguir a aceitação em um determinado segmento do mercado. Em virtude dos recursos limitados, isso também significa que os empreendedores muitas vezes precisam se concentrar em um único grupo de clientes e, assim, adquirir *know-how* para escolher o grupo inicial certo de clientes. Por fim, os empreendedores devem ter conhecimento sobre qualquer projeto dominante ou padrão técnico que esteja em vigor ou conhecer a chance de entrar em vigor no mercado antes de eles começarem.

Padrões de Adoção: Entendendo Quais Clientes Adotam e Quando Adotam

Os empreendedores ficam emocionados quando vendem seu primeiro produto ou serviço. A primeira venda é uma grande realização, e muitos empreendedores nunca a alcançam. No entanto, para os empreendedores realmente terem êxito com suas novas empresas, eles precisam fazer mais do que conseguir a primeira venda. Eles devem atingir a adoção em grande escala de seus novos produtos ou serviços.

Como os empreendedores alcançam a ampla aceitação de seus produtos? O primeiro passo está em entender como os clientes adotam novos produtos. No geral, a adoção de novos produtos e serviços segue uma distribuição normal, como a mostrada na Figura 9.3. Um pequeno grupo de clientes é dos inovadores – esses são os primeiros clientes de novos produtos e serviços. Os primeiros usuários seguem os inovadores. A maioria dos clientes adotará o produto ou serviço depois disso, sendo seguidos por um grupo menor, os retardatários, que compram o produto tardiamente no processo[10]. Embora a adoção de produtos nem sempre funcione assim como mostrado em nossa figura, em grande parte por causa das diferenças nos gostos individuais, esse padrão é um bom ponto de partida para os empreendedores. Na média, considerando-se a grande maioria dos produtos, os padrões de adoção seguem a distribuição normal mostrada.

Você provavelmente já deve ter visto esse padrão de adoção em funcionamento. Pense nos aparelhos de DVD. Você deve conhecer alguém que foi inovador. Os pioneiros compraram os primeiríssimos aparelhos disponíveis no mercado. Você também deve ter amigos que estiveram entre os primeiros usuários. Eles adquiriram seus aparelhos de DVD antes da maioria de seus conhecidos. Muitos de seus amigos provavelmente compraram seus aparelhos de DVD em um mesmo período, pois grande parte das pessoas está na maioria inicial ou tardia de usuários. Por fim, acreditamos que você conheça alguns retardatários (talvez seus pais?), que ainda não têm um aparelho de DVD.

Por que esse padrão de adoção é importante para os empreendedores? Entender os padrões de adoção ajuda a descobrir como introduzir novos produtos e serviços. Algo que os empreendedores precisam saber sobre a Figura 9.3 é que diferentes grupos adotam vários produtos por diversos motivos[11]. Os inovadores sempre acham que "precisam" de cada novo

---

[10] Rogers, E. *Diffusion of innovations*. Nova York: Free Press, 1983.
[11] Idem.

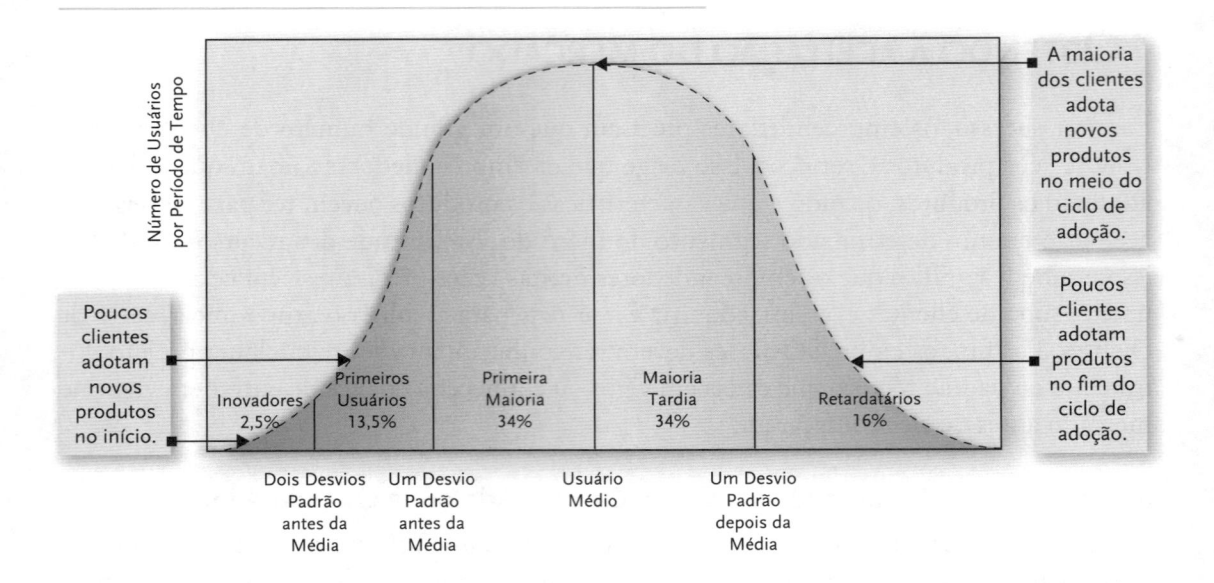

Figura 9.3 Padrão Típico de Adoção de Novos Produtos
A maioria dos novos produtos enfrenta uma distribuição normal de usuários. Poucos clientes adotam o produto no início ou no fim do ciclo de adoção; a maioria dos clientes o adotam no meio do ciclo.
Fonte: Com base em informações contidas em Rogers, E. *Diffusion of innovations*. Nova York: Free Press, 1983.

dispositivo tecnológico disponível no mercado. Eles tendem a ser atraídos por novos produtos e a adotá-los para poder explorar o que há de novo. Em muitos casos, adquirem os novos produtos antes que estes tenham entrado formalmente no mercado; os inovadores se oferecem até para comprar protótipos e testes beta. Esses clientes são bastante insensíveis ao preço. Querem testar o que é novo, e dificilmente há alternativas disponíveis a diferentes preços. Os primeiros usuários tendem a apreciar o valor dos novos produtos e os adotam sem que seja necessário muito esforço de marketing por parte dos vendedores. Embora essas pessoas não "precisem" comprar os novos produtos com tanta rapidez quanto os inovadores, elas alegam mais necessidade de novos recursos nos produtos do que a maioria dos usuários. Elas tomam suas decisões de compra com base em sua intuição sobre o valor dos novos produtos e não exigem muitas informações. A primeira maioria aprecia o valor dos novos produtos, mas também é influenciada pela praticidade. Com freqüência, desejam ver referências de clientes satisfeitos ou a aprovação de celebridades e de outras pessoas famosas antes da compra. A maioria tardia tende a não se sentir confortável com novos produtos e é levada a adquiri-los por outras considerações. Elas esperarão que um produto se torne bem estabelecido antes de comprá-lo. Apenas quando lhes for mostrado que o valor de ter o produto supera o custo é que o adotarão. Os retardatários evitam novos produtos. De fato, eles farão tudo o que puderem para evitar adotá-los. Em muitos casos, só adotam novos produtos porque os antigos que usavam não estão mais disponíveis, como é o caso de muitos usuários tardios de computadores, que só passaram a usá-los quando as máquinas de escrever ficaram difíceis de comprar[12].

---
[12] Moore, G. *Crossing the chasm*. Nova York: Harper Collins, 1991.

Como os diferentes grupos de clientes adotam novos produtos por diversos motivos, os empreendedores precisam saber onde o mercado está na curva de adoção quando eles começam novas empresas e introduzem novos produtos. Se a primeira maioria ainda não estiver adotando o produto, pode ser cedo demais para o empreendedor tentar a promoção em grande escala, com base em referências de clientes satisfeitos ou na aprovação de celebridades. Em oposição, se a maioria tardia já estiver adotando o produto, é melhor que o empreendedor tenha um suporte bem estabelecido se espera obter a aceitação do cliente[13].

Além disso, os empreendedores precisam ajustar sua mensagem de marketing para as necessidades do segmento de clientes que estão adotando o produto no momento. No geral, significa oferecer mais informações e mais suporte como parte da comercialização de novos produtos, conforme a base de clientes avança em direção aos usuários tardios, que precisam de informações e suporte para fazer suas decisões de compra.

Dos Primeiros Usuários à Primeira Maioria

Ir dos primeiros usuários à primeira maioria é muito importante para os empreendedores. Em grande parte dos mercados, os inovadores e os primeiros usuários são um grupo pequeno demais para sustentar as novas empresas. As empresas que vendem somente para eles tendem a deixar de existir. Mas como os usuários de novos produtos estão propensos a seguir uma distribuição normal, há um aumento muito grande no número de clientes quando o empreendedor vai dos primeiros usuários para a primeira maioria. Atingir a primeira maioria de usuários permite às novas empresas obter o volume de vendas que precisam para sobreviver. Além do mais, os inovadores e primeiros usuários freqüentemente exigem a personalização de produtos. Como resultado, atender a apenas esses grupos não compensa, em termos de custo-benefício, para os empreendedores que precisam desenvolver produtos para mercados de volume maior e lucrar com eles. Além disso, para muitos mercados, as margens de lucro atingem seu ponto mais alto no meio da curva de adoção, pois o aumento no volume de vendas que ocorre quando as empresas passam para a primeira maioria permite uma redução drástica nos custos por meio do maior volume de compras e das economias de escala. Por fim, o alto custo do capital captado pela venda de participação a que muitos empreendedores incorrem para financiar suas empresas requer a transição para a primeira maioria, ou o nível das receitas de vendas pela nova empresa será insuficiente para dar retorno aos investidores[14].

Apesar de sua importância, fazer a transição dos primeiros usuários para a primeira maioria é difícil para os empreendedores. Isso levou Geoffrey Moore, um renomado consultor de marketing, a chamar essa transição de "atravessar o abismo". Os empreendedores acham complicado atravessar o abismo em virtude de as necessidades e exigências dos inovadores e primeiros usuários serem bem diferentes das necessidades e exigências da primeira maioria. A primeira maioria com freqüência deseja soluções para seus problemas, e não apenas produtos ou serviços novos. Por exemplo, no caso dos softwares de computador, aos inovadores e à primeira maioria basta fornecer um software novo, mas a primeira maioria quer treinamento e suporte, manuais, uma linha de atendimento ao cliente etc.[15].

---

[13]Rogers, E. *Diffusion of innovations*. Nova York: Free Press, 1993.
[14]Moore, G. *Crossing the chasm*. Nova York: Harper Collins, 1991.
[15]Idem.

Então, como os empreendedores de sucesso atravessam o abismo? Primeiro, eles criam a solução completa às necessidades dos clientes descritas antes, em vez de oferecer apenas o produto em si. Segundo, eles se concentram em um único nicho, pois não serão capazes de oferecer o sistema completo desejado pelos clientes se tentarem atender a muitos nichos de uma só vez. Terceiro, os empreendedores comunicam as informações sobre sua solução aos clientes de forma clara e eficaz, para que eles entendam que a nova empresa pretende ser líder de mercado nas soluções que esse cliente específico precisa (ver a Figura 9.4)[16].

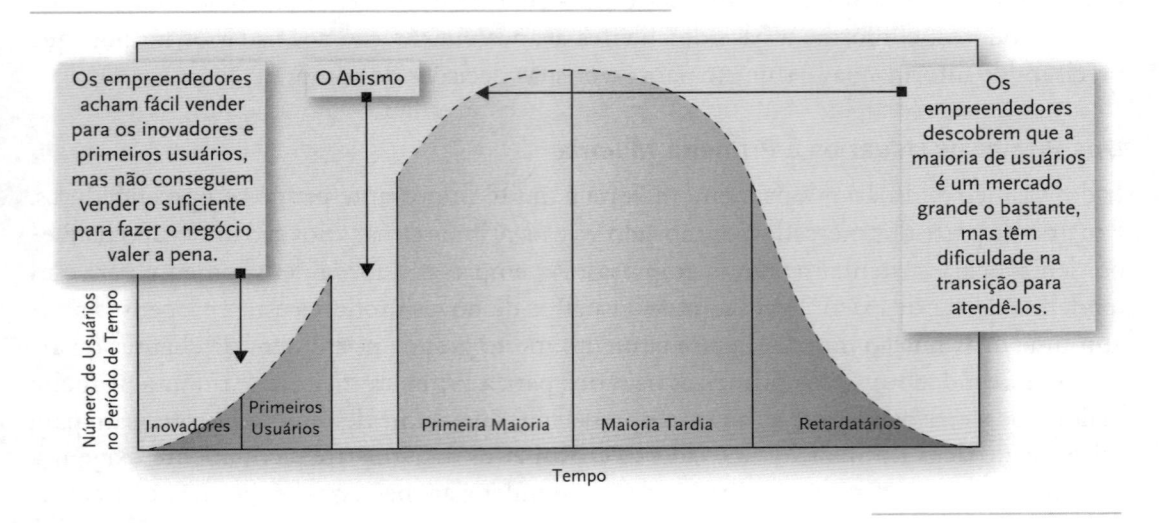

Figura 9.4 Atravessando o Abismo
Os empreendedores freqüentemente acham fácil vender seus produtos para inovadores e primeiros usuários, mas têm dificuldades para passar à primeira maioria.
Fonte: Com base em informações contidas em Moore, G. *Crossing the chasm*. Nova York: Harper Collins, 1991.

Foco: Escolhendo os Clientes Certos para Ter na Mira Primeiro

Como explicamos na seção anterior, os empreendedores precisam ter foco para atravessar o abismo e alcançar sucesso. Isso é algo essencial em novas empresas, pois os empreendedores têm recursos limitados. Como descrevemos no Capítulo 6, levantar capital é um trabalho árduo e dispendioso; os empreendedores dificilmente têm capital suficiente para cobrir diversos segmentos do mercado ao mesmo tempo. Além do mais, como analisamos no Capítulo 4, os empreendedores precisam coletar muitas informações sobre mercados e clientes para desenvolver novos produtos e serviços e ir atrás das oportunidades; os empreendedores raramente têm tempo suficiente para listar informações sobre uma série de segmentos do mercado ao mesmo tempo. Mesmo os empreendedores mais determinados não conseguem trabalhar muito mais do que 100 horas por semana!

---
[16] Idem.

Mas o foco só é bom se você se concentrar nos clientes certos. Como um empreendedor deve escolher em que se concentrar? Analisando o cliente. Isso envolve descobrir quais clientes precisam comprar o produto ou serviço. Os clientes precisam comprar se o produto ou serviço lhes oferece algo que melhore sua produtividade, reduza seus custos ou forneça-lhes algo que não tinham antes[17]. Por exemplo, uma empresa de entrega de encomendas como a UPS tem necessidade de um sistema de posicionamento global, pois ele permite que os motoristas desenvolvam rotas mais precisas e tornem as entregas mais eficientes. De forma parecida, a Hostess precisa adquirir um novo sistema de empacotamento de produtos que lhe permita melhorar o tempo de prateleira do Twinkies, pois a empresa ganharia mais dinheiro se seus produtos pudessem ficar mais tempo nas prateleiras[18].

A Pigeon Control Professionals, uma empresa nova de Redondo Beach, Califórnia, fundada por Robert Crespin, é um bom exemplo de uma nova empresa que descobriu quais clientes enfocar. A empresa de Crespin usa uma série de dispositivos, como telas e repelente de pássaros, para evitar que os pombos sujem as empresas da região. Como Crespin soube em quais clientes se concentrar primeiro? Um cliente de sua empresa de serviços de manutenção teve uma janela de seu restaurante atacada várias vezes por pombos, que acabaram por destruí-la. Crespin percebeu que o restaurante precisava de seu serviço, pois os excrementos dos pombos estavam afastando os clientes do restaurante e prejudicando o negócio. Ele entendeu que se livrar dos pombos seria de evidente valor para o restaurante[19].

Projeto Dominante: Convergência de Produtos e Seus Efeitos sobre Novos Empreendimentos

Muitos mercados têm **projetos dominantes**. Um projeto dominante é um acordo a que todas as empresas fabricantes chegam, como forma de unir as diferentes partes de um produto ou serviço[20]. Um bom exemplo de projeto dominante é o motor de combustão interna. Uma vez introduzido esse projeto, todos os fabricantes de automóveis o adotaram e ele não mudou a partir de então.

Por que os empreendedores devem se importar com os projetos dominantes? Porque eles influenciam suas chances de sucesso. William Abernathy, ex-professor da Harvard Business School, e Jim Utterback, professor da Sloan School, do MIT, explicam que os produtos evoluem por períodos de mudança incremental, entremeada por descobertas radicais. Descobertas radicais são uma nova forma de se fazer algo, ou uma concepção ou uma arquitetura de produto fundamentalmente inovadora. Considere os computadores, por exemplo. De início, eles usavam válvulas a vácuo. Durante muitos anos, os fabricantes fizeram aperfeiçoamentos incrementais nas válvulas a vácuo, para que tivessem um desempenho cada vez melhor. De início, os fabricantes possuíam projetos diferentes para as válvulas, mas convergiram para um único projeto comum. Então, a indústria de computadores passou por uma mudança radical – os transistores. Após essa mudança radical, os fabricantes de computadores tinham projetos diferentes para seus produtos, mas logo

---
[17] Idem.
[18] Idem.
[19] Solving a problem. Disponível em: <http://www.entrepreneur.com/Magazines/MA_SegArticle/0,1539,230037----2,-00>.
[20] Utterback, J. *Mastering the dynamics of innovation*. Cambridge: Harvard Business School Press, 1994.

concordaram sobre um projeto dominante para os transistores, mais uma vez fazendo mudanças incrementais, tornando os transistores cada vez melhores. Mais tarde, houve outra mudança radical, dessa vez para circuitos integrados. Durante algum tempo, os fabricantes de computadores tinham projetos diferentes de circuitos integrados, mas acabaram por convergir para um projeto dominante. Mais uma vez, após o projeto dominante, os fabricantes de computadores fizeram melhorias incrementais no circuito integrado, reduzindo seu tamanho e aumentando sua velocidade de processamento[21].

O padrão que acabamos de descrever é importante porque afeta bastante o momento certo para um empreendedor começar uma nova empresa. Toda vez que há uma mudança tecnológica radical em determinado setor, as novas empresas se apressam e começam a concorrer, pois esse é o ponto do ciclo evolutivo mais favorável a elas. Como não há projeto dominante, as novas empresas não ficam na desvantagem de ter de adotar um projeto que as empresas existentes, que possuem mais experiência do que elas, já utilizam. Além do mais, assim que as empresas convergem para um projeto dominante, elas dirigem sua base de concorrência para a eficiência e para as economias de escala, pois o projeto do produto foi padronizado. Essa mudança favorece as empresas já estabelecidas, já que as novas não são tão eficientes e não podem operar na mesma escala que elas[22]. Qual é o poder dos efeitos de um projeto dominante? Para um exemplo drástico do alcance de seu impacto, ver a seção "Atenção! Perigo Adiante!".

Padrões Técnicos: Fazendo os Clientes Adotarem Seu Projeto como o Padrão do Mercado

Em muitos setores, os empreendedores devem produzir produtos ou serviços que atendam a um **padrão técnico**. Um padrão técnico é uma base comum sobre a qual um produto ou serviço opera. Por exemplo, a bitola do trilho de uma estrada de ferro é padronizada para assegurar que todos os produtores de vagões de trem possam operar no mesmo trilho.

O mais importante para os empreendedores saberem sobre os padrões técnicos é que fazer o mercado adotar seu projeto de produto como o padrão técnico irá deixá-lo superrico. Um dos padrões técnicos mais famosos é o sistema operacional Windows. Bill Gates tornou-se o homem mais rico da América em grande parte porque quase 80% dos computadores do mundo funcionam sob o sistema operacional Windows.

Os que estiverem interessados em se tornar ricos ficarão mais tranqüilos ao saber que há coisas que podem fazer para aumentar as chances de o mercado adotar seu projeto de produto como o padrão técnico. Primeiro, os empreendedores podem dar descontos em seus preços quando novos produtos são introduzidos, atraindo mais clientes de o que se cobrassem um preço elevado. Ter esse volume elevado é útil para conseguir fornecedores, pois muitos deles preferem trabalhar com os maiores produtores, que possuem os maiores volumes (por exemplo, muitos fabricantes de software preferem o sistema operacional Windows ao Macintosh e só criam softwares para Windows). Assim, as empresas que ge-

---
[21] Tushman, M.; Anderson, P. Technological discontinuities and organizational environments. *Administrative Science Quarterly*, 31: 439-465, 1986.
[22] Utterback, J. *Mastering the dynamics of innovation*. Cambridge: Harvard Business School Press, 1994.

ram rapidamente mais clientes muitas vezes ficam à frente da concorrência, pois os fornecedores as preferem a outras. Ao ficar à frente das alternativas, o produto torna-se o padrão técnico do setor[23].

ATENÇÃO! PERIGO ADIANTE!

Bloqueado pelo Projeto Dominante: A História dos Veículos Elétricos

Você sabia que já houve mais carros movidos a eletricidade do que a gasolina nos Estados Unidos? De acordo com David Kirsch, historiador de negócios e professor de empreendedorismo na University of Maryland, em 1900, os veículos que usavam motores a combustão interna movidos a gasolina eram os menos comuns. Os veículos movidos a vapor eram os mais comuns (você já viu um Stanley Steamer em um museu de automóveis?) e os veículos movidos a eletricidade eram o segundo tipo mais comum[24]. Em 1900, pouquíssimas pessoas achavam que o motor de combustão interna iria se tornar o projeto dominante nos automóveis. Os veículos movidos a eletricidade e a vapor tinham desempenho muito melhor: percorriam maiores distâncias e podiam puxar cargas mais pesadas. Na verdade, os jornais e revistas da época exaltavam as virtudes do carro elétrico e, com freqüência, criticavam bastante o motor a combustão interna. Muitos previram que os fundadores de empresas de carros elétricos e a vapor iriam ficar muito ricos, e os que formaram empresas de veículos a gasolina estavam destinados à falência. Como você sabe, aconteceu o oposto. Os fundadores das empresas de veículos a gasolina ficaram riquíssimos e os empreendedores que estavam à frente das empresas de veículos elétricos e a vapor acabaram desaparecendo.

Mas o que aconteceu? A convergência para o projeto dominante de que estávamos falando. Embora os veículos elétricos e a vapor tivessem um desempenho melhor do que os veículos a gasolina, eles não eram tão bons para passeios. No início do século XX, muitos americanos descobriram o prazer de dirigir por diversão. Os veículos elétricos não eram bons para passeio, pois suas baterias precisavam ser recarregadas. Se uma pessoa fosse passear na direção errada, não haveria lugar para recarregar a bateria. Os veículos movidos a vapor costumavam quebrar bastante nas terríveis estradas da época. Quando as pessoas saíam a passeio, prefeririam os carros a gasolina, desde que se lembrassem de levar gasolina a mais. Conforme mais e mais pessoas começavam a passear em carros movidos a gasolina, outros empreendedores passaram a atendê-las construindo postos de combustível para que reabastecessem seus carros. Com o tempo, mais e mais pessoas optaram por carros a gasolina e os projetos de produtos alternativos tornaram-se cada vez menos populares. Os fabricantes desses tipos de carro tiveram problemas financeiros e saíram do mercado, até que o único projeto de carro dirigido por todos era o movido a gasolina. Moral da história: os setores freqüentemente convergem para um projeto dominante; as empresas que o produzem tendem a sobreviver e a crescer, ao passo que as demais estão mais propensas ao fracasso, mesmo que todos os especialistas achem que os outros projetos eram melhores que o dominante.

---

[23] Arthur, B. Increasing returns and the new world of business. *Harvard Business Review*, Jul./Ago.: 100-109, 1996.
[24] Kirsch, D. *Electric vehicles and the burden of history*. New Brunswick, NJ: Rutgers University Press, 2000.

Uma segunda medida que o empreendedor pode tomar para tornar seu produto padrão técnico é estabelecer relações com fabricantes de **produtos complementares**. Produtos complementares são os que trabalham juntos, como filmes gravados e aparelhos de videocassete ou hardware e software de computadores. Quando os aparelhos de videocassete surgiram, a Sony travou uma grande batalha com a Matsushita sobre qual formato de videocassete iria se transformar no padrão técnico. A Sony tinha o Betamax e a Matsushita o VHS. Este tornou-se o padrão técnico e o Betamax desapareceu, em grande parte em virtude de uma decisão bastante inteligente da Matsushita. Seus executivos esforçaram-se para fazer seu padrão ser adotado pelas novas videolocadoras que surgiam por todo o país. A Sony, pelo contrário, não parecia se importar. Como os filmes gravados eram um produto complementar importante aos aparelhos de videocassete, assim que as pessoas começaram a alugar filmes e as locadoras passaram a oferecer fitas VHS, a maioria dos clientes adotou o padrão VHS e o Betamax, da Sony, fracassou[25].

Uma terceira medida que o empreendedor pode tomar para conseguir que seu produto seja adotado como padrão técnico é lançá-lo rapidamente no mercado, em vez de esperar sua melhor versão. Isso quer dizer começar com um produto simplificado que não tem a melhor tecnologia ou os melhores recursos. Também significa assinar contratos com fabricantes já estabelecidos para produzirem o produto para você, em vez de construir novas fábricas. Por fim, envolve a simplificação do produto para que possa haver a produção em massa[26].

Entrar no mercado rapidamente com um produto que não está perfeito é difícil para muitos empreendedores, que cometem o erro de esperar para entrar no mercado até terem certeza de que seus produtos estão o mais perto possível do ideal. Algumas vezes isso faz sentido, mas entrar no mercado de forma rápida é uma abordagem melhor quando o padrão técnico ainda não foi escolhido. Enquanto for mais provável que os clientes adotem a nova versão do produto de uma empresa em lugar do produzido pela concorrência, o empreendedor estará em melhor situação se entrar logo no mercado com um produto incompleto do que se esperar até ter um completo para oferecer. Aguardar demais pode levar os clientes a adotar outro projeto de produto como o padrão técnico e dificultar a entrada posterior do empreendedor nesse mercado.

O PROCESSO DE MARKETING EM UMA NOVA EMPRESA

Talvez os dois aspectos mais importantes do processo de marketing em uma nova empresa sejam as vendas e a definição de preços. Embora as pessoas gostem de dizer que "um produto se vende", a maioria dos produtos novos não faz isso. Os empreendedores precisam saber como vender para outras pessoas. Também é necessário descobrir como definir o preço de seus novos produtos ou serviços se querem introduzi-los com sucesso. Embora existam outros aspectos do processo de marketing em uma nova empresa, essas duas di-

---

[25]Cusumano, M.; Mylonadis, Y.; Rosenbloom, R. Strategic maneuvering and mass market dynamics: The triumph of VHS over beta. *Business History Review*, 66: 51-94, 1992.

[26]Arthur, B. Increasing returns and the new world of business. *Harvard Business Review*, Jul./Ago.: 100-109, 1996.

mensões são fundamentais para essa atividade e provavelmente são responsáveis por boa parte da atividade de marketing do empreendedor na fase inicial do empreendimento.

Venda Pessoal: O Componente Central do Marketing Empreendedor

Venda pessoal é um esforço do empreendedor para vender um produto ou serviço aos clientes por meio de uma interação direta com eles. Embora as pessoas sempre pensem em publicidade, criação de nomes de marca e formação de equipes de vendas quando pensam em marketing, esses aspectos ocorrem relativamente tarde na vida de um novo empreendimento. No começo, a maior parte do esforço de marketing de uma nova empresa consiste em persuadir os clientes a comprar os novos produtos ou serviços da empresa. Por esse motivo, é importante que você saiba quais atividades tornam as pessoas eficazes em vendas.

Os empreendedores de sucesso entendem que a venda eficaz ocorre da seguinte forma: primeiro, o empreendedor desperta o interesse do cliente pelo produto ou serviço. Isso ocorre ao se avisar o cliente que o empreendedor possui um produto ou serviço que atenderá a uma necessidade dele. Por exemplo, suponha que os clientes-alvo sejam arquitetos que desejam uma forma melhor do que maquetes de isopor e *mylar* para visualizar como ficará o projeto de um edifício. O empreendedor pode gerar interesse entre os clientes-alvo ao avisá-los que desenvolveu um software que gera imagens tridimensionais de edifícios. Ao explicar que possui uma solução para a necessidade do cliente, o empreendedor desperta o seu interesse[27].

Segundo, o empreendedor identifica os requisitos do cliente para comprar um novo produto. No exemplo dos arquitetos, o cliente sabe tudo sobre computadores ou também quer manuais e um número de suporte ao cliente com o software de projeto arquitetônico? Ao determinar os requisitos do cliente, o empreendedor pode descobrir quais aspectos do novo produto ou serviço serão "vendidos" para ele. Essa etapa é muito importante no processo de venda, mas é negligenciada por muitas pessoas. Na pressa de persuadir os clientes, os empreendedores se esquecem de perguntar-lhes quais são seus requisitos. Como resultado, informam aos clientes sobre os recursos errados de seus produtos ou serviços, reduzindo a capacidade de venda.

A terceira etapa do processo é superar as objeções do cliente. Os clientes raramente compram novos produtos sem questionar algo que os empreendedores lhes dizem. Para vender, os empreendedores precisam apresentar boas respostas às objeções e hesitações dos clientes[28]. Por exemplo, os arquitetos podem questionar se o empreendedor oferece um suporte adequado ao cliente, se o software pode ser vinculado aos softwares CAD/CAM existentes ou se o produto é fácil de usar. Ao fornecer explicações para essas dúvidas, que os clientes acham ser adequadas e persuasivas, o empreendedor pode deixar o cliente confortável o suficiente para comprar o novo produto ou serviço.

A etapa final no processo é concluir a venda. Muitos empreendedores se esquecem de concluir a venda e continuam a discutir o produto mesmo após o cliente ter expressado um comprometimento condicional com a compra[29]. Como resultado, acabam perdendo a ven-

---

[27] Bhide, A. *Selling as a systematic process*. Harvard Business School Note 9-935-091.
[28] Idem.
[29] Idem.

da, pois o cliente acha que eles o estão fazendo perder tempo. Então, como um empreendedor conclui uma venda? Quando o cliente demonstrar comprometimento condicional com a compra, indicando que gosta do produto ou que gostaria de possuí-lo, o empreendedor deve prosseguir para a finalização da venda. Fazer isso normalmente inclui perguntas de finalização, como "Gostaria de pagar em dinheiro ou cartão? Prefere retirar o produto ou que o entreguemos? Gostaria de uma ou duas unidades?". Perguntas como essas levam a discussão a seu fim natural.

Definindo o Preço de Novos Produtos: O Papel da Estrutura de Custos e da Oferta e Procura

Os empreendedores devem estabelecer um preço para seus novos produtos. Isso envolve aspectos importantes. Primeiro, o empreendedor deve determinar seus custos e definir um preço maior do que o custo. Do contrário, não terá lucro. Diversos empreendedores falham ao definir preços em relação aos custos e têm de deixar os negócios.

Para entender seus custos, o empreendedor precisa ter certeza de que está calculando tanto os **custos fixos** quanto os **custos variáveis**. Custos fixos são aqueles de itens como instalações e equipamentos, que não mudam de acordo com o número de unidades produzidas. Custos variáveis são os que incorrem sobre cada unidade produzida, como uma comissão dada a um vendedor ou o custo da embalagem para cada produto enviado. Embora os empreendedores sejam normalmente muito bons em estimar os custos variáveis, quase sempre têm problemas para calcular a parte do custo unitário que representa o custo fixo. Isso ocorre porque o empreendedor não sabe o volume que produzirá. Quanto maior o volume de produção do novo empreendimento, menor será a participação dos custos fixos por unidade. Uma das razões para o fracasso de muitos empreendedores é acreditarem que produzirão um volume muito maior do que produzem de fato. Como resultado, a parte dos custos fixos por unidade torna-se muito elevada, levando os custos a superar a receita.

Segundo, o empreendedor precisa prestar atenção nas condições do mercado. A maioria dos produtos é vendida em uma faixa de preço limitada, que cria um piso e um teto para os preços. O empreendedor deve ter certeza de que pode vender seu produto dentro dessa faixa. Se os custos do empreendedor forem altos demais para definir o preço na faixa de preço existente, é provável que ele não deva começar o negócio oferecendo tal produto ou serviço, já que isso poderá dificultar a conquista de clientes.

Mas e os produtos ou serviços totalmente novos de que falamos? Mesmo estes não devem ter preços muito acima da faixa de mercado. Por quê? Um motivo é que não existe um produto ao qual não existam alternativas, então é necessário um preço razoável para estimular os clientes a mudarem dessas alternativas para o produto novo. Por exemplo, quando o telefone foi desenvolvido, as pessoas tinham a opção de usar o telégrafo ou o correio para se comunicar. De forma similar, quando o e-mail foi introduzido, as pessoas ainda podiam usar o fax ou o telefone para se comunicar. Se os empreendedores que lançaram esses produtos tivessem lhes atribuído preços muito superiores do que os dos alternativos disponíveis, os clientes não estariam dispostos a mudar para o novo produto. Um segundo motivo é o mesmo que apresentamos antes quando falamos sobre padrões técnicos. Sempre que um empreendedor puder se beneficiar da ampla utilização de seu produto – como quando o produto mais popular se torna o padrão técnico –, é uma boa idéia atribuir ao produto um preço razoável para estimular os clientes a comprá-lo. Ao fazer isso, o preço baixo gera as vantagens que vêm com um grande volume de vendas. Outro motivo é que, como dissemos antes, a maioria dos produtos novos, quando colocados no mercado, possui um desempenho bastante inferior ao das alternativas existentes. Se um novo produto tiver um desempenho inferior e um preço superior aos dos produtos alternativos existentes, os clientes não verão motivo para comprar o produto novo.

Terceiro, o empreendedor deve entender como os clientes balanceiam os atributos e o preço do produto. Como não há dois produtos exatamente iguais, os clientes, em geral, estão dispostos a pagar mais por um produto do que por outro. A diferença de preço entre dois produtos pode ser atribuída aos diversos atributos que possuem. Isso é relativamente fácil se os dois produtos são iguais em todas as dimensões, exceto em uma. Mas e se eles tiverem três características distintas – tamanho, alcance e marca? Avaliar o preço que cada um desses atributos representa fica muito mais difícil. Os empreendedores costumam ter muitas dificuldades em avaliar o valor de atributos intangíveis de produtos concorrentes. Por exemplo, os clientes podem estar dispostos a pagar mais por um computador IBM, pois ele tem o suporte da marca IBM. Os atributos intangíveis, como atendimento ao cliente ou reputação da marca, freqüentemente são responsáveis pelas diferenças de preço entre produtos similares.

Por fim, o empreendedor deve considerar os custos ocultos ou descontos no preço. Por exemplo, se um concorrente oferece um desconto de 2% aos clientes para pagamento à vista, em vez de em 90 dias, esse desconto afeta o preço líquido. De forma similar, se os concorrentes oferecem crédito aos clientes, o custo de levantar o capital para oferecer esse crédito deve ser levado em consideração no preço. Resumindo, definir preço para um novo produto inclui calcular seus custos e não colocar o preço abaixo deles; saber o preço dos produtos alternativos e não colocar seu preço acima deles; descobrir o valor que os diferentes atributos do produto têm para os clientes e usar essas informações para definir o valor exato para os componentes de seu produto; e considerar quaisquer custos ocultos ou descontos advindos dos prazos de crédito.

Resumo e Revisão dos Pontos-Chave

- Os empreendedores são mais bem-sucedidos quando abrem uma empresa que atende a uma necessidade real: um problema do cliente que nenhum outro produto ou serviço pode resolver, ou um novo produto ou serviço que é tão superior ao resolver o problema que os clientes ficam estimulados a mudar de produto.
- Os empreendedores avaliam as preferências do cliente de forma diferente quando os mercados são novos e quando já estão estabelecidos; os empreendedores precisam adotar as técnicas corretas de avaliação para o tipo de mercado que desejam atingir.
- Os empreendedores ficam em melhor situação ao tentar atingir novos mercados em vez dos já estabelecidos, pois as empresas estabelecidas enfrentam três obstáculos

ao avaliar novos mercados: inflexibilidades centrais, tirania do mercado atual e miopia do usuário.
- A análise conjunta é uma técnica útil para determinar a importância relativa das preferências e decisões dos clientes, das dimensões que eles consideram importantes.
- Por meio do uso eficaz da análise conjunta, os empreendedores podem projetar produtos que terão bastante apelo aos potenciais clientes, assim, maximizam as chances de sucesso de seus novos empreendimentos.
- Os empreendedores têm mais sucesso em mercados grandes e em crescimento, pois os grandes mercados amortizam o custo fixo de se abrir uma empresa em virtude do grande número de unidades produzidas e porque é mais fácil vender em mercados que crescem rapidamente.
- O desempenho de novos produtos segue o formato de um S. No início, é preciso muito esforço para atingir pequenas melhorias de desempenho. Depois, as melhorias de desempenho se aceleram, com um pequeno esforço, levando a grandes melhorias de desempenho. Por fim, grandes esforços são necessários novamente para se obter pequenas melhorias de desempenho, conforme o produto enfrenta a lei dos rendimentos decrescentes.
- A curva em S do produto é importante para os empreendedores, pois os novos produtos começam com desempenho inferior ao dos produtos existentes. Isso requer que os empreendedores obtenham uma fonte de capital para manter seus empreendimentos em funcionamento enquanto aperfeiçoam o desempenho do novo produto. A curva em S também mostra que o aperfeiçoamento de novos produtos é uma questão de esforço e não de tempo. Por fim, ela demonstra a importância de se sincronizar as atividades de organização com a aceleração da curva em S.
- As empresas estabelecidas dificilmente competem com os empreendedores para desenvolver novos produtos na parte inicial da curva em S, pois o novo produto normalmente começa com um desempenho inferior ao dos produtos existentes da empresa estabelecida e os administradores dessas empresas acreditam que sempre poderão melhorar o desempenho de seus produtos para competir com produtos novos.
- Os clientes tendem a seguir uma distribuição normal na adoção de novos produtos ou serviços e podem ser divididos em cinco grupos: inovadores, primeiros usuários, primeira maioria, maioria tardia e retardatários, que adotam novos produtos por diferentes motivos.
- Os empreendedores freqüentemente têm dificuldades de sair da venda para os primeiros usuários e alcançar a venda para a primeira maioria, esse é um conceito chamado de "atravessar o abismo", pois a primeira maioria tem necessidades e exigências diferentes dos inovadores, especialmente pelo fato de quererem uma solução completa para seus problemas.
- Os empreendedores de sucesso atravessam o abismo criando uma solução completa para as necessidades dos clientes ao reduzir o escopo de suas ofertas de produto para enfocar um único nicho e ao comunicar, de forma clara e eficaz, as informações sobre sua solução aos clientes.
- Os empreendedores analisam o cliente a fim de escolher o segmento certo para enfocar inicialmente, escolhendo aqueles com a maior necessidade de comprar como seu mercado inicial.
- Diversos novos produtos convergem para um projeto dominante, um arranjo que todas as empresas fabricantes de um produto escolherão como forma de reunir as diferentes partes do produto. As novas empresas têm mais sucesso se forem fundadas antes de um setor chegar a um acordo sobre um projeto dominante; após esse momento a concorrência se apoiará na eficiência e em economias de escala.
- Em muitos setores, os produtos devem estar de acordo com um padrão técnico ou uma base comum sobre a qual o produto

opera. Como ter o projeto de seu produto adotado como padrão técnico é vantajoso, os empreendedores freqüentemente tentam fazê-lo por meio de descontos no preço, pelo estabelecimento de relações com produtores de produtos complementares e chegando ao mercado rapidamente.
- A venda pessoal eficaz envolve um processo iniciado com o despertar do interesse do cliente pelo produto ou serviço, seguido pela identificação dos requisitos do cliente, pela superação das objeções e pela finalização da venda.
- Os empreendedores definem os preços de seus novos produtos levando em consideração diversos aspectos: a estrutura de custos, as condições de oferta e demanda no mercado em que operam, a conciliação que os clientes fazem em relação aos atributos e preços e os custos ocultos e descontos.

Questões para Discussão

1. Pense em alguns produtos ou serviços novos. Há uma necessidade real para eles? Por quê? Tente ordenar os novos produtos ou serviços em que você pensou. Para quais deles há uma necessidade maior? Por quê?
2. Suponha que você teve a idéia de desenvolver uma empresa para criar um novo dispositivo de comunicação que substituirá o e-mail. Como você deve avaliar as necessidades que os clientes têm desse produto? De que maneira esse processo seria diferente daquele que você usaria se estivesse abrindo uma empresa para produzir um novo cereal matinal?
3. Suponha que você desenvolveu um novo produto ou serviço e que o tamanho do mercado hoje é de apenas US$ 100 mil. Você insistirá nesse produto ou serviço? Por quê?
4. Suponha que você acabou de abrir uma nova empresa para vender pacotes de viagens de férias para Fort Lauderdale. O que faria para comercializar seu produto e realizar suas primeiras vendas?
5. Suponha que você desenvolveu um novo pacote de software para gestão de estoque. Fez algumas vendas iniciais para inovadores e primeiros usuários. O que fará para atingir a primeira maioria de clientes?

ARREGAÇANDO AS MANGAS

Identificando uma Necessidade Real para um Novo Produto ou Serviço

Neste capítulo, discutimos a importância de se identificar um produto ou serviço que atenda a uma necessidade real do cliente. Este exercício irá ajudá-lo a desenvolver um produto ou serviço que atenda a uma necessidade do cliente. Siga estas etapas para completar o exercício.

Etapa Um: Descreva, em um parágrafo, o novo produto ou serviço que sua empresa criará.
Etapa Dois: Relacione as características que seu produto ou serviço terá (considere características como preço, tamanho, peso etc.).

1.
2.
3.
4.
5.

Etapa Três: Especifique como você obterá informações dos clientes sobre as necessidades deles. Observará os clientes? Realizará discussões em grupo? Realizará entrevistas? Distribuirá pesquisas?

Etapa Quatro: Colete as informações dos clientes sobre as necessidades deles, de acordo com a metodologia que mencionou na etapa anterior.

Etapa Cinco: Estabeleça a correspondência entre as necessidades dos clientes e as características de seu produto ou serviço. Seu produto ou serviço possui atributos que atendem às necessidades do cliente? Se possuir, explique por quê. Se não possuir, reflita sobre como modificará o produto ou serviço para atender às necessidades dos clientes.

Etapa Seis: Descreva a combinação ideal das características que os clientes desejam em seu produto ou serviço. Use a análise conjunta, se quiser, ou simplesmente descreva quais características são importantes aos clientes; certifique-se de que as incluiu em seu produto ou serviço.

Desenvolvendo um Plano de Marketing

Como explicado neste capítulo, os empreendedores precisam desenvolver planos para estimar o tamanho do mercado e convencer os potenciais clientes a adotar seus novos produtos ou serviços. Para ajudá-lo a criar um plano de marketing para seu novo empreendimento, criamos este exercício. Siga as etapas:

Etapa Um: Reúna dados sobre as vendas de produtos ou serviços similares em seu mercado nos últimos cinco anos. Elabore um gráfico com esses dados. Descreva a forma do crescimento da demanda no mercado ao longo do tempo. Use essas informações para projetar a demanda nos próximos cinco anos. Estime o tamanho de seu mercado nos próximos cinco anos.

Etapa Dois: Indique o nicho de mercado que você enfocará. Explique como escolherá seus clientes. Não se esqueça de explicar por que os clientes têm um forte motivo para comprar.

Etapa Três: Identifique quais serão os primeiros usuários de seu produto ou serviço. Explique por que esse segmento do mercado irá adotá-lo. Não se esqueça de estabelecer a correspondência entre as necessidades dos primeiros usuários e as características de seu produto ao explicar por que o segmento inicial do mercado adotará seu produto ou serviço. Lembre-se de incluir quaisquer indícios do *feedback* do cliente que expliquem por que as características de seu produto ou serviço levarão os clientes iniciais a adotá-lo.

Etapa Quatro: Descreva como seu novo empreendimento atingirá a grande maioria de clientes. Informe o que seu empreendimento fará para atrair esses clientes. Como você fará a publicidade e promoverá seu produto ou serviço? Que suporte fornecerá com seu produto ou serviço? Como conquistará a liderança do mercado?

Etapa Cinco: Estime o número de clientes que seu empreendimento atrairá nos próximos cinco anos e faça uma projeção do crescimento das vendas do novo empreendimento. Não se esqueça de considerar a curva em S típica da adoção pelo cliente. Além disso, cacule o montante de recursos que precisará investir para atrair clientes nos próximos cinco anos.

Etapa Seis: Colete informações sobre a participação no mercado detida pelos três principais concorrentes; use essas informações para calcular sua projeção de participação no mercado ao longo dos próximos cinco anos.

Aprendendo a Vender

Como explicamos neste capítulo, uma boa parte do marketing de sucesso em uma nova empresa envolve a venda pessoal. Se você deseja se tornar um empreendedor bem-sucedido, precisará aprender a vender. Este exercício vai ajudá-lo a praticar isso.

Etapa Um: Escolha um parceiro na sala. Vocês dois alternarão entre os papéis de cliente e vendedor.

Etapa Dois: Elabore uma lista de dez itens que você tentará vender (por exemplo, um boné de beisebol, um carro, passagens para uma viagem de férias a Fort Lauderdale etc.). Cada um de vocês ficará com cinco itens e tentará vendê-los ao outro.

Etapa Três: Tente vender o primeiro objeto para seu parceiro. Comece despertando o interesse do cliente pelo produto ou serviço. Como indicamos antes, isso normalmente é obtido quando se deixa o cliente saber que você tem um produto ou serviço que atenderá a uma necessidade dele.

A seguir, identifique os requisitos do cliente para comprar um novo produto. Ao determinar os requisitos do cliente, você pode descobrir quais aspectos do novo produto ou serviço serão vendidos para seu parceiro. Não se esqueça de perguntar ao cliente sobre os requisitos dele.

A terceira etapa no processo é superar as objeções de seu cliente. Os clientes raramente compram novos produtos sem questionar algo que os empreendedores lhes dizem. Para vender, você precisará apresentar boas respostas às objeções e hesitações de seu parceiro.

A etapa final no processo é concluir a venda. Quando o cliente demonstrar comprometimento condicional com a compra, indicando que gosta do produto ou que gostaria de possuí-lo, vá para a finalização da venda. Isso normalmente inclui fazer perguntas, como "Gostaria de pagar em dinheiro ou cartão? Prefere retirar o produto ou que o entreguemos? Gostaria de uma ou duas unidades?".

Estratégia:
Planejamento para Vantagens Competitivas

10

■ OBJETIVOS DE APRENDIZADO
Após ler este capítulo, você deve ser capaz de:

1. Definir vantagem competitiva e demonstrar por que ela é importante para o sucesso do empreendedor.
2. Descrever a estratégia de uma nova empresa e explicar como ajuda os empreendedores a proteger os lucros da exploração de oportunidades.
3. Distinguir entre esforços para evitar que os outros aprendam ou entendam a idéia do negócio e barreiras contra a imitação, e dizer por que ambos são importantes para o empreendedor.
4. Conceituar o paradoxo de Arrow e identificar o problema da divulgação.
5. Destacar diversas proteções que os empreendedores utilizam contra a imitação.
6. Identificar os diferentes mecanismos de mercado de que os empreendedores se utilizam para explorar oportunidades e explicar por que os empreendedores os utilizam.
7. Narrar as ações estratégicas que os empreendedores adotam para administrar a incerteza e a assimetria da informação no processo empresarial.
8. Explicar por que os empreendedores, em geral, iniciam seus negócios em uma escala pequena, e expandem caso sejam bem-sucedidos.
9. Informar como alianças e sociedades com empresas estabelecidas ajudam os empreendedores a explorar suas oportunidades.
10. Listar as ações que os empreendedores realizam para fazer que seus novos empreendimentos pareçam mais legítimos e explicar por que eles realizam essas ações.

> "O que nos coloca uns contra os outros não são nossas intenções – todas elas caminham para os mesmos objetivos –, mas nossos métodos, que são fruto do nosso raciocínio variado."
> (Saint-Exupéry, *Vento, Areia e Estrelas*, 1939).

No Capítulo 9, explicamos que os empreendedores desenvolvem idéias de negócio para vender algo que vai ao encontro das necessidades do mercado e introduzem esse produto ou serviço com sucesso na corrente principal do mercado. Entretanto, somente satisfazer essas necessidades não significa que o empreendedor obterá lucro. Para ganhar dinheiro, também é preciso desenvolver uma estratégia que proteja a idéia do negócio contra a concorrência. Este capítulo focaliza a estratégia do empreendedor.

O que torna uma estratégia eficaz para proteger a idéia do negócio contra a concorrência? Evidências sugerem que a resposta envolve dois tipos principais de ações: (1) impedir que os outros obtenham acesso ou entendam as informações a respeito de como explorar a oportunidade; e (2) criar barreiras contra a exploração da oportunidade por outros, mesmo que eles tenham acesso a informações sobre a oportunidade e entendam como explorá-las[1].

Robert Baron certamente usou ambos os tipos de estratégias de ação quando desenvolveu o produto para filtragem de ar discutido no Capítulo 1. De que forma ele impediu os outros de terem acesso ou de compreenderem as informações a respeito dessa oportunidade? Ele manteve essa informação secreta. Ao não mencionar a outras pessoas de onde surgiram as informações que dispararam o reconhecimento da oportunidade – o problema no dormitório da filha, detalhes da pesquisa sobre como o ambiente físico afeta o comportamento humano e as conversas com empresas para as quais tinha trabalhado –, Baron minimizou as chances de que outros tivessem acesso às informações que o levaram a identificar a oportunidade. Além disso, ele evitou que terceiros entendessem *como* explorar a oportunidade ao não mostrar a empreendedores ou empresas estabelecidas, por exemplo, outros fabricantes de filtros de ar, como projetar e fabricar um produto que simultaneamente filtrasse o ar, reduzisse o ruído e liberasse fragrância.

De que modo Baron criou barreiras para evitar que outras pessoas explorassem a oportunidade da mesma forma que ele o fez? Ao obter uma patente sobre a tecnologia PPS, Baron criou uma barreira jurídica que prevenia que outros imitassem sua abordagem para explorar a oportunidade. Mesmo que os fabricantes de filtros de ar tivessem acesso às mesmas informações que levaram Baron a reconhecer a oportunidade e, mesmo que compreendessem exatamente como projetar e fabricar o produto PPS, a patente constituía um impedimento legal, que não permitia aos fabricantes de filtros de ar agirem. Ao adotar essa estratégia dupla, Baron protegeu contra a concorrência os lucros que sua idéia de negócios gerou.

O restante deste capítulo detalha as idéias básicas por detrás da estratégia empresarial. A primeira seção discute por que as novas empresas precisam de uma **vantagem competitiva** para explorar com sucesso uma oportunidade empresarial. Vantagem competitiva é um atributo que permite à empresa, e não a seus concorrentes, tirar proveito da exploração de uma oportunidade. Ainda que os novos empreendimentos típicos não tenham vantagens

---

[1] Shane, S. *A general theory of entrepreneurship: The individual-opportunity nexus*. Londres: Edward Elgar, no prelo.

competitivas, você deseja que o seu novo empreendimento tenha uma. Por quê? O típico esforço empreendedor dura menos de três anos, nunca gera um lucro e é abandonado ou vai à falência[2]. Assim, se você deseja ter um novo empreendimento bem-sucedido em lugar de um novo negócio típico, precisará de uma vantagem competitiva.

A segunda seção voltará ao tema que começamos a discutir no início deste capítulo. Descreveremos como um empresário impede que outros tenham acesso a informações a respeito da oportunidade e compreendam como explorá-la, e ainda de que maneira o empreendedor cria barreiras contra a exploração da oportunidade por outros, mesmo que eles saibam a respeito da oportunidade e sobre como desenvolvê-la.

A terceira seção discutirá o modelo organizacional que os novos empreendimentos assumem. Embora normalmente se imagine que os empreendedores explorem oportunidades mediante a criação de empresas de sua propriedade e que operam todas as etapas da cadeia de valores, os empreendedores freqüentemente exploram oportunidades mediante licenciamento das suas idéias de negócio para outros. Mesmo quando criam suas empresas, os empreendedores acreditam nas formas de exploração orientadas para o mercado, como franquias, ou desenvolvem somente parte da cadeia de valor, contratando com outras empresas o restante. Como você se recorda do Capítulo 2, a cadeia de valor consiste de diferentes estágios do processo de criar e distribuir um produto ou serviço para os clientes, incluindo pesquisa e desenvolvimento, suprimento de insumos e outras matérias-primas, produção e distribuição. Explicaremos quando os empresários devem escolher formas de exploração orientadas para o mercado, como franquias e licenciamento, e quando é melhor que dominem todas as etapas da cadeia de valor.

A última seção do capítulo tratará das estratégias que os empreendedores utilizam para superar a incerteza e a assimetria das informações que são partes fundamentais do processo empresarial. Como explicamos no Capítulo 2, as pessoas nunca estão certas de que sua idéia de negócio será bem-sucedida até terem explorado as oportunidades, o que torna incerto o enfrentamento das oportunidades pelo empreendedor. No Capítulo 3, explicamos que os empreendedores identificam oportunidades que outros falham em reconhecer. Para superar as dificuldades que a incerteza e a assimetria das informações geram na busca pela oportunidade, os empreendedores adotam diversas estratégias que iremos focar na última seção do capítulo.

VANTAGEM COMPETITIVA: UM INGREDIENTE ESSENCIAL

No Capítulo 1, explicamos que o processo empresarial tem início quando o empreendedor surge com uma idéia de negócio ou uma forma de explorar uma oportunidade. No Capítulo 2, mostramos que os empreendedores concebem essas idéias de negócio porque eles têm acesso a melhores informações a respeito das oportunidades ou estão mais aptos a reconhecer oportunidades a partir das informações de que dispõem. No Capítulo 9, explicamos que, como forma de explorar as idéias de negócio, os empreendedores desenvolvem novos produtos e serviços que os clientes valorizam. Este capítulo focaliza as formas de proteger o valor que a empresa obtém ao oferecer aos clientes produtos e serviços de valor.

---

[2] Schiller, B.; Crewson, P. Entrepreneurial origins: A longitudinal inquiry. *Economic Inquiry*, 35: 523-531, 1997.

Bem no início do processo, ninguém mais tem exatamente a mesma idéia de negócio que o empreendedor; o empreendedor tem **monopólio** sobre ela. Monopólio é uma situação na qual a empresa é a única fornecedora de um produto ou serviço. Por exemplo, suponha que você identificou a oportunidade de abrir uma danceteria nos limites do campus porque não há nenhum lugar para ouvir música ou para dançar perto da escola. No início, sua danceteria será o único negócio que vai satisfazer a procura por um lugar no qual se possa ouvir música e dançar.

O que acontece depois que você abre a danceteria? Nada – caso esteja errado a respeito da oportunidade. Se não houver demanda para ouvir música ou dançar, se você não auferir lucros porque não obteve licença para consumo de bebidas ou se for muito caro para contratar bandas de música, sua danceteria irá fracassar e esse será o fim da aventura. Mas o que acontecerá se sua danceteria for um sucesso e você começar a ganhar dinheiro? As pessoas irão imitar sua idéia de negócio. O seu namorado ou a sua namorada (presumindo que eles não sejam seus colegas de quarto) e o proprietário da pizzaria local irão descobrir que a idéia para uma danceteria é rentável. Já que eles também gostariam de ter lucros, entram no mercado e instalam danceterias com o mesmo projeto e as mesmas músicas que a sua nas três esquinas restantes da rua onde a sua danceteria está localizada.

Deixando-os fora de controle, esses imitadores irão corroer seus lucros por explorarem a mesma oportunidade. Os imitadores tentarão adquirir os recursos necessários para explorar a idéia de negócio da danceteria, elevando os custos desses recursos e minando os lucros. Agora, em vez de contratar a banda mais barato por ser o único barzinho da região, você terá de disputar com os proprietários das outras três danceterias esses talentos musicais. Os imitadores terão como alvo os seus clientes: eliminarão o *couvert* e oferecerão aperitivos ou petiscos gratuitos; isso fará cair sua receita e, conseqüentemente, seu lucro. Esse processo de concorrência irá continuar até que não haja mais nenhum lucro pela exploração da oportunidade da danceteria.

Você não somente não poderá impedir as pessoas de tentar imitar as boas idéias de negócios como também, ao iniciar um empreendimento de sucesso, na realidade, estará ajudando-as. O simples fato de perseguir uma idéia de negócio supre outras pessoas – tanto empreendedores individuais quanto empresas existentes – com as informações de que elas precisam para desenvolver uma idéia de negócio que explore com sucesso a mesma idéia que você havia identificado. No caso da danceteria, você mostrou aos outros onde instalar suas danceterias e quais bandas contratar para tocar nesses locais.

Para evitar que os imitadores acabem com os lucros que você ganhou por ter uma nova idéia de negócio que satisfaz às necessidades dos clientes, é preciso desenvolver uma vantagem competitiva que desestimule a imitação. Se puder evitar que a informação a respeito da oportunidade e de como explorá-la vaze, os outros serão incapazes de imitar completamente a sua idéia de negócio. Da mesma forma, se puder criar alguma barreira que impeça os outros de agirem para explorar a oportunidade da mesma forma que você fez, poderá impedir a imitação.

No exemplo da danceteria, suponha que você tenha assinado um contrato de exclusividade com todas as bandas boas do local. Pelo fato de que elas tocariam somente na sua danceteria, e não nas outras dali, você teria uma vantagem competitiva. Enquanto as pessoas desejarem ouvir essas bandas específicas, você teria uma barreira contra a imitação da sua idéia de negócio. Se os imitadores não podem copiar sua idéia de negócio completamente, ela irá gerar lucros, e assim os lucros de explorar essa oportunidade permanecerão com você.

ESTRATÉGIA: PROTEGENDO OS LUCROS DA EXPLORAÇÃO DE OPORTUNIDADE

Em geral, os empreendedores retêm os lucros de explorar oportunidades de duas maneiras. Primeiro, eles impedem outros de aprender a respeito das oportunidades ou de entender suas idéias de negócio para explorá-las. Os empreendedores fazem isso mantendo segredo sobre as informações que lhes permitiram descobrir a oportunidade e tornando difícil aos outros entenderem seus métodos de exploração. Segundo, os empreendedores usam quatro tipos de barreiras para impedir outros de explorarem a oportunidade da mesma forma que eles fazem, mesmo que outros tenham aprendido a respeito da oportunidade e entendido como explorá-la: controlar os recursos, estabelecer barreiras legais contra a imitação, construir a reputação de satisfazer os clientes e inovar para manter-se à frente da concorrência[3]. Esta seção irá discutir esses métodos de proteger a idéia do negócio contra a concorrência.

Sigilo: Evitando que Terceiros Saibam ou Entendam como Explorar a Oportunidade

Impedir os outros de obter a informação que permita a um empreendedor identificar uma oportunidade envolve manter essa informação em segredo. Por exemplo, suponha que você percebeu que a maioria dos estudantes do colégio desejava ir a Cancun em lugar de Fort Lauderdale nas férias de primavera. Se você estivesse planejando organizar uma empresa de viagens que vendesse pacotes de turismo para as férias de primavera, preferiria não compartilhar com outros essa informação a respeito das preferências de seu mercado. Caso outras pessoas não soubessem que o destino "quente" para as férias de primavera era Cancun e não Fort Lauderdale, não poderiam reconhecer que a chave da oportunidade estaria em reservar quartos de hotel em Cancun, e não iriam competir com você para obter acesso aos recursos necessários (quartos de frente para o mar) para explorar a oportunidade.

Como o objetivo de manter secreta a informação sobre a oportunidade é impedir que os outros tomem conhecimento de que ela existe, essa estratégia funciona melhor quando há poucas formas de se obter a informação a respeito da oportunidade a não ser conversando com o empreendedor. Como é possível imaginar, no exemplo das férias, é difícil esconder a informação a respeito da descoberta da oportunidade simplesmente mantendo-a em segredo. Muitas pessoas poderiam obter informações a respeito dessa oportunidade por outras fontes que não você. Assim, ainda que mantenha a informação em segredo, potenciais concorrentes poderiam ter acesso à informação por si mesmos e explorar a oportunidade da mesma maneira que você.

---

[3] Shane, S. *A general theory of entrepreneurship: The individual-opportunity nexus.* Londres: Edward Elgar, no prelo.

Em que condições há poucas formas de se obter a informação a respeito da oportunidade sem ser com a pessoa que em primeiro lugar a identificou? Em geral, no caso em que a identificação da oportunidade requer conhecimentos sobre um processo novo e complexo que o empreendedor mantém como **segredo comercial**, outras pessoas acham difícil ter acesso à informação necessária para descobrirem por si mesmas a oportunidade. Um segredo comercial é uma peça de propriedade intelectual que não é patenteada, mas é inovadora, não-óbvia, valiosa e propicia uma vantagem competitiva. Nós falaremos mais a respeito de segredos comerciais no próximo capítulo, quando discutiremos a propriedade intelectual. O que você precisa saber por enquanto é: algumas vezes, as pessoas descobrem um novo processo para fazer alguma coisa de que outros ainda não se deram conta. Por exemplo, suponha que você estivesse trabalhando no laboratório químico de um campus e que tivesse descoberto como combinar diversos produtos químicos em uma fórmula que triplicasse a velocidade de crescimento da grama. Você poderia querer começar uma empresa de fertilizantes para explorar sua descoberta. Se o fizesse, provavelmente evitaria contar para outras pessoas que havia descoberto essa nova fórmula de fertilizante. Se outras pessoas não soubessem da existência da nova fórmula, elas não estariam buscando descobri-la. Como resultado, elas não saberiam que havia uma oportunidade de usar a fórmula para produzir fertilizante e não iriam competir com sua nova empresa de fertilizantes.

O empreendedor pode também não permitir que outros imitem sua idéia de negócio se ele puder impedi-los de compreender como explorar a oportunidade, mesmo que tenham descoberto que ela existe. Pesquisadores de gerenciamento estratégico chamam esse conceito de **ambigüidade causal**, porque outras pessoas não compreendem o processo causal que permite ao empreendedor explorar a oportunidade, somente que o empreendedor reconheceu uma oportunidade e descobriu como explorá-la[4]. Por exemplo, suponha que você e todos os outros em seu dormitório saibam que as pessoas da cidade em que sua universidade está localizada gostam de torta de fruta. A preferência dos habitantes da cidade cria condições de demanda que tornam possível para você iniciar uma empresa para vender tortas de fruta (lembre-se de que, no Capítulo 2, explicamos que as condições de demanda influenciam as oportunidades para novos empreendimentos). Se todo o dormitório sabe que as pessoas da cidade gostam de torta, a informação a respeito da oportunidade não é mais secreta. Você não pode impedir as pessoas de imitar sua idéia de negócio simplesmente mantendo em segredo a informação a respeito dessa oportunidade.

E que tal se sua avó houvesse lhe dado ótimas receitas para fazer tortas – receitas tão boas que nenhuma outra torta jamais seria tão saborosa quanto as dela? Então você poderia explorar a ambigüidade causal para impedir outras pessoas de aprenderem como explorar essa oportunidade de negócios da mesma forma que você fez. Você poderia começar uma empresa produzindo tortas para as pessoas da cidade, usando as receitas de sua avó. Mesmo as outras pessoas de seu dormitório, ao saber da oportunidade – a demanda por tortas na cidade –, não saberiam como explorar essa oportunidade – as receitas de sua avó. Como resultado, você poderia explorar a oportunidade sem perder para a concorrência.

A capacidade dos empreendedores de impedir os outros de compreenderem uma oportunidade normalmente envolve algum tipo de **conhecimento tácito**. Trata-se do co-

---

[4] Barney, J. Firm resources and sustained competitive advantage. *Journal of Management*, 17(1): 99-120, 1991.

nhecimento a respeito de como fazer alguma coisa que não está escrita ou codificada. Você se recorda do Capítulo 5, quando dissemos que as pessoas sabem o que fazem, mas não por que ou como o fazem? Isso está relacionado com o conhecimento tácito. Por exemplo, você provavelmente sabe nadar. Se sabe, nós acreditamos que seu conhecimento seja tácito. A menos que você seja diferente, não consulta instruções escritas a respeito de como nadar *crawl* cada vez que está na piscina ou no mar. De fato, se alguém lhe pedir que explique como nadar, você não seria capaz de detalhar os passos exatos que você segue. Por quê? Como nós explicamos no Capítulo 3, seu conhecimento a respeito de nadar é tácito e ele está armazenado na memória procedimental.

Muitos aspectos dos negócios são tácitos. Um bom engenheiro deve saber como operar uma fábrica, mas não seria capaz de dar instruções passo a passo de como fazê-lo. Um vendedor bem-sucedido sabe como fazer uma venda, mas não seria capaz de escrever um manual de vendas. Mesmo o exemplo da receita de torta que acabamos de apresentar aponta para o valor do conhecimento tácito. As receitas da vovó são conhecimento codificado, ou seja, está escrito em forma de documento. Mas quando sua avó prepara a torta, ela pode também utilizar o conhecimento tácito, de coisas que ela faz e que não estão escritas na receita. Essas coisas fazem que a torta dela seja mais saborosa do que a que você faz seguindo a mesma receita que ela utilizou.

O conhecimento tácito é melhor do que o codificado para criar a ambigüidade causal a respeito de como explorar uma oportunidade. Quando o conhecimento é codificado em, digamos, uma receita para uma torta, qualquer um que queira imitar o empreendedor poderá fazê-lo a partir do instante que obtiver a receita. Embora possa ser mais difícil conseguir a receita do que descobrir que a oportunidade existe, não será tão difícil quanto descobrir como a sua avó prepara essa maravilhosa torta quando o segredo não está escrito em uma receita.

Quando um empreendedor tem conhecimento tácito a respeito de como explorar uma oportunidade, outras pessoas têm dificuldade em descobrir o relacionamento causal que aciona o processo que o empreendedor usa para produzir, distribuir e organizar[5]. A menos que possam entrar na cabeça do empreendedor, elas simplesmente não conseguem descobrir quais são esses processos importantes de produção, de distribuição e de organização. Se outras pessoas não podem descobrir o processo do empreendedor, elas não podem imitá-lo; isso protege os lucros do empreendedor contra a imitação. Por exemplo, suponha que a chave do sucesso na exploração de uma oportunidade de criar uma loja de móveis resida no conhecimento tácito de um empreendedor a respeito de como vender. Mesmo que outras pessoas iniciem o negócio de móveis e se estabeleçam na vizinhança desse empreendedor, vendendo exatamente as mesmas linhas de móveis, o empreendedor, ainda assim, seria capaz de ficar com os lucros da oportunidade, porque as outras pessoas não, estariam aptas a imitar o conhecimento tácito do empreendedor a respeito de como vender.

A utilização da ambigüidade causal para impedir outras pessoas de imitar uma idéia de negócio é particularmente eficaz quando o conhecimento tácito que o novo empreendimento está explorando firmado é em habilidades ou experiências raras[6]. Caso um número

---
[5] Nelson, R.; Winter, S. *An evolutionary theory of economic change*. Cambridge, MA: Belknap Press, 1982.
[6] Amit, R.; Glosten, L.; Muller, E. Challenges to theory development in entrepreneurship research. *Journal of Management Studies*, 30: 815-834, 1993.

grande de pessoas tenha habilidades ou experiência para explorar a oportunidade, algumas delas podem descobrir como explorá-la, mesmo que o empreendedor mantenha o conhecimento tácito em segredo. Entretanto, caso somente um pequeno número de pessoas tenha habilidades ou experiência para explorar uma oportunidade em particular, um empreendedor será capaz de evitar que os outros o imitem mantendo o conhecimento tácito em segredo.

Por exemplo, Lynne Zucker, socióloga da University of California (Ucla), e seu marido, Michael Darby, economista da escola de administração dessa mesma universidade, examinaram o desempenho das novas empresas de biotecnologia estabelecidas nos Estados Unidos. Eles descobriram que os empreendedores que haviam fundado essas empresas eram capazes de evitar que outros lhes tomassem os lucros explorando seu raro conhecimento tácito a respeito de como explorar certas habilidades da pesquisa biológica. Porque muito poucas pessoas no mundo (cerca de 10 em cada caso) poderiam utilizar a mesma técnica científica que eles empregaram, esses empreendedores foram capazes de auferir enormes lucros utilizando seu conhecimento tácito sobre técnicas científicas particulares para produzir novas drogas, a despeito do amplo reconhecimento de que as drogas que eles estavam desenvolvendo eram valiosas.

Mas as razões que acabamos de destacar não são as únicas para manter as idéias em segredo. Há muitas outras. Para uma discussão sobre outro problema potencial que surge em decorrência de não se manter em segredo o conhecimento sobre uma idéia de negócio, o que pode ser especialmente perigoso para os empreendedores, ver a seção "Atenção! Perigo Adiante!".

Atenção! perigo adiante!

O Paradoxo de Arrow: O Problema da Divulgação

Nós acabamos de reforçar a importância de manter secretas as oportunidades e o conhecimento a respeito de como explorá-las. Embora isso possa parecer fácil, na realidade não é.

Suponha que você tenha desenvolvido um ótimo novo projeto para um limpador de pára-brisa e o tenha testado com muitas pessoas diferentes. Todas adoraram o novo limpador, o qual trabalha melhor do que os outros limpadores de pára-brisa e custa a metade para ser produzido.

Você sabe que precisa conversar com clientes potenciais a respeito dos limpadores, de forma que você encaminha uma correspondência para as principais montadoras, informando que desenvolveu um ótimo novo conjunto de limpadores de pára-brisa. Um dia você recebe um telefonema de retorno do pessoal de uma das empresas. Eles lhe informam que gostariam que você fosse até lá para conversar com eles. Ao telefone, o gerente está realmente positivo, diz que o projeto de seu limpador de pára-brisa parece ser exatamente o que eles vinham procurando e que gostariam de comprá-lo. Eles somente precisam conhecer um pouco mais a respeito dos limpadores. Aí você marca um encontro.

Quando você chega, um funcionário júnior o conduz a uma enorme sala de conferências com lambris de carvalho. Lá sete ou oito pessoas estão à volta de uma mesa esperando por você. Todos estão muito ansiosos para ouvir a respeito de seu novo limpador de pára-brisas.

> As pessoas dessa empresa pedem para ver o protótipo do seu limpador de pára-brisa porque querem ter uma idéia de como é. Elas lhe perguntam como projetou o limpador de pára-brisa, porque querem estar seguras de que o projeto é compatível com seus veículos. Perguntam sobre que materiais utilizou, quanto tempo leva para produzir o limpador, porque querem estar seguras de que o processo é tão bom quanto imaginam. Todo o tempo, repetem que gostaram demais de seu limpador de pára-brisa e que haverá um grande cheque reservado para você. Porque deseja a venda, você responde a todas as perguntas.
>
> Ao término do encontro, essas pessoas lhe agradecem e lhe dizem que em breve entrarão em contato. Passam-se algumas semanas e você não tem nenhuma notícia. Você telefona para fazer um acompanhamento e deixa um recado na caixa de mensagens, o qual não é respondido. Tenta marcar um encontro com as pessoas daquela reunião, mas é barrado por uma secretária. Finalmente se dá conta de que nunca comprarão o projeto de seu limpador de pára-brisa.
>
> O que aconteceu? Você foi vítima do paradoxo de Arrow[7]. Kenneth Arrow, economista da Universidade de Stanford, vencedor do prêmio Nobel, explicou que divulgar conhecimentos é um paradoxo. Um comprador jamais comprará um pedaço de conhecimento, como um projeto para um novo limpador de pára-brisa, caso seu valor seja desconhecido. Dessa forma, para vender um pedaço de conhecimento, seu valor deve ser demonstrado. Entretanto, a demonstração transfere o conhecimento para os outros, o que reduz o interesse do comprador em pagar por ele. Assim, uma vez que a demonstração termine, o comprador não pagará pelo conhecimento. Embora existam poucas soluções para esse problema, tais como patentear a tecnologia em que suas idéias de negócio estão baseadas ou levar as pessoas a assinarem um acordo de sigilo – estabelecendo que as pessoas a quem você descreve suas idéias não vão passá-las para ninguém mais –, o problema não pode ser eliminado. Assim, queremos que você preste atenção a isso. Muitas pessoas tentam fazer você mostrar a sua idéia de negócio para elas de forma que possam usá-las para explorar as oportunidades que você descobriu. Então, por favor, seja cauteloso. Manter em segredo a informação a respeito da sua oportunidade e sobre como explorá-la é bem mais difícil do que parece.

Estabelecendo Barreiras para a Imitação

Outras pessoas podem imitar a idéia de negócio de um empreendedor, uma vez que o empreendedor tenha começado a explorá-la, porque o empreendedor não pode manter segredo sobre a informação a respeito da oportunidade ou não pode criar ambigüidade causal a respeito da forma pela qual ela é explorada. Caso o sigilo não seja uma estratégia viável para prevenir a imitação, o empreendedor pode evitar que outros tirem proveito da oportunidade criando barreiras contra a imitação dos métodos que ele usou para explorá-la[8]. Criar barreiras contra a imitação também é útil, mesmo que o empreendedor esteja tentando manter em segredo o conhecimento sobre a oportunidade ou sobre como explorá-la. Mesmo quando as pessoas tentam manter sigilo, é possível haver brechas; os outros podem até mesmo aprender os conhecimentos tácitos. Por isso os empreendedores estabelecem

---

[7] Arrow, K. Economic welfare and the allocation of resources for inventions. In: Nelson, R. (ed.). *The rate and direction of inventive activity*. Princeton, NJ: Princeton University Press, 1962.

[8] Rumelt, R. Theory, strategy and entrepreneurship. In: Teece, D. (ed.). *The competitive challenge: Strategies for industrial innovation and renewal*. Cambridge, MA: Ballinger, p. 137-158, 1987.

quatro tipos de barreiras contra a concorrência: obter controle sobre os recursos necessários para explorar a oportunidade, estabelecer obstáculos legais contra a imitação, desenvolver uma reputação e inovar para estar à frente dos concorrentes[9].

Conseguindo Controle dos Recursos

Um empreendedor pode construir uma barreira contra a concorrência obtendo controle sobre os recursos-chave requeridos para explorar a oportunidade[10]. Por exemplo, suponha que você teve uma idéia de negócio para vender comida em eventos esportivos no seu campus. A universidade tem um número limitado de quadras e de estádios nos quais os eventos esportivos têm lugar. Se você assinar um contrato de locação para todos os locais para servir comida – o recurso-chave para explorar essa oportunidade –, em todas as quadras e estádios do campus, seria capaz de impedir outras pessoas de explorar a mesma oportunidade que você.

Além de celebrar contratos com os fornecedores de recursos para assegurar controle sobre os recursos-chave, você poderia comprar a fonte de suprimentos desse recurso. Isso poderia fazer mais sentido caso a sua oportunidade dependesse de um recurso-chave com uma limitada fonte de suprimento. Imagine, por exemplo, que você vai implementar um negócio de vendas de anéis de diamantes, como a De Beers, empresa da África do Sul. Diamantes de alta qualidade podem ser encontrados em poucas minas de diamantes no mundo. Adquirindo essas minas, você poderia efetivamente impedir qualquer outra pessoa de ter acesso aos diamantes de alta qualidade usados em joalherias, da mesma forma que a De Beers o fez.

Obtendo um Monopólio Legal

Uma segunda barreira contra a concorrência que um empreendedor poderia utilizar seria o monopólio legal sobre o processo utilizado para explorar a oportunidade. **Patentes** e **licenças do governo** são dois importantes tipos de monopólio legal sobre métodos utilizados para explorar oportunidades. Nós falaremos mais a respeito de patentes no próximo capítulo, porém, basicamente, uma patente é um direito, concedido pelo governo, de ser a única parte que pode usar uma dada invenção por um determinado período de tempo. A indústria de equipamentos médicos nos dá um bom exemplo do uso de patentes para impedir a concorrência. Um empreendedor que inventou o marcapasso para o coração patenteou o projeto para impedir os outros de tentarem explorar o mercado mediante a produção do mesmo marcapasso.

Uma licença do governo é um direito assegurado pelo governo que o torna a única parte com permissão de fazer alguma coisa em uma área geográfica específica. Por exemplo, muitas cidades limitam o número de lojas de bebidas a uma única loja em cada área geográfica. Ao obter a permissão para estabelecer uma loja de bebidas em uma área específica, um empreendedor pode assegurar que ninguém mais pode competir com ele estabelecendo uma outra loja de bebidas na mesma área[11].

---

[9] Casson, M. *The entrepreneur.* Totowa, NJ: Barnes & Noble Books, 1982.
[10] Shane, S. *A general theory of entrepreneurship: The individual-opportunity nexus.* Londres: Edward Elgar, no prelo.
[11] Casson, M. *The entrepreneur.* Totowa, NJ: Barnes & Noble, 1982.

Estabelecendo uma Reputação

Os empreendedores também podem criar uma terceira barreira contra a concorrência: o estabelecimento da reputação de satisfazer aos clientes. Ao criar uma boa reputação entre os clientes, um empreendedor pode evitar que eles mudem a preferência para outra empresa e, dessa forma, mantém para si os lucros de explorar a oportunidade. Por exemplo, suponha que você desenvolveu um novo tipo de *mountain bike*, e todo mundo concordou que ela é realmente excelente e queira comprá-la. O grande problema para você seria que outras pessoas poderiam imitar o seu projeto e competir para compartilhar o mercado e seus lucros. Você seria capaz de impedir que seus clientes migrassem para os concorrentes que imitaram seu projeto de bicicleta se desenvolvesse a reputação de ser um excelente prestador de serviços ao cliente. Essa reputação poderia ser a vantagem competitiva que tornaria sua empresa de *mountain bikes* melhor do que todas as outras e lhe permitiria manter os lucros, a despeito dos esforços dos concorrentes para tomá-los.

Uma tática útil é desenvolver reputação como barreira contra a competição. O empreendedor pode anunciar pesadamente para promover os atributos de um novo produto ou serviço aos consumidores. Esses anúncios criam expectativa no consumidor a respeito dos atributos do produto ou serviço. Caso os imitadores não possam ou não reproduzam todos esses atributos, os anúncios farão os clientes ficarem relutantes em mudar e escolher o produto ou serviço dos concorrentes, reduzindo assim a concorrência das outras empresas.

Inovação

A quarta barreira contra a competição usada pelos empreendedores é a inovação. A inovação envolve qualquer esforço para manter os produtos ou serviços do empreendedor à frente das alternativas oferecidas pelos competidores em qualquer aspecto desejado pelos clientes, incluindo qualidade, características, velocidade, custo, e assim por diante. Por exemplo, um empreendedor que tenha desenvolvido um modelo de software de planejamento financeiro poderia acrescentar características adicionais ao modelo básico, como pagamento de impostos, pagamento de contas ou capacidade de planejamento patrimonial. Inovando, o empreendedor pode obter as vantagens da curva de aprendizado que discutimos no Capítulo 2. À medida que um empreendedor puder introduzir melhoramentos no produto ou serviço iniciais antes dos concorrentes, esse empreendedor poderá manter os clientes ao oferecer atributos do produto ou serviço que os produtos ou serviços dos concorrentes não apresentam. (Ver a Tabela 10.1 para outros exemplos de barreiras contra a concorrência que os empreendedores estabelecem.)

A Daddy's Junk Music Stores Inc. nos oferece um bom exemplo de uma companhia iniciante que se utilizou da inovação para criar uma barreira contra a concorrência. Fred Bramante fundou a empresa para vender equipamentos musicais por meio de estabelecimentos varejistas na Nova Inglaterra. Foi um início inovador, e a empresa recebeu prêmios pela criatividade em sua comercialização e por seus programas de gerenciamento de empregados. Entretanto, o surgimento da eBay foi um desafio competitivo frontal para a Daddy's. Em vez de ir às lojas da empresa para comercializar equipamentos musicais, as pessoas começaram a comprar e vender na eBay, que ia abocanhando as vendas da Daddy's. Em resposta, Bramante fechou o negócio de vendas pelo correio da Daddy's, incrementou as lojas, expandiu a rede, melhorou a remuneração dos empregados e aprimorou a comercialização por meio do lançamento na TV de um programa que incluía apresentações musicais e anúncios da empresa. Como resultado, Bramante foi capaz de expandir a Daddy's, a despeito da competição da eBay e de outras empresas[12].

Tabela 10.1 Os Empreendedores Impedem a Imitação Construindo Barreiras Contra a Concorrência

Os empreendedores constroem diferentes tipos de barreiras contra a concorrência.

TIPO DE BARREIRA	IDÉIA DE NEGÓCIO	EXEMPLO	RACIOCÍNIO SOBRE POR QUE AS BARREIRAS FUNCIONAM
Controle de recursos	Vender alimentos nos jogos de basquetebol do colégio	Assinar contrato de concessão de estandes na quadra	Sem acesso às concessões para estandes, outros empreendedores não podem vender alimentos nos jogos.
Barreiras legais contra a imitação	Vender aparelhos de DVD	Obter patente para o projeto do aparelho de DVD	A patente impede os outros de produzir um aparelho de DVD com o mesmo projeto.
Reputação	Vender roupas	Desenvolver a reputação de ser o melhor figurinista de Paris	A reputação impede os clientes de mudar para os concorrentes.
Inovação	Vender lambretas	Desenvolver lambretas com melhores características a cada seis meses	Assegurando que sua lambreta tenha características que as outras não apresentam, você pode assegurar que a sua lambreta seja mais desejável para os clientes do que a dos concorrentes.

FRANQUEAR OU LICENCIAR? A ESCOLHA DO FORMATO ORGANIZACIONAL

Um equívoco popular a respeito do empreendedorismo é que as pessoas sempre exploram oportunidades mediante a criação de novas empresas que produzem e distribuem novos produtos ou serviços. Embora seja verdade que os empreendedores em geral fundam empresas **verticalmente integradas** – ou seja, empresas que são proprietárias dos sucessivos estágios da cadeia de valor, incluindo a compra de insumos, a manufatura e produção, e pontos de distribuição –, os empreendedores não precisam ser proprietários de todas as partes da cadeia de valor. Eles podem se utilizar daquilo que os economistas chamam de modos de exploração da oportunidade com base no mercado.

A Palm Computer é um bom exemplo de empresa que se utilizou dos modos com base no mercado para exploração da oportunidade. Em vez de construir sozinha sua agenda eletrônica, os fundadores da Palm celebraram parcerias com outras empresas que produziam as peças para o Palm Pilot de acordo com as especificações da Palm. Por exemplo, o The Windward Group, um desenvolvedor de software, criou os aplicativos de computador de mesa para o Palm Pilot. Por meio de parcerias com outras empresas que criaram as

---

[12] Practice makes perfect. Disponível em: <http://www.entrepreneur.com/Magazines/Copy_of_MA_SegArticle/0,4453,302464----4,00.html>.

diversas peças do Palm Pilot, os fundadores da empresa foram capazes de aumentar a rapidez de sua comercialização e de reduzir seus custos – duas importantes vantagens competitivas no mercado dos computadores de mão[13].

Os dois modos com base no mercado mais comuns para exploração de oportunidades são o **licenciamento** e a **franquia**. Licenciamento é uma forma de negócio em que uma pessoa contrata com outra o uso da idéia de negócio deste último para fabricar produtos ou serviços para venda aos consumidores finais, mediante o pagamento de certo valor. Muitos empreendedores utilizam-se do licenciamento para explorar suas idéias de negócio. Por exemplo, Jerome Lemelson, conhecido inventor que criou o prêmio Lemelson para os grandes inventores da América, fez uma enorme fortuna patenteando suas invenções tecnológicas e licenciando-as para empresas estabelecidas, em lugar de fundar novas empresas.

A franquia é um modo de negócio no qual uma parte, o franqueador, desenvolve um plano para fornecimento de um produto ou serviço para o consumidor final. A outra parte, o franqueado, obtém os direitos de uso dos planos do franqueador mediante pagamento de direitos e concordando com a supervisão do franqueador[14]. Muitas empresas conhecidas, como a McDonald's e a Subway, foram, um dia, empresas novas cujos empreendedores escolheram ir atrás de oportunidades mediante franquias em lugar de fazê-lo como proprietários de todas as suas lojas de *fast-food*.

Com a franquia, ambos, o franqueador e o franqueado, contribuem para atender às necessidades dos clientes. Uma vez que o franqueado é um empreendedor que opera as lojas e serve diretamente os consumidores, ele está mais motivado do que um típico gerente de empresa. Sua vontade de trabalhar com afinco (e de forma mais inteligente) aumenta a satisfação do cliente e incrementa as vendas. O franqueador, por sua vez, fornece uma variedade de recursos que impulsiona as vendas. Primeiro, oferece serviços úteis, aprimorados ao longo de anos de experiência, para operar o novo negócio. Esses serviços incluem assessoria na seleção de pontos de venda, instalação e *leasing* do local físico, treinamento de empregados, financiamento e propaganda. Segundo, o franqueador oferece um nome de marca que ajuda a atrair clientes. Terceiro, o franqueador oferece os benefícios de economia de escala na compra de suprimentos e na propaganda.

Pelo fato de um dos principais ativos do sistema de franquia ser o nome da marca, o franqueador mantém controle sobre a comercialização dos produtos ou serviços que o sistema de franquia oferece. É necessário um rigoroso controle sobre o nome da marca para preservar o valor da boa reputação do sistema. O franqueador mantém controle mediante padrões específicos de qualidade que o franqueado deve respeitar. Por exemplo, cada franqueado do McDonald's tem de respeitar padrões específicos para a limpeza dos banheiros das lojas. Esses padrões são muito detalhados e chegam a especificar que produtos de limpeza utilizar e com que freqüência o piso deve ser esfregado. Em muitos casos, os franqueadores exigem que os franqueados sigam os termos de um volumoso manual de instruções sobre como operar a loja. Esses manuais especificam como devem ser os uniformes dos empregados, de que forma devem ser as fachadas, de que maneira os clientes devem ser cumprimentados, e assim por diante.

---

[13]Hendricks, M. The modular squad. *Entrepreneur*, Março: 101, 1998.
[14]Shane, S.; Foo, M. New firm survival: Institutional explanations for new franchisor mortality. *Management Science*, 45(2): 142-159, 1999.

Pelo fato de você poder escolher a utilização de modos orientados ao mercado para exploração da oportunidade, como a franquia ou o licenciamento, para desenvolver suas idéias de negócio, é importante saber quando cada um desses métodos é mais apropriado para um novo empreendimento. Pesquisadores identificaram quatro conjuntos de fatores que determinam se o empreendedor deveria usar um mecanismo com base no mercado para explorar uma oportunidade: custo, velocidade, competência e informação[15].

Minimizando o Custo de Explorar a Oportunidade

Suponha que você não dispõe de uma reserva de milhões de dólares, mas gostaria de explorar a oportunidade de estabelecer uma rede de oficinas de reparos de automóveis; cada uma delas requer US$ 500 mil em equipamentos. De que forma irá explorar essa oportunidade? Como já discutimos no Capítulo 6, você pode procurar um anjo (pessoa física que investe em novos empreendimentos) para tentar obter o capital de que necessita para instalar as oficinas. Mas você tem uma alternativa. É possível abrir franquias para outras pessoas, que utilizariam seu formato de oficina para atender aos clientes.

Novos empreendimentos adotam **modos com base no mercado** para explorar oportunidades quando diferentes partes do negócio, como fabricação e comercialização, são de propriedade de diferentes entidades e são conectadas por um relacionamento contratual. Novos empreendimentos adotam **modos hierárquicos** para explorar oportunidades quando uma das partes é proprietária de todas as etapas da operação que produz e vende um produto ou serviço ao consumidor final. Uma comparação entre restaurantes franqueados e não franqueados nos dá um bom exemplo da diferença entre os modos de exploração da oportunidade. Um restaurante franqueado usa um modo com base no mercado para explorar oportunidades, porque uma das partes, o franqueador, é proprietário dos sistemas que operam o restaurante – as receitas, o projeto e o *layout* do restaurante, as políticas de contratação etc. – e franquia esses sistemas para outra parte, o franqueado, que opera e é proprietário do restaurante em si. Um restaurante não-franqueado utiliza um modo hierárquico de exploração de oportunidades, porque uma entidade é proprietária tanto do sistema operacional quanto do próprio restaurante.

Os empreendedores freqüentemente utilizam modos, como franquia, com base no mercado para explorar oportunidades, porque requer menos capital do que o modo hierárquico, como uma cadeia de oficinas de reparo de automóveis que é proprietária de todas as lojas. Como explicamos no Capítulo 6, os empreendedores têm de levantar capital de fontes externas para financiar a exploração das oportunidades, pois lhes falta fluxo de caixa proveniente de operações existentes. O capital externo é mais dispendioso do que o capital gerado internamente, porque os investidores cobram um prêmio para compensar os riscos que eles têm de correr por disporem de menos informações a respeito da oportunidade e da idéia do negócio do que o empreendedor[16].

Para superar o alto custo do capital, os empreendedores utilizam a franquia para aproveitar os franqueados como fonte de capital para explorar suas oportunidades. Na franquia,

---

[15] Venkataraman, S. The distinctive domain of entrepreneurship research: An editor's perspective. In: Katz, J.; Brockhaus, R. (eds.). *Advances in Entrepreneurship, Firm Emergence, and Growth*, 3: 119-138. Greenwich, CT: JAI Press, 1997.

[16] Evans, D.; Leighton, L. Some empirical aspects of entrepreneurship. *American Economic Review*, 79: 519-535, 1989.

os franqueados devem pagar aos franqueadores, como adiantamento, dezenas, algumas vezes centenas de milhares de dólares, para obterem os direitos de usar o nome da marca do franqueador e o formato do negócio em uma loja da qual eles, os franqueados, são proprietários[17]. Além disso, franqueando uma loja em vez de possuí-la completamente, o empreendedor pode transferir o custo da instalação da loja para o franqueado.

De modo similar, os empreendedores de tecnologia freqüentemente licenciam suas tecnologias para empresas já estabelecidas, as quais utilizam seus ativos de fabricação e de distribuição para produzirem produtos e serviços para os usuários finais. Por exemplo, muitos empreendedores da área de biotecnologia não conseguem obter de capitalistas de risco ou mesmo do mercado aberto as centenas de milhões de dólares necessários para fazer um medicamento percorrer todas as fases de aprovação pelo Food and Drug Administration (FDA). Para financiar o desenvolvimento de medicamentos, eles licenciam seus produtos para grandes laboratórios farmacêuticos, como a Merck ou a Pfizer, os quais se utilizam da tecnologia dos empreendedores para produzir esses medicamentos.

Acelerando o Ritmo para o Mercado

Os empreendedores também se utilizam dos modos de exploração de oportunidades com base no mercado para acelerar o ritmo de seus esforços para explorar oportunidades. Algumas vezes, uma oportunidade tem vida demasiado curta para permitir a um empreendedor reunir toda a cadeia de valor em tempo para explorá-la. Por exemplo, suponha que você descobriu uma oportunidade para um jogo de tabuleiro calcado na recente eleição presidencial. Quando conseguir montar uma empresa de jogos completa, a janela de mercado provavelmente já terá passado, e a oportunidade poderá estar perdida. Assim, você inicia seu novo empreendimento fazendo contratos com várias pessoas, as quais suprem os diferentes itens de que você necessita para produzir o jogo. Você contrata um projetista de jogos para desenvolver as perguntas para o jogo; uma fábrica para produzir as peças; uma empresa de embalagens para empacotar e despachar os pedidos; e um site da internet para vender os produtos. Ao contratar em lugar de tentar construir toda a cadeia de valor a partir do nada, você lança rapidamente o jogo e aproveita a janela de oportunidade.

Utilizar os modos de exploração de oportunidades com base no mercado é também útil quando um empreendedor está na corrida para ser o primeiro a conquistar o mercado. Em certos negócios, ser o **pioneiro**, ou a primeira empresa do mercado a atender o consumidor, traz uma série de vantagens. Por exemplo, caso os clientes tenham de incorrer em altos custos para mudar de um fornecedor para outro, ser o primeiro a atender o consumidor tem um valor duradouro. Adicionalmente, dar respostas rápidas ao mercado importa muito quando um negócio é suscetível a **externalidades de rede**. Externalidades de rede ocorrem quando alguma coisa tem seu valor aumentado à medida que mais pessoas se utilizam dela. Tome a eBay como exemplo. Quanto mais pessoas se utilizam da eBay, mais valor ela adquire. As pessoas preferem a eBay a outros sites de leilão porque é o maior site de leilão, portanto, é mais fácil usá-la para vender bens. Caso uma empresa conte com externalidades de rede ou com vantagens de pioneirismo, os empreendedores correm para implementar esse negócio antes dos competidores. Como resultado, eles se utilizam de acordos contratuais para explorar suas oportunidades.

---

[17]Shane, S. Making new franchise systems work. *Strategic Management Journal*, 19(7): 697-707, 1998.

Usando as Melhores Habilidades

Algumas vezes, a pessoa que identifica uma oportunidade não é a mais indicada para explorá-la. Outras pessoas ou empresas podem ter melhor acesso ao capital, conhecimento mais profundo sobre os mercados relevantes, fábricas e instalações para distribuição já estabelecidas, ou maior experiência na venda de novos produtos ou serviços a consumidores. Pesquisadores descobriram que ambos, o empreendedor e a parte que contrata o uso da idéia do negócio, levam vantagem nesse modo de exploração, porque o desempenho aumenta drasticamente quando uma pessoa dotada de elevada habilidade para explorar oportunidades o faz em lugar daqueles que têm menor habilidade[18]. Por causa disso, os empreendedores freqüentemente se utilizam de modos de exploração de oportunidades com base no mercado quando eles têm menos habilidade do que outros para as atividades que são necessárias para explorar a oportunidade.

Por exemplo, muitos professores universitários de ciência e de engenharia que inventaram tecnologias optam por ter seus inventos licenciados para empresas estabelecidas, cujos empregados têm fortes habilidades mercadológicas e experiência em negócios. Por quê? Porque muitos dos professores de ciência e de engenharia são carentes dos conhecimentos necessários para iniciar um novo empreendimento. Eles não sabem como fazer a maior parte do necessário para estabelecer uma nova empresa – coisas que você aprendeu nesta obra –, como a avaliação de mercado, a contratação de pessoas, o levantamento de capital e a avaliação da oportunidade. Além disso, as empresas estabelecidas contam com as vantagens de um fluxo de caixa existente e de instalações implementadas para comercialização, distribuição e fabricação, o que torna mais fácil e mais barato para essas empresas explorarem as oportunidades do que para o inventor universitário, caso ele iniciasse sua própria empresa.

Entretanto, os empresários precisam tomar cuidado ao escolher seus parceiros, especialmente se eles licenciam suas tecnologias para terceiros. Como explicamos no Capítulo 5, para fazer dinheiro você precisa encontrar um parceiro com as habilidades que lhe faltam, mas também são necessários parceiros que lhe tratem com honestidade e em quem você confie.

Administrando os Problemas de Informação ao Organizar

Um último fator que influencia os modos de exploração de oportunidades com base no mercado de que os empreendedores se utilizam reside na informação. Conforme mencionamos na seção "Atenção! Perigo Adiante!" sobre o paradoxo de Arrow, os empreendedores acham difícil utilizar mecanismos de mercado para explorar oportunidades, porque a divulgação de suas idéias de negócio para os potenciais compradores enfraquece a intenção dos compradores de pagar por essas idéias. A utilização de patentes reduz o problema da divulgação. Caso um empreendedor patenteie a tecnologia-chave na qual se baseia sua idéia de negócio, ele pode divulgar essa idéia para outros sem temer que o comprador se recuse a pagar por ela uma vez que tenha sido compartilhada. Por quê? Porque, diferentemente do que descrevemos na seção "Atenção! Perigo Adiante", quando o empreendedor

---

[18]Teece, D. Profiting from technological innovation: Implications for integration, collaboration, licensing, and public policy. *Research Policy*, 15: 286-305, 1986.

divulgar sua idéia de negócio a um potencial comprador para demonstrar seu valor, o comprador precisará pagar para usar a idéia de negócio do empreendedor. A patente impede qualquer um, menos o empreendedor, de usar a tecnologia de suporte à idéia do negócio, a menos que o empreendedor tenha cedido a alguma pessoa o direito de fazê-lo. Por isso, o uso de mecanismos de mercado, como as licenças, para explorar oportunidades, é muito mais comum nos casos em que a tecnologia do empreendedor esteja patenteada, porque as patentes reduzem os problemas da divulgação.

As patentes não são o único fator relacionado com a informação que influencia a utilização de mecanismos com base no mercado para explorar as idéias de negócio. Mecanismos com base no mercado são mais comuns quando a idéia do negócio pode ser codificada ou documentada por escrito em um contrato. Quando a idéia do negócio pode ser descrita em um contrato, ambos os lados ficam confiantes de que o sistema legal irá obrigá-los à observância do acordo que fizeram. Entretanto, se a idéia do negócio é muito incerta ou vaga para ser escrita, os contratos são de difícil utilização. Não somente as negociações entre o comprador e o vendedor podem ser rompidas na medida em que as duas partes têm problemas em concordar a respeito do que eles estão comprando e vendendo[19] como também a incerteza a respeito da idéia torna qualquer contrato que eles procurem redigir muito difícil de ser cumprido.

Por exemplo, suponha que você queira vender sua idéia de negócio de produzir carros que levitam. A idéia poderia ter valor para todos aqueles que ficam presos no trânsito nos horários de pico. Mas digamos que você ainda não saiba como produzir carros que levitam. Teria dificuldades em contratar uma pessoa para comprar de sua idéia de negócio. E se você pudesse fabricar o carro, porém com um custo idêntico ao produzir um ônibus espacial ou se precisasse de todo o estoque de titânio do mundo para fabricar 14 desses veículos? Nessas circunstâncias, é provável que o comprador não tenha interesse em sua idéia de negócio. Para levar o comprador a assinar o contrato antecipadamente, você precisaria estar disposto a liberá-lo do contrato caso a solução que você apresentasse não fosse viável para ele. Mas, caso o fizesse, o comprador teria uma escapatória para qualquer contrato que viesse a assinar e o cumprimento do contrato não seria mais exigível.

Convém que não termine de ler esta seção com a impressão de que os fatores relacionados à informação sempre levam as pessoas a se utilizar de modelos hierárquicos de exploração da oportunidade. Embora tenhamos acabado de descrever dois fatores relacionados à informação que conduzem à preferência pelo uso de mecanismos hierárquicos com base no mercado – a divulgação e a natureza tácita das informações –, muitas vezes esses fatores oferecem mais vantagem aos empreendedores que utilizam mecanismos de exploração com base no mercado.

Tome, por exemplo, o empreendedor de um restaurante que está decidindo se contrata uma franquia ou se cria seu próprio restaurante para servir pizza feita em forno a lenha. Embora haja uma variedade de fatores que podem influenciar essa decisão – teria o provável empreendedor uma boa receita de pizza? Ele precisa de assessoria para a criação do novo empreendimento ou sabe como fazê-lo? –, outros problemas relacionados à

---

[19] Audretsch, D. Technological regimes, industrial demography and the evolution of industrial structures. *Industrial and Corporate Change*, 49-82, 1997.

informação, como a seleção adversa e riscos morais, também influenciam a decisão. Nós já discutimos esses conceitos quando falamos a respeito do financiamento de novos empreendimentos no Capítulo 6. Como vocês provavelmente se recordam, a seleção adversa acontece quando as pessoas com poucas características desejáveis têm maior probabilidade de colocar-se em uma dada situação particular, como seria o caso se somente pessoas com péssimas idéias de negócio procurassem capital de risco, e aquelas com boas idéias as financiassem com suas próprias economias. Os riscos morais acontecem quando as pessoas tomam atitudes que as autobeneficiam à custa dos outros, como seria o caso, digamos, de uma pessoa se utilizar do capital de risco para comprar um luxuoso carro esporte em vez de investir no desenvolvimento de seu próprio negócio.

Os empreendedores freqüentemente encaram o potencial de seleção adversa vindo de empregados que contratam para trabalhar com eles. Por quê? Você se lembra do Capítulo 5, quando dissemos que as pessoas são hábeis no controle da própria imagem? Isso pode causar muitos problemas quando um empreendedor está contratando empregados. Veja o nosso exemplo da pizzaria a lenha. Pelo fato de gerentes de restaurante receberem salários fixos, exageram na descrição de suas habilidades para serem contratados. Se eles conseguem o emprego, mas não estão qualificados para isso, não respondem por nenhum custo desse erro. Para distinguir os gerentes qualificados daqueles não qualificados, o empreendedor precisa arcar com esforços dispendiosos para selecionar empregados potenciais: fazendo-os preencher solicitações de emprego, checando referências e entrevistando-os. Ainda assim, o empreendedor poderia selecionar a pessoa errada, caso o empregado realmente desejasse enganá-lo quanto a suas habilidades.

A franquia reduz esse problema. O franqueado tem de pagar ao franqueador pelo direito de operar o restaurante, e é compensado por seus lucros. Se o franqueado em potencial não apresentar as habilidades requeridas para operar a loja, ele não obtém lucro e pode até perder o investimento feito na aquisição da franquia da loja. Isso significa que somente pessoas com as habilidades corretas para operar as lojas estariam dispostas a adquirir franquias, tornando-a uma forma não-dispendiosa para os empreendedores separarem os gerentes de restaurante altamente qualificados daqueles com baixa qualificação. A lição-chave aqui é que, quando uma seleção adversa é uma ameaça na contratação de empregados, os empreendedores estão em situação mais vantajosa se utilizarem modos contratuais de exploração da oportunidade, como as franquias, em lugar de adquirirem e operarem suas próprias lojas[20].

Os empreendedores também enfrentam outro problema potencial, o tipo de risco moral chamado de elusão, ou **fazer corpo mole**. Eludir é deixar de aplicar todo o esforço que uma pessoa é capaz de aplicar. Empregados freqüentemente eludem se recebem o mesmo salário independente da intensidade do seu trabalho. Conforme discutimos no Capítulo 5, a tendência de eludir é um grande problema para os empreendedores, porque a imparcialidade percebida é muito importante para a maior parte das pessoas.

Os empreendedores podem minimizar os problemas da elusão utilizando-se de um modo contratual de exploração da oportunidade como a franquia. As franquias substituem os salários fixos dos empregados por uma remuneração firmada nos lucros resultan-

---

[20] Shane, S. Making new franchise systems work. *Strategic Management Journal*, 19(7): 697-707, 1998.

tes de seus esforços, esforços como aqueles necessários para administrar um restaurante. Se o franqueado de um restaurante não aplica a totalidade do esforço necessário para gerenciar seu restaurante, seus lucros cairão e ele ganhará menos. Dessa forma, quando o corpo mole dos empregados é um problema, os empresários freqüentemente se utilizam de modos contratuais de exploração da oportunidade, como a franquia[21].

Entretanto, a franquia não resolve todos os problemas dos empreendedores. Estes enfrentam dois tipos de problemas de informação quando se utilizam da franquia. O primeiro é um tipo de perigo moral chamado de *ir na carona*. Esse problema é familiar para todos que alguma vez desenvolveram um trabalho em grupo na escola. Pense a respeito do que acontece quando as notas de um trabalho em grupo são dadas igualmente para todos os membros. Todos os componentes têm um incentivo para encostar o corpo e deixar que outro faça o trabalho. Se uma pessoa faz toda a atividade e a equipe recebe uma nota A, os outros se saem melhor do que se tivessem agregado esforço para receber nota A, porque eles receberam os benefícios sem nem mesmo terem ido à biblioteca.

O mesmo problema acontece nas empresas – então, se você sabe quem são os que só pegam carona no projeto da escola, certifique-se de mais tarde estabelecer um acordo negocial adequado com essas pessoas! Por exemplo, considere uma loja de sanduíches que opera com o nome de marca de, digamos, Scott's Super Subs. Caso haja somente uma loja da Scott's Super Subs em uma determinada cidade, o proprietário da loja de sanduíches tem um forte incentivo para anunciar no jornal local. Suponha que um anúncio custe US$ 50. Caso cada anúncio que promova o supersanduíche que leva 14 diferentes tipos de queijo retorne 48 clientes amantes de queijo, com um lucro marginal de US$ 2 por sanduíche, compensa ao empreendedor colocar o anúncio no jornal.

Entretanto, suponha que haja quatro lojas da Scott's Super Subs na cidade. Os US$ 50 do anúncio ainda retornariam 48 clientes amantes de queijo, mas eles ficariam divididos entre as quatro lojas. Individualmente, cada um dos proprietários das lojas iria perder dinheiro caso colocassem eles mesmos o anúncio, porque iriam incorrer em um custo de US$ 50, mas teriam um lucro adicional de somente US$ 24 (12 de 48 clientes vezes US$ 2 por sanduíche). Caso todos os proprietários de lojas se reunissem e concordassem em compartilhar o custo do anúncio, seriam todos beneficiados. Infelizmente, cada um dos empreendedores das lojas de sanduíches é incentivado a ignorar os esforços dos outros para anunciar o nome da Scott's Super Subs. Caso os proprietários das outras três lojas compartilhassem o custo de US$ 50 do anúncio, o quarto proprietário poderia obter o lucro de US$ 24 sem incorrer no seu custo. Por quê? Os clientes reagiriam ao anúncio do jornal e iriam para a loja mais próxima para comprar sanduíches, independentemente de quem pagou o anúncio. Algumas vezes os proprietários podem empresar contratos uns com os outros para gerenciar este problema. Em outras oportunidades, tais contratos podem ser difíceis de se redigir e de se fazer cumprir. Se o problema de encostar o corpo tornar-se um fator importante, ter uma única pessoa como proprietária das quatro lojas poderia ser uma solução melhor. Então, quem pagou o anúncio poderia receber os benefícios das vendas de todas as quatro lojas e não haveria o problema de encostar o corpo. É por essa razão que a propriedade da empresa, em lugar da franquia, é utilizada quando há o perigo de encostar o corpo.

---

[21]Idem.

Um problema ainda mais sério da franquia, chamado de **inflacionar o contrato**, também motiva os empreendedores a utilizar o modo hierárquico de explorar oportunidades. Inflacionar o contrato é a tentativa de uma das partes de renegociar os termos de um contrato depois de ter sido assinado. Por exemplo, considere um franqueado que estabeleceu uma franquia de locação de automóveis em um aeroporto. Os acordos estabelecem que o franqueado deverá pagar ao franqueador 5% de suas vendas para utilizar o nome da marca dele, o sistema de reserva e o método de conduzir o negócio. O franqueador pode inflacionar o contrato de franquia exigindo melhores termos, digamos 8% sobre as vendas, ameaçando instalar uma segunda franquia no aeroporto[22]. Pelo fato de o franqueado ter consciência de que suas vendas cairiam caso fosse permitido que outra pessoa operasse a mesma franquia de locação de automóveis no aeroporto, ele concorda em pagar o percentual mais elevado. O receio de que os franqueadores venham a praticar esse tipo de ação torna mais difícil para os empreendedores atrair franqueados, isso os força a operar suas próprias lojas (ver Tabela a 10.2 para uma descrição de diversos problemas de informação e seus efeitos sobre o modo de exploração). Embora alguns governos estaduais – nos Estados Unidos –, como o de Iowa, tenham elaborado leis de proteção aos franqueados contra esse tipo de problema, exigindo dos franqueadores a manutenção de uma distância de pelo menos cinco quilômetros entre franqueados, outros Estados são menos amistosos em relação aos franqueados, tornando maior esse problema. Por exemplo, nos Estados em que não há nenhuma regulamentação sobre franquia, os franqueadores podem até instalar outra loja de sua franquia na porta ao lado de uma loja já existente!

Tabela 10.2 Problemas de Informação Influenciam a Escolha entre o Modo de Exploração de Oportunidades com Base no Mercado e o Modo Hierárquico
Os empreendedores escolhem entre o modo firmado no mercado e o modo hierárquico de conduzir seus negócios por diferentes razões.

TIPO DE PROBLEMA	MODO DE EXPLORAÇÃO	ARGUMENTOS POR TRÁS DA ESCOLHA
Seleção adversa de empregados em potencial	Com base no mercado	Tornando a remuneração diretamente dependente do desempenho, aqueles com baixa qualificação ficarão desencorajados de enganar a respeito de suas qualificações.
Perigos Morais – Empregados fazendo corpo mole	Com base no mercado	O estímulo para o corpo mole fica reduzido ao se fazer a remuneração diretamente dependente do desempenho.
Riscos Morais – Operadores da loja encostando o corpo	Hierárquico	A ameaça de encostar o corpo por parte dos operadores independentes torna mais interessante operar uma única empresa que faz todos os investimentos e colhe todos os prêmios.
Inflacionar os contratos dos operadores de loja	Hierárquico	A ameaça de renegociações oportunistas do contrato torna difícil encontrar compradores.
Divulgação do conhecimento	Hierárquico	Paradoxo de Arrow: compradores não comprarão conhecimentos a menos que seu valor seja demonstrado, porém a demonstração reduz a intenção de pagar.
Idéia de negócio subentendida	Hierárquico	É difícil negociar e fazer cumprir um contrato a respeito de uma idéia de negócio que não pode ser documentada por escrito.

---

[22] Azoulay, P.; Shane, S. Entrepreneurs, contracts and the failure of young firms. *Management Science*, 47(3): 337-358, 2001.

ADMINISTRANDO A ASSIMETRIA E A INCERTEZA DAS INFORMAÇÕES NA BUSCA DE OPORTUNIDADES

Conforme explicamos no Capítulo 6, o processo empreendedor envolve inúmeras incertezas. Quando os empreendedores fundam suas empresas, defrontam-se com incertezas técnicas, porque não sabem se o produto ou serviço que estão desenvolvendo funcionará ou, caso funcione, se serão capazes de produzi-los. Os empreendedores também se defrontam com incertezas de mercado, porque nunca sabem de fato se os consumidores desejarão seus produtos até após havê-los introduzido e, mesmo que os consumidores gostem, eles não sabem se a demanda será suficientemente grande, rápida e com preços que permitam ao empreendedor auferir lucro. Por último, os empreendedores encaram com a incerteza competitiva, porque eles não sabem se serão capazes de criar uma vantagem competitiva e de obter lucros ao explorar uma oportunidade ou se outras empresas irão subtrair deles esse lucro[23].

O processo empresarial também envolve assimetria informacional significativa entre o empreendedor e seus empregados, investidores, clientes e fornecedores. Conforme explicamos no Capítulo 3, os empreendedores identificam e exploram oportunidades porque eles têm acesso a melhores informações ou possuem maior habilidade em reconhecer oportunidades a partir dessas informações. Além disso, como dito anteriormente neste Capítulo, para evitar imitações os empreendedores mantêm segredo a respeito de seus métodos de explorar oportunidades. Essas duas forças significam que os empreendedores quase sempre têm mais informações a respeito de suas oportunidades e de seus métodos de explorá-las do que seus empregados, investidores, clientes e fornecedores[24].

Porque a incerteza e a assimetria da informação são partes importantes do processo empresarial, os empreendedores de sucesso precisam desenvolver estratégias para gerenciar essas dimensões do processo empresarial. Nesta seção, discutiremos três importantes estratégias que os empreendedores usam para fazer isso: crescimento a partir da pequena escala, formação de alianças e parcerias com empresas estabelecidas e criação de legitimidade em relação à oportunidade e ao novo empreendimento.

Crescimento a Partir da Pequena Escala

Anteriormente, neste capítulo, nós tratamos dos benefícios das economias de escala na propaganda e na produção e como eles reduzem a estrutura de custos de uma nova empresa. Considerando-se o valor para as empresas operarem em larga escala, por que a maioria dos empreendedores não inicia seus negócios em grande escala? A resposta reside na incerteza e na assimetria da informação que os novos empreendimentos enfrentam.

A incerteza e a assimetria da informação que permeiam o processo empresarial tornam virtualmente impossível para os empreendedores iniciarem seus empreendimentos em larga escala, e, mesmo que pudessem, a incerteza e a assimetria da informação tornam

---

[23] Amit, R.; Glosten, L.; Muller, E. Does venture capital foster the most promising entrepreneurial firms? *California Management Review*, primavera: 102-111, 1990.

[24] Shane, S. *A general theory of entrepreneurship: The individual-opportunity nexus*. Londres: Edward Elgar, no prelo.

insensato esse procedimento[25]. Primeiro, conforme explicamos no Capítulo 6, muitos empreendedores precisam autofinanciar o desenvolvimento de seus novos empreendimentos. Exceto para alguns indivíduos muito abastados, a maioria das pessoas não dispõe de uma grande soma de recursos. Assim, mesmo que utilizassem todo o limite de seus cartões de crédito (como muitos empreendedores fazem!), muito poucas pessoas poderiam reunir todo o dinheiro necessário para iniciar um empreendimento na mesma escala que os concorrentes já estabelecidos (considere as centenas de milhões de dólares necessárias para iniciar uma empresa de biotecnologia, o bilhão de dólares necessário para iniciar uma empresa de semicondutores, ou as dezenas de bilhões de dólares necessárias para iniciar uma montadora de automóveis).

Então o que fazem os empreendedores típicos? Em vez de iniciar seus empreendimentos com uma ampla linha de produtos, a exemplo das grandes instalações industriais, ou de fazer tanta propaganda quanto as empresas estabelecidas em suas indústrias, os empreendedores geralmente iniciam com pequenas empresas, concentrando-se em uma única linha de produtos. Se fizerem um bom trabalho com seu esforço inicial, os empreendedores atrairão investidores externos, que lhes darão o dinheiro necessário para o crescimento de seus empreendimentos até o tamanho das outras empresas em suas indústrias.

Em segundo lugar, os investidores não gostam de entregar aos empreendedores grandes somas de recursos de uma única vez. Pelas razões que foram discutidas no Capítulo 6, os investidores tendem a fazer, ao longo do tempo, investimentos relativamente pequenos em novos empreendimentos, usando uma abordagem de realização de opções. Como resultado, muitos empreendedores não conseguem levantar o capital de que necessitam para iniciar um empreendimento que seja grande desde o primeiro dia. Há muita informação assimétrica e incerteza, isso para não mencionar que existem muito poucos investidores com capital suficiente para financiar uma nova companhia aeroespacial que tenha o tamanho de uma Boeing, ou uma nova empresa farmacêutica que tenha o tamanho de uma Merck.

Terceiro, iniciar uma empresa é arriscado. Muitas pessoas, inclusive empreendedores, gostariam de minimizar esse risco. O risco em novos empreendimentos é conseqüência de grandes e irreversíveis investimentos. Um bom exemplo de um investimento grande e irreversível é o de uma fundição de aço. Uma vez que você pegue o dinheiro e o utilize para construir sua planta industrial, a coisa está feita. Você não será capaz de transformar essa indústria de aço em um laboratório de biotecnologia, não importa o quanto tente, ainda que descubra que a sua oportunidade estava na biotecnologia e não no aço.

Os empreendedores mantêm os seus riscos reduzidos fazendo investimentos em objetivos que não são irreversíveis, como utilizar caminhões-padrão em vez de veículos personalizados e especializados. Dessa forma, se o empreendimento não se sair bem, o empreendedor poderá vender seus caminhões, revertendo, assim, o investimento. É também por isso que os empreendedores não compram muitos dos ativos de que necessitam; em vez disso, fazem *leasing* ou os pedem emprestado[26]. É muito mais fácil devolver um ativo emprestado ou cancelar um *leasing* do que vender alguma coisa.

---

[25]Bhide, A. *The origin and evolution of new businesses*. Nova York: Oxford University Press, 2000.
[26]Starr, J.; MacMillan, I. Resource cooptation via social contracting: Resource acquisition strategies for new ventures. *Strategic Management Journal*, 11: 79-92, 1990.

É por isso também que muitos empreendimentos iniciam como consultorias ou como organizações de contrato e evoluem para a fabricação de produtos somente se os clientes se mostrarem interessados[27]. Por exemplo, esperar para produzir um software completo até depois que um empreendedor prove que os clientes estão interessados no programa de contabilidade que ele desenvolveu reduz o risco de o empreendedor produzir um software que ninguém comprará. Ao trabalhar para o cliente como consultor e fornecer o software de contabilidade mediante o pagamento de uma taxa em um primeiro momento, o empreendedor reduz esse risco.

Infelizmente para o empreendedor, alguns ativos precisam ser feitos de forma irreversível. Não há como evitar isso. Por exemplo, se você vai produzir e vender um novo equipamento eletrônico, não tem muita escolha, precisará pegar seu dinheiro e utilizá-lo para fabricar um protótipo do equipamento. É aí que a produção em pequena escala entra no jogo para reduzir o seu risco. Se você iniciar construindo um protótipo e ele funcionar, amplia para uma produção em pequena escala e, então, caso isso dê certo, expande para uma produção maior, o que faz que a amplitude do risco minimize. O máximo que você poderá perder caso seu negócio falhe será o montante que você aplicou nos ativos que não têm valor de revenda. Quanto menor for o investimento, menor será o risco que correrá caso o empreendimento não dê certo[28]. Em resumo, esses fatores conduzem os empreendedores a iniciar em pequena escala e expandir caso a idéia do negócio prove ser bem-sucedida (ver Figura 10.1).

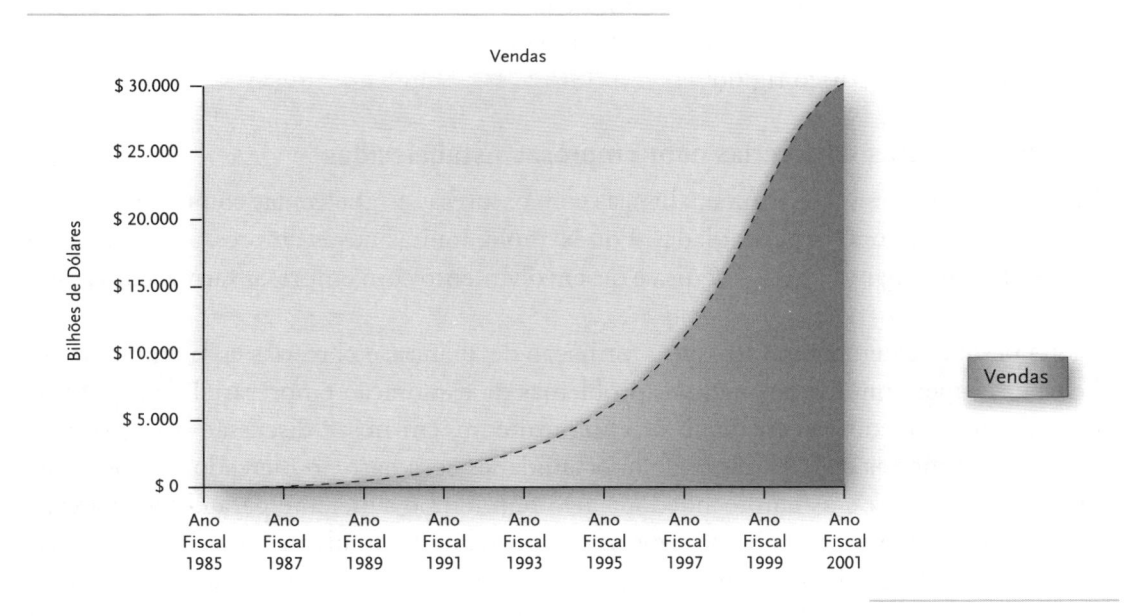

Figura 10.1 Muitos Empreendedores Começam Seus Novos Empreendimentos em Pequena Escala e Então Expandem Caso os Esforços Iniciais Resultem Favoráveis
Mesmo a Microsoft, uma das maiores empresas do mundo, começou pequena e expandiu a partir daí.
Fonte: Baseado em dados disponíveis no site <http://www.microsoft.com/msft>.

---

[27]Roberts, E. *Entrepreneurs in high technology*. Nova York: Oxford University Press, 1991.
[28]Caves, R. Industrial organization and new findings on the turnover and mobility of firms. *Journal of Economic Literature*, 36: 1947-1982, 1998.

Além disso, a incerteza significa que os empreendedores precisam ser flexíveis e adaptáveis em suas estratégias. Lembre-se de que, bem no começo, os empreendedores não sabem se poderão fabricar o produto, se terão mercado ou se vão competir com outras empresas para obter lucro. Se acontecer de não conseguirem isso, os empreendedores terão de mudar seus planos. Além disso, podem ocorrer eventos que façam os empreendedores mudar seus planos. Por exemplo, você pode ter planejado lançar um hotel de primeira linha, mas a economia muda e você precisa tornar o hotel atraente para famílias a fim de ter clientes para sobreviver. Começando pequeno e não investindo demasiadamente em uma única direção até que as incertezas técnicas, de mercado e competitivas estejam reduzidas, o novo empreendimento permanece mais flexível e atraente, e o empreendedor pode mudar de direção com mais facilidade.

Clay Christiansen, professor da Harvard Business School, nos dá um bom exemplo da maneira como os empreendedores se utilizam de uma estratégia flexível e adaptativa para controlar as incertezas do mercado e do processo de explorar uma nova idéia de negócio. Em um estudo a respeito da indústria de discos rígidos para computadores nos Estados Unidos de 1976 a 1989, Clay descobriu que muitas novas empresas introduziram novos discos rígidos que eram menores do que os discos rígidos produzidos pelas empresas estabelecidas. Inicialmente os empreendedores pensaram que iriam vender os discos para os clientes dos fabricantes de discos rígidos já estabelecidos. Mas, em todos os casos, quando o disco rígido redimensionado foi introduzido, nenhum dos atuais clientes teve interesse. Em cada caso, os empreendedores tiveram de procurar novos mercados-alvo, indo de um para outro até que encontraram um segmento com clientes que estavam interessados em seu tipo particular de disco rígido[29].

Formando Alianças e Parcerias com Empresas Estabelecidas

Muitas novas empresas constituem alianças com empresas estabelecidas como parte de sua estratégia para explorar oportunidades. Por exemplo, muitas novas empresas de biotecnologia celebraram alianças para pesquisa e desenvolvimento com empresas farmacêuticas estabelecidas.

As pesquisas demonstraram que a formação de alianças e parcerias com empresas estabelecidas supera muitos dos maiores problemas da exploração empresarial de oportunidades[30]. Primeiro, como mencionamos anteriormente, em nossa discussão a respeito da utilização dos modos de exploração de oportunidades com base no mercado, as oportunidades têm vida curta e os empreendedores não têm tempo suficiente para obter financiamentos externos para construir os ativos necessários, tais como plantas industriais ou lojas de varejo. Ao formar alianças com empresas estabelecidas, os empreendedores podem ter acesso a ativos já desenvolvidos[31]. Por exemplo, quando novas empresas de biotecnologia estão na disputa para serem as primeiras a desenvolver um novo medicamento, freqüente-

---

[29] Christiansen, C.; Bower, J. Customer power, strategic investment, and the failure of leading firms. *Strategic Management Journal*, 17: 197-218, 1996.

[30] Stuart, T.; Hoang, H.; Hybels, R. Interorganizational endorsements and the performance of entrepreneurial ventures. *Administrative Science Quarterly*, 44: 315-349, 1999.

[31] Katilla, R.; Mang, P. Exploiting technological opportunities: The timing of collaborations. *Research Policy*, no prelo.

mente formam alianças com empresas farmacêuticas para obter acesso às instalações e aos conhecimentos de pesquisas, porque os capitalistas de risco não podem supri-las de recursos com a necessária rapidez para construírem esses ativos a partir do nada.

Segundo, como mencionamos no Capítulo 6, os empreendedores carecem de capital para adquirir os recursos necessários, tanto porque precisam se autofinanciar quanto porque os investidores racionam o capital que colocam à disposição dos empreendedores. Alianças e parcerias com empresas estabelecidas são um meio de acessar recursos de que precisam – plantas e equipamentos industriais, força de vendas e conhecimentos em desenvolvimento de produtos –, mas não dispõem do dinheiro para adquiri-los. Além disso, conforme explicamos em nossa discussão sobre iniciar em pequena escala, formar alianças com empresas estabelecidas que já têm os equipamentos e instalações de que o empreendedor precisa minimiza os potenciais prejuízos que o empreendedor iria experimentar caso a idéia do negócio não desse certo[32].

Terceiro, uma aliança ou parceria com empresas estabelecidas ajuda o empreendedor a persuadir os outros de que sua idéia de negócio é valiosa. Conforme explicamos no Capítulo 3, a identificação de uma oportunidade empresarial requer a posse de informações que outras pessoas não dispõem, ou melhor habilidade em reconhecer oportunidades incluídas nessas informações. De qualquer forma, o processo empresarial envolve o reconhecimento de alguma coisa que os clientes não perceberam. A natureza humana é tal que as pessoas tendem a não atribuir valor ao que elas mesmas não vêem, tornando difícil convencer os clientes de que uma idéia de negócio inovadora é uma boa idéia de negócio.

Um empreendedor pode minimizar o problema vendendo seu novo produto ou serviço com o nome de marca de uma empresa estabelecida, mediante uma aliança ou parceria[33]. Pelo fato de a empresa estabelecida ter uma reputação a perder caso o produto ou serviço do empreendedor resulte em algo de má qualidade, os clientes em potencial percebem o apoio das empresas estabelecidas como uma evidência do valor do novo produto ou serviço, tornando-os mais desejosos de comprá-lo. Por exemplo, pense a respeito de um novo empreendimento que deseja introduzir um cortador de grama elétrico. Potenciais clientes nunca ouviram falar da nova empresa que está introduzindo o cortador de grama e se sentem inseguros quanto ao produto ser realmente bom. Isso torna difícil para a nova empresa vender seus cortadores de grama. Os empreendedores podem contornar esse problema estabelecendo uma aliança com um grande varejista como a Sears. Essa aliança levará as pessoas a associarem o cortador de grama com a Sears. Elas vão achar que o produto é bom, pois, caso contrário, a Sears não faria uma parceria com a empresa. Isso torna muito mais fácil para o iniciante vender o cortador de grama do que se tivesse de vendê-lo por si próprio.

Estabelecer alianças como parte de uma estratégia do empreendedor envolve certos riscos. Em particular, os parceiros de alianças podem levar vantagem sobre o empreendedor, explorando seu tamanho e sua força no relacionamento. Há numerosos exemplos de empreendedores que formaram parcerias com grandes empresas já estabe-

---

[32]Venkataraman, S. The distinctive domain of entrepreneurship research: An editor's perspective. In: Katz, J.; Brockhaus, R. (eds.). *Advances in Entrepreneurship, Firm Emergence, and Growth*, 3: 119-138. Greenwich, CT: JAI Press, 1997.

[33]Eisenhardt, K.; Schoonhoven, K. Organizational growth: Linking founding team, strategy, environment, and growth among U.S. semiconductor ventures, 1978-1988. *Administrative Science Quarterly*, 35: 504-529, 1990.

lecidas e então descobriram que os parceiros haviam camuflado recursos e competências que eles poderiam fornecer para o relacionamento, que o parceiro esperou o novo empreendedor fazer investimentos no relacionamento para então explorar o fato de que esses investimentos eram do passado e obter vantagens no acordo com o empreendedor, ou que o parceiro não aplicou recursos ou ativos prometidos. Os empreendedores precisam considerar esses riscos quando avaliarem os benefícios de alianças e parcerias com outras empresas.

Legitimando a Oportunidade e o Novo Empreendimento

A incerteza e a assimetria da informação, inerentes ao processo empresarial, também resultam na necessidade freqüente de os empreendedores assegurarem a **legitimidade** de suas idéias de negócio, particularmente se essas idéias forem inovadoras. A legitimidade é a crença de que uma idéia está correta e que é apropriada. Por exemplo, uma nova empresa chamada Lifegem acaba de introduzir um novo produto que permite pegar os despojos de parentes falecidos, cremá-los e transformá-los em diamantes industriais que são, então, encravados em jóias. (Não estamos brincando. Nós vimos uma matéria a respeito dessa empresa no *Today Show*.) Para ser bem-sucedida, essa empresa terá de convencer as pessoas de que pegar os despojos humanos e transformá-los em jóias é uma ação correta e apropriada antes que possam se preocupar a respeito de como fabricar a jóia ou qual será a política de preço. Embora você possa pensar que isso é impossível, não é. Quando o seguro de vida foi introduzido pela primeira vez, as pessoas não acreditavam que fosse apropriado ou correto, pelas mesmas razões pelas quais as pessoas acham que fazer jóias a partir de despojos cremados de parentes é incorreto e inadequado[34]. Ainda assim, o seguro de vida se tornou um produto aceito e que muitas pessoas compram.

Por que as pessoas têm tanta dificuldade para aceitar que uma idéia de negócio inovadora de um empreendedor é legítima? Primeiro, o empreendedor tem informações que os outros não têm, e isso torna mais fácil para ele visualizar o valor da idéia do negócio do que para outras pessoas. Segundo, idéias sobre novos negócios são incertas e muitas delas falham. Porque as pessoas têm preconceito contra a incerteza e o fracasso, elas tendem a acreditar que o *status quo* é melhor que algo novo.

A tendência das pessoas de resistirem em visualizar idéias de novos negócios como legítimas faz que os empreendedores precisem tomar atitudes que demonstrem a legitimidade de suas idéias de negócio e oportunidades, para torná-las aceitáveis aos clientes, fornecedores, investidores e empregados. Eles fazem isso de diversas maneiras. Primeiro, os empreendedores mostram que sua idéia de negócio está em conformidade com as regras e normas em vigor. Por exemplo, o empreendedor que pela primeira vez apareceu com o carro movido a álcool, projetou-o para parecer-se com os outros carros, mudando somente o motor. Por quê? Mantendo iguais todos os demais componentes do carro, os compradores em potencial iriam atribuir ao veículo movido a álcool maior legitimidade e aceitabilidade do que se ele não se parecesse com um carro comum.

---

[34] Aldrich, H. *Organizations evolving*. Londres: Sage, 1999.

Uma outra forma de os empreendedores demonstrarem legitimidade é imitar as rotinas e procedimentos de empresas existentes, de tal forma que seus empreendimentos não pareçam ser novas empresas. Por exemplo, muitos empreendedores pedem emprestados os escritórios de empresas existentes quando estão tentando marcar reuniões com clientes, em lugar de reunir-se com eles no local onde mantêm seu negócio – em suas casas ou em suas garagens. Eles fazem isso porque as pessoas tendem a não confiar ou acreditar em negócios que não se parecem "reais". Ao pedirem emprestados escritórios "reais", os empreendedores "mostram" aos clientes o que se parece com um empreendimento regular, e não com um empreendimento inicial em uma garagem[35].

Uma terceira forma de os empreendedores demonstrarem a legitimidade de seus novos negócios está em envolverem-se em ações coletivas. Em geral, os empreendedores, particularmente aqueles de indústrias novas, reúnem-se em associações industriais ou trabalham em conjunto para produzir projetos ou padrões comuns. Projetos e padrões comuns tornam os produtos e serviços menos complicados para os clientes e reduzem o nível de esforço para persuadir os clientes de que a oportunidade é confiável e válida[36]. Por exemplo, os empreendedores na indústria das telecomunicações sem fio reuniram-se para organizar uma associação e um órgão para definição de padrões normativos, em parte para se assegurarem de que o governo e a população em geral entenderam os valores gerais dos equipamentos sem fio.

Uma quarta forma pela qual os empreendedores demonstram a legitimidade de suas idéias de negócio é mediante a obtenção de certificação concedida por autoridades de alta reputação. As pessoas tendem a acreditar na confiabilidade e na validade de atestados emitidos por pessoas com autoridade, em parte porque elas têm mais conhecimento do que a população em geral, e em parte porque têm muito a perder caso certifiquem o valor de algo que depois se mostre sem valor. Huggy Rao, professor de comportamento organizacional da Kellogg School, da Northwestern University, mostrou o valor das certificações para novos empreendimentos em um estudo sobre empresas automobilísticas no início do século XX. Rao demonstrou que as novas empresas automobilísticas que venceram competições patrocinadas por revistas sobre automóveis tiveram melhores condições para sobreviver do que seus concorrentes[37]. As vitórias nas competições promovidas por essas revistas levaram os consumidores a julgar esses fabricantes de automóveis como melhores e mais confiáveis do que outras empresas de automóveis. Em resumo, para serem bem-sucedidos os empreendedores precisam estabelecer legitimidade para seus novos empreendimentos, assim como as pessoas precisam para qualquer coisa nova que fizerem.

---

[35] Starr, J.; MacMillan, I. Resource cooptation via social contracting: Resource acquisition strategies for new ventures. *Strategic Management Journal*, 11: 79-92, 1999.

[36] Aldrich, H. 1999. *Organizations evolving*. Londres: Sage, 1999.

[37] Rao, H. The social construction of reputation: Certification contests, legitimation and the survival of organizations in the American automobile industry: 1895-1912. *Strategic Management Journal*, 13: 29-44, 1994.

Resumo e Revisão dos Pontos-Chave

- A identificação de uma oportunidade de negócio que satisfaça a necessidade dos consumidores não é suficiente para um empreendedor auferir lucros; o empreendedor também precisa de uma vantagem competitiva.
- A exploração de uma oportunidade propicia informações para os outros a respeito de como imitar a idéia de negócio dos empreendedores; a imitação corrói os lucros da exploração da oportunidade pelos empreendedores.
- Ao desenvolver uma vantagem competitiva, os empreendedores impedem os outros de imitar com perfeição sua idéia de negócio; isso faz que os empreendedores possam auferir os lucros da exploração da oportunidade.
- Os empreendedores protegem suas idéias de negócio contra os competidores de duas formas: não deixando que conheçam a oportunidade e compreendam como as explora, e impedindo-os de explorar a oportunidade da mesma forma que eles o fazem.
- Esforços para impedir que outros aprendam a respeito de uma oportunidade envolvem manter segredo sobre a informação que conduziu ao descobrimento da oportunidade, isso funciona melhor quando a informação a respeito da oportunidade exige conhecimentos sobre um novo processo técnico.
- O empreendedor pode impedir os outros de imitar a oportunidade tirando vantagem da ambigüidade causal a respeito de como explorar a oportunidade, isso funciona melhor quando a compreensão sobre como explorar oportunidades envolve conhecimento tácito, o que somente poucas pessoas possuem.
- Os empreendedores impedem a concorrência criando quatro barreiras contra a imitação de suas idéias de negócio: obter controle sobre os recursos necessários para explorar a oportunidade; estabelecer obstáculos legais contra a imitação, como uma patente ou uma licença do governo; desenvolver a reputação de satisfazer as necessidades dos consumidores; e inovar para manter produtos ou serviços à frente daqueles oferecidos pelos concorrentes.
- Os empreendedores podem explorar – e o fazem – as oportunidades mediante modos de exploração com base no mercado, como a franquia e o licenciamento.
- Os empreendedores utilizam os modos de operação com base no mercado, porque são menos custosos do que os esforços para adquirir toda a cadeia de valor, o que é importante considerando-se as restrições de capital que os novos empreendimentos enfrentam.
- Os empreendedores utilizam mecanismos de mercado para explorar oportunidades, porque eles aceleram o ritmo da exploração, o que é importante quando a oportunidade tem vida curta ou quando entrar primeiro no mercado propicia vantagens para o novo empreendimento.
- Os empreendedores utilizam mecanismos de mercado para explorar oportunidades quando as outras partes contam com melhores competências do que eles para a exploração da oportunidade.
- Os empreendedores utilizam mecanismos de mercado para explorar as oportunidades, porque esses mecanismos minimizam a seleção adversa e a elusão (corpo mole) dos empregados.
- Entretanto, problemas com a informação nem sempre levam aos modos de exploração da oportunidade com base no mercado. Quando problemas de divulgação são elevados, quando as idéias do negócio não podem ser codificadas facilmente e quando o receio de encostar o corpo e da inflação do contrato está presente, os modos hierárquicos de exploração da oportunidade são mais indicados.

- Os empreendedores adotam três estratégias para controlar a incerteza técnica, de mercado, competitiva e a assimetria da informação que os novos empreendimentos enfrentam: crescer a partir da pequena escala; fazer alianças e parcerias com empresas estabelecidas; e criar legitimidade para a oportunidade e para o novo empreendimento.
- A incerteza e a assimetria da informação conduzem o empreendedor para o autofinanciamento; levam os investidores a limitar o montante de seus investimentos em novos empreendimentos; e requerem que os empreendedores enfrentem riscos, os quais fazem que os empreendedores iniciem em menor escala e expandam à medida que tiverem resultados positivos.
- Os empreendedores formam alianças e parcerias com empresas existentes para implementar rapidamente a cadeia de valor; para superar as restrições de capital para a montagem dos ativos necessários; e para utilizar os nomes de marcas reconhecidas a fim de demonstrar o valor de seus novos produtos e serviços.
- A incerteza e a assimetria da informação também tornam difícil para as pessoas acreditar que as novas idéias de negócios são apropriadas e corretas, levando os empreendedores a tomar atitudes para demonstrar a legitimidade de suas oportunidades e idéias de negócios. Entre as diferentes formas pelas quais os empreendedores demonstram a legitimidade estão a adesão às regras e normas existentes; a imitação das rotinas e procedimentos das empresas estabelecidas; o envolvimento em ações coletivas; e a obtenção de certificações emitidas por autoridades de alta reputação.

Questões para Discussão

1. Suponha que você abriu uma empresa sem vantagem competitiva. O que acha que acontecerá com ela? Por quê?
2. Pense em cinco novos negócios. Para cada um deles, explique o que você faria para aumentar as chances de manter os lucros de explorar essas oportunidades de negócio. Por que adotaria a abordagem escolhida?
3. Presuma que você teve uma idéia para um novo restaurante especializado em empanados de frango. Exploraria a oportunidade por meio de franquia ou estabeleceria uma cadeia de lojas pertencentes à empresa? Explique sua escolha.
4. Ao iniciar uma nova empresa, você deve estabelecer uma parceria ou aliança com uma empresa grande e já estabelecida? Por quê?
5. Você acabou de abrir uma nova empresa de telecomunicações e outros empreendedores do setor o convidam para juntar-se à associação das empresas de telecomunicações. Você se associaria? Por quê?

ARREGAÇANDO AS MANGAS

Desenvolvendo uma Estratégia

Este capítulo discutiu a importância de desenvolver uma estratégia para seu novo empreendimento. Sem uma estratégia, você poderá abrir uma empresa, mas tem poucas chances de ser bem-sucedido. Por esse motivo, é importante refletir com cuidado sobre a estratégia de seu novo empreendimento. Além disso, ao elaborar um estudo de viabilidade sobre a oportunidade para seu empreendimento ou ao desenvolver um plano de negócio para explorá-la, é preciso especificar a estratégia do novo empreendimento. Este exercício irá ajudá-lo a desenvolver uma estratégia adequada para seu novo empreendimento. Se seguir estas etapas, você estará no caminho certo para definir a estratégia de seu novo empreendimento.

Etapa Um: Em no máximo um parágrafo, identifique a oportunidade que seu novo empreendimento irá explorar.

Etapa Dois: Usando o material desenvolvido quando fez os exercícios do Capítulo 9, explique a necessidade do cliente que o produto ou serviço de seu empreendimento vai atender e como o produto ou serviço fará isso.

Etapa Três: Explique como seu novo empreendimento vai dissuadir iniciativas de outras empresas para atender a essa necessidade do cliente com os produtos ou serviços delas. Lembre-se de considerar os mecanismos discutidos neste Capítulo: você desenvolverá um segredo comercial? Vai explorar a ambigüidade causal? Obter controle sobre os recursos por meio de contratos exclusivos, patentes, licenças do governo ou irá comprar a principal fonte de suprimentos? Você construirá uma reputação por meio de publicidade e do desenvolvimento de uma marca? Você vai inovar e ficar à frente da concorrência ao oferecer recursos superiores para os produtos ou serviços?

Etapa Quatro: Escolha seu formato organizacional. Você estabelecerá uma operação verticalmente integrada, vai franquear ou licenciar? Explique sua escolha. Como os fatores que discutimos neste capítulo – custo, velocidade, habilidades e informação – influenciaram sua decisão?

Etapa Cinco: Explique como seu novo empreendimento supera os problemas da assimetria de informações e da incerteza. Como seu novo empreendimento vai crescer? Você criará alianças e parcerias com firmas estabelecidas? Em caso afirmativo, por que e como? De que forma você criará legitimidade para seu novo empreendimento? Você imitará as ações das grandes empresas? Vai aderir às normas? Participar de ações coletivas? Buscar certificação de autoridades renomadas?

Escreva sua estratégia para constituir empresa. Explique de que maneira ela vai crescer de seu tamanho inicial, no momento de sua formação, ao tamanho que terá no momento de sua estratégia de saída. Explique também como você estabelecerá legitimidade para seu novo empreendimento e como superará os problemas da assimetria de informações e da incerteza ao desenvolver o empreendimento.

Identificando Seus Concorrentes

Este capítulo abordou a importância de se estabelecer uma vantagem competitiva para sua nova empresa. Para estabelecer uma vantagem competitiva, os empreendedores precisam identificar seus concorrentes e especificar como seu novo empreendimento fornecerá produtos ou serviços melhores do que os oferecidos pela concorrência. Infelizmente, a maioria dos empreendedores têm problemas em identificar seus concorrentes e em avaliar seus pontos fortes e fracos. Este exercício foi concebido para ajudá-lo a identificar seus concorrentes, avaliar os pontos fortes e fracos deles e indicar uma estratégia para oferecer produtos e serviços melhores do que os da concorrência.

Etapa Um: Relacione todos os concorrentes que seu novo empreendimento enfrentará. Tenha cuidado para abordar esta questão do ponto de vista do cliente. Por exemplo, se seu novo empreendimento é uma padaria, relacione todas as padarias concorrentes em sua região. Inclua também todas as outras empresas que oferecem produtos que os clientes podem escolher em vez do seu, como lojas que vendem biscoitos e sorveterias. Lembre-se de levar em consideração todas as empresas (como a sua) que podem entrar no mercado em um futuro próximo.

Etapa Dois: Resuma os produtos e serviços que seus concorrentes oferecem. Inclua informações sobre as características do produto, preço, qualidade, estratégia de publicidade e promoção, métodos de distribuição, serviço pós-venda, entre outras.

Etapa Três: Relacione os pontos fortes e os pontos fracos de cada um de seus concorrentes. Certifique-se de abordar essa análise da perspectiva do cliente, e seja justo com seus concorrentes. Se eles possuírem pontos fortes reais, reconheça-os. Para cada ponto forte de seus concorrentes, explique como você vai superá-lo. Para cada ponto fraco, explique como vai explorá-lo.

Etapa Quatro: Identifique as estratégias atuais de cada um de seus concorrentes. Eles estão agregando novos pontos fortes? Têm planos para superar seus pontos fracos atuais? Esteja preparado para explicar como você reagirá às estratégias atuais de cada um de seus concorrentes.

Coletando Informações sobre a Concorrência

A maioria dos empreendedores acha muito difícil coletar informações sobre seus concorrentes. Como resultado, eles elaboram planos de negócios com base em informações imprecisas ou desatualizadas sobre as estratégias e pontos fracos e fortes de seus concorrentes. Para superar esse problema, você deverá praticar a coleta de informações sobre a concorrência. Por esse motivo, desenvolvemos este exercício para compilação de informações sobre os concorrentes. Siga as instruções para criar um arquivo sobre cada um dos concorrentes de sua nova empresa.

1. Faça uma busca na internet sobre cada um de seus concorrentes. Reúna as informações e divida-as em categorias, por exemplo, estratégia, produtos e serviços, problemas, sucessos etc.

2. Fale com seus concorrentes e com os clientes deles. Consulte os clientes do que eles gostam e do que não gostam em relação a seus concorrentes. Pergunte aos concorrentes sobre as empresas deles. Você ficará surpreso ao descobrir quantas informações as pessoas irão lhe fornecer. Adicione essas informações aos registros que você criou com as pesquisas na internet.

3. Examine fontes documentais. Vá à biblioteca e faça uma pesquisa no banco de dados. O que os artigos publicados em jornais, revistas e publicações especializadas dizem a respeito de seus concorrentes? Eles publicaram *press releases* que oferecem informações úteis? Os executivos deles fizeram apresentações ou palestras que forneciam informações sobre suas empresas? Inclua as informações obtidas em fontes documentais a seus registros sobre a concorrência.

4. Examine a publicidade de seus concorrentes. O que as propagandas em mídia impressa, rádio, televisão, internet, *outdoor* e outras mídias mostram sobre seus concorrentes? E os estandes em exposições e outros eventos? Eles fornecem informações úteis sobre seus concorrentes? A resposta provável é sim. Acrescente essas informações a seus registros.

Propriedade Intelectual:
Protegendo Suas Idéias

11

OBJETIVOS DE APRENDIZADO
Após ler este capítulo, você deve ser capaz de:

1. Explicar por que o desenvolvimento do produto em novas empresas é difícil e por que novas empresas, na maioria dos setores, tendem a ser melhores do que as estabelecidas quanto ao desenvolvimento de produtos.

2. Explicar por que as empresas estabelecidas acham fácil imitar a propriedade intelectual de empreendedores e a um baixo custo.

3. Definir patente, explicar quais são as condições necessárias para se patentear uma invenção e resumir os prós e os contras do patenteamento.

4. Definir segredo comercial, explicar quais são as condições necessárias para uma invenção se tornar segredo comercial e resumir os prós e os contras dos segredos comerciais.

5. Definir marca registrada, descrever quais marcas registradas são úteis para os empreendedores e explicar como um empreendedor pode obter uma marca registrada.

6. Definir direito autoral e descrever como ele protege a propriedade intelectual de um empreendedor.

7. Descrever a vantagem de ser pioneiro e explicar as condições sob as quais o pioneirismo fornece uma forma útil de proteção da propriedade intelectual.

8. Descrever recursos complementares e explicar quando é melhor para um empreendedor obter controle sobre recursos complementares em vez de ser inovador.

> "Todo homem com uma idéia tem, pelo menos, dois ou três seguidores."
> (Brooks Atkinson, *Once Around the Sun*, 1951)

No começo dos anos de 1990, Bjorn Jakobson, um empreendedor sueco, inventou um dispositivo para carregar bebê. Era um produto muito útil, porque permitia transportar um bebê e ter as mãos livres para fazer outras coisas. Como era um empreendedor experiente, Jakobson sabia que outras empresas logo tentariam imitar seu produto e que obter uma patente seria uma boa maneira de se proteger contra imitações.

Entretanto, o Escritório de Marcas e Patentes dos Estados Unidos já havia registrado oito patentes para carregadores de bebês. Em 1951, Vera Maxwell recebeu uma patente por seu carregador, seguida por D. J. Hershman, que patenteou o seu em 1966. Em 1979, Sandra Hathaway patenteou um carregador com uma estrutura que envolvia o bebê e uma faixa para suspensão[1]. Em 1983, Patricia Purtzer e William Lauer patentearam um carregador com bolsa removível[2]. Em 1990, Allison Poole e Jodi Badagliacca registraram o seu. Em 1993, Junice Dotseh patenteou um carregador com apoio para a cabeça[3] e James Bicheler e Kenneth Morton, outro estilo de carregador de bebê. Finalmente, em 1996, Hakan Bergqvist patenteou outro carregador. Jakobson ficou preocupado com essas invenções. Ele sabia que para obter uma patente, seu carregador tinha de ser algo inovador.

À primeira vista, pode parecer que Jakobson não conseguiria a patente de seu novo produto porque muitas outras pessoas já tinham patenteado carregadores de bebês. Mas ele sabia que as patentes só protegem o que está definido nas *reivindicações*. Como explicaremos em detalhes mais adiante neste capítulo, uma reivindicação é a parte da patente que identifica que a invenção está protegida contra imitação. Contanto que Jakobson não reivindicasse as mesmas características que os outros carregadores de bebês, ele poderia patentear o seu.

Ao examinar com cuidado as reivindicações das outras patentes, Jakobson descobriu que as invenções anteriores eram diferentes da sua em vários aspectos. Por essa razão, ele podia reivindicar a invenção de "um carregador de bebês composto por: dois cintos fechados que se conectam mutuamente em um ponto e se adaptam para ser estendidos em torno das respectivas regiões dos ombros do usuário, de forma que esse ponto se localize nas costas dele; uma peça carregadora conectada aos cintos, tanto em uma extremidade da peça carregadora como nas laterais dessa mesma peça, formando uma bolsa para suportar o bebê; um par de lingüetas de inserção presas a esses cintos; prendedores liberáveis que proporcionam conexões entre os cintos e as laterais da peça carregadora, quando soltos, esses prendedores permitem que a peça carregadora seja abaixada totalmente em torno de sua extremidade; um prendedor fixado à extremidade dessa peça carregadora, incluindo luvas para a introdução das lingüetas de inserção de modo que elas sejam reversivelmente travadas com esse prendedor e com uma trava de lingüeta na qual uma extensão livre da extremidade da peça carregadora se ajusta"[4].

Como você deve ter percebido, as reivindicações da patente de Jakobson são bastante restritas. Essa restrição significa que outras pessoas poderiam patentear outro carregador de bebê mesmo depois de Bjorn receber a patente, contanto que não violassem as suas reivindicações específicas. De fato, ape-

---

[1] U.S. Patent Number 4.139.131. Disponível em: <http://www.uspto.gov>.
[2] U.S. Patent Number 4.402.440. Disponível em: <http://www.uspto.gov>.
[3] U.S. Patent Number 5.246.152. Disponível em: <http://www.uspto.gov>.
[4] U.S. Patent Number 5.732.861. Disponível em: <http://www.uspto.gov>.

> nas cinco meses depois da emissão de patente de Jakobson, Kevin Kohn, de Atlanta, Geórgia, solicitou uma patente para outro modelo semelhante[5]. A lição dessa história para os empreendedores é que uma patente só protege o que está definido em suas reivindicações. Mesmo quando outras pessoas já patentearam itens similares, os empreendedores podem patentear novos produtos. Mas lembre-se de que toda ação tem uma reação. Se um empreendedor descrever reivindicações limitadas para evitar a violação de uma patente anterior, a sua patente só protegerá a invenção contra uma faixa limitada de imitadores.

O restante deste capítulo examinará como os empreendedores protegem sua propriedade intelectual. Na primeira seção, explicaremos por que a proteção da propriedade intelectual é tão importante para os empreendedores – porque na maior parte do tempo a única vantagem dos empreendedores sobre empresas estabelecidas está no desenvolvimento de produtos. Descreveremos como funciona o processo de desenvolvimento de produtos e por que as novas empresas tendem a ser melhores nisso do que as empresas estabelecidas – pelo menos na maioria dos setores. Essa seção também discutirá por que é fácil imitar a propriedade intelectual dos empreendedores.

Na segunda seção, citaremos quatro formas jurídicas de proteção de propriedade intelectual – patentes, segredos comerciais, marcas registradas e direitos autorais. Ensinaremos como usar essas ferramentas e os prós e contras de cada uma delas.

Na seção final do capítulo, discutiremos as formas de proteção de propriedade intelectual que não dependem de barreiras jurídicas, as vantagens de pioneiros e os recursos complementares. Falaremos como esses itens funcionam e quando os empreendedores devem usá-los para proteger sua propriedade intelectual.

CAPTURANDO OS LUCROS DE NOVOS PRODUTOS E SERVIÇOS

A proteção da propriedade intelectual é muito importante para os empreendedores porque, na maior parte do tempo (com as raras exceções descritas no Capítulo 9 sobre servir novos mercados), a única vantagem que os empreendedores têm sobre empresas estabelecidas é o desenvolvimento de produtos. Em geral, as empresas estabelecidas são muito melhores do que as novas empresas no que diz respeito à comercialização e à fabricação.

Mas ser melhor do que as empresas estabelecidas no desenvolvimento de produtos não é o suficiente para ser bem-sucedido. Se os empreendedores não protegerem sua **propriedade intelectual**, as idéias centrais de seu novo produto ou serviço, não importará ser melhor do que as empresas estabelecidas no desenvolvimento de produtos. As empresas estabelecidas podem esperar que os empreendedores completem o desenvolvimento de produtos para então imitá-los. Nesta seção, explicaremos por que é tão difícil para os empreendedores proteger sua propriedade intelectual e ofereceremos algumas sugestões de abordagens que os empreendedores de sucesso descobriram ser eficazes. Mas primeiro pre-

---

[5] U.S. Patent Number 6.009.839. Disponível em: <http://www.uspto.gov>.

cisamos explicar como ocorre o desenvolvimento de produtos e por que as novas empresas tendem a ser melhores nessa atividade do que as já estabelecidas.

O Processo de Desenvolvimento de Produtos

Uma vez que o empreendedor tenha identificado uma oportunidade e obtido, no mínimo, os recursos iniciais para começar a buscar sua oportunidade, ele deve se engajar no **desenvolvimento do produto**, que é o processo por meio do qual o empreendedor cria o produto ou o serviço que será vendido aos clientes.

O desenvolvimento de um novo produto ou serviço não é fácil. Mesmo que o empreendedor tenha reconhecido uma necessidade clara entre clientes em potencial, ele ainda deve criar a solução para a necessidade que pode ser produzida e comercializada por menos do que o cliente deseja pagar por ela. É claro que é muito mais fácil falar do que fazer. Por exemplo, você provavelmente sabe que o câncer é um dos grandes problemas da medicina e que as pessoas, com certeza, pagariam por um medicamento para tratá-lo. O fato de conhecer essa necessidade clara do cliente não significa que possa produzir um medicamento para tratar o câncer. Além disso, mesmo que você elaborasse a fórmula para um medicamento como esse, talvez não fosse capaz de produzi-lo de maneira satisfatória em termos de custo. Por exemplo, o paclitaxel é uma droga contra o câncer feita da casca da árvore de teixo. Como as árvores de teixo são relativamente raras e é preciso muita casca para produzir o medicamento, o paclitaxel torna-se bastante caro. Ele não é uma solução muito boa para vários tipos de câncer, mesmo sendo eficaz no tratamento destas doenças. Os planos de saúde só cobrem o uso de paclitaxel para tipos muito graves de câncer que conseguem bons resultados com o uso dessa substância. Para outros tipos de câncer, o paclitaxel não é a melhor solução no que se refere ao custo.

O desenvolvimento de um novo produto ou serviço também é difícil porque é muito incerto. Os empreendedores não sabem se o caminho do desenvolvimento do produto levará a um novo produto ou serviço de sucesso. Em muitos casos, milhões ou mesmo bilhões de dólares podem ser gastos para desenvolver um produto ou serviço que não funciona. Por exemplo, a Motorola gastou mais de US$ 1 bilhão em um sistema de telefone portátil via satélite. Em seguida, descartou o sistema porque ele não funcionou bem o suficiente para atrair o volume necessário de clientes.

Outras vezes, o desenvolvimento do produto é bem-sucedido, mas resulta em algo diferente do que se pretendia produzir. Quando a Merck procurou fabricar um medicamento para tratar problemas de próstata, descobriu que a droga, o Propecia, tinha o efeito colateral de estimular o crescimento do cabelo. Como resultado, desenvolveu um medicamento para tratar calvície e não para solucionar problemas de próstata.

O que a dificuldade e a incerteza do desenvolvimento de produtos significam para os empreendedores? Basicamente, que os empreendedores serão mais eficazes na criação de produtos se filtrarem as novas oportunidades para identificar as mais promissoras. Em vez de investir na avaliação das diferentes oportunidades do produto, é melhor que os empreendedores combinem análise e ação para desenvolver o novo produto. Suponha que você tenha pensado em produzir um dispositivo para fazer download de músicas pela internet e executá-las, como um MP3 *player*. Em vez de fazer uma extensa pesquisa de laboratório para decidir quais recursos colocar no protótipo – testar recursos diferentes e compará-los entre si de forma técnica – antes de montá-lo e partir para a produção, você se sairia melhor fazendo o protótipo sem gastar muito tempo em pesquisa. Ao mostrar sua melhor conjectura para alguns clientes, poderia usar as opiniões deles para identificar o que seria preciso mudar antes da produção. Essa abordagem combinaria sua análise sobre os recursos do produto com a obtenção do *feedback* do cliente e evitaria a perda de muito tempo e dinheiro com alternativas de testes de laboratório que podem nem ser importantes. Além disso, para não ficarem presos a um produto sem futuro, os empreendedores de sucesso não fazem investimentos grandes e sem retorno em determinados caminhos de desenvolvimento de um produto; ao contrário, mantêm a flexibilidade limitando seus investimentos em um curso qualquer de ação.

A dificuldade e a incerteza do desenvolvimento de produtos apontam que a sorte também é um aspecto importante nesse processo. Além da sorte que a Merck teve ao descobrir o potencial de sua droga para próstata no crescimento de cabelos, o desenvolvimento bem-sucedido de um produto envolve outros tipos de sorte, tais como um cronograma. Por exemplo, novas empresas que estavam no processo de conclusão do desenvolvimento de máquinas de votação computadorizadas quando ocorreu a controvérsia do "cartão de votação mal perfurado", na eleição presidencial de 2000, nos Estados Unidos, tiveram uma vantagem significativa sobre as empresas que haviam concluído o desenvolvimento de seu produto dois anos antes e não conseguiram fazer os clientes se interessarem por ele.

Qual é a lição a ser aprendida sobre o papel da sorte no desenvolvimento de produtos? Não há como ensinarmos alguém a ter sorte. Se pudéssemos fazer isso, seríamos apostadores profissionais e não autores de livros. Isso é para apontar que você pode fazer tudo corretamente no desenvolvimento do produto e, mesmo assim, pode não ter sucesso se não contar com a sorte. Além disso, para ter certeza de que compreende os custos e os riscos envolvidos no desenvolvimento de novos negócios com base em um novo produto ou serviço, queremos enfatizar a importância de abordar o desenvolvimento de produto de modo flexível e minimizando o investimento de tempo e de dinheiro. Se houver alguma lição que possa ser aprendida sobre a importância da sorte, é o fato de que ter uma outra chance é muito valioso.

Vantagens de uma Nova Empresa no Desenvolvimento de Produtos

O desenvolvimento do produto é extremamente importante para os empreendedores, porque é uma das poucas partes do processo de produção e colocação no mercado de um produto aos clientes que as empresas estabelecidas não fazem melhor do que as novas empresas. A vantagem das novas empresas no desenvolvimento de produtos é importante porque, em geral, as empresas estabelecidas são melhores do que as novas na fabricação dos produtos. As já estabelecidas têm melhor acesso ao capital, o que lhes permite comprar equipamentos melhores. Elas já desenvolvem conhecimento tácito sobre os processos de produção ao longo de anos de operação, algo que as novas empresas não podem reproduzir da noite para o dia. Portanto, as novas empresas, em geral, são muito menos eficientes e eficazes na fabricação do que as empresas estabelecidas. Além disso, as empresas estabelecidas têm vantagens de economia de escala, porque desenvolveram gradualmente suas operações de fabricação. Essas vantagens permitem que elas fabriquem produtos por um custo menor do que as novas empresas.

As empresas estabelecidas tendem a ser melhores em marketing do que as novas (exceto, conforme descrito no Capítulo 9, com relação a produtos de mercados completamente novos). Em mercados já existentes, isso acontece porque as empresas estabelecidas têm acesso a conhecimento previamente desenvolvido sobre as necessidades e preferências do cliente, o que as ajuda a vender seus produtos com mais eficácia. Por exemplo, elas sempre sabem como atingir os clientes usando informações sobre seus padrões de compra anteriores. Além disso, têm reputação, o que melhora sua habilidade para vender produtos novos. Elas também desenvolveram vínculos sociais com os clientes, isso faz que eles resistam a mudar para novos fornecedores. Por fim, têm recursos de marketing posicionados – como uma força de vendas estabelecida ou lojas de varejo – que lhes permitem lançar produtos novos por um custo inferior ao das novas empresas, que ainda não têm esses ativos.

As novas empresas compensam as vantagens de marketing e de fabricação das empresas estabelecidas com sua superioridade no desenvolvimento de produtos. Novas empresas tendem a desenvolver novos produtos com mais facilidade e com menor custo do que as empresas estabelecidas, porque não têm a estrutura burocrática e as regras e procedimentos que as empresas estabelecidas desenvolveram ao longo do tempo – por exemplo, regras sobre a maneira como as partes diferentes da organização devem funcionar juntas e se comunicar. Tais regras obstruem o desenvolvimento de novos produtos. Como resultado, as novas empresas transferem informações nos dois sentidos entre as equipes de marketing e de projeto com mais tranqüilidade, facilitando a comunicação e a construção de uma parceria, fator importante para o sucesso de qualquer atividade de criação[6].

Empresas pequenas e novas podem oferecer mais incentivos a fim de que seus funcionários trabalhem com afinco no desenvolvimento de novos produtos; elas têm mais facilidade para oferecer participação nos lucros da empresa como incentivo. A participação nos lucros não só motiva a equipe a empenhar-se para chegar a novos produtos ou serviços rapidamente, mas também permite que novas empresas atraiam pessoas que tenham talento no desenvolvimento de produtos e que queiram uma oportunidade para ganhar muito dinheiro[7]. Empresas grandes e estabelecidas raramente podem se igualar às novas e pequenas quanto aos incentivos da participação nos lucros. Oferecer participação nos lucros para motivar as pessoas é difícil em organizações grandes e estabelecidas, porque os valores nessas empresas já estão alocados a investidores. Assim, resta pouco para oferecer à equipe de desenvolvimento. Além disso, o aumento do preço das ações de uma nova empresa em resposta a esforços bem-sucedidos da equipe de desenvolvimento de produtos é muito maior do que o aumento do preço das ações de uma empresa grande e estabelecida em resposta ao empenho dessa mesma equipe, porque o preço da ação de grandes empresas é direcionado pelo desempenho geral do negócio. Como resultado, a equipe de desenvolvimento de produtos de empresas estabelecidas não pode auferir com ações o mesmo ganho de capital auferido em novas empresas[8].

---

[6] Kanter, R. When a thousand flowers bloom: Structural, collective, and social conditions for innovations in organization. *Research in Organizational Behavior*, 10: 169-211, 1988.

[7] Holmstrom, B. Agency costs and innovation. *Journal of Economic Behavior and Organization*, 12(3): 305-327, 1989.

[8] Idem.

Por último, organizações novas e pequenas têm bastante flexibilidade, o que as ajuda a desenvolver produtos novos quando ações inesperadas acontecem. Algumas vezes, os clientes mudam suas preferências de maneira imprevisível. Outras vezes, as pessoas descobrem que alguma coisa não é tecnicamente possível. Essas alterações exigem que as equipes de desenvolvimento de produto mudem seu curso. Como é mais simples mudar o curso de um barco pequeno do que de um navio, é mais fácil organizações novas e pequenas fazerem essas mudanças do que empresas grandes e estabelecidas.

Tendo dito tudo isso, precisamos fazer uma advertência. Empresas novas e pequenas nem sempre são melhores que as grandes e estabelecidas no desenvolvimento de novos produtos. Em alguns setores acontece o contrário (ver a Tabela 11.1). Para ser um empreendedor eficaz, você precisa conhecer essas exceções importantes às regras de desenvolvimento de produtos.

Tabela 11.1 Quando Empresas Pequenas Desenvolvem Novos Produtos?
Empresas grandes são melhores em inovação em alguns setores, enquanto as empresas pequenas são melhores em outros.

SETOR	RELAÇÃO ENTRE INOVAÇÕES DE EMPRESAS GRANDES E DE EMPRESAS PEQUENAS
Aeronaves	31,000
Indústria farmacêutica	9,231
Equipamentos fotográficos	8,778
Maquinário para oficinas	6,710
Aparelhos e suprimentos cirúrgicos	4,154
Produtos químicos inorgânicos industriais	4,000
Semicondutores	3,318
Artigos para banheiro	2,278
Controle ambiental	2,200
Maquinário para setores especiais	2,048
Equipamentos de rádio e TV	1,153
Instrumentos cirúrgicos e médicos	0,833
Componentes eletrônicos	0,740
Produtos de metal manufaturados	0,706
Computação eletrônica	0,696
Caminhões e tratores industriais	0,650
Válvulas e conexões para tubos	0,606
Instrumentos para medição de eletricidade	0,596
Instrumentos e lentes óticas	0,571
Instrumentos científicos	0,518
Produtos de plástico	0,268
Dispositivos de medição e controle	0,067

> Empresas pequenas têm uma vantagem em setores com uma relação menor que 1 e uma desvantagem em setores com uma relação maior que 1.

Fonte: Com base nas informações contidas na Tabela 1 de Acs, Z.; Audretsch, D. Innovation in large and small firms: An empirical analysis. *American Economic Review*, 78(4): 678-690, 1988.

Então o que faz as empresas grandes e estabelecidas melhores do que as empresas novas e pequenas no desenvolvimento de produtos em alguns setores? Primeiro, isso tende a acontecer em setores em que a produção está concentrada nas mãos de algumas empresas por controlarem o acesso à base de clientes. Em segundo lugar, isso também vale para setores que dependem intensamente de capital e de propaganda. Conforme explicado no Capítulo 6, as empresas novas e pequenas têm mais dificuldade em obter capital do que as empresas grandes e estabelecidas, o que deixa aquelas em desvantagem em setores que exigem muito capital. De maneira similar, conforme explicado no Capítulo 2, a propaganda depende muito de economia de escala, isso torna os setores que se apóiam intensamente na propaganda muito mais favoráveis para empresas grandes e estabelecidas do que para as novas e pequenas. Terceiro, empresas novas e pequenas tendem a ser menos eficazes no desenvolvimento de produtos em setores que dependem muito de P&D, provavelmente porque não têm fundos para manter grandes laboratórios de pesquisa[9].

A lição para os empreendedores é clara. Não há muito a fazer para competir com as empresas estabelecidas em setores em que as novas empresas são piores que as organizações estabelecidas no desenvolvimento de produtos, porque elas já são piores em marketing e fabricação. É por isso que vemos tão poucos novos fabricantes de aeronaves, de produtos farmacêuticos e de equipamento fotográfico, e menos ainda novos fabricantes nesses setores que tenham sucesso. Entretanto, em setores em que os empreendedores são melhores do que as empresas estabelecidas no desenvolvimento de novos produtos – setores como o de dispositivos médicos, computadores e instrumentos científicos –, os empreendedores têm uma oportunidade de competir usufruindo da vantagem de sua habilidade superior em desenvolver novos produtos. Isto é, eles podem competir se puderem proteger sua propriedade intelectual, uma questão que abordaremos mais adiante.

A Facilidade de se Imitar a Propriedade Intelectual dos Empreendedores

Conforme acabamos de explicar, em muitos setores os novos empreendimentos são melhores que as empresas estabelecidas no desenvolvimento de novos produtos e serviços. Então, por que é raro as novas empresas obterem grandes lucros com a invenção de novos produtos ou serviços? Por que freqüentemente perdem para empresas estabelecidas que são inferiores a elas em desenvolvimento de produto? A resposta é que, com algumas poucas exceções, a maioria dos novos produtos e serviços dos empreendedores, ou a propriedade intelectual deles, é muito fácil de ser imitada e, em geral, pode ser copiada por um custo bastante baixo. De fato, as pesquisas de Richard Levin (atual presidente da Yale University) e de seus colegas mostraram que a inovação típica não patenteada de processo pode ser duplicada por menos da metade do custo de desenvolvimento da inovação original em mais de 40% das situações. Com relação às inovações de produto, os números são ainda mais significativos, com a inovação típica de produto não patenteada sendo duplicada por menos da metade do custo de desenvolvimento original em mais de 52% das situações. Além disso, na maioria das vezes é possível duplicar uma propriedade intelectual de

---

[9] Acs, Z.; Audrestch, D. Innovation in large and small firms: An empirical analysis. *American Economic Review*, 78(4): 678-690, 1988.

um empreendedor. Levin e seus colegas descobriram que em quase metade das vezes, de seis a dez concorrentes imitaram a inovação típica de produto ou de processo [10].

Uma das razões pela qual muitos concorrentes podem imitar a propriedade intelectual do empreendedor a tal custo é sua ampla variedade de métodos. Quando o empreendedor desenvolve um produto novo, os engenheiros da concorrência podem comprar o produto, desmontá-lo, descobrir como funciona e produzir a mesma coisa em um processo chamado **engenharia reversa**. A concorrência também pode contratar os funcionários e fornecedores do empreendedor ou ter conversas informais com eles como meio de reunir dados sobre os novos produtos e serviços. Por exemplo, recentemente, o projeto de cartucho para impressora da Hewlett Packard (HP) foi copiado antes do lançamento do novo produto porque um dos concorrentes obteve de um dos fornecedores da HP uma cópia do protótipo. (A facilidade de se obter informações de fornecedores e funcionários é uma das razões pela qual é tão importante para os empreendedores usar contratos de confidencialidade e de trabalho, assunto da seção "Atenção! Perigo Adiante!".) Além disso, os concorrentes podem trabalhar em seu próprio desenvolvimento de produto e imitar a propriedade intelectual dos empreendedores só por saber que algo novo foi desenvolvido. Para isso, colocam os engenheiros e a equipe de desenvolvimento de produtos para trabalhar na cópia do novo item[11].

Atenção! Perigo Adiante!

Contratos de Confidencialidade e Não-Concorrência

Quando eu (Scott Shane) lecionei na Sloan School, no MIT, um aluno de MBA foi até meu escritório pedir conselhos sobre o início de uma nova empresa para produzir uma pinça, um dispositivo médico que cirurgiões poderiam usar para segurar os tecidos durante uma operação. A invenção do aluno tinha um *design* exclusivo que a tornava muito melhor do que as pinças existentes. Ele já havia conversado com vários cirurgiões sobre o produto e eles ficaram entusiasmados com o resultado.

A história do aluno parecia bastante promissora; havia uma oportunidade comercial muito boa para começar uma empresa. Quando descrevi ao aluno a competição de plano de negócios 50K do MIT e sugeri que entrasse nele como um meio de começar sua nova empresa, ele me fez uma pergunta que levantou um desafio: "Como posso ter certeza de que não terei qualquer tipo de problema com meu ex-empregador se eu começar a empresa?". "Por que você está preocupado?", indaguei. Ele me explicou que antes de fazer MBA, havia trabalhado para uma grande empresa de instrumentos médicos. Embora tivesse aprimorado sua pinça em uma aula de desenvolvimento de produtos do MIT, ele tinha projetado a versão inicial enquanto trabalhava nessa empresa. O aluno explicou que seu ex-empregador não estava interessado em continuar com o desenvolvimento da pinça e não tinha intenção de patenteá-la. Esclareceu que, como funcionário, assinou um **contrato de confidencialidade e não-concorrência**. O primeiro impede que uma pessoa revele a outros qualquer tipo de informação valiosa do

---

[10]Levin, R. et al. Appropriating the returns from industrial research and development. *Brookings Papers on Economic Activity*, 3: 783-832, 1987.
[11]Idem.

empregador que tenha sido desenvolvida durante o trabalho para a empresa, normalmente tem duração de três a cinco anos a partir do término do contrato de trabalho. O segundo contrato impede, por um período determinado, em geral de um a dois anos, que uma pessoa trabalhe para uma empresa que faça concorrência com o empregador. Disse ao aluno que um advogado deveria analisar seus contratos de confidencialidade e de não-concorrência antes de fazer qualquer coisa sobre seu novo empreendimento.

O veredito do advogado foi que o aluno poderia lidar com aqueles contratos porque os contratos de não-concorrência não podem impedir um funcionário de viver de sua profissão. Entretanto, seria como uma batalha, porque os contratos de confidencialidade e de não-concorrência dificultam o início de uma empresa com base no conhecimento desenvolvido no emprego anterior, em particular se o empreendedor concorrer diretamente com o empregador. O mais importante: ele recomendou ao aluno não começar uma nova empresa para fazer a pinça. As taxas advocatícias lhe tomariam muito dinheiro e a questão dos contratos de confidencialidade e de não-concorrência em aberto dificultariam levantar capital. A maioria dos capitalistas de risco e anjos evita iniciantes que estejam envolvidos com esse tipo de obstáculo jurídico.

A lição da história? É preciso ter cuidado com relação a contratos com os empregadores atuais se você planeja iniciar uma empresa posteriormente. Os contratos de confidencialidade e de não-concorrência podem impedir que você, para iniciar uma nova empresa, use as idéias que desenvolveu durante o período em que esteve empregado. Entretanto, há um lado bom em tudo isso. Se desejar iniciar uma empresa e contratar funcionários, você pode fazê-los assinar contratos de confidencialidade e de não-concorrência, o que ajudaria a impedi-los de iniciar suas próprias empresas para fazer uso das idéias que desenvolveram enquanto trabalhavam para você.

Mesmo uma tecnologia patenteada, que discutiremos com detalhes mais adiante neste capítulo, não impede a imitação. Como os inventores precisam divulgar o funcionamento de suas invenções para receber a patente, o patenteamento facilita a imitação da propriedade intelectual dos empreendedores por parte da concorrência. Conforme explicaremos, a vantagem das patentes não está em tornar a imitação difícil, mas, sim, ilegal.

Nossa mensagem para empreendedores em potencial como você é simples: é preciso reconhecer que leva pouco tempo para os concorrentes imitarem sua propriedade intelectual. A Figura 11.1 mostra o tempo (em meses) que a concorrência necessita para imitar um novo produto, pelo menos de acordo com o estudo. Nesse caso, o que deve ser feito? As próximas duas seções discutem algumas maneiras por meio das quais os empreendedores bem-sucedidos evitaram que outras empresas copiassem sua propriedade intelectual. Portanto, preste atenção. Os textos a seguir ajudarão no desenvolvimento de um plano para administrar a propriedade intelectual de seu novo empreendimento.

Formas jurídicas de proteção à propriedade intelectual

Os empreendedores têm disponíveis muitas formas legais da proteção da propriedade intelectual. Embora nenhuma delas impeça completamente os concorrentes de imitar sua pro-

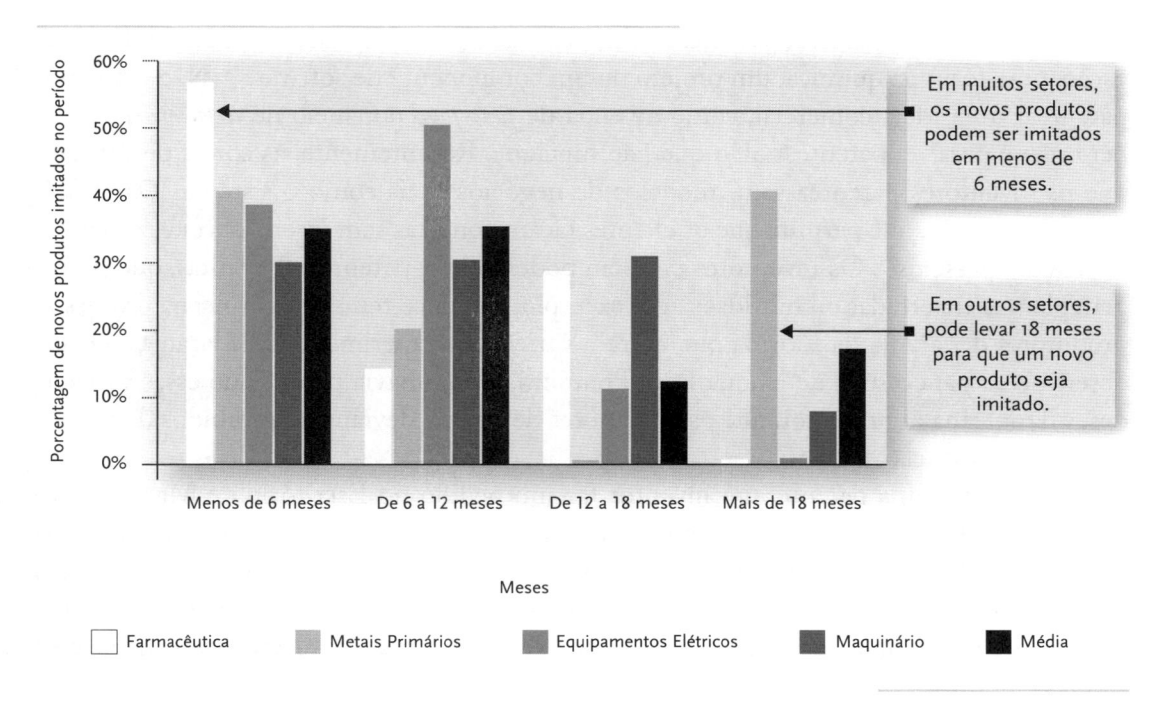

Figura 11.1 Os Setores Diferem Significativamente quanto ao Período de Tempo que os Rivais Demoram para Compreender como Imitar um Novo Produto

Em muitos setores, os concorrentes levam menos de 12 meses para descobrir como imitar um produto novo.
Fonte: Com base em informações contidas na Tabela II de Mansfield, E. How rapidly does industrial technology leak out? *Journal of Industrial Economics*, 34(2): 217-223, 1985.

priedade intelectual, todas ajudam a protegê-la de alguma maneira. Os empreendedores de sucesso compreendem as vantagens e as desvantagens dessas ferramentas – patentes, segredos comerciais, marcas registradas e direitos autorais. Nesta seção, explicaremos o que essas ferramentas podem e o que não podem fazer pelo empreendedor. Desse modo, será possível identificar a melhor maneira de usá-las para proteger a propriedade intelectual de seu novo empreendimento.

Patentes

Patente é um direito jurídico concedido por um governo nacional. Ela permite que um inventor impeça outros de usarem a mesma invenção por 20 anos em troca de divulgar como a invenção funciona. Para uma invenção ser patenteada nos Estados Unidos, determinadas condições devem ser atendidas: A invenção precisa ser uma novidade, um salto de criatividade; ela não deve ser óbvia para uma pessoa formada na área relevante (por exemplo, um componente de software de computador para um cientista da computação) e tem de ser útil. Além disso, a invenção deve estar em sigilo no momento do pedido da patente. Se a invenção tiver sido divulgada por impresso em algum país ou tiver sido colocada à venda nos Estados Unidos, o Escritório de Marcas e Patentes dos Estados Unidos não emitirá uma patente para ela[12].

---

[12] U.S. Department of Commerce. *General information concerning patents*. Washington, DC: U.S. Government Printing Office, 1992.

Então, o que é possível patentear? Um processo, uma máquina, um método de fabricação, uma fórmula química, um projeto ou um componente de software[13]. Não é possível patentear uma idéia comercial, como a venda de *fast-food* por meio de *drive-thru*. Também não é possível patentear algo que não funcione. Recentemente, as cortes permitiram que os inventores patenteassem "modelos de negócios", tais como o sistema *"One Click"* da Amazon.com, que permite que os clientes façam compras sem inserir outra vez suas informações pessoais[14]. Os inventores também podem obter patentes de plantas, que protegem plantas enxertadas ou híbridas[15]. Por exemplo, há pouco tempo, a Tropicana processou produtores de laranja da Flórida que usaram variedades experimentais de laranjas que ela desenvolveu para o suco de laranja Pure Premium. Como havia patenteado essas variedades, a Tropicana argumentou que os produtores de laranja deviam ser proibidos de usá-las sem sua autorização.

Para obter uma patente, um inventor faz um pedido no Escritório de Marcas e Patentes dos Estados Unidos, que, então, avalia se a invenção pode ser patenteada. Como demora em média dois anos para uma patente ser emitida, muitos inventores primeiro fazem um **pedido provisório de patente**. Esse documento marca o início do processo de pedido e não exige muita divulgação. Entretanto, fornece certa proteção inicial para a invenção e ajuda as empresas a obter financiamento e a deter a concorrência enquanto o processo do pedido de patente regular está em andamento[16].

Como o inventor precisa demonstrar que sua invenção é diferente das existentes patenteadas, ele ou seu advogado de patentes procura, por meio da análise das patentes existentes, determinar a **arte prévia**. A arte prévia é um conjunto de invenções patenteadas anteriormente e que estão relacionadas à nova invenção. Se sua invenção for construída baseada na arte prévia, isso deve ser citado em sua patente. Por exemplo, a patente do Baby Bjorn, o carregador de bebê descrito no começo do capítulo, citou as patentes de carregadores anteriores, porque Bjorn Jakobson aperfeiçoou as características desses produtos quando inventou seu carregador de bebês. O termo "aperfeiçoou" é importante. Para obter uma patente, sua invenção deve melhorar a tecnologia existente. Se sua invenção fizer o mesmo que a tecnologia anterior, não é uma invenção e não pode haver uma patente para ela.

O aspecto mais importante desse processo é a determinação do conjunto de **reivindicações** ou declarações sobre o que foi inventado. Os inventores e seus advogados de patentes escrevem essas reivindicações com muito cuidado e do modo mais amplo possível. Por quê? Porque, conforme explicado no início do capítulo, uma patente evita que outras pessoas dupliquem apenas os itens definidos nas reivindicações. Isso significa que uma reivindicação de um dispositivo que aquece metal, por exemplo, protegerá o inventor contra uma gama muito mais ampla de imitações do que uma reivindicação de um dispositivo que aquece aço. No primeiro caso, a patente evitaria que outros usassem um dispositivo para aquecer qualquer tipo de metal; no segundo caso, a patente evitaria que usassem somente

---
[13]Idem.
[14]Fuerst, O.; Geiger, U. *From concept to Wall Street: A complete guide to entrepreneurship and venture capital*. Nova York: Prentice-Hall, 2003.
[15]U.S. Department of Commerce. *General information concerning patents*. Washington, DC: U.S. Government Printing Office, 1992.
[16]Fuerst, O.; Geiger, U. *From concept to Wall Street: A complete guide to entrepreneurship and venture capital*. Nova York: Prentice-Hall, 2003.

os dispositivos para aquecer aço, e, assim, estariam livres para desenvolver dispositivos que aquecem ferro, cobre, alumínio etc.

Como a patente norte-americana é emitida apenas para a primeira pessoa (ou equipe de pessoas) que inventar uma tecnologia, os inventores precisam manter registros de suas invenções, particularmente da data em que começaram a conceber a idéia. Para tanto, muitos inventores mantêm em cadernos os registros datados de suas pesquisas e do desenvolvimento de suas invenções; é comum outras pessoas testemunharem esses registros.

As patentes são ferramentas valiosas para os empreendedores, mas há algumas desvantagens que você precisa saber. A Tabela 11.2 resume as vantagens e desvantagens das patentes. Preste atenção às desvantagens. Muitos empreendedores têm problemas porque não as percebem. Entre as desvantagens das patentes está o fato de que elas são caras; nem sempre são eficazes; exigem a divulgação da invenção; e podem ser contornadas.

O custo de patentes é de importância fundamental para os empreendedores. Uma patente normal custa aproximadamente US$ 15 mil, considerando-se todas as taxas legais. Além disso, para obter proteção de patente em países estrangeiros, o empreendedor deve solicitar patentes em todos os países em que quiser proteção. Obter proteção de patente em vários lugares – Estados Unidos, Japão, Canadá e Comunidade Européia – pode custar de US$ 40 mil a US$ 50 mil. Além disso, em muitos casos, é preciso mais de uma patente para proteger um produto ou um serviço, isso aumenta mais ainda o custo.

Para proteger uma patente, um empreendedor precisa defendê-la contra infrações de outros indo à justiça. Esse processo envolve a contratação de advogados que desenvolvem um caso judicial para mostrar que a outra parte infringiu a patente ou violou o direito de monopólio do detentor da patente. O valor da patente não só depende do vigor com o qual

Tabela 11.2 Vantagens e Desvantagens das Patentes
Embora as patentes ofereçam muitas vantagens, os empreendedores nem sempre devem patentear suas invenções. Em muitos casos, as desvantagens superam as vantagens.

VANTAGENS DA PATENTE	DESVANTAGENS DA PATENTE
Ajuda a levantar o capital demonstrando a existência de uma vantagem competitiva	Exige a divulgação da invenção
Aumenta o custo da imitação por parte da concorrência	Oferece monopólio temporário – 20 anos
Oferece direito de monopólio, impedindo que outras pessoas façam a mesma coisa	Pode ser contornada se a concorrência realizar a mesma meta esquivando-se da proteção por patente
Evita que outra parte use a invenção como segredo comercial	Requer exigências jurídicas rigorosas para serem válidas e mostrarem infração, o que torna difícil e caro proteger uma patente, em especial contra grandes empresas
	É menos efetiva do que outros mecanismos na proteção de propriedade intelectual da maior parte das tecnologias
	Pode ser irrelevante no momento em que a patente for concedida se a tecnologia ficar obsoleta rapidamente
	Exige um pedido de patente em todos os países do mundo, caso contrário as pessoas podem usar a divulgação feita nos Estados Unidos para saber como utilizar a invenção em outros locais

você a protege, mas, se não processar as pessoas que a violam, sua eficácia em outros casos pode ser enfraquecida. Como a proteção de uma patente contra infrações pode ser uma tarefa bastante complexa, especialmente se for preciso ir à justiça, obter e reforçar patentes pode se tornar um projeto muito caro para os empreendedores, com custo total que chega a centenas de milhares e mesmo milhões de dólares.

Tome como exemplo a experiência de Ron Chasteen com seu sistema patenteado de injeção de combustível para veículos para locomoção na neve. Inicialmente, ele fez um acordo com a Polaris Industries para fornecer o sistema de injeção de combustível. Um ano depois, a Polaris cancelou o negócio dizendo que não usaria o sistema de injeção de combustível em seus veículos para locomoção na neve. Quando a Polaris começou a vender um veículo para locomoção na neve com um sistema de injeção de combustível muito similar ao que havia desenvolvido, Chasteen decidiu processá-la. Como os custos do litígio ultrapassavam US$ 2 milhões, ele percebeu que sozinho não poderia cobrir os custos de um processo. Depois de trabalhar com cinco escritórios de advocacia e gastar muito dinheiro, ele encontrou um escritório que assumiu o caso. Chasteen ganhou um processo de US$ 70 milhões contra a Polaris, mas só depois de 11 anos do início do caso[17].

A segunda desvantagem das patentes é que elas nem sempre são eficazes. Algumas vezes há tanta tecnologia anterior que um inventor só consegue obter uma patente sobre uma pequena melhoria da tecnologia. Além disso, conforme mencionado, as patentes têm a mesma força que suas reivindicações e, algumas vezes, os examinadores de patente só permitirão reivindicações relativamente fracas de uma invenção. Mais do que tudo, há o fato de que algumas tecnologias estão avançando tão depressa que o novo produto ou serviço fica obsoleto no momento em que a patente é concedida, ou então, tantas empresas têm reivindicações de aspectos diferentes de uma tecnologia, que todas elas são forçadas a licenciar suas invenções a outras empresas, ou ninguém poderá produzir o produto ou serviço. Como o custo das patentes é o mesmo, independente de sua eficácia, algumas vezes não são efetivas o suficiente para valerem a pena.

A terceira desvantagem das patentes é que elas exigem divulgação. O monopólio de 20 anos que o governo americano oferece aos inventores é dado em troca de mostrar como a invenção funciona, permitindo, assim, que outros façam uso da descoberta do inventor. Para obter uma patente, o inventor tem de descrever a invenção e seu funcionamento, fornecendo qualquer tipo de desenho necessário que ajude a demonstrar sua operação. Isso facilita a duplicação da invenção e possivelmente diminui a vantagem competitiva do empreendedor se a patente não puder ser executada.

A quarta desvantagem das patentes é que elas podem ser contornadas. Para compreender esse termo, é preciso entender que a eficácia das patentes varia muito entre os setores. Nos setores farmacêutico e biotecnológico, por exemplo, as patentes são muito eficazes na prevenção de imitação, mas no setor de equipamentos de comunicação não se saem muito bem. Por quê? Isso tem a ver com o modo como a tecnologia funciona. Quando uma pessoa inventa um novo medicamento, ela pode patentear sua estrutura molecular. Quem tem conhecimento sobre química e biologia sabe que a mais leve alteração a uma estrutura molecular pode mudar de forma radical o funcionamento de um medicamento. Por exemplo,

---
[17]Paris, E. David v. Goliath. *Entrepreneur*, nov. 1999.

se você pegar tudo o que está do lado direito da estrutura molecular e colocar no lado esquerdo, pode ir de um medicamento eficaz a algo que mata instantaneamente. (O que não é um tratamento médico recomendado!) Em contraste, é possível retirar tudo que está do lado direito de um telefone celular e colocar no lado esquerdo e, mesmo assim, produzir um aparelho eficaz. Essas diferenças de tecnologia tornam muito mais difícil aos imitadores **contornar as patentes** nas áreas biológica e química do que na área elétrica. (Contornar uma patente significa ter uma solução que não viole uma patente, mas que alcance o mesmo objetivo.)

A lição aqui é que um bom empreendedor tem de avaliar as vantagens e desvantagens para determinar se deve ou não obter a patente. Deve-se obter uma patente quando um produto ou serviço atender às condições de novidade, não-obviedade e valor, e quando houver mais vantagens do que desvantagens. (Para obter mais informações e para conduzir uma pesquisa sobre patentes, consulte o site do Escritório de Marcas e Patentes dos Estados Unidos <http://www.uspto.gov>.)*

Precisamos discutir outra questão importante. Não há nada como uma patente internacional. Como as patentes são concedidas por governos nacionais, um inventor precisa obter uma patente em cada país em que desejar proteger sua invenção. Lembre-se de que patentear uma invenção nos Estados Unidos não protege a invenção na França, na Argentina, no Japão ou em qualquer outro lugar do mundo.

Por que a necessidade de patentear em vários países é importante para o empreendedorismo? Primeiro, porque patentear é caro, e a necessidade de patentear em vários países implica investimentos consideráveis por parte do empreendedor em custos de patente para proteger seu produto ou seu serviço contra imitações.

Segundo, deixar de patentear em um país em particular significa que é legal que alguém imite sua invenção nesse local. Conforme explicado, para obter uma patente nos Estados Unidos, um inventor deve divulgar como a invenção funciona. Isso quer dizer que todas as vezes que um empreendedor patenteia sua invenção nos Estados Unidos, mas não o faz em outros lugares, ele está mostrando a outras pessoas como desenvolver o produto ou serviço. Dessa forma, ajuda concorrentes em potencial a explorar o produto no país em que a invenção não está protegida!

Terceiro, as leis de patentes diferem de acordo com o país. Embora não possamos expor todas as diferenças existentes – se você realmente desenvolver uma nova empresa com base em uma invenção patenteada, é aconselhável falar com um bom advogado especializado em propriedade intelectual sobre patentear sua invenção em países diferentes –, achamos que é importante compreender a ampla gama de leis de patentes. Uma diferença fundamental nessas leis está em países cujo sistema jurídico tem como base a lei inglesa comum e aqueles cujo sistema jurídico tem como base o código de leis romano. Os primeiros – Estados Unidos, Canadá, Reino Unido e outros países que foram colônias britânicas na África e na Ásia – concedem patentes à primeira pessoa que inventou algo, seja ela a primeira a entrar com o pedido de patente no escritório de marcas e patentes ou não. Se um inventor puder mostrar que inventou algo antes de alguém – por meio de instrumentos

---

* NRT: No Brasil, pode-se consultar o site do Instituto Nacional da Propriedade Industrial, <http://www.inpi.gov.br>.

como livros reconhecidos em cartório que detalham o trabalho sobre a invenção –, a patente será concedida a ele em um país de lei comum, mesmo que alguém tenha solicitado-a antes. Ao contrário, em países cujo sistema jurídico baseia-se no código de leis romano – França, Espanha e suas antigas colônias na Ásia, na África e na América Latina –, as patentes são concedidas à primeira pessoa que solicitar, mesmo que alguém tenha inventado a tecnologia primeiro. Como é possível perceber, há muitas diferenças substanciais entre os países com relação a leis de patentes, e um empreendedor precisa compreender essas diferenças quando quiser usar patentes para proteger um novo produto ou serviço.

Segredos Comerciais

Segredo comercial é um conhecimento que confere vantagem a uma empresa e é protegido por um contrato de não-divulgação. Exemplos de segredos comerciais são os processos de produção, de que maneira uma empresa de produtos químicos faz o fertilizante; carteiras de clientes, como os bancos de dados em uma agência de imóveis; e receitas culinárias, como as onze ervas e temperos do Colonel Sanders.

As patentes e segredos comerciais são mutuamente exclusivos. Um empreendedor não pode obter uma patente sobre algo e, em seguida, reivindicar que seja um segredo comercial. Como os empreendedores devem escolher entre patente e segredo comercial, é importante saber quais são as vantagens e as desvantagens dos segredos comerciais.

A maior vantagem dos segredos comerciais é que eles oferecem uma maneira de o empreendedor proteger uma vantagem competitiva sem divulgar como funciona a tecnologia básica de um novo produto ou serviço. Conforme dissemos no Capítulo 10, manter segredo sobre como explorar uma oportunidade é um método valioso para evitar que ela seja imitada, em particular quando o conhecimento do empreendedor acerca do processo de exploração é tácito.

Entretanto, os segredos comerciais têm várias desvantagens quando comparados a patentes. Primeiro, um segredo comercial deve ser mantido escondido para continuar sendo valioso. No Capítulo 10, discutimos como os empreendedores acham difícil manter ocultos seus métodos de exploração de oportunidades, mesmo que tenham as melhores intenções de fazê-lo. Com segredos comerciais, os empreendedores não só enfrentam a dificuldade de manter em segredo seu método de exploração de oportunidade, mas também devem atender a padrões jurídicos rigorosos para demonstrar que mantêm as informações secretas. Seus funcionários devem assinar contratos de não-divulgação. O empreendedor deve ter procedimentos para manter as informações secretas, tais como senhas que protegem as informações em computadores. Ele deve demonstrar que tais informações são secretas, limitando o acesso a elas e deixando-as fora do campo de visão dos visitantes. Por exemplo, a fórmula química da Coca-Cola é um segredo comercial; apenas três executivos da empresa têm permissão de acesso à fórmula, que é mantida oculta em uma caixa-forte em um banco em Atlanta.

Segundo, diferente de uma patente, um segredo comercial não oferece ao inventor direito de monopólio. Se outras pessoas descobrirem a mesma invenção (isto é, se descobrirem a mesma coisa sem usar de meios ilegais), elas estão livres para usá-la também. Por outro lado, se o segredo comercial fosse patenteado, os outros estariam impedidos de usá-lo por 20 anos a partir da data do pedido da patente. O que isso significa em termos práticos? Digamos que você descubra a fórmula da Coca-Cola enquanto faz uma experiência química em sala de aula. Como a fórmula não está patenteada e você a obteve sem roubar a informação da empresa, estaria livre para vender a bebida a quem quisesse. A Coca-Cola pode processá-lo, alegando que roubou seu segredo de alguma maneira, mas, como você realmente descobriu a fórmula sozinho, venceria o processo. As leis de propriedade intelectual dos Estados Unidos permitem a descoberta independente e a exploração dos segredos comerciais por várias partes.

Terceiro, para proteger o segredo comercial e reivindicar os danos na justiça, você deve mostrar a perda de uma vantagem competitiva. Esse padrão é mais rígido do que o de uma patente, que não exige perda de vantagem competitiva. Com uma patente, tudo o que você precisa fazer para demonstrar os danos causados é provar que alguém copiou sua invenção.

A Drugstore.com é um bom exemplo de uma iniciante que foi processada por outra empresa por violação de segredos comerciais. A Wal-Mart Stores processou a Drugstore.com e seu capitalista de risco, Kleiner Perkins, por roubarem segredos comerciais sobre seu sistema de computadores. A Wal-Mart acusou a Drugstore.com de roubar seus segredos utilizando ex-funcionários que ajudaram a desenvolver o sistema de computadores da Wal-Mart, o que levou 15 anos para ser feito. Como a Drugstore.com concorre com o Wal-Mart em vendas pela internet, este reivindicou perda de vantagem competitiva[18].

A lição aqui é que um bom empreendedor deve equilibrar as vantagens e as desvantagens para determinar se deve ou não proteger um novo produto ou serviço por meio de segredo comercial. Um empreendedor deve usar o segredo comercial quando um produto ou um serviço conferir uma vantagem para sua empresa, quando estiver protegido por um contrato de não-concorrência e se as vantagens forem maiores que as desvantagens.

Marcas Registradas

Marca registrada é uma palavra, uma frase, um símbolo ou um projeto que distingue as mercadorias e serviços de uma empresa das mercadorias e serviços de outra empresa[19]. Um bom exemplo de marca registrada é o "M" dourado do McDonald's. Embora as marcas registradas não ofereçam o tipo de proteção de propriedade intelectual que as patentes ou os segredos comerciais oferecem, são úteis, porque impedem que a aparência dos produtos de seus concorrentes fique exatamente como a dos seus. Por exemplo, ao obter uma marca registrada para o seu símbolo *swoosh*, a Nike pôde desenvolver melhor o nome de sua marca. Nenhuma outra empresa pode colocar aquele símbolo em seus tênis, bonés, camisetas etc., o que facilita o reconhecimento dos produtos Nike pelos clientes.

É possível obter uma marca registrada de duas maneiras: usando a marca ou entrando com um pedido no Escritório de Marcas Patentes dos Estados Unidos[20]. O direito de usar uma marca registrada em particular – como, por exemplo, o *swoosh* da Nike ou o nome

---

[18]Bahls, J. Been caught stealing? Disponível em: <http://www.entrepreneur.com/Magazines/MA_SegArticle/0,1539,230037----8-,00.html>.

[19]U.S. Department of Commerce. *General information concerning trademarks*. Washington, DC: U.S. Government Printing Office, 1992.

[20]Idem.

Coca-Cola — pertence à primeira parte que registrar ou usar tal marca, a menos que duas empresas tenham um conflito. Se houver conflito, a justiça decide quem terá os direitos sobre o uso da marca. Em geral, a justiça não permitirá que mais de uma empresa use a mesma marca se os clientes estiverem propensos a confundir os produtos de uma empresa com os da outra[21].

A lição aqui é que um bom empreendedor deve ter uma marca registrada, como uma palavra, uma frase, um símbolo ou um projeto que distinga os produtos e os serviços de sua empresa dos produtos e dos serviços de outra empresa. Um empreendedor deve proteger estas dimensões de seu negócio, bem como construir o nome da marca de seu novo empreendimento.

Direitos Autorais

Direito autoral é uma forma de proteção à propriedade intelectual oferecida aos autores de trabalhos originais de autoria, inclusive literários, dramáticos, musicais, artísticos e determinados trabalhos intelectuais[22]. Por exemplo, quando escrevemos o primeiro rascunho deste livro, pedimos os direitos autorais sobre o material contido nele. Esse direito autoral torna ilegal a publicação do material por outra pessoa ou o uso dele de qualquer outra maneira. É por isso que quando concordamos em publicar esta obra, a South-Western, nossa editora, exigiu que assinássemos um contrato que lhe atribuía nossos direitos autorais.

Mas não são só os livros que podem ser protegidos por direitos autorais. Há direitos autorais sobre softwares, bancos de dados, músicas, materiais de estudo, peças, pantomimas, coreografias, figuras, esculturas, gráficos, filmes, gravações e desenhos arquiteturais[23]. A principal exigência para que algo tenha direitos autorais é que ele seja tangível. Um discurso escrito pode ter direitos autorais, mas não um improvisado. Também não é possível ter direitos autorais sobre títulos, frases, idéias, procedimentos, dispositivos ou propriedades comuns, tais como calendários-padrão[24].

Um direito autoral dá a seu proprietário e apenas às pessoas que ele autorizar o direito de reproduzir ou derivar, copiar ou exibir o item protegido. Nos Estados Unidos, a proteção de direitos autorais vai do momento em que o trabalho é criado até cem anos depois da morte do autor. Entretanto, não há como obter proteção internacional por meio de direitos autorais. Países diferentes têm leis de direitos autorais diferentes e você precisa seguir as leis de outros países se desejar obter a proteção de direitos autorais fora dos Estados Unidos.

Talvez de modo ainda mais importante, em trabalhos feitos por contratação — quando alguém emprega outra pessoa para produzir um trabalho original de autoria —, o empregador recebe os direitos autorais. Isso é muito valioso para empreendedores que precisam de outras pessoas para produzir materiais que podem ser protegidos por direitos autorais. Por exemplo, um empreendedor que começa uma empresa para vender um software de contabilidade pode ter os direitos autorais sobre o software mesmo que tenha contratado alguém para criar o programa.

---

[21] Idem.
[22] U.S. Department of Commerce. *General information concerning copyrights*. Washington, DC: U.S. Government Printing Office, 1992.
[23] Idem.
[24] Idem.

Você não precisa fazer nada para obter direitos autorais. Assim que um documento (ou um CD, uma fita de vídeo ou qualquer outra coisa que possa ter direitos autorais) é produzido, ele tem proteção de direitos autorais. É possível, mas não necessário, solicitar direitos autorais no Escritório de Marcas e Patentes dos Estados Unidos. Em essência, você tem proteção de direitos autorais mesmo antes de realizar o pedido. Mostrar o símbolo de direitos autorais – © – em um documento não é necessário para obter direitos autorais. Ele só é útil para impedir que alguém alegue "infração inocente"[25], que ocorre quando uma pessoa usa um material com direitos autorais e alega que não sabia que ele estava protegido.

A lição aqui é que um bom empreendedor deve sempre usar direitos autorais para proteger os aspectos de uma propriedade intelectual que não pode ser protegida por patentes ou por segredos comerciais; por exemplo, software, bancos de dados, materiais de estudo, jogos, pantomimas, coreografias, fotos, esculturas, gráficos, filmes, gravações e projetos de arquitetura. Quando as patentes e segredos comerciais não são uma opção para proteger a propriedade intelectual, os direitos autorais se tornam meios importantes pelos quais os empreendedores podem obter proteção legal para sua propriedade intelectual.

Formas não-jurídicas de proteção à propriedade intelectual

Embora formas jurídicas de proteção à propriedade intelectual sejam usadas por muitos empreendedores e sejam muito úteis em determinadas situações, as patentes e os segredos comerciais não são formas adequadas de proteção para determinados tipos de propriedade intelectual. Por exemplo, suponha que um empreendedor tenha descoberto um novo software para efetuar pagamentos pela internet. O software pode não atender às condições exigidas para proteção por patente ou por segredos comerciais. Entretanto, os empreendedores podem usar formas não-jurídicas de proteção de propriedade intelectual, como tempo de vantagem, curvas de aprendizagem, vantagens de pioneirismo e recursos complementares para proteger seus novos produtos ou serviços contra imitações. Além disso, pesquisadores demonstraram que formas não-jurídicas de proteção de propriedade intelectual são mais eficazes do que as formas legais para evitar que os produtos ou serviços do empreendedor sejam duplicados. Por exemplo, um estudo conduzido por Wes Cohen, professor da Duke University, e seus colegas descobriu que tempo de vantagem/vantagens do pioneirismo, sigilo e recursos complementares foram todos mais eficientes do que as patentes na proteção de produtos e processos novos contra imitação[26].

Em virtude da superioridade de formas não-jurídicas de proteção de propriedade intelectual, os empreendedores de sucesso desenvolvem e usam essas formas de proteção com mais freqüência do que usam as formas jurídicas. Queremos que você conheça quais são essas formas de proteção e como usá-las. Assim, quando você começar seu negócio, poderá desenvolver a melhor abordagem possível para proteger sua propriedade intelectual. Vamos analisar mais de perto os vários tipos de formas não-jurídicas de proteção.

---
[25]Idem.
[26]Cohen, W.; Nelson, R.; Walsh, J. Protecting their intellectual assets: Appropriability conditions and why U.S. manufacturing firms patent (or not). *NBER Working Paper*, n. 7552, 2000.

Curvas de Aprendizagem, Tempo de Vantagem e Vantagem do Pioneirismo

Uma vantagem competitiva de uma empresa freqüentemente envolve velocidade e *timing* de atividades com relação a essas características dos concorrentes. Três tipos diferentes de vantagem surgem a partir da velocidade e do *timing*: vantagens de pioneirismo, tempo de vantagem e vantagens da curva de aprendizagem. A **vantagem do pioneirismo** refere-se a qualquer tipo de benefício que uma empresa recebe por ser a primeira a oferecer um produto em um mercado em particular. Algumas vezes, a vantagem do pioneirismo envolve **tempo de vantagem** ou os benefícios que são gerados por fazer algo meses ou anos antes de alguém. Outras envolvem a curva de aprendizagem. Já discutimos as vantagens da curva de aprendizagem no Capítulo 2. Como os empreendedores muitas vezes aperfeiçoam as atividades de suas novas empresas como resultado de seus esforços para aprender a fazer as coisas de um jeito melhor, os esforços antecipados para aprender geralmente colocam as empresas em uma vantagem relativa sobre seus concorrentes. Ao fazer algo com mais freqüência do que os outros, um empreendedor pode melhorar seu desempenho em uma atividade em comparação com eles, o que dá ao empreendedor uma vantagem sobre os competidores. Empreendedores de sucesso sabem que mesmo que a propriedade intelectual básica de seus produtos ou serviços seja totalmente imitada por outras empresas, ser a primeira empresa a servir um mercado oferece uma vantagem que protege os produtos e serviços contra a concorrência.

Pesquisas mostram que ser o pioneiro pode proteger um produto ou serviço de um empreendedor contra imitação sob determinadas condições. Primeiro, quando um negócio dispõe de recursos escassos, um empreendedor pode proteger sua propriedade intelectual obtendo o controle dos recursos escassos antes que outros o façam[27]. Por exemplo, determinados locais são melhores para perfuração de petróleo do que outros. Os primeiros empreendedores do setor de petróleo não puderam ser imitados pelas empresas posteriores, embora elas pudessem imitar perfeitamente a tecnologia de perfuração de petróleo dos empreendedores iniciais. Como? Comprando as terras em que o petróleo estava perto da superfície, os pioneiros puderam ter uma produção muito maior do que os que vieram depois.

Embora a compra das terras em que o petróleo estava perto da superfície seja uma boa maneira de conquistar a vantagem do pioneirismo na produção de petróleo, os empreendedores não têm de obter controle sobre recursos físicos escassos, como terras, para usar esse tipo de vantagem. Os empreendedores também podem obter controle sobre recursos intangíveis. Por exemplo, se houver um número limitado de bons fornecedores de um produto, o empreendedor pode explorar uma vantagem de pioneirismo assinando contratos com os melhores fornecedores e deixando os fornecedores inferiores para os imitadores[28].

Segundo, ser um pioneiro oferece ao empreendedor uma vantagem quando os produtos se tornam mais valiosos conforme aumenta o número de pessoas que os usa (pense no eBay). Você se lembra que, no Capítulo 10, explicamos que as pessoas se apressam em ser pioneiras quando os negócios têm externalidades de rede ou quando seu valor aumenta conforme mais pessoas os usam? Como esses tipos de negócios têm *feedback* positivo, qualquer tipo de entrega antecipada para a obtenção de clientes trabalha em favor do em-

---
[27]Lieberman, M.; Montgomery, C. First mover advantages. *Strategic Management Journal*, 9: 41-58, 1988.
[28]Sandberg, K. Rethinking the first mover advantage. *Harvard Management Update*, 6(5): 1-4, 2001.

preendedor e contra qualquer tipo de imitador²⁹. As pessoas tendem a usar o eBay como um site de leilões on-line porque ele é o mais popular. Como resultado, elas naturalmente procuram primeiro no eBay quando estão interessadas em leilões on-line, o que facilita atrair a atenção para esse site em comparação a outros. Resumindo, quando os produtos se tornam mais valiosos conforme as pessoas os usam, um empreendedor obtém uma vantagem de pioneirismo, porque apresenta melhor desempenho do que o imitador conforme o volume aumenta. O primeiro a entrar no mercado tende a continuar sendo melhor do que qualquer outro.

Terceiro, sempre que os custos forem altos para que os clientes troquem de um produto para outro, os pioneiros têm uma vantagem. Um bom exemplo é o teclado de computador em idioma inglês. Dê uma olhada no teclado de seu computador. O formato QWERTY (denominado assim por causa das seis primeiras letras da primeira fila de letras) é o formato original e nunca foi substituído, embora estudos tenham mostrado que outros modelos de teclado permitem digitação mais rápida e precisa. Por que esse design permaneceu dominante, mesmo não tendo o melhor desempenho? Porque o custo para que as pessoas troquem para um novo teclado é muito alto; elas precisariam treinar para digitar em um novo teclado, garantir que todos os computadores que usam tenham tal teclado, assegurar-se de que os fabricantes de computadores produzam o novo teclado etc. Os custos da mudança para um teclado melhor não valeriam a pena para uma única empresa, então todos ainda usam o primeiro e não o melhor design de teclado³⁰.

Quarto, qualquer pessoa tende a ficar feliz com o *status quo*, ser o pioneiro oferece uma vantagem. Conforme explicado no Capítulo 9, as pessoas freqüentemente ficam satisfeitas com o *status quo* e tendem a adotar novos produtos apenas se o produto novo for *muito melhor* do que o antigo. Se um empreendedor for o pioneiro, qualquer imitador precisa inventar produtos alternativos *muito melhores* que o produto inicial do empreendedor em alguma dimensão com a qual o cliente se preocupa (qualidade, recursos, durabilidade, entre outros) para poder concorrer com ele. De outra maneira, os clientes não mudarão para o novo produto. Ser o primeiro força qualquer imitador a oferecer um produto melhor para atrair clientes, mas apresentar uma alternativa significativamente melhor é algo difícil de ser realizado³¹.

Quinto, ser um pioneiro é uma vantagem sempre que a reputação for importante. Você se lembra do nome da segunda pessoa que pisou na lua? Não? É porque as pessoas tendem a se lembrar da primeira vez que algo aconteceu, e não da segunda³². Isso também vale para novos produtos, assim como para pessoas que pisaram na lua. O primeiro produto de um mercado tende a deixar uma impressão mais duradoura nos clientes, oferecendo uma vantagem para a empresa que o produz³³. Como resultado, as últimas empresas que forem para o segmento têm de investir mais pesado em anúncios do que o pioneiro para obter o mesmo reconhecimento do produto³⁴. Além disso, o primeiro produto de um mer-

---

²⁹Shapiro, C.; Varian, H. The art of standard wars. *California Management Review*, inverno: 8-32, 1999.
³⁰David, P. Clio and the economics of QWERTY. *American Economic Review*, 75: 332-337, 1985.
³¹Shankar, V.; Carpenter, G.; Krishnamurthi, L. Late mover advantages: How innovative late entrants outsell pioneers. *Journal of Marketing Research*, 35: 54-70, 1998.
³²Sandberg, K. Rethinking the first mover advantage. *Harvard Management Update*, 6(5): 1-4, 2001.
³³Boulding, W.; Christen, M. First mover disadvantage. *Harvard Business Review*, Out.: 20: 21, 2001.
³⁴Kerin, R.; Varadarajan, P.; Peterson, R. First mover advantage: A synthesis, conceptual framework, and research propositions. *Journal of Marketing*, 56: 33-52, 1992.

cado freqüentemente se torna o padrão com o qual os clientes comparam todos os outros, dando ao pioneiro a vantagem de ser a opção-padrão[35]. Por exemplo, estudos mostraram que a maioria dos clientes trata a Amazon.com como a opção-padrão para compras de livros on-line, e só mudam para outras livrarias on-line quando a Amazon.com não atende às suas necessidades[36].

Sexto, os empreendedores se beneficiam de uma vantagem de pioneirismo sempre que a curva de aprendizagem da produção de um produto ou serviço for proprietária. Você se lembra do Capítulo 2, quando discutimos a curva de aprendizagem? Mostramos que quanto mais vezes alguém faz alguma coisa, melhor o faz. Esse modelo significa que um pioneiro pode obter uma vantagem significativa sobre os seguidores contanto que aquilo que aprendem possa ser ocultado dos concorrentes. Se o conhecimento puder ser ocultado dos concorrentes, o pioneiro pode desenvolver vantagens de custo significativo aprendendo como fazer as coisas de um modo melhor, tais como produzir ou comercializar produtos com mais eficiência (ver a Figura 11.2)[37]. Tome como exemplo a Amazon.com. Todos os dias a Amazon.com aprende mais sobre como reunir e armazenar informações sobre seus clientes, isso permite que ela lhes ofereça serviços melhores. Esse empenho em aprender sobre

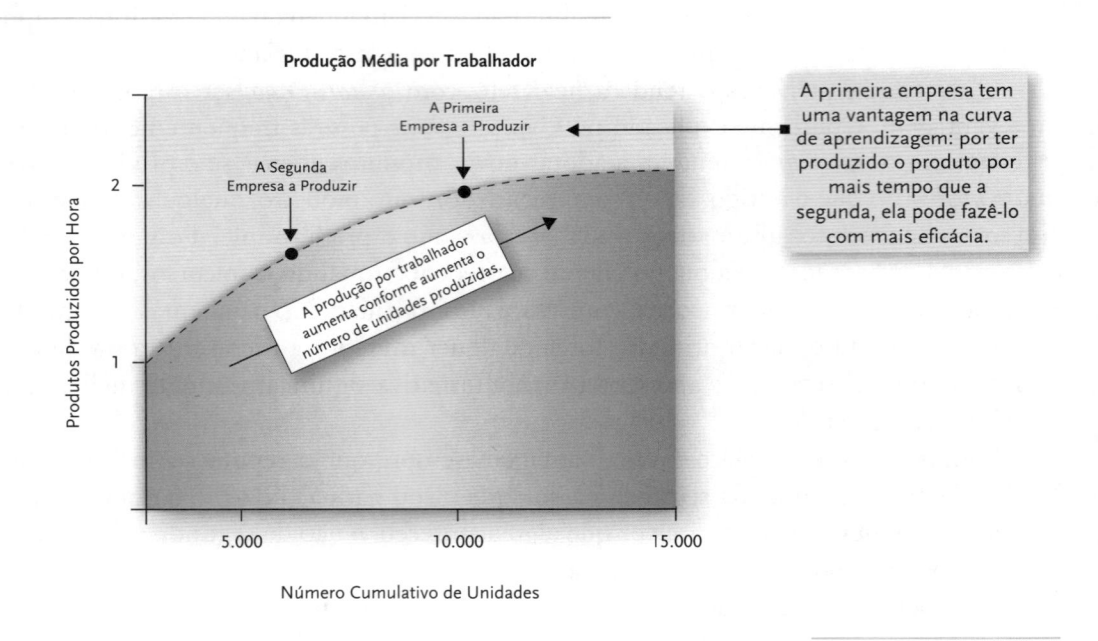

Figura As Curvas de Aprendizagem Oferecem um Método Importante de Proteção de Propriedade Intelectual dos Empreendedores
Movendo-se na curva de aprendizagem, os empreendedores protegem sua propriedade intelectual, produzindo seus produtos ou serviços com mais eficiência que seus concorrentes.

---

[35]Mellahi, M.; Johnson, M. Does it pay to be a first mover in e.commerce? *Management Decision*, 38(7): 445-452, 2000.
[36]Idem.
[37]Lieberman, M.; Montgomery, C. First mover advantages. *Strategic Management Journal*, 9: 41-58, 1988.

os clientes faz que a Amazon ofereça melhores serviços por um custo inferior ao dos outros varejistas on-line[38].

Por favor, tenha cuidado aqui. Ser o pioneiro não é sempre a melhor abordagem para proteger sua propriedade intelectual. Quando as seis condições mencionadas não existirem, ser o primeiro não é uma vantagem; pode ser um problema. Como muitos empreendedores aprenderam com dificuldade, ser o primeiro algumas vezes mostra a outras pessoas o que fazer para imitar suas idéias em vez de oferecer proteção de sua propriedade intelectual. Portanto, anote sob que condições ser o pioneiro é uma boa idéia. Fomos muito cuidadosos ao apontar esses itens para evitar que você cometa o erro de ser o primeiro quando isso não for uma boa idéia.

Recursos Complementares

Mesmo que a história do pioneirismo possa parecer boa, nem sempre é tão interessante para um empreendedor focar a introdução de um novo produto ou serviço. Novas empresas que colocam novos produtos ou serviços no mercado nem sempre lucram com essa ação. Em muitos casos, empresas estabelecidas imitam os produtos novos introduzidos pelas empresas pioneiras e capturam lucros da venda desses produtos.

Por que as novas empresas nem sempre lucram com a introdução de novos produtos ou serviços? David Teece, professor de estratégia de negócios na Haas School of Business, na University of California, em Berkeley, explica que a capacidade de novas empresas lucrarem a partir da introdução de novos produtos depende de sua habilidade de proteção de sua propriedade intelectual. De acordo com Teece, três fatores determinam se uma empresa nova terá lucros com a introdução de um novo produto: a capacidade de assegurar uma patente forte, a presença ou a ausência de um projeto dominante no setor e a presença de recursos complementares de marketing e de distribuição[39].

A decisão acerca do que fazer sobre a inovação é muito simples se um empreendedor puder assegurar uma patente forte para sua propriedade intelectual. Se a proteção de patente for forte, o empreendedor provavelmente captará os lucros do desenvolvimento de um novo produto. A patente forte impede que outras empresas imitem o produto da nova empresa[40].

Mas e nas situações em que o empreendedor não pode obter uma patente forte porque as patentes tendem a ser enfraquecidas no setor em que opera ou porque as reivindicações de sua patente não protegem muito? Nesse caso, é importante saber se o setor se converteu para um projeto dominante. Você se lembra do Capítulo 9, quando explicamos que um projeto dominante é uma abordagem comum ou padrão para fabricar um produto sobre o qual as empresas de um setor concordaram? Em setores que se converteram para um projeto dominante, as empresas que controlam os recursos complementares são as que lucram com a introdução do novo produto[41].

---

[38] Mellahi, M.; Johnson, M. Does it pay to be a first mover in e.commerce? *Management Decision*, 38(7): 445-452, 2000.
[39] Teece, D. Profiting from technological innovation: Implications for integration, collaboration, licensing and public policy. In: Teeca, D. (ed.). *The competitive challenge*. Cambridge, MA: Ballinger Publishing.
[40] Idem.
[41] Idem.

Conforme explicado no Capítulo 2, os recursos complementares devem ser usados com uma inovação para oferecer aos clientes um novo produto ou serviço, normalmente incluindo equipamento de fabricação e instalações de comercialização e distribuição. Por exemplo, no setor automotivo, o motor de combustão interna é um projeto dominante. Os principais fabricantes de automóveis, empresas como a Ford, a General Motors e a DaimlerChrysler, controlam as fábricas e as revendedoras de automóveis onde os carros são vendidos. Como resultado, os empreendedores que desenvolvem novos projetos de carros não se dão muito bem. Não importa o quão inovadores sejam, o fato de as patentes serem fracas no setor automobilístico significa que as principais empresas de automóveis podem imitar o que os empreendedores fazem. Feito isso, elas podem usar suas vantagens de fabricação e de comercialização para retirar os empreendedores da atividade.

Isso acontece porque quando há um projeto dominante, os novos produtos devem obedecer a uma forma-padrão que segue esse projeto. (Você se lembra da discussão do Capítulo 9?) Se empresas estabelecidas conseguem imitar o novo produto do empreendedor e se já controlam as instalações de comercialização e fabricação, é muito fácil para elas explorarem o mesmo produto que o empreendedor, de maneira mais barata e tendo as vantagens de seus ativos complementares.

A única maneira de um empreendedor concorrer nessas circunstâncias é construir rapidamente seus próprios recursos complementares. Mas em setores como o automotivo, em que as fábricas custam centenas de milhões de dólares e milhares de revendedores estão espalhados pelo país, é quase impossível fazer isso.

Qual é a mensagem aqui? Algumas vezes, é melhor controlar os recursos complementares do que ser inovador. Os empreendedores precisam saber disso porque tendem a não se sair bem quando o controle de recursos complementares é a chave para o sucesso em um setor. Além disso, se tentarem concorrer em um setor em que o controle de recursos complementares é a chave para o sucesso, precisam saber que devem focar o desenvolvimento daqueles recursos. Para ajudar a entender melhor, a Tabela 11.3 resume as condições em que os empreendedores serão mais bem-sucedidos se focarem a obtenção do controle sobre os recursos complementares e as condições em que serão mais bem-sucedidos se forem inovadores.

Tabela 11.3 Escolha entre Controle de Recursos Complementares e Ser Inovador
Sob determinadas condições, é melhor que os empreendedores invistam seus recursos em inovações do que no controle dos recursos complementares; sob outras condições o contrário é mais aconselhável.

RECURSOS COMPLEMENTARES SÃO MAIS IMPORTANTES...	SER INOVADOR É MAIS IMPORTANTE...
Quando as patentes não forem eficazes	Quando as patentes forem eficazes
Quando já existir um projeto dominante no setor	Antes de existir um projeto dominante no setor
Quando as curvas de aprendizagem forem superficiais ou quando não forem proprietárias	Quando as curvas de aprendizagem forem profundas ou proprietárias
Quando o conhecimento for codificado	Quando o conhecimento for tácito
Quando os produtos puderem ser observados em uso e forem fáceis de se imitar	Quando os produtos não puderem ser observados em uso e forem difíceis de se imitar

Resumo e Revisão dos Pontos-Chave

- As novas empresas são melhores do que as já estabelecidas no desenvolvimento de produtos, porque não têm estrutura burocrática, podem oferecer melhores incentivos para os funcionários e têm maior flexibilidade.
- Em setores em que as empresas estabelecidas são melhores que as novas no desenvolvimento de produtos, os empreendedores têm poucas chances de ser bem-sucedidos, porque as empresas estabelecidas são melhores que as novas empresas na comercialização e na fabricação.
- As novas empresas geralmente não lucram com o desenvolvimento de produtos e serviços novos, porque sua propriedade intelectual é fácil, barata e não leva muito tempo para ser imitada.
- As empresas estabelecidas podem imitar a propriedade intelectual dos empreendedores por meio de engenharia reversa dos produtos dos empreendedores, contratando ex-funcionários e fornecedores, tendo conversas informais com essas pessoas e conduzindo o desenvolvimento de seu próprio produto.
- As formas jurídicas de proteção de propriedade intelectual incluem patentes, segredos comerciais, marcas registradas e direitos autorais.
- Uma patente é um direito legal garantido pelo governo para impedir que outros façam uso da mesma invenção em troca da divulgação do funcionamento da invenção.
- Para obter uma patente, um inventor deve mostrar que a invenção funciona, é nova, não é óbvia para uma pessoa formada na área e é útil. Um processo, uma máquina, uma fórmula química, um projeto, uma planta, um componente de software ou um modelo de negócio podem ser patenteados, mas uma idéia de negócio não pode.
- As patentes oferecem várias vantagens, até mesmo o monopólio do uso da invenção por 20 anos; entretanto, elas também têm muitas desvantagens, inclusive o fato de que nem sempre são eficazes, exigem divulgação e podem ser contornadas.
- Segredo comercial é um conhecimento que confere uma vantagem e é mantido oculto. Os segredos comerciais têm a vantagem de oferecer um meio de proteger o conhecimento tácito sem a divulgação, mas também têm a desvantagem de exigir que o empreendedor mantenha o conhecimento oculto; não confere direitos de monopólio e exige evidências de que tal conhecimento oferece uma vantagem competitiva.
- Marca registrada é uma palavra, frase, projeto ou símbolo original que distingue as mercadorias e serviços de uma empresa dos de outra. Ela pertence à primeira empresa que a registrar ou fizer uso dela.
- Direitos autorais são uma forma de proteção de propriedade intelectual para trabalhos originais de autoria em uma ampla variedade de formas. Eles duram da criação do trabalho até 100 anos depois da morte do autor.
- As formas não-jurídicas de proteção de propriedade intelectual incluem as vantagens do pioneirismo e os recursos complementares.
- Vantagem do pioneirismo é qualquer tipo de benefício que uma empresa obtém por ser a primeira a oferecer um produto ou serviço em um mercado. As vantagens do pioneirismo são particularmente úteis quando os principais recursos são escassos; quando os produtos se tornam mais valiosos conforme mais pessoas os usam; quando os custos de troca são altos para os clientes; quando os imitadores precisam oferecer mais qualidade do que os pioneiros para atrair clientes; quando as curvas de aprendizagem são proprietárias; e quando a construção de uma reputação é importante para a atração de clientes.
- Os recursos complementares são, por exemplo, de marketing e de fabricação, que são usados com um novo produto ou serviço inovador. Quando as patentes não são muito eficazes e um setor adotou um projeto dominante, o controle de recursos complementares é importante para colher as recompensas da inovação.

Questões para Discussão

1. Suponha que você esteja fundando uma nova empresa para produzir uma inovadora forma de bisturi cirúrgico. Grandes empresas, como a Johnson & Johnson, também tiveram a mesma idéia. Qual empresa desenvolveria melhor o produto, a sua ou a Johnson & Johnson? Explique por quê.
2. Presuma que você tenha desenvolvido um bisturi cirúrgico. Será fácil ou difícil para a Johnson & Johnson imitar seu novo produto? O que eles podem fazer para imitá-lo? O que você pode fazer para impedi-los?
3. Pense em cinco invenções que poderiam ser patenteadas. Você deveria patenteá-las? Quais são as vantagens e as desvantagens de patentear cada uma delas?
4. Imagine que você esteja encarregado do sistema de reservas por computador da American Airlines. Uma empresa iniciante com base em capital de risco que está criando um sistema de reservas aéreas on-line quer contratar você como executivo da área de tecnologia por causa da sua experiência com o sistema de reservas da American Airlines. Sob que condições você poderia aceitar o trabalho?
5. Suponha que você seja o primeiro empreendedor a desenvolver um sistema de encontros on-line. Ser um pioneiro seria uma vantagem nesse negócio? Explique por quê.

ARREGAÇANDO AS MANGAS

Você Pode Obter uma Patente?
Este capítulo explicou por que as patentes são uma forma jurídica importante de proteção de propriedade intelectual que os empreendedores usam para evitar que seus produtos ou serviços sejam imitados por concorrentes. Embora muitos empreendedores *digam* que conseguirão uma patente, obtê-la é muito mais difícil do que dizer que conseguirá uma. Este exercício foi feito para ajudá-lo a determinar se pode realmente obter uma patente para proteger o produto ou serviço de seu novo empreendimento. Siga estas etapas para avaliar se seu novo empreendimento pode obter uma patente.

Primeira Etapa: Explique por que seu produto ou serviço é patenteável. Declare explicitamente por que seu produto ou serviço envolve uma invenção que é nova, valiosa e não óbvia.
Segunda Etapa: Entre em <http://www.uspto.gov> e faça uma pesquisa sobre as patentes existentes. Procure pelo título de seu produto ou serviço e pelas reivindicações de sua invenção. Seu produto ou serviço já foi inventado? Se a resposta for sim, pare e explique por que você não pode obter uma patente. Se a resposta for não, vá para a terceira etapa.
Terceira Etapa: Examine as reivindicações das patentes existentes. Elas são amplas ou restritas? Com base nas reivindicações existentes de patentes anteriores, especifique o que a sua invenção reivindicará. Essa reivindicação é suficiente para proteger seu produto ou serviço contra imitações? Explique por quê.

Obtendo uma Marca Registrada

Este capítulo explicou que os empreendedores freqüentemente obtêm marcas registradas para seus novos negócios. Este exercício foi feito para ajudá-lo a identificar uma marca registrada como meio de proteção da propriedade intelectual de seu novo negócio. Siga estas etapas:

Primeira Etapa: Identifique uma palavra, frase, símbolo ou projeto que você tentará usar como marca registrada.

Segunda Etapa: Entre em <http://www.uspto.gov> e faça uma pesquisa sobre as marcas registradas existentes. A palavra, frase, símbolo ou projeto selecionado já é uma marca registrada? Caso seja, selecione outra. Caso não seja, explique as etapas que você seguirá para obter uma marca registrada para ela.

Terceira Etapa: Explique como seu novo empreendimento será beneficiado com a marca registrada. Quais aspectos de sua propriedade intelectual a marca registrada protegerá? Como você tornará a marca registrada valiosa?

Avaliando as Formas Não-Jurídicas de Proteção de Propriedade Intelectual

Este capítulo mostrou que os empreendedores nem sempre podem usar formas jurídicas de proteção da propriedade intelectual para impedir que outros imitem seus produtos e serviços. Ao contrário, será solicitado que você desenvolva um plano para uso de mecanismos não-jurídicos para evitar que as empresas imitem seu novo produto ou serviço. Siga estas etapas:

Primeira Etapa: Identifique qualquer tipo de forma não-jurídica de proteção de propriedade intelectual que seu novo empreendimento usará para evitar que outras empresas imitem sua propriedade intelectual. Seu empreendimento obterá uma vantagem de pioneirismo? Seu empreendimento terá tempo de vantagem? Terá uma vantagem sobre a curva de aprendizagem? Controlará os recursos complementares na fabricação e distribuição?

Segunda Etapa: Explique por que as formas não-jurídicas de proteção de propriedade intelectual que planeja usar realmente protegem a sua propriedade intelectual. Por exemplo, se sua empresa terá uma vantagem de pioneirismo, explique por que ser um pioneiro é uma vantagem em sua atividade. A atividade tem retornos crescentes? Há fornecimento limitado? Existe altos custos de troca? A reputação é importante? A curva de aprendizagem é proprietária? As pessoas procuram *status quo*? Lembre-se de fornecer evidências como base para seus argumentos.

PARTE IV

Operando a Empresa:
Construindo um Sucesso Duradouro

CAPÍTULO 12
Habilidades Essenciais para os Empreendedores: Aperfeiçoando a Competência Social, Criando Confiança, Administrando Conflitos, Exercendo Influência e Lidando com o Estresse

CAPÍTULO 13
Construindo os Recursos Humanos do Novo Empreendimento: Recrutando, Motivando e Retendo Funcionários Realizadores

Assim que um novo empreendimento é lançado, seus fundadores defrontam-se com um complexo conjunto de situações. Em vez de lidar somente com idéias e planos, eles precisam operar uma empresa em funcionamento. Isso envolve se relacionar com uma ampla gama de pessoas tanto dentro como fora do novo empreendimento. Fazer isso requer que os empresários possuam – ou rapidamente desenvolvam – várias habilidades essenciais: competência social (habilidade de conviver bem com os outros), habilidade de aumentar a confiança e a cooperação e de "desarmar" conflitos, habilidade de exercer influência sobre os outros e habilidade de administrar seu próprio estresse. Empreendimentos em desenvolvimento exigem uma quantidade sempre crescente de mão-de-obra, por isso os empresários devem ser capazes de recrutar, motivar e reter empregados de alta qualidade. Em outras palavras, precisam aprender a atuar como gerentes eficazes, pelo menos até certo ponto, e, como os capítulos desta seção destacam, desempenhar com êxito essa tarefa é crucial para o sucesso continuado do novo empreendimento.

12

Habilidades Essenciais para os Empreendedores:

Aperfeiçoando a Competência Social, Criando Confiança, Administrando Conflitos, Exercendo Influência e Lidando com o Estresse

OBJETIVOS DE APRENDIZADO

Após ler este capítulo, você deve ser capaz de:

1. Descrever diversas habilidades sociais e explicar de que forma a competência social (que é composta por essas habilidades) pode influenciar o sucesso dos empreendedores.
2. Descrever a diferença entre confiança com base em cálculo e confiança com base em identificação, e explicar seu papel no desenvolvimento de relacionamentos de trabalho cooperativos.
3. Definir conflitos e descrever suas principais causas.
4. Explicar de que forma os empreendedores podem administrar conflitos, especialmente os de causas afetivas.
5. Descrever as técnicas de que os indivíduos mais se utilizam para influenciar os outros no ambiente de trabalho.
6. Descrever as técnicas de que as pessoas se utilizam para obter acatamento – para fazer que os outros concordem com os pedidos que fazem – e os princípios básicos nos quais elas se apóiam.
7. Definir estresse e suas causas principais.
8. Descrever os efeitos adversos do estresse e explicar diversas técnicas de que os empresários podem se utilizar para reduzir o nível de estresse que experimentam.

> "Maravilhosa é a força que pode ser exercida, quase que inconscientemente, sobre uma empresa, um indivíduo ou mesmo sobre uma multidão, por uma pessoa dotada de bom temperamento, boa digestão, um bom intelecto e de boa aparência." (Anthony Trollope, 1863)

Cerca de 10 anos atrás, eu (Robert Baron) registrei duas patentes para o novo produto descrito neste livro (Capítulo 1) – um aparelho de mesa que combinava filtragem de ar com outras funções (como controle de ruídos). Pelo fato de eu ter experiência limitada em fabricação, decidi que a melhor forma de entrar no mercado seria licenciar minhas patentes para uma empresa estabelecida. Eu contatei diversas empresas que me pareceram apropriadas para serem potenciais sócios no empreendimento, e logo fui convidado a visitar diversas delas. Como estava com sorte, a terceira empresa que visitei licenciou ambas as patentes. Os acontecimentos desse dia ficaram gravados indelevelmente em minha memória.

Quando meu sócio Fred e eu chegamos, esperamos cerca de 30 minutos, então fomos conduzidos a uma sala em que os altos executivos da empresa já estavam presentes: o presidente, o diretor-presidente (CEO), o diretor de operações (COO), o vice-presidente de engenharia e o vice-presidente de marketing. Após breves apresentações, o diretor-presidente virou-se para mim e disse: "Professor, mostre-nos o que o senhor tem". Eu, então, fiz uma apresentação durante a qual descrevi os benefícios de minha invenção e demonstrei suas principais características. Estava entusiasmado? Totalmente! Fui poético? Não sei; mas bem que tentei! Quando terminei, o presidente levantou-se e anunciou: "Certo, obrigado. Agora nós iremos deixar a sala, mas retornaremos em alguns minutos". Ele e os outros executivos saíram, meu sócio e eu ficamos a imaginar o que estava acontecendo. Não esperamos muito, menos de 10 minutos depois eles retornaram. Quando o presidente levantou a mão e sorriu, percebi que as coisas tinham dado certo. "Professor", disse ele, "nós certamente queremos seu produto. Eu vou deixar vocês discutirem os detalhes com Neville e com Stan" (respectivamente o vice-presidente de engenharia e o diretor de operações).

Nos meses que se seguiram, tive a oportunidade de conhecer melhor o presidente da empresa, e em uma ocasião lhe perguntei como havia tomado a decisão com tanta rapidez. Sua resposta foi reveladora: "Seu protótipo era bom, e nós havíamos concordado antes de sua vinda que você tinha conseguido algo de novo que casava com um de nossos produtos. Porém, a forma como se colocou durante aquela reunião foi o que mais pesou para mim. Logo em seguida, pude afirmar que você conhecia muito bem o produto e sua tecnologia. Mais importante, pude ver que é uma pessoa de muita energia e que gosta de ver as coisas terminadas. Então concluí: 'É, eu posso trabalhar com esse camarada. Ele é um homem de palavra'. Você pode apostar que *jamais* faria negócio com alguém em quem eu não acreditasse ou que não conseguisse me deixar entusiasmado".

Eu aprendi muitas coisas com essa experiência, mas talvez a mais importante seja esta: o sucesso envolve muito mais do que conhecimento técnico, experiência no negócio e trabalho árduo. Em muitos casos, também requer habilidades pessoais que permitem aos indivíduos relacionarem-se com os outros de forma eficaz. Em certo sentido, isso é o que a mensagem de abertura sugere: ser capaz de entender-se bem com os outros é uma qualidade de grande valor. De nosso ponto de vista, isso é essencial para os empreendedores. Pense por um momento sobre o que os fundadores de novos empreendimentos efetivamente fazem. Primeiro, e antes de mais nada, é necessário entender-se bem uns com os outros – ser capazes de trabalhar juntos de forma cooperativa sem experimentarem nenhum tipo de raiva ou de conflitos emocionais que podem destruir o melhor dos relacionamentos de trabalho. Além disso, precisam interagir com muitas pessoas – capitalistas de risco, clientes em potencial, fornecedores e empregados em perspectiva, para relacionar somente alguns. Precisam ser capazes de persuadir ou influenciar essas pessoas (por exemplo, fazer que compartilhem pontos de vista ou que digam "sim" a vários pedidos) para desenvolver confiança e relações cooperativas de trabalho e para administrar conflitos. Se os empreendedores não forem capazes de executar essas tarefas de forma efetiva, as chances de que seu novo empreendimento seja bem-sucedido podem ir por água abaixo.

Em resumo, para conduzir um novo empreendimento de forma satisfatória, os empreendedores precisam contar com uma ampla variedade de habilidades, as quais, em conjunto, contribuem com o que tem sido denominado **capital social** de suas organizações – um importante recurso ou ativo que resulta de estreitas relações entre os indivíduos em uma organização ou outras estruturas sociais, relacionamentos caracterizados pela apreciação recíproca, mútuo respeito e identificação estreita com os outros e com a organização[1]. Neste capítulo, focalizaremos muitas das mais importantes habilidades que contribuem para o desenvolvimento de um alto nível de capital social em novos empreendimentos – e, assim, dotá-los de uma vantagem competitiva sustentável[2]. Isso inclui todas as habilidades mencionadas anteriormente: habilidade de entender-se bem com os outros (conhecida como *competência social*[3]), de desenvolver relações de trabalho cooperativas (aquelas que se fundamentam na confiança mútua) e de administrar conflitos e a capacidade de influenciar os outros – para persuadi-los ou induzi-los a dizer "sim" a vários pedidos. Pelo fato de os empreendedores serem o recurso mais valioso em seus novos empreendimentos, consideraremos um tópico adicional: a administração do estresse[4]. É comum um alto nível de estresse em novos empreendimentos, e a menos que seja administrado de forma efetiva, pode colocar em risco a saúde e o bem-estar do grupo de fundadores. Assim, aprender a lidar com o estresse e reduzir seus efeitos prejudiciais é outra habilidade valiosa para os empreendedores; habilidade com efeitos benéficos não somente para si mesmo mas também para a família, os amigos e entes queridos que se preocupam com eles e desejam que realizem seus sonhos.

---

[1] Nahapiet, J.; Ghoshal, S. Social capital, intellectual capital, and the organizational advantage. *Academy of Management Review*, 23: 242-266, 1998.
[2] Erikson, T. Entrepreneurial capital: The emerging venture's most important asset and competitive advantage. *Journal of Business Venturing*, 17: 275-290, 2002.
[3] Baron, R. A. Psychological perspectives on entrepreneurship: Cognitive and social factors in entrepreneurs' success. *Current Directions in Psychological Science*, 9: 15-18, 2000.
[4] Frese, M. Stress at work and psychosomatic complaints: A causal interpretation. *Journal of Applied Psychology*, 70: 314-328, 1985.

Convivendo bem com os outros: construindo competência social

Imagine a seguinte situação: um homem, em uma entrevista de emprego, ao ser indagado sobre sua experiência, diz: "Se tenho experiência? Você está brincado! Eu tive 12 empregos somente este ano!" Você acha que o candidato vai conseguir o emprego? É quase certo que não. Por quê? Em parte porque ele está se apresentando de uma forma muito desfavorável – uma forma que pode convencer o entrevistador de que ele não é uma boa escolha como novo empregado. Assim, desperdiçará essa oportunidade potencial em conseqüência das más habilidades sociais – inabilidade em se relacionar bem com outros. Como observaremos, as habilidades sociais influenciam os resultados que as pessoas obtêm em uma ampla gama de situações de trabalho, de forma que essas habilidades são claramente importantes. Antes de descrever os efeitos, vamos olhar mais de perto o que essas habilidades envolvem. Depois examinaremos seus impactos nos esforços dos empreendedores para tocar novos empreendimentos de sucesso.

A Natureza das Habilidades Sociais

Em resumo, o termo **habilidades sociais** refere-se a um conjunto de competências (habilidades isoladas) que permite aos indivíduos interagir uns com os outros[5]. Pesquisas sobre elas indicam que existem muitas habilidades diferentes e que todas são potencialmente úteis para a interação entre indivíduos. Entretanto, algumas são mais relevantes do que outras nas atividades desempenhadas pelos empreendedores. (São mais úteis em contextos exclusivamente sociais do que em contextos empresariais.) Estudos identificaram cinco habilidades sociais que podem ser úteis aos empreendedores[6].

- *Percepção social.* Exatidão ao compreender os outros, incluindo a compreensão correta de seus motivos, características e intenções. Em outras palavras, isso se refere à habilidade de "interpretar" os outros corretamente.
- *Expressividade.* Habilidade de expressar suas próprias reações e emoções de forma que elas possam ser prontamente percebidas pelos outros. Isso é muito útil para gerar entusiasmo nas pessoas.
- *Administração da imagem.* Proficiência no uso de técnicas para induzir reações positivas nos outros quando os encontramos pela primeira vez – para causar uma boa primeira impressão.
- *Persuasão e influência.* Habilidade em utilizar várias técnicas para mudar atitudes ou comportamentos dos outros nas direções desejadas.
- *Adaptabilidade social.* Habilidade de adaptar-se a uma ampla variedade de situações sociais e de sentir-se confortável com indivíduos cujas vivências são diversas.

---

[5] Weber, A. L.; Harvey, J. H. (eds.). *Perspectives on close relationships.* Boston: Allyn & Bacon, 1994.
[6] Ver nota 1.

Porque essas habilidades estão geralmente co-relacionadas (isto é, as pessoas que têm uma delas desenvolvida possuem também as outras), são denominadas pela expressão resumida **competência social**. Em outras palavras, as pessoas que revelam várias habilidades sociais desenvolvidas são consideradas de alta competência social, enquanto outras, que apresentam habilidades pouco desenvolvidas, são consideradas de baixa competência social. Nós adotaremos essa terminologia na presente discussão.

O Impacto da Competência Social sobre os Empreendedores

Agora que descrevemos diversas habilidades sociais básicas, vamos retornar à relevância e possível utilidade disso para os empreendedores.

Percepção Social

Voltando à percepção social, pesquisas sugerem que esse aspecto da competência social é muito útil em vários contextos de negócios. Por exemplo, entrevistadores com percepção social desenvolvida têm desempenho melhor ao selecionar candidatos do que aqueles que não apresentam essa habilidade desenvolvida[7], e gerentes que são hábeis em "sentir" seus subordinados são mais capacitados para identificar as causas de baixo desempenho (por exemplo, falta de motivação, carência dos recursos necessários ou outras causas) do que aqueles que apresentam essa habilidade menos desenvolvida. A identificação precisa das causas de baixo desempenho é o primeiro passo para escolher ações corretivas eficazes[8].

Habilidade em percepção social é também relevante para as atividades que os empreendedores desempenham ao construir seus novos negócios. Por exemplo, considere o processo de negociação. Empreendedores envolvem-se freqüentemente nessa atividade, em especial durante os primeiros dias de existência de seus novos empreendimentos.[9] Eles precisam negociar com os sócios, com futuros empregados, com capitalistas de risco, fornecedores, clientes, entre outras pessoas. Conforme observamos no Capítulo 5, pesquisas sugerem que indivíduos que contam com uma percepção social desenvolvida acham mais fácil perceber quando seus oponentes estão sendo honestos e quando, ao contrário, estão distorcendo a verdade para sua própria vantagem. Pelo fato de que conhecer o ponto de equilíbrio do oponente desempenha um papel fundamental em negociações bem-sucedidas[10], parece possível que a proficiência em percepção social seja de importância maior para os empreendedores e possa contribuir de forma significativa para seu sucesso.

A percepção social é também relevante para outra importante tarefa desempenhada pelos empreendedores: escolher sócios e empregados-chave. Como observamos no Capítulo 5, os indivíduos tentam esconder seus verdadeiros motivos e intenções e esforçam-se para apresentar-se de forma favorável. A habilidade de contornar esse subterfúgio – de perceber os outros, perspicazmente, a despeito dos esforços para esconder tais informações – pode ser inestimável para os empreendedores quando escolhem seus sócios e contratam

---

[7] Eder, R. W.; Ferris, G. R. (eds.). *The employment interview*. Newsbury Park, CA: Sage, 1989.
[8] Heneman, R. L.; Greenberg, D. B.; Anonyuo, C. Attributions and exchanges: The effects of interpersonal factors on the diagnosis of employee performance. *Academy of Management Journal*, 32: 466-476, 1989.
[9] Carter, N. M.; Gartner, W. B.; Reynolds, P. D. Exploring start-up event sequences. *Journal of Business Venturing*, 11: 151-166, 1996.
[10] Thompson, L. *The mind and heart of the negotiator*. Upper Saddle River, NJ: Prentice-Hall, 1998.

empregados-chave. Em suma, estar apto a perceber os outros de forma perspicaz pode ser de considerável benefício para os empreendedores em todos esses contextos e pode dotá-los de uma importante vantagem competitiva.

Expressividade

As evidências disponíveis sugerem que as pessoas com grande habilidade para expressar suas emoções de forma aberta podem obter importantes vantagens. Por exemplo, médicos com alta expressividade são mais populares entre seus pacientes do que aqueles que são menos expressivos[11], e vendedores que apresentam alta expressividade são mais bem-sucedidos do que aqueles que são inexpressivos. Em um estudo conduzido com o pessoal de vendas da Toyota, aqueles que apresentaram alta expressividade venderam muito mais carros do que aqueles com baixa expressividade[12]. Para os empreendedores, a expressividade pode ser um importante meio de gerar entusiasmo nos outros – capitalistas de risco, possíveis clientes e empregados em potencial. De fato, os capitalistas de risco dizem que investem em pessoas que demonstram paixão quando apresentam seus planos de negócio. Assim, a expressividade pode ser uma importante vantagem em termos de construir uma empresa de sucesso.

Administração da Imagem

Uma terceira habilidade social, a administração da imagem projetada para outras pessoas, também tem sido considerada determinante de importantes vantagens para aqueles que a utilizam corretamente. As pessoas empregam muitas técnicas diferentes para causar impressões favoráveis nos outros – tudo, desde esforços para aprimorar a própria aparência e "imagem" mediante adulação e o oferecimento de presentes aos outros por ocasião dos encontros iniciais. Descobriu-se que habilidades relacionadas com a administração da imagem melhoram os resultados obtidos por candidatos a cargos (eles têm maiores probabilidades de conseguir o emprego)[13] e também melhoram os resultados obtidos pelos empregados nas avaliações anuais de desempenho[14]. A habilidade de administração da imagem pode, ainda, ser útil aos empreendedores em seus esforços para obter o capital necessário. Ao descrever como eles atuam para tomar a decisão de apoiar ou não um projeto em particular, os capitalistas de risco relatam que a forma com que os empreendedores se apresentam por ocasião dos encontros face a face e apresentações é um dos fatores que eles consideram – e ao qual atribuem considerável importância[15,16].

---

[11]Friedman, H. S.; Riggio, R. E.; Casella, D. F. Nonverbal skills, personal charisma, and initial attraction. *Personality and Social Psychology Bulletin*, 14: 203-211, 1988.

[12]Friedman, H. S. et al. Understanding and assessing nonverbal expressiveness: The affective communications test. *Journal of Personality and Social Psychology*, 39: 333-351, 1980.

[13]Stevens, C. K.; Kristof, A. L. Making the right impression: A field study of applicant impression management during job interviews. *Journal of Applied Psychology*, 80: 587-606, 1995.

[14]Giacalone, R. A.; Rosenfeld, P. *Impression management in the organization*. Hillsdale, NJ: Lawrence Erlbaum Assoicates, 1989.

[15]Hall, J.; Hofer, C. W. Venture capitalists' decision criteria in new venture evaluation. *Journal of Business Venturing*, 8: 25-42, 1993.

[16]Zacharakis, A. L.; Meyer, G. D. The venture capitalist decision: Understanding process versus outcome. In: Hornaday, J.; Tarpley, F.; Timmons, J.; Vesper, K. (eds.). *Frontiers of entrepreneurship research*. Wellsley, MA: Babson Center for Entrepreneurial Research, p. 115-123, 1995.

Influenciando os Outros

Habilidades em termos de influenciar ou persuadir os outros têm sido consideradas valiosas em muitos contextos de negócios. Pessoas de grande poder de persuasão geralmente alcançam maior sucesso em muitas ocupações – vendas, advocacia, medicina – do que pessoas com pouco dessa habilidade[17]. Novamente, esse é um aspecto da competência social que pode ser útil para os empreendedores em uma ampla gama de contextos – tudo, desde influenciar seus sócios até convencer empregados a se dedicar ainda mais ao trabalho.

Adaptabilidade Social

Você já conheceu alguém que se sente confortável em praticamente qualquer situação social? Em caso afirmativo, ele ou ela apresenta, provavelmente, alta adaptabilidade. Pessoas bem desenvolvidas nesse aspecto da competência social são capazes de conversar com qualquer um a respeito de qualquer coisa, de apresentar-se a estranhos com um mínimo de desconforto e de adaptar-se a uma ampla gama de situações sociais novas. Para elas, a palavra "timidez" é desconhecida, um conceito não-familiar, e elas podem encaixar-se sem problema em quase qualquer contexto social. Inúmeros resultados de pesquisas sugerem que pessoas com essa habilidade bem desenvolvida obtêm mais sucesso e promoções mais rápidas em muitos contextos diferentes do que pessoas menos dotadas dessas habilidades[18]; de fato, tem sido observado que professores com alta adaptabilidade recebem avaliações significativamente mais altas de suas classes do que professores com baixa adaptabilidade[19].

A adaptabilidade social pode ser útil para os empreendedores de diversas maneiras. Por exemplo, os empreendedores fazem muitos telefonemas impessoais para estranhos – consumidores em potencial e fornecedores, para mencionar apenas alguns. Talvez essas pessoas sejam absolutamente desconhecidas para o empreendedor e para sua empresa, mesmo assim, os empreendedores precisam aproximar-se delas para estabelecer uma relação de negócios. Um alto nível de adaptabilidade social pode ser muito benéfico aos empreendedores nesse contexto.

Em suma, ter uma alta competência social pode contribuir para o sucesso dos empreendedores de várias maneiras. As habilidades compreendidas na competência social podem ajudar os empreendedores a se relacionar com os outros e a desempenhar de forma bem-sucedida muitas atividades que fazem parte da construção de um empreendimento de sucesso. Devemos observar que essa conclusão está longe de ser mera especulação: descobertas recentes indicam que os empreendedores classificados pelas pessoas que os conhecem como tendo alta competência social são, na realidade, mais bem-sucedidos, em termos de rentabilidade de seus novos empreendimentos, do que empreendedores que apresentam menor nível nessa competência[20].

---

[17] Wayne, S. J.; Ferris, G. R. Influence tactics and exchange quality in supervisor-subordinate interactions: A laboratory experiment and field study. *Journal of Applied Psychology*, 75: 487-499, 1990.

[18] Kilduff, M.; Day, D. V. Do chameleons get ahead? The effects of self-monitoring on managerial careers. *Academy of Management Journal*, 37: 1047-1060, 1994.

[19] Baron, R. A.; Byrne, D. *Social psychology*. 10. ed. Boston: Allyn & Bacon, 2002.

[20] Baron, R. A.; Markman, G. D. Beyond social capital: The role of entrepreneurs' social competence in their financial success. *Journal of Business Venturing*, 18: 41-60, 2003.

Eis a parte mais encorajadora: a competência social não é algo solidificado, imutável. Tão verdadeiro como para todas as demais habilidades que iremos descrever neste capítulo, ela está aberta para modificações e aprimoramentos. Quase todo mundo pode melhorar suas habilidades sociais mediante algum treinamento. Programas especiais para desenvolver habilidades sociais existem há décadas. De fato, os famosos programas de Dale Carnegie enfocam, em grande parte, a construção das habilidades sociais aqui descritas. Muitos psicólogos e outros profissionais especializaram-se na ajuda às pessoas para incrementar suas habilidades sociais.

Embora a ajuda externa desse tipo seja muito útil, você pode, por si mesmo, melhorar suas habilidades sociais com o auxílio de amigos ou familiares que queiram transmitir para você suas verdadeiras impressões. Uma técnica útil é pedir a alguém para gravá-lo em vídeo enquanto interage com outras pessoas em diversos contextos. Quase todos ficam surpresos com o que vêem em tais gravações. Por exemplo, muitas pessoas ficam chocadas ao descobrir que elas não podem "ler" em profundidade as próprias expressões faciais. Elas acreditam que estão mostrando claramente seus sentimentos e emoções, mas de fato não o estão. De igual forma, observando as gravações de seu próprio comportamento, muitas pessoas ficam surpresas ao perceber o quão óbvios são seus esforços para controlar a impressão que causam nos outros ou seu poder de persuasão. Com um pouco de prática, a maioria das pessoas pode melhorar substancialmente esses e outros aspectos de sua própria competência social. É certo que quanto mais ajuda receber, melhor, mas o ponto-chave é: se tentar, você *pode* ter um desempenho melhor em relação a essas importantes habilidades pessoais. Em virtude dos benefícios que o aprimoramento da competência social pode proporcionar aos empreendedores e a seus novos empreendimentos, esse, sem dúvida, é um esforço muito bem aplicado. Conforme explicamos no Capítulo 6, as pessoas usualmente obtêm capital de outras com as quais elas têm algum tipo de vínculo social, e os empreendedores que possuem melhor competência social são melhores em criar tais vínculos.

TRABALHANDO EFICAZMENTE COM OUTRAS PESSOAS: CONSTRUINDO CONFIANÇA E ADMINISTRANDO CONFLITOS

No Capítulo 5, notamos que os mais novos empreendimentos começam não com um único empreendedor, mas com vários co-fundadores. Nós também notamos que, freqüentemente, há maior força nos números: equipes de pessoas talentosas e motivadas trabalhando em estreita colaboração podem realizar muito mais do que quem trabalha sozinho. Para que esses benefícios se concretizem, duas importantes condições precisam ser alcançadas: (1) As pessoas envolvidas precisam trabalhar juntas, cooperativamente – devem aplicar seus esforços e dirigir suas atividades para os mesmos objetivos – e (2) Os inevitáveis conflitos que surgem quando pessoas brilhantes e enérgicas trabalham juntas muitas horas por dia precisam ser administrados, de forma que não interfiram no trabalho em equipe e no nível de cooperação. Essas observações sugerem que, dentre as habilidades essenciais dos empreendedores desejosos de transformar seus novos empreendimentos em companhias de sucesso, encontram-se aquelas que estabelecem relações de trabalho íntimas e cooperativas com todos, bem como as habilidades relacionadas com a efetiva administração de conflitos. Tais habilidades auxiliam os empresários a construir o capital social de seus novos empreendimentos; descobertas recentes indicam que organizações com alto nível de capital social (por exemplo, aquelas com altos níveis de confiança, admiração recíproca e mútua identificação das pessoas que nela trabalham) são mais eficazes e bem-sucedidas do que aquelas com baixos níveis de capital social[21]. Vamos considerar esses tópicos nesta discussão.

Construindo Cooperação: O Papel Fundamental da Confiança

Se as pessoas podem realizar mais em trabalho conjunto do que separadamente, por que – você pode estar imaginando – a cooperação não é "o nome do jogo"? Por que, em outras palavras, a cooperação é menos comum do que poderiam sugerir as meras considerações práticas? A resposta envolve um fato simples: alguns objetivos não podem ser compartilhados. Considere duas empresas tentando fechar pedidos com um mesmo cliente potencial, ambas querem o mesmo resultado (o pedido!), mas elas não podem cooperar entre si para atingir esse objetivo. Ao contrário, elas têm de competir vigorosamente uma com a outra porque é uma situação em que "o vencedor leva tudo". Há muitos exemplos como esse em que a cooperação não pode ocorrer.

Em outros contextos, entretanto, a cooperação entre indivíduos ou entre organizações é possível. Se ela acontece, depende de uma série de fatores. Por exemplo, algumas pessoas são mais competitivas do que outras e irão cooperar (trabalhar juntas como parte do mesmo time) somente quando não houver alternativa. Em certas empresas, alguns sistemas de premiação (bonificação) incentivam a cooperação entre indivíduos (sistemas de premiação que distribuem às equipes aumentos ou bônus), enquanto em outras tal coordenação é desencorajada (sistemas que distribuem premiações com base no desempenho individual). Talvez o fator mais importante no desenvolvimento de relacionamentos cooperativos de trabalho seja a **confiança** – o grau de confiança de uma pessoa nas palavras e ações de outra.

Quando dizemos que uma pessoa confia em outra, isso implica que a primeira pessoa acredita que a segunda irá cumprir com o que disse ou com o que ficou de fazer e geralmente terá um comportamento previsível, que pode ser compreendido nos termos do relacionamento entre elas. Além disso, a primeira pessoa espera que a segunda não atue de forma prejudicial para ela ou para seus interesses e bem-estar.

Realmente, parece haver dois tipos distintos de confiança[22]. Um – conhecido como **confiança com base no cálculo** – é baseado na dissuasão. Quando esperamos que a outra pessoa se comporte da forma que prometeu, porque ela sabe que será punida se se comportar de outra maneira, estamos demonstrando uma confiança com base no cálculo. Por exemplo, se um cliente de um novo empreendimento acredita na palavra do empresário a respeito de quando o pedido será despachado, ele assim o faz pela confiança com base no cálculo. Tanto o cliente como o empresário sabem o que acontecerá caso o pedido atrase: o cliente poderá não comprar mais da nova empresa.

---

[21] Leana, C. R.; Van Buren, H. J. Organizational social capital and employment practices. *Academy of Management Review*, 24: 538-555, 1999.

[22] Lewicki, R. J.; Wiethoff, C. Trust, trust development, and trust repair. In: Deutsch, M.; Coleman, P. T. (eds.). *The handbook of conflict resolution*. San Francisco: Jossey-Bass, p. 86-107, 2000.

Um segundo tipo de confiança, ao contrário, se desenvolve nos relacionamentos em que as pessoas trabalham juntas há longo tempo e sentem que conhecem e compreendem os motivos e necessidades umas das outras. É conhecido como **confiança com base na identificação**; quando ela existe, as pessoas esperam que as outras se comportem conforme prometeram, não porque serão punidas se deixarem de fazê-lo, mas porque acreditam que as pessoas em quem confiam desejam o melhor para elas. Esse é o tipo de confiança que os empreendedores desejam que exista entre eles e seus co-fundadores, e entre eles e seus empregados-chave (ou talvez todos os seus funcionários). As vantagens da confiança com base na identificação são óbvias: quando há esse tipo de confiança, as pessoas podem depender umas das outras para fazer as coisas certas – o que significa que se pode confiar nelas para agirem de maneira benéfica para a empresa como um todo, não somente para elas próprias. A Figura 12.1 ilustra a diferença entre a confiança com base no cálculo e confiança com base na identificação.

Desnecessário acrescentar que descrever a confiança com base na identificação como uma meta é uma coisa; atingi-la é outra. Como os empreendedores podem construir essa confiança em suas relações de trabalho? Diversos passos são considerados úteis. Primeiro, é importante que você aja conforme o prometido. Por exemplo, caso prometa concluir alguma coisa em um prazo específico, deve tentar fazê-lo. Se falhar no cumprimento dos prazos de vez em quando, as pessoas não se incomodarão, mas se perder prazos regularmente, a confiança dessas pessoas em você diminuirá. Assim, manter consistência entre sua palavra e seus atos é um importante passo na construção da confiança. Por exemplo, caso um empresário prometa a um cliente que os pedidos serão despachados em momentos específicos, mas falhe em atingir tais metas, a confiança do cliente no empresário pode ficar abalada.

Segundo, respeite os procedimentos que foram combinados. Para que as pessoas acreditem em você, não basta fazer o que disse; além disso, você deve fazê-lo da maneira que elas esperam, da forma que você descreveu ou sugeriu. Por exemplo, suponha que uma empresária esteja tentando contratar um especialista em marketing. Ela promete a seus cofundadores que irá fazê-lo mediante uma série de entrevistas competitivas (descreveremos esse processo no Capítulo 13). Mas o que acontece, na realidade, é que ela encontra alguém em uma festa que é especialista em marketing e contrata essa pessoa de imediato. Mesmo que o novo empregado seja altamente competente, a confiança dos co-fundadores nela poderá diminuir; a empresária *não* procedeu de acordo com o que eles esperavam e com o que tinha sido anteriormente combinado.

Terceiro, a confiança pode ser construída mediante um comprometimento com o que pode ser chamado de **comportamentos de cidadania organizacional** – comportamentos dos empregados, que excedem as especificações de suas funções e que não são direta ou explicitamente reconhecidos pelos sistemas formais de gratificação[23]. Esse é o tipo de comportamento que muitos empreendedores demonstram: eles se empenham em ações que expõem seu profundo e duradouro comprometimento com o novo empreendimento

---

[23]Podsakoff, P. M. et al. Organizational citizenship behaviors: A critical review of the theoretical and empirical literature and suggestions for future research. *Journal of Management*, 26: 513-563, 2000.

– tudo, desde trabalhar por longas horas, investindo sua fortuna no negócio, a estabelecer um relacionamento muito próximo e de confiança com os empregados iniciais, tratando-os mais como membros da família ou amigos do que como empregados. Em certo sentido, eles são modelos do comportamento de cidadania organizacional e podem contribuir para a obtenção de elevados níveis de confiança.

| Confiança com Base no Cálculo | → | A outra pessoa será punida se não atuar da forma que prometeu. | → | A outra pessoa comporta-se conforme o esperado somente quando existe ameaça de punição se não o fizer. |

| Confiança com Base na Identificação | → | A outra pessoa é muito dedicada à primeira e não fará nada para prejudicá-la. | → | A outra pessoa comporta-se conforme esperado, sem nenhuma ameaça de punição e sem vigilância. |

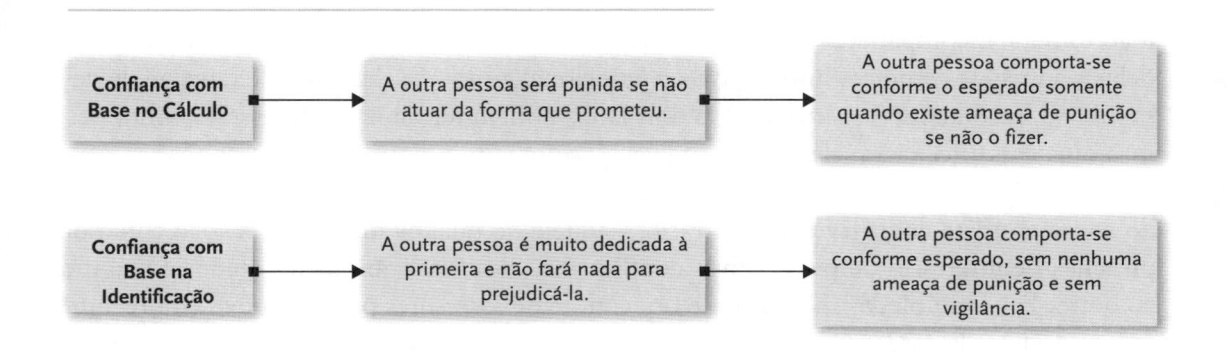

Figura 12.1 Os Dois Tipos de Confiança
A confiança com base no cálculo apóia-se na dissuasão: Uma pessoa confia em outra porque, se essa pessoa falhar em se comportar conforme prometido, ela será punida de alguma forma. Isso significa que essa pessoa vai se comportar conforme prometido somente quando houver ameaça de punição. A outra, a confiança com base na identificação, apóia-se na crença de uma pessoa de que a outra é confiável e não lhe fará nada prejudicial. Quando esse tipo de confiança existe, ameaças de punição e vigilância não são necessárias.
Fonte: Baseado em sugestões de Lewicki e Wiethoff, 2000.

Considere Ron Schaich, fundador da Panera Bread – uma rede de padarias que vende pães de alta qualidade e sanduíches. Schaich, que já havia fundado outra empresa também no segmento de pães – Au Bon Pain –, é um modelo de comprometimento para seus empregados, muitos dos quais são habilidosos padeiros que compartilham sua paixão por pães de primeira categoria. Conforme ele diz: "Alimento para a alma... é isso que fazemos. Eu acredito que se você der às pessoas algo especial, que valha sair de seu caminho para encontrar, elas irão comprar. Essa crença tem suas raízes na tradição... em um comprometimento fundamental com o pão artesanal". O comprometimento de Schaich – e seu amor – com a alta qualidade é bem conhecido de seus empregados, e ele demonstra isso em visitas pessoais às lojas da Panera. Seu empenho e o alto padrão de qualidade inspiram os empregados e têm sido um fator positivo no sucesso e no rápido crescimento da empresa.

Finalmente, pelo fato de que a confiança com base na identificação requer que as pessoas compreendam e apreciem os motivos e necessidades uns dos outros, é importante discutir isso com outras pessoas como uma base para construir a confiança. Para confiar em você, outras pessoas têm de concluir que o conhecem e que sabem como você pensa. Assim, certo grau de abertura é importante do ponto de vista do estabelecimento da confiança com base na identificação. Por exemplo, se um empresário descobre que seu sócio teve conversas com outra empresa para estabelecer um regime de cooperação, mas não discutiu esses possíveis planos com ele, sua confiança nessa pessoa pode ficar enfraquecida.

Administrando Conflitos: Evitando Problemas o Mais Cedo Possível

Há um velho ditado que diz: "Quando as emoções sobem, a razão voa pela janela". Em outras palavras, quando as pessoas experimentam fortes emoções, elas param de pensar de modo racional ou previsível. Um corolário para esse ditado pode ser: "E quando o fazem, param de reconhecer seu próprio auto-interesse". Esses pensamentos são certamente verdadeiros quando se trata de alguns tipos de conflito. **Conflito** é definido na ciência da administração como um processo no qual uma parte percebe que a outra tomou atitudes, ou logo tomará, incompatíveis com seus interesses. Ele assume duas formas básicas. Em uma delas, conhecida como conflito afetivo ou emocional, um forte elemento de raiva ou de desagrado é introduzido na situação. Os dois lados podem ter ou não interesses conflitantes, mas uma coisa fica clara: eles estão enraivecidos um com o outro, não têm confiança recíproca e experimentam emoções fortes e negativas. Um segundo tipo de conflito, conhecido como **conflito cognitivo**, ao contrário, é aquele no qual os indivíduos se dão conta da presença de interesses ou perspectivas conflitantes, mas focalizam os resultados e não um ao outro. Por exemplo, os membros de um comitê de assessores para um novo empreendimento podem discordar uns dos outros sobre que conselho dar ao empreendedor com relação às estratégias de marketing, sem ficarem transtornados ou enraivecidos uns com os outros: o foco está nos resultados, não nas personalidades. Pesquisas indicam que o conflito cognitivo pode ser construtivo – pode induzir ambos os lados a considerar, com muita cautela, as posições uns dos outros, bem como possíveis soluções. O resultado pode ser uma solução aceitável para ambos os lados. Conflitos afetivos, ao contrário, geralmente produzem resultados negativos[24]. Quando é intenso, pode romper relações de trabalho e dissipar a confiança que foi penosamente construída ao longo de meses ou de anos.

O conflito é definitivamente relevante para os empreendedores e seus esforços para construir negócios sólidos e bem-sucedidos. Recentes descobertas sugerem que, quando há sérios conflitos afetivos entre os co-fundadores de um novo empreendimento, o desempenho pode ser prejudicado[25]. Por essa razão, esse é um problema que os empreendedores deveriam evitar a todo custo. Para não deixar que tais conflitos eclodam, é importante entender por que ocorrem; aqui vamos primeiro considerar as causas potenciais de tais conflitos. A seguir, apontaremos meios de preveni-los ou de administrá-los efetivamente, caso ocorram. Observe que nesta discussão enfocaremos os **conflitos afetivos** – aqueles que envolvem um grande componente emocional, em vez de conflitos que emergem por incompatibilidade de interesses ou de objetivos.

Causas dos Conflitos Afetivos

Em virtude de a confiança ter um forte "lado positivo", não é de surpreender que sua quebra tenha efeitos opostos. A mera desconfiança entre indivíduos ou grupos é causa de conflitos enraivecidos[26]. Outra causa relacionada são rancores preexistentes. Freqüentemente as pessoas trazem, para a presente situação, raivas e ressentimentos originários de outras si-

---

[24] Amason, A. C.; Sapienza, H. J. The effects of top management team size and interaction norms on cognitive and affective conflict. *Journal of Management*, 23: 495-516, 1997.
[25] Ensley, M. D.; Pearson, A. W.; Amason, A. C. Understanding the dynamics of new venture top management teams' cohesion, conflict, and new venture performance. *Journal of Business Venturing*, 17: 365-386, 2002.
[26] Thompson, L. *The mind and heart of the negotiator*. Upper Saddle River, NJ: Prentice-Hall, 1998.

tuações; como resultado, o que seriam conflitos menores em outras ocasiões explodem em conflitos rancorosos e intensos.

Causas adicionais envolvem o que pode ser visto em grande parte como fatores sociais — aqueles que têm mais a ver com relacionamentos entre pessoas do que com interesses opostos ou questões econômicas. Um desses fatores, que desempenha um papel nessa questão, é o que tem sido chamado de imputações errôneas — erros relacionados às causas por trás do comportamento dos outros[27]. Quando os indivíduos percebem que seus interesses foram bloqueados (por exemplo, que suas recomendações foram rejeitadas e as de outra pessoa aceitas), eles tentam determinar por que isso ocorreu. Teria sido má sorte? Uma falha de planejamento de sua parte? Falta dos recursos necessários? Ou foi pela interferência intencional de outra pessoa ou do grupo? Caso concluam que a última é verdadeira, a semente de um conflito intenso pode ter sido plantada — ainda que as outras pessoas não tenham nada a ver com os resultados negativos que eles experimentaram. Em outras palavras, imputações errôneas com respeito às causas desses acontecimentos podem desempenhar, e freqüentemente desempenham, um importante papel nos conflitos, chegando algumas vezes a provocá-los quando poderiam ter sido evitados.

Outra causa social de conflitos envolve a tendência de perceber nossos próprios pontos de vista como objetivos e fundamentados na realidade, e os dos outros como tendenciosos ou mesmo irracionais. Como resultado, tendemos a exagerar as diferenças entre nossos pontos de vista e os dos outros. Assim, os conflitos de interesses aumentam.

Finalmente, devemos observar que traços ou características de personalidade também desempenham um papel no conflito. Por exemplo, indivíduos do tipo A — os que são altamente competitivos, sempre apressados e muito irritáveis — tendem a envolver-se em conflitos com mais freqüência do que pessoas do tipo B, mais calmas e pouco irritáveis[28]. Esse pode ser um problema particularmente sério para os empreendedores, que têm mais chances que outros de ter personalidade do tipo A[29].

No geral, os conflitos afetivos originam-se de muitas fontes diferentes. Felizmente, todos podem ser diminuídos se houver um alto grau de confiança entre os co-fundadores ou entre empresários e seus empregados. Quando temos um alto grau de confiança com base na identificação, tendemos a perceber as ações dos outros como resultantes de causas positivas em vez de negativas; nós ao menos lhes damos o benefício da dúvida. Isso pode reduzir a probabilidade de conflitos carregados de emoções. Da mesma forma, altos níveis de confiança ajudam a contornar a propensão a perceber os pontos de vista dos outros como tendenciosos, egocêntricos ou pior. Basicamente, estamos sugerindo que há um forte elo entre a confiança em um novo empreendimento e a probabilidade de conflitos afetivos internos. Quanto maior a confiança, menor a probabilidade de tais conflitos ocorrerem. Uma vez mais, parece claro que os esforços para desenvolver elevados níveis de confiança entre os co-fundadores em um novo empreendimento, e entre os fundadores e os empregados, valem muito a pena.

---

[27] Baron, R. A. Attributions and organizational conflict: The mediating role of apparent sincerity. *Organizational Behavior & Human Decision Processes*, 41: 111-127, 1988.

[28] Baron, R. A. Personality and organizational conflict: The type A behavior pattern and self-monitoring. *Organizational Behavior and Human Decision Processes*, 44: 291-208, 1989.

[29] Begley, T.; Boyd, D. A comparison of entrepreneurs and managers of small business firms. *Journal of Management*, 13: 99-108, 1987.

Técnicas para Resolver Conflitos

Embora a confiança possa reduzir a incidência de conflitos afetivos, ela não pode reduzi-la a zero. Isso significa que alguns conflitos, ao menos, terão de ser resolvidos em vez de serem evitados.

Existem muitas técnicas para resolver conflitos, mas para os empreendedores as mais relevantes e úteis envolvem **negociação** – um processo no qual os lados oponentes trocam ofertas, contra-ofertas e concessões, seja diretamente, seja por meio de representantes[30]. Se o processo for bem-sucedido, chega-se a uma solução aceitável para ambos os lados, e o conflito fica resolvido. Caso contrário, se as barganhas forem malsucedidas, poderá ocorrer uma custosa paralisação e o conflito se intensificará.

Quando as partes em uma negociação representam diferentes empresas, países ou grupos sociais (por exemplo, patrões e empregados), o objetivo primário de cada lado pode ser o de maximizar suas próprias conquistas, freqüentemente à custa do oponente. Em uma empresa, entretanto, isso faz pouco ou nenhum sentido. Tome, por exemplo, um empreendedor negociando com seu capitalista de risco a respeito de controvérsias relacionadas com as novas estratégias do empreendimento. Uma vitória da argumentação contra o capitalista pode causar ao empreendedor mais mal do que bem, especialmente se o capitalista sair da discussão com a impressão de que o empreendedor causou dificuldades e não lhe dedicou a mesma atenção que outros empreendedores de sua carteira de investimentos. Em vez de procurar vencer o debate, ambas as partes de um conflito deveriam preocupar-se em conseguir o que é chamado de **solução ganha-ganha** – aquela que é aceitável para ambas as partes e que atende às necessidades básicas dos dois lados. Qualquer outra solução certamente terá vida curta. Além disso, acarretará penosas conseqüências para o novo empreendimento. Como tais soluções podem ser obtidas? Embora não existam regras prontas, as diretrizes a seguir foram consideradas úteis:

- *Evite táticas que reflitam uma abordagem ganha-perde* (aquela em que cada lado procura maximizar suas conquistas). Entre as táticas a serem evitadas, estão: (1) começar com uma oferta inicial extrema – uma que seja bastante favorável para o lado que a faz; isso pode deixar em desvantagem quem recebe a proposta e pode gerar sentimentos de raiva e ressentimento; (2) usar a técnica da "grande mentira" – tentar convencer o lado oposto de que seu ponto de equilíbrio é muito mais alto do que na realidade o é, de forma que o oponente ofereça mais do que faria em outras circunstâncias; e (3) convencer o lado oposto de que você tem uma "alternativa" – caso eles não façam negócio, você pode ir a outro lugar e obter condições ainda melhores. Essas e outras estratégias do gênero tendem a colocar lenha na fogueira e são contraproducentes em termos de reduzir a intensidade dos conflitos afetivos.
- *Revele os problemas reais.* Conforme observamos anteriormente, muitos conflitos afetivos não surgem a partir de interesses opostos. Em vez disso, eles envolvem fatores sociais e cognitivos (rancores, imputações errôneas relacionadas às causas das ações dos outros). Uma técnica útil para reduzir tais conflitos é identificar suas verdadeiras causas. Isso exige muito esforço, mas pode evitar perda de tempo e frustrações!

---
[30] Ver nota 21.

▶ *Aumentar a quantidade de ofertas em discussão.* Em geral, as pessoas que negociam com outras colocam na mesa ao mesmo tempo as alternativas. Isso significa que é possível haver concessões recíprocas: um lado faz concessões em relação a um ou mais quesitos, enquanto o outro lado faz concessões em relação a outros. Por exemplo, se um empregador está negociando com um empregado potencial, possivelmente há vários aspectos em discussão: salário, opções de ações, benefícios adicionais, horário de trabalho, e assim por diante. Talvez o empresário julgue mais fácil fazer concessões com relação a opções de ações e horário de trabalho do que com relação a salário e benefícios adicionais. O empregado em potencial pode estar querendo trocar esses benefícios por dinheiro; afinal de contas, vale a pena considerar esse "intercâmbio de favores", como esse procedimento é conhecido.

Em resumo, é melhor evitar conflitos afetivos em um novo empreendimento. Os custos potenciais são bastante altos. Quando tais conflitos acontecem, empreendedores inteligentes podem vê-los como realmente são – perigosas armadilhas para os relacionamentos de trabalho com co-fundadores, empregados, clientes, investidores e outros – e podem dar passos como os que destacamos aqui para dissipá-los, para resolvê-los e, ainda, para prevenir que eles causem danos irreparáveis para a empresa na qual estão trabalhando tanto para ver crescer. (Para um exemplo do que pode acontecer quando pessoas que trabalham juntas não tentam evitar ou resolver conflitos afetivos, ver a seção "Atenção! Perigo Adiante!").

ATENÇÃO! PERIGO ADIANTE!

Como Criar um Conflito Afetivo Quando não Há Conflito Algum

Por volta de meados dos anos de 1990, a Delta Air Lines, como outras grandes empresas de transporte, estava enfrentando dificuldades e, pela primeira vez em sua história, teve de cortar um bom número de funcionários. Quando instado pelos repórteres a comentar sobre quanto o fato havia aborrecido os empregados, o diretor-presidente (CEO) da Delta, Ronald W. Allen, disse: "*So be it*" (algo como "Se não gostaram, problema deles"). Essa observação grosseira custou-lhe bastante. Os empregados da Delta ficaram furiosos e fizeram com que todos – mídia, passageiros e autoridades do governo – ficassem sabendo. De fato, alguns dias depois da observação de Allen, milhares de empregados da Delta estavam usando orgulhosamente *buttons* com a inscrição "*So be it*", como sinal de raiva e repúdio a Allen. Com a moral indo por água abaixo, a coisa esquentou mesmo foi para Allen. O conselho de administração decidiu não renovar seu contrato; assim, ele também ficou sem emprego.

O que aconteceu? Um exemplo clássico de conflito afetivo – um conflito que pode ter começado por divergência de interesses agigantou-se em uma amarga disputa, na qual problemas básicos foram tragados por uma maré de emoção raivosa. Considere a situação à luz fria da razão: ambas as partes, Allen e os empregados da Delta, queriam salvar a empresa de crescentes resultados negativos. Ainda assim, enquanto alguns de seus maiores interesses coincidiam, Allen conseguiu criar um abismo entre os altos executivos da Delta e seus empregados – um abismo que somente poderia ser superado com seu afastamento.

> Há aqui uma importante mensagem para os empreendedores: se os conflitos afetivos podem ser tão onerosos para uma empresa enorme como a Delta Air Lines, imagine o quão devastadores podem ser quando ocorrem entre os membros da equipe de fundadores, ou entre essa equipe e os empregados-chave. Por essa razão, estar familiarizado com as técnicas para se evitar e para dissipar os conflitos afetivos é uma habilidade importante que os empreendedores deveriam necessariamente adquirir e praticar!
>
> Nesse contexto, você se lembra do exemplo da empresa de recauchutagem de pneus descrita no Capítulo 4? O fundador daquela empresa tinha um estilo cáustico, irritante e parecia gostar de provocar conflitos. Entretanto, quando ele repetiu esse ciclo com a cúpula de um escritório do governo cuja aprovação era necessária antes que a empresa pudesse instalar um novo processo de recauchutagem, o resultado foi desastroso. As autoridades governamentais recusaram-se a conceder a aprovação e o novo empreendimento – que tinha uma elevada velocidade de consumo de seus recursos, pois gastava seus fundos rapidamente – ficou sem dinheiro e logo faliu.

INFLUENCIANDO OS OUTROS: DA PERSUASÃO À VISÃO

Quantas vezes ao dia cada um de nós procura influenciar os outros – mudar seus pontos de vista ou seu comportamento? Quantas vezes ficamos, por outro lado, expostos às tentativas de outras pessoas de nos influenciarem? Não importa o número de vezes, sem dúvida, ele é muito grande. Toda vez que você vê ou ouve um comercial, ou olha para um anúncio em um jornal ou revista, está sendo exposto a uma tentativa de influenciá-lo. Toda vez que você pedir um favor a alguém ou tentar mudar o pensamento de um amigo a respeito de algum assunto, está tentando exercer algum tipo de influência (ou, já que se dirige diretamente a pessoas, uma *influência social*).

As empresas – incluindo os novos empreendimentos – não são exceção a esta regra: elas também são cenário de um número incontável de tentativas de uma ou mais pessoas de influenciar uma outra ou muitas outras pessoas. Ser bem-sucedido nessas tentativas proporciona importantes benefícios; fazer os outros pensarem como você pensa ou aceitarem seus pedidos pode ser muito útil para atingir seus objetivos. Isso é verdadeiro para empreendedores que estão tocando novos empreendimentos. A cada dia eles entram em contato com pessoas que desejam influenciar – capitalistas de risco, clientes em potencial, fornecedores, agentes do governo, dentre outros. Além disso, em muitos casos, eles não têm poder direto sobre essas pessoas – não podem dar ordens para que façam o que eles querem. Em vez disso, precisam tentar obter os resultados que desejam por meio de suas próprias habilidades com respeito à influência. À medida que os empreendedores refinam essas habilidades, maiores são as probabilidades de que suas empresas sejam bem-sucedidas.

Nesta discussão, olharemos mais de perto a influência social e as diversas maneiras como é exercida. Acreditamos que um conhecimento geral dessas técnicas pode ser útil de duas maneiras principais. Primeiro, essas informações podem ajudá-lo a escolher entre essas técnicas de forma mais eficaz, casando a técnica apropriada com a situação específica.

Segundo, tal conhecimento pode ajudá-lo a reconhecer essas táticas quando utilizadas por outras pessoas, assim você pode se proteger contra elas.

Táticas de Influência: Quais São as Mais Comuns?

Como você provavelmente sabe por experiência própria, as pessoas se utilizam de diferentes estratégias para influenciar as outras no local de trabalho. Aqui temos uma breve descrição daquelas que parecem mais freqüentes quanto à utilização[31].

- *Persuasão racional.* Utilizar argumentos lógicos e fatos para persuadir o outro de que um ponto de vista está correto ou é necessário.
- *Apelo inspirador.* Despertar entusiasmo mediante apelo aos valores e ideais do ouvinte.
- *Consulta.* Solicitar a participação na tomada de decisão ou no planejamento de uma mudança.
- *Insinuação.* Conseguir que alguém faça o que você quer ao deixar essa pessoa de bom humor ou ao fazer que ela goste de você.
- *Troca.* Prometer alguns benefícios em troca da aceitação de um pedido.
- *Apelo pessoal.* Apelar aos sentimentos ou à lealdade e amizade de outros antes de fazer um pedido.
- *Construindo coalizão.* Persuadir mediante pedido de ajuda a outros ou reconhecendo o apoio de outros.
- *Legitimação.* Ressaltar a sua própria autoridade para fazer um pedido ou assegurar-se de que o pedido é consistente com as políticas e práticas que prevalecem na organização.
- *Pressão.* Buscar aprovação pelo uso de exigência, de ameaças ou de intimidação.

Quando são utilizadas essas táticas? Pesquisas sugerem que as diferentes táticas são escolhidas dependendo do *status* ou posição da pessoa que se quer influenciar – se elas estão em nível superior, inferior ou no seu próprio nível[32]. Por exemplo, em grandes empresas, as pessoas geralmente se utilizam da persuasão racional, da consulta ou do apelo pessoal quando tratam com outros do mesmo nível ou de nível superior ao seu, mas é provável que utilizem táticas de pressão ou de apelo inspirador quando querem influenciar subordinados.

O que fazem os empreendedores? Algumas evidências[33] sugerem que eles se utilizam com freqüência de apelos inspiradores. Por quê? Porque se defrontam com a tarefa de convencer outros a compartilhar de suas crenças a respeito do que a nova empresa pode ou irá se tornar. Em outras palavras, eles precisam persuadir outras pessoas (capitalistas de risco, empregados e clientes em potencial) a aceitarem seu ponto de vista sobre o que "deve ser", sem fazê-los desviarem-se muito de suas convicções ou paixões. Nesse contexto, apelos ins-

---

[31] Yukl, G.; Tracey, J. B. Consequences of influence tactics used with subordinates, peers, and the boss. *Journal of Applied Psychology*, 75: 246-257, 1992.
[32] Yukl, G.; Falbe, C. M.; Young, J. Y. Patterns of influence behavior for managers. *Group & Organization Management*, 18: 5-28, 1993.
[33] Gartner, W. B.; Bird, B. J.; Starr, J. A. Acting as if: Differentiating entrepreneurial from organizational behavior. *Entrepreneurship Theory and Practice*, 16: 13-32, 1992.

piradores podem ser uma tática muito útil. Recentes descobertas indicam que, quanto mais claramente os empreendedores apresentam seus pontos de vista, mais bem-sucedidos são seus novos empreendimentos[34].

Outras Táticas para Influenciar: Do Agrado ao "Pé na Porta"

Embora as táticas descritas anteriormente sejam importantes, elas estão longe de completar o cenário referente à influência. Outras técnicas são utilizadas para conseguir a aprovação – para fazer com que os outros digam "sim" a pedidos específicos. Por ser esse, em geral, o objetivo dos empreendedores (por exemplo, quando buscam apoio financeiro, tentam fechar pedidos de clientes ou querem contratar novos empregados), vale a pena dar uma olhada em algumas dessas táticas. Existem muitas, mas todas se originam de um pequeno número de princípios básicos, elencados a seguir[35]:

- *Amizade/apreciação recíproca.* Quanto mais as pessoas gostarem de nós, mais propensas estarão a atender a nossos pedidos; muitas técnicas para obter a aceitação estão baseadas nesse simples fato (por exemplo, adulação, insinuação, esforços para melhorar nossa própria aparência). Lembre-se de que no Capítulo 6 destacamos que é mais provável as pessoas conseguirem capital daqueles com quem têm um relacionamento social direto. Esse é um exemplo de como a amizade torna mais fácil a aceitação – nesse caso, aceitação do pedido de dinheiro pelo empreendedor.
- *Comprometimento/consistência.* Os indivíduos desejam ser consistentes em suas crenças e ações. Portanto, uma vez que adotem uma posição ou que se comprometam com um curso de ação, eles experimentam uma forte pressão para aceitar pedidos que sejam consistentes com esse comprometimento inicial. De fato, eles podem achar impossível recusar tais pedidos, porque, ao fazê-lo, seriam obrigados a rejeitar ou a desconsiderar ações ou crenças que eles anteriormente adotaram.
- *Escassez.* Como regra, oportunidades, objetos ou resultados difíceis de obter são mais valorizados do que outros, comuns ou fáceis de obter. Portanto, pedidos que dão ênfase à escassez ou o fato de que algum objeto, oportunidade ou resultado são de difícil obtenção ou que logo não estarão mais disponíveis são mais difíceis de recusar.
- *Reciprocidade.* Os indivíduos geralmente experimentam poderosas pressões para dar reciprocidade aos favores que receberam de outros. Como resultado, pedidos que acionem esse princípio serão mais fáceis de ser aceitos que os que não o fazem.

Esses princípios básicos parecem ser a base de muitas táticas para exercer influência. Por exemplo, a insinuação e a administração da imagem estão estreitamente relacionadas com o princípio da amizade/apreciação recíproca. A idéia básica é simples: primeiro faça os outros gostarem de você, feito isso, peça-lhes que façam o que você quer.

---

[34] Baum, J. R.; Locke, E. A.; Kirkpatrick, S. A longitudinal study of the relation of vision and vision communication to venture growth in entrepreneurial firms. *Journal of Applied Psychology*, 83: 43-54, 2001.

[35] Cialdini, R. B. Interpersonal influence. In: Shavitt, S.; Brock, T. C. (eds.). *Persuasion*. Boston: Allyn & Bacon, 195-218, 1994.

O princípio do comprometimento/consistência parece desempenhar um importante papel em muitas táticas comuns, e freqüentemente bem-sucedidas, de obter aprovação. Uma delas é a *tática do pé na porta* – começar com um pequeno pedido e, uma vez aprovado, fazer um pedido maior. Por exemplo, um empresário usando essa técnica pode primeiro pedir a um cliente em potencial que aceite uma amostra gratuita do produto do novo empreendimento. Somente depois ele tentaria transformar isso em uma solicitação de porte. Outra tática baseada no comprometimento/consistência é a de *baixar a bola* – tentar mudar um trato ou acordo após haver negociado, substituindo-o por outro menos atrativo para a pessoa-alvo. Essa tática é freqüentemente utilizada por vendedores e funciona mais ou menos assim: um negócio atrativo é oferecido a um cliente. Uma vez que ele aceite, o vendedor informa que o gerente de vendas ou alguém mais na empresa não aceitou o acordo e oferece para o cliente uma alternativa menos favorável. Racionalmente, as pessoas deveriam fugir dessas oportunidades, mas nem sempre o fazem. Elas se sentem comprometidas com sua decisão inicial e acabam por aceitar a proposta menos atrativa.

Retornando ao princípio da escassez, táticas como *ser difícil de conquistar* e *técnica do prazo final próximo* são bastante utilizadas no mundo dos negócios. Candidatos a emprego que mencionam que estão sendo considerados para outro emprego ou que estão muito satisfeitos em seu emprego atual estão se utilizando da tática do *difícil de conquistar* para manipular importantes resultados organizacionais a seu favor. Da mesma forma, cartazes chamativos sugerindo que "preços de venda especiais" terão validade somente por um curto período de tempo são eficazes e baseiam-se no princípio da escassez. Os empreendedores algumas vezes também se utilizam dessa tática. Por exemplo, eles podem dizer a um cliente em potencial que estão oferecendo preço especial por um período limitado. Dessa maneira, exercem pressão sobre essa pessoa para que compre agora, antes que seja demasiado tarde e a condição especial tenha sido retirada.

Finalmente, o princípio da reciprocidade está relacionado à tática da influência, conhecida como *tática da porta na cara*. Nessa estratégia, os indivíduos começam com um pedido muito grande e que certamente será rejeitado. Então eles "baixam a bola" de seu pedido para um nível mais aceitável, colocando a pessoa-alvo sob considerável pressão para dar reciprocidade à concessão. Eis um exemplo: um empregado potencial altamente qualificado pede uma participação acionária de 5% em um novo empreendimento como parte de seu pacote de remuneração. O empreendedor recusa e oferece 1%. O empregado prospectivo baixa então para 2%, que é o percentual que ele queria desde o início. Aliviado, o empreendedor aceita – assim procedendo, foi iludido pela *técnica da porta na cara*.

Conforme já notamos, ter conhecimento dessas táticas é útil em dois aspectos: por escolhê-las cuidadosamente para adequarem-se a situações específicas, você pode aumentar a probabilidade de obter o que deseja – concordância com seus pedidos por parte da outra pessoa. Suponha, por exemplo, que um empreendedor esteja tentando persuadir um cliente a fazer um pedido em um mercado em que todos os produtos existentes, até mesmo os do empreendedor, são bastante similares. Aqui, táticas como a da insinuação (levar o cliente a gostar dele) podem ser úteis. Em contraste, quando estiver tentando conseguir pedidos recorrentes e grandes de um cliente, o empreendedor precisa lembrar a essa pessoa que ela anteriormente já fez um pedido pequeno, reavivando assim o comprometimento inicial que tiveram para com os produtos do novo empreendimento. É possível utilizar mais de uma tática simultaneamente, mas a regra permanece a mesma: quanto melhor a combinação entre a tática escolhida e a situação particular, maior é a probabilidade de êxito.

Além disso, conhecer essas táticas pode auxiliar os empreendedores a se protegerem contra seu uso. Por exemplo, um fornecedor que tenha feito um acordo favorável com um empreendedor, e então tente substituí-lo por um outro menos favorável, isso pode ser um sinal de que a tática de baixar a bola está sendo utilizada; empreendedores espertos sairão fora dessas situações caso tenham oportunidade.

Em suma, os empreendedores freqüentemente procuram exercer influência sobre os outros – mudar a forma como pensam ou agem. Por essa razão, quanto mais habilidosos eles forem com a persuasão e com outras táticas de influenciar, mais chances terão de obter sucesso. Devemos destacar, mais uma vez, que praticamente qualquer um, com uma pequena e cuidadosa prática, se sairá cada vez melhor nessa tarefa. Dessa forma, isso também pode ser uma habilidade valiosa que os empreendedores podem querer desenvolver.

Controlando o Estresse: como os empreendedores podem sobreviver para colher os frutos de seu trabalho

Aqui temos um intrigante quebra-cabeça: a maior parte dos empreendedores faz esforços extenuantes para proteger os recursos de seus novos empreendimentos, tanto intelectuais quanto físicos. Como pudemos ver no Capítulo 6, eles buscam obter patentes e marcas registradas e freqüentemente adquirem sistemas de segurança para proteger valiosos equipamentos ou matérias-primas. Ainda assim, quando a questão é sobre o recurso mais valioso de sua empresa – eles próprios –, mostram um padrão muito diferente. Em lugar de proteger esse recurso insubstituível, eles o expõem a incontáveis infortúnios: trabalham por períodos longos, comem e dormem mal, e desprezam toda atividade aprazível (desde passar um tempo com a família e entes queridos até ter *hobbies*) a favor de sua empresa. Não queremos parecer críticos em relação a essa firmeza de propósitos – longe disso. Mas, ao mesmo tempo, pensamos que é importante notar que expondo a si mesmos a altos níveis de estresse por períodos prolongados, os empreendedores colocam a própria saúde em risco. É desnecessário dizer que, caso sua saúde fique comprometida, o mesmo ocorrerá com o futuro de seus novos empreendimentos. Por essa razão, é crucial que os empreendedores conheçam um pouco sobre o estresse – suas causas, efeitos e, mais importante, como controlá-lo, outra valiosa habilidade para os empreendedores. Esses são os tópicos considerados a seguir.

Estresse: Natureza e Causas

O que precisamente é **estresse**? As definições diferem, mas a maioria dos especialistas concorda que diz respeito a um padrão de estado emocional e de reações psicológicas que ocorrem em resposta a exigências de muitos eventos diferentes em nossas vidas – nossos trabalhos, nossos familiares, nossos relacionamentos, e assim por diante. Mais especificamente, essas cobranças geram estresse quando as pessoas expostas a elas se envolvem em avaliações cognitivas (ou seja, elas avaliam a situação) e concluem que podem se tornar incapazes de lidar com essas cobranças – quando, em suma, se sentem prestes a ser tragadas (ver Figura 12.2). Estamos seguros de que esse sentimento é familiar para você, porque to-

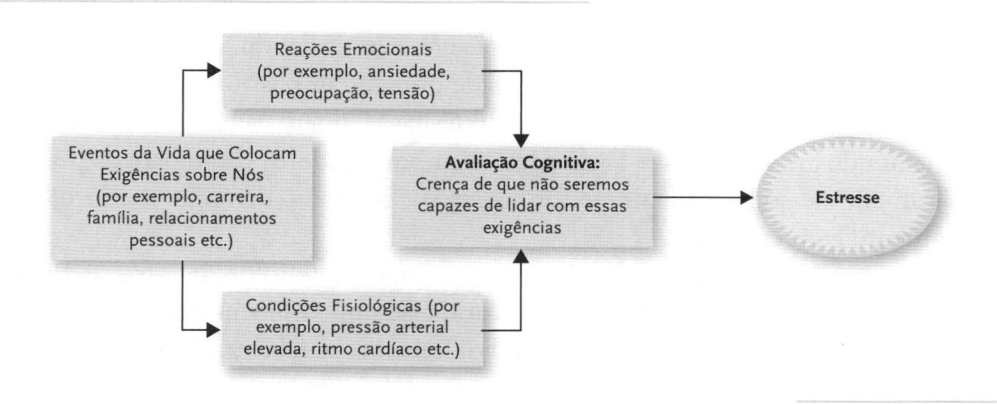

Figura 12.2 Estresse: Sua Natureza Básica
O estresse acontece quando vários eventos em nossas vidas (conhecidos como estressores) induzem a um padrão de estado emocional e reações psicológicas que são acompanhadas pela crença cada vez mais acentuada de que nós não conseguiremos enfrentar as exigências desses eventos. O resultado pode ser muito desagradável – e um perigo evidente para nossa saúde pessoal.

dos o experimentam de tempos em tempos; também estamos certos de que reconhece isso como um estado muito desagradável – algo que gostaria de evitar ou de reduzir o quanto antes.

As condições específicas que geram o estresse são conhecidas como *estressores*, e muitas delas existem. Uma importante fonte de estresse são as cobranças no trabalho. Conforme você pode observar na Tabela 12.1, as ocupações variam muito em termos de níveis relativos de estresse. Curiosamente a função de empreendedor não está nessa lista, mas poderíamos supor que está muito próximo do topo, em grande parte com base em estudos de caso que indicam que a vida dos empreendedores é por demais estressante.

Outras fontes de estresse são todas bastante familiares, como aquelas das dificuldades de desempenhar os diferentes papéis que precisamos vivenciar simultaneamente (por exemplo, empregado e pai, estudante e cônjuge). Esses papéis colocam exigências incompatíveis sobre nós – e dessa forma geram o sentimento de que nós iremos em breve ser sub-

Tabela 12.1 Nível de Estresse em Várias Ocupações
Algumas funções são mais estressantes do que outras. Embora a função de empreendedor não esteja nesta lista, estudos de caso e outras evidências sugerem que ela deveria estar bem perto do topo.

OCUPAÇÕES COM ALTO ESTRESSE (CLASSIFICAÇÃO)	MEDIDA DO ESTRESSE	OCUPAÇÕES COM BAIXO ESTRESSE (CLASSIFICAÇÃO)	MEDIDA DO ESTRESSE
Presidente dos EUA	176,6	Professor de faculdade	54,2
Bombeiro	110,9	Economista	38,7
Executivo sênior	108,6	Engenheiro mecânico	38,3
Cirurgião	99,5	Quiroprático	37,9
Controlador de tráfego aéreo	83,1	Contador	31,1
Arquiteto	66,9	Comprador	28,9
Corretor de seguros	64,0	Atuário	20,2

Fonte: Baseado em dados do *The Wall Street Journal*, 1997.

jugados por elas, o que vem a ser a essência do estresse. Isso é um problema sério para os empreendedores, que costumam achar que as exigências de conduzir seus novos empreendimentos e os períodos extremamente longos de trabalho impossibilitam devotar o tempo e a atenção que gostariam de dedicar a suas famílias. Lamentavelmente, isso é, com freqüência, causa de grande estresse tanto para os empreendedores como para as pessoas que eles mais amam – e pode produzir efeitos negativos, tais como divórcio ou dificuldades de relacionamento com crianças.

A responsabilidade pelos outros é mais uma importante fonte de estresse. Por exemplo, anos atrás, muitos jornais contaram a história de um empreendedor que continuou a pagar seus empregados depois que um incêndio destruiu sua fábrica. Por quê? Porque ele se sentia profundamente responsável pelo bem-estar deles e experimentou um forte estresse com relação às dificuldades econômicas pelas quais estavam passando. Essa generosidade terminou por levá-lo à bancarrota, de forma que nós não estamos recomendando tais práticas abnegadas; ao contrário, relatamos o incidente, porque ele ilustra o quão estressante pode ser tomar para si a responsabilidade pelos outros.

Outra importante causa de estresse é o sentimento de que não temos o apoio social necessário – que as outras pessoas se furtarão a nos ajudar caso precisemos delas. Todas essas fontes de estresse estão relacionadas a eventos que têm lugar no ambiente de trabalho; no entanto, o estresse pode ter origem em nossas vidas pessoais: obrigações familiares, relacionamentos amorosos, dívidas pessoais e até mesmo grandes feriados, como o Natal, podem ser fontes de estresse.

Embora cada um esteja exposto de alguma forma a essas condições, está claro que os empreendedores experimentam níveis excepcionalmente altos de estresse. As longas horas que trabalham os isolam de suas famílias e amigos (sua rede de apoio social), e as apreensões econômicas que eles precisam enfrentar (por exemplo, "Podemos pagar nosso aluguel este mês?") são desnorteantes. Quando a incerteza de tentar criar algo novo – por vezes em meio à ferrenha concorrência – adiciona-se ao quadro, fica claro que muitos empreendedores estão expostos a níveis muito altos de estresse. Na verdade, deveríamos dizer "expõem-se a níveis muito altos de estresse", porque essa foi a escolha pessoal que fizeram; em contraste, o que acontece com pessoas que trabalham em empresas já existentes é que o estresse não cai sobre elas de fora; os empreendedores escolhem isso como meio de vida – ou, ao menos, como um meio de vida temporário.

Efeitos Adversos do Estresse

O senso comum sugere que qualquer coisa que se mostre tão ruim quanto o estresse e produza altos níveis de desgaste psicológico é provavelmente prejudicial para nossa saúde. De fato, inúmeras evidências científicas apontam para a conclusão de que a exposição prolongada ao estresse é danosa. Autoridades médicas acreditam que o estresse desempenha um importante papel em cerca de 50% a 70% de todas as formas de doenças físicas[36]. O papel do estresse é particularmente claro com respeito a doenças do coração e derrame cerebral, mas também está envolvido em uma variedade de enfermidades como úlceras, diabete e mesmo câncer. Assim, o estresse é prejudicial para as coisas vivas – inclusive empreendedores!

---

[36]Cohen, S.; Williamson, G. M. Stress and infectious disease in humans. *Psychological Bulletin*, 109: 5-24, 1991.

Além dos efeitos adversos sobre a saúde, o estresse também interfere no desempenho de maneiras distintas. Embora baixos níveis de estresse possam muitas vezes melhorar o desempenho, em especial nas tarefas físicas que requeiram força ou rapidez, níveis moderados ou altos – particularmente se continuados por um longo período de tempo – reduzem o desempenho em uma ampla gama de tarefas[37]. O estresse pode estar envolvido naquilo que algumas vezes é descrito como *raiva no escritório* – uma intensa grosseria com os outros, em geral sem sentido, em decorrência de condições estressantes de trabalho[38]. Isso pode ser prejudicial para um novo empreendimento, em que as pessoas trabalham em estreita proximidade muitas horas a cada dia e quando explosões intempestivas de empreendedores estressados têm efeitos devastadores sobre a confiança e o ânimo. Finalmente, o estresse é a maior causa de *esgotamento* (ver a Figura 12.3), um complexo padrão de exaustão emocional, física e mental que atormenta as pessoas que ficam expostas a ele por prolongados períodos de tempo[39]. Pessoas acometidas por esgotamento sentem-se fatigadas a maior parte do tempo e perdem o entusiasmo pelo trabalho. Também se sentem desesperançadas e adotam atitudes cínicas a respeito de sua área ou de outras pessoas que trabalham nela. Por exemplo, tive um amigo que era médico e estava sofrendo de esgotamento. Ele fazia comentários como: "Os médicos não sabem nada e nunca ajudam ninguém; eles são somente um bando de parasitas caça-níqueis". Qual é a gravida-

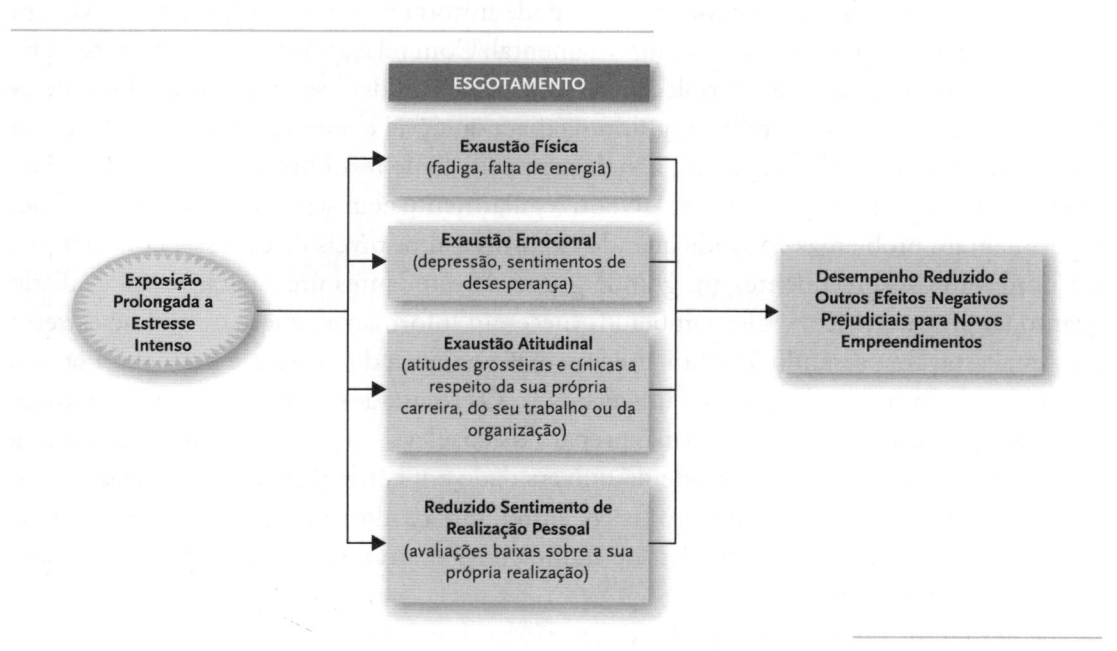

Figura 12.3 Esgotamento: Um Importante Efeito Adverso do Estresse
Quando os indivíduos ficam expostos a altos níveis de estresse por períodos prolongados de tempo, eles podem desenvolver o esgotamento – um padrão que pode ter efeitos devastadores no desempenho de um novo empreendimento.

---

[37] Motowidlo, S. J.; Packard, J. S.; Manning, M. R. Occupational stress: Its causes and consequences for job performance. *Journal of Applied Psychology*, 71: 618-629, 1986.
[38] Integra Reality Resources. *Business Week*, 2 nov. 2001.
[39] Maslach, C. *Burnout: The cost of caring*. Englewood Cliffs, NJ: Prentice-Hall, 1982.

de do esgotamento? Basta dizer que muitos estudos sugerem que se uma empresa tiver um número substancial de pessoas sofrendo de esgotamento, sua eficácia irá logo despencar[40]. É quase certo que isso se aplica também a novos empreendimentos. Embora os empreendedores sejam conhecidos por seu entusiasmo, altos níveis de estresse podem, ao final, solapar o entusiasmo; caso os fundadores de um novo empreendimento sofram de esgotamento, parece-nos correto afirmar que a alma do novo empreendimento foi consumida.

Por tudo isso, fica claro que o estresse produz muitos efeitos danosos. Empreendedores que suportam níveis altos de estresse como um fato normal de sua existência, encontram-se na mira desses efeitos adversos. Na verdade, eles estão no limite extremo da "tolerância ao estresse" ou "resistência ao estresse". Mas, pelo fato de serem eles o recurso mais precioso de seus novos empreendimentos, julgamos prudente que dêem os passos necessários para se proteger das devastações de uma exposição prolongada a níveis intensivos de estresse. Com esse pensamento em mente, descreveremos algumas ações que os empreendedores podem adotar a fim de proteger sua própria saúde e assegurar que sobreviverão o suficiente para saborear os frutos de seu exaustivo trabalho.

Técnicas Pessoais para Controlar o Estresse

As técnicas de controle do estresse que você pode introduzir em sua própria vida estão em duas principais categorias: física e comportamental. Com relação às técnicas de controle físico do estresse, os passos que fortalecem a saúde pessoal podem ser muito úteis. Dois deles envolvem algo que soará familiar: seguir uma dieta saudável e manter a boa forma física. O fato de lhe serem familiares, porém, não deve impedi-lo de reconhecer seu valor. Pesquisas indicam que as pessoas que não se exercitam regularmente nem seguem uma dieta saudável experimentam problemas de saúde quando expostas a altos níveis de estresse. Por exemplo, em um estudo surpreendente, um grande grupo de estudantes universitários foi avaliado quanto ao preparo físico[41]. Eles também forneceram informações sobre o nível de estresse pelo qual estavam passando. Por fim, uma medição objetiva de sua saúde pessoal foi obtida nos registros do centro de saúde da universidade. Os resultados (ver a Figura 12.4) indicaram que, para os estudantes com baixo preparo físico, elevados níveis de estresse levaram a crescentes visitas ao centro de saúde da universidade em conseqüência de doenças físicas. Dentre aqueles com elevado preparo físico, entretanto, os altos níveis de estresse não produziram efeitos danosos à saúde. Esse e muitos outros estudos fornecem evidências para as conclusões a seguir:

Estar em boa forma física pode ser uma importante maneira de evitar os efeitos negativos do estresse. A mensagem para os empreendedores é clara: reservar um horário para exercitar-se regularmente (de 20 a 30 minutos, três a quatro vezes por semana é suficiente) é um tempo bem aplicado.

---

[40]Gaines, J.; Jermier, J. M. Emotional exhaustion in high stress organizations. *Academy of Management Journal*, 31: 567-586, 1983.

[41]Brown, J. D. Staying fit and staying well: Physical fitness as a moderator of life stress. *Journal of Personality and Social Psychology*, 60: 555-561, 1991.

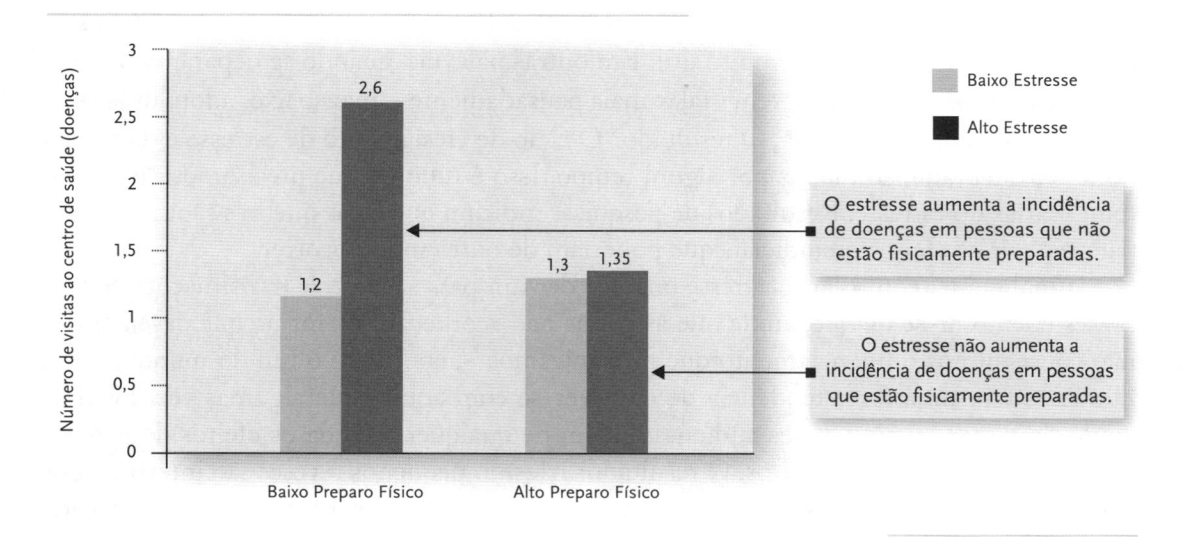

Figura 12.4 Estar Fisicamente Preparado: Uma Técnica Útil para Controlar o Estresse
Estudantes que estavam fisicamente preparados mostraram pequeno aumento na incidência de doenças quando expostos a altos níveis de estresse. Em contraste, estudantes que não estavam fisicamente preparados mostraram uma incidência muito maior de doenças.
Fonte: Baseado em dados de Brown, 1991; ver nota 36.

Voltando às técnicas comportamentais (aquelas relativas principalmente a mudanças em nosso próprio modo de pensar e nosso comportamento), descobriu-se que muitas são bastante úteis. A primeira tem a ver com os esforços para reduzir preocupações excessivas. Pesquisas indicam que quase 90% de todas as pessoas acreditam que se preocupam demais. A principal conseqüência, então, não é a quantidade total de preocupação; ao contrário, é com *o que* as pessoas tendem a preocupar-se. Em muitos casos elas relatam que se preocupam com coisas que ou não são importantes ou não estão sob seu controle direto. O resultado é que elas aumentam desnecessariamente seu nível de estresse. À medida que essa tendência é reduzida, o estresse também pode ser diminuído. Temos aqui um exemplo concreto do que queremos dizer: suponha que um empreendedor preocupe-se muito sobre ter um fluxo de caixa suficiente para arcar com a folha de pagamento. Isso é algo importante e está parcialmente sob controle dos empreendedores (por exemplo, ele pode evitar a compra de um novo equipamento por algum tempo caso o caixa esteja apertado). Mas suponha que esse empreendedor se preocupe muito com a possibilidade de que uma grande empresa concorrente irá lançar um novo produto. Certamente isso é importante, mas como não há muito o que fazer agora, não tem sentido ficar se preocupando com isso. Estamos certos de que você entendeu o ponto principal: preocupe-se somente (ou ao menos principalmente) com coisas importantes, que estejam parcialmente sob seu controle. Preocupar-se com outras combinações é, em grande parte, desperdício de energia e causa de estresse desnecessário (o exercício da seção "Arregaçando as Mangas" deste capítulo lhe dá a chance de praticar essa habilidade).

Outra técnica comportamental útil envolve o que é conhecido por *procedimento de reação incompatível*. Quando o estresse cresce, aumenta também o estímulo psicológico, e a conseqüência é que o comportamento das pessoas torna-se intenso. Elas falam mais depressa e mais alto, e tendem a tensionar os músculos. Resistir de maneira consciente a essas inclinações naturais pode ser muito útil. Em outras palavras, quando se deparar com esses acontecimentos estressantes, tente falar mais pausadamente e mais baixo, adote uma postura relaxada em vez de tensa. O resultado? O ciclo de crescimento de estresse e da tensão pode ser quebrado, ao menos por algum tempo. Isso é tudo de que precisamos: "quebras" temporárias do estresse. Resultados de pesquisas indicam que essas quebras são suficientes para reduzir os efeitos prejudiciais que poderiam de outro modo ocorrer.

Finalmente, controlar o estresse envolve dar um passo para trás nas situações estressantes e lembrar-se de que, ainda que as coisas não aconteçam da forma que desejamos – não conseguimos o financiamento que procurávamos –, isso *não* é o fim do mundo. Seres humanos têm uma forte tendência de envolver-se com aquilo que algumas vezes é chamado de *piorar as coisas* – eles aumentam além de qualquer medida os efeitos de não serem bem-sucedidos ou perfeitos. O resultado? Mesmo pequenos reveses são interpretados como calamidades devastadoras, isso sobe enormemente a intensidade – e o impacto adverso – do estresse. Empreendedores ficam entusiasmados com suas idéias e empresas, e nós não estamos sugerindo que eles deveriam reduzir esses envolvimentos. Mas observar as presentes situações em perspectiva – contra um cenário mais amplo – pode ajudar a reduzir a tendência de perceber todo e qualquer revés como catástrofe; isso, por sua vez, pode ajudar a reduzir o estresse a níveis mais toleráveis. Por exemplo, suponha que um empresário não consiga fechar o pedido de um cliente após semanas de esforços. Isso é o fim do mundo? Provavelmente não. Há outros clientes lá fora e outras formas de comercializar os produtos que poderão até ser mais bem-sucedidas (ver o Capítulo 9). Assim, uma reação conciliatória do empreendedor nessas situações deve levá-lo a pensar: "Má sorte! Mas isso não é o fim do mundo!". Uma reação muito menos conciliatória poderia ser: "Isto é uma catástrofe! Como poderemos algum dia nos recuperar desse gigantesco infortúnio?".

Em resumo, embora o estresse seja um aspecto inevitável ao se iniciar um novo empreendimento, há vários passos que os empreendedores podem dar para controlar esse processo potencialmente prejudicial. Ainda que sejam diferentes na forma, todos eles apóiam-se, até certo ponto, na aceitação do seguinte princípio básico: *Nem sempre podemos mudar o mundo (deixá-lo da forma que gostaríamos), mas nós podemos mudar nossas reações a ele.* Em outras palavras, nós podemos escolher se, e em que medida, os desapontamentos nos transtornarão ou perturbarão, e podemos ainda optar entre controlar o estresse que nós experimentamos ou deixá-lo dominar nosso pensamento e nossas vidas. A escolha é sempre nossa, e os sábios empreendedores – aqueles que desejam permanecer com boa saúde de forma que possam desfrutar os prêmios de seu trabalho – escolherão, sem dúvida, o primeiro.

Resumo e Revisão dos Pontos-Chave

- Para tocar um novo empreendimento de sucesso, os empreendedores precisam de uma variedade de habilidades pessoais que são úteis na construção de sua empresa (por exemplo, competência social, habilidade de desenvolver confiança e relacionamentos cooperativos de trabalho e efetivamente controlar conflitos).
- Competência social, a habilidade de entender-se bem com os outros, engloba certo número de habilidades sociais discretas.
- Entre elas, as mais relevantes para os empreendedores são a percepção social, a expressividade, a administração da imagem, a habilidade de influenciar os outros e a adaptabilidade social.
- Inúmeras evidências indicam que as pessoas que se destacam nesses aspectos da competência social experimentam resultados mais favoráveis em uma ampla gama de contextos empresariais. Mais ainda, os empreendedores com elevada competência social tendem a ser mais bem-sucedidos do que aqueles com baixa competência social.
- A competência social pode ser prontamente aumentada por meio de treinamento apropriado, de forma que os empreendedores deveriam considerar a possibilidade de dedicar esforços para essa tarefa, pois isso pode proporcionar importantes benefícios tanto para os empreendedores quanto para seus novos empreendimentos.
- A confiança é um ingrediente essencial na construção de relacionamentos cooperativos de trabalho. Existem dois tipos: confiança com base no cálculo e confiança com base na identificação.
- A confiança com base no cálculo fundamenta-se na crença de que caso alguém não aja conforme disse que faria, será punido. Em contraste, a confiança com base na identificação fundamenta-se na crença de que a pessoa em questão tem o desejo de satisfazer nossos interesses.
- A confiança com base na identificação pode aumentar se você se comportar como prometido, respeitando os procedimentos combinados e sendo aberto com relação a seus próprios motivos e necessidades.
- Conflito é o processo no qual uma parte percebe que a outra agiu ou agirá de forma incompatível com seus interesses. Ele assume duas formas básicas: conflito afetivo ou emocional, que envolve um forte elemento de raiva ou de insatisfação, e conflito cognitivo, que focaliza os resultados em vez das pessoas.
- Conflitos afetivos originam-se de diversas causas, que incluem desconfiança, rancores antigos e fatores sociais, como imputações equivocadas sobre as causas do comportamento dos outros, e fatores de diferenças pessoais (por exemplo, o padrão de comportamento do tipo A).
- A forma mais satisfatória de resolver conflitos são as negociações – processo pelo qual os lados oponentes trocam propostas, contrapropostas e concessões, seja diretamente, seja por meio de representantes.
- Para que as negociações sejam bem-sucedidas, os participantes devem adotar uma perspectiva ganha-ganha e evitar táticas como a da oferta inicial elevada e a da "grande mentira". Eles também devem procurar identificar os resultados reais esperados e ampliar o escopo dos problemas discutidos. Todos os dias nós tentamos influenciar a forma como os outros pensam ou agem e, em contrapartida, estamos expostos a muitos esforços para nos influenciarem.
- Existem muitas táticas diferentes de exercer influência social, entre elas, as mais utilizadas são a da persuasão e a da consulta. Várias "táticas de pressão" são utilizadas com menos freqüência.
- Existem muitas outras táticas para exercer influência social; a maior parte delas fundamenta-se em diversos princípios básicos: amizade/admiração recíproca, consistência, escassez e reciprocidade.

- A familiaridade com essas técnicas pode ajudar os empreendedores a utilizá-las efetivamente e a proteger-se dessas táticas quando utilizadas pelos outros. O estresse refere-se a um padrão de estados emocionais e de reações psicológicas que ocorrem em resposta a cobranças de diversos eventos em nossas vidas.
- O estresse causa efeitos adversos à saúde, ao desenvolvimento de tarefas e ao bem-estar psicológico. Os empreendedores, que são submetidos a altos níveis de estresse por longos períodos de tempo, estão sob risco de sofrer esses efeitos.
- Há uma série de passos valiosos para o controle do estresse. Eles incluem técnicas físicas, como dieta alimentar sadia e manutenção da boa forma física, e técnicas comportamentais, como evitar preocupações excessivas e desnecessárias, fazer pequenas paradas para sair das situações de estresse e evitar a tendência de exagerar a expectativa de efeitos adversos, reveses ou desapontamentos.
- Os empreendedores podem utilizar-se dessas e de muitas outras técnicas para controlar o estresse e assim assegurar que irão sobreviver em boas condições de saúde para desfrutar dos resultados de seu trabalho.

Questões para Discussão

1. Se você tivesse de escolher entre ter excelentes habilidades pessoais e ter um produto ou serviço verdadeiramente bom (em vez de um medíocre), o que preferiria?
2. Se as pessoas podem adquirir habilidades sociais melhores, por que não se esforçam para consegui-las? Como elas podem aperfeiçoar suas próprias habilidades sociais?
3. A confiança entre os co-fundadores de um novo empreendimento é essencial ao sucesso. Suponha que, por algum motivo, um dos co-fundadores perca a confiança em outro co-fundador. É possível restaurar essa confiança? Como?
4. Os conflitos normalmente começam como discussões racionais sobre diferenças legítimas de opinião ou ponto de vista (conflito cognitivo), mas mudam rapidamente para disputas rancorosas (conflito afetivo). Como essa mudança pode ser evitada?
5. Começar negociações com uma oferta inicial extrema possibilita resultados melhores para a pessoa que a faz. Entretanto, desaconselhamos essa prática. Qual é o potencial aspecto negativo dessa tática durante as negociações?
6. Após o diretor-presidente da Delta Airlines fazer sua famosa e insensível observação sobre a sua reação à demissão de um grande número de funcionários ("*So be it*"), ele teve de enfrentar a fúria dos funcionários da empresa. Havia algo que ele poderia ter feito para acalmar a situação e manter seu próprio emprego?
7. Que táticas de influência você acha mais úteis aos empreendedores que buscam financiamento para suas empresas? E para os que desejam construir sua base de clientes? Por quê?
8. Você já conheceu alguém que sofresse de esgotamento? Como ele ou ela era? Você gostaria de ter essa pessoa em seu novo empreendimento?

ARREGAÇANDO AS MANGAS

Avaliando Sua Própria Competência Social

Boas habilidades sociais são uma grande vantagem para qualquer um, mas são particularmente importantes para os empreendedores, que precisam interagir com inúmeras pessoas que não conhecem antes de começar seu novo empreendimento. Qual é a *sua* nota em relação às habilidades sociais? Para descobrir, peça a, no mínimo, cinco amigos para avaliá-lo em cada uma das dimensões a seguir. Eles devem usar a seguinte escala para as avaliações: 1 = muito baixa, 2 = baixa, 3 = média, 4 = alta, 5 = muito alta. Eles devem colocar as notas no espaço antes de cada dimensão.

_____ **Percepção social:** Habilidade de "interpretar" outras pessoas com precisão.

_____ **Expressividade:** Habilidade de expressar emoções claramente para que as outras pessoas as reconheçam de imediato.

_____ **Habilidade para influenciar os outros:** Capacidade de mudar as opiniões ou os comportamentos dos outros na direção desejada.

_____ **Administração da imagem:** Capacidade de causar uma boa primeira impressão nos outros.

_____ **Adaptabilidade social:** Capacidade de se adaptar e de se sentir confortável em qualquer situação social.

A seguir, calcule a média das notas que seus amigos forneceram. As dimensões em que você teve nota inferior a três são as dimensões que precisa melhorar. Como é possível aperfeiçoar essas habilidades? O melhor a fazer é buscar a ajuda de um profissional, de um psicólogo especializado em aperfeiçoamento de habilidades sociais. Mas você pode, pelo menos, começar ao assistir a fitas de vídeo de você mesmo interagindo com outras pessoas. Essas fitas provavelmente vão surpreender, pois a maioria das pessoas é muito boa para reconhecer a imagem que transmitem para os outros. Essas surpresas, por sua vez, poderão sugerir aspectos específicos que podem ser melhorados. Se sua expressividade é baixa, você pode praticar para ser mais aberto em relação a expressar seus sentimentos.

De forma análoga, se você parece nervoso nas fitas (por exemplo, mexe-se bastante), pode se esforçar para mudar esse comportamento. Melhorar suas próprias habilidades sociais é uma tarefa difícil e que leva tempo. Mas os benefícios potenciais são tão grandes que valem o esforço.

Não se Preocupe... Seja Feliz!

Eis um ditado do qual gostamos bastante: "A preocupação é o juro que se paga antecipadamente pelos problemas". Embora isso nem sempre seja verdade – *há* coisas com as quais vale a pena se preocupar –, pesquisas indicam que mais de 80% dos assuntos ou problemas com que as pessoas se preocupam são aqueles com os quais elas *não* deveriam se preocupar. A preocupação excessiva gera altos níveis de estresse, que podem ser prejudiciais à saúde do indivíduo.

Para descobrir se você está se preocupando demais, relacione, em uma folha de papel, todas as coisas com as quais se preocupa. A seguir, coloque cada um desses itens em um dos quatro quadrantes.

	Coisas Não Importantes	**Coisas Importantes**
Coisas que Posso Controlar		
Coisas que Não Posso Controlar		

Com o que você deve se preocupar? De forma racional, apenas com os itens incluídos no quadrante superior direito – os que são importantes *e* estão pelo menos parcialmente sob seu controle. Se você estiver se preocupando com os itens nos outros três quadrantes, é hora de mudar; você está se preocupando demais!

13

Construindo os Recursos Humanos do Novo Empreendimento:

Recrutando, Motivando e Retendo Funcionários Realizadores

OBJETIVOS DE APRENDIZADO
Após ler este capítulo, você deve ser capaz de:

1. Explicar por que as informações sobre recrutamento, motivação e retenção de funcionários de alta qualidade são úteis para os empreendedores.
2. Definir "análise do cargo" e "descrição do cargo" e explicar por que são etapas iniciais importantes na busca de novos funcionários.
3. Definir "confiabilidade" e "validade" e explicar por que todas as técnicas usadas para seleção devem ter ambas. Descrever entrevistas estruturadas e explicar por que elas têm mais validade do que as entrevistas tradicionais.
4. Descrever as exigências para a definição de metas eficazes e por que elas são importantes para vincular premiações ao desempenho.
5. Descrever o papel da imparcialidade na motivação dos funcionários.
6. Definir "aumento da função" e "enriquecimento da função" e por que são importantes na motivação dos funcionários.
7. Descrever os vários meios para relacionar a remuneração e outros tipos de compensação ao desempenho.
8. Definir "comprometimento continuado", "comprometimento afetivo" e "comprometimento normativo" e explicar sua função na retenção dos funcionários de alta qualidade.
9. Definir "barreira de controle" e explicar por que é tão importante para os empreendedores saber delegar autoridade.

> "Circunde-se das melhores pessoas que encontrar, delegue autoridade e não interfira." (Ronald Reagan, 1986)

Um fato triste na vida é que, freqüentemente, nossas ações produzem o oposto do que queremos. Isso é verdade, com certeza, para empreendedores, em especial os de sucesso. Se lhes perguntarmos por que começaram seus próprios empreendimentos, muitos farão declarações como esta: "Eu odiava ser apenas uma peça de uma grande máquina" ou "Eu queria mais liberdade para fazer as coisas do meu jeito, não do jeito que me diziam para fazer". Em novos empreendimentos, pelo menos por algum tempo, é isso o que a dedicação e o trabalho duro dos empreendedores produzem: eles *têm* de tomar todas as decisões e fazer o show acontecer. Mas, depois, se o novo empreendimento for bem-sucedido, um paradoxo estranho se desenvolve: conforme a empresa cresce em tamanho, os empreendedores percebem que sua liberdade e senso de controle ficam cada vez mais restritos. Eles têm de passar mais e mais tempo supervisionando um negócio que se torna, muitas vezes para seu espanto, cada vez maior, como as organizações grandes e complexas das quais eles fugiram! Exatamente o que *não* queriam na vida!

Uma maneira de lidar com a situação é limitar o crescimento, procurar um nicho de mercado seguro e continuar a ocupar-se dele – alguns empreendedores escolhem essa opção. Para quem quer ver seu novo empreendimento transformar-se no maior e mais bem-sucedido possível, há uma opção, que descreveremos em detalhes mais adiante neste capítulo. Em essência, envolve ser um líder de equipe – a pessoa que inspira os membros de um pequeno grupo de co-fundadores e funcionários iniciais – se tornar um líder de muitas equipes, uma pessoa central na empresa, mas que, por necessidade, delega tarefas-chave para outras pessoas[1]. Isso, freqüentemente, é uma transição difícil para os empreendedores que vincularam o sucesso de suas vidas a serem proativos, fazendo coisas eles mesmos em vez de delegar a outros. Conforme observaremos, essa é uma mudança essencial se o novo empreendimento pretende continuar a crescer. Portanto, a cota de abertura de fato vira realidade. O sucesso substancial para novos empreendimentos deriva *não* de uma situação em que os empreendedores são capazes de fazer tudo, mas de uma mudança regular e ordenada desse estado inicial para outro em que o empreendedor monta uma equipe de funcionários de primeira classe para quem ele ou ela, em seguida, delegam muitos dos processos-chave do empreendimento em crescimento.

Embora essa mudança envolva muitas alterações, há três tarefas básicas centrais: atrair, motivar e reter funcionários de alta qualidade. Inicialmente, os empreendedores procuram realizar essas tarefas eles mesmos, querem escolher aqueles que vão se juntar à sua equipe e querem desempenhar um papel central na motivação e retenção dessas pessoas. Mas, a certa altura, eles devem confiar essas tarefas a outros. Se esse for o caso, por que você deve, como empreendedor atual ou futuro, se interessar por essas tarefas? Acima de tudo, porque vai acabar transferindo-as para outros. A resposta envolve três pontos principais. Primeiro, o processo que faz os empreendedores delegarem essas tarefas "pessoais" a outros é mais gradual do que

---

[1] Levie, J.; Hay, M. Life beyond the "kitchen" culture. In: Birley, S.; Muzyka, D. F. (eds.). *Mastering entrepreneurship*. Upper Saddle River, NJ: Prentice-Hall, p. 257-261, 2000.

inesperado. Dessa maneira, as informações sobre como realizá-las com habilidade é útil para os empreendedores durante as primeiras fases de crescimento de seu novo empreendimento, quando eles *estarão* realizando essas tarefas. Segundo, a maioria dos empreendedores quer colocar sua "marca" pessoal em suas empresas, e uma maneira de fazer isso é ter papel ativo no estabelecimento de sistemas por meio dos quais os funcionários de primeira classe são recrutados, motivados e retidos. Terceiro, quando delegam tarefas, os empreendedores precisam escolher bem a quem delegar – escolher, conforme a citação inicial sugere, "as melhores pessoas". Um meio de garantir que isso ocorra é compreender o que esses indivíduos vão fazer. Há várias razões pelas quais é importante conhecer a natureza dessas tarefas (recrutamento, motivação e retenção de funcionários excelentes). Nas seções seguintes deste capítulo, forneceremos uma visão geral dos fatores-chave relacionados. Nossa meta *não* é transformá-lo em um perito em aspectos-chave de administração de recursos humanos; atingir tais metas exige muitos anos de treinamento especializado. Mas queremos armá-lo com as informações básicas que acreditamos ser valiosas, porque você quer melhorar o crescimento de seu novo empreendimento e, portanto, ir em direção aos seus sonhos e suas metas pessoais.

RECRUTANDO E SELECIONANDO FUNCIONÁRIOS REALIZADORES

No Capítulo 5, sugerimos que novos empreendimentos estão em séria desvantagem quando entram no mercado de trabalho para atrair funcionários de alta qualidade. Como eles são novos, são relativamente desconhecidos para funcionários em potencial e não podem oferecer a segurança ou a "familiaridade da marca" das empresas estabelecidas. Embora haja poucas evidências sobre essa questão, parece lógico sugerir que, a menos que os novos empreendimentos consigam superar esses obstáculos, eles podem estar condenados ao fracasso – afinal, não podem crescer se não conseguirem atrair e reter funcionários que sejam necessários e dedicados. Como os empreendedores devem abordar essa tarefa importante? Para oferecer algumas orientações úteis, consideraremos duas questões básicas: (1) Onde os empreendedores devem procurar os funcionários de alta qualidade? e (2) Que técnicas específicas devem usar para identificar os melhores?

A Busca por Funcionários Realizadores: Sabendo o que Você Precisa e Onde Procurar

Há um velho ditado que diz: "É difícil ir a algum lugar a menos que você saiba aonde quer ir". Em outras palavras, é difícil atingir um objetivo, a menos que você o tenha claramente definido. Isso é certo com relação à contratação de funcionários de qualidade. Antes de começar a busca por tais pessoas, é crucial determinar o que seu novo empreendimento está buscando. Na área de administração de recursos humanos, isso implica duas tarefas preliminares: **análise do cargo**, determinar o que a função envolve e o que ela exige em termos de conhecimento, habilidades e capacidades específicas[2] – e a formulação clara da **descrição do cargo** –, uma visão geral do que a função envolve em relação a deveres, responsabilidades e

---

[2] Buckley, M. R.; Eder, R. W. B. M. Springbett and the notion of the "snap decision" in the interview. *Journal of Management*, 14: 59-67, 1988.

condições de trabalho. Em grandes empresas, as análises de cargos podem ser muito detalhadas e conduzir a descrições bastante específicas, mas para os empreendedores, especialmente nos primeiros dias de um novo empreendimento, quando têm de fazer quase tudo, é suficiente ter uma idéia clara do que a pessoa ou as pessoas que estão procurando farão e uma breve descrição por escrito dos principais deveres e tarefas que realizarão.

Por que essas etapas iniciais são importantes? Porque oferecem uma base para a escolha entre funcionários em potencial, para a seleção dos que têm mais probabilidade de serem bem-sucedidos em uma tarefa específica. A melhor escolha, sendo todos os outros fatores iguais, é a pessoa que possui o conhecimento, as habilidades e as capacidades que mais se encaixam às exigências da função. Se os empreendedores (ou as pessoas para quem delegam a tarefa) não tiverem feito a análise do cargo e formulado a descrição clara de função para um cargo em particular, ainda procederão na escolha entre os funcionários em potencial, pois essa é uma tarefa que *deve* ser realizada. Entretanto, será mais difícil fazerem essas escolhas com base nas exigências da função. Ao contrário, por exemplo, eles podem escolher as pessoas que acharem mais adequadas ou atraentes ou candidatos que, de alguma forma, "se destacam na multidão" e não a pessoa mais qualificada para a função. Por essa razão, é melhor formular uma idéia clara das exigências específicas de qualquer tipo de função antes de começar o processo de busca e seleção.

Tendo dito isso, devemos adicionar que, em muitos setores – os que estão à frente em avanços tecnológicos, como biotecnologia –, pode ser difícil especificar as exigências de várias funções com precisão porque as condições mudam rapidamente, assim como as tarefas que as pessoas realizam. Mas, à medida que as condições permitirem, é uma boa idéia determinar primeiro, com o máximo de precisão possível, o que é necessário antes de começar a busca por novos funcionários.

Uma vez que a tarefa de especificação do que é necessário – que habilidades e capacidades os novos funcionários precisam para a evolução do empreendimento – estiver concluída, a busca pode começar. No Capítulo 5, observamos que é freqüente os novos empreendimentos preencherem as necessidades de recursos humanos adicionais por intermédio das redes sociais de seus fundadores. Em outras palavras, eles tendem a contratar pessoas que conhecem diretamente, por terem contato pessoal, ou, indiretamente, pelas recomendações de pessoas que conhecem e em quem confiam[3]. Aqui, expandiremos os comentários indicando que as referências de funcionários atuais ou ex-funcionários são, em geral, úteis, nesse sentido. Entretanto, se os novos empreendimentos continuam a crescer, essas fontes podem se mostrar inadequadas: elas não produzem um número suficiente de funcionários em potencial ou com a gama de conhecimentos e habilidades de que o novo empreendimento precisa.

Nesse ponto, os empreendedores devem expandir a busca. Uma das maneiras de fazer isso é por meio de anúncios em publicações selecionadas. Por exemplo, pode-se colocar anúncios em jornais que atinjam uma audiência específica e direcionada. Como os novos empreendimentos normalmente não têm os recursos para filtrar um grande número de candidatos, não é muito útil fazer anúncios em meios de circulação em massa, como grandes jornais locais (embora possa haver exceções à regra). Outras fontes úteis incluem

---

[3] Aldrich, H. *Organizations evolving*. Londres: Sage, 1999.

visitas a colegas e a centros de empregos universitários; aqui, outra vez, é possível especificar com precisão as exigências da função e estar certo de entrevistar somente as pessoas cujas qualificações atendam às exigências. Há sites da internet (por exemplo, Career Mosaic, Headhunter e Monster Board) desenvolvidos para ajudar as empresas a encontrar funcionários e ajudar os funcionários em potencial a encontrar empregos. Entretanto, como eles ofereceram ajuda limitada a novos empreendimentos, não podemos recomendá-los com veemência.

Os empreendedores não devem negligenciar os clientes atuais como uma fonte potencial de novos funcionários. Os clientes conhecem os produtos do novo empreendimento e estão familiarizados com suas operações, portanto, podem ser uma fonte proveitosa de referências. Finalmente, os caça-talentos profissionais também são úteis. Os capitalistas de risco, em geral, têm relações de trabalho com tais empresas para ajudar a parte inicial financiada por eles a obter talento administrativo. Por isso, essa pode ser uma fonte valiosa para os empreendedores que obtiveram apoio financeiro de capitalistas de risco. Juntas, essas fontes são suficientes para fornecer a novos empreendimentos a variedade de candidatos necessária para que se proceda a escolha. Isso nos leva à próxima etapa: técnicas para selecionar as melhores pessoas.

Seleção: Técnicas para Escolher a "Nata"

Nossa experiência nos diz que, em muitos casos, novos empreendimentos se saem bem ao reunir funcionários em potencial: suas redes sociais, clientes atuais e outras fontes rendem um número de pessoas que poderiam, à primeira vista, ser contratadas. Mas a escolha já é outra história. Essa é uma tarefa difícil mesmo nas melhores condições também nas grandes organizações, que têm profissionais treinados para realizar essa tarefa. (Esses profissionais raramente são encontrados em empresas com menos de cem funcionários.) Os empreendedores geralmente não têm essa experiência, além disso devem tentar se adequar à tarefa de tomar essas decisões em dias extremamente ocupados. Vários erros, como a contratação de uma pessoa incompetente ou não-ética, são muito mais caros para o novo empreendimento, com seus recursos limitados, do que para grandes empresas já existentes. Então, como os empreendedores realizam essa tarefa com eficiência? Combinando várias técnicas.

Primeiro, é essencial apresentar algumas palavras sobre confiabilidade e validade, porque esses conceitos estão relacionados à questão da seleção dos melhores funcionários. A **confiabilidade** refere-se à extensão em que as medidas são consistentes no tempo e entre os julgadores. Por exemplo, se você subir em uma balança de manhã e ver "68 quilos", voltar dez minutos depois e ver "63,5 quilos", pode questionar a confiabilidade; seu peso não mudou em dez minutos, portanto, a balança não está oferecendo medições consistentes. (Talvez precise de uma bateria nova!) Um bom exemplo da confiabilidade em arbitragem são as notas dadas ao patinador campeão por uma comissão. Quanto mais os árbitros concordarem, mais confiáveis (consistentes) serão as notas.

Em oposição, a **validade** diz respeito à extensão em que as medições refletem as dimensões subjacentes a que se referem.

Confiabilidade e validade estão relacionadas com a tarefa de selecionar as melhores pessoas para trabalhos específicos por esta razão: apenas ferramentas ou técnicas de seleção que são confiáveis e válidas são úteis para essa finalidade e legais sob as leis existentes (por exemplo, EEOC, Americans with Disabilities Act [Lei dos Americanos Portadores de Deficiências]). De fato, se a validade de qualquer tipo de técnica é duvidosa, o uso dessa técnica pode resultar em um dispendioso processo judicial; lembre-se disso se quiser evitar esse tipo de problema!

Em que nível ficam as várias ferramentas de seleção com relação à confiabilidade e à validade? Está confirmado que muitas são fracas em ambas as dimensões. Descobriu-se, por exemplo, que cartas de recomendação não estão totalmente relacionadas ao desempenho real no cargo, o que significa que são pouco válidas. O mesmo acontece com entrevistas de emprego, técnica de seleção amplamente usada. As entrevistas tradicionais, que são muito desestruturadas por natureza e prosseguem em qualquer direção que o entrevistador desejar, apresentam vários problemas, que tendem a reduzir sua validade. Por exemplo, os entrevistadores, em geral, tomam suas decisões muito cedo, depois de apenas alguns minutos, bem antes de terem reunido informações pertinentes sobre o candidato[4]. Segundo, se os entrevistadores fizerem questões diferentes para cada candidato e permitirem que a duração da entrevista varie muito, como poderão, depois, comparar os candidatos de maneira sistemática?[5] Não poderão, e isso prejudica sua validade. Outros problemas envolvem o fato de que os entrevistadores, como todo mundo, estão sujeitos a formas sutis de vieses na maneira em que vêem os candidatos. Evidências indicam que os candidatos mais atraentes, aqueles que são parecidos com o entrevistador em muitos aspectos (idade, formação, identidade étnica) e os que são bons em administrar da imagem (ver o Capítulo 5) têm vantagem sobre os candidatos menos atraentes, menos parecidos com os entrevistadores e menos hábeis na administração da imagem[6]. Tais fatores não estão relacionados à capacidade das pessoas de desempenhar as funções para as quais estão sendo entrevistadas; isso significa que a validade dessas entrevistas é questionável, na melhor das hipóteses. Apesar desses poréns e dos resultados bizarros que essas entrevistas produzem (ver a Tabela 13.1), a maioria das empresas, até mesmo os novos empreendimentos, utilizam entrevistas breves de trabalho como o principal meio para escolher seus funcionários. Por quê? Provavelmente porque a maioria das pessoas, incluindo empreendedores, sofre da ilusão de que são muito capacitados em percepção social (ver o Capítulo 5). Em outras palavras, acreditam que podem formar uma impressão precisa dos principais traços, motivos e talentos de outros com base em uma breve conversa com eles[7]. Entretanto, pesquisas sugerem que somos excessivamente otimistas a esse respeito: a tarefa de avaliar os outros é muito mais difícil e está sujeita a muito mais erros do que a maior parte das pessoas percebe. Como foi discutido no Capítulo 4, não repetiremos essas informações aqui. É suficiente dizer que somos, em geral, menos bem-sucedidos nessa tarefa do que acreditamos, e isso coloca a validade das entrevistas tradicionais de trabalho em xeque.

---

[4] Judge, T. A.; Higgins, C. A.; Cable, D. M. The employment interview: A review of recent research and recommendations for future research. *Human Resource Management Review*, 10: 383-405, 2000.
[5] Gomez-Mejia, L.; Balkin, D. B.; Cardy, R. L. *Managing human resources*. 3. ed. Upper Saddle River, NJ: Prentice-Hall, 2001.
[6] Kacmar, K. M.; Ratcliff, S. L.; Ferris, G. R. Employment interview rearech: Internal and external validity. In: Eder, R. W.; Ferris, G. R. (eds.). *The employment interview: Theory, research, and practice*. Newbury Park, CA: Sage, p. 32-41, 1989.
[7] Baron, R. A.; Byrne, D. *Social psychology*. 10. ed. Boston: Allyn & Bacon, 2002.

Tabela 11.1 Entrevistas: Algumas Vezes Elas Produzem Resultados Bizarros!
Algumas vezes, entrevistas de trabalho tradicionais produzem resultados inesperados e bizarros. As informações mostradas aqui são baseadas em entrevistas reais.

■ O candidato entrou e perguntou: "Por que estou aqui?".
■ Quando lhe perguntaram sobre lealdade, o candidato mostrou uma tatuagem com o nome da namorada no braço.
■ O candidato disse que, se fosse contratado, "Logo se arrependeriam!".
■ O candidato chegou com uma cobra enrolada no pescoço e declarou: "Eu a levo para todos os lugares!"
■ A candidata comentou: "Se eu for contratada, ensinarei dança de salão gratuitamente a você." Em seguida, começou a demonstrar suas habilidades.
■ O candidato deixou uma etiqueta da lavanderia em seu casaco e comentou: "Quero mostrar a vocês como sou limpo".
■ O candidato atendeu a três chamadas de seu celular durante a entrevista e disse: "Tenho outra atividade".
■ Depois de uma questão difícil, o candidato disse: "Preciso deixar a sala e meditar antes de responder".

Fonte: Adaptado de informações apresentadas por Gomez-Mejia, Balkin e Cary, 2001.

Felizmente, é possível aperfeiçoar a validade das entrevistas se mudá-las para o que é conhecido como **entrevistas estruturadas**, em que as mesmas perguntas são feitas para todos os candidatos – questões escolhidas com cuidado e relacionadas à função. Algumas questões (de situação) indagam aos candidatos como responderiam a situações específicas de trabalho (por exemplo: "O que você faria se ficasse sem estoque?"). Outras são focadas no conhecimento da função – se os candidatos possuem as informações necessárias. Questões adicionais enfocam a disposição dos candidatos para realizar a função sob as condições atuais (por exemplo: "O que você acha de fazer horas extras em períodos de muito trabalho?"). Evidências empíricas sugerem que entrevistas estruturadas são, talvez, a técnica mais válida para a seleção de funcionários: entrevistadores diferentes apresentam classificações similares para os mesmos candidatos e essas classificações fazem o prognóstico do desempenho na função. Embora não sejam perfeitas, as entrevistas estruturadas oferecem uma técnica útil, que pode ajudar os empreendedores a tomar as decisões corretas ao escolher entre vários candidatos.

Outra técnica para a seleção de funcionários que se sai relativamente bem em relação à validade envolve as **informações biográficas** – informações sobre formação, experiências e preferências fornecidas pelos funcionários em formulários. Foi descoberto que essas informações têm validade moderada para o prognóstico do desempenho na função, desde que as questões feitas sejam, de fato, relevantes. Por exemplo, suponha que uma função exija muitas viagens, uma questão do formulário do candidato poderia ser: "Como você se sente com relação a viagens a trabalho?" ou "Com que freqüência você viajava em seu emprego anterior?". Com certeza, os candidatos que desejam viajar são uma opção melhor do que os que se mostrarem relutantes com relação a viagens. Mas lembre: as informações coletadas dessa maneira são úteis apenas se forem relevantes para a função. Além disso, conforme observado no Capítulo 4, determinados tipos de questões não podem ser feitos, tanto pessoalmente quanto em formulários. Questões que investigam a vida pessoal do candidato, as características físicas, a saúde pessoal, registros anteriores de detenção ou hábitos pessoais podem violar as leis e orientações de igualdade de oportunidade de emprego e colocar um empreendedor em apuros. Se as questões forem focadas diretamente em conhecimentos, habilidades, preferências e experiências relacionadas à função, esses problemas podem ser evitados e as entrevistas estruturadas podem ser uma ferramenta valiosa para a escolha das melhores pessoas para funções específicas.

Embora tenhamos enfatizado que as entrevistas são uma ferramenta para selecionar funcionários, é importante observar que muitas empresas, inclusive novos empreendimentos, as usam para outra finalidade: construir a imagem da empresa. Até um determinado ponto, essa pode ser uma boa estratégia. Mas pesquisas indicam que, em geral, é um grande erro sobrevalorizar uma empresa, seja iniciante, seja estabelecida. Pintar um cenário muito positivo para condições de trabalho pode provocar nos funcionários grandes frustrações se estiverem na função, isso pode enfraquecer sua motivação e seu comprometimento. É muito melhor certificar-se de que as entrevistas reflitam o que é conhecido como **apresentação prévia realista da função** – o empenho para apresentar um cenário equilibrado e preciso da empresa a funcionários em potencial. Dessa maneira, surpresas desagradáveis são minimizadas e novos funcionários têm mais probabilidade de permanecerem na função depois de contratados[8].

Por que você, como um empreendedor atual ou futuro, quereria saber sobre essas técnicas e procedimentos? Por duas razões que já observamos: (1) Você mesmo realizará as tarefas de recrutamento e seleção de funcionários, pelo menos no começo, e (2) posteriormente, se decidir delegar essas tarefas a outras pessoas, você vai querer supervisioná-las para garantir que estão sendo realizadas de maneira correta. É preciso lembrar que recrutar excelentes funcionários é crucial para o futuro de um novo empreendimento, mas deve-se ressaltar que, se essa tarefa for realizada de forma inadequada, a empresa corre o risco de entrar em processos judiciais decorrentes de violações das leis descritas no Capítulo 4. Com certeza, essa é mais uma ocasião em que o adágio "antes seguro do que arrependido" se aplica – e muito.

Um último ponto: É crucial verificar com cuidado as referências fornecidas pelos candidatos à função e as afirmações que eles fazem a respeito de experiência e treinamento anteriores. Infelizmente, nem todas as pessoas são honestas e candidatos a emprego em novos empreendimentos não são exceção. Para estar em segurança, os empreendedores devem verificar pelo menos os principais aspectos de um currículo antes de contratar um candidato. Há grandes chances de que as informações sejam verdadeiras, mas, em alguns casos, pode haver algumas surpresas.

MOTIVANDO FUNCIONÁRIOS: MAXIMIZANDO O VALOR DOS RECURSOS HUMANOS DO NOVO EMPREENDIMENTO

Os empreendedores são, por definição, pessoas muito motivadas: Conforme observado no Capítulo 12, sua motivação para o sucesso é, em geral, tão grande que os expõe a níveis de estresse extremos que podem colocar sua saúde em perigo. Mas os altos níveis de motiva-

---

[8] Wanous, H. P.; Coella, A. Organizational entry research: Current status and future directions. In: Ferris, G.; Rowlands, K. (eds.). *Research in personnel and human resources management*. Greenwich, CT: JAI Press, 7: 59-120, 1989.

ção dos empreendedores não garantem que todas as pessoas contratadas para seus novos empreendimentos compartilhem essa perspectiva. Os primeiros contratados podem ser conhecidos, antigos colegas de trabalho ou pessoas indicadas aos empreendedores por amigos próximos, portanto, essas pessoas também podem ter altos níveis de motivação. Mas uma vez que um novo empreendimento começa a crescer e a contratar funcionários adicionais, surge a questão da motivação, de como motivar essas pessoas a fim de que elas façam melhor seu trabalho, o mesmo que ocorre em outras organizações. Como cada pessoa da folha de pagamento importa para um novo empreendimento e não é possível arcar com as despesas de "passageiros" que pegam carona nos esforços de outros, a questão "Como a motivação de um funcionário pode ser maximizada?" é um aspecto-chave para os empreendedores. Nesta seção ofereceremos algumas sugestões concretas para atingir esse objetivo. Inicialmente, a maioria dos empreendedores tem uma visão inspiradora daquilo que sua empresa pode se tornar para motivar novos funcionários e eles são, freqüentemente, altamente capacitados a esse respeito[9]. Mas essa é apenas uma técnica que pode ser eficaz na construção da motivação e acreditamos que seja muito útil para os empreendedores terem, pelo menos, familiaridade com várias outras.

Antes de nos voltarmos para esses "incrementadores de motivação", precisamos falar um pouco sobre o que queremos dizer com o termo **motivação**. Nas áreas de administração de recursos humanos e de comportamento organizacional, os dois ramos da administração que deram mais atenção a esse tópico, a motivação é normalmente definida como os processos que estimulam, direcionam e mantêm o comportamento humano dirigido para a consecução de algum objetivo. Em outras palavras, a motivação se refere ao comportamento que é ativado por, e direcionado para, o alcance de alguma meta ou objetivo desejado. Para compreender a motivação são necessários quatro componentes: Nada acontece sem estímulo (energia) e nada é realizado por meio de agitação aleatória; é necessário ter metas específicas; para atingir metas específicas, o comportamento deve ser direcionado; em geral, esse direcionamento precisa ser mantido por um período de tempo. Um exemplo simples: suponha que um empreendedor queira obter financiamento para seu novo negócio. Ele não fica sentado sonhando com seu objetivo; ao contrário, dá passos ativos e enérgicos para alcançá-lo. Esses passos são direcionados, não são uma atividade aleatória. Por exemplo, ele pode usar sua rede para identificar possíveis anjos ou para colocá-lo em contato com capitalistas de risco e com outras fontes potenciais de financiamento. Ele não vai à esquina mais próxima empunhando um aviso que diz: "Preciso de dinheiro para um novo empreendimento" e pede ajuda aos motoristas que passam. Além disso, seu comportamento persiste com o tempo: ele não desiste depois de uma ou duas derrotas. Seu desejo de obter financiamento é grande, portanto, ele continua a tentar. Seus esforços são direcionados para um objetivo específico: a obtenção de financiamento. Como todos os quatro componentes estão presentes – energia, direção, persistência e um objetivo ou uma meta clara –, suas ações ilustram a natureza básica da motivação. (Ver a Figura 13.1 para um resumo desses componentes.) Observe, a propósito, que esse é um exemplo de automotivação: o empreendedor está motivado a obter financiamento por fatores internos, suas metas e desejos. Como uma tarefa-chave para os empreendedores é motivar outros, vamos nos concentrar nessa questão na discussão atual.

---

[9] Baum, J. R.; Locke, E. A.; Smith, K. G. A multidimensional model of venture groth. *Academy of Management Journal*, 44: 292-303, 2001.

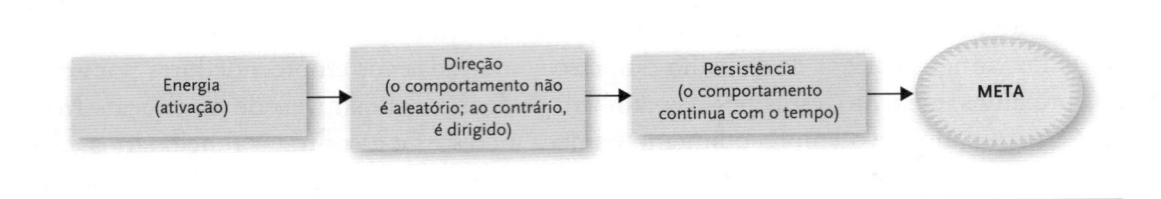

Figura 13.1 Motivação: Componentes Básicos
A motivação envolve quatro componentes principais: energia (ativação), direção (até alguma meta), manutenção do comportamento (persistência) e meta para a qual está direcionado.

Tentando Chegar à Lua – Ou, Pelo Menos, ao Próximo Nível Acima: O Papel Fundamental das Metas – e da Visão

Quando você realiza uma tarefa, estabelece metas específicas para si mesmo? Por exemplo, quando começou a ler este capítulo, estabeleceu a meta de lê-lo até o fim? Até a metade? Se você for como muitos ambiciosos, pessoas que trabalham muito, a resposta provável é *sim*. Você já deve saber que estabelecer metas dessa maneira pode ser muito motivador: elas podem nos ajudar a manter o comportamento por longos períodos de tempo. Por quê? Em parte porque saber aonde chegar (sua meta) ajuda a medir seu progresso: podemos dizer se, e com que rapidez, chegaremos aonde queremos. Parece que isso nos ajuda a continuar; de fato, pesquisas indicam que quanto mais próximo estiver o objetivo específico, mais forte se torna nossa motivação para atingi-lo e maior o esforço que empregamos tentando chegar até ele[10].

Até aqui, falamos sobre metas pessoais, aquelas que as pessoas determinam para si mesmas. Com certeza, os empreendedores são mestres nessa tarefa: o desejo de estabelecer suas próprias metas – ter controle pessoal sobre sua vida e sobre suas próprias atividades – é a razão pela qual muitos que se tornam empreendedores estão à frente[11]. Por exemplo, considere Jon Oringer, que começou recentemente uma empresa de software (SurfSecret Software)[12]. Oringer era um estudante de pós-graduação que vivia confortavelmente na casa de seus pais, mas queria a independência total que só um negócio próprio poderia oferecer. Então, ele desistiu de sua vida segura, mudou-se para seu próprio apartamento e começou sua empresa, que agora emprega quatro programadores fora do local. Em alguns pontos, sua vida é, com certeza, mais difícil, mas ele tem o controle pessoal que almejou; em sua visão, a troca foi muito boa.

Em comparação com os empreendedores, muitas pessoas não são tão autodirecionadas: não procuram independência total e nem sempre estabelecem metas para si mesmas. Ou, se o fazem, estabelecem metas que são fáceis de ser atingidas, que não são tão motivadoras. Como um eco desse fato básico, inúmeras pesquisas indicam que, em muitos contextos empresariais, estabelecer metas para funcionários é uma maneira útil de aumentar

---
[10] Locke, E. A.; Latham, G. P. *Goal setting*. Englewood Cliffs, NJ: Prentice-Hall, 1990.
[11] Baron, R. A. The cognitive perspective: A valuable tool for answering entrepreneurship's basic "why?" questions. *Journal of Business Venturing*, no prelo.
[12] Pennington, A. Y. On a shoestring. *Entrepreneur*, Março: 96, 2003.

a motivação e o desempenho. Porém, para que sejam úteis ao máximo, tais metas devem atender a determinados critérios:

- Devem ser *desafiadoras* – as metas devem ser um "passo além" para as pessoas envolvidas, de modo que precisem trabalhar muito para atingi-las. Metas que não são desafiadoras não aumentam a motivação nem o desempenho.
- Devem ser *atingíveis* – estabelecer metas impossíveis para as pessoas atingirem não aumenta a motivação nem o desempenho; ao contrário, as encoraja a desistir, porque concluem que não há a possibilidade de atingir o objetivo definido.
- Devem ser *específicas* – dizer apenas "faça o melhor" ou "aumente sua produção" é inútil. Para motivar empenho e desempenho, as metas devem ser específicas (por exemplo, "Aumente sua produção em 15% em um mês", "Reduza sua taxa de erros em 20% dentro de duas semanas").
- Devem ser *aceitas* pelas pessoas envolvidas – se as pessoas rejeitarem uma meta porque ela não é consistente com seus desejos ou objetivos, haverá pouco ou nenhum impacto; afinal, a meta não é *delas*, então por que tentar atingi-la?
- Deve ser fornecido *feedback* a respeito do progresso – as pessoas envolvidas devem ser mantidas informadas sobre como estão se saindo. Elas estão se movendo em direção à meta? Em um ritmo aceitável? Sem *feedback*, as pessoas não têm idéia se seus esforços estão valendo a pena, isso pode desencorajá-las rapidamente.

Conforme observado, evidências sugerem que o estabelecimento de metas que atendam a esses critérios é uma técnica poderosa para aumentar a motivação e o desempenho[13]. De fato, os resultados podem ser surpreendentes. Por exemplo, em um estudo recente, operadores de uma cadeia de pizzarias descobriram que os motoristas que entregavam pizzas não paravam totalmente nos sinais fechados, o que os colocava – e a empresa também – em risco de acidentes e de processos judiciais. O estabelecimento de metas e o *feedback* concreto foram usados para alterar esse comportamento: os motoristas receberam a meta específica de parar totalmente pelo menos em 75% das vezes (contra a taxa de 45% mostrada no começo do estudo). Além disso, o modo de conduzir foi observado e eles receberam *feedback* sobre a extensão em que atenderam a essa meta a cada semana. Como pode ser visto na Figura 13.2, os resultados foram surpreendentes: pouco depois de as metas serem estabelecidas e do *feedback* ser instituído, o desempenho dos motoristas aumentou para muito perto do nível-alvo. Entretanto, quando o *feedback* foi descontinuado, a taxa caiu para o nível anterior. (Um grupo de controle não recebeu metas e *feedbacks*; conforme o esperado, seu comportamento não mudou ao longo do estudo.)

Como o estabelecimento de metas é algo relativamente fácil, pode ser uma técnica útil para os empreendedores. Ainda que, para ser eficaz, deva ser aplicado de acordo com as orientações descritas aqui. Se elas forem ignoradas, os resultados provavelmente serão decepcionantes.

Nesse ponto, desejamos enfatizar uma questão já mencionada: muitos empreendedores vão além de focar em objetivos relacionados a desempenho. Eles focam na *visão*, no que

---

[13] Ludwig, T. D.; Geller, E. S. Assigned versus participative goal setting and response generalization: Managing injury control among professional pizza deliverers. *Journal of Applied Psychology*, 82: 253-261, 1997.

desejam atingir e no que sua empresa pode se tornar. Pesquisas recentes sugerem que comunicar isso claramente aos funcionários e a outras pessoas pode aumentar muito o crescimento de novos empreendimentos[14].

Um comentário final: ao longo desta discussão, mencionamos a motivação e o desempenho em conjunto. É importante observar que eles definitivamente *não* são a mesma coisa. A motivação é um ingrediente-chave no desempenho de muitas tarefas, mas, por si só, não é garantia de desempenho aperfeiçoado. Por exemplo, se os funcionários não tiverem as habilidades ou conhecimentos exigidos para realizar bem uma tarefa, eles, provavelmente, não poderão fazer isso, mesmo que sua motivação seja muito alta; essa é uma das razões de a seleção cuidadosa de candidatos à função ser tão importante. De maneira similar, mesmo pessoas muito motivadas podem não estar aptas a realizar um bom trabalho com equipamento inadequado ou com defeitos. Portanto, lembre-se de que a motivação é apenas um dos ingredientes do bom desempenho; é crucial, mas não é tudo.

Vinculando as Recompensas ao Desempenho: O Papel das Expectativas

Lembra-se da nossa discussão do viés otimista do Capítulo 3? Observamos que, em geral, as pessoas são otimistas; elas acreditam, mais do que é justificado à luz fria da razão, que as coisas ficarão bem e que terão resultados positivos em muitas situações diferentes[15]. Essa tendência está muito relacionada à motivação: como são otimistas, as pessoas acreditam que quanto mais se esforçarem em uma determinada tarefa, melhor ela será realizada, e que o bom desempenho produzirá melhores resultados do que o desempenho fraco. Em muitos casos, essas suposições são racionais, em outros, podem não corresponder à realidade. Por exemplo, alguma vez você já tentou realizar uma tarefa com as ferramentas inadequadas ou sem ter as informações necessárias? Em tais casos, o trabalho duro não necessariamente melhora o desempenho. Lembro-me da primeira vez em que tentei construir uma estante. Como eu não sabia o suficiente sobre como as peças de madeira poderiam ser unidas, o quanto me esforcei não fez a menor diferença: o que produzi foi algo realmente instável.

De maneira similar, você provavelmente já passou por situações em que um bom desempenho não foi reconhecido ou recompensado; talvez a situação não fosse justa ou seu bom trabalho tenha sido apenas mal observado.

Uma teoria importante da motivação, conhecida como **teoria da expectativa**[16], sugere que ambos os fatores, mais outro adicional, desempenham um papel-chave na motivação. Especificamente, essa teoria, que foi verificada por muitos estudos diferentes, sugere que as pessoas são motivadas para trabalhar com afinco em uma tarefa somente quando três condições prevalecem: (1) elas acreditam que o emprego de esforço melhorará seu desempenho (isso é conhecido como *expectativa*), (2) um bom desempenho será recompensado

---

[14]Baum, J. R.; Locke, E. A. The relationship of entrepreneurial traits, skill, and motivation to subsequent venture growth. *Journal of Applied Psychology*, no prelo.
[15]Shepperd, J. A.; Ouellette, J. A.; Fernandez, J. K. 1996. Abandoning unrealistic optimistic performance estimates and the temporal proximity of self-relevant feedback. *Journal of Personality and Social Psychology*, 70: 844-855, 1996.
[16]Mitchell, T. R. Expectancy-value models in organizational psychology. In: Feather, N. (ed.). *Expectancy, incentive, and action*. Hillsdale, NJ: Lawrence Erlbaum Associates, p. 293-314, 1983.

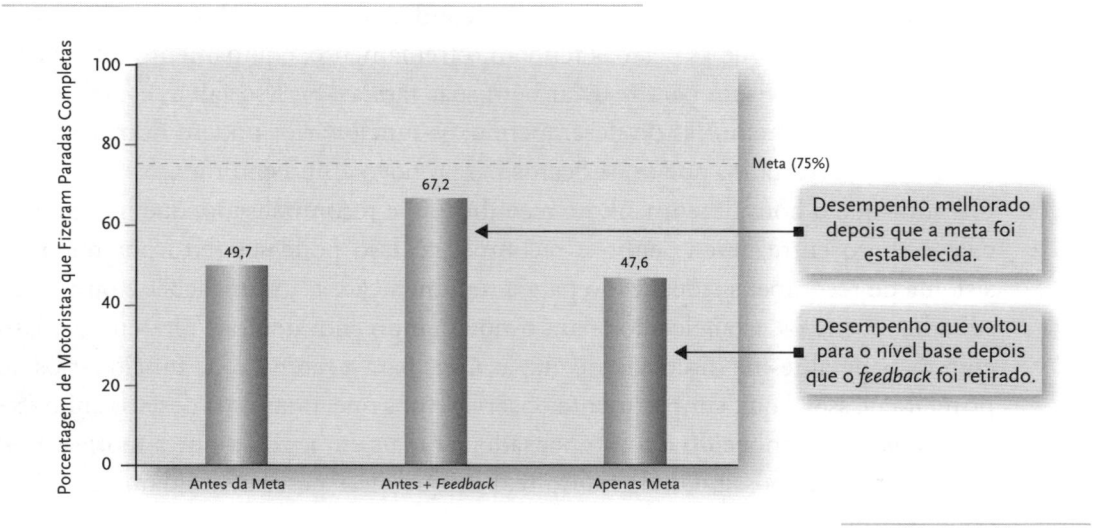

Figura 13.2 Estabelecimento de Meta: Uma Técnica Bastante Eficaz para a Motivação de Funcionários
Quando uma meta clara foi estabelecida para os motoristas que entregavam pizza e eles receberam feedbacks, o desempenho aumentou nitidamente. Entretanto, quando não houve o feedback, o desempenho diminuiu para o nível inicial, antes de a meta ter sido estabelecida.
Fonte: Baseado em dados de Ludwig e Geller, 1997; ver a nota 12.

(isso é conhecido como *instrumentalidade*) e (3) os prêmios oferecidos são o que realmente querem ou valorizam (*valência*). Quando algum desses fatores não está presente, a motivação tende a cair para níveis muito baixos. Isso é razoável: por que, afinal, alguém deve esforçar-se em alguma tarefa quando fazer isso não o ajudará a ter melhor desempenho ou quando não há vínculo entre a qualidade do desempenho e as recompensas que recebe? A resposta é clara: sob essas condições, as pessoas *não* se esforçarão, nem estarão motivadas a trabalhar arduamente.

Agora as coisas ficam interessantes: como os empreendedores são ainda mais otimistas que outras pessoas[17] e por possuírem maior convicção de que podem realizar o que se dispõem a realizar (isto é, possuem maior auto-eficácia), tendem a presumir – implicitamente, mas com força – que esforço e desempenho estão ligados, assim como desempenho e recompensa. Portanto, se o esforço em uma tarefa não for bem-sucedido, a tendência é dobrar os esforços e não desistir. Se, em princípio, o valor de seu trabalho não for reconhecido, a tendência é empenhar-se mais para garantir que, por fim, seja reconhecido. Outras pessoas, entretanto, podem ser mais inclinadas a experimentar diminuição de motivação quando houver confronto com essas condições. Dessa maneira, ao administrar seus novos empreendimentos, os empreendedores devem observar cuidadosamente esse fator. Isso sugere várias etapas práticas que podem ser implementadas para manter a motivação dos funcionários em altos níveis.

---

[17]Simon, M.; Houghton, S. M.; Aquino, K. Cognitive biases, risk perception, and venture formation: How individuals decide to start companies. *Journal of Business Venturing*, 15: 113-134, 2000.

- Certificar-se de que o empenho, de fato, conduz a um bom desempenho – isso significa assegurar que as pessoas tenham o treinamento, equipamento e conhecimento de que precisam para realizar bem suas tarefas. Se isso faltar, e os esforços não produzirem melhorias do desempenho, os funcionários podem ficar desencorajados, e os resultados podem ser caros para o novo empreendimento.
- Garantir que o bom desempenho é reconhecido e recompensado, que há um vínculo estreito entre desempenho e recompensa. Isso pode ser feito por meio do sistema de recompensa idealizado para a remuneração, as gratificações e outros resultados positivos estabelecidos para o novo empreendimento. Voltaremos a isso com mais detalhes na discussão de etapas úteis para a retenção de funcionários de primeira classe. Aqui, simplesmente observaremos que, quando o desempenho excelente *não* é reconhecido e recompensado, há mais em jogo do que a motivação – também há uma possibilidade muito real de que essas pessoas decidam sair e isso pode ser devastador para um novo empreendimento.
- Assegurar-se de que as recompensas oferecidas pelo bom desempenho são as que os funcionários realmente querem. Isso parece óbvio, mas lembre: *Dinheiro não é a única coisa que as pessoas querem de seus trabalhos.* É verdade, dinheiro é importante. Mas, algumas vezes, as pessoas valorizam outros resultados, tais como benefícios secundários, horário de trabalho flexível ou programação de férias, elogios e reconhecimento. Por exemplo, novas empresas da área de biotecnologia freqüentemente permitem que seus cientistas publiquem as descobertas de pesquisas porque isso aumenta a motivação desses profissionais. É por essa razão que as organizações estão oferecendo aos funcionários uma ampla gama de benefícios, inclusive todos os mostrados na Tabela 13.2. Se desejar manter as melhores pessoas em sua empresa, esse é um princípio valioso para ser lembrado.

Tabela 13.2 Benefícios do Funcionário: Algumas Formas Novas
A fim de manter alta a motivação dos funcionários, é importante oferecer benefícios que eles achem desejáveis. Aqui está uma amostra de benefícios oferecidos a funcionários por empresas reais. Temos certeza de que alguns deles o surpreenderão.

BENEFÍCIOS (Descrição)	
Aconselhamento (financeiro, jurídico, psiquiátrico/psicológico)	Estacionamento
Descontos em mercadorias	Transporte de ida e de volta do trabalho
Preparação da declaração de imposto de renda	Adoção de criança
Subsídios educacionais	Tolerância com vestimentas
Creche	Serviço de alimentação subsidiado
Auxílio-moradia	Auxílio para compra de ferramentas
Serviço de atendimento a idosos	Oportunidades sociais e de recreação
Empréstimos para emergências	Despesas de transferência
Programas de condicionamento físico	Cooperativa de crédito

Fonte: Baseado nas informações apresentadas por Henderson, *Compensation management*, Prentice-Hall, 1989.

Em suma, no mesmo grau em que os vínculos entre esforço e desempenho ou desempenho e remuneração forem fortes e claros para os funcionários, a motivação será alta. Quebre ou enfraqueça esses vínculos, e os resultados podem ser uma força de trabalho desanimada e desmotivada. Empreendedores inteligentes observarão com cuidado esses fatos e farão de tudo para garantir que condições favoráveis aos altos níveis de motivação sejam o padrão em seus novos empreendimentos. Se não forem eles próprios os encarregados disso, eles devem garantir que as pessoas a quem delegarem a tarefa estejam usando as técnicas descritas aqui; se não estiverem, pode haver razão para preocupação e cuidado adicional.

Imparcialidade: Um Ingrediente Essencial na Motivação

No verão entre meu primeiro e segundo anos na faculdade, eu (Robert Baron) trabalhei no escritório financeiro de um grande sindicato. Era um substituto temporário, por isso o trabalho era bastante chato: eu preenchia formulários e preparava pastas de arquivos novos colocando etiquetas nelas. Minhas horas eram longas e eu tinha de bater o cartão quando chegava e quando saía. Tinha apenas 45 minutos para o almoço e uma pausa de 15 minutos pela manhã. Eu precisava do dinheiro para a faculdade, portanto estava motivado, exceto por uma coisa: outro aluno que também trabalhava ali era tratado muito melhor. Tom, que era um ano mais velho que eu, chegava atrasado todas as manhãs e freqüentemente saía mais cedo. Desaparecia por longos períodos durante o dia e demorava duas horas no almoço. O pior de tudo é que ele ficava com as tarefas mais interessantes. O golpe final foi quando, por engano, recebi o pagamento dele. Ao abrir o envelope, descobri que ele recebia 50% a mais do que eu, minha cabeça quase explodiu com a injustiça. "Por que diabos ele recebe esse tratamento especial?". Eu estava surpreso. Descobri logo: Ele era sobrinho do presidente do sindicato. Fim do mistério, mas não dos meus sentimentos sobre ser tratado injustamente.

O que você acha que esses sentimentos de injustiça fizeram com a minha motivação? Como pode adivinhar, eles deixaram minha motivação no zero. Lembro que pensei: "Por que eu me esforço por uma organização que me trata assim?". Este é um dos principais efeitos da injustiça em contextos comerciais: as pessoas expostas a ela experimentam uma forte queda na motivação. Até pior, elas se envolvem em casos de roubo e sabotagem, em parte por causa da raiva da empresa que as tratou de forma injusta, em parte porque essa é uma maneira de "igualar o placar", isto é, de terem o que merecem, mesmo que isso as prejudique[18].

Essa situação ilustra de modo claro um conjunto de condições que levam os indivíduos a concluir que estão sendo tratados injustamente – uma falta de equilíbrio entre as contribuições que fazem com os resultados (recompensas) que recebem, com relação aos de outras pessoas. Em geral, esperamos que essa taxa de contribuições e recompensas seja a mesma para todos do grupo: quanto mais cada pessoa contribui, maior a recompensa que recebe. Em outras palavras, buscamos **justiça** (ou **participação distributiva**) – condições sob as quais as recompensas disponíveis são divididas entre os membros do grupo, de

---

[18] Greenberg, J. The cognitive geometry of employee theft: Negotiating "the line" between taking and stealing. In: Griffin, R. W.; O'Leary-Kelly, A.; Collins, J. M. (eds.). *Dysfunctional behavior in organizations: Non-violent dysfunctional behavior.* Stamford, CT: JAI Press, p. 147-194, 1998.

acordo com o que cada um contribui[19]. Foi a ausência desse tipo de imparcialidade que me desnorteou: minhas contribuições eram realmente maiores que as outro aluno, mas suas recompensas eram maiores que as minhas (ver a Figura 13.3).

Entretanto, a falta de equilíbrio entre o que recebem e o que contribuem não é a única razão pela qual as pessoas se sentem tratadas com injustiça. Tais sentimentos também podem surgir quando as pessoas sentem que os procedimentos na divisão das recompensas não são justos (*justiça processual*) ou quando sentem que as pessoas que distribuem essas recompensas não explicam suas decisões adequadamente ou não mostram cortesia suficiente em seu comportamento (*justiça inter-relacional*)[20]. As reações a esses tipos de injustiça são as mesmas: as pessoas se tornam irritadas, sentem ressentimento e passam por uma queda do desejo de trabalhar com afinco. Elas também podem exigir recompensas maiores ou tratamento mais atencioso ou, finalmente, saem e deixam o local de trabalho no qual se sentem exploradas. (Ver a seção "Atenção! Perigo Adiante!" para uma discussão de um outro tipo de reação particularmente perturbadora à imparcialidade da parte de funcionários.)

Minhas Contribuições: **Muitas**

Contribuições do Outro Aluno: **Poucas**

Resultado: Passei por sentimentos fortes de imparcialidade.

Meus Resultados: **Poucos**

Resultados do Outro Aluno: **Muitos**

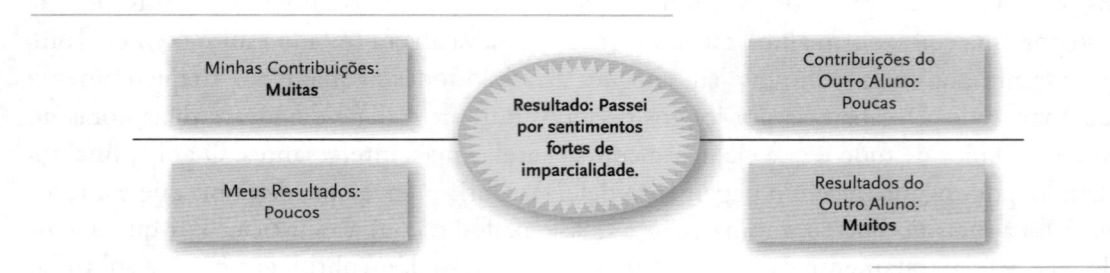

Figura 13.3 Justiça Distributiva: Um Exemplo Específico
Ao decidir se somos tratados com justiça, freqüentemente nos focamos na justiça distributiva, o grau em que as recompensas disponíveis são divididas de acordo com as contribuições de cada pessoa (quanto mais cada um contribui, maiores as recompensas que recebe). Em um trabalho de verão passei por isso – minhas contribuições foram maiores, mas minhas recompensas, menores do que as recompensas de outro aluno. O resultado: passei por sentimentos fortes de injustiça (ineqüidade).

O que isso significa para os empreendedores? Muitas coisas. Primeiro, que devem atentar para serem justos com as pessoas em seu novo empreendimento. Isso significa que é preciso um grande esforço para estabelecer o vínculo entre recompensa e desempenho sempre que possível, de modo que, quanto maiores sejam as contribuições dos funcionários, maiores sejam suas recompensas. Segundo, que é importante estabelecer procedimentos justos para a avaliação de desempenho e a distribuição das recompensas disponíveis, procedimentos que são compreendidos por todos os funcionários. Há mais a dizer sobre isso mais adiante, contudo, definitivamente, é importante a motivação estar envolvida. Terceiro, isso sugere uma forte razão para se tratar os funcionários com atenção e respeito. Não é apenas eticamente correto, é também uma condição essencial para a manutenção de um alto nível de motivação.

---

[19]Brockner, J.; Wiesenfeld, B. M. An integrative framework for explaining reactions to decisions: The interactive effects of outcomes and procedures. *Psychological Bulletin*, 120: 189-208, 1996.
[20]Greenberg, J. *The quest for justice on the job*. Thousand Oaks, CA: Sage, 1997.

ATENÇÃO! PERIGO ADIANTE!

Roubo de Funcionários: Dando o Troco a um Empregador Injusto

- No ramo de restaurantes, um em que muitos empreendedores operam, os roubos por parte de funcionários custam entre US$ 15 bilhões a US$ 25 bilhões por ano, apenas nos Estados Unidos.
- Um estabelecimento pequeno comum (muitos dos quais operados por empreendedores) perde cerca de US$ 20 mil por ano em conseqüência de roubos por funcionários.
- Em empresas varejistas em todo o mundo, mais de 3% dos funcionários admitem que roubam todos os dias e 8% admitem que furtam pelo menos uma vez por semana.
- Nos Estados Unidos, as fraudes custam às empresas mais de US$ 400 milhões por ano.

Esses números[21] sugerem que o roubo por funcionários é um grande problema para muitas empresas e que empresas pequenas (inclusive novos empreendimentos) estão longe de estar imunes a essa situação. Por que os funcionários roubam? Por muitas razões, mas pesquisas indicam que uma das mais importantes é porque acreditam estarem sendo tratados injustamente[22]. Em outras palavras, eles roubam porque sentem que podem – estão simplesmente "acertando as contas". Aqui está um exemplo surpreendente de um pequeno escritório de advocacia.

O escritório era especializado em reivindicações de danos pessoais e empregava vários assistentes de serviços jurídicos – pessoas que não são formadas em Direito, mas que são treinadas em procedimentos jurídicos. Um deles, vamos chamá-lo Joe, recebia US$ 7 por hora. As condições de trabalho eram terríveis – para ganhar mais dinheiro, os advogados aumentavam continuamente o número de casos e, embora ganhassem honorários consideráveis, não repassavam isso para os funcionários que trabalhavam duro. Muitos assistentes saíam depois de alguns meses, mas Joe ficava. Por quê? Porque ele descobriu uma maneira de roubar grandes quantias de dinheiro (mais de US$ 2.500 por mês) da empresa. De que forma? Como os processos judiciais em geral se arrastam por anos, os clientes acabam se mudando, desistindo ou simplesmente se esquecem de seus casos depois de um período. Quando os cheques chegavam para liquidar esses casos, era comum não haver cliente para receber sua parte. Joe, então, forjava os nomes das pessoas e ficava com os cheques. Esses cheques deveriam ficar na empresa, mas Joe avaliava: "Eles estão me pagando pouco, portanto, eu acho que isso me pertence". Nesse exemplo, era uma pequena empresa de advocacia que sofria perdas financeiras, mas o mesmo padrão pode ser desenvolvido em novos empreendimentos se os funcionários sentirem que não estão sendo tratados com justiça. Como empresas iniciantes esforçadas precisam de todos os lucros que puderem ser gerados e podem ser prejudicadas por perdas provenientes de roubos praticados por funcionários, é claro que a construção da imparcialidade em sua cultura não é apenas uma coisa ética a ser feita, é a mais prática também!

---

[21] Kooker, N. R. Taking aim at crime – stealing the profits: Tighter controls, higher morale may safeguard bottom line. *Nation's Restaurant News*, 34(21): 114-118, 2000.

[22] Greenberg, J. The cognitive geometry of employee theft: Negotiating "the line" between taking and stealing. In: Griffin, R. W.; O'Leary-Kelly, A.; Collins, J. M. (eds.). *Dysfunctional behavior in organizations: Non-violent dysfunctional behavior*. Stamford, CT: JAI Press, p. 147-194, 1998.

Concebendo as Funções para Torná-las Motivadoras

Antes de concluir, devemos mencionar uma técnica adicional para manter ou aumentar a motivação entre os funcionários de um novo empreendimento: projetar as tarefas que realizam de modo que sejam intrinsecamente motivadoras. Quase ninguém gosta de tarefas rotineiras, repetitivas e sobre as quais tenham pouco ou nenhum controle. As pessoas que executam essas tarefas se tornam "observadoras de relógios", esperam o dia terminar para voltar para suas vidas reais, para o que apreciam e que realmente importa para elas. Com certeza, seus trabalhos estão bem abaixo na lista.

É muito fácil para os empreendedores, que estão entusiasmados com a criação de algo novo e superestimulados a cada dia, negligenciar esse fato. Eles se esquecem de que os funcionários podem não compartilhar esses sentimentos e podem se aborrecer com as tarefas que realizam. Isso sugere que é importante dar atenção ao **desenho da função**, para estruturá-la de modo que aumente o interesse (e a motivação) da pessoa. Felizmente, atingir essa meta não é difícil. Duas etapas básicas podem ser úteis para assegurar que as funções dos funcionários não sejam rotineiras em excesso. Uma abordagem é conhecida como *aumento da função* e envolve a expansão de funções de modo que incluam uma variedade mais ampla de tarefas e de atividades. Por exemplo, em vez de um funcionário embalar os produtos para transporte todos os dias, essa pessoa pode ser solicitada para acompanhar as devoluções e talvez desempenhar uma função na ordenação de suprimentos necessários para o transporte.

A segunda técnica básica de desenho da função é o *enriquecimento da função*, que envolve oferecer aos funcionários não apenas mais tarefas, mas aquelas que exigem um nível maior de habilidade e responsabilidade. Por exemplo, o emprego chato que eu descrevi poderia ter sido enriquecido se me permitisse responder solicitações dos membros em vários formulários ou livretos de informações. Essas tarefas envolveriam um pouco mais do que o arquivamento sem fim e seria algo que eu faria no meu próprio ritmo.

Abrangemos muito nessa discussão, mas, em essência, os princípios são muito diretos e racionais. Eles podem ser resumidos da seguinte maneira:

- As pessoas trabalharão mais quando estiverem se esforçando para atingir metas desafiadoras do que quando não têm metas para atingir.
- As pessoas trabalharão mais quando perceberem vínculos claros entre seu empenho, seu desempenho e as recompensas que recebem do que se esses vínculos forem fracos ou se não houver vínculos.
- As pessoas trabalharão mais quando sentirem que estão sendo tratadas com imparcialidade (em termos de recompensas, procedimentos e atenção) do que quando sentirem que estão sendo tratadas injustamente.
- As pessoas trabalharão mais quando suas tarefas forem desenhadas para serem interessantes para elas.

Todos esses princípios são os que podem ser construídos em um novo empreendimento. Nesse aspecto, os novos empreendimentos têm uma vantagem sobre as empresas grandes existentes, nas quais sistemas de remuneração complexos e não-confiáveis e a política organizacional freqüentemente obstruem o caminho. Mas esses ingredientes-chave na motivação do funcionário *não* se estabelecem nem se mantêm sozinhos. Eles existirão apenas na medida em que os empreendedores ou outras pessoas para quem essas tarefas foram delegadas se dêem o trabalho de garantir a sua presença. Dado o papel crucial da motivação do funcionário no sucesso de um novo empreendimento, essa é uma tarefa que os empreendedores definitivamente *não* devem negligenciar.

RETENDO FUNCIONÁRIOS REALIZADORES

Boas pessoas são sempre necessárias, portanto, os novos empreendedores enfrentam os mesmos problemas que todas as empresas: como reter funcionários realizadores. Fazer isso é crucial para novos empreendimentos por duas razões: substituir boas pessoas exige tempo e outros recursos preciosos que o novo empreendimento pode evitar e, se saírem, eles podem levar informações importantes, talvez para a concorrência! (Lembre-se de que discutimos esse problema no Capítulo 11.) Por essas razões, é importante para novos empreendimentos reter funcionários-chave. Muitas estratégias podem ser úteis nesse aspecto, mas duas são muito importantes: (1) desenvolvimento de excelentes sistemas de gratificações e (2) construção de um alto nível de comprometimento e lealdade entre os funcionários. Essas duas estratégias estão relacionadas, mas como envolvem ações um pouco diferentes, discutiremos as duas separadamente, cuidando para observar vínculos entre elas.

Sistemas de Gratificações: Relacionando Remuneração e Desempenho

Quando pessoas talentosas e brilhantes vão trabalhar em um novo empreendimento, elas estão, em essência, arriscando: essas pessoas sempre podem encontrar trabalho em grandes organizações, que oferecem níveis maiores de segurança. Então, por que escolher se unir a novos empreendimentos relativamente arriscados? Vários fatores estão em jogo: o compromisso e o entusiasmo dos fundadores, que "contam uma boa história" sobre sua empresa e sobre seu futuro em potencial; a falta de satisfação com as condições nas grandes empresas em que trabalham. Um outro fator que é crucial – e é o que enfocaremos – envolve o potencial de recompensas: boas pessoas vão para novos empreendimentos porque percebem maior potencial para recompensas. Se for esse o caso, também é verdade que é crucial para os empreendedores garantir que as promessas sejam cumpridas ou, pelo menos, que permaneçam viáveis. Mas como atingir esse objetivo? Em grande parte por meio do desenvolvimento de sistemas efetivos de gratificações – sistemas para reconhecimento e remuneração de bom desempenho.

Em termos gerais, os tipos de sistema mais adequados para os novos empreendimentos são descritos no campo de gerenciamento de recursos humanos como **sistemas de remuneração por desempenho** (ou *sistemas de incentivos*). Tais sistemas presumem que os funcionários sejam diferentes com relação à quantidade de contribuições para o sucesso da empresa e que devem ser remunerados de acordo com o escopo de suas contribuições. Em outras palavras, tais sistemas se esforçam quanto ao tipo de justiça distributiva descrita neste capítulo. Existem vários tipos de planos. O mais comum, *plano de remuneração por mérito*, oferece aos funcionários um aumento no salário-base, com o tamanho do aumento determinado pelo desempenho. Quanto maior for a avaliação do desempenho, maior o aumento. (Limitações de espaço impedem a discussão das complexidades envolvidas na medição e na classificação do desempenho de funcionários, mas é crucial que essas tarefas sejam realizadas de maneira sistemática e precisa; está muito longe de ser uma tarefa fácil. De fato, esse assunto é tão complexo que recomendamos que os empreendedores contratem consultores adequados para ajudá-los a estabelecer tais sistemas de avaliação de desempenho.)

Um outro tipo de plano de pagamento individual por desempenho envolve bônus. Em tais planos, os funcionários recebem um bônus com base, outra vez, em seu desempenho; uma variação desses planos envolve *recompensas*, prêmios tangíveis como pagamento de férias, equipamentos eletrônicos ou outros itens desejáveis. Em novos empreendimentos, os empreendedores também podem fornecer ações da empresa ou opção de ações aos funcionários. O último dá aos funcionários o direito de comprar ações da empresa por um determinado preço. Pesquisas indicam que novos empreendimentos que oferecem participação acionária aos funcionários crescem mais rápido e conseguem mais sucesso do que os que não o fazem, portanto, essa parece ser uma técnica que vale a pena ser considerada[23].

Todos esses planos de remuneração por desempenho podem ser bastante eficazes se forem projetados e administrados com cuidado. A vantagem está, principalmente, no fato de que traduzem o princípio que descrevemos em nossa discussão de motivação para ações tangíveis importantes para os funcionários. Fortalece-se o vínculo entre desempenho e recompensa, aumenta-se o compromisso com as metas da empresa e obtém-se a imparcialidade (em termos de equilíbrio entre as contribuições e resultados). Não se espante se esses planos funcionarem sempre!

Como todos os procedimentos de administração, entretanto, os planos de remuneração por desempenho têm um aspecto negativo. O mais importante deles é a possibilidade da mentalidade "Faça somente aquilo pelo que você é pago" ser desenvolvida. Em outras palavras, os funcionários podem se focar em quaisquer indicadores do desempenho do sistema, enquanto negligenciam todo o resto. Por exemplo, em alguns sistemas educacionais nos Estados Unidos, os pagamentos dos professores foram relacionados às notas que seus alunos obtinham em testes padronizados. O resultado? Os professores concentraram-se em ajudar os alunos a irem bem nesses testes (por exemplo, ensinando várias táticas para testes) e não em ajudá-los a compreender a matéria que estavam estudando. De maneira similar, o número de "*no-shows*" (passageiros que compram passagens, mas não aparecem na hora do embarque) aumentou quando as empresas aéreas começaram a compensar agentes de reserva pelo número de reservas que faziam.

Um outro tipo de problema com os planos de remuneração por desempenho é que são difíceis de serem continuados durante épocas de crise econômica. Quando os fundos para aumentos e bônus estão limitados, ou são inexistentes, pode não ser plausível oferecer recompensas significativas para funcionários, mesmo para desempenhos excelentes. Sob essas condições, os empreendedores precisam ser criativos para manter seus funcionários de primeira classe. As pessoas não trabalham duro sempre sem recompensas tangíveis, portanto, peritos, como Marc Drizin, da Walker Information Inc., sugerem que é nesse momento que a comunicação eficaz com os funcionários se torna essencial. Eles

---
[23]Citado em Levie; Hay. Ver nota 1.

devem ser informados sobre a situação atual e sobre os planos dos empreendedores para ajudar as coisas a melhorar. Contudo, os empreendedores devem fazer tudo o que podem para demonstrar que dão valor ao desempenho excelente. Por exemplo, podem oferecer apoio não-financeiro a funcionários que estão sob pressão, como adotar horários flexíveis e oferecer outros benefícios, como creche. O principal ponto é que pessoas ambiciosas que trabalham muito podem suportar, por certo período, tais situações difíceis, inclusive uma lacuna entre seu desempenho e suas recompensas. Mas, para manter a motivação, é importante garantir-lhes que essa situação não persistirá. Se eles entenderem que nada mudará, a motivação cairá e eles chegarão à conclusão de que o melhor a fazer é sair o mais rápido possível.

Em contraste com os planos de remuneração por desempenho individual, outros sistemas oferecem incentivos para equipes de funcionários e não para as pessoas. Nesses planos, todos os membros da equipe recebem recompensas com base no desempenho geral da equipe. Isso pode levar a um maior desempenho e a um alto nível de coesão entre os membros do grupo, mas não é indicado para muitas pessoas que preferem "correr atrás" de seus próprios méritos. Isso também encoraja o efeito *carona* em que alguns membros da equipe fazem a maior parte do trabalho enquanto outros são carregados.

Talvez *planos de remuneração pelo desempenho de toda a empresa* sejam mais úteis para novos empreendimentos, em que todos os funcionários compartilham os lucros da empresa. Planos de *participação nos lucros* distribuem uma parte dos lucros da empresa para os funcionários; *planos de participação acionária dos funcionários* premiam os funcionários com ações ou opções de compra de ações da empresa por um preço específico (favorável). Esses planos tornam os funcionários parceiros do novo empreendimento e isso pode funcionar para sua motivação e seu desejo de permanecer na empresa. Lembrei-me de uma vez que visitei uma loja Home Depot. Essa grande empresa tem um plano generoso de participação acionária para os funcionários e isso se reflete no comportamento deles: quase todos estão ávidos e felizes por ajudar e quando são perguntados se gostam de trabalhar ali, respondem "sim!" com entusiasmo. Além disso, vários deles me explicaram que são muito leais à Home Depot, porque sentem que são donos de uma parte dela.

Em suma, instituir um sistema de recompensas eficaz e justo é uma das principais técnicas pela qual os novos empreendimentos podem reter os melhores empregados. Essa é uma questão que os empreendedores devem considerar com cuidado, de acordo com o crescimento de seus novos empreendimentos e conforme contratam um número crescente de funcionários.

Construindo o Comprometimento do Funcionário

Por que as pessoas decidem deixar seu emprego por causa de outro? A resposta não é tão simples como "Porque podem ganhar mais dinheiro". Pelo contrário, a decisão de sair parece ser complexa e envolve muitas reflexões e vários fatores[24]. Como, então, os empreendedores podem fazer sugestões a seu favor nesse processo de tomada de decisões de modo

---

[24] Mitchell, T. R.; Lee, T. W. The unfolding model of voluntary turnover and job embeddedness: Foundations for a comprehensive theory of attachment. In: Staw, B. M.; Sutton, R. I. (eds.). *Research in organizational behavior*. Oxford, UK: Elsevier, v. 23, p. 189-246, 2001.

que os funcionários de alto desempenho permaneçam a bordo? Um fator-chave envolve o **comprometimento organizacional**, a extensão em que um indivíduo se identifica e está envolvido com sua organização e, portanto, não quer deixá-la[25]. Altos níveis de comprometimento organizacional freqüentemente estão presentes em novos empreendimentos, nos quais, pelo menos de início, os funcionários são recrutados e contratados pelos fundadores. Conforme os novos empreendimentos crescem e essa tarefa é delegada a outros, há o risco real de que o comprometimento diminua, de modo que essa é uma consideração importante que os empreendedores não devem negligenciar.

Na verdade, existem três tipos diferentes de comprometimento organizacional. Um, conhecido como *comprometimento continuado*, refere-se principalmente aos custos de saída. Se um indivíduo perder muito por sair (uma parte do plano de pensão ou a oportunidade de ver amigos próximos), isso pode pesar na balança e levá-lo a ficar. Por exemplo, contribuições em ações feitas por empresas para fundos de aposentadoria não podem ser tributáveis até que os funcionários resgatem as ações. Isso pode aumentar o comprometimento continuado porque os funcionários querem permanecer na empresa até que as ações atinjam níveis altos. De maneira similar, as ações distribuídas como parte dos planos de participação acionária dos funcionários (ESOPs – *employee stock ownerships plans*) podem não ser totalmente conferidas aos funcionários até que um determinado período tenha decorrido. Outra vez, isso pode aumentar o comprometimento continuado. Um segundo tipo de comprometimento é conhecido como *comprometimento afetivo*, e refere-se a sentimentos positivos com relação à organização. Se um indivíduo compartilhar os valores de sua empresa e os mantiver em alta consideração, esse funcionário tem menos probabilidade de sair do que alguém cujos sentimentos são opostos. Finalmente, os indivíduos podem permanecer em uma empresa como resultado de *comprometimento normativo*, ficam por causa de um sentimento de obrigação com outros que seriam afetados por sua saída. Essas três formas de comprometimento são importantes para novos empreendimentos, porque cada uma ajuda na retenção dos funcionários. Os funcionários de novos empreendimentos em geral se identificam com eles porque acreditam no que a empresa está fazendo, essa foi a razão que os convenceu a trabalhar nela! Portanto, na mesma medida em que tais sentimentos podem ser fortalecidos, novos empreendimentos podem reter seus melhores funcionários. Como isso pode ser realizado? Pesquisas oferecem várias sugestões.

Primeiro, conforme o desenho da função sugere, é útil tornar as funções interessantes e dar aos funcionários um pouco de autonomia na execução delas. Por que alguém ficaria comprometido com uma organização que lhe atribui tarefas bobas e rotineiras e não o deixa falar sobre seu trabalho? Segundo, o comprometimento afetivo pode ser aumentado por meio do alinhamento dos interesses dos funcionários com os interesses da empresa. Os planos de participação acionária dos funcionários são bastante eficazes porque, conforme observado anteriormente, transformam os funcionários em "sócios" do novo empreendimento. Na mesma extensão em que sentem que são uma parte do novo empreendimento, os funcionários podem ficar relutantes em deixá-lo. Finalmente, *escutar* os funcionários, levando a sério suas informações e sugestões, pode aumentar o comprometimento afeti-

---

[25] Meyer, J. P.; Allen, N. J. *Commitment in the workplace: Theory, research, and application.* Thousand Oaks, CA: Sage, 1997.

vo. Quando os empreendedores escutam seus funcionários, enviam a mensagem de que os funcionários são importantes, de que a empresa está comprometida com *eles*. Isso estimula sentimentos de comprometimento por parte dos funcionários.

Vale a pena construir um alto nível de comprometimento organizacional? Pesquisas indicam que sim. Quanto maior o comprometimento dos funcionários, menor a probabilidade de deixarem o emprego por causa de outro[26]. O que, afinal, é o desejo dos empreendedores – a retenção de pessoas cuja contratação custou trabalho e que são essenciais para o crescimento continuado de sua empresa.

Superando a "Barreira de Controle": Uma Observação sobre a Necessidade de se "Soltar"

Antes de terminar, queremos voltar à citação com a qual começamos este capítulo, conselho de um ex-presidente dos Estados Unidos: "Circunde-se das melhores pessoas que encontrar, delegue autoridade e não interfira" (Ronald Reagan, 1986). Essas palavras soam bem, mas, algumas vezes, são difíceis de ser aceitas por empreendedores. Embora queiram se circundar das melhores pessoas, contratar funcionários excelentes, eles, freqüentemente, passam por maus bocados ao delegar autoridade a outras pessoas[27]. As razões para isso são compreensíveis: os empreendedores têm paixão por suas empresas e as vêem como pais orgulhosos. Como pais cheios de amor, acham difícil entregar sua autoridade e deixar outras pessoas controlarem o destino de seu novo empreendimento tomando decisões importantes ou definindo estratégias. Contudo – e aqui está o paradoxo –, a menos que possam realizar essa tarefa, eles podem colocar em risco o futuro de suas empresas. Para compreender a razão disso, precisamos dar uma breve olhada em como os novos empreendimentos crescem e se movem pelos vários estágios de desenvolvimento.

As Seis Fases do Crescimento de uma Empresa

O crescimento de uma empresa é um processo contínuo, portanto, dividi-lo em fases distintas parece artificial. Mesmo assim, muitos peritos acham conveniente falar sobre seis fases diferentes entre as quais muitas empresas se movem:

- *Fase de concepção/existência.* É a fase inicial clássica, durante a qual as empresas surgem e se movem para o ponto em que podem fornecer um produto ou um serviço. Durante essa fase, os fundadores fazem basicamente tudo, portanto, não existe a questão de delegar tarefas.
- *Fase de sobrevivência.* Nesse estágio, o novo empreendimento se torna uma empresa real, tem clientes e lucros. Durante essa fase, a delegação tem relativamente pouca importância; embora possa haver um pequeno número de funcionários, os fundadores centralizam todos os aspectos da operação do negócio.
- *Lucratividade e estabilização.* Durante essa fase, a empresa atinge a saúde econômica: tem lucros e um número cada vez maior de funcionários. Gerentes são contratados, mas, como a empresa ainda é pequena, os fundadores continuam a

---

[26] Lee, T. W. et al. Commitment propensity, organizational commitment, and voluntary turnover: A longitudinal study of organizational entry processes. *Journal of Management*, 18: 15-32, 1992.
[27] Churchill, N. C.; Lewis, V. L. The five stages of small business growth. *Harvard Business Review*, maio-jun. 1993.

desempenhar um papel-chave; a delegação está começando a se tornar uma questão importante.
- *Lucratividade e crescimento*. Nesse estágio, a empresa se move em direção ao crescimento real e, para atingir esse objetivo, suas reservas de caixa são colocadas em risco (isto é, são usadas para financiar mais crescimento). Os fundadores ainda são centrais em todos os aspectos, mas são necessários gerentes de alta qualidade para supervisionar operações cada vez mais complexas.
- *Decolagem*. É a fase fundamental do crescimento da empresa do ponto de vista de delegação: a empresa está crescendo rapidamente e se tornando muito grande para que um fundador ou mesmo uma equipe de fundadores supervisione com eficácia. Isso exige a contratação de gerentes profissionais de primeira classe e essas pessoas não embarcam ou permanecem a não ser que tenham autoridade e autonomia suficientes para fazerem suas tarefas. Essa fase abrange o que alguns autores denominam **barreira de controle** – os fundadores *devem* entregar ao menos uma parte significativa do controle da empresa a outros –, pessoas que contrataram, banqueiros ou novos acionistas que forneceram o capital necessário. Se forem bem-sucedidos na transposição dessa barreira, a empresa pode continuar a crescer; se não, sua fortuna pode começar a diminuir, fato que está longe de ser raro[28].
- *Maturidade*. Se os fundadores navegarem com sucesso por esse caminho por meio da barreira de controle, a empresa torna-se madura: ela, de certo modo, "chegou" e é uma peça significativa em seu setor ou mercado.

Aqui está um ponto-chave: nas fases iniciais (1 e 2), as habilidades, capacidades e conhecimento dos empreendedores – sua capacidade de realizar várias tarefas – são cruciais para o sucesso da empresa. A partir da terceira fase, contudo, sua importância em determinar o sucesso da empresa começa a diminuir. Ao mesmo tempo, a importância de outro fator, a habilidade dos fundadores delegarem tarefas, aumenta até que, conforme mostrado na Figura 13.4, as duas curvas se cruzem; esse é o ponto em que ocorre a barreira de controle. Além desse ponto, o sucesso na delegação de tarefas é crucial e, de fato, está vinculado com a habilidade de a empresa recrutar, motivar e reter funcionários e a equipe de alta qualidade.

Tudo isso sugere que os empreendedores devem mudar seu estilo de liderança conforme a empresa cresce. Primeiro, como sugerimos no início deste capítulo, eles agem como líderes de equipe, pessoas que lideram um pequeno grupo altamente motivado em direção a metas comuns, principalmente por meio da visão que descrevem e defendem. Mais tarde, eles devem se tornar líderes de equipes – pessoas que tomam decisões-chave, mas que, apesar disso, delegam um grande grau de autoridade e autonomia a outras pessoas que lideram várias equipes dentro da empresa, departamentos separados ou, talvez, equipes funcionais integradas. Qualquer que seja a forma de crescimento que a organização tomar, os fundadores *devem* prestar muita atenção ao conselho do presidente Reagan e realmente "se desligar". Em outras palavras, devem compreender que o controle não implica propriedade de sua empresa; ao contrário, envolve o uso e o acesso aos seus recursos.

---

[28] Ver nota 1.

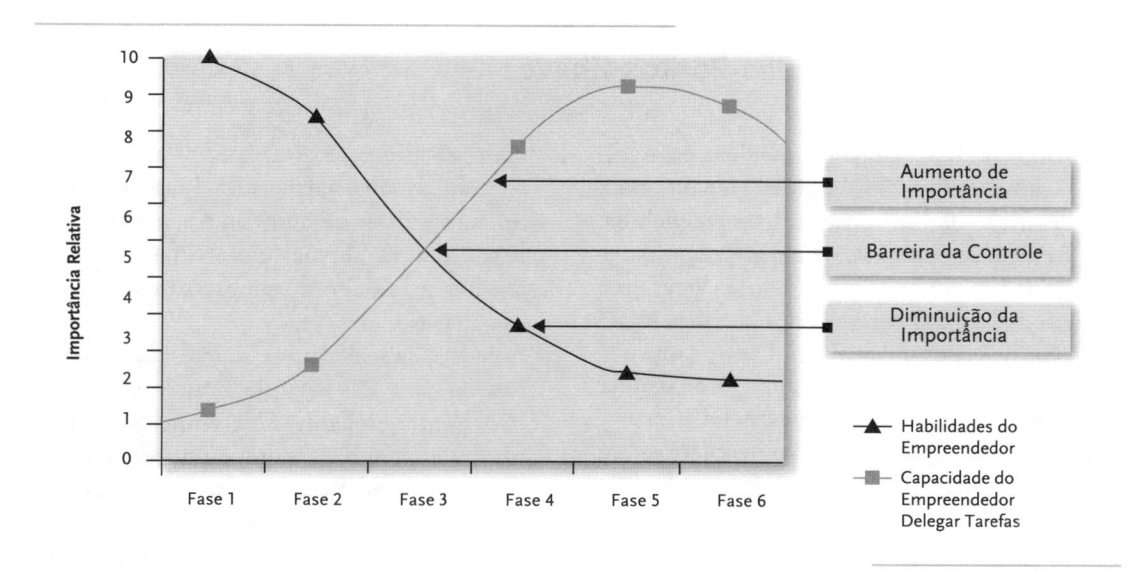

Figura 13.4 Alteração de Papéis dos Empreendedores Conforme Suas Empresas Crescem
Durante as fases iniciais de crescimento, as habilidades, capacidades e conhecimentos dos empreendedores são cruciais para o sucesso de seus novos empreendimentos. Nas fases posteriores, contudo, a importância desses fatores cai, enquanto a importância de um outro fator, a habilidade do empreendedor em delegar tarefas, cresce. As duas curvas se cruzam no que, algumas vezes, é descrito como barreira de controle.
Fonte: Baseado em sugestões de Churchill, 2002; ver nota 27.

Para deixar o mais claro possível, uma participação de 10% de uma empresa que vale US$ 1 bilhão é muito mais valiosa para um empreendedor do que uma participação de 90% em uma empresa que vale US$ 1 milhão! Portanto, desligar-se, delegar autoridade e pagar com participação pelo uso de um conjunto muito maior de recursos deve ser igual aos processos que consideramos neste capítulo: recrutamento, motivação e retenção de pessoas de primeira classe. Uma vez a bordo, é lógico que os empreendedores vão lhes confiar tarefas-chave; se isso não acontecer, por que essas pessoas talentosas e cheias de energia deveriam ficar? A resposta é simples: elas não ficam. Desligar-se de maneira ordenada e no momento adequado é uma das melhores coisas que os empreendedores fundadores podem fazer por suas empresas. E é outra razão pela qual prestar atenção ao recrutamento, motivação e retenção de funcionários de primeira classe é crucial para o sucesso de novos empreendimentos. Quando os empreendedores realizam bem essas tarefas e estão rodeados por pessoas excelentes, a dor de "se desligar" pode ser reduzida: eles percebem que estão colocando as fortunas de suas empresas em mãos muito boas!

Resumo e Revisão dos Pontos-Chave

- Antes de buscar novos funcionários, é útil fazer a análise do cargo e preparar uma descrição de cada posição a ser preenchida. Apenas quando essas tarefas preliminares estiverem concluídas é que se pode ter uma visão clara das necessidades que devem ser atendidas por novos funcionários e que podem ser formuladas as etapas para escolher as melhores pessoas para essas funções.
- Na busca por novos funcionários, os empreendedores concentram-se principalmente em suas próprias redes sociais. Entretanto, conforme o novo empreendimento cresce, pode ser necessário contar com outras fontes, como anúncios em publicações comerciais, internet e referências de clientes.
- Confiabilidade – a consistência de medições ao longo do tempo ou entre árbitros diferentes – e a validade – na medida em que as medições refletem a dimensão a que se refere – são considerações importantes na seleção de funcionários. Apenas técnicas com bastante confiabilidade e validade são úteis para essa finalidade e são legais sob os aspectos das leis existentes.
- Duas técnicas para a seleção de funcionários que têm bastante confiabilidade e validade são entrevistas estruturadas e informações biográficas – informações sobre a formação, experiências e preferências dos candidatos reunidas por meio de formulários detalhados.
- É melhor oferecer informações precisas aos funcionários em potencial sobre as condições de trabalho de uma empresa durante uma entrevista; as previsões realistas de trabalho protegem as novas contratações de surpresas desagradáveis quando assumem seus cargos. Isso pode favorecer a retenção.
- A motivação é definida como o processo que surge, conduz e mantém o comportamento humano para o alcance de algumas metas.
- A definição de metas que são específicas por natureza, desafiadoras, mas que podem ser atingidas, e aceitas pelas pessoas para quem são estabelecidas é uma técnica bastante eficaz de aumentar a motivação, desde que as pessoas envolvidas tenham *feedback* a respeito do progresso com relação a essas metas.
- A teoria da expectativa sugere que a motivação será alta quando houver vínculos claros entre empenho e desempenho e entre desempenho e recompensas, e quando as recompensas fornecidas forem as que as pessoas realmente valorizam.
- Quando os funcionários sentem que estão sendo tratados injustamente com relação a resultados, procedimentos ou atenção que recebem, a motivação é de forma drástica reduzida. É preciso que os empreendedores tenham cuidado ao estabelecer esse tipo de justiça em seus novos empreendimentos.
- Os cargos podem ser desenhados para ser interessantes e motivadores para as pessoas que os ocupam. Isso pode ser realizado por meio de aumento e enriquecimento da função.
- A fim de reter funcionários excelentes, os novos empreendimentos precisam de sistemas de gratificações que vinculem claramente as recompensas ao desempenho.
- Os sistemas de pagamento por desempenho atingem esse objetivo relacionando o desempenho individual ou em equipe a recompensas como remuneração, benefícios ou participação na empresa.
- Outro meio importante de reter funcionários excelentes é fortalecer seu comprometimento organizacional, sua lealdade com o novo empreendimento. Isso pode ser realizado de várias maneiras.
- Novos empreendimentos se movem por seis fases de crescimento relativamente distintas. Durante as fases iniciais, as habilidades, capacidades e conhecimento do empreendedor desempenham uma função-chave no sucesso do novo empreendimento. Em fases posteriores, esse sucesso

está relacionado à habilidade do empreendedor de cruzar a barreira de controle e delegar autoridade a outros – os funcionários excelentes que os novos empreendimentos procuram atrair.

- Empreendedores que fizeram um trabalho excelente no recrutamento, na motivação e na retenção de funcionários de primeira classe vão achar essa tarefa mais fácil do que os empreendedores que não o fizeram.

Questões para Discussão

1. Por que é crucial que todas as técnicas usadas para selecionar funcionários sejam tanto confiáveis quanto válidas?
2. Por que as entrevistas estruturadas são superiores às entrevistas normais para a escolha de funcionários excelentes?
3. Do ponto de vista do estabelecimento de metas, por que a estratégia de dizer aos funcionários "Faça o melhor!" é freqüentemente ineficaz?
4. Suponha que deseje dar um bônus para funcionários de alto desempenho por seu trabalho excelente. Como você faria isso?
5. Por que é importante desenvolver altos níveis de comprometimento organizacional entre funcionários em um novo empreendimento?
6. O que é barreira de controle e por que é crucial que os empreendedores a cruzem com sucesso?
7. Como o sucesso em recrutamento, motivação e retenção de funcionários de primeira linha facilita para os empreendedores cruzarem essa barreira (isto é, a barreira de controle)?

ARREGAÇANDO AS MANGAS

Estabelecendo Metas Motivadoras

O estabelecimento adequado de metas para nós mesmos é uma tarefa muito importante, não apenas porque fortalece e mantém a motivação mas também porque uma vez que as metas forem estabelecidas, as estratégias para atingi-las são, freqüentemente, esclarecidas. Você já estabeleceu metas para si mesmo em várias áreas de sua vida, mas a prática dessa habilidade – a escolha eficaz de metas auto-estabelecidas – pode ser muito benéfica para os empreendedores ou para qualquer pessoa. Siga estas instruções para obter tal prática.

1. Considere as metas que você estabeleceu dentro das últimas semanas. Relacione e descreva cada uma delas. (Alguns exemplos: "Estabeleci a meta de concluir um trabalho em uma data específica"; "Estabeleci a meta de escrever um rascunho de meu plano de negócios em uma data específica".)

Meta 1:
Meta 2:

Meta 3:
Meta 4:
Meta 5:

2. Para cada meta identificada, classifique a extensão em que ela atendeu a cada um destes critérios. Para cada meta, coloque um número perto de cada critério usando a seguinte escala: 1 = muito baixo no cumprimento do critério; 2 = baixo no cumprimento do critério; 3 = nem baixo nem alto; 4 = alto no cumprimento do critério; 5 = muito alto no cumprimento do critério.

- Específica: A meta era específica? __ (Coloque sua classificação aqui.)
- Desafiadora: A meta era desafiadora?
- Atingível: A meta era atingível?
- *Feedback*: Você pode avaliar rapidamente seu progresso em direção a essa meta?

Qual a pontuação de suas classificações? Se não chegou a cinco em cada meta, pense cuidadosamente sobre como deve ser redefinida para atender a este critério. Lembre-se: quanto mais perto as metas chegarem desses critérios, melhor para o aperfeiçoamento da motivação e do desempenho.

Imparcialidade Percebida: O Viés Autoprotetor Outra Vez

A imparcialidade sempre está nos olhos do observador. Em outras palavras, cada pessoa decide por si mesma se o tratamento que está recebendo é justo. Você se lembra de nossa discussão sobre percepção e cognição humana nos capítulos anteriores? Essas discussões enfatizam o ponto em que nosso pensamento nem sempre é 100% racional; ao contrário, ele está, freqüentemente, sujeito a formas importantes de erro e de vieses. Um desses, em especial, é relevante para o julgamento do que é justo e do que não é. É o viés autoprotetor que descrevemos no Capítulo 5 – a forte tendência a atribuir os resultados de sucesso a causas internas (nossos próprios esforços, talentos ou habilidades), mas os fracassos a causas externas (por exemplo, defeitos ou negligência de outros).

Esse viés pode obscurecer nossos julgamentos quando a imparcialidade estiver relacionada. Para demonstrar esse fato para você mesmo, e para perceber por que é importante se proteger contra esse viés, tente o exercício a seguir.

1. Pense em uma situação em que você trabalhou com outra pessoa em um projeto conjunto e o projeto foi bem-sucedido. Agora, divida 100 pontos entre você e a outra pessoa, de acordo com a contribuição que cada um deu para o sucesso do projeto.
__ Pontos para mim __ Pontos para meu sócio
2. Agora pense em uma situação em que você trabalhou com uma pessoa em um projeto conjunto que não tenha sido bem-sucedido. Outra vez, divida 100 pontos entre você e essa outra pessoa, indicando a extensão da responsabilidade de cada uma.
__ Pontos para mim __ Pontos para meu sócio

Em seguida, compare o modelo de suas atribuições de pontos nas duas instâncias. Você deu a si mesmo mais pontos no primeiro caso (sucesso) do que no segundo (falha)? Atribuiu mais pontos a seu colega na segunda (falha) instância do que na primeira (sucesso)? Se sim, você pode estar demonstrando o viés autoprotetor. Como alternativa, suas percepções podem ser precisas, de modo que você realmente *tenha* contribuído mais para o sucesso do que para a falha, mas observe que o viés autoprotetor nos encoraja a chegar a tais conclusões mesmo quando elas são falsas.

Como pode distorcer a percepção de justiça, o viés autoprotetor pode ser uma causa importante de atrito entre os co-fundadores de um novo empreendimento: cada um tende a querer os créditos pelo sucesso e culpar o outro por retrocessos. O resultado? A relação de trabalho pode enfraquecer. Portanto, esteja consciente do viés autoprotetor e tente proteger-se contra ele. Uma maneira de fazer isso é lembrar-se de que essa tendência existe e que, em muitos casos, você deve ajustar para baixo as percepções de suas próprias contribuições para os resultados bem-sucedidos e para cima sua responsabilidade por reveses ou retrocessos. O viés autoprotetor é poderoso, mas com empenho é possível minimizar seu impacto e garantir relações melhores com os co-fundadores e com outras pessoas com quem você trabalha.

Planejando uma Estratégia de Contratação: Uma Vantagem Potencial para seu Plano de Negócios

Ao começar seu novo empreendimento – e especialmente se ele crescer tão rápido quanto você espera! – há grandes chances de que tenha de contratar funcionários. Com certeza, você quer fazer isso bem e atrair as melhores pessoas. Embora muitos empreendedores não pensem muito nessa tarefa, ela é importante; além do mais, na medida em que conseguir explicar com clareza em seu plano de negócios como realizará essa tarefa, isso poderá ser mais um "crédito" em sua conta para os capitalistas de risco e outros investidores. Para começar o planejamento de sua estratégia de contratação, complete as etapas a seguir.

1. Descrição e Análise do Cargo: Você não pode contratar as melhores pessoas para uma função até saber exatamente o que quer que elas façam. Portanto, comece descrevendo cada posição que você acha que irão ocupar; liste as habilidades, a experiência e as capacidades exigidas para cada função.
    a. Posição um:
    b. Posição dois:
    c. Posição três:
    d. Posição quatro:
    e. Posição cinco:

2. Atraindo um Excelente Grupo de Candidatos: Para cada posição, você desejará atrair vários candidatos excelentes. Como vai encontrar essas pessoas? Em outras palavras, que estratégias seguirá para atrair um grupo excelente de candidatos? Descreva aqui.
    a. Estratégia específica:
    b. Estratégia específica:
    c. Estratégia específica:

3. Selecionando os Melhores Candidatos: Uma vez que tenha atraído esses candidatos, como você escolherá entre eles? Em outras palavras, quais técnicas e ferramentas de seleção você utilizará (entrevistas, entrevistas estruturadas, informações biográficas)? Descreva-as e não se esqueça de considerar se essas técnicas são confiáveis e válidas e se são consistentes com as leis e regulamentações federais (por exemplo, orientações EEOC).
    a. Técnica de seleção número 1:
    b. Técnica de seleção número 2:
    c. Técnica de seleção número 3:

PARTE V

Colhendo as Recompensas

CAPÍTULO 14
Estratégias de Saída para Empreendedores:
Quando – e Como – Colher as Recompensas

Mesmo o que é bom chega ao fim. Então, em algum momento, os empreendedores começam a considerar estratégias de saída – procedimentos que transferem a propriedade de seus negócios para outras pessoas. Existem muitas estratégias e todas envolvem a valorização da empresa de modo que as negociações com compradores em potencial possam acontecer. Antes de iniciar essa fase final do processo, os empreendedores devem considerar o que querem fazer depois, e isso, por sua vez, pode estar relacionado à fase da vida a que chegaram. Estratégias de saída adequadas para empreendedores jovens em seus 20, 30 ou 40 anos podem não ser ideais para os que têm um pouco mais de idade. Embora as estratégias de saída sejam principalmente econômicas, também devem considerar as preferências e o estilo de vida atual e futuro dos empreendedores.

Estratégias de Saída para Empreendedores:

Quando – e Como – Colher as Recompensas

14

OBJETIVOS DE APRENDIZADO

Após ler este capítulo, você deve ser capaz de:

1. Descrever as várias estratégias que os empreendedores podem usar para transferir suas empresas para membros da família.
2. Descrever várias estratégias que os empreendedores podem usar para transferir suas empresas para outras pessoas de dentro delas (por exemplo, atual equipe de administração, funcionários).
3. Descrever métodos básicos de calcular o valor de um negócio, incluindo métodos de balanço, métodos com base em resultados e métodos de mercado.
4. Relacionar as vantagens e custos de uma oferta pública inicial.
5. Descrever a natureza básica da negociação e explicar a natureza de várias táticas-chave de barganha.
6. Explicar por que os acordos integrativos entre negociadores são geralmente melhores e explicar a relação entre tais acordos e a abordagem geral de negociação (uma abordagem "ganha-ganha" *versus* "ganha-perde").
7. Definir "transições de vida" e explicar por que os empreendedores devem considerar sua própria idade e fase da vida antes de escolher uma estratégia de saída.

> "Tudo muda... Não há nada no mundo que seja permanente. Tudo flui... a própria idade desliza em um movimento constante." (Ovídio, 10 a.C.)

Na primavera de 1987, eu (Robert Baron) aceitei um novo cargo no Rensselaer Polytechnic Institute, em Nova York. Estava na faculdade da Purdue University e vivia feliz em uma casa da qual eu gostava muito. Ficava em uma pequena colina rodeada por centenas de carvalhos e eu a tinha reformado inteira depois de comprá-la, cinco anos antes – cozinha, banheiros, oficinas. Mas era hora de mudar, então a coloquei à venda. De início, a venda era uma simples transação econômica: eu sabia quanto tinha investido na casa e queria ter um lucro razoável. Conforme os compradores em potencial apareciam, percebi que havia mais do que a mera questão econômica. Um possível comprador me disse: "Adorei a casa, mas a primeira coisa que vou fazer se comprá-la é cortar todas essas árvores pequenas". Tremi porque eu mesmo tinha plantado aquelas árvores, carvalhos, bordos, freixos, e via tudo aquilo como meu presente para as futuras gerações. "Cortá-las?", espantei-me. "Que tipo de pessoa é essa?". Quando ela fez uma oferta, recusei, embora estivesse perto do preço que eu estava pedindo.

Outro comprador em potencial me disse: "Gostei da sua casa, mas esta varanda não me agrada. É muito estreita. Provavelmente vou demoli-la e construir outra". Outra vez me interroguei: "Quero que essa pessoa fique com a minha casa?". Eu mesmo tinha construído aquela varanda e estava muito orgulhoso disso. Quando fez a oferta, não concordei com alguns termos que ele sugeriu. O mercado de imóveis estava bom naquele momento, por fim, achei um comprador que pareceu apreciar a casa do jeito que ela era e por um preço bastante atrativo.

Você pode estar pensando: "O que isso tudo tem a ver com empreendedorismo?". A resposta é simples: Essa história oferece *insights* importantes sobre a fase final do processo empreendedor, o momento em que os empreendedores colhem as recompensas bem cultivadas por meio de uma das estratégias de saída. Reflita: Se o "patrimônio do trabalho suado" e outros fatores não-econômicos algumas vezes desempenham um papel importante com relação à venda de casas, imagine o poder que esses fatores têm quando os empreendedores considerarem a venda de empresas que construíram partindo de sua própria visão, energia e espírito. Como os empreendedores têm um compromisso muito sério com suas empresas ("seus filhos", como alguns as descrevem), eles não podem se imaginar deixando-as apenas por fatores econômicos.

Trataremos disso neste capítulo, que foca as várias maneiras pelas quais os empreendedores podem colher as recompensas e sair das empresas que fundaram. Existem muitas *estratégias de saída*, desde passar a empresa a membros da família até vendê-la a pessoas de fora ou torná-la pública; examinaremos com cuidado as principais na seção inicial. Embora essas estratégias sejam basicamente acordos econômicos, é importante observar que as atitudes, os valores e as metas dos empreendedores têm papel crucial na determinação de qual estratégia de saída devem escolher e quais termos específicos devem aceitar. Por exemplo, todas as estratégias de saída envolvem a tarefa de calcular o valor de uma empresa – a determinação de seu custo econômico. Isso é firmado somente em fatores econômicos? Algumas vezes; mas, em muitos casos, fatores adicionais são considerados, como o que é feito com relação à transação de imóveis. Conforme observamos, as pessoas que colocam suas casas à venda freqüentemente exageram o valor de sua propriedade por causa do "patrimônio do trabalho suado" ou outros fatores psicológicos, e o mesmo acontece com os empreendedores. Muitas vezes eles superestimam o valor de suas empresas por causa do tempo e do empenho que investiram em sua construção. De fato, dada a magnitude desse investimento, o impacto desses fatores é muito mais forte do que no caso da venda de uma casa. Mesmo nesse nível bem básico, fatores além do econômico têm seu papel.

Depois de considerar várias estratégias de saída, voltaremos para um aspecto crucial do processo, mas que, em geral, recebe pouca atenção na negociação de empreendedores. É o processo pelo qual os empreendedores e os compradores em potencial tentam chegar a um acordo aceitável para ambas as partes. A negociação é complexa, e é importante que os empreendedores compreendam vários recursos básicos se quiserem ser bem-sucedidos na organização de estratégias de saída que os ajudem a atingir suas metas principais. (Consideramos a negociação brevemente no Capítulo 12 como parte de nossa discussão sobre a resolução de conflitos. Agora, forneceremos mais detalhes sobre a natureza da negociação como um processo e sobre os fatores que a afetam.)

Concluiremos este capítulo com uma discussão sobre a interação entre alguns fatos básicos da vida humana (por exemplo, o estágio de vida dos empreendedores) e as estratégias de saída. Como seres humanos, passamos por muitas mudanças conforme o tempo avança. As mudanças físicas são as mais óbvias, mas são apenas uma parte do todo; ao envelhecer, mudamos também nos aspectos cognitivos e social. O resultado é que nossas capacidades, metas e relações sociais mudam sutilmente, mas de maneiras importantes. Por essa razão, é essencial que os empreendedores considerem em que ponto desse processo contínuo de desenvolvimento eles se encontram, para que possam escolher uma estratégia de saída que faça sentido no nível pessoal e econômico. Ao término desta seção, avaliaremos alguns dos fatores que os empreendedores devem considerar ao partirem dos empreendimentos que fundaram – e que definiram partes importantes de suas vidas.

ESTRATÉGIAS DE SAÍDA: AS PRINCIPAIS FORMAS

Recentemente, eu (Robert Baron) investi em uma empresa iniciante na área de biotecnologia. Por que escolhi arriscar meu capital nesse novo empreendimento? Em parte porque gostei muito do modelo de negócio que a empresa tinha como base. Os fundadores escolheram focar seu empenho no desenvolvimento de novos medicamentos que serão úteis em tratamento de doenças que são conhecidas como "doenças órfãs" – aquelas que afligem menos de 200 mil pessoas nos Estados Unidos. Como o número de pessoas que sofre dessas doenças é relativamente pequeno, as grandes empresas farmacêuticas têm pouco interesse no desenvolvimento de medicamentos para tratá-las. Entretanto, se a empresa em que investi for bem-sucedida na identificação de tais medicamentos, ela se tornará muito atrativa para empresas grandes, que podem, então, querer adquiri-la. Se isso acontecer, tanto os fundadores quanto os investidores iniciais, como eu, colherão muitos frutos. Esse é o cenário que os empreendedores fundadores procuram. Eles percebem que não podem ter esperanças de competir com empresas grandes do setor farmacêutico. Por exemplo, não podem se igualar em tamanho ou em experiência às equipes de vendas ou aos departamentos de marketing dessas empresas. Portanto, em vez de competir com eles, esperam fazer progresso suficiente para se tornarem um candidato atrativo para uma compra, que será muito vantajosa para os fundadores e para os investidores iniciais.

A aquisição por parte de uma grande empresa é apenas uma das muitas **estratégias de saída** para empreendedores – procedimentos pelos quais eles transferem a propriedade de seus negócios para outras pessoas. Neste capítulo, examinaremos os principais tipos. Mas, antes de continuar, é importante observar que há muitas razões pelas quais os empreendedores consideram essas estratégias. Em alguns casos, os empreendedores (como os que começaram a empresa de biotecnologia descrita anteriormente) querem colher suas recompensas e mudar para outras atividades – por exemplo, iniciar outro empreendimento. Há casos em que os empreendedores observam que precisam de uma grande infusão de capital para continuar a fazer a empresa crescer e que a melhor maneira de obter isso é vendendo uma parte de seu patrimônio líquido. O ponto principal é que há muitas razões boas e legítimas, econômicas e pessoais, pelas quais os novos empreendimentos não continuam em sua forma original e pelas quais os empreendedores que os fundaram escolhem compartilhar a propriedade com outros. Quais são as estratégias ou opções disponíveis para os empreendedores fundadores que decidem fazer isso? Existem muitas, mas a maioria são variações de três temas principais: (1) vender ou transferir a propriedade da empresa para pessoas próximas; pessoas que já estão na empresa, (2) vender ou transferir a propriedade para externos ou (3) tornar a empresa pública por meio de uma oferta pública inicial (IPO). Vamos observar mais de perto cada uma destas possibilidades.

Venda ou Transferência para Sócios e Funcionários: Sucessão, Aquisições Financiadas e Planos de Participação Acionária dos Funcionários

Uma maneira muito comum de os empreendedores saírem das empresas que fundaram é transferir o domínio para um membro da própria família. Isso faz muito sentido por várias razões. Primeiro porque essas pessoas (cônjuges, filhos, irmãos e irmãs, pais etc.) muitas vezes ajudaram a construir a empresa por meio de apoio financeiro ou assumindo funções reais nela. Segundo porque possuem grandes blocos de ações. Terceiro, por terem a responsabilidade e a confiança do empreendedor e por conhecerem a empresa muito bem. E finalmente porque uma das principais metas de muitos empreendedores é a construção de algo de valor para seus filhos e para outros membros da família; assim, existe melhor saída do que transferir a empresa para as pessoas para quem elas foram construídas em primeiro lugar?

A Sucessão em Negócios de Família

Os empreendedores que desejam seguir esse caminho podem fazê-lo de muitas maneiras. É possível compartilhar, de forma gradual, o poder com os sucessores escolhidos. Como alternativa, podem formar uma *sociedade em comandita* em que transferem a maioria das ações para os membros da família, mas agem como sócios comanditados, mantendo, dessa forma, o controle sobre as operações diárias do negócio. Terceiro, podem definir vários tipos de *fundos fiduciários*, acordos entre empreendedores e fiduciários, em geral administradores de bancos ou advogados. Os fiduciários recebem o título legal da propriedade (por exemplo, ações da companhia) e o mantêm para os beneficiários do fundo (por exemplo, os filhos dos empreendedores). Dessa maneira, os empreendedores mantêm o controle da empresa por um período limitado e depois os beneficiários recebem o direito às ações e assumem o controle.

Qual é a melhor opção? Depende das metas do empreendedor, da sua relação com a família e de várias considerações sobre impostos. Os empreendedores normalmente querem transferir a propriedade para os membros da família de modo que minimize o imposto sobre patrimônio e outros impostos. Como as leis que regem os impostos sobre patrimônio sofrem constantes mudanças (essas leis foram avaliadas substancialmente nos Estados Unidos em 2000 e 2001), os empreendedores devem procurar peritos antes de continuar. Qualquer que seja a opção escolhida, é importante adotar um *plano de sucessão* – que explique nos mínimos detalhes como e quando o empreendedor transferirá a propriedade e o controle da empresa para os sucessores designados. Além disso, é importante que essas pessoas sejam escolhidas com cuidado e com o consentimento de todas as partes interessadas. Os sucessores devem ser indivíduos que desejam desempenhar um papel ativo no negócio e devem ser adequados para essa tarefa desafiadora. Se esses fatores não forem considerados com cuidado, podem surgir sérias dificuldades, inclusive conflitos entre os membros da família que não ficarem felizes com a escolha do sucessor, sua função na empresa ou sua parte nas ações. Como regra, quanto maior e mais bem-sucedida for a empresa, mais penosas e caras serão as disputas; portanto, os empreendedores devem fazer de tudo para evitá-las.

Por que os empreendedores fundadores escolhem transferir a propriedade de seus negócios para outros membros da família? Por muitas razões. Como observaremos na seção final deste capítulo, eles podem ter chegado a um ponto em suas vidas que querem mais tempo livre ou, mais simples ainda, querem uma vida menos estressante. Como alternativa, podem sentir que outros membros da família têm as habilidades e a perícia que eles não têm e que são necessárias para enfrentar condições de negócios em mudanças. Quaisquer que sejam as razões, as transferências de patrimônio líquido devem ser feitas com cuidado e de acordo com planos desenvolvidos. Qualquer outro modo de fazê-lo cria o risco de prejuízos graves a todo trabalho e empenho que os empreendedores investiram ao iniciar um negócio de sucesso.

Aquisições Financiadas: Quando os Administradores se Tornam Proprietários

Quem conhece e compreende melhor uma empresa? Presumivelmente, sua cúpula administrativa, as pessoas que a fazem funcionar no dia-a-dia. Elas compreendem seus produtos, suas finanças, sua estrutura e suas perspectivas para o futuro. Portanto, não é de surpreender que, quando os empreendedores decidem partir, essas pessoas considerem a oportunidade de comprar a empresa. Elas podem fazê-lo de várias maneiras. Por exemplo, se tiverem dinheiro suficiente podem comprá-la de uma só vez ou negociar um acordo para que paguem uma parte e parcelem o restante durante um período (um acordo no qual o pagamento inicial é feito em dinheiro e a diferença é paga por meio da emissão de títulos de dívida). Como alternativa, podem organizar uma **aquisição financiada**. Nesse tipo de acordo, os administradores interessados na compra da empresa fazem um empréstimo de uma organização financeira para pagar ao proprietário o preço acordado. Os novos proprietários penhoram suas ações como garantia do empréstimo ou, dependendo de muitos fatores, os concessores de empréstimo podem aceitar uma participação na empresa para cobrir uma parte ou todos os fundos. Como os compradores na aquisição financiada já estão administrando a empresa, a interrupção é minimizada. Essa é uma razão pela qual as aquisições financiadas são uma estratégia popular de transferência de propriedade de empresas bem-sucedidas de seus fundadores para a equipe administrativa.

As aquisições financiadas são úteis para empresas que têm bens suficientes para servir como garantia ao empréstimo necessário para comprá-las. As empresas adquiridas por meio de aquisições financiadas, em geral, têm fluxo de caixa dependente de operações, uma alta proporção de ativos fixos totalmente depreciados (equipamentos, fábrica etc.), uma linha de produtos estabelecida e bem-sucedida e pouco débito, tanto de curto quanto de longo prazo. Se uma empresa não tiver essas características, suas ações não fornecem garantia suficiente para o empréstimo exigido e uma aquisição financiada pode não ser possível ou desejável.

Planos de Participação Acionária dos Funcionários

No Capítulo 13, discutimos várias técnicas para a motivação de funcionários. Na ocasião, pontuamos os **planos de participação acionária dos funcionários (ESOPs – *Employee Stock Ownership Plan*, Plano de Participação Acionária dos Funcionários)**, que lhes oferecem ações da empresa como bônus (o tamanho desses bônus depende da lucratividade da empresa). Pesquisas indicam que essa é uma técnica excelente para a construção de compromisso e de motivação entre os funcionários de uma empresa: como co-proprietários, eles têm interesse no futuro da empresa e trabalham com afinco para aumentar o valor de suas ações[1].

Os planos de participação acionária dos funcionários oferecem uma estratégia útil que os empreendedores podem empregar para sair aos poucos de suas empresas. Ao longo dos anos, tais planos permitem que os empreendedores transfiram a propriedade do negócio para seus funcionários. Existem algumas variações dessa abordagem básica. Na primeira, *ESOP comum*, o empreendedor define um fundo (fundo de participação acionária dos funcionários; ESOT) e contribui anualmente com até 15% da folha de pagamento da empresa na forma de dinheiro ou de ações. Se as contribuições forem em dinheiro, o fundo compra ações da empresa pelo valor de mercado. Se as contribuições forem em ações, elas são depositadas no fundo para funcionários. Dessa maneira, os empreendedores (os atuais proprietários da empresa) transferem gradualmente as ações para os funcionários. Uma vantagem para os empreendedores é que as contribuições da empresa para o ESOP são dedutíveis para efeito de imposto de renda, reduzindo a responsabilidade com impostos para empresas rentáveis.

Um segundo tipo de ESOP é conhecido como *plano financiado*. Nele, o fundo de participação acionária dos funcionários empresta dinheiro de uma instituição financeira e o

---

[1] Gomez-Mejia, L.; Balkin, D. B.; Cardy, R. L. *Managing human resources*. 3. ed. Upper Saddle River, NJ: Prentice-Hall, 2001.

Plano Comum

Empresa →← ESOT (Fundo de Participação Acionária dos Funcionários)
(Contribuição Anual / Compra Ações)

ESOP Financiado

Empresa ←→ ESOT ← Instituição Financeira
(Compra Ações / Vende Ações) (Faz Empréstimo / Fornece Ações como Garantia)

ESOP – Plano de Transferência de Propriedade

Empresa → ESOT ←→ Acionistas Atuais
(Contribuição (dinheiro)) (Dinheiro / Ações)

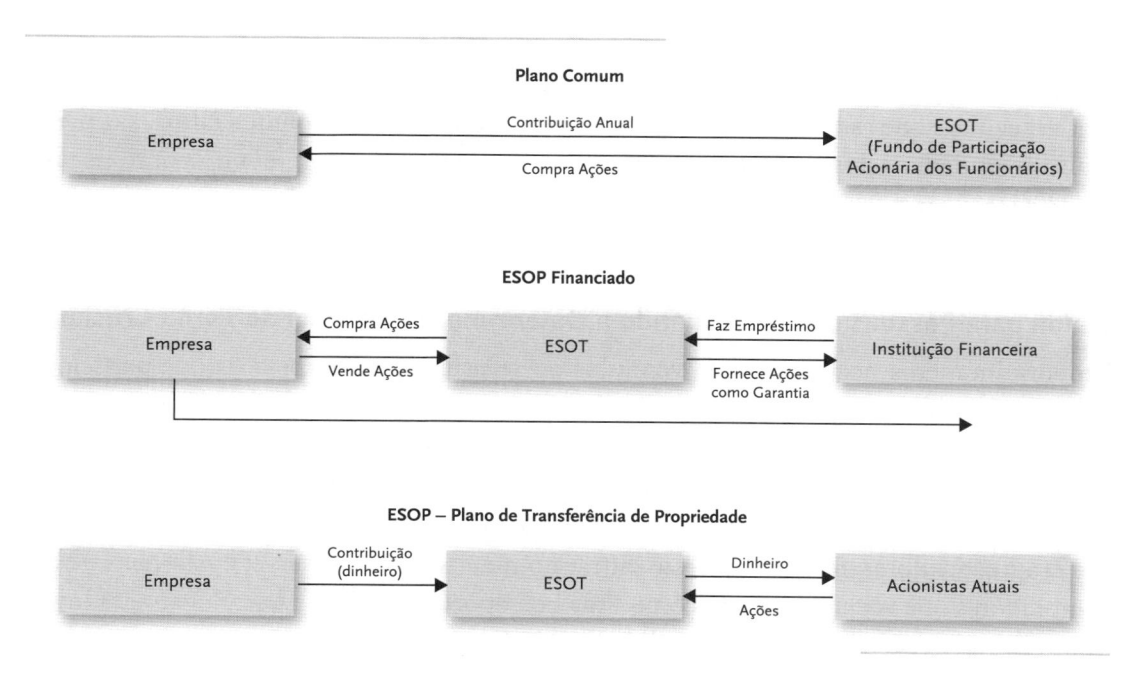

Figura 14.1 Tipos de ESOPs
Os planos de participação acionária dos funcionários podem ter formas diferentes.

usa para comprar ações da empresa. A empresa garante que, em alguns anos, contribuirá com fundos suficientes para o ESOT cobrir tanto o principal quanto os juros do empréstimo e que garantirá as ações da empresa como caução para o empréstimo. O dinheiro pago pela empresa ao ESOT é totalmente dedutível dos impostos atuais, tanto os juros quanto o principal. Tais planos são úteis para a transferência de propriedade da empresa para seus funcionários porque o ESOT pode emprestar fundos suficientes para a compra de grandes blocos de ações.

Por fim, os ESOPs podem tomar a forma de *planos de transferência de propriedade*. Nesses planos, a empresa faz contribuições em dinheiro para o ESOT, que, então, usa os fundos para comprar ações dos acionistas existentes – do empreendedor e dos membros de sua família, por exemplo –, em vez das que estão abertas para o mercado. A Figura 14.1 fornece uma visão geral dessas três principais formas de ESOPs.

Os ESOPs são uma estratégia útil quando os empreendedores desejam sair das empresas que fundaram de maneira gradual, não de uma vez, como ocorre, em geral, quando da venda para pessoas de fora. Além disso, os ESOPs são úteis quando muitos funcionários de uma empresa estão altamente comprometidos com ela e fazem parte de sua equipe de funcionários há bastante tempo. Por outro lado, os ESOPs não são úteis quando há grande rotatividade entre os funcionários e eles têm pouco ou nenhum interesse em obter participação na empresa que os emprega.

Em suma, os empreendedores podem sair das empresas que fundaram transferindo sua propriedade (e controle) para pessoas que fazem parte delas: membros da família, membros da equipe de administração superior ou outros funcionários. Nesses casos, os acordos negociados podem envolver participação ativa continuada por parte do empreendedor por um período fixo ou podem envolver uma saída imediata – rompimento de todos os vínculos entre o empreendedor e a empresa assim que a estratégia for executada. As formas específicas que as estratégias de saída assumem dependem de muitos fatores: as preferências e os desejos dos empreendedores, o que é melhor para a empresa do ponto de vista econômico e considerações tributárias e jurídicas, para mencionar alguns dos mais importantes (ver o Capítulo 7).

Venda para Pessoas de Fora: Quando a Determinação do Valor se Torna Crucial

Embora inúmeros negócios sejam vendidos ou transferidos para pessoas que participam deles, muitos outros são vendidos para pessoas de fora – pessoas que não fazem parte da empresa, mas querem adquiri-la. Existem muitos grupos de compradores em potencial de qualquer tipo de negócio lucrativo: *concorrentes diretos*, que querem expandir suas cotas de mercado; *concorrentes indiretos*, empresas que não concorrem diretamente com a empresa dos empreendedores, mas que querem entrar no mercado que ela serve; e *não-concorrentes*, compradores que vêem a empresa como uma boa oportunidade, um bom lugar para investir seu dinheiro excedente e suas habilidades administrativas.

Em geral, a venda para pessoas de fora é uma boa estratégia. Conforme observado no Capítulo 10, é sempre muito caro para uma empresa manter seus próprios sistemas de fabricação e de distribuição, especialmente quando esses já existem e são bastante desenvolvidos e eficientes em outros negócios. Se um novo empreendimento se tornar parte de uma empresa grande que já tenha tais sistemas, esses custos podem ser reduzidos ou mesmo eliminados. De maneira similar, ser parte de uma grande empresa pode oferecer economias de escala e abrangência que podem ser muito benéficas.

Embora possam existir muitos compradores em potencial, encontrá-los nem sempre é uma tarefa simples. Algumas vezes, isso envolve a contratação de um *corretor de negócios*, empresa especializada em vendas de empresas existentes. Como alternativa, se o negócio já for grande, a venda pode exigir os serviços de um banqueiro de investimentos, que pode obter grande parte do financiamento necessário para tal venda. Qualquer que seja o caminho escolhido, a venda de um negócio existente envolve o preparo de um *memorando de venda*, um documento de marketing designado para atrair o interesse na atividade. Como todos os documentos de marketing, esse deve colocar a empresa sob uma luz favorável, mas também deve evitar afirmações que, em um exame detalhado por parte dos compradores, serão consideradas exagero. Conforme observaremos adiante, as negociações de sucesso se devem, em parte, a uma base de confiança mútua, e fazer declarações falsas ou exageradas em um memorando de venda é o caminho certo para enfraquecer essa confiança. Também é útil procurar a ajuda de conselheiros profissionais que podem estar cientes de compradores em potencial que os empreendedores não conhecem.

Assim como as pessoas fazem reparos e melhorias antes de colocar um imóvel à venda, os empreendedores devem ter certeza de que sua empresa está em boas condições antes de colocá-la à venda. Entre os passos que os empreendedores podem dar para tornar sua empresa atrativa para compradores em potencial estão os seguintes:

- Vender no estágio certo de desenvolvimento: em geral, é quando a empresa está a caminho do sucesso e em rápido crescimento, não quando já atingiu seu pico.
- Vender quando o ciclo de negócios estiver forte.
- Conseguir os meios de compensar perdas se o empreendedor tiver de sair depois da venda e seu talento for parte do que torna a empresa valiosa.
- Identificar e proteger as propriedades intelectuais (patentes, marcas registradas etc.).
- Adotar políticas de contabilidade transparentes e cautelosas, adequadas para o setor do negócio.
- Resolver qualquer questão em aberto que possa tornar difícil estimar o valor do negócio – impostos ou outras questões de conformidade e jurídicas.

Uma vez que surjam compradores em potencial, dois fatores desempenharão um papel-chave na formação dos termos específicos do acordo de vendas: (1) avaliação da empresa e (2) processo de negociação. Consideraremos a negociação e os fatores não-econômicos que podem afetá-la em uma seção posterior. Aqui nos voltaremos para a questão da determinação do valor, crucial para muitas estratégias de saída.

Determinando o Valor de uma Empresa: Um Pouco de Arte, Um Pouco de Ciência

Quanto vale uma empresa? Conforme observado, os empreendedores e compradores em potencial podem ter perspectivas bem diferentes sobre essa questão. Os empreendedores conhecem bem o negócio e estão conscientes do empenho, da força e do sacrifício requeridos para guiá-la até o nível atual. Eles também apreciam seus **intangíveis** – ativos que são difíceis, se não impossíveis, de serem relacionados no balanço, como a boa imagem que a empresa adquiriu com os clientes e fornecedores, sua reputação no setor, seu sucesso na atração e motivação de funcionários de primeira linha. Como resultado, os empreendedores têm dificuldade em ver o negócio em termos puramente econômicos; isso parece tão amplo que é difícil para eles serem objetivos. O resultado: conferem ao negócio um valor mais alto e um potencial futuro maior do que ele realmente tem, e isso pode impedir sua venda.

Como esse obstáculo pode ser superado? Em parte, por uma determinação de valor cuidadosa. Como o título desta seção sugere, não é um cálculo que pode ser realizado por meio de uma fórmula econômica simples; na verdade, peritos em avaliação podem chegar a números consideravelmente diferentes. Portanto, muitas vezes é melhor avaliar a empresa usando métodos diversos e, então, negociar um preço específico com base em todas as informações. Colocando de lado essas negociações, consideremos três maneiras importantes de avaliar um negócio; três maneiras de gerar dígitos que podem servir como ponto de partida para discussões sobre o preço final de venda.

Método de Balanço

Uma base para a avaliação de uma empresa está nos termos de seu balanço. Na abordagem mais simples, o custo líquido é calculado de acordo com esta fórmula simples:

$$\textbf{Valor Líquido = Ativo – Passivo}$$

O problema com essa abordagem é que ela não considera o fato de que o valor de mercado real de alguns ativos pode não estar refletido no balanço. Por exemplo, muitas empresas contabilizam terrenos e prédios em seus livros contábeis com preços menores do que seu valor real de mercado. De maneira similar, os equipamentos e utensílios podem ser contabilizados com preços maiores ou menores do que o valor de mercado – quanto custaria para substituí-los. Por essa razão, a avaliação é geralmente computada pela *técnica do balanço ajustado*, em que o valor real de mercado dos ativos é levado em consideração. Esse método estima o valor de cada ativo, como inventários, suprimentos e utensílios, de acordo com o custo da última compra e o valor de substituição. Assim, produz uma avaliação mais realista do que uma simples abordagem de balanço.

Método de Resultados

Quando compradores adquirem um negócio, eles estão adquirindo não apenas os ativos e obrigações atuais. Também estão adquirindo resultados futuros. Desse modo, outra maneira de avaliar um negócio é em termos de resultados futuros. Três métodos diferentes de cálculo do valor de um negócio em termos de seus resultados futuros são bastante utilizados.

Método do Lucro Excedente. Alguns negócios são mais bem-sucedidos do que outros em seus setores. Quando for esse o caso, eles têm um valor maior porque gerarão maiores lucros futuros. Um método para cálculo do valor de uma empresa, o **método do lucro excedente**, considera esse fato. Ele estima até que ponto uma empresa gerará lucros em excesso em relação à média de seu setor e atribui esses lucros excedentes à *boa vontade*; um bem intangível do qual os empreendedores estão muito conscientes, mas que, conforme observado, é difícil de ser incluído em demonstrações financeiras. O método do lucro excedente presume que, quando uma empresa supera seus concorrentes, esse fato é um bem atribuível a algo que pode ser denominado "boa vontade". Não faz sentido determinar como esse fator surge ou o que ele envolve; quando uma empresa está gerando lucros acima da média, presume-se que ela possua esse bem intangível.

Aqui estão algumas etapas básicas para o cálculo do valor de um negócio por meio desse método:

1. *Calcula-se o custo líquido tangível ajustado* (para fins de raciocínio, vamos presumir que seja US$ 500 mil).
2. *Calcula-se o custo da oportunidade de investimento no negócio.* Isso representa os custos que os investidores incorrerão ao fazer o investimento no negócio e não em outros, e consiste em (1) retorno da taxa ou livre de riscos (normalmente calculado em termos de títulos do tesouro norte-americano ou outros instrumentos financeiros similares), (2) um ajuste por inflação e (3) a provisão de risco para investir nesse negócio em particular. Quanto maior for o risco, maior será a taxa de retorno exigida pelos investidores. Um número típico é 25%: os investidores exigem retorno de 25% sobre seu investimento para justificar os riscos envolvidos na compra de um negócio existente. Esse número pode ser maior ou menor e, na verdade, está aberto para negociação entre o empreendedor e os compradores em potencial.

Por fim, em decorrência da aquisição da empresa, o comprador renunciará a um salário que poderia ser ganho em outro lugar; esse número é incluído no cálculo do custo total da oportunidade.

O custo da oportunidade, então, seria calculado da seguinte maneira:

US$ 500 mil (custo líquido tangível) x 25% = US$ 125 mil; incluindo o salário "perdido" do comprador (que presumiremos ser de US$ 50 mil) = US$ 125 mil + US$ 50 mil = US$ 75 mil. Esse é o custo total da oportunidade.

3. *Projetam-se os lucros líquidos.* Aqui é onde a "arte" entra no quadro: o comprador deve estimar os lucros líquidos da empresa com base nos lucros recentes, tendências atuais e em qualquer outro fator que desejar incluir. Vamos presumir que isso corresponda a US$ 200 mil para o próximo ano.
4. *Calcule-se o poder de lucro extra.* Lucros acima da média do setor são incluídos aqui. Essa é a diferença entre os lucros líquidos projetados (US$ 200 mil) e os custos de oportunidade total (US$ 175 mil). Como resultado, o poder de lucro extra = US$ 25 mil.
5. *Estima-se o valor de intangíveis.* O poder de lucro extra é, então, multiplicado por um número de anos de lucro (em geral de três a quatro) para calcular o valor estimado da boa vontade em um período de alguns anos. Vamos presumir que o comprador escolha um período de três anos: 3 x US$ 25 mil = US$ 75 mil. Esse é o poder de lucro extra projetado; uma medida da boa vontade.
6. *Determina-se o valor do negócio.* O valor do negócio é, então, fundamentado em um cálculo simples em que o custo líquido tangível ajustado e o valor de intangíveis são somados. Isso produziria o seguinte cálculo: US$ 500 mil (total de custo líquido tangível) + US$ 75 mil (valor estimado de intangíveis) = US$ 575 mil. Esse é o valor do negócio conforme calculado por esse método.

Método de Lucros Capitalizados. Nessa abordagem, os lucros líquidos esperados são capitalizados para determinar o valor. Esse método é mais simples e usa a fórmula a seguir:

Lucros líquidos capitalizados = Lucros líquidos (depois da dedução do salário do proprietário)/Taxa de retorno. Em nosso exemplo, seria (US$ 200 mil – US$ 50 mil) / 0,25 = US$ 600 mil. Observe que esse número não é muito diferente de US$ 575 mil, calculado usando o método do lucro extra.

Método de Lucros Futuros Descontados. É fato que o dinheiro recebido hoje tenha mais valor do que o dinheiro que será recebido no futuro; afinal, mais vale um pássaro na mão do que dois (ou pelo menos 1,10!) voando. Esse princípio é conhecido como *valor do tempo* do dinheiro. Um terceiro método com base em lucros para a avaliação dos negócios leva em conta esse princípio e é conhecido como **método de lucros futuros descontados**. Ele calcula o valor de uma empresa descontando os lucros futuros, que, afinal, não são certos. As etapas básicas são as seguintes:

1. *Os lucros futuros são projetados por cinco anos.* Normalmente são feitas três projeções: a pessimista, a mais provável e a otimista. Vamos dizer que com nossa empresa fictícia o mais provável seja um total de US$ 500 mil de lucros.

2. *Deduz-se um desconto desses lucros futuros.* Quanto? Também é aberto a negociações, em geral, um número próximo de 25%. Outra vez, isso reflete o risco de que as projeções não sejam atingidas. Descontando 25% desses lucros futuros para cada ano futuro (por cinco anos), chegamos a um número descontado projetado de US$ 279 mil.
3. *Calcula-se a renda além do quinto ano.* Freqüentemente, isso envolve a multiplicação da renda projetada do quinto ano por 1/taxa de retorno. Aqui, o número é US$ 120 mil (lucros projetados)/25% = US$ 480 mil.
4. *Desconta-se do fator de valor presente a renda além do quinto ano.* Esse número e outros de valor presente nos anos 1, 2, 3, 4 e 5 podem ser encontrados em tabelas publicadas que oferecem números adequados para várias taxas de desconto (por exemplo, 20%, 25%, 30%). Em nosso exemplo, o número é US$ 480 mil x 0,26 = US$ 124.800.
5. *Calcula-se o valor total do negócio.* Isso envolve a soma do valor atual dos lucros estimados da empresa e dos valores atuais de seus lucros a partir do sexto ano. O número é US$ 500 mil + US$ 124.800 = US$ 624.800.

Todos os métodos têm vantagens e desvantagens. Mas observe que, dadas as hipóteses utilizadas, os métodos não produzem valores muito diferentes (a faixa é de US$ 575 mil a US$ 624.800). Em geral é verdade que: independente do método utilizado, se forem feitas suposições racionais sobre lucros futuros e custos de oportunidades, serão obtidos números similares. Entretanto, o fato de permanecerem as diferenças sugere que este é um ponto que os empreendedores e os compradores em potencial devem resolver: que métodos serão usados para avaliar o preço da empresa? Se não houver um acordo, as negociações podem não ser bem-sucedidas.

Método de Mercado

Outra maneira de determinar o valor de um negócio envolve comparar a relação preço/lucro do negócio com aquela das outras empresas de capital aberto do mesmo setor. Isso é conhecido como **valor de mercado** ou abordagem *preço-lucro*. Muitas empresas que podem ser comparadas a empresas de capital fechado e estão prontas para venda são identificadas e as relações preço/lucro das empresas de capital aberto são obtidas. Esse número médio é, então, multiplicado pelos lucros líquidos estimados da empresa de capital fechado. Em nosso exemplo, vamos presumir que a relação média preço/lucro de empresas similares ao negócio que estamos avaliando seja de 3,10. Os lucros projetados para o próximo ano são de US$ 200 mil. Multiplicando os dois números, obtemos 3,10 x US$ 200 mil = US$ 630 mil. Esse é o valor da empresa.

O problema com essa abordagem é a dificuldade na identificação de várias empresas de capital aberto que são similares o suficiente com o negócio à venda a ponto de permitir comparações significativas. Esse método compara empresas de capital aberto e fechado, e como essas últimas são basicamente ilíquidas (não há mercado para suas ações), supondo-se que a mesma relação preço-lucro aplicável seja questionável, talvez uma relação muito inferior possa ser a adequada. Isso é o que os compradores argumentarão se esse for o método de avaliação escolhido pelo empreendedor.

Tornando uma Empresa Pública: A Tentação das IPOs

Os empreendedores têm metas e visões de futuro, mas muitos compartilham um sonho: atingir o ponto em que podem abrir o capital de sua empresa por meio de uma **oferta pública inicial (IPO)**. Desde 1999, mais de 300 empresas seguiram esse caminho todos os anos, apenas nos Estados Unidos (embora o número tenha caído consideravelmente). Por que essa estratégia de saída, em particular, é tão atraente para muitos empreendedores? Talvez a resposta mais simples seja que a abertura do capital gera grandes quantias de dinheiro – na verdade, mais do que os empreendedores jamais imaginaram. Os empreendedores podem usar essa infusão de capital (ou, pelo menos, a parte que realmente recebem!) para a expansão principal de suas empresas. Além disso, conforme observado por Lelux[2], as empresas de capital aberto adquirem rapidamente o respeito dos vários acionistas, de investidores a clientes, e isso pode ser um grande "adicional" do ponto de vista de ganhar vantagem competitiva. Uma vez que uma empresa tiver aberto seu capital, o mercado em que é negociada oferece avaliação contínua e atualizada de seu custo, isso pode facilitar rodadas posteriores de financiamento e, geralmente, liquidez aumentada. Uma empresa de capital aberto tem outras vantagens: pode usar opções de ações para seus funcionários com mais facilidade do que a de capital fechado. Além disso, pode usar mais rapidamente suas ações para comprar outras empresas.

Há vantagens importantes em IPOs, mas elas vêm com um custo considerável, que deve ser analisado com cuidado. Primeiro, a abertura de capital é um processo caro; na verdade, pode consumir até 25% do valor total da oferta! Não há apenas custos diretos de subscrição da emissão e do estrito atendimento aos critérios legais e aos padrões de contabilidade da diligência devida, há também os custos de ter a administração superior da empresa sobrecarregada por meses, já que seus membros participam do *"road show"* que dá seqüência à maioria das ofertas públicas iniciais e é exigido por subscritores para garantir que a nova emissão venda.

Outro custo potencial é o fato de que muitos IPOs envolvem *contratos de investimento*, que evitam que pessoas de dentro, inclusive os empreendedores, retirem dinheiro da oferta pública. Esses contratos exigem que os empreendedores mantenham suas ações por meses ou mesmo anos depois da oferta pública inicial. Além disso, as ações podem ser "depreciadas" no início porque os subscritores querem que os compradores iniciais tenham um aumento imediato de preços de ações. Esses compradores freqüentemente são os clientes preferidos dos subscritores e, de fato, são muitas vezes o grupo que tem mais benefícios no começo.

Por fim, os empreendedores devem reconhecer que as empresas de capital aberto estão sujeitas a análises minuciosas, que podem limitar a liberdade da equipe fundadora de administrar a empresa como preferir. Por exemplo, os mercados tendem a mostrar desagrado com relação a estratégias de negócios arriscadas, então estas devem ser evitadas. Além disso, os investidores esperam retornos na forma de dividendos ou ganhos de capital, de modo que a atenção da administração possa focar essas questões e estratégias de curto prazo para aumentar seu lucro no presente ano, ou mesmo no presente trimestre, para deixar os investidores felizes, em vez de focar metas a longo prazo. Antes de abrir o capital, os em-

---

[2] Lelux, B. Riding the wave of IPOs. In: Birley, S.; Muzyka, D. F. (eds.). *Mastering entrepreneurship*. Londres: Prentice-Hall, 2000.

preendedores não precisam se preocupar com tais problemas, mas, depois da oferta pública inicial, devem considerá-los com cuidado.

Em geral, uma IPO envolve quatro fases de atividade. Durante a Fase 1, são feitos esforços para preparar a empresa para o Dia L (dia de listagem). Lelux[3] comparou isso aos preparativos para o baile de formatura dos colégios – um processo para deixar a empresa mais bonita, de modo que brilhe nesse dia. A Fase 2 envolve trabalho em conjunto com o grupo de trabalho da IPO (subscritores, banqueiros de investimento, advogados) para preparar toda a documentação de oferta pública inicial (declaração de registro, prospecto, material de exibição). A Fase 3 é o exercício de distribuição real, que envolve um *road show* de duas a três semanas por parte da administração superior. A Fase 4 deve, de maneira ideal, continuar o processo oferecendo um fluxo constante de informações para analistas de ações e investidores; isso é necessário para manter o interesse público na empresa e em suas ações. Depois de completas as primeiras três fases, muitas empresas estão exaustas e acham que é muito difícil manter esse alto nível de atividade. Além disso, pode haver uma urgente necessidade de que a equipe de administração superior volte a administrar a empresa, porque tem dirigido quase todo seu tempo e suas energias para o processo de oferta pública inicial.

Os empreendedores devem considerar a abertura do capital como uma estratégia de saída viável? Muitos especialistas concordam que a resposta pode ser "sim", se a empresa realmente precisar de grandes quantias de capital para crescer e se desenvolver e tiver a sorte de possuir uma equipe administrativa experiente que possa cuidar do estresse do processo e, ao mesmo tempo, contar uma história interessante para os mercados públicos. Sob essas condições, a oferta pública inicial pode oferecer aos empreendedores o capital de que precisam para realizar sua visão e, por fim, uma rota de saída muito lucrativa. Por outro lado, muitas empresas mostram registros excelentes de crescimento sem uma oferta pública inicial (por exemplo, a Cargill, nos Estados Unidos), então ela não é um ingrediente necessário no sucesso a longo prazo.

Além das Estratégias de Saída: O que Vem Depois?

Está claro que muitas estratégias de saída diferentes estão disponíveis para os empreendedores. Cada uma oferece um misto de vantagens e desvantagens, de modo que a escolha não é nem simples nem fácil. A seleção de uma estratégia de saída é apenas o início do processo para os empreendedores; uma vez que tenham decidido se querem transferir a propriedade de sua empresa para parentes, vendê-la para pessoas conhecidas ou pessoas de fora ou abrir seu capital, eles devem prosseguir na realização de sua estratégia até uma conclusão satisfatória. Isso, por sua vez, envolve discussões e negociações prolongadas com os sucessores ou com compradores em potencial. Como o resultado dessas discussões define o futuro dos empreendedores e de suas empresas, a negociação é um processo-chave do ponto de vista de estratégias de saída, exatamente como o processo empreendedor. Por essa razão, examinaremos mais de perto esse processo e alguns dos fatores que o afetam.

---

[3] Ver nota 2.

NEGOCIAÇÃO: PROCESSO UNIVERSAL

Donald Trump (1987), um homem de negócios e empreendedor conhecido, fez uma observação uma vez: "A negociação é minha forma de arte. Algumas pessoas pintam maravilhosamente bem ou escrevem poemas lindos. Eu gosto de fazer negócios, de preferência grandes negócios. É assim que me divirto". O próprio Trump diria que fazer negócios envolve **negociações** – um processo em que lados opostos trocam ofertas, contra-ofertas e concessões diretamente ou por intermédio de representantes. Se o processo for bem-sucedido, faz-se um acordo aceitável para ambas as partes. Se as negociações falharem, o processo termina e cada lado procura outras partes com quem fazer negócio. (Discutimos negociação brevemente no Capítulo 12 como um meio de resolução de conflitos; aqui expandiremos a discussão no contexto de negociações entre os empreendedores e outras partes sobre a venda de suas empresas.)

Conforme observamos no Capítulo 12, os empreendedores se envolvem em negociações com outros por meio do processo empreendedor. Negociam acordos com capitalistas de risco ou com outras fontes de financiamento, negociam com co-fundadores sobre regras ou responsabilidades e com clientes e fornecedores sobre os termos dos contratos. Por fim, negociam com compradores em potencial de sua empresa ou com subscritores a fim de implementar a estratégia de saída que escolheram. Por essas razões, é importante que os empreendedores compreendam alguns aspectos "básicos" com relação à negociação. Especificamente, precisam compreender a natureza desse processo e como realizá-lo com eficácia. A importância da negociação como um processo foi reconhecida em várias áreas (administração, psicologia, ciência política), portanto, há uma variedade de conhecimentos nos quais se fundamentar[4]. Aqui resumiremos alguns dos pontos-chave que, acreditamos, provarão ser úteis para os empreendedores.

Negociação: Sua Natureza Básica

Já definimos negociação como um processo em que lados opostos trocam ofertas, contra-ofertas e concessões em um esforço para obter um acordo aceitável para ambas as partes. Cada lado deseja obter um acordo favorável para seus próprios interesses, mas também reconhece que o oponente *não* vai se submeter e se entregar; ao contrário, essa pessoa (ou grupo de pessoas) procurará maximizar seus resultados. Como conseqüência, surge uma questão-chave: "Como persuadir o outro lado a fazer concessões favoráveis para meus interesses?". Pesquisas indicam que a resposta envolve o uso de táticas que reduzem as aspirações do lado oposto; táticas que encorajam os oponentes a concluir que não podem obter o que querem e devem, em vez disso, determinar algo muito menos favorável para eles, porém mais favorável para seu oponente[5]. Vamos ver algumas dessas táticas e se é ético o seu uso.

---

[4] Thompson, L. *The mind and heart of the negotiator*. Upper Saddle River, NJ: Prentice-Hall, 1998.
[5] Pruitt, D. G.; Carnevale, P. J. *Negotiation in social conflict*. Pacific Grove, CA: Brooks/Cole, 1993.

Táticas de Negociação: Procedimentos para Reduzir as Ambições de um Oponente

O curso e o resultado das negociações são influenciados por muitos fatores. Entre os mais importantes estão as *táticas de barganha*, usadas para reduzir as metas do oponente. Elas incluem (1) começar com uma oferta inicial extrema; uma que seja favorável à parte que a propõe e que seja, de fato, muito mais favorável do que essa parte pode esperar obter de verdade (por exemplo, um empreendedor define um valor muito mais alto para sua empresa do que ele realmente acredita que seja o valor dela), (2) a técnica da "grande mentira" – convencer a outra parte de que o ponto de equilíbrio é muito maior do que realmente é, de modo que ela ofereça mais do que ofereceria (por exemplo, um empreendedor tenta convencer um comprador em potencial de que seria melhor continuar com a empresa do que fazer a venda pelo preço sugerido pelo comprador) e (3) convencer o outro lado de que você tem um "negociador extra", outra parte com a qual poderia fazer um negócio (por exemplo, um empreendedor convence um comprador em potencial de que tem outro comprador esperando, mesmo que isso não seja verdade). Essas e outras táticas semelhantes são éticas? As opiniões diferem, mas pesquisas indicam que determinadas táticas são reconhecidas como não-éticas[6]. Algumas das mais censuráveis: (1) promessas falsas – fazer falsas promessas ou assumir compromissos que não se tem a intenção de cumprir, (2) representação – fornecer informações enganosas ou falsas para um oponente e (3) reunir informações inadequadamente – coletá-las por meio de roubo, espionagem etc. Quando um negociador se envolve em tais ações, seu comportamento é visto como não-ético. De acordo com esses princípios, uma oferta inicial exagerada é aceita eticamente (embora arriscada, porque, se for muito exagerada, pode irritar ou aborrecer seu oponente), mas tanto a "grande mentira" quanto as pretensões fictícias sobre ter um "negociador extra" não o são, pois envolvem declarações falsas e representação. Observe que não estamos dizendo que os negociadores não se envolvem em tais táticas; estamos simplesmente mostrando que a maioria das pessoas considera essa prática uma violação dos padrões de ética. Dessa maneira, os empreendedores que querem proteger sua reputação para fazer futuras negociações ou administrar outras empresas devem abordar essas táticas com cuidado. Usá-las pode funcionar a curto prazo, mas pode sair muito caro em períodos maiores.

Técnicas Adicionais para Obter um Acordo Favorável

Embora as táticas que consideramos estejam entre as mais importantes, há muitos outros procedimentos para induzir um oponente a fazer concessões durante as negociações. Estas não têm como objetivo reduzir as aspirações do oponente; ao contrário, concentram-se em provocar sentimentos e reações específicas nos oponentes, sentimentos ou reações que tornam difícil não oferecer termos favoráveis para a pessoa que está usando tais táticas. Por exemplo, os negociadores com habilidade tentam organizar suas próprias concessões, de modo que pressionem para a retribuição por parte dos oponentes. Mais especificamente, fazem uma série de pequenas concessões em questões que vêem como sem importância. Isso pressiona de forma sutil os oponentes para que retribuam e façam concessões. Se os negociadores forem habilidosos, levam seus oponentes a fazer as concessões que os negociadores desejam[7].

---

[6] Ver nota 4.
[7] Baron, R. A.; Byrne, D. *Social psychology*. 10. ed. Boston: Allyn & Bacon, 2002.

Uma tática relacionada envolve a introdução de *afeto positivo* (isto é, sentimentos ou humores positivos) entre os oponentes. Um grande instituto de pesquisas indica que, quando as pessoas passam por afeto positivo, elas têm muito mais probabilidade de concordar com uma solicitação e de se comportar de maneira cooperativa[8]. Como induzir o oponente a ter afeto positivo? Mantendo a discussão em terreno amigável, oferecendo ambiente agradável e tratando-o com respeito e cortesia. Pesquisas indicam que tais procedimentos funcionam: eles facilitam psicologicamente que os oponentes se direcionem para as posições desejadas pelos negociadores.

Poderíamos continuar, mas é preciso esclarecer o ponto principal: existem muitas técnicas para influenciar o curso das negociações e obter resultados positivos delas. Para os empreendedores, a negociação é quase um meio de vida; eles se envolvem nelas por meio do processo empreendedor, desde discussões com investidores em potencial até deliberações com compradores em potencial quando estão organizando sua estratégia de saída. Por essa razão, compreender sua natureza e estar apto a reconhecer várias táticas e usá-las efetivamente é compensador. Observe que se tornar um negociador com habilidade exige anos de prática, de modo que nossa meta aqui é instruí-lo sobre esse processo, e não transformá-lo em um especialista. Estar consciente das táticas que discutimos é um bom começo e, no mínimo, colocará você na estrada em direção ao aperfeiçoamento daquela que é uma das habilidades mais valiosas que você pode desenvolver.

Orientação Geral com Relação à Negociação

Outro aspecto da negociação que se descobriu ser muito importante é determinar os resultados que ela produz. Isso é chamado de **abordagem geral à negociação**, adotada pelas pessoas que participam dela. Pesquisas indicam que existem duas abordagens básicas. Uma vê a negociação como uma situação "ganha-perde", em que o que se obtém de um lado está vinculado ao que se perde do outro. A outra abordagem, ao contrário, presume que os interesses das duas partes não são incompatíveis e que é possível chegar a um acordo que maximize os resultados de ambos os lados; é a abordagem conhecida como "ganha-ganha".

Nem todas as situações oferecem o potencial para os acordos ganha-ganha, mas muitas fornecem tais possibilidades. Se as partes de uma negociação desejarem explorar todas as opções com cuidado, elas podem realizar o que é conhecido como **acordos integrativos** – aqueles que maximizam os benefícios conjuntos, os ganhos obtidos por ambas as partes. Este é um exemplo conhecido: dois cozinheiros estão fazendo receitas diferentes e ambos precisam de uma laranja, mas há apenas uma. O que fazer? Uma possibilidade é cortar a laranja na metade; isso funciona, mas deixa os dois *chefs* sem o que eles precisam. Outra solução, mais criativa (integrativa), é observar que um cozinheiro precisa do suco e o outro precisa da casca. Portanto, um cozinheiro pode tirar a casca e deixar o suco para o outro. Essa é uma solução muito melhor, porque ambos conseguem o que querem; em outras palavras, os resultados conjuntos são melhores. Outras estratégias para atingir soluções integrativas estão resumidas na Tabela 14.1.

---

[8] Isen, A. M. Toward understanding the role of affect in cognition. In: Wyer, R. S.; Srull, T. K. (eds.). *Handbook of social cognition*. Hillsdale, NJ: Erlbaum, v. 3, p. 179-236, 1984.

Uma técnica útil para os empreendedores é a *troca de favores*, em que cada parte faz concessões sobre as questões que são relativamente sem importância para ela em troca de concessões em outras questões que ela valoriza muito mais. Aqui está um exemplo concreto: um empreendedor quer um valor específico por sua empresa porque precisa desses valor para manter seu estilo de vida nos anos seguintes. O comprador em potencial se interessa pelo preço, mas uma questão muito mais importante para ele é que o empreendedor fique na empresa, por um período específico, para regularizar a transição. O empreendedor preferiria sair de uma vez, mas pode ficar por um ano, se isso ajudá-lo a obter o preço que quer. Se os dois lados estiverem alertas o suficiente para reconhecer essa diferença na importância relativa dessas duas questões, pode haver a troca de favores: o comprador aumenta o preço e o empreendedor concorda em ficar. Cada lado obtém o que é mais importante fazendo concessões em questões que vê como menos importantes. Outra vez, a troca de favores nem sempre é possível, mas quando é ou quando outras estratégias integrativas são possíveis, o resultado pode ser um acordo que atenda às principais necessidades de ambos os lados. Esse é um ponto importante porque pesquisas indicam que "ganhar" em uma negociação pode sair caro: se um lado obtém a maior parte do que ele quer (talvez porque esteja barganhando a partir de uma posição de força real), o oponente pode ser forçado a aceitar, mas as sementes de problemas futuros podem estar sendo plantadas[9]. O lado que per-

Tabela 14.1 Técnicas para Atingir Acordos Integrativos
Existem várias técnicas para conseguir acordos que maximizam os resultados conjuntos (acordos integrativos), mas elas nem sempre são fáceis de ser reconhecidas. Os negociadores que conseguem fazê-lo podem obter acordos bastante satisfatórios.

TÉCNICA PARA ATINGIR ACORDOS INTEGRATIVOS	DESCRIÇÃO E EXEMPLOS
Aumento do quinhão	Aumentam-se os recursos disponíveis de modo que ambos os lados possam obter suas principais metas (por exemplo, são obtidas fontes adicionais de fundos para uma compra).
Compensação não-específica	Um lado obtém o que deseja e o outro é compensado por uma questão não-relacionada (por exemplo, o empreendedor obtém o preço que deseja pelo negócio e o comprador obtém os direitos de patentes de posse do empreendedor).
Troca de favores	Cada parte faz concessões sobre questões de baixa prioridade em troca de concessões em questões que ela valoriza mais (consulte o texto).
Corte de custos	Uma parte obtém o que quer e os custos da outra parte são reduzidos ou eliminados (por exemplo, o empreendedor obtém o preço que deseja pelo negócio, mas o comprador fará pagamento em alguns anos e de maneira que o pagamento possa ser deduzido de impostos).
Extensão	Nenhuma parte obtém suas exigências iniciais, mas é desenvolvida uma nova opção que satisfaz os principais interesses de ambos os lados (por exemplo, o comprador quer que o empreendedor permaneça na empresa e o empreendedor quer uma venda direta; elabora-se uma nova opção em que o empreendedor treinará um substituto).

---

[9] Ver nota 5.

de sente que não foi tratado com justiça e talvez encontre maneiras de "igualar o placar", seja pública, seja secretamente. É uma ocorrência comum no campo das relações trabalho-administração, em que o resultado pode ser negativo para ambos os lados. Por exemplo, durante os anos de 1950 e 60, os sindicatos que representavam funcionários no setor de jornais prepararam greves repetidas, isso forçou concessões caras por parte dos proprietários de muitos jornais famosos (por exemplo, o *Herald Tribune*, em Nova York). Em face dessa abordagem de confronto, muitos proprietários começaram a ver os sindicatos como irracionais e concluíram que era impossível conseguir taxas de retorno razoáveis nesse setor. O resultado: vários jornais famosos fecharam, o que custou o emprego de muitos membros bem pagos do sindicato, e privou o público de jornais que leram durante décadas.

É assim que deve funcionar com relação a empreendedores. Suponha que um empreendedor seja um negociador hábil e consiga termos favoráveis de um comprador. Quando o comprador reconsiderar esse negócio em um momento posterior, ele concluirá que está pagando muito. Como resultado, sente que é justificado atrasar pagamentos para o empreendedor ou dizer coisas negativas sobre essa pessoa, colocando em risco as chances de o empreendedor obter fundos para começar uma nova empresa. Apenas por essa razão, o acordo integrativo e uma abordagem "ganha-ganha" são preferíveis a acordos em que um lado resolve derrotar seu oponente, e o faz. (Para ter um exemplo do que acontece quando os negociadores focam o ganho a todo custo, ver a seção "Atenção! Perigo Adiante!".)

ATENÇÃO! PERIGO ADIANTE!

Os Custos de Negociar para Vencer: Cuidado com os "Concorrentes Menores"!

Você já guardou alimentos em recipientes plásticos? Em caso afirmativo, há chance de que pelo menos alguns deles tenham a marca "Rubbermaid" nas tampas. Até a metade dos anos de 1990, a Rubbermaid detinha o monopólio de recipientes pequenos para armazenamento de alimentos. Então, algo estranho aconteceu: seus produtos começaram a desaparecer das prateleiras dos supermercados e das grandes lojas, nas quais tiveram grande destaque. Lembro-me de que, quando isso aconteceu, perguntei o motivo. Agora sei. Durante a metade dos anos de 1990, o preço da resina, matéria-prima de muitos produtos da Rubbermaid, aumentou; quase dobrou em 18 meses. A reação da empresa foi passar esse aumento para seus clientes e quando eles protestaram, a empresa adotou uma postura de negociação muito severa. Até mesmo com relação ao gigante Wal-Mart, sua maior conta. Em outras palavras, a Rubbermaid estava "decidida" e encarou as negociações como confrontos nos quais ela precisava "derrotar" seus clientes.

O que aconteceu foi clássico. Pressionado pelo tratamento severo da Rubbermaid e tentado por empresas menores que repassaram um aumento de preço menor, o Wal-Mart e outras grandes empresas reduziram o espaço nas prateleiras que eles reservavam para os produtos da Rubbermaid. Os consumidores, por sua vez, não foram leais à marca Rubbermaid como a empresa esperava e trocaram seus produtos pelos de menor preço que não tinham destaque no espaço ocupado pela Rubbermaid. Por fim, a Rubbermaid captou a mensagem e percebeu que as empresas pequenas que ela via como "concorrentes menores" tinham usado sua intransigência na negociação com seus clientes para obter vantagens competitivas e uma parte maior desse mercado lucrativo.

> A Rubbermaid, claro, é uma grande empresa. Mas a mensagem para os empreendedores, ou qualquer um que entre em negociações, é clara: se escolher ver seu oponente como um inimigo e procurar vencer a negociação anulando essa pessoa, em breve terá surpresas desagradáveis. É raro que um lado tenha todo o poder e, embora você possa triunfar em um curto prazo, os custos em longo prazo podem ser maiores do que os que foram barganhados. É um princípio básico que vale para grandes empresas e para empreendedores individuais que negociam com compradores em potencial. Embora as soluções integrativas que maximizam os resultados comuns muitas vezes sejam difíceis de ser obtidos, elas são, de longe, as melhores e compensam o esforço.

O que estamos dizendo nesta seção, em essência, é: a negociação é um processo complexo que é afetado por mais do que fatores puramente econômicos. Como pôde ser observado no Capítulo 3, os seres humanos não são totalmente racionais. Pelo contrário, estão sujeitos a erros cognitivos e seu pensamento é muito influenciado por suas emoções[10]. Por essa razão, às vezes perdem de vista seus interesses básicos durante as negociações. Esses interesses podem ser resumidos em dois pontos principais: (1) obter um acordo favorável com seus oponentes e (2) evitar (até onde for possível) induzir sentimentos de raiva, ressentimento ou ofensa nessa pessoa. Isso significa que os negociadores devem procurar acordos justos e eqüitativos, não apenas para um dos lados. A tentação de procurar vencer derrotando o oponente é forte, mas a probabilidade de que as negociações sejam bem-sucedidas é muito menor do que quando esse tipo de estratégia ganha-perde é adotado por um ou por ambos os lados. Além disso, qualquer tipo de acordo produzido tende a ser instável: o lado que perde sentirá que foi tratado injustamente (talvez enganado ou explorado), e isso, por sua vez, prepara o cenário para futuros problemas graves. Os empreendedores que se lembram desses pontos básicos ao negociar com compradores em potencial a venda de sua empresa (ou qualquer assunto) obterão acordos melhores e mais duradouros do que aqueles que utilizam a abordagem-padrão de ver seus oponentes como inimigos contra quem toda e qualquer tática é aceitável. A obtenção de acordos integrativos exige mais esforço, pensamento e criatividade do que a abordagem ganha-perde mais óbvia, mas o resultado faz que o custo adicional valha a pena.

ESTRATÉGIAS DE SAÍDA E O TEMPO DE VIDA: NECESSIDADES – E METAS – EM DIFERENTES MOMENTOS DA VIDA

Samuel Butler escreveu uma vez: "A vida é como fazer um solo de violino em público e aprender o instrumento à medida que se toca" (1985). Concordamos. A vida envolve muito improviso e o fazemos conforme prosseguimos. Isso vale tanto para empreendedores como para todas as outras pessoas; podemos até afirmar que eles são improvisadores por excelência. Afinal, são pessoas que criam algo – novos empreendimentos viáveis

---

[10] Forgas, J. P. Mood and judgment: The affect infusion model (AIM). *Psychological Bulletin*, 117: 39-66, 1995.

– a partir do que, à primeira vista, parece não ser nada. Além disso, energia, otimismo e crença em suas próprias habilidades (todas as características confirmadas por pesquisas)[11] os habilitam para vidas longas de trabalho produtivo. Entretanto, mesmo os empreendedores devem, no fim das contas, enfrentar a realidade da duração da vida humana. De fato, mudamos com a passagem das décadas e essas mudanças tomam formas diferentes. Tais transformações são lentas a princípio, mas sua velocidade aumenta para a maior parte das pessoas depois dos 50 anos. A energia, a intensidade de seus sentidos e a resistência diminuem, embora haja grandes diferenças individuais a esse respeito. Pesquisas indicam que esses processos são muito mais lentos em pessoas que têm boa forma física do que naquelas que não têm[12]. Dessa maneira, é possível para uma pessoa de 60 anos que esteja bem fisicamente ter mais energia e resistência do que uma pessoa 20 ou até 30 anos mais jovem que não esteja em boa forma física. Portanto, a velocidade com que decaímos fisicamente, se não o próprio decaimento, está, até certo ponto, sob nosso controle.

As mudanças físicas, contudo, são apenas uma parte do todo. Conforme a vida passa, mudamos cognitiva e socialmente. Com relação a mudanças cognitivas, acreditava-se que memória, inteligência e muitos outros aspectos da cognição diminuíam com o aumento da idade. Entretanto, descobertas recentes sugerem que tais alterações, quando ocorrem, são muito mais lentas e menores em magnitude do que se previa[13]. Por exemplo, alguns aspectos da memória parecem diminuir com o aumento da idade (como nossa capacidade de transformar informações de armazenamento de curto prazo em memória de longo prazo), mas outros não sofrem mudanças. A memória semântica (conhecimentos gerais) não diminui com a idade e pode, de fato, aumentar[14]. De maneira similar, a memória processual, o tipo de memória envolvida nas atividades motoras práticas, permanece muito parecida conforme envelhecemos. Portanto, se um empreendedor for um digitador hábil, é provável que mantenha essa habilidade por décadas.

A inteligência também muda lentamente, quando muda, é com o aumento da idade. Estudos recentes sugerem que os únicos componentes da inteligência que diminuem com a idade são os que estão diretamente relacionados com a velocidade, como a rapidez com que as pessoas recuperam as informações da memória ou realizam tarefas que exigem respostas rápidas. Em contraste, a inteligência prática, um tipo importante para os empreendedores, pode aumentar com a idade em vez de diminuir[15].

Pesquisas adicionais focadas em criatividade também apontam para conclusões encorajadoras. Embora muitas pessoas pareçam fazer suas principais contribuições durante seus 30 ou 40 anos, isso depende da área em questão. Em campos muito quantitativos, como matemática e física teórica, os picos de criatividade ocorrem relativamente cedo, quando as pessoas estão em seus 20 e 30 anos. Em outros campos da ciência, o pico ocorre muito mais tarde, entre os 40 e 50 anos de idade. Estudos indicam que muitas pessoas mostram

---

[11]Shane, S. *The individual-opportunity nexus approach to entrepreneurship*. Amsterdã: Kluwer, no prelo.
[12]Arking, K. *Biology of aging: Observations and principles*. Englewood Cliffs, NJ: Prentice-Hall, 1991.
[13]Park, D. C. et al. Mediators of long-term memory performance across the lifespan. *Psychology and Aging*, 11: 621-637, 1996.
[14]Shimamura, A. P.; Jurica, P. J. Memory interference effects and aging: Findings from a test of frontal lobe function. *Neuropsychology*, 8: 408-412, 1994.
[15]Sternberg, R. J. et al. Testing common sense. *American Psychologist*, 50: 912-927, 1995.

um segundo pico no fim da vida – aos 60, 70 e até aos 80 anos. Por exemplo, Picasso produziu muitas de suas pinturas famosas aos 60, 70 e até aos 80 anos e Michelangelo pintou até sua morte, aos 84 anos. Compositores também mostram um segundo pico de produtividade mais perto do fim da vida. Uma das minhas peças clássicas favoritas é "Danças Sinfônicas" de Rachmaninoff, escrita apenas um ano antes de sua morte e décadas depois de ter composto seus trabalhos mais famosos.

Isso sugere para os empreendedores que eles podem continuar a trabalhar produtivamente por muitas décadas, se assim escolherem e se suas famílias concordarem. Este é um ponto importante que vale a pena enfatizar: a vida exigente de um empreendedor pode ser um peso para suas relações familiares e pessoais, assim as pessoas próximas devem ser levadas em consideração em sua decisão. Em outras palavras, os empreendedores precisam considerar mais do que suas próprias preferências. O apoio do cônjuge, de pessoas significativas, amigos e membros da família é essencial para começar, é importante na decisão de quando e como sair. Considere Bob Page, fundador da Replacements Ltd., maior fornecedor mundial de peças fora de série de porcelana, vidro e louça. Como Page disse: "Meus amigos e minha família me desencorajaram a deixar meu trabalho de auditor... mas eu pensei que se pudesse dedicar meu tempo a fazer coisas de que gosto, poderia viver delas – mesmo que não ganhasse tanto quanto ganharia como contador público certificado". Ele deixou seu trabalho e começou sua empresa com menos de US$ 5 mil em caixa. A Small Business Administration (Administração de Pequenos Negócios) recusou sua solicitação de empréstimo, mas, colocando pequenos anúncios em revistas, ele construiu uma base de clientes e atingiu US$ 150 mil em vendas durante o primeiro ano. Isso convenceu a família e os amigos de que sua escolha fora certa, fazendo que o apoiassem e ajudassem. Com a ajuda deles, transformou seu negócio em um sucesso próspero: no último ano, a Replacements Ltd. faturou mais de US$ 60 milhões. Quando ele vai parar? Page tem 57 anos agora e certamente levará em conta os desejos de sua família ao escolher sua estratégia de saída. Afinal, conforme ele e um número incontável de outros empreendedores reconhecem, você *não pode* fazer isso sozinho, e é justo que as pessoas que o ajudaram durante o caminho sejam levadas em consideração na hora de decidir quando dizer "basta".

Em todos os casos, está claro que mais cedo ou mais tarde todos os empreendedores enfrentam a questão-chave: desejam continuar trabalhando e levando o mesmo tipo de vida agitada a qual dedicam 100 horas ou mais por semana? Essa é uma pergunta que cada pessoa deve responder por si mesma, mas pesquisas sobre o desenvolvimento humano sugerem que a maioria de nós quer uma vida mais simples e menos agitada.

Para resumir as principais descobertas dessa pesquisa[16], parece que todos nós passamos por uma série de fases ou épocas distintas, e cada uma dessas fases é separada da anterior por um período de transição turbulento. Um desses períodos é a *transição dos 30 anos*. Nesse momento, as pessoas percebem que estão chegando a um ponto sem retorno: se permanecerem em sua função e vida atuais, elas terão investido demais para mudar. Diante disso, reexaminam sua opção inicial e fazem grandes mudanças ou decidem que, de fato, escolheram o melhor caminho. Essa é uma das razões pela qual muitos empreendedores decidem sair de seus empregos em grandes empresas logo depois de completarem 30 anos[17].

---

[16] Levinson, D. J. A conception of adult development. *American Psychologist*, 41: 3-13, 1986.
[17] Zimmerer, T. W.; Scarborough, N. M. *Entrepreneurship and new venture formation*. Upper Saddle River, NJ: Prentice-Hall, 1996.

A próxima transição da vida ocorre quando as pessoas estão entre 40 e 45 anos e é conhecida como *transição da meia-idade*. É o momento em que muitas pessoas começam a pensar sobre sua própria morte. Até esse período, a maioria vê a si mesmo como jovem e a vida como uma proposta de longo prazo, que continua até um futuro bem distante. Depois dos 40 anos, muitas pessoas começam a ver a si mesmas como a geração mais velha. Isso as leva a fazer um balanço do sucesso de suas opções anteriores e das probabilidades de atingirem seus sonhos de juventude. O resultado pode ser grandes mudanças – divórcio, novo casamento, nova carreira. Muitas pessoas ainda passam por um outro período de transição entre os 50 e os 55 anos. Essa *transição do fim da idade adulta* marca o fim da meia-idade e o começo da idade adulta posterior. Durante essa transição, as pessoas devem chegar a um acordo com relação à sua aposentadoria iminente e as principais mudanças que ela trará. Quanto tempo querem trabalhar? O que querem fazer depois de parar? Essas são questões que a maioria das pessoas nunca considerou, mas começa a ponderar com mais freqüência depois dos 50 anos.

O que tudo isso significa para os empreendedores? Basicamente, que devem considerar esses fatores ao decidir como e quando sair de suas empresas. Como seres humanos, temos metas e necessidades diferentes nos diversos estágios de nossas vidas; e estas devem ser consideradas com cuidado pelos empreendedores quando pensarem sobre deixar as empresas que criaram. Empreendedores jovens, aqueles que têm menos de 40 anos, podem querer começar outras empresas, de modo que há a possibilidade de escolherem uma estratégia de saída que produza dinheiro suficiente. Empreendedores com mais idade (por exemplo, os de 50 anos ou mais) podem não ter certeza se querem recomeçar todo o processo. Ao contrário, eles podem querer reduzir a velocidade e "viver a vida". Para tais pessoas, uma saída gradual e pagamentos durante um período podem fazer mais sentido. E outros empreendedores ainda, que já têm muita segurança financeira, podem querer focar a transferência da propriedade de seus negócios para os filhos ou para outros membros da família.

O ponto-chave é o seguinte: não existe uma estratégia de saída que seja melhor para todos os empreendedores. A escolha e os termos específicos negociados devem refletir não apenas as realidades econômicas (o que é melhor para a empresa e para seu futuro), mas as pessoais também. Devem incluir o que um pesquisador, Vernoka Kisfalvi, descreveu como "questões de vida" centrais – preocupações que derivam das experiências de vida exclusivas dos empreendedores e que são temas básicos em tudo o que fazem, inclusive nas estratégias que escolheram para seus novos empreendimentos (por exemplo, desejo de autonomia, de sucesso, de reconhecimento, de agir etc.) [18]. Isso varia de pessoa para pessoa, mas todos as têm de uma forma ou de outra. De maneira similar, a opção entre as estratégias de saída refletem o ponto onde o empreendedor está em sua jornada de vida e o que ele quer fazer nos anos seguintes. Quanto mais os empreendedores considerarem esses fatores, maior será a probabilidade de estarem aptos a ecoar as palavras de Javier Perez de Cuellar (1991), ex-secretário-geral das Nações Unidas que, falando de sua própria aposentadoria, observou: "Sou um homem livre, me sinto leve como uma pluma". Essa é uma conclusão para uma vida de conquistas ativas à qual acreditamos que todos os empreendedores tenham direito. Boa sorte! Desejamos a você uma jornada calma, interessante e completa ao longo das décadas que definem nossas vidas adultas.

---

[18] Kisfalvi, V. The entrepreneurs' character, life issues, and strategy making: A field study. *Journal of Business Venturing*, 17: 489-518, 2002.

Resumo e Revisão dos Pontos-Chave

- Existem muitas estratégias de saída diferentes, mas a maioria envolve a transferência de um negócio para membros da família, a venda para conhecidos, pessoas de fora ou uma oferta pública inicial.
- A transferência da empresa para membros da família pode ocorrer por meio de fundos fiduciários ou de sociedade em comandita.
- A transferência para a administração superior pode ocorrer por meio de aquisição financiada.
- A transferência para empregados pode ser realizada por meio de planos de participação acionária dos funcionários.
- A venda para pessoas de fora oferece vantagens importantes em relação a continuar administrando uma empresa independente e, de fato, um empreendimento pode ter mais valor como parte de uma organização maior do que tem como empresa independente.
- A venda para pessoas de fora envolve a avaliação do preço do negócio. Existem vários métodos para a realização dessa tarefa: métodos de balanço, métodos de resultado e métodos de mercado.
- Os empreendedores também podem sair de suas empresas por meio de ofertas públicas iniciais. Isso oferece vantagens importantes (por exemplo, grandes infusões de capital), mas acarreta um custo substancial (as taxas de subscrição são altas e a equipe de administração superior deve dedicar a maior parte de suas energias para a IPO por vários meses). Dessa maneira, é complexa a decisão de tornar aberta uma empresa e deve-se tomar bastante cuidado.
- A negociação é um processo em que os participantes trocam ofertas e contra-ofertas até que se chegue a um acordo ou as negociações cheguem ao fim.
- Uma meta-chave dos negociadores é a redução da aspiração (metas) de seu oponente. Isso pode ser realizado por meio de várias táticas específicas de barganha (por exemplo, a técnica da "grande mentira", em que se declara ter um "negociador extra").
- Outras táticas envolvem esforçar-se para gerar pressões e conseguir concessões recíprocas por parte dos oponentes e induzi-los a sentir afeto positivo.
- Um fator-chave que afeta o curso e os resultados de negociações é a abordagem geral do negociador a esse contexto: "ganha-perde" ou "ganha-ganha". Uma abordagem ganha-ganha oferece muito mais oportunidade para chegar a acordos integrativos, aqueles que maximizam os resultados conjuntos.
- A habilidade em negociar com outros é muito útil para os empreendedores durante o processo empreendedor – desde a negociação com os investidores em potencial até a negociação com compradores em potencial.
- Conforme envelhecemos, passamos por fases ou períodos distintos. Estes são separados por alguns períodos de transição turbulentos durante os quais muitas pessoas examinam suas vidas com relação a mudanças de metas.
- As estratégias de saída que os empreendedores escolhem devem refletir a fase de sua vida. Empreendedores jovens (com menos de 40 anos) podem preferir uma "saída limpa" que garanta muito dinheiro, porque eles querem iniciar uma nova empresa. Os mais velhos, ao contrário, podem querer ter renda futura suficiente para manter seu estilo de vida atual. Mesmo os mais velhos podem querer transferir a empresa para membros da família ou para outras pessoas.
- Quando os empreendedores consideram os fatores pessoais e econômicos, a estratégia de saída que escolherem e negociarem será aquela que os ajudará a atingir as principais metas que procuram.

Questões para Discussão

1. Qual a importância que você dá a fatores emocionais e a outros fatores "não-racionais" na escolha das estratégias de saída dos empreendedores? Você pode pensar em formas de reduzir o impacto desses fatores?
2. Como os empreendedores decidem qual membro da família é a melhor pessoa para ser seu sucessor na empresa? Eles devem procurar ajuda externa para fazer essa escolha?
3. Quais as vantagens de vender uma empresa para pessoas que participam dela (por exemplo, seus executivos atuais)? Quais são as vantagens de vender uma empresa para pessoas de fora? Compare as duas estratégias. Você acha que uma delas é superior à outra?
4. Às vezes, os métodos de avaliação de uma empresa – balanço, lucros e abordagens de mercado – produzem resultados similares. Em outras ocasiões, isso não acontece. Por quê?
5. Muitos empreendedores trabalham para atingir o objetivo de uma oferta pública inicial (IPO). Embora isso possa resultar em grandes quantias de capital, tais ofertas têm um ponto negativo. Qual é e por que os empreendedores devem considerá-lo com cuidado antes de procurar uma IPO?
6. Por que manter negociações em ambientes agradáveis ajuda os participantes a chegarem a um acordo?
7. O que os efeitos do envelhecimento têm a ver com a escolha de uma estratégia de saída?

ARREGAÇANDO AS MANGAS

Valorizando Sua Empresa

Conforme vimos em uma seção anterior, há muitas maneiras de determinar o valor de sua empresa. Como cada empreendedor que administra um negócio de sucesso acaba saindo dele, achamos que é importante ter prática nos princípios desse processo – embora seja quase certo que você terá a ajuda e a orientação de um especialista financeiro quando preparar uma avaliação real. Siga estas etapas para se familiarizar com os principais métodos de avaliação.

1. Método de balanço. Usando o método de balanço, calcule o valor líquido de sua empresa (Valor Líquido = Ativo – Passivo)
2. Métodos de Resultado. Escolha um dos três métodos de resultados básicos de avaliação (método de lucro excedente, lucros capitalizados, método de lucros futuros descontados) e, seguindo as etapas definidas no texto, use-o para avaliar sua empresa.
3. Método de mercado. Use o método de mercado para avaliar sua empresa.

Agora compare os três resultados que obteve. Eles são diferentes? Se sim, por quê? Quais suposições foram feitas como base para esses cálculos? Você se sentiria confortável ao explicá-los para os compradores em potencial de sua empresa? Lembre-se de que a avaliação é apenas um ponto de partida para negociações complexas com compradores em potencial. Então, nossos comentários sobre negociação com certeza se aplicam: avaliações exageradas que têm como base suposições não-convincentes geralmente *não* ajudam a obter um preço maior; elas podem, ao contrário, fazer as negociações começarem mal. Portanto, pense com cuidado sobre as suposições que fizer em qualquer tipo de método de avaliação; se elas forem irreais demais, há a probabilidade de não contribuírem de maneira positiva para um acordo satisfatório.

Melhorando suas Habilidades de Negociação

A negociação é um processo universal; percebendo ou não, nos envolvemos com ela várias vezes por dia. Por exemplo, você divide pequenas tarefas com as pessoas que moram com você ou com outras pessoas? Se sim, é quase certo que você negociou com elas essa questão. Você já organizou a divisão de tarefas entre você e seus colegas de trabalho ou para que um colega de trabalho cobrisse as suas tarefas quando precisou de uma folga? Outra vez, a negociação esteve presente.

Para ter *insights* sobre como você está conduzindo suas negociações e como está tratando esse processo, siga as etapas a seguir:

1. Por uma semana, mantenha um registro de todas as ocasiões em que se envolveu em negociações com outros. Anote:
    a. A questão sobre a qual você negociou;
    b. A pessoa com quem você negociou;
    c. As táticas que usou durante a negociação;
    d. O resultado;
    e. A satisfação de ambas as partes com a solução encontrada.
2. Em seguida, considere cuidadosamente as negociações quanto às questões a seguir:
    a. Está satisfeito com as táticas que usou ou acha que poderia ter escolhido táticas melhores?
    b. E quanto à estabilidade dos acordos que negociou – eles são aceitáveis para você e para a outra pessoa? (Se não, esses acordos provavelmente não durarão).
    c. Você usou táticas diferentes dependendo de sua relação com a outra pessoa? (Por exemplo, um conjunto de táticas com as pessoas com as quais você deve negociar com regularidade e outro conjunto com as pessoas que você nunca verá de novo?)
3. Por fim, faça esta pergunta a si mesmo e responda-a honestamente: quando analisou cada uma dessas situações, você adotou uma abordagem "ganha-ganha" em que realmente buscou um acordo satisfatório para ambas as partes? Ou adotou uma abordagem "ganha-perde" em que se concentrou em obter o que queria? Lembre-se de que os acordos obtidos por meio de uma abordagem de confronto "ganha-perde" são atrativos em um curto prazo, mas podem se voltar contra você, com juros, mais tarde.

Glossário

A

Abordagem confluente: ponto de vista que sugere que a criatividade emerge da confluência (ou convergência) de vários recursos básicos.

Abordagem geral à negociação: é adotada pelas pessoas que participam dela. Os dois padrões básicos são: a abordagem "ganha-perde" e abordagem "ganha-ganha".

Acordo de não-concorrência: documento legal no qual uma pessoa concorda em não trabalhar para uma empresa que irá concorrer com seu empregador, caso ela pare de trabalhar para esse empregador.

Acordo de sigilo: documento legal no qual uma pessoa concorda em não tornar pública uma informação privada.

Acordos integrativos: acordos que maximizam os benefícios conjuntos – os ganhos obtidos por ambos os lados.

Administração da imagem: tática usada por indivíduos para causar uma boa primeira impressão em outras pessoas.

Agente comercial (empresa de *factoring*): organizações especializadas que adquirem com desconto as contas a receber de uma empresa.

Ambigüidade causal: falta de clareza sobre o processo subjacente pelo qual os empreendedores exploram as oportunidades.

Amortização: método para distribuir o custo de um investimento pelo do número de unidades produzidas ou vendidas.

Análise conjunta: técnica para determinar a importância relativa de diversas dimensões de produtos específicos de acordo com a avaliação de clientes.

Análise do cargo: análise cuidadosa de uma função específica para determinar o que ela envolve e o que requer em termos de conhecimento, habilidades e capacidades específicas.

Análise do ponto de equilíbrio: análise que indica o nível de vendas e produção necessário para cobrir todos os custos.

Apresentação prévia realista da função: esforços para apresentar uma visão precisa e equilibrada da empresa aos potenciais funcionários com o objetivo de melhorar a retenção dessas pessoas.

Aquisição financiada: procedimentos para transferir a propriedade de uma empresa geralmente aos seus administradores atuais em que os compradores fazem um empréstimo com uma organização financeira para pagar ao proprietário um preço combinado.

Arte prévia: patentes anteriores citadas por uma determinada patente como as etapas de criação de uma invenção.

Assalto: tentativa feita por uma das partes de renegociar oportunamente os termos de um contrato após ele ter sido firmado.

Assimetria de informações: desequilíbrio entre duas partes em relação ao conhecimento sobre um assunto.

Ativos complementares: ativos que devem ser usados com uma inovação para oferecer um novo produto ou serviço aos clientes; normalmente incluem equipamentos de fabricação e instalações de comercialização e distribuição.

Auto-avaliação: inventário feito pelo próprio indivíduo sobre seu conhecimento, experiência, instrução, motivos e características que podem contribuir para o novo empreendimento.

B

Balancete: relatório que mostra as projeções das condições financeiras da empresa em diferentes períodos futuros.

Barreira de controle: refere-se à indisposição dos fundadores de novos empreendimentos de ceder o controle da empresa a terceiros.

***Burn rate*:** velocidade com que um novo empreendimento usa o capital fornecido pelos investidores.

C

Canibalizar: esforço para produzir e vender um produto ou serviço que substitui um produto ou serviço que alguém já produz e vende.

Capital humano: investimento ou valor em recursos humanos em vez de em ativos físicos.

Capital intensivo: nível até o qual o processo de produção em uma empresa ou setor depende do capital em vez da mão-de-obra.

Capital social: importante recurso derivado das relações entre indivíduos em organizações ou outras estruturas sociais. Os recursos sociais incluem as relações interpessoais próximas entre as pessoas, caracterizadas por confiança mútua, afeição e identificação.

Capitalista de risco: pessoa que trabalha para uma organização que angaria fundos de investidores institucionais e os investe em novas empresas.

Cinco grandes dimensões da personalidade: dimensões básicas da personalidade que afetam o comportamento em diversas situações.

Classe protegida: grupo que sofreu discriminação no passado.

Cláusulas antidiluição: disposições contratuais que exigem que os empreendedores forneçam aos investidores ações adicionais em um novo empreendimento para que o percentual de participação do investidor no empreendimento não seja reduzido em rodadas posteriores de financiamento.

Cláusulas contratuais: restrições ao comportamento dos empreendedores acordadas em contrato entre os investidores e os empreendedores.

Cláusulas de extinção: termos contratuais que exigem que um empreendedor perca sua participação em seu empreendimento se deixar de cumprir certos marcos acordados.

Clube de investidores: divisão de um investimento entre os membros de um grupo de investidores.

Cognição humana: processo mental pelo qual adquirimos, armazenamos, transformamos e usamos informações para realizar uma ampla série de tarefas.

Competência social: termo resumido para o nível geral de habilidades sociais de um indivíduo.

Comportamentos de cidadania organizacional: comportamentos dos funcionários que vão além dos requisitos de suas funções e não são direta ou explicitamente reconhecidos pelos sistemas formais de bonificação.

Comprometimento com a organização: alcance da identificação e do envolvimento de um indivíduo com sua organização; demonstra o nível da indisposição do indivíduo em deixar essa organização.

Conceitos: categorias para objetos ou eventos que são, de alguma forma, similares uns aos outros em certos aspectos.

Concentração: proporção da participação no mercado que está nas mãos das maiores empresas de um segmento. Esse conceito é comumente medido pelo quociente de concentração de quatro empresas; medida feita pelo governo da participação no mercado detida pelas quatro maiores empresas de um segmento.

Confiabilidade: magnitude da consistência das medições ao longo do tempo ou segundo diferentes especialistas.

Confiança: grau de certeza que uma pessoa tem nas palavras e ações de outra – certeza de que essa pessoa vai se comportar de forma previsível, de acordo com o relacionamento que há entre elas.

Confiança com base em cálculo: confiança com base em dissuasão. Quando esperamos que outra pessoa se comporte como prometido, pois ela sabe que será punida se agir de outra forma, estamos demonstrando confiança com base em cálculo.

Confiança com base em identificação: confiança com base na crença de que os outros irão se comportar como prometido não porque serão punidos se não o fizerem, mas porque desejam o bem-estar da pessoa que confia neles.

Conflito: processo em que uma parte acredita que a outra agiu ou agirá de forma incompatível com os seus interesses.

Conflito cognitivo: conflito em que os indivíduos se tornam cientes de pontos de vista ou interesses opostos, mas se concentram nos problemas e não um no outro.

Conflitos afetivos: aqueles que envolvem um grande componente emocional em vez de conflitos que emergem de interesses ou objetivos incompatíveis.

Conhecimento tácito: tipo de entendimento que não pode ser documentado nem articulado. É freqüentemente comparado ao conhecimento codificado, um tipo de entendimento que pode ser expresso de forma documentada.

Contornar uma patente: criar uma solução que não viole uma patente, mas atinja o mesmo objetivo que a abordagem patenteada.

Contratos: promessas que podem ser impostas por lei.

Contrato social: documento elaborado com a ajuda de um advogado e que registra todos os termos nos quais a sociedade vai operar.

Criatividade: geração de idéias que são ao mesmo tempo novas (originais, inesperadas) e apropriadas ou úteis; elas atendem a restrições relevantes.

Curva de aprendizagem: relação que mede o desempenho por unidade na produção, como função do número cumulativo de unidades produzidas.

Curva em S: descrição gráfica do padrão típico de melhoria de desempenho dos novos produtos ou serviços em função do esforço neles empregado.

Custos fixos: custos de itens, como instalações e equipamentos, que não mudam de acordo com o número de unidades vendidas.

Custos passados ou escalada do comprometimento: tendência de se tornar prisioneiro de más decisões e manter-se agarrado a elas mesmo que provoquem resultados cada vez mais negativos.

Custos variáveis ou diretos: custos incorridos para cada unidade vendida.

D

Demonstrativo de fluxo de caixa: formulário que prevê o fluxo de caixa ao longo de um período específico, dados certos níveis de vendas e gastos de capital projetados.

Demonstrativo financeiro: relatório que exemplifica os resultados operacionais projetados com base nos lucros e perdas.

Descrição do cargo: visão geral do que a função envolve, quanto a deveres, responsabilidades e condições de trabalho.

Desenvolvimento do produto: processo pelo qual o empreendedor cria o produto ou serviço que será vendido aos clientes.

Destruidor de competências: forma de mudança que destrói as habilidades e capacidades das pessoas que já estão fazendo algo. Ela se opõe à mudança que aperfeiçoa as competências, que aprimora as habilidades e capacidades das pessoas que já estão fazendo algo.

Direito autoral: forma de proteção da propriedade intelectual fornecida aos autores de obras originais, incluindo as literárias, teatrais, musicais, artísticas e outros tipos específicos de obras intelectuais.

Direitos de controle: direito de decidir o que fazer com os ativos de um empreendimento.

Direitos de resgate obrigatório: termos contratuais que exigem que um empreendedor devolva, a qualquer momento, aos investidores o investimento que fizeram.

Dívida: obrigação financeira para se devolver o dinheiro fornecido mais uma quantia determinada de juros.

Discreto: característica de um novo produto ou serviço que o torna independente de um sistema de outros ativos necessários para usar o produto ou serviço.

Discussão em grupo: grupos de oito a 12 pessoas parecidas com os clientes potenciais, que se reúnem durante uma ou duas horas para descrever suas percepções e reações a produtos relevantes.

E

Economias de escala: redução no custo de cada unidade produzida com o aumento do volume de produção.

Eludir, esquivar-se: não empregar todo o esforço de que uma pessoa é capaz.

Empreendedores internos: pessoas que criam algo novo dentro de uma empresa existente em vez de fundar um novo empreendimento.

Empresa com finalidade específica *(joint venture)*: Forma de constituição empresarial parecida com a sociedade em nome coletivo, mas aqui não há sócios comanditados ou comanditários e o objetivo da empresa é bastante limitado.

Empréstimo comercial: forma de financiamento bancário em que a pessoa que tomou o empréstimo paga juros sobre o dinheiro emprestado.

Engenharia reversa: processo de desmontar um produto para descobrir como ele funciona.

Entrevista estruturada: entrevista em que são feitas as mesmas perguntas a todos os candidatos – perguntas escolhidas cuidadosamente e relacionadas à função.

Esquemas: estruturas cognitivas que representam nosso conhecimento e suposições sobre aspectos específicos do mundo.

Estratégias de saída: procedimentos pelos quais os empreendedores transferem sua participação em suas empresas a outras pessoas.

Estresse: padrão de estados emocionais e reações psicológicas em resposta às exigências de diversos eventos diferentes em nossas vidas.

Experimentação: método de pesquisa em que uma variável é alterada sistematicamente para determinar se tais alterações afetam uma ou mais variáveis.

Externalidades de rede: situação em que algo tem um valor crescente conforme mais pessoas o usam.

F

Favorito implícito: decisões favorecidas pela maioria dos membros de um grupo tomador de decisão. Freqüentemente, são decisões tomadas pelo grupo.

Financiamento garantido por ativos: tipo de empréstimo em que os ativos adquiridos são usados como garantia para o empréstimo.

Firma individual: tipo de constituição empresarial em que a empresa é administrada por um único indivíduo que também detém a propriedade dela.

Fluxo de caixa: fundos gerados internamente disponíveis para uma empresa após os custos e a depreciação serem subtraídos da receita.

Franquia: sistema de distribuição em que empresários semi-independentes (franqueados) pagam taxas e *royalties* a uma empresa controladora (franqueador) em troca do direito de usar a marca dessa empresa, vender seus produtos ou serviços e, em muitos casos, usar o modelo e sistema de negócios que ela desenvolveu.

Franquia de marca: tipo de franquia em que os franqueadores concedem a empresários independentes o direito de usar seu nome.

Franquia de negócio formatado: tipo de franquia em que os franqueados recebem um sistema de negócio completo do franqueador – uma marca registrada, os produtos ou serviços a serem vendidos, os edifícios onde o negócio será operado, uma estratégia de marketing, métodos para operação real do negócio, controle de qualidade e assistência na administração da empresa.

Fraude: esforços para enganar os outros ao omitir informações ou apresentar dados falsos.

G

Garantias: algo de valor que um empreendedor empenha para reembolsar os investidores, caso o resultado monetário do empreendimento seja insuficiente para devolver o principal de um investidor.

Geração de idéias: produção de idéias para algo novo; possui significado muito próximo ao de *criatividade*.

H

Habilidades sociais: conjunto de competências (habilidades discretas) que permitem aos indivíduos interagir efetivamente com os demais.

Heurística: regras simples para se tomar decisões complexas ou fazer inferências de forma rápida e aparentemente sem esforço.

Hipótese: previsão ou explicação ainda não testada para um conjunto de fatos.

I

Incerteza: condição na qual o futuro é incerto.

Inflexibilidades centrais: quando as empresas tendem a fazer bem as coisas a que estão acostumadas e o contrário quando as coisas são novas.

Informações biográficas: informações sobre o histórico, experiências e preferências de potenciais funcionários, fornecidas por eles em formulários de solicitação de emprego.

Injeção gradual de capital: fornecimento de capital em parcelas condicionadas à consecução de marcos específicos.

Intangíveis: ativos que são difíceis, se não impossíveis, de serem relacionados no balanço: a boa vontade que a empresa adquiriu com seus clientes e fornecedores, sua reputação no setor, seu sucesso em atrair e motivar funcionários de alto nível.

Inteligência: capacidade do indivíduo de entender idéias complexas, adaptar-se efetivamente ao mundo ao seu redor, aprender com a experiência, envolver-se em várias formas de raciocínio e de superar uma série de obstáculos.

Inteligência de sucesso: mistura equilibrada de inteligência analítica, criativa e prática. A inteligência de sucesso é o tipo de inteligência necessária aos empreendedores.

Inteligência prática: ser inteligente de forma prática; pessoas com esse tipo de inteligência bem desenvolvido são hábeis para resolver os problemas do dia-a-dia e possuem a "sabedoria da vida".

Intensidade de P&D: proporção das vendas de uma empresa dedicadas a criar novo conhecimento científico e a aplicar esse conhecimento à criação de novos produtos e processos de produção.

Investidor informal *(anjo)*: indivíduo que investe em novos empreendimentos como pessoa física.

J

Justiça distributiva: princípio de imparcialidade percebida que sugere que todas as partes de um relacionamento devem receber uma participação dos prêmios disponíveis compatível com o tamanho de suas contribuições.

L

Legitimidade: crença de que algo é correto e apropriado.

Lei de Reforma e Controle da Imigração de 1986 (Immigration Reform and Control Act of 1986): criada com dois objetivos: desestimular a imigração ilegal para os Estados Unidos e fortalecer as disposições originais da Parte VII da Lei de Direitos Civis (1964).

Lei de Saúde e Segurança Ocupacional de 1970 (Occupational Safety and Health Act of 1970 – OSHA): lei criada para proteger a saúde e a segurança dos empregados nos Estados Unidos. A lei exige que os empregadores (1) forneçam um ambiente de trabalho seguro e saudável – um local de trabalho livre de perigos que podem prejudicar os empregados; (2) cumpram normas específicas de saúde e segurança ocupacional – regras que lidam com várias ocupações e setores e (3) mantenham registros de doenças e lesões ocupacionais.

Lei dos Americanos Portadores de Deficiências (American with Disabilities Act – ADA): proíbe discriminar pessoas portadoras de deficiências que, apesar destas, são capazes de exercer as tarefas essenciais da função. A lei também exige que os empregadores forneçam acomodação razoável para essas pessoas – ações que acomodem as deficiências conhecidas dos candidatos à função ou funcionários.

Licença do governo: licença concedida por um governo para ser a única parte com autorização para executar algo em determinada região geográfica.

Licenciamento: modo de negócio em que uma parte estabelece um contrato com outra para usar as idéias da primeira parte a fim de produzir produtos e serviços para venda a clientes finais em troca de uma taxa.

Linha de crédito: acordo que permite ao empreendedor obter, sempre que precisar, uma certa quantia em dinheiro a uma determinada taxa de juros.

Lócus de inovação: local, tanto dentro da cadeia de valor como entre as iniciativas privada e pública, onde se aplica o novo conhecimento à criação de novos produtos, processos de produção e formas de organização.

M

Macro (perspectiva): Perspectiva "de cima para baixo" que busca entender o processo empreendedor ao se concentrar principalmente em fatores ambientais (fatores econômicos, financeiros, políticos) que estão muito além do controle direto de um indivíduo.

Mapeamento perceptual: técnica para identificar as principais dimensões usadas pelos clientes potenciais para avaliar os produtos.

Marca registrada: palavra, frase, símbolo, projeto ou combinação destes que identifique e distinga as mercadorias e serviços de uma empresa dos de outra.

Marco: meta combinada entre empreendedores e investidores, que o empreendedor deve atingir para receber outra parte do financiamento.

Memória: nossos sistemas cognitivos que armazenam e recuperam informações.

Método de caso: método de pesquisa por meio do qual dados sobre uma organização ou pessoas específicas são coletados e usados para chegar a conclusões sobre quais fatores influenciaram resultados importantes, como o sucesso econômico.

Método de lucro futuro descontado: método para valorização de empresas com base no lucro futuro descontado.

Método de lucros capitalizados: método para determinar o valor de empresas com base nos lucros líquidos capitalizados.

Métodos de resultado: método para determinar o valor de empresas com base em seus lucros futuros.

Método do capital de risco: forma pela qual os capitalistas de risco calculam a quantidade de participação em ações de um novo empreendimento que receberão em troca por seu investimento de capital.

Método do lucro excedente: método para determinar o valor de empresas com base em quanto elas gerarão de lucro a mais que a média de seu segmento.

Métodos de balanço (determinação de valor): métodos para determinar o valor de empresas com base em seus balanços.

Micro (perspectiva): perspectiva "de baixo para cima" que busca entender o processo empreendedor ao se concentrar no comportamento e pensamento dos indivíduos ou grupos de indivíduos (por exemplo, sócios fundadores).

Miopia do usuário: fato de que os clientes só podem enxergar necessidades ou soluções muito próximas, normalmente apenas as suas próprias necessidades e não as de outros segmentos do mercado.

Modos com base no mercado: quando as diferentes partes do negócio, como a fabricação e a comercialização, são de propriedade de entidades diferentes e estão vinculadas por uma relação contratual.

Modos hierárquicos: quando uma empresa detém todos os elementos da operação que produz e vende um produto ou serviço aos clientes finais.

Monopólio: situação em que uma empresa é o único fornecedor de um produto ou serviço.

Motivação: processos que levantam, dirigem e mantêm o comportamento humano para atingir uma meta. Em outras palavras, a motivação refere-se ao comportamento que é revigorado e direcionado a atingir algum objetivo desejado.

N

Negociação: processo em que os lados opostos trocam ofertas, contra-ofertas e concessões, seja diretamente, seja por meio de representantes.

O

Observação sistemática: método de pesquisa em que certos aspectos do mundo são observados sistematicamente, mantendo-se registros cuidadosos do que é detectado. Essas informações são usadas como base para se chegar a conclusões sobre os tópicos pesquisados.

Oferta pública inicial (IPO): venda inicial das ações de uma empresa ao público.

Opção: direito, mas não obrigação, de fazer um investimento futuro.

Opções para confirmação: alternativas que não são consideradas seriamente, mas que são levantadas principalmente com o fim de ajudar os grupos a se convencerem de que o favorito inicial é, de fato, o certo.

Oportunidade: potencial para criar algo novo (novos produtos ou serviços, novos mercados, novos processos de produção, novas matérias-primas, novas formas de organizar as tecnologias existentes etc.) que surgiu de um complexo padrão de condições em mudança – mudanças no conhecimento, na tecnologia ou nas condições econômicas, políticas, sociais e demográficas.

P

Padrão técnico: base acordada sobre a qual um produto ou serviço opera.

Papéis: conjunto de comportamentos que se espera dos indivíduos que ocupam certas posições em um grupo.

Parte VII da Lei de Direitos Civis de 1964 (Title VII of the Civil Rights Act of 1964): criada para evitar a discriminação nos locais de trabalho. Proíbe os empregadores de basear suas decisões empregatícias na etnia, na cor, na religião, no sexo ou na nacionalidade de uma pessoa.

Participação acionária: participação em uma empresa que assume a forma de ações.

Patente: direito exclusivo concedido pelo governo que proíbe outras partes de copiar uma invenção durante um período de tempo específico em troca da divulgação dessa invenção.

Pedido provisório de patente: documento registrado na autoridade responsável por patentes e marcas registradas que declara que uma pessoa pretende registrar um pedido de patente completo. Ele oferece proteção contra a imitação de uma invenção durante o processo de pedido de patente.

Pensamento grupal: forte tendência de grupos tomadores de decisão de se fecharem cognitivamente em uma decisão, presumindo que não podem estar errados, que todos os membros devem apoiar a decisão veementemente e que quaisquer informações contrárias à decisão devem ser rejeitadas.

Percepção social: processo pelo qual passamos a conhecer e entender outras pessoas.

Períodos de direito de movimentação: período de tempo durante o qual os empreendedores não podem resgatar seus investimentos.

Persuasão: a tarefa de levar os outros a compartilhar nossas opiniões e encarar o mundo como nós encaramos.

Pesquisa de inovação em pequenas empresas (SBIR): programa governamental concebido para estimular a inovação nos Estados Unidos, exige que as agências federais participantes destinem 2% de seus orçamentos para financiar contratos, concessões ou acordos cooperativos por meio da SBIR.

Pioneiro: primeira empresa a entrar em um mercado específico.

Pistas não-verbais: indicações relacionadas a expressões faciais, contato visual, postura ou movimentos corporais ou aspectos não-verbais da fala. Essas pistas podem ser bastante úteis na detecção de fraudes.

Plano de negócios: expressão escrita da visão do empreendedor para transformar idéias em um negócio real e lucrativo.

Plano de participação acionária dos funcionários: método para transferir participação acionária de uma empresa a seus funcionários; os sócios atuais contribuem com um fundo de participação acionária dos funcionários. As contribuições freqüentemente têm como base a rentabilidade da empresa.

Polarização de grupos: tendência dos membros de grupos tomadores de decisão de mudarem sua opinião para opiniões mais radicais do que as que tinham inicialmente.

Prêmio de iliquidez: retorno adicional exigido por investidores para compensá-los pelo fato de um investimento não poder ser facilmente vendido.

Produtos complementares: produtos que trabalham juntos, como filmes gravados e aparelhos de videocassete ou hardware e software.

Projeto da função: esforços para estruturar as funções para que elas aumentem o interesse das pessoas em desempenhá-las (e assim, aumentem sua motivação).

Projeto dominante: arranjo que será escolhido por todas as empresas que fabricam um produto como forma de unir as diferentes partes de um produto ou serviço.

Propriedade intelectual: idéias centrais sobre um novo produto ou serviço que possibilitam o desenvolvimento desses produtos ou serviços.

Protótipos: representações simplificadas, em evolução, de categorias de eventos ou objetos.

Q

Quebra de contrato: termo jurídico que se refere a situações em que duas partes possuem um contrato legal e uma delas deixa de cumprir os termos do acordo.

R

Reconhecimento de oportunidades: processo pelo qual os indivíduos concluem que identificaram o potencial para criar algo novo com a capacidade de gerar valor econômico (ou seja, lucros futuros potenciais).

Reivindicações: parte de uma patente que declara o que foi inventado e o que a patente proíbe outros de imitar.

Responsabilidade individual ilimitada: ocorre quando os proprietários de uma empresa são individualmente responsáveis por todas as dívidas contraídas por ela.

S

S Corporation: sociedades anônimas em que todos os lucros e perdas são repassados aos acionistas, da mesma forma que são repassados aos sócios de uma sociedade em nome coletivo.

Segredo comercial: conhecimento que confere vantagem às empresas e que é protegido por sigilo.

Seleção adversa: a escolha de alguém ou de algo que não possui a qualidade desejada em virtude da incapacidade de distinguir entre os que possuem a qualidade desejada e os que não a possuem.

Sistema de bônus: sistema em um novo empreendimento para reconhecer e recompensar o bom desempenho.

Sistemas de remuneração por desempenho: sistemas de bonificação que presumem que a contribuição dos funcionários para o sucesso da empresa difere de funcionário para funcionário, estabelecem que eles devem ser recompensados de acordo com o alcance de suas contribuições.

Sociedade de responsabilidade limitada (LLC): combinação entre sociedade anônima e sociedade em nome coletivo que oferece alguns benefícios de ambas. Como acontece com as *S corporations*, a renda é repassada aos proprietários (conhecidos como "sócios cotistas"), que pagam seus impostos como pessoas físicas. No entanto, ao contrário das *S corporations*, as LLCs (sociedades de responsabilidade limitada) não estão sujeitas a tantas restrições governamentais.

Sociedade em comandita: sociedade em que um ou mais sócios são comanditados, que administram a empresa; os demais são sócios comanditários, que investem na empresa, mas abdicam do direito de administrá-la.

Sociedade em nome coletivo: associação de duas ou mais pessoas que detêm a propriedade de um negócio com o fim de gerar lucros.

Sociedade simples (PC): forma de constituição empresarial na qual os sócios têm responsabilidade limitada; geralmente é restrita a profissionais como médicos, advogados e contadores.

Sociedades anônimas: pessoas jurídicas distintas de seus proprietários, que podem se envolver em negócios, firmar contratos, deter a posse de propriedades, pagar impostos, processar e ser processadas por terceiros.

Solução ganha-ganha: aceitável para ambas as partes; atende às necessidades básicas dos dois lados.

T

Taxa de redesconto: taxa percentual anual que um investidor reduz do valor de um investimento para calcular seu valor presente.

Técnica "advogado do diabo": procedimento para melhorar a tomada de decisão em grupo; um membro do grupo tem a tarefa de discordar e de criticar qualquer plano ou decisão que seja favorito inicial.

Teoria: refere-se ao esforço para ir além da simples descrição de vários fenômenos na tentativa de explicá-los.

Teoria da detecção de sinais: sugere que, em situações nas quais os indivíduos tentam determinar se há ou não a presença de um estímulo, há quatro possibilidades: o estímulo existe e o observador conclui que ele está presente; o estímulo existe, mas o observador não o percebe; o estímulo não existe e o observador conclui, erroneamente, que o estímulo está presente; o estímulo não existe e o observador conclui corretamente que ele não está presente.

Teoria da expectativa: teoria de motivação que sugere que para a motivação ser alta, as pessoas devem perceber relações claras entre seu esforço e seu desempenho, entre seu desempenho e sua bonificação e entre a bonificação que lhes é oferecida e a que elas realmente querem.

Teoria do enfoque regulador: sugere que, ao controlar seu próprio comportamento para atingir os fins desejados, os indivíduos adotam uma de duas perspectivas opostas: o enfoque da promoção (o objetivo principal é a realização) ou o enfoque da prevenção (o objetivo principal é evitar perdas).

Títulos conversíveis: instrumentos financeiros que permitem aos investidores converterem ações preferenciais, que recebem tratamento preferencial em caso de liquidação, em ações ordinárias à sua escolha.

Tirania do mercado atual: fato de que ouvir os clientes vai dificultar a criação de novos produtos para novos mercados pelas empresas, pois os clientes atuais dessa empresa sempre pedirão melhorias para os produtos atuais e não novos produtos para novos mercados.

V

Validade: até onde as medições refletem a dimensão subjacente à qual se referem.

Valor de mercado (abordagem de preço-lucro): procedimentos para determinar o valor de empresas com base nas proporções de preço/lucro para empresas de capital aberto comparáveis.

Valor final: valor estimado de um novo empreendimento no momento que o investimento for liquidado em uma oferta pública inicial ou aquisição.

Valor patrimonial: igual a ativo menos passivo.

Vantagem competitiva: atributo que permite a uma empresa, e não a seus concorrentes, obter os lucros da exploração de uma oportunidade.

Vantagem de *lead-time*: qualquer benefício que uma empresa recebe ao fazer algo antes de alguém.

Vantagem de pioneirismo: qualquer benefício obtido por uma empresa ao ser a primeira a oferecer um produto em um mercado específico.

Variáveis: aspectos do mundo que podem assumir valores diferentes.

Vazamento de conhecimento: transferência acidental de informações sobre como criar novos produtos, processos de produção, formas de comercialização ou organização de uma empresa para outra.

Venda pessoal: esforço do empreendedor para vender um produto ou serviço por meio da interação direta com os clientes.

Verticalmente integrada: situação em que uma empresa detém estágios sucessivos da cadeia de valor.

Viés autoprotetor: tendência a atribuir resultados satisfatórios a causas internas (nossos esforços, talentos ou capacidades) e resultados insatisfatórios a causas externas (falhas ou negligência de outros, por exemplo).

ÍNDICE REMISSIVO

A

Abordagem confluente (à criatividade), 74-77, 87
Abordagem da administração de cima para baixo, 11
Abordagem de baixo para cima da administração, 11
Abordagem ganha-perde, 344
Abordagem geral à negociação, 380-382
Aceitação, em um novo mercado
  Consulte Marketing, em novas empresas
Acerto, 82, 86
Acordo (contratos), 225
Acordos de lucro em longo prazo, 375-377
Acordos de não-concorrência, 309, 310
Acordos de sigilo, 309, 310, 316-317
Acordos integrativos, 381-382
ADA
  Consulte Lei dos Americanos Portadores de Deficiências
Adaptabilidade social, 335, 337-338
Adaptabilidade, 292
Administração da imagem, 335, 336-337
  aperfeiçoamento do outro, 127, 128
  auto-aperfeiçoamento, 127, 128
  bajulação, acordo exagerado, 129
  efeito lodo, 128
  habilidades sociais, 128
  intimidação, 128
Adulação, 129, 336
Afeto positivo, induzindo a, 380
Afro-americanos
  como classe protegida, 108
  como empreendedores, apoio do governo americano, 105-106
Alarme falso, 82, 85, 86
Alianças, 292-294
Amabilidade, como ponto da auto-avaliação, 125
Ambiente, criatividade e, 75-77
Ambigüidade causal, 274, 275

Americanos oriundos do subcontinente asiático, como empreendedores, apoio governamental aos, 105
Amigos, como fonte de capital, 167
Amizade/apreciação recíproca (influência), 348-350
Amortizado, 42
Análise conjunta, 247-249, 265
Análise de mercado, discutida em um plano de negócio, 190-191, 193
Análise do cargo, 334
Análise do ponto de equilíbrio, 162-163, 182, 196
Analogia, 72
Anexos (plano de negócio), 191, 199
Anjos (*Business angels*), 168, 282
Aperfeiçoamento do outro, 127, 128
Apresentação prévia realista da função, 339
Aquisição, como estratégia de saída, 367
Aquisições financiadas, 367-369
Armadilha coletiva, 70
Arte prévia, 312-313
Aspectos não-verbais da fala, 130
Assalto, 288
Assimetria e incerteza de informações na busca de uma oportunidade, 289
  crescimento a partir da pequena escala, 289-292
  legitimidade, gerando, 294-295
  problemas, 152-153, 154
Atalhos mentais, 66
  heurística, 66-67
  Consulte também Cognição humana (erros na)
Atributos de personalidade, criatividade e, 75
Atributos pessoais, como ponto da auto-avaliação, 124
Aumento da função, 349-350
Aumento do comprometimento (custos passados), 68, 69
Auto-aperfeiçoamento, 127

Auto-avaliação, 121, 123-126
Autofinanciamento, 155, 290

B
Baixar a bola, 349
Balancetes, 195-196
Bancos, como fonte de capital, 170
Barreira de controle, 354-356, 358
Bolsas da Pesquisa de Inovação para Pequenas Empresas (SBIR), 105, 171
Burn rate, 165

C
C corporation
    Consulte Sociedades anônimas
Caça-talentos, 336
Canibalizar, 50
Capacidade (contratos), 225
Capital
    Consulte Financiamento
Capital de risco, vantagens do (tabela), 151
    Consulte também Financiamento
Capital humano, 51-52
    capacidade limitada para processar informações, 66-68
    definida, 61-62
    erros em, 66-67
Capital inicial
    Consulte Financiamento
Capital social, 333
Capitalistas de risco, 168-169
    o que querem (tabela), 169
Causadores de estresse, 351
Causalidade de Granger, 23
Ciclos de vida dos setores, 43-45
Cinco Grande Dimensões da personalidade, 124-126
    auto-avaliação, 123-126
    avaliações para si mesmo, 146-147
    co-fundadores de um novo comunicação, 138-140
    como recurso necessário para os empreendedores, 14
    conflito de papéis, 134
    empreendimento, 120
    escolha de, 126-133
    funcionários
    imparcialidade percebida, 135-138
    número necessário, 141
    papéis, 134
    redes sociais como fonte de, 140-145
    similaridade *versus* complementaridade, 121-126
    temporários ou efetivos?, 142
    Consulte também Duplicidade; Administração da imagem
    Consulte também Motivação de funcionários; Recrutamento e seleção de funcionários; Retenção de funcionários
Cinco Grandes Dimensões da personalidade, 124-125, 145
    auto-avaliação, 146-147
Círculos viciosos mentais, 71
Classe protegida, 108
Cláusulas antidiluição, 156
Cláusulas contratuais, 155
Cláusulas contratuais, 155-157
Cláusulas de extinção, 155-156
Clientes
    percepções dos, 97-98
    pesquisas de, 97
    por que compram, 257
    Consulte também Marketing, em novas empresas
Co-fundadores, de um novo empreendimento
    Consulte Recursos humanos
Colheita, discutida no plano de negócio, 191, 198
    Consulte também Estratégia de saída
Comissão para Oportunidades Iguais de Emprego, 108
Compensação por perdas e danos, 225
Competência social, 337, 339
    avaliando sua própria, 359
    habilidades sociais, impacto de, nos empreendedores, 334-335
    expressividade, 335, 336
    administração da imagem, 335, 336-337
    influenciando outros, 333, 337
    persuasão, 335, 337
    adaptabilidade social, 335, 337-338
    percepção social, 334, 335
Complementaridade, com co-fundadores, 120-121, 122-123, 126
Comportamentos de cidadania organizacional, 341-342
Comportamentos, que estimulam investidores, 178-179
Comprometimento afetivo, 353

Comprometimento com a continuidade, 352
Comprometimento com a organização, 353
Comprometimento normativo, 353
Comprometimento, funcionário, 352
    entre os co-fundadores, 138-140
Comprometimento/consistência (influência), 348-349
Compromisso, como ponto da auto-avaliação, 124
Conceitos, 71, 87
    expadindo, 73
Concentração, 46, 55
Concorrência
    defendendo-se da, 39, 270
    discutida em um plano de negócio, 191, 193
    oportunidade e, 39
    Consulte também Estratégia
Concorrentes diretos, 371
Concorrentes indiretos, 371
Concorrentes menores, 383
Condições da demanda, 42-43
Condições de conhecimento, 40-42
Condições do mercado, 262
Confiabilidade (das medidas de seleção dos funcionários), 336
Confiança, 338
    ao vender uma empresa, 371-372
    com base em cálculo, 340
    com base em identificação, 340, 342, 344
    comportamentos de cidadania organizacional, 341-342
    cooperação e, construindo, 339-342
    definida, 339
    opção de estratégia de saída, 367
Confiança com base em cálculo, 340
Confiança com base em identificação, 340, 342, 344
Conflito, 338
    administração de, 342-343
    afetivo
    causas de, 343, 346
    cognitivo, 342, 358
    definição, 342-344
    definição, 342
    papel, entre os co-fundadores, 134
    solução, técnicas para, 344-345
Conflito afetivo
    causas de, 343, 346
    definição, 342-344
Conflito cognitivo, 342

Conflito de papéis, entre os co-fundadores, 139-140
    entre os co-fundadores, 133-135
Conhecimento
    base de, vasto e rico, 5, 85-86
    codificado, 275
    como base para idéias, 62
    como ponto na auto-avaliação, 123-124
    conexões entre os tipos de, 86
    divulgar, perigos de, 276-277
    organização do, 85-86
    tácito, 274
Conhecimento, métodos para o, 18-19
    definição, 24-25
    exemplo, 25-26
    experimentação, 21-23
    interesse do empreendedorismo no, 26-27
    observação sistemática, 20-21
    papel da, na pesquisa do empreendedorismo (figura), 26
    processo de, 25
    reflexão, 23-24
    teoria
Conhecimento codificado, 275
Conhecimento tácito, 274
Consciência, como ponto da auto-avaliação, 124
Contato visual, 130
Contornar uma patente, 315, 325
Contrapartida contratual (contratos), 225
Contrato de trabalho, 9
Contrato social, 215
Contrato social (de sociedade em comandita), 216-217
Contratos, 237, 285
    elementos básicos, 225
    escolhendo um advogado para, 226
    obrigações sob, 225-226
    quebra de, 225, 236
Contratos de negócios
    Consulte Contratos
Convergência de fatores (oportunidade), 13
Correr atrás, 352
Corretor de negócios, 371
Crédito
    fornecedor, 166
    linhas de, 170
Crédito de imposto, 103
Crédito do fornecedor, 166
Crescimento da empresa, seis fases de, 354-356

Crescimento do mercado, 42-43, 250
Criatividade, 87
　abordagem confluente, 74-77
　como ocorre, 71
　conceitos, 71-73
　definição, 61, 70
　esquemas, 65
　estimulando, 74-77
　gerando, 70
　idade humana e, 384
　importância da, 70
　inteligência humana e, 73-74
　principais implicações para (positivas e negativas), 71-72
　protótipos, 65
　Consulte também Cognição humana
Crise, "perigo" e "oportunidade", 85
Crítica, 138-140
Crítica construtiva, 138-140
Crítica destrutiva, 138-140
Cronograma (plano de negócio), 190-191, 198-199
Cronometrando, no mercado, 250-252
Curva de aprendizagem, 47-48
　em propriedade intelectual, 319-323
Curva de aprendizagem da manufatura, 47-48
Curva em S, 250-252
Custos
　de explorar a oportunidade, 282-283
　fixos, 262
　　ocultos, 263
　　variáveis, 262
Custos fixos, 262
Custos ocultos, 263
　versus modos com base no mercado, 282-288
Custos passados, 68, 69
Custos variáveis, 262
　do processo empreendedor, 15-17

D

Dados secundários, 100
Definição de preço, de novos produtos, 262-264
Delegando autoridade, 354
Demonstrativos de fluxo de caixa, 161-163, 181-182, 196
Demonstrativos de lucros e perdas, 181
Demonstrativos do resultado do exercício, 196
　foco na promoção, 84
　pessoal, teste para, 89-90
Demonstrativos financeiros, 160-161, 181-182
Depreciação, 103
Descobertas radicais, 257
Descontos, no preço, 262-263
Descrição do cargo, 334
Desenho de função, 349-350
Desenvolvimento (plano de negócios), 191, 194
Desenvolvimento de produtos; Recursos humanos (co-fundadores)
Desregulamentação, 36
Diligência apropriada, 129, 172-173
Dinâmica do mercado
　Consulte Marketing, em novas empresas
Direito autoral, 325
　definição, 318
　o que pode ser protegido por, 318
　obtenção, 319
　proteções, 318
Direito contratual, 225
Direitos de controle, 156
Direitos de resgate obrigatório, 155-180
Discrepâncias entre canais, 130
Discriminação
　conhecimento do empreendedor sobre as leis contra a, 223
　leis contra a, 108-110
　Consulte também Leis de oportunidades iguais de trabalho; empreendedores vindos de minorias
Discussão em grupo, 98-99, 116, 245
Disponibilidade heurística, 66, 68
Dívida, 166
Dupla tributação, 216, 217, 219
Duplicidade, 129-132
Duração de vida (humana) e estratégias de saída
　Consulte Estratégias de saída

E

Economias de escala, 259
　como recurso de empresas estabelecidas, 49
　em empresas estabelecidas, 46
　franqueadores e, 282
Edital aprovado de incorporação, 218
Efeito lodo, 128
Elevator Pitch, 190
Eludir, 286-288

Empreendedores
   duplicidade por, 130-132
   exemplos, 6-7
   impacto de, nas economias, 9
   moral para, 94
   números de, 8
   principais características dos, 30
   recursos necessários para, 14
   superando a barreira de controle, 354-356
   teste de potencial, 30
   tipos de inteligência necessários, 73-74
   transições de vida, 386-387
   Consulte também Empreendedores vindos de minorias
Empreendedores asiático-americanos, suporte do governo, 105
Empreendedores hispano-americanos
   apoio governamental aos, 105
   como classe protegida, 108
Empreendedores indígenas americanos
   apoio governamental aos, 105-106
   como classe protegida, 108
Empreendedores internos, 8, 28
Empreendedores vindos de minorias, apoio governamental aos, 105-106
Empreendedorismo
   como área de negócio, 6
   como atividade, 5-6
   conhecimento e, fontes de, 18
   contínuo, 15
   definição, 6-7, 10
   disciplinas mais antigas e, 10-11
   empreendedorismo interno e, 8
   experimentação, 21-23
   (figura), 16
   memória de procedural e, 64
   natureza e raízes, 6-11
   observação sistemática, 19-20
   oportunidades e indivíduos, interseção de, 17-18
   principais fases no, 12-15
   processo, 5, 10
   recursos necessários para, 14
   reflexão, 23-25
   requisitos para, 6-8
   teoria, 24-27
   variáveis, 15-17
   visão estática de, evitando, 15
   Consulte também Conhecimento, rotas para; Teoria
Empreendedorismo interno, 8-9

Empreendimentos, lançando, 14
Empresa estrangeira, 217-218
Empresas
   Consulte Empresas estabelecidas; Novas empresas
   Pioneiro, 283, 325
   vantagem, em propriedade intelectual, 320-322
Empresas de *factoring*, 170
Empresas de investimento em empresas de pequeno porte (SBICs), 171
Empresas estabelecidas
   clientes atuais, satisfazendo, 51
   desenvolvimento de produtos e, 306-308
   desvantagens ao atender novos mercados, 246
   formando alianças e sociedades com, 292-293
   oportunidades que favoreçam a, 47-50
   vínculos sociais e, 306
Empresas verticalmente integradas, 280
Empréstimos comerciais, 170
Encontro das mentes (contratos), 225
Engenharia reversa, 309
Enriquecimento da função, 349-350
Entrevistas de emprego, 337-339
Entrevistas estruturadas, 338
Equipe de administração (plano de negócio), 191, 194-195, 206-207
Erro, 82-84, 85
Escassez (influência), 348, 349
ESOPs comuns, 369
Especialização, 156
Esquemas, 65
   de alerta do empreendedor, 79-80
   S corporation, 103, 219-220
   Consulte também Sociedade anônima
   scripts, 65
Estabilidade emocional, como ponto da auto-avaliação, 125
Estágio de crescimento e rentabilidade no crescimento da empresa, 355
Estágio de decolagem do crescimento da empresa, 355-356
Estágio de maturidade do crescimento da empresa, 355

Estratégia
  alianças e parcerias com empresas estabelecidas, 292-294
  coletando informações sobre, 299 concorrentes
  considerações de capacidade, 284
  considerações de custo, 282-283
  considerações de organização e gerenciamento de informações, 284-288
  considerações de velocidade, 283
  crescimento a partir da pequena escala, 289-292
  desafios de incerteza e assimetria de informações, 289
  desenvolvendo, 297
  forma organizacional: escolhendo entre franquia e licenciamento, 280
  identificando, 298
  imitadores, parando, 272
  legitimidade, gerando, 294-295
  obstáculos à imitação, 277-279
  oportunidade, 272
  proteção contra a concorrência, 270
  protegendo os lucros da exploração da sigilo, 273-276
  vantagem competitiva, 271-273
  Consulte também Vantagem competitiva
Estratégias de saída, 365
  abordagem geral a, 380-383
  abrindo o capital de uma empresa (IPO – oferta pública inicial), 376-377
  aquisições alavancadas pelos administradores, 368-369
  aquisição por empresas maiores, 367
  determinando o valor de uma empresa, 389
  duração da vida humana e 384-387
  em um plano de negócios, 191
  intangíveis, 372
  melhorando suas habilidades, 389
  métodos de balanço, 372
  método de lucros capitalizados, 374
  método de lucros futuros descontados, 374-375
  método do lucro excedente, 373-374
  método de mercado, 375
  natureza básica da, 378-379
  negociação
  para investidores, 198
  planos de participação acionária dos funcionários (ESOPs), 369-371
  perigo dos concorrentes menores, 383
  sucessão em empresas familiares, 367
  táticas, 379-380
  venda ou transferência para pessoas de dentro
  venda para pessoas de fora, 371-372
Estresse, 353-354, 358
  definido, 351-352
  efeitos adversos do, 353-355
  geradores de (causadores de estresse), 353-353
  técnicas para controlar, 354-356
Estrutura dos setores
  Consulte Novas empresas
E-tailers, fraude como problema para, 130-133
Execução específica, 226
Experiência
  abertura para, 125
  importância da, 86
Experimentação, 19, 21-22, 28
Exploração de oportunidade
  Consulte Estratégia
Expressividade, 335, 336
Expressões faciais, exageradas, 130
Externalidades de rede, 283
Extroversão-introversão, como ponto da auto-avaliação, 125

F

Fala, aspectos não-verbais da, 130
Falácia do planejamento, 67, 68, 198
Família, como fonte de capital, 167
Fase de concepção/existência do crescimento da empresa, 354, 355
Fase de rentabilidade e estabilização no crescimento da empresa, 354
Fase de sobrevivência do crescimento da empresa, 354, 355
Favorita implícita, 111
Finalidade/objetivo (plano de negócio), 191, 192
Financiamento
  amigos e parentes, 167
  análise de ponto de equilíbrio, 163-164, 182
  ativos, 170
  autofinanciamento, 155-156
  bancos, 170
  capital, fontes de
  capital de risco, 150

capital financiado por dívida, 166
capital financiado por participação acionária, 164
capital inicial quantia necessária, 159
capitalistas de risco, 168-170
cláusulas contratuais, 155-156
comportamentos que estimulam
concessores de empréstimo garantido por corporações, 170
crédito de fornecedores, 166
custo de capital, 174-175, 182
demonstrativos de fluxo de caixa, 161-163, 181
demonstrativos de lucros e perdas, 181
demonstrativos financeiros, 160-161, 181
dificuldade de
dívida garantida pelos bens pessoais ou economias, 167
empresas de *factoring*, 170
especialização, 156
estrutura de
formação de clubes, 157
garantido por ativos, 166
injeção gradual de investimento, 173
investidores, 178-179
investidores informais (*business angels*), 168
investimento localizado geograficamente, 157
laços sociais exemplo, 151
levantando dinheiro por meio de, 177-178
lista de custos e uso do resultado monetário, 160
poder de ganho do empreendedor, 166
problemas de assimetria de informação, 152-153
problemas de incerteza, 153
problemas de, soluções para
processo de financiamento por participação acionária, 171-173
programas governamentais, 171
Financiamento da dívida, 166
Financiamento garantido por ativos, 166
concessores de empréstimos, 170
Financiamento por participação acionária, 164-166
processo, 171-173
Consulte também Financiamento
Firma individual, 213-214, 220, 222
Flexibilidade, 292, 305
de empresas estabelecidas, 306
Fluxo de caixa, 48-49

Foco, em um mercado, 256
Foco na prevenção, 84
pessoal, teste para, 89-90
Formação de clubes, 157
Formas jurídicas de propriedade intelectual
Consulte Propriedade intelectual
Formatos jurídicos de novos empreendimentos, 213
contratos
desvantagens, 219
elementos, 225
obrigações sob, 225-226
sociedades
vantagens, 218
Franqueador, 226
Franqueados, 226
Franquia, 237
aspectos jurídicos, 232-233
benefícios de, 227-230
co-branding, 234
de marca, 227
de marca, como recurso principal, 281
determinando quando usar (quatro fatores), 281-288
desvantagens do modelo, 230-233
é para você?, 238
estabelecimentos menores em locais não-tradicionais, 234
expansão da (tipos), 234-235
forma futura da, 234-235
inflacionar o contrato, 288
internacional, 235
negócio formatado, 277
operação de, descrita, 280-282
problema de se pegar carona, 287
vantagens competitivas, 281
Franquia de marca, 227
Franquia de negócio formatado, 227
Franquia em *co-branding*, 234
Franquia internacional, 235
Fraude, problema para *e-tailers*, 130-132
Ir de carona, 287, 352
Funcionários
número necessário, 141
redes sociais como fonte de, 140-141
temporários ou efetivos?, 142
Fundação de um novo empreendimento
Consulte Recursos humanos (co-fundadores)

G

Garantias, 154
Grade de repertório, 98
Grupos tomadores de decisão
    aperfeiçoando, 118
    favorita implícita, 111-112
    informações compartilhadas, ignorando, 113
    pensamento grupal, 112-113
    polarização do grupo, 111
    potenciais armadilhas para contornar, 114

H

Habilidades
    como ponto de auto-avaliação, 124
    sociais, 128
    Consulte também Conflito; Influência; Competência social; Estresse; Confiança; Persuasão
Habilidades intelectuais, 75
Habilidades isoladas, 334
Habilidades pessoais
    Competência social; Estresse; Confiança em um plano de negócio, 184
    Consulte Conflito; Influência; Persuasão; *Consulte também* Influência
Heurística da aceitação e ajuste, 68
Heurística representativa, 68
Heurística, 66-68
Hipótese, 19
Histórico (plano de negócios), 191, 192

I

Identificação correta, 82-84
Ilusão de controle, 67
Imitação, propriedade intelectual e, 308-309
Imitadores, 272
    Consulte também Obstáculos à imitação
Impacto adverso, 108
Imparcialidade
    como motivação para funcionários, 346-350
    eludir e, 286-288
    exercício sobre, 359
    percebida entre os fundadores, 135, 138
Imparcialidade percebida, 286-288, 359
    entre os co-fundadores, 135-138
Imputações errôneas, 343

Incentivos fiscais, 103-104
Inflexibilidades centrais, 246
Influência, 335, 337
    amizade/apreciação, 348, 349
    escassez, 348
    estratégias de, 347-348
    princípios comprometimento/consistência, 348, 349
    reciprocidade, 349
Informações
    acesso a, aumentando, 86
    capacidade limitada para processar, 67-68
    coleta inadequada de, 379
    como fonte de oportunidade, 34
    como recurso necessário para os desvio das armadilhas, 114-115
    empreendedores, 14
    esquemas, 65
    experiência e, 63
    informações compartilhadas, ignorando, 113
    factuais, 64
    favorita implícita, 111
    não compartilhadas, 113
    novos produtos e serviços, 243-246
    para interpretação, potenciais armadilhas e pensamento grupal, 112-113
    polarização de grupos, 111
    preferências do cliente e dos mercados falta de, fracasso do empreendimento em virtude da (exemplo), 109-110
    problemas na organização, gerenciamento, 284-288
    reconhecimento de oportunidades e, 79-81, 82
    usando e transformando protótipos, 65
    Consulte também Informações de marketing
Informações biográficas, 338-339
Informações de marketing, 95-96
    aquisição, métodos indiretos para, 117-118
    coleta, técnicas diretas para, 96-97
    dados secundários, 100
    discussões em grupo, 98-99
    mapeamento perceptual, 97-98, 99
    observação, 100
    pesquisas com clientes, 97
    sem garantia de sucesso, 100-101

Informações reais, 64
Infração inocente, 319
Injeção em etapas, de capital, 173, 174
Inovação, 41-42, 308
    apoio governamental à, 104
    como obstáculo à imitação, 279
Inovadores, 253
Instrumentalidade, 344
    ao determinar o valor de uma empresa, 372-373
    em um plano de negócio, 199
Inteligência, 87
    analítica, 73
    criativa, 73
    definição, 73
    idade humana e, 384
    prática, 73, 86, 88
    para sucesso, 74
    social, 73
Inteligência analítica, 73
Inteligência criativa, 73-74
Inteligência humana
    Consulte Inteligência
Inteligência para o sucesso, 75
Inteligência prática, 73-74, 88
    construindo, 86
Intensidade de P&D, 41
Intimidação, 128
Intromissão afetiva, 68
Introversão-extroversão, como ponto da auto-avaliação, 125
Investidores
    Consulte Financiamento
Investimento localizado geograficamente, 157
IPO
    Consulte Oferta pública inicial

J
Jogo de cintura, 73
Joint venture, 220-221
Justiça
    de procedimentos, 347
    distributiva, 136, 346-347
    inter-relacional, 347
Justiça distributiva, 136, 329, 346-347
Justiça inter-relacional, 647
Justiça processual, 347

L
Legitimidade, 294-295
Lei de Reforma e Controle da Imigração de 1986, 223
Lei de Saúde e Segurança Ocupacional de 1970 (OSHA), 107, 116, 223
Lei dos Americanos Portadores de Deficiências (ADA) de 1990, 109, 116, 337
Lei dos Americanos Portadores de Deficiências (ADA), de 1990, 109, 116, 337
Lei dos Direitos Civis de 1964, 108, 223
Leis de oportunidades iguais de emprego, 108
Licenças, 278
Licenças do governo, 278
Linhas de crédito, 170
Localização (plano de negócio), 191, 194
Lócus de inovação, 41-42

M
Macroperspectiva, 11, 15-17, 28
Maioria tardia, 253-255
    em propriedade intelectual, 319
Mapeamento perceptual, 97-98, 99, 248
Marcas registradas,
    definição, 317
    obtendo, 317-318, 326
Marco, 173, 198-199
    discutido em um plano de negócio, 191
Marketing, em novas empresas, 240
    aceitação, alcançando
    avaliando o mercado análise conjunta, 247-249
    cronometrando, 250-252
    curva em S, 250-252
    definição de preço, 262-264
    dinâmica do mercado tamanho e crescimento do mercado, 250
    maioria de usuários, 255-257
    mercado-alvo inicial, 256
    necessidades, 265
    necessidades reais, 242-245
    plano de marketing, 266
    padrões de adoção, 253-255
    padrões técnicos, 258-260
    preferências do cliente, 243-247
    primeiros usuários se tornam a primeira
    processo de venda pessoal, 261-262, 267
    projeto dominante, 257-258

Matéria-prima, nova, 6, 38-39
    capacidade para processar informações, 66-68
    conhecimento como, 61-62
    esquemas, 65
    memória, 63-64
    para criatividade e reconhecimento de oportunidades
    protótipos, 65
    Consulte também Oportunidade
Memorando de vendas, 371
Memória, 87
    de longo prazo, 63-64, 71
    de trabalho, 63-64, 66
    procedural, 64
Memória de longa duração, 64
Memória de procedural, 64
Memória de trabalho, 63-64, 66
Mercado, novo
    Consulte Oportunidade
Mercados-alvo, 244-247, 256
Metas autodefinidas, 342
Método de balanço para determinar o valor de uma empresa, 372
Método de capital de risco, 175
Método de caso, 23
Método de lucro futuro descontado para determinar o valor de uma empresa, 374-376, 388
Método de lucros capitalizados para determinar o valor de uma empresa, 374-375, 388
Método do lucro excedente para determinar o valor de uma empresa, 373-375
Método do valor de mercado para determinar o valor de uma empresa, 375
Método preço-lucro de preço para determinar o valor de uma empresa, 375
Métodos de lucro para determinar o valor de uma empresa, 372-376
Microexpressões, 129-130
Microperspectiva, 11, 15-17, 28
Miopia do usuário, 247
Modos com base no mercado de exploração de oportunidades, 281
    considerações de capacidade, 284
    considerações de custo, 282-284
    considerações de velocidade, 283
    problemas de informação na organização, 284-288
    quando usar franquia ou licenciamento, 282-287
Monopólio
    definição, 272
    legal, 278
    patentes, segredos comerciais e, 316
Motivação, 357
    criatividade e, 75, 76
    definição, 340
    teoria do foco regulador e, 84
Motivação de funcionários
    bônus vinculado ao desempenho, 343-347
    declínio na motivação, 344
    desenho da função, 349-350
    imparcialidade, 346-349
    manutenção, 345-346
    objetivos, 340-342, 358-359
    teoria das expectativas em, 343
Motivos, como ponto da auto-avaliação, 123
Mudança
    destruidora de competências, 49-50
    externa, 35
    política e regulamentar, 36
    social e demográfica, 37-38
    tecnológica, 35-36
Mudança demográfica, 37-38
Mudança destruidora de competências, 49-50, 56
Mudança política, 36
Mudança regulamentar, 36
Mudança social, 37-38
Mudança tecnológica
    como fonte de oportunidade, 36
    velocidade com que novas empresas podem fazer, 50
Mulheres empreendedoras
    apoio governamental às, 105
    como classe protegida, 108

N
Não-concorrentes, 371
Necessidades
    Consulte Marketing, em novas empresas
Negociação, 344, 358
    Consulte também Estratégias de saída
Novas empresas
    atrapalhadas por economias de escala, 49
    ciclos de vida dos setores favoráveis a, 43-45

condições de conhecimento favoráveis ao processo de inovação, 42
condições de demanda favoráveis a, 43-44
de capital intensivo, 45-46
desenvolvimento de produto e , 306-308
economias de escala, 46
impacto da estrutura dos setores em de intensidade de P&D, 41
jovens setores melhores que os antigos, 43-45
lócus de inovação, 41-42
oportunidades favorecendo as, 49-52, 53
políticas governamentais favoráveis a, 104-106
propaganda intensiva, 46
setores concentrados, 46
tamanho, 46
vazamentos de conhecimento, 41-42
Consulte também Regulamentações governamentais; Marketing, em novas empresas;

O

Objetivos
em um plano de negócio, 185-187
papel dos, na motivação dos funcionários, 339-340, 358-360
Observação, 19
como técnica de coleta de informações, 99
de clientes, 243-247
observação sistemática, 19-21, 28
Observação sistemática, 19-21
Obstáculos à imitação
controle de recursos, 278
inovação, 279
monopólio legal, 278
reputação, 279
Oferta pública inicial (IPO), 376-377
Opção, 173
Opções para confirmação, 111
Oportunidade, 28
ciclos de vida dos setores, 43-45
concorrência e, 39
condições da demanda, 42-43
condições de conhecimento, 41-42
definição, 12
diferenças de valor, 32
estrutura dos setores, 45-47
favorecendo empresas estabelecidas, 47-49
favorecendo novas empresas, 49-53
fontes de mudança externa, 35
formas de, 38-40
geração de, 18
mudança e política e regulamentar, 36
mudança social e demográfica, 37-38
mudança tecnológica, 35-36
novas formas de organização, 6, 12, 38-40
novas matérias-primas, 6, 38-39
novo mercado, 6, 12, 38-40
novo método de produção, 6, 12, 38-40
novo produto ou serviço, 5, 6, 12, 38-40
protegendo, dos imitadores ou concorrentes
reconhecimento de, 12-13, 18-19
setores favoráveis (tabela), 33
setores favoráveis a novas empresas, 40-41
Consulte Estratégia
Consulte também Reconhecimento de oportunidades
Oportunidades empreendedoras
Consulte Oportunidade
Organização, nova forma de
Consulte Oportunidade
OSHA, 107
alíquota geral, 102
formatos jurídicos de novos empreendimentos e alíquotas de tributos, 103
impostos
incentivos, 103
Consulte também Lei de Saúde e Segurança Ocupacional de 1970

P

Padrões de adoção, 253-255
Padrões técnicos, 258-260
Página de rosto (plano de negócios), 188
Paradoxo de Arrow, 276
Parcerias com Responsabilidade Limitada (*Master Limited Partnership*) (MLPs), 217
Parte VII da Lei de Direitos Civis de 1964, 108, 223
Parte VII da Lei de Direitos Civis de 1964, 108, 223
Participação acionária, 164
Patentes, 278, 284
custo de, 313
de tecnologia, 310
definidas, 311
desvantagens, 313-315

o que pode ser patenteado, 311
obtenção, 312-314, 326
reivindicações, 312
respeito ao cumprimento, 313
segredos comerciais e, mutuamente exclusivas, 316
sem patentes internacionais, 315-316
vantagens (tabela), 313
Pedido provisório de patente, 312
Pensamento grupal, 112-113, 116
resistindo ao, 118
Pensamento, criatividade e, 75
Pequenos negócios pertencentes a minorias pobres, 105
Percepção social, 127, 334, 335
como previsão da classificação de desempenho na função, 128
Consulte também Competência social
Períodos de quarentena para direito de movimentação, 156
Pesquisas, 244-246
com o cliente, 97
Pesquisas de clientes, 97
Piorar as coisas, 356
Pistas não-verbais, 129-132, 145
Plano de marketing, desenvolvendo, 266
Plano de negócio, 14
análise de mercado, 191, 193
anexos, 191, 199
apresentação de, 200-204
colheita ou saída, 191, 198
componentes, 188
desenvolvimento, produção e localização, 191, 194
equipe de administração, 191, 194-195, 206-207
fatores de risco, 191, 197-198
histórico e objetivo, 191, 192
intangíveis, 199
metas, benefícios das, 186
modelo (figura), 187
perguntas-chave, 188
persuasão e, 184
planos financeiros, 191, 195-196
princípios, 188-189
produto, 192
programação das etapas e marcos, 191, 198-199
resumo executivo, 190-191, 205-206
sete pecados capitais, 200-201

Plano de participação acionária dos funcionários (ESOP), 369
Plano de Participação Acionária dos Funcionários (ESOPs), 352, 369-370
Plano de transferência de participação acionária (ESOP), 369
Planos de distribuição de lucros, 352
Planos de remuneração por desempenho para toda a empresa, 352
Planos de remuneração por mérito, 350
Planos financeiros (plano de negócios), 190, 195-197
Polarização de grupos, 111, 116
Poupança, como fonte de capital, 167
Prazo final que se aproxima rápido, 349
Prêmio de iliquidez, 175
Preocupações, avaliando suas próprias, 359
Consulte também Estresse
Primeira maioria, 254-255
Primeiros usuários, 253
Problemas de incerteza, 153, 154
Consulte também Assimetria de informações
Procedimento de reação incompatível, 356
Processos cognitivos
capacidade para processar informação, 66-68
heurística, 66-67
memória, 63-64
protótipos, 65
esquemas, 65
Produção (plano de negócio), 191, 194
Produção, novo método de
Consulte Oportunidade
Produto (plano de negócio), 192
acordos de sigilo e não-concorrência, 309
definido, 303
dificuldade de, 304-305
imitação, facilidade de, 308-309
vantagens de novas empresas, 305-308
Produto ou serviço, novo
Consulte Marketing, em novas empresas; Oportunidade
Produtos complementares, 260, 265
Produtos e serviços discretos, 51
Programa CAPLine da U.S. Small Business Administration, 171
Programa de Contratação de Capacitação HubZone, 106
Programa de garantia de empréstimo da *U.S. Small Business Administration*, 171

Programas governamentais, como fonte de capital, 171
Projeto dominante, 47, 257-258, 259
Projeto fatorial fracionário, 248
Propriedade intelectual, 274, 325
    avaliação, 327
    contratos de confidencialidade, 309
    curvas de aprendizagem, *lead time* e vantagem de pioneirismo, 320-323
    desenvolvimento de produtos, 304-306
    direitos autorais, 318-319
    formas jurídicas de proteção
    formas não-jurídicas de proteção, 319
    lucros de novos produtos e serviços
    imitação, 308-309
    marcas registradas, 317-318, 326
    patentes, 311-316, 326
    recursos complementares, 323-324
    segredos comerciais, 316-317
    vantagens das novas empresas, 305-308
Proteção territorial (franquias), 229
    definição, 24
    exemplo, 25-27
    interesse do empreendedorismo em, 26-27
    papel da, na pesquisa do empreendedorismo (figura), 25-26
    processo da, 25
Protótipos, 65
    de oportunidade, encontrando seu protótipo pessoal, 88-89

Q
Quebra de contrato, 225
Queixoso, 225
Questionário de reação a evento, 89-90
    similaridade exagerada, 129

R
Raiva no escritório, 353
Reciprocidade (influência), 349
Recompensas, 350-352
Recompensas, colhendo, 15
    Consulte também Estratégias de saída
    vinculando ao desempenho, 342-347
    Consulte também Retenção de funcionários
Reconhecimento de oportunidades, 77-78
    definição, 61
    esclarecimentos da ciência cognitiva, 81-82
    esquemas, 64-65
    esquema de alerta do empreendedor, 79-80
    informações, acesso a e uso de, 79-80, 81
    informações, papel central das (figura), 81
    protótipos, 65
    protótipo pessoal, encontrando, 88-89
    técnicas para aumentar, 85-86
    teoria da detecção de sinais, 82-84
    teoria do enfoque regulador, 84
    Consulte também Cognição humana
Recrutamento e seleção de funcionários
    o que é preciso saber e onde procurar, 334-336
    planejamento para, 360
    técnicas para, 336-339
Recursos complementares, 49
    propriedade intelectual e, 323-324
Recursos financeiros, como recurso necessário para empreendedores, 14
Redes sociais, como fonte de funcionários, 140-141
Reestruturação certa, 9
Reestruturação, 9
Reflexão, 19, 21-22
Regulamentações governamentais, 101
    empreendedores vindos de minorias, suporte aos, 105-106
    inovação, apoio à, 105
    leis antidiscriminação, 108-110
Reivindicações, 302, 312
Rejeição correta, 82-84, 85
Reputação, 48
    como obstáculo à imitação, 277-279
    vantagem de pioneirismo, 321
Resistência ao estresse, 354
Responsabilidade, individual ilimitada, 214, 216
    determinando quando usar (quatro fatores), 281-288
    vantagem competitiva, 281
Resumo executivo (plano de negócios), 188-191, 205-207
Retenção de funcionários
    barreira de controle, superando, 354-356
    comprometimento dos funcionários, construindo, 352-354
    remuneração e desempenho, vinculando (sistema de gratificações), 350-353
Revelar o conhecimento, perigos de, 276
Risco, 290-292
    discutido em um plano de negócio, 191, 197-198
Risco moral, 286-288

Roubo por parte de, 348
    Consulte também Motivando funcionários; Recrutamento e seleção de funcionários; Retenção de funcionários
Royalties (franquias), 230

S

S corporation, 219-220
    ambiente jurídico, 221-226
    aspectos jurídicos, 232-234
    auto-questionamento sobre, 238
    benefícios da, 227-229
    co-branding, 234
    desvantagens da, 230
    em comandita, 216-217
    expansão de (tipos), 235
    firma individual, 213-214
    forma futura da, 234-235
    franquias, 226-227
    internacional, 235
    joint venture, 220-221
    leis, 222-223
    parcerias com responsabilidade limitada (*master limited partnership*) (MLPs), 217
    por cota de responsabilidade limitada (LLPs), 217
    sociedade de responsabilidade limitada (LLC), 220
    sociedade por cotas, 214-216
    tipos de, 227
    sociedade profissional (PC), 221
Saturação do mercado, 231
SBIR
    Consulte Pesquisa de Inovação em Pequenas Empresas
Segmentação do mercado, 43
Segredo comercial, 274
    definido, 316
    desvantagens, 316-317
    patentes e, mutuamente exclusivos, 315
    vantagens, 316
Seleção adversa, 153, 286
Setores
    Consulte Oportunidade
Setores com uso intensivo de propaganda, 46-47
Setores que dependem intensamente de capital, 45-46
Sigilo, sobre oportunidade, 273-278

Similaridade, com co-fundadores, 120-121, 122-123, 126
Sistemas de gratificações, 350-352
Sistemas de remuneração por desempenho, 350-353
Sociedade anônima externa, 217
Sociedade anônima interna, 217
Sociedade de responsabilidade limitada (LLC), 220
Sociedade em comandita, 216-217, 367
Sociedade profissional (PC), 221, 222
Sociedades, 214, 221
    com empresas estabelecidas, 2292, 294
    definição, 217
    desvantagens, 219
    estrangeira, 217
    externas, 217
    internas, 217
    sociedade simples (PC), 221
    sociedades em comandita, 216-217
    sociedades por quota de responsabilidade limitada (LLPs), 217
    parcerias com responsabilidade limitada (*master limited partnership*) (MLPs), 217
    vantagens, 218-219
Sociedades por quota de responsabilidade limitada (LLPs), 217, 221
S corporation, 219
    como fonte de capital, 170
Sócios
    comanditados, 168, 216-217
    comanditários, 168, 216-217
Solução ganha-ganha, 344, 381
Sucessão, 367
Sucesso
    construir o, 14
    quatro pilares do,
Sumário (plano de negócio), 188

T

Tamanho do mercado, 42-43, 250
Tamanho, como desafio das novas empresas, 46
Tardios, 254
Tática da "porta na cara", 349
Tática do "pé na porta", 349
Táticas de barganha, 378-380
Taxa de desconto, 175

Taxa de retorno, alta, exigida pelos investidores, 174-175
Taxas de franquia, 230
Técnica "advogado do diabo", 114, 116, 118
Técnica da grande mentira, 145, 379
Técnica do balanço ajustado, 373
Tecnologia, patenteamento, 308-309
Tendência
    autoprotetor, 136, 359
    confirmação, 67, 68, 96
    otimista, 67, 38
Tedência otimista, 67, 68
Tendência de confirmação, 67, 68, 96
Teoria da detecção de sinais, 82-83
Teoria da expectativa, 341
Teoria do foco regulador, 84-85
    pessoal, teste para, 89-90
Teste de descoberta, 104
Tirania do mercado atual, 247
Títulos conversíveis, 156
Tolerância ao estresse, 354
Transição da meia-idade, 385
Transição do fim da idade adulta, 386
Transição dos 30 anos, 386
Tratamento desigual, 108
Tributos
    dupla tributação, 216, 217, 219
    formas legais dos novos empreendimentos e alíquotas de tributos, 103
    imposto sobre a renda, 103taxa geral de impostos, 102
Troca de favores, 381

V

Validade (das medidas de seleção dos funcionários), 336
Valor terminal de um investimento, 175
Valores, de empreendedores, 9-10
Vantagem competitiva, 297
    segredos comerciais e, 316
    Consulte também Estratégia
Variáveis de nível grupal do processo empreendedor, 15-17
Variáveis de nível individual do processo empreendedor, 15-16
Variáveis de nível interpessoal do processo empreendedor, 15-17
Variáveis de nível social do processo empreendedor, 15-16
Vazamento do conhecimento, 41-42
Venda pessoal, 261-262, 265
    aprendendo, 267
Viés autoprotetor, 135, 136, 359
Vínculos sociais
    de empresas estabelecidas, 306
    importância de, 151
    levantando fundos por meio de, 177-178
Visão, 342

Impressão e Acabamento

Bartira
Gráfica
(011) 4393-2911